Jochen Röpke

Lebenslanges Unternehmertum

Arbeiten im Zeitalter der Langlebigkeit

Die Deutsche Bibliothek –CIP-Einheitsaufnahme

Röpke, Jochen:
Lebenslanges Unternehmertum: Arbeiten im Zeitalter der Langlebigkeit
ISBN 978-3-7431-97077
Die Deutsche Nationalbibliothek verzeichnet diese Publikation in der Deutschen Nationalbibliografie; detaillierte bibliografische Daten sind im Internet über dnb.dnb.de abrufbar.

Herausgeber: Prof. Dr. Jochen Röpke
Universitätsstrasse 25
35037 Marburg

Herstellung
und Verlag: BoD - Books on Demand, Norderstedt
ISBN: 978-3-7431-9707-7

© 2017

Inhalt

Vorwort 1

Einleitung: Auf dem Weg zu einer alterslosen Gesellschaft 3

1 Evolutionsfähigkeit einer demographisch alternden Gesellschaft 19
   1.1 Lebenslanges Unternehmertum 19
   1.2 Unternehmerische Energie 20
   1.3 Therapeutische Allianz zwischen wirtschaftlichem Aktivsein und Organismus ... 24
   1.4 Unternehmertum bei gesunder und kranker Lebensspanne 27
   1.5 Diskriminierung alter Menschen 34

2 Unternehmertum und Lebensalter 41

3 Evolvierendes Unternehmertum 45
   3.1 Wie evolvieren Unternehmer? 45
   3.2 Unternehmerische Tugenden in einer Welt des Wissens 49
   3.3 Offene Fragen 50

4 Alter(n)sökonomie bio-unternehmerisch betrachtet 53
   4.1 Unternehmerische Antworten auf biologisches Altern 53
   4.2 Lücke zwischen Wissen und Tun 56
   4.3 Ungewißheit und unternehmerische Zeitperspektiven in Alterungsprozessen 58

5 Altern auf dem Weg der Routine? 63
   5.1 Gestaltung von Alterungsprozessen 63
   5.2 Ausstieg aus der Routine? 70

6 Schöpferisches Altern und Zeitperspektive 77
   6.1 Schöpferisches Zusammenwirken von Erwerbstätigkeit und Gesundheit im Alter:
         Spirale der Selbstevolution 77
   6.2 Kalendarisches und biologisches Alter(n) 81
   6.3 Funktionstüchtigkeit als Variable der Persönlichkeit? 84
   6.4 Japanische Erfahrungen 90

7 Zwischen Vergreisung, Zuwanderung und schöpferischen Antworten 103
   7.1 Unternehmerische Funktionstiefe im Kontext der Zuwanderung 103

I

7.2 Roboter – Freunde der Menschen? 114

7.3 Unternehmerische Funktionstiefe im Kontext der Zuwanderung (II) 118

7.4 Interne Migration und Innovation: China 121

7.5 Brain substitution 124

7.6 Problembereiche von Zuwanderung 126

8 Erschließung von Handlungsbereichen für Wertschöpfung durch ältere Mitbürger 131

8.1 Möglichkeiten der Wertschöpfung in einer alternslosen Gesellschaft 131

8.2 Biologische und kalendarische Zeit 134

8.3 Unternehmerisches Tätigbleiben durch Selbstevolution 138

8.4 Zielgruppen lebenslangen Unternehmertums 141

8.5 Wirkungsfelder lebenslanges Unternehmertum 143

9 Funktionen von Unternehmertum im demographischen Kontext: Entwicklungstheorie vs. Inputlogik? 155

9.1 Vergreisung vs Alter(n)radikalismus 155

9.2 Japanische Antworten 156

9.3 Theoretische Ansätze 160

10 Zuwanderung in Robotergesellschaften 169

11 Das Zusammenwirken von Innovation, Gesundheit und Wohlbefinden 175

11.1 Nachlassende Innovationsdynamik und körperliche Seneszenz 175

11.2 Liebe zum Körper 178

11.3 Unternehmerisches Aktivsein im Alter 182

11.4 Zum Karma der Alter(n)sarmut 186

12 Unternehmerische Energie und Willenskraft 191

12.1 Funktionsabhängigkeit unternehmerischer Energie 191

12.2 Unternehmerische Energie – von Blue Zones lernen? 194

12.3 Negativeinstellungen über alte Menschen 197

12.4 Willenskraft und Durchsetzungsvermögen 199

12.5 Stressmanagement bei zunehmenden Arbeitsjahren und Roboterisierung 201

12.6 Funktionen von Unternehmertum in Abhängigkeit von Willenskraft 203

12.7 Altersabhängige Gründungsdynamik bei regional-kommunaler Entvölkerung 206

13 Zeitperspektiven von selbstevolutivem Unternehmertum ... 211

13.1 Zeit als unternehmerische Variable ... 211

13.2 „JugendlicheVitalität" in der Wissenschaft ... 223

13.3 Junges Unternehmertum ... 225

13.4 Zukunftszeit und unternehmerische Energie ... 228

13.5 Zeitpräferenz und Zukunftsorientierung ... 232

13.6 Vision, Entfaltung von Fähigkeiten und Neukombination von Zeit ... 235

14 Lebenslanges Unternehmertum und biologisches Altern ... 239

14.1 Erfahrungen und Erkenntnisse aus Japan ... 239

14.2 Blue Zones ... 241

14.3 Alte Unternehmer und Unternehmensgründungen in Japan ... 243

14.4 Anti-Aging: helfen Roboter? ... 247

14.5 Funktionen von Unternehmertum im Alter ... 251

14.6 Blue-Zone-Unternehmertum und Interaktionsdynamik ... 253

14.7 Beziehungen zwischen Alter, Innovation, Lebenszufriedenheit ... 257

14.8 „Fallstudie", Brückenfunktion, medizinischer Fortschritt ... 259

14.9 Lebensproduktivität in demographisch alternden Gesellschaften: qualitatives Wachstum ... 261

15 Silberwirtschaft - Palliativwirtschaft? ... 267

15.1 Was ist eine Silberwirtschaft? ... 267

15.2 Nachfrage nach Silbergütern ... 269

15.3 Kaufkrafterzeugung für silberwirtschaftliche Nachfrage ... 271

15.4 Silberwirtschaftliche Innovation ... 273

15.5 Nachfragedynamik in demographisch alternden Gesellschaften ... 277

15.6 Pflege im Silbermarkt: chinesische Mauern ... 280

15.7 Medizin im Silbermarkt ... 288

15.8 Blue Zones im Silbermarkt ... 292

16 Evolutionsdynamik in alternden Gesellschaften? ... 293

17 Goldwirtschaft – Verjüngungswirtschaft oder Wirtschaft ohne Alter? ... 297

17.1 Theoretisch erzeugte Mißverständnisse ... 297

17.2 Evolutionsgüter als Wegbereiter einer alterslosen Gesellschaft ... 300

17.3 Sofapreneure? ... 302

17.4 Wie werde ich ein Golden Ager? ...306

17.5 Von alt-alt zu jung-alt ...310

17.6 Groß- und Urgroßeltern als Werteschöpfer ...312

17.7 Frugale Innovation ...319

17.8 Hilft Fasten einem Olderpreneur? ...322

17.9 Digitalisierung gegen Senioritis? ...327

17.10 Lasse den Roboter steuern - und entspanne dich? ...329

17.11 Unternehmerische Energie ...335

17.12 Zyklische Dynamik: lange Wellen in Alterungsprozessen ...338

18 (Wie) Läßt sich Unternehmertum erzeugen? Systemisch betrachten ... 343

18.1 Zunahme der Erwerbstätigen mit dem Alter ...343

18.2 Selbsterzeugtes Unternehmertum ...344

18.3 Training, Coaching, Lernen: Überwinden der Lücke zwischen Wissen und Tun ...347

18.4 Münchhausen besiegt Altersdiskriminierung ...350

18.5 Erzeugung von Unternehmertum? ...352

18.6 Lernen von den USA? ...354

18.7 Finanzierung ...356

18.8 Mehrwerte erzeugen, für wen? ...359

19 Sind alte Gesellschaften (potentiell) reiche Gesellschaften? ... 363

19.1 Positive Rückkopplung zwischen Alterung und wirtschaftlicher Entwicklung ...363

19.2 Unternehmertum in demographisch alternden Gesellschaften ...375

19.3 Entwicklungsdynamik durch Unternehmensgründungen ...385

Verzeichnis der Abbildungen

Abbildung 1: Erwerbsquote 1992, 2002, 2012, 2022 (Projektion) nach Alter in den USA 5
Abbildung 2: Jungbrunnen, Lucas Cranach der Ältere 15
Abbildung 3: Krankheitsmuster bei Mensch und Hund 26
Abbildung 4: Lebenserwartung 1750 - 2015 27
Abbildung 5: Eine Hundertjährige im Arbeitsstress? 32
Abbildung 6: Durchschnittliche Einkommensentwicklung von japanischen Unternehmern und angestellten Erwerbstätigen in Abhängigkeit vom Alter 33
Abbildung 7: Altersstereotypen 35
Abbildung 8: Altersquotient für die Jahre 2000, 2010, 2035 43
Abbildung 9: Japans Bevölkerung im erwerbsfähigen Alter – ein Verhgleich 44
Abbildung 10: Investmentbanking im Alter von 100 64
Abbildung 11: Spirale der Selbstevolution 78
Abbildung 12: Abbau von Lebensqualität in Abhängigkeit vom Alter 91
Abbildung 13: Japanische Seetaucherinnen im Rentenalter 97
Abbildung 14: Tauchende japanische Frauen in ihrer Jugend 97
Abbildung 15: Kaputt von der Arbeit, Urlaub am Meer, mit 60 (?) in Rente 98
Abbildung 16: Olderpreneurs – reif für das Pflegeheim? 100
Abbildung 17: Kondratieff-Zyklen 106
Abbildung 18: „Asylsuchende in den wichtigsten europäischen Ländern, in Millionen, 2014" 109
Abbildung 19: Zuwanderung und unternehmerische Funktionen 118
Abbildung 20: Durchschnittlich erwartete Lebenszeit, die 65-Jährige noch haben 136
Abbildung 21: Kintaro Suzuki, Handwerker, 91 Jahre alt 140
Abbildung 22: Erschließung neuer Märkte 145
Abbildung 23: Kosten des Alters 150
Abbildung 24: Produktzyklus 151
Abbildung 25: 4L-Modell der Evolution 152
Abbildung 26: Hightech in der Badewanne 159
Abbildung 27: Anteil von Japanern über 65 im Vergleich zu anderen Ländern 159
Abbildung 28: Bevölkerungsdynamik theoretisch betrachtet 163
Abbildung 30: Anteil der Erwerbstätigen an der Gesamtbevölkerung (Deutschland, Japan, USA) 169
Abbildung 31: Lucas Cranach der Ältere 178
Abbildung 32: Homöodynamische Liebe 180
Abbildung 33: Zusammenwirken von Innovation, Gesundheit und Wellbeing 185
Abbildung 34: Unternehmerfunktion und unternehmerische Energie nach dem RAIE-Modell 191
Abbildung 35: Schädigung der Mitochondrien im Prozeß des Alterns 197
Abbildung 36: Zunahme von Negativeinstellungen gegenüber alten Menschen: 1810-2010 198
Abbildung 37: Okutama 207
Abbildung 38: Kommune Kamikatsu als Genderstandort 209
Abbildung 39: Generationen(un)gerechtigkeit 226
Abbildung 40: Wie alt ist Frau Sues? 229
Abbildung 41: Weltrekord mit 105 Jahren 231
Abbildung 42: Abbau von Lebensqualität in Abhängigkeit vom Alter 240
Abbildung 43: Altersspezifische Selbständigenquoten 244
Abbildung 44: Anteil älterer Gründer am Gründergeschehen in Japan 245

Abbildung 45: Zunahme selbstbeschäftigter Personen im Alter von 65 oder älter und Anstieg im Durchschnittsalter von Selbstständigen 246

Abbildung 46: Marktsegmente alter Gründer: In welchen Sektoren gründen alte Unternehmer? 247

Abbildung 47: Jahreseinkommen eines Haushalts und Lebenszufriedenheit 258

Abbildung 48: Einhundert Jahre alt und noch kein Ruhestand? 268

Abbildung 49: Roboter Ubot von Haier 274

Abbildung 50: Öffentliche Ausgaben pro Jahr für ältere Menschen (Senioren), 2013-2060 281

Abbildung 51: Was kostet das Alter in Japan, Deutschland, Frankreich, Italien? 285

Abbildung 52: 4L-Modell der Evolution 297

Abbildung 53: Roboter Tega 301

Abbildung 54: Wertschöpfungspotentiale frugaler Innovation, Beispiel Irodori in Japan 304

Abbildung 55: Zusammenwirken von Unternehmertum, Alter und Gesundheit 307

Abbildung 56: Kendo 311

Abbildung 57: Frauen versus Männer im Rentenalter 318

Abbildung 58: Periodisches Fasten und Gesundheit 327

Abbildung 59: Wachstum der Roboterindustrie, Jahr 2000 – 2015 329

Abbildung 60: Die zyklische Dynamik kapitalistischer Entwicklung 339

Abbildung 61: Erwerbsquote 1992, 2002, 2012, 2022 (Projektion) nach Alter in den USA 343

Abbildung 62: Knowing-doing-gap 356

Abbildung 63: Kopplung von Innovation und Evolution 364

Abbildung 64: 150 Jahre demographischer Wandel in Japan 365

Abbildung 65: Armes oder reiches Japan? 366

Abbildung 66: Monitoring von Aktieninvestments in China 372

Abbildung 67: Lebenserwartung und Einkommen pro Kopf 375

Abbildung 68: Hundertjährige im Schwimmwettkampf 378

Abbildung 69: Unternehmerische Funktionstiefe 379

Abbildung 70: Altersrock 387

Abbildung 71: Existenzgründungen in Deutschland 2005-2015 388

Verzeichnis der Tabellen

Tabelle 1: Altersgruppen ... 39
Tabelle 2: Anteil von Personen mit einer Lebenswahrscheinlichkeit von 100 Jahren ... 53
Tabelle 3: Japanische Initiativen für die Erwerbstätigkeit älterer MenschenTabelle 3: ... 96
Tabelle 4: Bevölkerungsentwicklung und Wirtschaftswachstum: drei Ansätze ... 160
Tabelle 5: Aussteiger aus der Selbstbeschäftigung (exiters) und Start-ups in Japan im Alter von 65 Jahren oder höher ... 246
Tabelle 6: Vermögensverteilung in Japan nach Altersgruppen in Prozent ... 279
Tabelle 7: Alter, Lebenserwartung, Erwerbstätigkeit in Japan ... 376

Vorwort

Viel zu schreiben gibt es nicht. Der Leser sieht sofort, um was es geht. Da wir den Zusammenhang zwischen einer alternden Gesellschaft und wirtschaftlicher Entwicklung in den Mittelpunkt rücken, sind verschiedene Disziplinen anzusprechen. Unser Text mag daher einen interdisziplinären Charakter aufweisen. Die eigenen Fachgrenzen gilt es zu akzeptieren. Wir zitieren daher oft, insbesondere fachfremde Literatur. Auch Texten aus Medien schenken wir Beachtung, nicht zuletzt, weil der Leser zu diesen einfacheren Zugang besitzt als zu Beiträgen aus hochspezialisierten Zeitschriften. Wir halten uns jedoch mit fachchinesischem Vokubular zurück, da wir versuchen, normal Interessierte an dieser Thematik anzusprechen. Wir machen keine „Studie". Zu dieser fehlt uns zudem die notwendige Zeit und Cash für Mitarbeiter. Der Cash-Lieferant vergibt Ressourcen zudem nicht ohne Gegenleistung, zu der wir nicht bereit sind. Mit manchmal ungewöhnlichen Ausdrucksweisen muß sich der Leser anfreunden. Wir haben auch nichts gehen Satire und Ironie, Polemik eingeschlossen. Da wir links- und rechtshirnig argumentieren, neurologissch wohl „neuroplastisch", sind viele verfügbar, einige von uns selbst erstellt, die meisten aus anderen Quellen, andere mußten wir aus rechtlichen Gründen entfernen.Das Linkshirn herrscht und freut sich auf seinen Niedergang. Dem Leser wollen wir so etwas ersparen, zudem Unternehmertum in höherem Alter demenzökonomisch ausgeschlossen wäre. Ob wir gut oder schlecht schreiben, interessiert uns weniger. Hauptsache ist, daß wir überhaupt schreiben, wir uns selbst in unserem Text wiederfinden. Wir verweisen selten auf eigene Veröffentlichungen, Parellelveröffentlichungen, auch theoretisch eher radikaler Natur, sind im Literaturverzeichnis aufgezeigt.

Auf dem Titelblatt des Buches steht der Name desjenigen, in dem sich bestimme Gedanken verdichtet haben. Woher kommen diese? Die Bilder geben für den Leser wenig Auskunft, für uns umso mehr. Der Text macht es deutlich. In unserem Buch wären viele Kollegen zu erwähnen, zwei möchte ich hervorheben: Kazue Haga und Peter Rassidakis. Ohne beide wäre das Buch für mich und die Leser nicht existent. Ich muß beiden aufrichtig danken.

Einleitung: Auf dem Weg zu einer alterslosen Gesellschaft

Alterslos? Ageless? Verrückt, betrachtet man die gegenwärtigen Todes- und Leidensmuster. Es gibt jedoch Wissenschaftler, die es anders sehen, die einen Weg zu „ageless" vorhersagen und sogar erläutern, wie man auf einem solchen Weg, Stolpern eingeschlossen, vorankommt. Die Einleitung skizziert die Kernüberlegungen unseres Textes.

Vorwarnung für den Leser: Unser Text ist bewußt „chaotisch" angelegt. Wir verfügen über keinem Erfüllungsgehilfen eines Planes auf dem Papier. Die Thematik ist wissenscaftlich nur in Ansätzen durchleuchtet. Auch die Empirie bleibt unterentwickelt erforscht. Unternehmertum ist ohnehin eine hochkomplexe Angelegenheit.

Altern genauso. Der Unternehmer ist ein System von Systemen und in Systemen. Er lebt und stirbt in einem System von Systemen, manche darauf programmiert, auch unbeabsichtigt, sein ökonomisches und biologisches Leben zu entschleunigen. Die Interaktion oder systemisch welchselseitige „Störung" der Systeme bewirkt aber auch einen Kompetenzschub für Beobachter, die Wissenschaft, die intervenierenden Macher und Gestalter. Deren Zusammenwirken ist Inhalt unserer Überlegungen. Des weiteren soll unser Text auch die unterschiedlichen Perspektiven widerspiegeln, die mit Unternehmertum verknüpft sind. Der Unternehmer ist kein Optimierer und Kalkulierer von Wahrscheinlichkeiten. Sein Leben ist in Ungewißheit, überwiegend eine selbsterzeugte, eingebettet und durchgehend emotional verwirklicht, nach jüngeren Behauptungen einer Verhaltensökonomie daher irrational. Im Kern geht es uns um eine zukünftige Gestaltung des Lebens, Arbeit eingeschlossen, in einer alternden Gesellschaft. Wenn es nicht gelingt, diesen Prozeß schöpferisch zu gestalten, altert auch das System Wirtschaft, es transformiert in eine stationäre Welt.

Wir schildern das Zusammenwirken des Alterns der Gesellschaft und wirtschaftlicher Entwicklung. Wie kann sich eine Gesellschaft in der Zeit entwickeln, vor allem wirtschaftlich, wenn es ihr gelingt, unternehmerische Energie lebenslang zu kultivieren? Mehrwerte schaffen durch Integration alter Menschen in die gesellschaftliche Evolution? [1]

Wie der Leser sofort bemerkt: Wir argumentieren einseitig, wir rücken den Unternehmer in das Zentrum. Der Unternehmer ist der Energieträger in einer Wirtschaft. Wir folgen Schumpeter und Vertretern seiner Sichtweise. Unternehmer ist für ihn der Innovator. Klammern wir ihn aus, theoretisch und in der Lebenspraxis der Menschen, fällt die Gesellschaft auf Stagnation in *allen* ihren Teilsystemen zurück.

Unternehmertum ist jedoch mehr als innovatives Tätigkeitsein. Es umfaßt das Erkennen von Chancen (opportunities), ihre Nutzung oder Umsetzung, Innovation (Durchsetzung von neuen Möglichkeiten) und damit verknüpfte Werteschaffung. Unternehmer schaffen und nutzen also Lebenszyklen und sind (unbeabsichtigt) verantwortlich für die Entstehung und Erosion Langer Wellen, auch „Kondratieff" genannt, wie Schumpeter die Erkenntnisse zur langfristigen Zyklik (45-60 Jahre) volks- oder gesamtwirtschaftlicher Abläufe des russischen Ökonomen Kondratieff nannte.

In unserem Text verwenden wir durchgehend das Konzept Langer Wellen. Es bildet eine in der praktischen Politik vernachlässigte Entwicklungsstrategie gerade in Gesellschaften, die sich demographischen Herausforderungen der Alterung ihrer erwerbstätigen Bevölkerung (Menschen im Alter

---

[1] Die energetischen Anforderungen ändern sich mit der unternehmerischen Funktionstiefe, auf die wir mehrfach zurückkommen.

von 20-64 nach dem statistischen Bundesamt)[2] und Industrien – beides zunehmend als kausal verknüpft betrachtet – gegenübersehen. Wir fragen: Kann nicht gerade das (chronologische) Altern der Bevölkerung Entwicklungsimpulse auch mit den Eigenschaften Langer Wellen erzeugen? Wie kann das möglich sein? Wie lassen sich solche Impulse erzeugen?

Unternehmer sind durch eine bestimmte Persönlichkeit geprägte Menschen (Spezialisten), welche ihr Urteilsvermögen dafür einsetzen, mit neuartigen und komplexen Herausforderungen (Problemen) umzugehen oder diese zu bewätligen. Unternehmer ist nicht der Kapitalist. Diese Sicht beherrscht das Denken vor allem in den Systemen Politik und Medien. Der freie Fluß unternehmerischer Energie, „sein nichthedonisches Tun" (Schumpeter, 2006, S. 176) ist das Herzstück eines sich entwickelnden Systems, einer Marktwirtschaft jenseits der Stationarität oder des Gleichgewichts. Ist der Energiefluß gestört, überwiegend überhaupt nicht existent wie in einer demographisch alternden Gesellschaft, gibt es Wohlststandsärger, das Wohlbefinden leidet, emotionale Störungen in allen Teilsystemen der Gesellschaft. Diese energetische Konstruktion durchzieht sämtliche Kapitel. Wir finden sie in Teilen der Entwicklungs- und Unternehmerforschung, in der zeitgenössischen Psychologie, und – uralt – in der traditionellen chinesischen Medizin auf daoistischer Grundlage. Die chinesische Medizin spricht von „Lebensenergie" (Qi). Diese im Körper zu erhalten und frei fließen zu lassen, ist Quelle der Gesundheit. Qi gilt als eine Yang-Substanz – in Abgrenzung zu Yin. Ein Mangel an Qi gilt als Aktivitätsschwäche. Wir beobachten sie oft. Sie ist Eigenschaft einer alternden Gesellschaft, oftmals „Vergreisung" genannt. Die Diskriminierung älterer Menschen ist ihre Folge. George Bush hat es auf den Punkt gebracht. „Die Franzosen haben ein Problem. Sie haben kein Wort für *entrepreneur*." Suchen wir in ökonomischen Lehrbüchern, suchen wir in den Alterswissenschaften, suchen wir in den Studien zur Erwerbstätigkeit in demographisch alternden Gesellschaften. Die Tiger fehlen. Fehlen sie auch und gerade in den Gesellschaften, die am schnellsten demographisch altern?

Die daoistische Lehre und Praxis durchwirkt unseren Text nur indirekt, dennoch folgt er daoistischen Prinzipien (ausführlich Röpke & Xia, 2006). Lassen wir die Dinge sich entwickeln, sei es Körper, Geist, die Wirtschaft. Was nur funktionieren kann, wenn Energie (chi) frei fließen und sich entfalten kann. Alles ist im Fluß. Es existiert kein Gleichgewicht jenseits von Modellen (Standard in der Ökonomie). Eine Wirtschaft im Gleichgewicht, auch eine solche, die dahin tendiert, ist eine entwicklungs- und evolutionslose. Wenn eine alternde Bevölkerung - oftmals als Überalterunng oder Vergreisung bezeichnet – wirtschaftliche Schwierigkeiten erzeugt, liegt es - daoistisch-schumpeterianisch - daran, daß sie auch energetisch altert? Dieser Frage gehen wir in jedem Kapitel nach.

Frankreich benötigt 157 Jahre (1865 bis 2022), um den Anteil seiner Bevölkerung über 65 Jahre zu verdreifachen; in China könnte es 34 Jahre dauern (2001 bis 2035). In Japan sind es 37 Jahre gewesen (1970-2007), in Korea 27 Jahre (2000-2027). Die Schätzungen entnehmen wir Alan Smith (2016). Ist das rasche Altern dieser drei ostasiatsichen Gesellschaften Ursache ihrer rückläufigen Wirtschaftsdynamik, aber immer noch eine höhere als die des demographischen jüngeren Frankreich?

---

[2] Sinkt auf 50 Prozent der Gesamtbevölkerung im Jahr 2050 https://www.destatis.de/DE/PresseService /Presse/Pressekonferenzen/2006/Bevoelkerungsentwicklung/bevoelkerungsprojektion2050.pdf?__blob=publicatio nFile.

Der Tiger ist Yang, der Schöpfer des Neuen, Anderen, der Unternehmer. Yang bedeutet Entschlossenheit. Im Urorakel des I Ging ist zu Yang zu lesen: „Die Zeit zur Durchsetzung Ihrer Anliegen ist gekommen". Der Kranich ist Yin. In Ostasien gilt er als Symbol der Langlebigkeit. Yin bedeutet Offenheit, einen Beitrag leistend zur Entstehung schöpferischer Prozesse.[3] Beide existieren gleichzeitig, interagieren, fehlt einer, verschwindet einer, wird er ausgelöscht, illegalisiert.

Unsere zentrale These: Was wir gegenwärtig beobachten ist ein Eintritt in bislang biologisch verschlossene Zukunftswelten. Menschen beginnen zu entdecken, und es werden immer mehr, welche wirtschaftlichen und körperlichen Gestaltungsmöglichkeiten jenseits eines Routinelebens sie unternehmerisch erschließen können.

Lebensspanne = Gesundheitsspanne = Arbeitsspanne

Hierzu gleich eine Tabelle und Statistik, fast wörtlich dann wiederholt im 18. Kapitel.

Abbildung 1: Erwerbsquote 1992, 2002, 2012, 2022 (Projektion) nach Alter in den USA

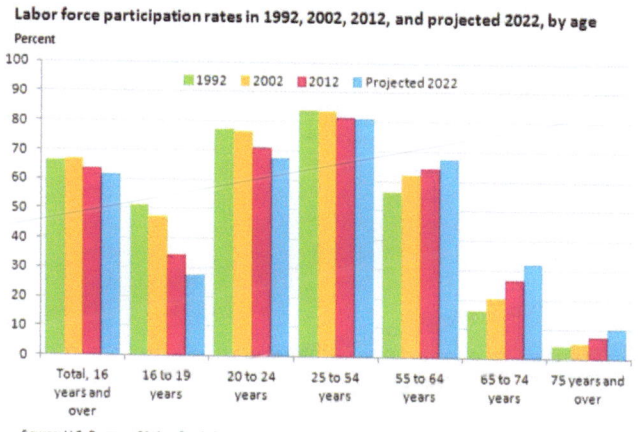

Quelle: http://www.pewresearch.org/fact-tank/2014/01/07/number-of-older-americans-in-the-workforce-is-on-the-rise/

---

[3] Diese Interpretation entnehmen wir Keidel-Jura (1999), die sich bemüht, eine neue, zeitgenössische Interpretation des I Ging zu entwickeln.

Eine radikale Ausweitung der gesunden Lebensspanne bedeutet das Hinausschieben von Degeneration, biomedizinischen Lebensverkürzern und Tod durch Altern für Jahrzehnte oder länger, das heißt, wesentlich länger in guter Gesundheit leben. Altern bedeutet die Akkumulation von Schäden, nach der Sichtweise etwa von Aubrey de Grey (sieh De Grey & Rae, 2010). Auch das Altern einer Wirtschaft läßt sich ähnlich betrachten. Schäden akkumulieren, Innovationen dünnen aus, Unternehmensgründer werden seltener oder werfen öfters hin. Wieviele Jahre kann jemand in seinem Leben hinzugewinnen, der seine Lebensweise körperfreundlich gestaltet: 15 bis 20, ermittelt die jüngere biomedizinsche Forschung.[4]

Die Abbildung informiert über den Anteil der Erwerbsbevölkerung an der Gesamtpopulation in den Vereinigten Staaten für die Jahre 1992, 2002, 2012 und 2022, aufgeschlüsselt nach dem Alter. Der Rückgang in jüngeren Alterskohorten ist deutlich zu erkennen, das Arbeiten in höherem Alter (55-64, 65-74 und 75 Jahre und höher) nimmt für alle Zeitpunkte zu. Bei einem Alter von 65 und älter steigt der Anteil der Erwerbstätigen auf 31, 9 Prozent im Jahr 2022, verglichen mit 20,4 im Jahr 2002 und 26,8 im Jahr 2012.

Vergleichen wir die Daten in der Abbildung mit der Entwicklung der Lebenserwartung für die gleichen Jahre. Wie hoch ist der Anstieg der Lebenserwartung in dieser Periode?[5] Im Jahr 1992 beträgt die Lebenserwartung für Männer und Frauen in den USA 75,80 Jahre, im Jahr 2012 sind es 78,70, für das Jahr 2022 belaufen sich die Hochrechnungen auf 80,09 Jahre, ein Anstieg somit um rund vier Jahre oder fünf Prozent. Dem steht ein Anstieg der Erwerbstätigkeit um 10 Prozentpunkte (55-64), um 15 Prozentpunkte (65-74) und mehr als einer Verdoppelung bei den Menschen im Alter von mehr als 75 Jahren gegenüber. Die Erwerbstätigkeit steigt somit überproportional im Vergleich zur Lebenserwartung bei Zunahme des Alters in den jeweiligen Altersgruppen der Menschen. Bei jüngeren Altersgruppen ist der gegenteilige Trend zu beobachten, wenn auch nicht so ausgeprägt: Der Anteil der Erwerbstätigen sinkt. Berücksichtigen wir den zunehmenden Anteil älterer Menschen und ihre absolut steigende Zahl (zumindest in den kommenden Jahrzehnten) an der Gesamtbevölkerung, bewirkt somit die demographische Entwicklung einen überproportionalen Anstieg des Anteils alter Menschen an der Wertschöpfung einer Gesellschaft. Evolutionieren demographisch vergreisende Gesellschaften tatsächlich in eine „alterslose Gesellschaft", ökonomisch betrachtet? Was wir wissen: Wir sind in einem Strom der Evolution. Was wir nicht wissen: Wohin führt uns die Evolution? Absolut erfaßt, steigt die Zahl von Menschen im Alter von 65 und höher in Japan von 34 Mio (2015) auf 39 Mio (2055), ihr relativer Anteil an der Gesamtbevölkerung von 26% (2015) auf 37% (2055).[6] „Dein ergebener Schüler wagt sich zu fragen, warum Du [der Leser] ein so sorgenvolles Gesicht machst", fragt der altchinesische Philosoph Zhuangzi bereits vor über 2000 Jahren. Für Japan wird eine altersbedingte Deflation beobachtet. Die Nachfrage stagniert trotz massiver Geldvermehrung durch die Zentralbank und Verschuldung des Staates. Demographie erzeugt Stagnation.

Der signifikante Anstieg der (potentiellen) Erwerbstätigen findet – nach deutscher Logik und Sprachkultur – im Ruhestandsalter statt. Wie lange vermag ein erwerbstätiger Ruheständler im Alter von 65 Jahren noch zu leben (Daten wiederum der USA), somit erwerbstätig (abhängig oder selbstständig) zu sein? Im Jahr

---

[4] Vgl.: https://www.fightaging.org/archives/2016/08/a-small-selection-of-recent-research-on-lifestyle-choices-and-aging/

[5] Präzise Daten zu ermitteln überlassen wir den Demographen. Die von uns konsultierten Quellen stimmen zudem nicht im Detail überein. Uns interessieren lediglich die grundsätzlichen Tendenzen und Muster. Quellen: United Nations, Human develoment reports; http://www.data360.org/dsg.aspx?Data_Set_Group_Id=195; http://www.chronicdiseaseimpact.org/ebcd.taf?cat=intergen&type=life

[6] Ermittelt aus Daten des japanischen Statistics Bureau, Statistical Yearbook.

1990 waren es 15.1 Jahre, für das Jahr 2022 werden 20.47 Jahre vermutet, also ein Anstieg um gut fünf Jahre oder ein Drittel.[7] Im Vergleich zur durchschnittlichen Zunahme der Lebenserwartung bei einem Alter von 65 steigt auch bei diesen älteren Menschen die Erwerbstätigkeit überproportional, die Menschen leben also nicht nur länger, sie arbeiten auch länger und ihr Anteil an den Erwerbstätigen wächst überproportional im Vergleich zu jüngeren Menschen. Unsere Interpretation: Die Menschen leben länger, weil sie entweder gesünder leben oder weil medizinische Interventionen ein solches erlauben. Die Zahlen sind Durchschnittswerte. Wenn wir den Überlegungen späterer Kapitel folgen, können wir erwarten: Wer arbeitet, lebt länger (die Ursachenzuschreibung ist komplex, aber an dieser Stelle nicht so wichtig; im Text nennen wir viele Quellen). Wir geben zahlreiche Beispiele für ein Unternehmertum weit über die durchschnittliche Zahl verbleibender Lebensjahre.[8] Die aufgezeigten Muster der USA lassen sich verallgemeinern. Sie gelten für alle entwickelten und zunehmend sich von Unterentwicklung abkoppelnden Gesellschaften. Wenn medizinische Fortschritte insbesondere im Bereich des primären Alterns, also den eigentlichen Ursachen des Alterns der Menschen selbst, sich in den kommenden Jahren durchsetzen, werden sich die oben skizzierten Prozesse weiter beschleunigen.

Auch wer im Ruhestand nicht erwerbstätig wäre, kann als Unternehmer engagiert sein, vielleicht erst werden, neukombinativ leben. Denn Ruhestand bedeutet nicht, sein Leben in Routine herunterleben. Er vermag sein Alter zu entschleunigen, seine Zeit neukombinativ umzusetzen, Lebenszeit zu gewinnen, sei es in seiner „Freizeit", zunehmend aber auch als Erwerbstätiger, als Ruhestandsmigrant, sei als Angestellter, in freier Berufstätigkeit, als Schriftsteller und Wissenschaftler, als Sportler, wie der Franzose Robert Marchand, der im Alter von 105 Jahren einen Weltrekord in seiner Altersklasse aufstellt, in einer Stunde 22.5 km mit dem Fahrrad zurücklegt.

Ein Unternehmer ist das, was er aus sich macht, also ein Unternehmer seines eigenen Lebens, in welcher Funktion auch immer. Er lebt in selbsterzeugter Ungewißheit. Unternehmer sind Interaktionssysteme: Körper und Psyche interagieren. Unternehmer sind Praktiker eines übenden Lebens. Systemisch gesprochen sind es Systeme unter Anwesenden. Jeder Sportler erfährt das im täglichen Umgang mit seinem Körper. Er kämpft mit seinem Körper – auch zu seinem Leidwesen.

Wer außerhalb der körperlichen und erwerbstätigen Routine sein Leben gestalten will oder muß - um schöpferischer Zerstörung zu entgehen oder um Erwerbschancen in höherem Alter zu erzeugen - ist in selbstevolutiven Lernprozessen engagiert. Sein Leben entfaltet sich als eine zu gewinnende Partie.

Unser Text soll dies reflektieren. Ob uns dies gelingt, muß der Leser beurteilen. Der Umgang mit Chaos und Nicht-Kalkulierbarkeit ist im unternehmerischen Dasein Normalität – unabhängig vom Alter eines Entrepreneurs. Wir sind daher ein empirischer Skeptiker, gelegentlich auch zynisch bis polemisch. Uns interessiert primär, wie ein System seine Komplexität erhält, stabilisiert, sogar, trotz Altern seiner Menschen, zu steigern vermag.[9] Als wir diese Zeilen schreiben, wissen wir selbst noch nicht, was bei dieser Sichtweise herauskommt. Einiges mag für den Leser an den Grenzen zur Absurdität angesiedelt sein. Sind durch künstliche Intelligenz gespeiste Roboter Koproduzenten evolutorischer Dynamik,

---

[7] Das Jahr 1990 bezieht sich auf Männer, das Jahr 2022 auf Männer und Frauen, vor allem weil zunehmend mehr Frauen als früher erwerbstätig sind.

[8] Viele Fallstudien über Superalte (Centenarians, Hundertjährige und älter) finden sich bei Weiss-Numeroff (2013), allerdings nicht alle auf berufliches Tätigbleiben im Alter bezogen.

[9] Was ist ein System. Tausendundeine Definitionen. Unter System verstehen wir eine Ansammlung von Elementen, die untereinander stärker verknüpft sind als mit den Abläufen jenseits einer Grenze. Die Grenze des Systems ist der innere Zusammenhang. Diese Sichtweise folgt der Logik des Konstruktivismus bzw. der autopoietischen Systemtheorie (Maturana, Varela, Luhmann, dargestellt etwa bei Simon, 2007).

Interaktionspartner? Leisten sie sogar mehr als durch medizin-bürokratische Richtlinien gepeinigte Pflegekräfte und ihre Opfer? Erlauben sie alten und behinderten Menschen, ihre Mobilität in selbstfahrenden Automobilen zu erhalten? Schaffen sie oder vernichten sie *per saldo* Arbeitskräfte - und in welchen Altersgruppen (ausführlicher Kapitel 15 & 18)? Lediglich bei Tiergruppen können wir unterstellen, ihre Intelligenz sei im Laufe ihrer Evolution bereits optimiert worden. Beim Menschen schreitet die Evolution voran, auch wenn sich eine negative Evolution (Involution) bei verschiedenen Personen nicht ausschließen läßt. Chronologisches Altwerden ist kein Hinderungsgrund für ein Zunehmen von Kompetenzen und selbst- wie ko-evolutiven Evolutionsfähigkeiten. Künstliche Intelligenz wird diese Prozesse beschleunigen.

Altern und Unternehmer(tum) sind unsere meistverwendeten Begriffe. Beides ist eng verknüpft, wechselseitig kausal. Ein Unternehmer kann im marktlichen Wettbewerb altern und er altert biologisch. Auch biologisches Altern (Seneszenz wird es genannt), ist in unternehmerische Prozesse eingebettet. Körperliches Altern kann selbst erzeugt sein, man spricht dann von sekundärem Altern. Es ist primär dem Lebenswandel geschuldet. Es ist weitgehend in unternehmerisches Hand, selbsterzeugt. Das Medizinsystem lebt von sekundärem Altern. Für rund 800 Milliarden Dollar werden weltweit jährlich Medikamente verschrieben. Biotechnologie ist neben der Roboterwirtschaft und der Digitalindustrie die am schnellsten wachsende Branche, alle im übrigen, wir kommen mehrfach darauf zurück, Kernindustrien einer neuen Langen Welle oder eines (sechsten) „Kondratieff" (Schumpeter) basisinnovativer Wertschöpfungsprozesse. Alternsprozesse sind auch biologisch-evolutionär aufgezwungen (primäres Altern). Man kann wenig dagegen machen. Ein unternehmerischer Tiger stirbt nicht wegen seines Lebenswandels, sondern weil seine biologische Natur (sein „Kranich") ihm den schleichenden Tod aufzwingt. Im System Wirtschaft beobachten wir vergleichbare Vorgänge. Märkte entstehen und sterben. Schreibmaschinen finden wir auf ökonomischen Friedhöfen wie die meisten Unternehmen, die mit ihnen Geld verdienten und Arbeitsplätze schufen. Einigen gelang es, neue Märkte zu erschließen, die meisten starben, auch „sekundär" bedingt: Voraussicht, Zukunftsdenken, unternehmerische Energie Neues zu wagen, waren unterentwickelte Fähigkeiten. Die wechselseitige Interaktion wirtschaflicher und biologischer Alternsvorgänge, sekundär und primär bedingt, ist der Inhalt unserer Überlegungen. Wenn Gesellschaften demographisch altern, ist eine theoretische und handlungspraktische Untersuchung dieser Vorgänge unvermeidlich. Wenn jemand in höherem Alter unternehmerisch aktiv sein oder bleiben will, als abhängiger oder selbstständiger „Erwerbstätiger", muß er sein ökonomisches mit biologischem Unternehmertum verbinden, sein Denken und Tun wieder dem Leib zuführen, sein unternehmerisches Sein in Übereinstimmung mit der eigenen, inneren Natur bringen. Will er nicht oder kann er nicht (in Deutschland auch: darf er nicht), kein Problem: „Ruhestand". Wie funktioniert demgegenüber eine „alter(n)slose Gesellschaft (ageless society) mit ihrem Teilsystem Wirtschaft? Warum und wie eine (Re-)Integration älterer Menschen in den ökonomischen Wertschöpfungsprozeß? Unser Text läßt sich in verschiedener Hinsicht als medizinisch verstehen, denn im Mittelpunkt steht das Zusammenwirken biologischer und ökonomischer Krankheiten, Vergreisungsvorgänge und Heilungsmöglichkeiten die in eine „ageless society" evoluieren können: Innovation und Evolution entfalten sich unabhängig vom demographischen Alter der Gesellschaft. Der ökonomische und biologische Tod sind kein großes Drama mehr, sondern nehmen sich eher aus wie eine Falte in der Zeit, die bald wieder glatt gestrichen ist.

Wie immer bei der Beobachtung und Interpretation komplexer Zusammenhänge gibt es theoretische Hoheiten, die uns Durchblick versprechen. Ob für uns eine solche existiert, wird erst am Ende des Textes deutlich sein. Wir argumentieren jedoch, zumindest versuchen wir es, nicht akademisch verengt, studienökonomisch schon überhaupt nicht. Uns interessiert eine Lebenspraxis in der Zukunft von Systemen, ausgehend von Personen und ihren Teilsystemen (Körper, Geist).

Wir beschäftigen uns durchgehend mit komplexen Systemen oder in der Sprache von Heinz von Foerster, nicht-trivialen Systemen. Wer Komplexität nicht anerkennt, hat ein einfacheres wissenschaftliches Leben. Er sucht sich die Daten aus, die in seine eigene Weltsicht und seine Theorie passen. Die Empirie, zunehmend mit hochkomplizierter Statistik angereichert, arbeitet auf diese Weise. Komplexität geht verloren. Wie Nobelpreisträger Angus Deaton es formuliert: „Statistik ist weit davon entfernt, politikfrei zu sein. Statistische Objektivität ist ein Deckmantel, gesponnen mit politischem Garn" (Deaton, 2015).[10] Größtmögliche Objektivität gar ist eine Fiktion, Science-Fiction.So genau haben wir Deaton nicht gelesen. Er hat wohl auch geschrieben: Für komplexe Erscheinungen sind statistisch-quantitative Methoden selten überzeugend genug, die Notwendigkeit oder gar die Hinlänglichkeit eines Faktors als „kausal" nachzuweisen. Die subjektive Interpretation empirischer Befunde, seien sie politikfrei erstellt oder nicht, ist ein zusätzlicher Reduzierer von Komplexität. Ökonomische und generell sozialwissenschaftliche Phänomene können nicht einfach beobachtet werden, sie sind vom Beobachter zu interpretieren. Es gibt keine absolute Realität, vielmehr verschiedene Möglichkeiten in Abhängigkeit von der jeweils eingenommenen Perspektive. Diese Sichtweise folgt „konstruktivistischen" Vermutungen – von Foerster, Luhmann, Maturana, Varela u.a. - Es gibt keine „Fakten" jenseits ihrer theoretisch (auch unbewußt) erzeugten Wahrnehmung und Interpretation. Ein Keynesianer sieht eine andere Welt als jemand, der eine neukombinative Theoriebrille trägt.

Im 19. Kapitel beschäftigen wir uns mit der Frage, wie man Alterserwerbstätigkeit erhalten oder ausweiten kann. Viele empirische Untersuchungen sind verfügbar. Der Leser wird dann sehen, wie wir damit umgehen. Wir arbeiten mit einem theoretischen Ansatz, den wir in allen Kapiteln zugrundelegen. Albert Einstein notiert: „Es ist die Theorie und nur die Theorie, die bestimmt, was beobachtet werden soll". Jeder Beobachter hat eine Theorie im Kopf, auch wenn er sich nicht bewußt darüber ist, von theoretischer Reflektion ganz zu schweigen. Taugt die Theorie wenig, leidet auch die Praxis, so Kant: „Das Praktischste was es gibt, ist eine gute Theorie".

Die Überlegungen dieses Textes sind eingebettet in zwei jüngere Veröffentlichungen: Kazue Haga (2013: Innovations- und Evolutionsdynamik in demographisch alternden Gesellschaften) und Jochen Röpke (2015: Der biologische Unternehmer). Wer einer anderen theoretischen Sichtweise anhängt, mag unseren Ansatz für einseitig, wenn nicht für überzogen halten. No problem. Studiert man andererseits die vielen Veröffentlichungen mit empirischem Hintergrund zu Wachstum und Entwicklung: Der gemeinsame oder einzige Nenner, auf den sich die Forscher zu einigen scheinen, ist Unternehmertum und Innovation, in unserer Sichtweise eingebettet in „Evolution"[11]. Warum sollte man diese Einsicht über Bord werfen, wenn wir uns mit den Wirkungen des sog. demographischen Wandels in alternden Gesellschaften auf Wohlstand und Wohlergehen beschäftigen? Was erwartet den Forscher, den Einzelmenschen, den Berater und politisch Verantwortlichen, wenn er demographischen Wandel aus im Meer treibenden theoretischen Rettungsbooten gestalten will? Natürlich wird die sog. Schumpeter*logik* in den Hintergrund gedrängt, weil niemand, der Studien erstellt, mit Demographie sich einen Namen erarbeiten will, sein Konto beglücken möchte, auf jemand zurückgreift, der vor über einhundert Jahren die Grundthesen vorgestellt hat, welche

---

[10] Ein Grund, warum wir mit „Daten" zurückhaltend sind. Man betrachte beispielhaft die Aussagen zur Einkommens- bzw. Vermögensungleichheit. Wissenschaft, Politik, Medien *konstruieren*, was in ihre Weltsicht passt. Es gibt – zumindest jenseits der Physik – keine Wirklichkeit, die nicht vom Beobachter selbst erzeugt ist.

[11] Nur wenig in der Ökonomie ist wichtig, außer im Lichte der Evolution, eine Anspielung auf Theodosius Dobzhanskys (1973) „nichts in der Biologie ist sinnvoll, außer im Lichte der Evolution betrachtet." Eine lange Geschichte. Charles Darwin soll Schlüsselüberlegungen seiner Theorie bei Adam Smith gefunden haben.

alle theoretischen Neuerungen bis heute überleben konnte, die zudem bereits vor mindestens zweitausend Jahren in der Praxis der Menschen Anerkennung fanden: „Das Alte verwerfen und das Neue aufnehmen" (so in der daoistischen Lebensphilosophie von Laozi [„Alter Meister"] und Zhuangzi).

Den Begriff "Logik" verwenden wir durchgehend in einer Weise, wie sie im folgenden Zitat von Luc Ciompi, 1997, S. 77) zum Ausdruck kommt: "In dieser ... viel allgemeineren Bedeutung von Logik geht es also weniger um eine Vorschrift, wie korrekterweise gedacht werden *sollte*, als vielmehr um die Feststellung, wie in einem bestimmten Kontext gedacht *wird*. ... In diesem Sinne gibt es nicht nur eine einzige Logik, sondern deren viele... Zu einem ähnlichen Schluß führt ebenfalls der Konstruktivismus.... Zu bedenken ist ferner, daß neben der okzidentalen Logik auch andere Hochkulturen wie die chinesische ... ganz andersartige 'Logiken' hervorgebracht haben."

Altern ist ökonomisch eine mehrfache Herausforderung. Warum? Wenn es weiterläuft wie bislang, auf der Ebene der einzelnen Menschen und/oder der Gesellschaft, bewirkt es genaus das, was Alterung, umgangssprachlich „Vergreisung" genannt wird. Demographischer Wandel wird dann zu mehr als einem medialen Schreckensgespenst. Die Gesellschaft leidet an Überalterung. Die Krankheiten der Alten infizieren die Gesellschaft und ihr Teilsystem Wirtschaft. Immer größere Teile der Bevölkerung sind zu alt, zu müde, zu angstvoll, um ihre Zukunft hoffnunsvoll zu sehen. Altern ist biomedizinisch der größte Risikofaktor für den Tod in entwickelten Gesellschaften. Gesundheits- und Pflegekosten steigen überproportional. Wer zahlt dafür? Die noch Arbeitenden, zunehmend auch die Alten selbst und ihre Angehörigen. Sie müssen ihr Vermögen opfern, um ihre Alterspflege zu bezahlen. Wenn immer mehr Menschen alt werden, ihr Anteil an der Bevölkerung entweder zunimmt (welche die Kinderproduktion nicht zu kompensieren vermag) oder absolut gesehen, immer mehr Menschen eine höhere Altersstufe erreichen, wie wirken sich diese Prozesse auf die wirtschaftliche Entwicklung aus? Fällt die Wirtschaft auf Routine zurück, entwickelt sich zu Stationarität, Involution (negative Evolution)? Ist die Gesellschaft, ihre Teilsysteme (Wirtschaft, Politik, Wissenschaft, Religion usw., die Menschen selbst), in der Lage, ihre „Könnensbereiche" (Sloterdijk, 2009) zumindest zu erhalten, sogar auszuweiten, zu evolutionieren, in Schumpeterscher Logik zu innovieren, schöpferisch und evolutiv auf die demographischen Herausforderungen zu antworten? Die verbleidende Lebenszeit verrinnt für immer mehr Menschen. Tage fallen wie Blätter vom Baum der Zeit. Wer die Kräfte der Natur achtet, die Kräfte der ökonomischen Evolution und die Kräfte des Lebens seines Körpers, viele Tage vermag er unternehmerisch, jenseits eines Lebens im Ruhestand zu gestalten.

Der Kasten faßt die zwei Sichtweisen zum Altern zusammen.

Der Autor ist ein Ökonom, was sicher schon klar wurde. Ihn interessieren Mehrwerte. Schaffen Alte Menschen einen Mehrwert oder genießen sie die von anderen erzeugten? Wir folgen der Hypothese: Das Verhalten der Menschen ist an Eigeninteressen ausgerichtet.

Schumpeter zum Routineunternehmer:

> "Es ist das Anwenden dessen, was man gelernt hat, das Arbeiten auf den überkommenen Grundlagen, das Tun dessen, was alle tun. Auf diese Art wird nie ‚Neues' geschaffen, kommt es zu keiner eigenen Entwicklung jedes Gebietes, gibt es nur passives Anpassen und Konsequenzenziehen aus Daten" (Schumpeter, 1911/2006, S.124).

Kann sich eine alternde Gesellschaft, die Innovation zunehmend an der Bedürfnisbefriedigung alter Menschen ausrichtet (sog. Silberwirtschaft), diesem Trend entziehen? Kann der Import (Zuwanderung) von Menschen aus weniger entwickelten Volkswirtschaften einer alternden Gesellschaft neue Impulse vermitteln? Deutschland heute oder andere noch hochentwickelte Länder sind nicht mit den Vereinigten Staaten im 18. und 19. Jahrhundert vergleichbar, in welche Zuwanderung in ein bevölkerungsarmes Land erfolgt und die bereits dort ökonomisch Aktiven vergleichbare Kompetenzniveaus wie die Zuwanderer aufwiesen; welche im übrigen, mit Unterstützung des Staates und seiner militärischen Interventionen, die einheimische Bevölkerung und ihre spirituellen und gesundheitlichen Fähigkeiten weitgehend auslöschte.

Wir beschäftigen uns fast ausschließlich mit ökonomischen Antworten auf die demographischen Alterungsprozesse in sog. entwickelten Ländern. Die Problematik in Entwicklungsländern ist allerdings eine weitgehend identische. Die Bevölkerung in Entwicklungsländern altert jedoch nach Angaben der US-Statistikbehörde US Census viel rascher. Dieser Trend ist seit vielen Jahren erkennbar und wird sich beschleunigen. Bereits bis Juli 2008 fanden mehr als 80 Prozent des Nettozuwachses älterer Personen in Entwicklungsländern statt (Wir stützen uns auf die Angaben von Murray, 2011). Für China ist die Alterung der Bevölkerung und seine Negativwirkung auf das Wachstum durchgängig thematisiert. Die Auswanderung junger Menschen aus Entwicklungsländern beschleunigt deren Alterungsprozesse. Die von uns vorgestellten Überlegungen halten wir für weitgehend übertragbar auf Entwicklungsländer. Die Alterungsprozesse werden diese Länder jedoch aufgrund ihrer noch geringeren Lebensstandards ökonomisch wesentlich härter treffen.

Wir wiederholen uns oft. Wir stellen bestimmte Zusammenhänge aus verschiedenen Gesichtspunkten dar. Das Buch ist modular aufgebaut. Der Leser kann sich die Kapitel suchen, die sein primäres Interesse finden. Die Kapitel sind nicht vollständig autark, aber doch so geschlossen, daß man sie ohne die vorangehenden Kapitel verstehen kann.

Systemlogisch ist der Leser ein „strukturdeterminiertes System", ein Schlüsselbegriff der Systemforschung. Was bedeutet das? Der Leser, jeder Mensch, in welcher Funktion auch immer er engagiert ist, reagiert auf Anregungen, Störungen, Information entsprechend seiner biologischen (körperlichen) und psychischen (geistigen) Strukturen. Sie verhalten sich aufgrund ihrer jeweiligen internen Strukturen und Prozesse.

> Als strukturdeterminierte Systeme sind wir von außen prinzipiell nicht gezielt beeinflußbar, sondern reagieren immer im Sinne der eigenen Struktur. So kann ich nicht steuern, wie meine Worte wirken: *Jeder liest, was er oder sie liest, dafür trage ich keine Verantwortung!* Nicht dieser Text legt fest, was Sie lesen, sondern Ihre Struktur, Ihre jeweilige Befindlichkeit. Dabei obliegt es jedoch allein mir, keinen Unsinn zu verzapfen, denn ich bin selbst verantwortlich für das, was ich schreibe - bloß bin ich nicht verantwortlich für das, was Sie lesen. (Maturana, 1994, S. 3).

Das Wichtigste für uns, natürlich ein Zitat, aus einem frühen ethiktheoretischen Text, mehr als 2500 Tausend Jahre alt:

> Ehrliche Worte sind nicht schön. Schöne Worte sind nicht ehrlich. Wer es gut meint, disputiert nicht. Wer disputiert, meint es nicht gut. Weise Menschen sind keine Vielwisser, Vielwisser sind keine Weisen (Laozi, Dao De Jing, 81).

Um unser Thema darzustellen, haben wir noch keine bessere Methode entdeckt. Wir sind keine Gleichgewichtsökonomen. Wir behandeln unsere Thematik vielmehr aus der Sicht der neueren „Systemtheorie", die zwischen „trivialen" und „nichttrivialen Systemen" (Heinz von Foerster) untescheidet. Triviale Systeme lassen sich „inputlogisch" behandeln. Man vermacht einem System einen „Input" und erzeugt damit einen bestimmten Output. Dies mag attraktiv sein für Experten, Berater und Mitglieder des Politiksystems. Für komplexe Systeme bringt es wenig. Weder der menschliche Körper noch das System Wirtschaft kann man, interventionslogisch, mit einer Waschmaschine verwechseln, die man ständig reparieren muß und die dann irgendwann auf dem Schrotthaufen (dem Friedhof) endet. Demographie, Unternehmertum, Innovation sind leider auf hochkomplexe und theoretisch nur in Grenzen durchleuchteter Weise verknüpft. Wege in theoretisches Neuland sind zu gehen. Innovation ist das Bindeglied. „Innovation ist die Hauptantriebskraft des Wachstums der Produktivität" und diese von Lebensstandards und Realeinkommen (Furman, 2015). Deswegen folgen wir auch Joseph Schumpeter. „Innovationen umsetzen ist die *einzige* Funktion, welche grundlegend in der Geschichte ist" (Business Cycles, 1939, Band 1, S. 102, unsere Hervorhebung). Entfernen wir Innovationen: Rückkehr in die Altsteinzeit, deren Lebensweise im übrigen zunehmend bei Neukombinierern etwa des Silicon Valley Anerkennung findet. Das Älteste ist manchmal das Neueste. Die Endogenität der Entwicklung durch „Neukombination der Produktivkräfte", Innovation genannt, ist auch heute noch, ein Jahrhundert nach seiner theoretischen Begründung, Kern der ökonomischen Innovations- und Evolutionsforschung (Fagerberg u.a., 2012, S. 1132, 1135; Spolaore & Wacziarg, 2013).Allerdings nicht durchgängig der unternehmerischen Praxis, welches System wir auch im Auge haben (Wirtschaft, Körper, Politik usw). Quantitativ betrachtet hängen etwa Spekulation, Deal making, Unternehmenszusammenschlüsse und Aufkäufe (wir fassen sie als „Arbitrage" zusammen), alle anderen Funktionen bei weitem ab. Immer weniger Unternehmen investieren in Forschung und Entwicklung, die Innovationsleistung sinkt, weltweit, in allen Industrieländern (Sarah Gordon, 2016).Auch China scheint an einer Arbitragekrankheit zu leiden. „Wenn China Europa nicht schlagen kann, wird es Europa kaufen", lesen wir am 28. Oktobrt in der Financial Times. Die Anzahl der Unternehmensgründungen sinkt dramatisch selbst in der Start-up-Nation Vereinigte Staaten; sie halbiert sich von 160 (im Jahr 1977) auf 80 (2013), jeweils bezogen auf 100.000 Einwohner (Lewis, 2016). Entwicklungspessimisten wie Robert Gordon, auch demographische Einflüsse verantwortlich machend, gewinnen Aufmerksamkeit (wir würdigen später seine Überlegung (en). Im deutschen Mittelstand sinken die Investitionen kontinuierlich, obwohl sie steigen müßten, weil die Zahl der Arbeitskräfte demographisch bedingt sinkt, informiert uns die Kreditanstalt für Wiederaufbau.

Mit oftmals auch schlimmen Folgen. Japan stagniert ökonomisch nahezu seit fast zwei Jahrzehnten (verglichen mit den Jahren davor) und China („alt bevor reich") könnte seine hohe Wachstumsrate durch Arbitrage verspielen. Die Auswirkungen auf demographisch alternde Wirtschaften können langfristig dramatisch sein. Firmen und Staat investieren weniger in die Entschleunigung des Alterns und die Gesundheit alternder Menschen. Produktivität und Ausweitung einer gesunden Lebensspanne sind primär bedingt durch reale (nicht finanzielle) Investitionen, seien es Unternehmen, sei es der Staat, seien es - unser Kernsthema - die Individuen selbst. Investitionen in das Selbst sind keine Altersfrage. Wir geben viele Beispiele. 100 Jahre alt und noch arbeiten? Mit dem Körper (Training, Sport) und um ökonomischen Mehrwert zu erzeugen. Etwa in einer Weinhandlung Kartons mit Wein perpacken und auf den Weg zum Transport zu bringen (Tavernise, 2016). Bislang schaffen es nur wenige, aber immer mehr Menschen können und machen es. Japan versucht es. Ist Ruhestand langfristig betrachtet ein auslaufendes Modell des Lebens?

Schumpeter hat den Innovationsbegriff nicht erfunden, wohl aber, insbesondere in seiner prozessualen und psychischen Dimension und Komplexität, theoretisch wie anwendungsorientiert dargelegt.[12] Wir halten einen Großteil der Unternehmerforschung für die praktische Gestaltung und Förderung von Unternehmertum für wenig relevant. Tut uns leid, liebe Kollegen. Zum Stand der Forschung siehe die Metastudie von Fagerberg u.a. (2012). Schumpeter steht im Zentrum ihrer Überlegungen, aber eher als Fußnotengenerierer. Für die sich ausschließlich auf angelsächsische Literatur stützenden Autoren existiert Innovations- und Unternehmerforschung, die sich der europäischen, insbesondere deutschsprachigen Schriften bedient, nicht. Sie haben damit mangels Sprachvermögen auch keinen Zugang zu Schlüsselwerken. Für amerikanische Autoren gilt ohnehin: Wer sich nicht selbstvermarktet, kann wenig taugen. Man betrachte den Bekanntsgrsad des Innovationsforschers Christensen, (mehr zu ihm später). Bezüglich Schumpeter sind die Folgen grotesk. Seine Schlüsselwerke (Schumpeter 1911/2006) und 1934 (in vielen, identischen Auflagen) sind unübersetzt oder nur gekürzt verfügbar, wobei der Übersetzer von Schumpeter 1934 Schlüsselkonzepte und Begriffe nicht durchgängig adäquat zu übersetzen verstand. In China und Japan vollständig übersetzt, ins Englische nicht.

Peter Drucker bezieht sich mehrfach auf Schumpeter bezogen siehe etwa Drucker, 1993), der für ihn nicht nur mit der „traditionellen Ökonomie brach", diese überwand – *Ohne Ungleichgewicht kein Unternehmertum* - auch viel radikaler argumentierte als John Maynard Keynes, für angelsächsische Ökonomen und Medien quasi der Liebe Gott für die Gestaltung der Wirtschaftspolitik. Erstaunlich auch die Kritik an einer „neoliberalen" Politik, für welche die Schumpetersche Sichtweise eine Nebenrolle spielt oder überhaupt nicht existiert.

Interessant der Hinweis der Autoren, nach der die wissenschaftliche Wirkung der zumindest ökonomischen Unternehmer-, Innovations- und Evolutionsforschung Büchern zu verdanken ist und nicht Zeitschriftenaufsätzen (Fagerberg u.a., 2012 b, S. 1136). Unsere Erklärung dieses Tatbestandes: Bücher können bei komplexeren Zusammenhängen in die Tiefe gehen. Der zynische Beobachter zitiert Ioannides (2015), sich auf Zeitschriftenaufsätze beziehend: „Why most published research findings are false" (der meist zitierte Beitrag in Plos Online). Eine jüngere Diskussion findet sich bei Bailey (2016), aus der man nur schließen kann: erschreckend. Nobelpreisträger wie Krugman und Stiglitz geben vor, Schumpeter „überwunden" zu haben – ohne seine Schlüsselwerke im Detail zu studieren, deutschsprachige ohnehin nicht. Wir werden später erläutern, warum ihre (weitgehend keynesianischen) „Rezepte" für die Überwindung von Krisen und die Förderung von Wachstum auch und gerade in demographisch alternden Gesellschaften keine Wohlstandswirkungen erzeugen und bei andauernder wirtschaftspolitischer Anwendung (Zentralbanken, Fiskalpolitik) eine graduelle Verarmung der Gesellschaft bewirken. Die demographisch älteste Gesellschaft, Japan, ist eine exemplarische Fallstudie. Und Japan beginnt sich, allmählich, zu schumpeterianisieren. Selbstverständlich gibt es nicht nur Ausnahmen, sondern ökonomische Konzepte, wenn nicht Schulen, welche Schumpeter in ihren Überlegungen reflektieren. Ein Beispiel ist die sog. Evolutionsökonomie. Man vergleiche etwa Metcalfe & Foster (2010), die in ihrem Beitrag „Evolutionary growth theory" die Schumpetersche Basis mehrfach betonen („The foundations are Schumpeterian") und die Grenzen der herrschenden Ansätze, welche auch die sog. Gesundheitsökonomie kennzeichnen, ausführlich darlegen. In weiten Bereichen der Innovationsforschung bleibt Unternehmertum ausgeblendet (Autio u.a., 2014), was überraschen mag, wenn man sich an die Ursprünge der Innovations- und Unternehmerforschung vor über 100 Jahren erinnert. Auch Systemlogik bleibt eine

---

[12] Der nachfolgend eingerückte Text war als Fußnote gedacht, wurde aber immer länger, also in den Haupttext zurück. Wer sich für die theoretischen Hintergründe unserer Schumpeterlogik weniger interessiert, kann überspringen.

Unbekannte, wie der Beitrag von Autio u.a. zeigt, welche die „importance of context" betonen, die theoretische Durchdringung und Vertiefung jenseits von institutionellen, organisatorischen Beschränkungen nicht reflektieren. Als zeitgenössischen angloamerikanischen Autor mit direktem Schumpeterbezug betrachten wir William J. Baumol (geboren 1922). Was er schreibt ist für uns wenig Neues, aber von Bedeutung, weil er zumindest in den USA eine theoretische und wirtschaftspolitische Anerkennung besitzt. Wer sich für die Sichtweise von Baumol interessiert, sei auf den Aufsatz von Griffiths und Kollegen (2012) verwiesen, in welchem sie auch Baumol selbst in einem Interview zur Sprache kommen lassen.

Die nachfolgende Forschung vermochte mit Schumpeter und von ihm beeinflussten Forschern nur teilweise mitzuhalten, hat einzelne Aspekte hervorgehoben, sich etwa primär mit der Akzeptanz und Ausbreitung gegebener Neuerungen beschäftigt (diese auch als „Evolution" interpretiert), persönlichkeitsstrukturelle Einflüsse eher ausgeblendet, an Happiness-Forscher delegiert. Dies ist der normale Vorgang wissenschaftlicher Spezialisierung, macht jedoch Probleme, wenn diese Erkenntnisse in die Praxis umgesetzt werden, weil dort immer die Ganzheitlichkeit des Innovationsgeschehens zu beachten ist, oder der Innovator, sei es eine Person oder eine Organisation, erleidet Umsetzungsdefizite. Eine theoretische Weiterentwicklung der Unternehmerforschung ist schwierig auszumachen, vielmehr eine Überspezialisierung ohne Einblicke wenn nicht Kenntnisse in persönlichkeitsstrukturelle und lernprozessuale Bedingungen und Voraussetzungen. Was wir somit beobachten ist kein Paradigmawechsel sondern eine Paradigmaerosion. Unternehmertum hat zahlreiche Facetten. Was sie auch ist: Eine Wissenschaft des Individuums – jenseits statistischer Durchschnitte operierend. Unser Text reflektiert diese Sichweise.

Wir folgen einerseits Schumpeter bzw. einem Innovationsansatz. Wir weiten jedoch das Anwendungsfeld für Neuerungen beträchtlich und für unsere Themenstellung unverzichtbar aus. Wer etwas Neues unternimmt, für sich und durch sich selbst, ist ein Innovator, Neukombinierer. Das Neue muß für die Person selbst neu sein, nicht objektiv etwas Neues, Erstmaliges darstellen. Die Neukombinationsfelder sind Wirtschaft und Biologie, der eigene Körper, beides eingebettet in eine Neukombination der Zeit. Mit einem zunehmenden Alter werden Wirtschaft und Biologie im Unternehmersein immer stärker voneinander abhängig. Wir geben hierzu viele Beispiele.

Wer lebenslanges Unternehmertum jenseits eines Alters der durchschnittlichen Lebenserwartung der (statistical lifetime) praktizieren will und Palliativmediziner schöpferisch zu zerstören hofft, überläßt er die Lachnummern den Öffentlich-Rechtlichen und praktiziert, was sein Genom glücklich macht? Lebenslanges Unternehmertum ist langjähriges Unternehmertum – bis zum letzten Atemzug, so plant es etwa Arnold Schwarzenegger (mehr zu ihm unten), und viele vor und nach ihm.

Innovationen umsetzen. Fast jeder kann schwimmen. Schwimmen hält gesund, wenn man es nicht nur im Urlaub macht. Man besuche einen Strand, beobachte, wie wieviele der Anwesenden sich die Mühe machen, die Energie aufbringen, zu schwimmen. Schwimmen gegen den Strom – Fähigkeit und Energie unternehmerischer „Tiger" (nach Laozi und Schumpeter). Unternehmerische Jungbrunnen. "Wer zur Quelle will, muss gegen den Strom schwimmen" (Herrmann Hesse).

Abbildung 2: Jungbrunnen, Lucas Cranach der Ältere

Lucus Cranach wurde 79 Jahre alt (ohne Zugang zu Medikamenten), exakt die durchschnittliche Lebenserwartung gegenwärtig in Deutschland. Das Bild malte er im Alter von 74 Jahren im Jahr 1546. Die durchschnittliche Lebenserwartung im Mittelalter betrug weniger als 30 Jahre. Daß bei einem so kurzen Zeithorizont die Innovationsbereitschaft bescheiden bleibt, liegt nahe anzunehmen. Die Tage des Lebens fallen wie die Blätter vom Baum. Das Jenseits und dessen lebenspraktisches Vorbereitetsein bestimmt die Routine des Lebens. Erst Calvin und seine Gläubigen vermochten, folgt man Max Weber, gegenzusteuern.

Was Obiges schon andeutet: In lebenslangem Unternehmertum sind wirtschaftliche Wertschöpfung und Biologie gekoppelt, selbst- oder autotherapeutisch, durch das Individuum selbst erzeugt. Mit einem zunehmendem kalendarischen oder chronologischen Alter erodiert Unternehmertum nicht notwendigerweise, zumindest nicht bei den Alterskategorien, die im Zentrum der herrschenden Unternehmertum erodierenden Interventionsmechanismen von Politik stehen.

Wenn Innovation im Zentrum des demographischen Wandels steht, folgt automatisch die Frage: Wer innoviert? Wie steht Innovation in Beziehung zum Alter eines Menschen und einer Gesellschaft? Bewirkt die sogenannte demographische Vergreisung auch eine Vergreisung der Innovationsleistung einer Gesellschaft?[13] Bewegen wir uns schrittweise auf ein altsteinzeitliches Leben zu, d.h. eine Wirtschaft, die nicht wächst, welche dennoch die Natur einschließlich des eigenen Körpers achtet, versucht, diese nicht auszubeuten? In einigen Ländern, Deutschland gehört dazu, sind Neukombinationen in neueste Technologien, von Schumpeter „Kondratieff" genannt, wenig geachtet und politisch-medial unterbewertet und in Teilen zurückgewiesen, auch solche, welche dazu beitragen, das Altern zu entschleunigen und die gesunde Lebensspanne auszuweiten: Länger leben, länger leiden? Steigt die Gesundheitsspanne, wird die Krankheitsphase im Alter gleichfalls verschoben und die individuelle Lebensspanne steigt - damit die Chancen für eine ökonomische Wertschöpfung trotz zunehmendem chronologischem Alter. Vergreisung läßt sich dahere zweifach verstehen, als körperliche und ökonomische. Deren Zusammenwirken ist in unseren Text eingebunden.

---

[13] Interessant: Im Englischen gibt es keinen Begriff für „Vergreisung", eine deutsche Sprachleistung, aber noch nicht so populär wie die „German Angst". Man könnte, einen biologischen Begriff übernehmend, von Seneszenz – Abbau der körperlichen Funktionstüchtigkeit – sprechen, weil demographische Vergreisung eine Folge von körperlicher und kognitiver Seneszenz darstellt, zumindest umgangssprachlich und medial.

Unsere Logik ist einfach, in der Theorie, in der Lebenspraxis der Menschen in allen Teilsystemen der Gesellschaft allerdings bis heute nur vom einzelnen Menschen, den wir Unternehmer nennen, durchzusetzen.

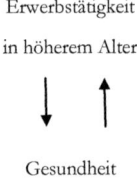

Wie kann ein aktiv gestaltetes wirtschaftliches Leben bis in ein hohes Alter die Gesundheit fördern? Man kann zahlreiche Argumente gegen diese Sichtweise ins Feld führen. Wenn es welche gibt, führen wir sie an und diskutieren sie. Politik und Managementpraxis gestalten das Leben der Menschen auf andere Weise. Wie kann eine gesunderhaltende Lebensweise Menschen in ihrem Tätigsein in allen Lebensbereichen (wirtschaftlich, wissenschaftlich, im Sport, in Kunst, Erziehung, ehrenamtlich) fördern, ist evident, verlangt jedoch Geduld. Man muß auf die kleinen Veränderungen achten und lernen, sie in ihrer Entfaltung oder Stagnation oder Rückentwicklung zu beobachten. Der Unternehmer ist ein Entdecker des Lebens, er lernt seinem Leben Neues hinzuzufügen. Körper und Geist sind komplexe „Maschinen", deren Lebensweise nicht einer trivialen Ursache-Wirkungs-Logik folgt. Das ist „trivialmaschinelles" (Heinz von Foerster) Marketing der Vermarkter von Rezepten für körperliches Fitness- und Geisttraining.

Leider ist auch – und damit kommt der Unternehmer wieder ins Spiel - beim gegenwärtigen Stand des Unwissens Gesunderhaltung von zahlreichen Unsicherheiten geprägt. Einiges werden wir ansprechen. Zahlreiche medizinische Interventionen gelten als ambivalent. Und wer zum Arzt geht, hat sich durch seine Lebensweise schon chronologisch-zivilisatorisch krank gemacht. In höherem Alter trifft dies auch auf Unfälle zu.

Natürlich stellen sich zahlreiche Fragen. Sind alte Menschen und demographisch alte(rnde) Gesellschaften weniger innovativ, eine Frage, welche die vorherrschende Sichtweise bejahend beantwortet? Diskurse und Studien zu Silver Market und Silver Economy sind ökonomisch primär an der Konsumleistung und ihrer Erschließung durch alte Menschen interessiert (siehe spätere Kapitel). Existiert aber auch ein Golden Age, in welchem kalendarisch, nicht biologisch Hochaltrige neukombinativ und selbstevolutiv Potentiale für sich selbst und die Gesellschaft unternehmerisch erschließen? Wir wollen betrachten, wie ein System, auch eine Gesellschaft, sich in der Zeit entwickeln und evoluieren kann, wenn es gelänge, ihre unternehmerische Energie bis in höhere Alter der Menschen zu kultivieren. Nicht ein Leben nach der Arbeit, vielmehr ein gesunderhaltendes Leben durch Arbeit.

Eine Golden Economy, Goldwirtschaft als Gegenpol zur Silberwirtschaft läßt sich als produktives Altern verstehen. Auch wenn die Bevölkerung zurückgehen würde – irgendwann wird sie sich auch stabilisieren, in Japan vielleicht bei 100 Millionen Menschen gegenüber 126 Millionen gegenwärtig – wäre es nicht gleichzusetzen mit einer Stagnation der Wirtschaft, stagnierendem, gar sinkendem Wohlstand. Länder wie Japan und Korea streben eine „ageless society" an, behaupten gar, sie seien bereits auf dem Weg dorthin. Ohne ein produktives Altern mündet eine *ageless society* (eine alterslose Gesellschaft) in ökonomische Stagnation, ein Niedergang ist nicht auszuschließen. Steigt die Produktivität der Arbeit, steigen auch Lebensstandard und Vermögen. Nur: Wie kann sich ein produktives Altern verwirklichen, in der

Wirtschaft, für einen selbst? Wir gehen der Vermutung nach: durch Aktivbleiben, Werteschaffung, unabhängig vom jeweiligen Alter. Eine alterslose Gesellschaft leistet zumindest zweierlei: Sie erhält den Wohlstand für die Menschen, zügelt, wenn nicht überwindet Altersarmut und sie komprimiert das Kranksein auf eine kurze Zeit vor dem Ableben. Eine alterslose Gesellschaft ist eine der ökonomischen Integration älterer Menschen in den Wertschöpfungsprozeß. Wir erzeugen eine demographische Dividende, erzeugt von Menschen, die wir Unternehmer nennen, welche die Dividende auch noch für sich selbst erzeugen. Beide Prozesse sind Bewegungen zu wachsender Komplexität in demographisch alternden Gesellschaften und bedingen sich wechselseitig. Die Komplexität verlangt, um sie beherrschbar zu machen, schöpferisch zu gestalten, eine Ausweitung der Könnensbereiche in allen Teilsystemen der Gesellschaft. Selbstevolution ist der Schlüssel zu lebenslangem Unternehmertum.

Wir widmen uns vor allem selbstständigem oder unternehmerischem Tätigkeitsein und -bleiben ohne ein Aktivsein in unselbstsständiger Beschäftigung auszuschließen, zudem wichtige Einflußprozesse bei Unternehmern und angestellten Beschäftigten sich wenig voneinander zu unterscheiden scheinen. Wir illustrieren unsere Ausführungen oftmals mit japanischen Beispielen und Erkenntnissen. Japan ist die demographisch älteste Gesellschaft. Ob sie für andere Vorbildcharakter hat, sei dahingestellt. Was sich jedoch beobachten läßt: Japan steht an der Spitze eines demographischen und ökonomischen Experiments. Viele Initiativen lassen sich beobachten, die sich dem Umgang, auch schöpferischen, mit dem Altwerden von Menschen annehmen. Alle Teilsysteme der Gesellschaft wie Wirtschaft, Politik, Wissenschaft, Sport, Medien, Gesundheit ohnehin, sind in Experimenten involviert. Zuwanderung ist extrem eingeschränkt, was die Notwendigkeit und Bereitschaft, schöpferische Wege zu finden, anregen könnte.

Wir beobachten die Medien. Sie stellen oftmals jüngere wissenschaftliche Untersuchungen vor. Sie reflektieren auch und erzeugen Sichtweisen der Bevölkerung. Vor allem schildern sie Entwicklungen, welche die Wissenschaft noch nicht für ein größeres Publikum zu kommunizieren vermag. Der Normalmensch studiert nicht wissenschaftliche Erkenntnisse, vielmehr Berichte und Meinungen in den Medien. Sie beeinflussen sein (strukturdeterminiertes) Verhalten. Wie er in seinem Leben damit umgeht, ist abhängig von seiner unternehmerischen Ausprägung. Erst dann wird Wissen zu Selbstwissen. Wissen ist nicht der Engpaß, bietet keine „Lösung". Wir wissen noch niemals soviel wie heute, seit es Menschen gibt. Dennoch leben die Menschen so ungesund wie nie zuvor in ihrer Geschichte. Was ist die Schlüsselvariable? Die Energie, die Willenskraft, das Durchhaltevermögen, also Eigenschaften, die mit Unternehmertum verknüpft sind, um das Wissen, gespeichert in Forschungserkenntnissen und Erfahrungen, im täglichen Leben, im welchem System der Gesellschaft auch immer, in den Personen selbst, durchzusetzen, anzuwenden. Je älter jemand ist oder wird, desto stärker ist/wird sein Durchhaltevermögen gefordert, um seine Lebensqualität zu fördern oder zu steigern, Arbeiten eingeschlossen.

Wir sind in unserem Text Beobachter zweiter Ordnung. Wir beobachten was und wie andere beobachten, sei es in den Medien, der Wissenschaft, der Politik. *Wir* beobachten. Was ein Unternehmer beobachtet ist nicht die Wirtschaft selbst, Konkurrenten, Kunden, Anwälte usw., vielmehr die Wirtschaft usw., die er beobachtet. Man sieht selbstverständlich nicht, was man nicht sieht. So Heinz von Foerster und auch wir im Anschluß an ihn: Man sieht nicht, daß man nicht sieht, was man nicht sieht. Auch sog. Studien, die wir des öfteren zitieren, beobachten eine Wirklichkeit, die sie selbst konstruieren. Ihr Nichtsehen können sie nicht mitsehen. Sie knicken vor einer Faktizität ein, die sie selbst miterzeugt haben. Deswegen benötigen wir Beobachter zweiter Ordnung. Theoretische Blindheit ist normal. Komplexität ist Teil dieser. Wir alle leben mit blinden Flecken.

Wir kennen die Geschichte über den Elefanten. Nicht jeder weise Mensch schaut und ertastet den gleichen Teil eines Elefanten.

> Es waren sechs Männer in Hindustan,
> zum Lernen sehr bereit,
> die wollten den Elefanten sehn
> (obwohl sie alle blind),
> daß jeder durch Beobachtung
> sich seinen Reim drauf macht.

John Godfrex Saxe (1816-1887). Die Blinden und der Elefant.

1 Evolutionsfähigkeit einer demographisch alternden Gesellschaft

1.1 Lebenslanges Unternehmertum

Was bedeutet „Lebenslanges Unternehmertum"? Wozu brauchen wir es? Welchen Nutzen hat es, für die Gesellschaft, Unternehmen, einzelne Personen? Lebenslanges Unternehmertum (Olderpreneurship; Seniorpreneurship) ist ein Leben außerhalb dessen, was üblicherweise „Ruhestand" genannt wird. In ihm verbindet sich Biologie und Tätigkeitsein, bei uns der Wirtschaft, andere Teilsysteme wie Wissenschaft, Religion, kommen genauso in Frage. Im Mittelpunkt unserer Überlegungen steht jedoch die Wirtschaft. Insbesondere eine Wirtschaft, welche dem sog. Demographischen Altern ausgesetzt ist. Aber auch für demographisch „junge" Gesellschaften halten wir unsere Überlegungen gleichfalls nicht als unbedeutend.

Das wissenschaftlich, politisch und medial in den Vordergrund gerückte demographische Altern prägt die Diskurse, das politische Handeln und generiert eine Vielzahl sogenannter „Projekte" und „Studien". Sie vernachlässigt jedoch eine Vielfalt von Sichtweisen von Alter und Alterung. Demographisch bedeutet Altern: Die absolute Zahl alter Menschen in einer Gesellschaft nimmt zu. Auch der Anteil alter Menschen in einer Population, ihr Anteil an den Erwerbstätigen, kann zunehmen. Es gibt hierfür zahlreiche demographie-statistische Indikatoren. Eine dritte Sichtweise ist jedoch zu beachten: der Alternprozeß per se. Menschen altern, chronologisch und biologisch und ökonomisch (Ende der Erwerbstätigkeit) unabhängig davon, wie zahlreich sie sind und welchen Anteil an der Bevölkerung sie haben.[14] Mit der dritten Unterscheidung sind zahlreiche Fragestellungen verknüpft, denen wir nachzugehen versuchen, unter anderem die Innovations- und Evolutionsleistung einer Gesellschaft, ökonomisch Volkswirtschaft. Wir verwenden hierzu auch den Begriff der Evolvierbarkeit (evolvability), der in der Evolutionsbiologie thematisiert ist. Evolution ist ein sich selbst verändernder Vorgang. Altern ist ein unternehmerisch aktiver Prozess unter genetischer, epigenetischer und memetischer (kulturell vererbter) Kontrolle.[15] Altern kann aus der Sichtweise der Evolvierbarkeit besser verstanden werden. Wer nicht zu evoluieren vermag, was die Fähigkeit dies zu unternehmen, die Fähigkeit Neues zu erkunden und umzusetzen einschließt, hat quasi Pech gehabt. Wenn ihn Supergene nicht retten, stirbt er relativ früh. Sein Körper straft ihn ab für die Ausbeutung, die ihm angetan wurde. Aktives Alten, wie Mittendorf (2012) es nennt, verlangt sich selbst zu evolvieren und damit Fähigkeiten, ein Solches auch zu unternehmen. Fähigkeiten. Beispiel: Bewegung,

---

[14] Wir folgen im Hinblick auf die Typologie des Alterns der Unterscheidung zwischen primärem und sekundärem Altern. Sekundär bedeutet: Von einer Person selbsterzeugte Alterungsprozesse, insbesondere lebensstilbedingt. Primäres Altern ist ein Alterungsprozess, der unabhängig von Krankheiten und externen Einflüssen voranschreitet und beim gegenwärtigen Stand der Erkenntnis medizinisch nicht oder nur in engen Grenzen beeinflußbar ist. Ob Wechselwirkungen zwischen sekundärem und primärem Altern bestehen, ist nicht ganz geklärt. Das primäre Altern bestimmt die maximal erreichbare Lebensspane eines oder der Menschen.

[15] Wir schreiben durchgängig von Memen und Memetik. Der Begriff des Mems (von Mimetik=Nachahmung und Memory = Gedächtnis) wurde 1976 durch den Evolutionsforscher Richard Dawkins in seinem Buch "The Selfish Gene" in den geistes- und kulturwissenschaftlichen Diskurs eingeführt (jüngere Verwendung durch Dawkins, 2010). Das Mem stellt ein hypothetisches Analogon zum Gen dar. Ein verwandter Begriff ist das „Kulturgen" des Soziobiologen Edward O. Wilson. Ein Mem ist eine Gedankeneinheit, die reproduzierbar ist und als Replikator wirkt, das heißt, dass sie auch aktuell reproduziert wird, also mindestens einmal zu einem Zeitpunkt vorhanden ist. Bei der Reproduktion übernimmt jemand anders den entsprechenden Gedanken, eingebunden in Emotionen (unsere Interpretation), wobei er entsprechend eigener Erfahrungen und Erkenntnisse angepasst wird. Die sprachliche Gestaltung ist dabei nicht wesentlich. Wesentlich ist nach Dawkins die Replizierbarkeit. Bei dem Ansatz handelt es sich um ein Erklärungsmodell für kulturellen Wandel oder Fortschritt; dementsprechend werden Begriffe wie Gedanke, Idee und so weiter unter das Konzept des Mems subsumiert.

physische Aktivität zu unternehmen ist Teil unserer genetischen Vorgaben, steht unter „geneticher Kontrolle". „Lernen ist wie Rudern *gegen den Strom*. Hört man damit auf, treibt man zurück "*(Laozi)*.

Innovationen machen den Einfluß der Gene auf die Gesundheitsspanne zunehmend irrelevant.[16] Verjünungstherapien befinden sich in einer noch frühen Phase (Teil eines 6. Kondratieff und nachfolgender Langer Wellen).

Wenn wir Lernen durch Unternehmertum ersetzen, sind wir bei Schumpeter, seiner Sicht des innovatorischen Unternehmers. Der Unternehmer der Routine schwimmt mit dem Strom, sei es bei der Kombination seiner Ressourcen, sei es bei der Überwindung oder dem Einhaltgebieten, dem Zurückdrängen, dem zeitlichen Verschieben der Altersschwächen des Leibes und Gehirns. In diesem Sinne harmonisieren der wirtschaftliche und der biologische Unternehmer. Unternehmerisches Sein bedeutet mit der eigenen inneren Natur übereinstimmen (ein Grundprinzip des Daoismus). Die innere Natur des Unternehmers ist die Neukombination. Wer sie unterläßt, die Willenskraft nicht aufbringt, sie zu unternehmen, stirbt im Wettbewerb. Das unternehmerische Tun, das Denken und Lernen wieder dem Leib zuzuführen, unternehmerisches Tun mit dem Körper zu harmonisieren, der eigenen inneren Natur des Körpers, zeitlich eingebettet in ein Hinausschieben von Belohnungen, zu folgen. Wem es nicht gelingt, disharmonisiert biologisches und wirtschaftliches Unternehmertum. Er stirbt Schritt für Schritt im Wettbewerb, weil sich seine Wertschöpfung schmälert. Eine „passive Art der Anpassung" (Schumpeter, 1911/2006, S. 121). Der biologische Unternehmer fragt, wie komme ich aus dem Körper heraus, von dem ich merke: Er ist nicht das, was Ärzte und Ämter, überfordert von Komplexität und Expertenwissen und Richtlinien, mir sagen. Der ökonomische Unternehmer fragt das gleiche, wenn er von Disruption und schöpferischer Zerstörung bedroht, einen neuen Weg finden muß. Für demographisch alternde Gesellschaften kann nur eine körperpolitische Analyse und eine Weigerung aufzugeben, eine Ökonomie jenseits der Stationarität erhalten.

1.2 Unternehmerische Energie

Mit zunehmendem Alter sinkt die Bereitschaft zu physischer Aktivität. Wer sich nicht bewegt, hat das höchste Risiko, früh zu sterben (Reynolds, 2015a) und früh an energetischer Effizienz seines Gehirns Einbußen zu erleiden (Reynolds, 2015b): Aufmerksamkeit, Problemlösungsfähigkeit, Entscheidungsfindung und andere hochgradige Aktivititätsbereiche leiden, also jene, durch welche sich Unternehmertum auszeichnet. Eingebettet in das Körperliche. Der Abbau setzt relativ früh ein, mit dem vierten Lebensjahrzehnt. Man leidet im Beruf, als Unternehmer, scheidet als innovativer Unternehmer relativ früh aus der Wirtschaft aus oder findet nicht in sie zurück. Die Eintrittsbarrieren sind dann selbsterzeugte. Seine Schmerzen plagen ihn, nicht seine Geschäftspläne und die Konkurrenten. Der Ruhestand gewinnt an Anziehungskraft, denn „Senioritis" (wie wir dieses körperlich-geistige Geschehen nennen können) gewinnt die Oberhand. Das Körperliche ist Teil des Unternehmerseins.

> Es ist wichtig, festzuhalten, daß es nicht bloß schwieriger ist, Neues zu tun, sondern daß es überhaupt etwas wesentlich andres involviert. Die Schwierigkeiten, denen man dabei begegnet, sind nicht etwa nur graduell von denen verschieden, die es auch in den gewohnten Bahnen zu überwinden gibt, sondern es sind andre Schwierigkeiten. Wir treffen da auf Widerstände, die es innerhalb der Grenzen der ausgefahrenen Bahnen überhaupt nicht, und nicht nur in geringem

---

[16] https://www.fightaging.org/archives/2016/08/more-evidence-for-the-inheritance-of-longevity/

Maße gibt. Der ganze Unterschied zwischen dem Schwimmen eines Körpers mit dem Strome und dem Schwimmen gegen den Strom liegt hier (Schumpeter, 1911, S. 121).

Was heißt Unternehmertum? Aktiv sein, etwas tun oder machen, an zukünftige Belohnungen zu denken, also Vorstellungkraft und Willlenskraft entfalten, um Werte zu schaffen und Fähigkeiten zu evolvieren, das Zusammenwirken von Geist und Psyche zu fördern. Ruhestand, eine Erfindung der Politik, ist kein Thema für einen lebenslang tätigen Unternehmer. Er arbeitet, solange sein Organismus mitmacht, solange sein Gehirn ihn unterstützt. Die wesentliche Beschränkungg seines Unternehmertums ist biologische Seneszenz. Der Körper baut ab, bereitet sich schrittweise auf sein Ableben vor. Wenn das eintritt: Game over als Entrepreneur. Die Welt, in der jemand lebt, wird durch sein Tun erzeugt. Sie existiert als *seine* Welt. Das gilt für ökonomische Beziehungen, die jemand aufbaut, genauso wie die Beziehungen zu seinem Geist und Körper.

Wir sind Italiener. Deren Grundsatz: Man(n) arbeitet um zu Leben, und lebt nicht um zu arbeiten. Wir ergänzen: arbeiten um gesund zu leben. Ein Widerspruch, aus vorherrschender Sicht sogar Unsinn? Wir überprüfen diese italiensiche Sichtweise des Lebens.

Mit zunehmendem biologischen Altern beginnt der Körper sein Tun zu beherrschen, bleibt aber dennoch ein durch eigenes Tun beeinflußbarer Aktionsparameter (obige Abbildung illustriert). Mit der operationalen Komplexität seiner Welt muß der Unternehmer leben lernen, Unsicherheit und Ungewißheit prägen unternehmerisches Tun. Der Weg des Unternehmers ist ungsichert. Ruhestand des Körpers ist trivialerweise Ruhestand des Unternehmers. Wer seinem Körper den Ruhestand vorenthält, ihm entgegenwirkt, schafft die Bedingungen, Ruhestand dem wirtschaftlichen Leben vorzuenthalten, entgegenzuwirken, „gegen den Strom" (Laozi, Schumpeter) zu schwimmen. Er versucht, sich gegen sein wirtschaftliches und biologisches Altwerden zu immunisieren und (unbeabsichtigt) das System Wirtschaft gegen die Folgen einer demographische Alterung zu schützen. Handle stets so, daß sich die Anzahl deiner Wahlmöglichkeiten erhöht, formulierte Heinz von Foerster seinen ethischen Imperativ. Der lebenslange Unternehmer macht ihn zu seinem eigenen.

In der biologischen Evolution entstehen neue Arten und nicht-anpassungsfähige werden ausgelöscht. Die Evolutionsfähigkeit wird als „Häufigkeit der Artenbildung" verstanden (Dawkins, 2010,. 855). Auch eine „Evolution der Evolutionsfähigkeit" wird ins biologische Spiel der Arten eingebracht (3.Kapitel). Gilt das auch für demographisch durchirritierte Gesellschaften, einschließlich ihrer Wirtschaft? Gibt es Evolutionsfähigkeit eines Menschen und einer Gesellschaft wie ihrer Teilsysteme? Vermag er seine Willenskraft (Energie) trotz eines zunehmenden kalendarischen Alters zu erhalten, sogar zu steigern? Bei einzelnen Personen fragen wir: Ist jemand zur Selbstevolution fähig? Selbstevolution heißt: Erweiterung und Vertiefung des Könnensbereichs. Verfügt er über die Motivation, das Können, das Recht oder die Normen, auch ethische, sich selbst auf ein höheres Evolutionsniveau zu evolvieren, wie immer man das inhaltlich umschreiben mag? Ist er willensstark, besitzt er „Volition" oder „Energie" (Schumpeter) um selbstevolutives Tun durchzuhalten? Wie läßt sich diese Energie im Selbst erzeugen? Ist er daher „evolvierbarkeitsfähig"? Vermag er dadurch selbsttherapeutisch aktiv zu sein, sogar durch symbiotisches Zusammenwirken von Körper, Emotionen und unternehmerischer Energie *interdependent happiness* (Hitokoto & Uchida, 2014) zu erzeugen? Der lebenslang Aktive oder *young adult* (Junge Alte) betreibt keine Selbstausbeutung, vielmehr Selbstentfaltung, die Kreation neuer Lebenspotentiale. Die Fragezeichen deuten an, Evolution ist keine Einbahnstraße. Rückentwicklung, negative Evolution (Involution), ist nicht nur möglich, eher die Regel. Man umgeht diese Einsicht, in dem man dem Alter „Weisheit" zuspricht und andere energiearme Kompetenzprofile. Biologische und ökonomische Seneszenz sind die Norm. „[...] das gilt auch für eine Rückentwicklung auf genau dem Weg, den die Evolution zuvor in Vorwärtsrichtung eingeschlagen hat. [...]ein Gesetz, das die Umkehr der Evolution als solche verbietet, gibt es nicht" (Dawkins, 2010, S. 492).

Da Emotion den Handlungsbereich selektiert, ist emotionale Aufmerksamkeit und Intelligenz unmittelbar in sozial-kommunikative Kopplungen eingebunden, deren unternehmerische Gestaltung wir bereits (Abschnitt 5.2) als einen Schlüssel unternehmerischen Erfolgs bestimmt hatten. Ein Beispiel (Young-Eisendrath, 1998, S. 169): "... wenn man zu dem Schluß gekommen ist, daß einem selbst oder jemand anderem eine Ungerechtigkeit zugefügt wurde, kann man seinen Groll durch seine Wut ausdrücken. Wut ist ein wirkungsvolles *Kommunikationsmittel*, um Grenzen zu setzen und auf eine Ungerechtigkeit zu reagieren"[17].

Emotionales Verhalten wird im ökonomischen Kontext, in der Managementlogik und finazkapitsalistischen Betrachtungen besonders ausgeprägt, eher reserviert, wenn nicht negativ bewertet (Keine Kontrolle über sich, kein sachgerechtes Entscheiden, laß deine Emotionen aus dem Spiel, usw.). Emotion wirkt nicht gegen Rationalität. Emotionslose Entscheidungen (wenn es sie überhaupt gäbe) sind keine höherer, nur anderer Rationalität.[18] Die emotionale Kompetenz und Vielfalt des innovativen Führers ist eine andere als die des Routineunternehmers oder eines Managers, der sein Selbstverständnis auf Fachkompetenz gründet. Affekte steuern Rationalität zu jedem Zeitpunkt[19]. Ein Unternehmer ohne Emotion ist kein Homunculus. Ihm fehlt vielmehr eine entscheidende Energiequelle, nicht nur ein Zylinder seines unternehmerischen Motors, der sich durch Mehrbelastung der anderen kompensieren ließe. Ohne Emotion kommt er überhaupt nicht in Gang. Sie ist unverzichtbar. Die jeweils konkret aktualisierte Emotion (Wut? Angst? Liebe? usw.) beeinflußt dabei die Qualität seines unternehmerischen Verhaltens unmittelbar. Wie wir später erläutern (Kapitel 11) ist Liebe (Achtsamkeit) zum eigenen Körper aus unserer Sicht eine wichtige, wenn nicht unverzichtbare emotionale „Kompetenz" lebenslangen Unternehmertums."Neues emergiert [...] immer dann, [...] wenn in einem psychosozialen System [...] die interagierenden Affektspannungen oder -energien bis zu einem bestimmten kritischen Wert anwachsen" (Ciompi, 1997, S. 267).

In einem wettbewerblich (disruptiv, schöpferisch-zerstörerisch)organisierten Markt scheiden Unternehmer aus, die ihre Routine (Schuster bleib bei deinen Leisten) nicht überwinden, also tiefere Funktionen wie Innovation und Evolution nicht verwirklichen können. Viele überleben anderseits immerhin, weil von staatlichen Institutionen (Zunehmend made der EU) eingeführte und durchgesetzte Normen sie vor Konkurrenz schützen, etwa Preisabsprachen, Kartellierung, Monopolrechte, Konkurrenzbeschränkungen, Zeitraub für junge Unternehmen durch Beachtung staatlicher Direktiven insbesondere im Steuerbereich Die Evolutionsfähigkeit einer Gesellschaft ist aus wirtschaftlicher Sicht eingebunden in die Fähigkeit von

---

[17] Eine konkrete Illustration ist ein "emotional sehr bewegt(er)" Auftritt des Vorstandssprechers der Hypo-Vereinsbank AG, Albrecht Schmidt, „der von Wut im Bauch und großer Enttäuschung sprach" (Frankfurter Allgemeine Zeitung, 14. 11. 1998, S. 19). Grund: die überraschende Entdeckung von „Altlasten" beim Fusionspartner Hypo-Bank. Den Angegriffenen (Eberhard Martini, Mitglied des Aufsichtsrates der gleichen Bank und früherer Vorstandssprecher der Hypo-Bank) veranlaßte der emotionale Ausfall zu der Aussage: „Schmidts Charakter ist von Eitelkeit zerfressen, so ein Mann kann keine Bank führen" (FAZ, 2.11.1998, S. 24). Ein Jahr später sind beide Führungskräfte nicht mehr im Amt - was zu klären bleibt ist die Höhe ihrer Abfindungen (FAZ, 30.10. 1999, S. 17: "Zurückgetretene Vorstände könnten bis zu 5 Millionen DM erhalten").

[18] Erstaunlich die Sichtweisen zu Emotionen selbst in der gegenwärtigen Ökonomie. Emotionen wirken rationalen Entscheidungen entgegen. Ökonomen die ein solches begründen werden sogar als Nobelpreisträger gehandelt.

[19] "...it is our emotions what determines the *rational* domain in which we operate as rational beings *at any instant*...it is our emotions what guides our technological living not technology itself..." (Maturana, 1997, S. 3, unsere Hervorhebung).

Personen in einer offenen Marktgesellschaft, jenseits der Routine wirtschaftliche Werte zu erzeugen. Sie zeigt sich somit auch in der Anzahl von Personen – bezogen auf eine bestimmte Teilmenge von Unternehmen, etwa den Mittelstand – solchen Aktivitäten nachgehen zu können. Auch Neugründungen von Unternehmen wären in diese Überlegungen einzubeziehen. Widmet sich ein zunehmender Anteil der neuen Gründungen der Routine, ausgerichtet auf die Schaffung und den Erhalt von Subsistenz, „Überleben", sinkt die ökonomische Dynamik, der Produktivitätszuwachs verringert sich, ein Prozeß, der für die USA beobachtet wurde (Decker u.a., 2015; Gordon, 2015; Samuelson, 2015). Gründungen älterer Menschen zielen eher auf Subsistenz als auf ökonomische Transformation, da ihre gesunde Lebensspanne, in welcher sie ihre Vorhaben verwirklichen können, im Vergleich zu jüngeren Personen, relativ bescheiden ist. Auch bereits bestehende Unternehmen, insbesondere relativ kleine, mittelständische, widmen sich mit zunehmendem Alter ihrer unternehmerischen Leiter zunehmend der Routine. Die unternehmerische Energie sinkt mit dem Alter(n), wenn man dieser schleichenden ökonomischen und biologischen Seneszenz nicht bewußt gegengesteuert (siehe die nächsten Kapitel).

Ein Kommentar von Kazue Haga zur Mittelstandsproblematik, primär aber nicht ausschließlich in Japan, auch ihre eigenen Erfahrungen reflektierend. In später zitierten Meinungen lesen wir Ähnliches.

> Ich habe bisher sowohl in der Familie, als auch im Bekanntenkreis und im eigenen Berufsleben nur die gegenteilige Erfahrung gemacht. Die alten Chefs waren in der Regel die Firmengründer und hatten allesamt ein Händchen sowohl fürs Geschäft, als auch für die Mitarbeiterführung und -motivation. Alle Firmen waren solvent und erfolgreich, solange sie von den "Alten" geführt wurden und bei fast allen hat sich das ins Gegenteil verkehrt, als die junge und vermeintlich dynamische, aber ahnungslose und großspurige nächste Generation ans Ruder kam. Da wurden erfolgreiche mittelständische Firmen mit ein paar Duzend Angestellten innerhalb weniger Jahre zu Ein-Mann-Betrieben und Unternehmen mit familiärem Betriebsklima und loyaler, motivierter Belegschaft zu Firmen, die vom externen Unternehmensberater regiert und mit billigen Leiharbeitern gegen die Wand gefahren wurden. Soll heißen nach meiner Erfahrung läuft die Firma umso besser je länger der alte Firmengründer am Ruder steht oder sich zumindest nach das letzte Wort vorbehält, bis die neue Generation gelernt hat, dass nicht jeder Blödsinn, den man im BWL Studium lernt, auf die Realität übertragbar und im realen Leben erfolgreich ist.

Was spielt sich nun in einer demographisch alternden Gesellschaft ab? Vergreist sie, weil zunehmend der Nachwuchs ausbleibt, unternehmerisch, damit wertschöpferisch, eine Sichtweise, die vielfach eingenommen wird? Kommt es somit zu einem tendenziellen unternehmerischen Artensterben? „Alterung im Mittelstand bremst Investitionen" (Schwartz & Gerstenberger, 2015a), was allerdings auch für das Altern von Produkten und Märkten gilt. Mittelständler werfen hin mit ihrem Eintritt in den sogenannten „Ruhestand". Wie läßt sich innovieren ohne Investition in Innovationen? Banken bieten günstige Kredite, wer nimmt sie (falls er sie bekommt), wenn er 60+ ist? Die Einwanderung von Unternehmertum ist nur relativ kurzfristig ein Ausweg, weil die Unternehmertum exportierenden Länder an Wertschöpfungspotential verlieren und sie gleichfalls von demographischem Altern heimgesucht werden, wenn man in Generationen denkt. Kann „Lampedusia" für den Erhalt der Innovations- und Evolutionsfähigkeit ein Ausweg sein? Zudem ist die Auswanderung hochqualifizierter Einheimischer mit hohem Innovationspotential (siehe zu Deutschland, Siems, 2015a; SVR, 2015) zu berücksichtigen, biologisch formuliert: (Wie) läßt sich unternehmerische Artenvielfalt erhalten oder fördern. Für den unternehmerisch Aktiven gilt: Der Ruhestand kommt später – oder überhaupt nicht.

1.3 Therapeutische Allianz zwischen wirtschaftlichem Aktivsein und Organismus

Die Evolutionsfähigkeit einer demographisch alternden Gesellschaft zeigt sich somit in ihrem Vermögen, die höheren „Semester" der Bevölkerung neben Erwerbstätigkeit im Allgemeinen, in Unternehmertum im Besonderen zu engagieren. Dieses unternehmerische Tätigsein umfaßt dabei zwei unternehmerische Aktivitätsbereiche in ihren unterschiedlichen Funktionen (RAIE: Routine/"Wirt" nach Schumpeter, Arbitrage, Innovation, Evolution): Wirtschaft und Biologie (Organismus), also ökonomisches und biologisches Unternehmertum. Organische und mental-emotionale Gesundheit sind unverzichtbar für unternehmerisches Tätigsein. Mit dem Alter leiden sie, aber in unterschiedlichem Ausmaß. Je älter Menschen sind, desto größer sind die Unterschiede in ihrer gesundheitlichen Kompetenz (Santoni u.a., 2015). Wer sich nicht bewegt, hat das höchste Risiko früh zu sterben und an kognitivem Abbau zu leiden, (Reynolds, 2015b, den Stand der Wissenschaft referierend); auch für Menschen in Korea nachgewiesen (Lee u.a., 2015) was die Alterserwerbstätigkeit in diesem Land weiter steigern dürfte und damit die Konkurrenz für demographisch vergleichbare Länder) – entgegen den genetischen und phylogenetischen Vorgaben, den biologischen „Gesetzen", welche ihm die Evolution geschenkt hat. Vor seinem Tod wird er von Krankheiten der Zivilisation heimgesucht, in der Regel zusammen auftretend (Multimorbidität)[20]. Seine Gehirnzellen verabschieden sich zunehmend aus seinem Leben. Sein lebenslanges Unternehmertum (biologisch, ökonomisch) kann er vergessen. Fitneßtraining verlangsamt die altersbezogene Schrumpfung des frontalen Kortex, erhöhte die Anzahl der kleinsten Blutgefäße (Kapillarien) im Gehirn, usf. (Aamodt & Wang, 2007). Wenn jemand in höherem Alter bewegungsaktiv ist (unverzichtbar für lebenslanges Unternehmertum) aber eine Ruhepause einlegt: seine Sozialversicherung und seine Erben danken es ihm, denn seine Herzkreislaufleistung baut rapide ab (im Vergleich zu einem wesentlich jüngeren Menschen, Alter unter 30), d.h. seine gesunde Lebensspanne verkürzt sich und ein früher Tod rückt näher (Mercola, 2015b, Mercola, 2016e) stellt die Forschungserkenntnisse hierzu vor).[21] Es gibt wohl keinen besseren Aktionsparameter für die Reproduktion der Herzleistung, als sein Herz durch physische Aktivität (etwa isometrische, Intervalltraining, Überwinden von Seßhaftigkeit) zu fördern.[22]Seßhaftigkeit verringert die Leistungsfähigkeit des Herzens.[23] Herzkreislauferkrankungen sind in Deutschland für rund 40 Prozent der Todesfälle verantwortlich, gefolgt von Krebs[24], weltweit nehmen sie gleichfalls eine Spitzenstellung ein (Murray u.a., 2015). Dies könnte ein Grund dafür sein, daß auch hochintelligente Menschen nicht vor einem Herzinfarkt geschützt sind, etwa der Soziologe Ulrich Beck. Er starb im Alter von 71 Jahren. Sein letztes Buch müssen andere für ihn zu Ende schreiben. Er hat viel über Risiken geschrieben, das Risiko seines Lebens für den eigenen Körper (vermutlich) nicht beachtet. Auch die Alzheimerkrankheit ist mit Bewegungsintensität gekoppelt. Geringe Gehgeschwindigkeit ist ein Hinweis auf Alzheimer bei älteren

---

[20] Morbidität meint Krankheitshäufigkeit.

[21] Mercola (2016 d) geht ausführlich auf das Zusammenwirken von Bewegungsverhalten und Gesundheit im Alter ein und erläutert detailliert, was ältere Menschen selbst unternehmen können, um körperliches einschließlich kognitives Altern zu entschleunigen. Wir führen Joseph Mercola öfters an; wir kennen keine deutsche Quelle, die ihn anführt. Deutsche Gesundheitsportale berichten dieses oder jenes, fast durchgängig ohne Bezug zu wissenschaftlichen Quellen, welche dem Leser ermöglichen könnte, die geäußerten Meinungen zu überprüfen. In der Regel Kopie des US-Modells: Video-Information. Hauptsache der Cashflow stimmt.

[22] Aus der Vielzahl von Untersuchungen siehe etwa Santos u.a. (2014), Sharman u.a. (2015). Im Krankheitssystem sind solche „Interventionen" nicht gern gesehen. Sie gibt es umsonst, sie verringern also die Einkünfte der in der Standardmedizin Tätigen.

[23] Ein Mechanismus ist die Verkalkung der Herzgefäße. https://www.fightaging.org/archives/2016/05/a-sedentary-lifestyle-correlates-with-greater-calcification-of-heart-tissue/

[24] Bundesamt für Statistik, https://www.destatis.de/DE/ZahlenFakten/GesellschaftStaat/Gesundheit/Todesursachen/Todesursachen.html

Menschen.[25] Was ist die Alternative zu Seßhaftigkeit? Stehen? Bewegung Wir betonen in unserem Text durchgehend Bewegung, physische Aktivität als einen Schlüsselaktionsparameter für einen lebenslanges Unternehmertum. Nicht nur sind die körperlichen Wirkungen offensichtlich. Wer es nicht macht, lebt in einem permanenten Weihnachtsrausch: Er verschenkt seine Gesundheit. Für jede vier Stunden des Sitzens, verringert sich die Lebenserwartung um zwei Stunden (Mercola, 2016e zu jüngeren medizinischen Erkenntnissen). Wer ältere Menschen unternehmerisch-körperliche Energie vermitteln will, er vermittelt (sei es im Training, Coaching usw.) Bewegung. Der zweite Aspekt: Bewegung ist den Menschen angeboren. Sie ist einfach zu machen, kostet kein Geld, nur etwas Zeit. Die Wissenschaft ist eindeutig, im Gegensatz zu den „Erkenntnissen" der Ernährungswissenschaft. Sein Essen auf neue Erkenntnisse umzustellen, auch wenn sie allmählich anerkannt werden (nach Hunderttausenden von Toten und verkürzten Lebensspannen, welche die vorherrschenden Sichtweisen miterzeugt haben), verlangt eine psychische Bereitschaft und Durchhaltevermögen (Willenskraft, Energie, Weigerung aufzugeben) sowie Akzeptanz von Ungewißheit, welche physische Aktivität bei weitem übertreffen. Ein Weg lebenslangen Unternehmertums ist ein ungesicherter Weg.

Ein Unternehmer müßte somit Allianzen jenseits der Markt- und Organisationssysteme schließen, therapeutische Allianzen, mit seinem Körper, seinen Emotionen, seiner Seele. Man kann von Interaktionssystemen sprechen, Interaktionen zwischen Anwesenden: Körper, Emotion und Seele sind immer anwesend, auch für den, der sie nicht wahrnimmt, nicht beachtet, sie beschädigt, täuscht, sogar betrügt. Eine therapeutische Allianz zwischen Psyche und Körper vermag die Selbstausbeutung des Körpers einzuschränken, das ökonomische Immunsystem des Unternehmers zu stärken, wenn es in Innovation eingebunden ist. Beim Menschen läßt sich dadurch der Kreislauf von Geburt und Tod nicht aufheben, bei einem Unternehmen ist das möglich, in einer Gesellschaft mit einem ausdifferenzierten Wirtschaftssystem ist es Standard. Wo sind die Schreibmaschinen geblieben? Wo die Pferde und ihr Dung in den Städten? Selbstausbeutung ist eine Inquisition gegen das Selbst. Viele sehen sie gern, weil sie gutes Geld damit verdienen. Die Bewegung zu wachsender Komplexität, durch die sich evolvierende Gesellschaften auszeichnen, können in alternden Gesellschaften zum Erliegen kommen, wenn die „Senioren", wie sie diskriminierend bezeichnet werden, ihr Evolutionspotential nicht erschließen und ökonomisch umsetzen.[26] Letzteres ist (für viele Beobachter eher leider) unverzichtbar, weil nur auf diesem Weg die Wirtschaft und die von ihr erzeugten Wohlstands- und Gesundheitswirkungen, also Wohlbefinden, sich verwirklichen lassen.

Viele sogenannte Erwerbstätige steigen aus, werfen hin, geben auf, beenden die Schaffung neuer Werte jenseits eines bestimmten Alters, weil sie therapeutische Allianzen mit sich selbst nicht zu energetisieren vermögen. Der Ruhestand fordert seine unternehmerischen Opfer. Dank medizinischer Fortschritte leben Menschen länger, aber nicht länger gesund, die Lebensspanne ist eingebettet in vielfältige Morbiditäten.[27] Ein lebenslanges Unternehmertum verwirklicht sich in einer schöpferischen Symbiose von wirtschaftlichem Tun und körperlich-geistiger Reproduktion. Eine Silberwirtschaft kann nicht überleben, welcher es nicht gelänge, Unternehmertum oder allgemein Erwerbstätigkeit bei jenen zu fördern, zu

---

[25] Slow walking speed may be early sign of Alzheimer's in older people, study finds, BMJ 2015;351:h6506.

[26] In der Universität des Autors gibt es bereits einen (!!) Kollegen, der sich als „Seniorprofessor" bezeichnen darf, Stand August 2015). Eine duale Diskriminierung ist die Regel, sprachlich und funktional (Lehre und Forschung). Wenn die „Gender"-Professorinnen in die relevanten Alterskohorten aufrücken, wird es wohl größere Veränderungen geben, auch im Beamtenrecht.

[27] Nahezu 60,000 wissenschaftliche Beiträge überwiegend in englischer Sprache widmen sich der Multimorbidität bei älteren Menschen.

erhalten, aufzubauen, welche als die Konsumaktivisten die ökonomische Existenz der Produzenten von Silbergütern erst ermöglichen (15. Kapitel). Nachfrage (Yin) erodiert ohne Selbstschaffung von Kaufkraft (Yang) jenseits ihrer sozialstaatlichen oder vermögensertraglichen Bereitstellung. Yin und Yang müssen zueinander finden (Röpke & Xia, 2007, Kapitel 7 & 8). Der Erhalt der wirtschaftlichen Dynamik einer demographisch alternden Gesellschaft ist eine Funktion symbiotisch-unternehmerischen Tuns der alten Menschen selbst. Dies ist der Kern unserer Überlegungen. Wer dies für selbstverständlich hält braucht den Text nicht weiterlesen. Der Besserwissende liest sowie nicht. Leider scheitern die Experten (gelegentlich auch Gutachter genannt) durchgängig an der Komplexität der Welt, was selbst Nobelpreisträger schon erkannt haben (Kahneman, 2012).

Alterung ist aus biomedizinscher Sicht der größte Risikofaktor für das Eintreten vielfältiger Krankheiten und damit das allmähliche Zuendegehen von Chancen zu wirtschaftlicher Wertschöpfung. Diese in der Abbildung genannten Krankheiten sind solche der „Zivilisation". Wer zivilisationsarme Stämme im Hochland von Guinea besucht, kann diese Krankheitsfelder (noch) nicht beobachten. Auch in sogenannten Blue Zones sind sie selten anzutreffen. Die Errungenschaften der zivilisatorischen Entwicklung - Ausweitung der Lebensspanne - sind mit zunehmendem Alter der Menschen in vielfältige körperliche und geistige Verwerfungen eingebunden.

Abbildung 3: Krankheitsmuster bei Mensch und Hund

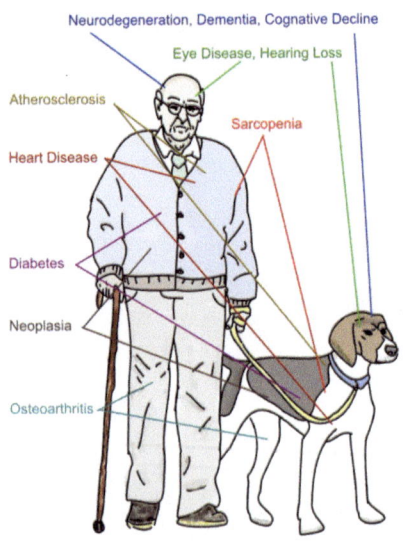

Quelle: Pitt & Kaeberlein (2015)

Eine erweiterte Lebensdauer wirft daher die Frage des Umgangs, nicht nur medizinisch, mit altersbedingten Erkrankungen auf, die sich stark auf die Lebensqualität einer wachsenden Zahl von Menschen auswirken. Die Medizin kann ihr Eintreten in Grenzen hinauszögern, aber nicht aufhalten. Was Altern verursacht, bleibt trotz vielfältiger Erklärungsversuche in Unklarheit eingebettet. 319,710 wissenschaftliche Artikel in englischer Sprache wurden veröffentlicht (Stichpunkt 2. Mai 2015). Niemand blickt hier durch. Die Ansätze überschneiden sich, schließen sich aus, therapierbare Interventionen existieren nicht – jenseits desssen, was die Abbildung zeigt[28]. Sie widmen sich sekundärem, nicht primärem Altern. Dennoch kann man viel unternehmen, durch biologisches Unternehmertum. Alle der aufgeführten Krankheitsfelder lassen sich vermeiden oder hinausschieben. Damit läßt sich die Zeitspanne für schöpferisches Aktivsein oder –bleiben in allen Lebensbereichen verlängern. Ein lebenslanges Unternehmertum bei steigender gesunder Lebensspanne kann für immer mehr Menschen Teil ihrer Lebenspraxis, auch wirtschaftlicher, werden. Die „Entschleunigung des Alterns" (Goldman u.a., 2013) durch biologisches Unternehmertum schafft somit vielfältige Möglichkeiten für unternehmerische Initiativen auch im ökonomischen System einer demographisch alternden Gesellschaft. Wissenschaftliche Kreativität, insbesondere forschungsintensive, sowie wirtschaftliche Innovation, ist zunehmend an den Erhalt und Aufbau körperlicher Fähigkeiten gebunden. Mit dem chronologischen Altern verwirklicht sich Innovation und Selbstevolution (Ausweitung der Könnensbereiche) in biologischer oder körperlicher Zeit.

1.4 Unternehmertum bei gesunder und kranker Lebensspanne

Ein Blick auf die Abbildung macht deutlich, in welchem Ausmaß die Lebensspanne seit 150 Jahren angestiegen ist. Ein lebenslanges Unternehmertum gibt es für jede Lebenserwartung. Menschen können jedoch heute viel länger und auch länger gesund leben als früher. Einige der primären Ursachen eines frühen Todes spielen heute nur noch eine bescheidene Rolle, etwa die Kindersterblichkeit. Heute nähert sich die Lebensspanne zunehmend einer maximal Möglichen (nach herrschender aber nicht von allen Forschern akzeptierter Meinung 120 Jahre). Damit steigen die Möglichkeiten auch länger ökonomisch aktiv zu bleiben. Wenn heute viele Menschen in einem Alter zwischen 60 und 65 in den sog. Ruhestand eintreten, waren sie im Jahr 1900 im Durchschnitt längst gestorben. Für Unternehmer gilt Vergleichbares. Ihre Lebensspanne steigt und steigt und ihre Gesundheit haben sie zunehmend selbst in der Hand. Das sekundäre Altern ist primär der Lebensweise verpflichtet. Das primäre umschreibt einen Alterungsprozess, welcher unabhängig von Krankheiten und externen Einflüssen fortschreitet. Primäres Altern ist bis heute nur in Grenzen beeinflußbar.

Abbildung 4: Lebenserwartung 1750 - 2015

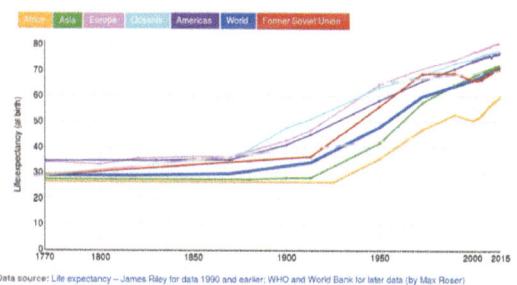

Quelle: http://OurWorldInData.org/life-expectancy

---

[28] Fight Aging recherchiert die wissenschaftlichen Erkenntnisse.

Ein Anstieg des Lebenserwartung führt jedoch nicht notwendig auch zu einem Anstieg im Pro-Kopf-Einkommen. Zum einen kann sich auch die Bevölkerung vermehren, des weiteren sind Menschen in höherem Alter nicht notwendig noch ökonomisch aktiv (unser Hauptthema), schließlich ist ein Anstieg der Lebenserwartung gekoppelt an eine Zunahme der Krankheitskosten, die vor allem jüngere Menschen (Generationen) aufbringen müssen. Was bewirkte den Anstieg der Lebenserwartung, ab welchem Alter er auch gemessen wird (Geburt, Ruhestand, 100 Jahre)? Wenn man sich die historischen Daten anschaut, gab es einen Knick in der Kurve der Lebenserwartung: Die vermehrte Durchsetzung von Basisinnovationen, beginnend mit der Industriellen Revolution. In welchem Land sie auch immer verwirklicht wurde (Europa, USA, später Japan, noch später China) erhöhte sich die Lebenserwartung dramatisch. Diese Entwicklung könnte sich am Beginn einer neuen, Jahrhunderte andauernden Phase menschlicher Evolution befinden. Wenn das Altern der Menschen nicht als natürlicher Vorgang sondern als eine behandelbare Krankheit betrachtet wird und entsprechende bio-medizinische Interventionen verfügbar werden. Medizinische Fortschritte, Durchsetzung und Ausbreitung von Neuerungen, steigender Lebensstandard und seine Folgen (unter anderem eine sinkende Reproduktionsrate, welche die Anzahl der Menschen, die Weltbevölkerung, stabilisieren wird). Da der primäre Alterungsprozeß medizintherapeutisch noch nicht beherrschbar ist, läßt sich eine zunehmende Abflachung der Kurve der Lebenserwartung erwarten, die gegenwärtig primär durch den Lebensstil (sekundäres Altern) beeinflußbar scheint. Ein Kernthema in unseren Überlegungen ist daher, wie die Erwerbstätigkeit älterer Menschen auf ihre Gesundheit wirkt und welchen Beitrag sie als abhängig Beschäftigte oder Selbstständige zur Innovationsdynamik zu leisten vermögen.

Die autodestruktiven Langzeitwirkungen im Hinblick auf die Alterung sind vor allem selbstgemachte oder -verschuldete. Ein lebenslanges Unternehmertum ist daher, wenn wir von den biologischen Einwirkungen auf die maximale Lebensspanne absehen, ein, wie der Ökonom sagt, unternehmerischer Aktionsparameter. Mit zunehmendem Alter eines Menschen kommt daher der selbsterzeugten Alterung oder dem Abbau unternehmerischer Möglichkeiten eine steigende Bedeutung zu. Wenn wir von einem Unternehmer aus individualistischer Sicht sprechen, ist das Individuum oder die Person immer als ein gekoppeltes System von Körper und Psyche zu verstehen, somit kein Dualismus, eine Geist-Körper-Zweigteilung, wie Descartes es verstand, eine Sichtweise, welche das medizinische System bis heute zu prägen scheint (Meyer-Abich, 2010).

James Fries hat eine biologisch-unternehmerisch wegweisende Unterscheidung getroffen: man kann sein Leben in Routine, in Passivität, in „eingefleischten" Gewohnheiten, im Wiederholen und Wiederholen des Wiederholens vollziehen. Ergebnis: siehe obige Abbildung von Pitt & Kaeberlein. Man kann es auch anders machen, wie angedeutet und später ausführlicher erläutert. Ergebnis: „Kompression der Morbidität" (Fries u.a., 2011, mit empirischen Belegen).

Was bedeutet Kompression? Die Zeit zwischen Kranksein, Zivilisationskranksein (Morbidität genannt, Multimorbidität dabei die Regel) und dem Tod wird komprimiert, wird kürzer. Die Menschen könnten, wie alt sie auch werden, immer länger gesund bleiben. Die Pflegebedürftigkeit wird in die Zukunft verschoben. Eine pflegebedürftigkeitsfreie Lebensspanne ist eine Funktion unternehmerischen Aktivseins/bleibens.

Beispiel USA. Die Lebenserwartung im Jahr 2013 steigt auf 76 Jahre, zehneinhalb Jahre davon geprägt durch Krankheiten. Seit 1990 haben amerikanische Männer drei Jahre gesunden Lebens zugewonnen und viereinhalb Jahre an Erkrankungen (Der Economist gibt auch Daten für weitere Länder, siehe: http://www.economist.com/blogs/graphicdetail/2015/08/daily-chart-14).

Erfolgreich Alternde verwirklichen die Kompression der Morbidität. Nur die allerletzte Lebenszeit ist dann durch Krankheiten geprägt. Lebenszeit wird Leidenszeit nur für eine kurze Zeitspanne, die Belohnung des Körpers für die Achtsamkeit (mindfulness) und Liebe, die wir ihm entgegen bringen. Die Gesundheitsspanne nähert sich der Lebensspanne. Die Kompression der Morbidität nach Fries würde in ein höheres kalendarisches Alter verschoben, Altern entschleunigt; wer warten kann, darf sogar, wer De Grey und Kurzweil und Google Glauben schenkt, auf Verjüngung hoffen. Auch wer nicht wirtschaftlich aktiv würde, erzeugt dennoch ökonomische Mehrwerte: die aufwendige Unterstützung für Pflegebedürftige durch Krankenkassen und Staat und Familienangehörige, die Arbeiten gegen Pflegehilfe eintauschen, würde verringert und in die Zukunft verschoben. Und wer körperlich aktiv ist, kann auch als Hundertjähriger kreative Leistungen vollbringen (Antonini u.a., 2008). Kreativität kann mit dem Alter zunehmen (Price & Tinker, 2014). Ist das Leben nicht der einzige kostbare Besitz, den ein menschliches Wesen hat? Heinz von Foerster: Der Sinn des Lebens ist das Leben. Eine Vermutung von uns: Wem es gelingt, die Kompression der Morbidität zu verwirklichen, lebt nicht nur länger und gesünder (Ismail u.a., ; 2016, für jüdische Menschen in New York und New Jersey), er ist auch ökonomisch länger aktiv, erwirtschaft für sich und seine Familie einen höheren Reichtum, wie es bei jüdischen Gruppen nachgewiesen. Ein Beispiel fügen wir später ein. Was will jemand unternehmen, der über einhundert Jahre alt ist, nicht von Krankheiten geplagt? Er ist ein aktiver Gestalter seines Lebens, psychische und körperliche Energie reproduzierend.

Zweifellos depontenziert das Altern *im Durchschnitt*, aber die Unterschiede zwischen den Menschen sind beträchtlich. Kompetenzentfaltung (Selbstevolution) und Evoluierbarkeit sind die Schlüsselvariablen. Nicht nur ist eine Entschleunigung des Alterungsprozesses nicht ausgeschlossen. Auch eine temporäre Verjüngung ist möglich bei Menschen, die bisher beträchtlich unter ihrem wirtschaftlichen und gesundheitlichen Potential ihr Leben gestalteten.

Eine kritische Altersgrenze beim gegenwärtigen Stand medizinischer Intervention und dem *durchschnittlichen* Gesundheitsverhalten scheinen 80 Jahre zu sein.[29] Auch nach diesem Alter sind oftmals noch relativ wenige körperliche Einschränkungen zu erwarten (auch bei Vorliegen etwa chronischer Leiden), aber der Durchschnittsmensch ist bereits auf dem Weg dorthin. Jenseits eines Alters von 90 sinkt die gesundheitlicher Kompetenz und damit die Chance für unternehmerisches Tätigsein jedoch stark ab. Bereits vor einigen Jahren war in einem Beitrag (Sonnet, 2010) zu lesen, untermauert durch die damals verfügbaren statistischen und demographischen Daten: 36 Prozent der Menschen im Alter von 50 bis 59 leiden an chronischen Krankheiten, bei über 60-Jährigen sind es 54 Prozent (Daten primär bezogen auf Deutschland). Ist jemand noch in der Lage, mit dem täglichen Stress eines Unternehmerdaseins zurechtzukommen, seinen Organismus gesund zu erhalten, trotz eines hohen chronologischen Alters noch Willens, unternehmerisch aktiv zu sein? Bemerkenswert die Aussage: „Eines der großen medizinischen wie finanziellen Probleme ist die *mangelnde Disziplin* vieler chronisch kranker Patienten" bei der Einnahme von Arzneien (Sonnet, 2010, unsere Betonung), eine Erkenntnis, die auch in anderen Ländern (England, USA) vielfach nachgewiesen wurde. In unserer Logik: unzureichende unternehmerische Kompetenz. Der Joke ist natürlich: vielleicht sind die Patienten intelligent genug, an ihrem Körper beobachtet zu haben: Die Medikamente bringen doch wenig, warum einnehmen, warum Nebenwirkungen erleiden, sogar das Leben durch Arzneien verkürzen? Die biologisch-unternehmerische und damit auch ökonomisch-unternehmerische Frage ist eine andere: fehlt die Willenskraft (Volition), das Durchhaltevermögen (Schumpeter), um eine Lebensweise zu praktizieren, welche das Eintreten

---

[29] Es gibt allerdings keine durchgängig in der Wissenschaft anerkannte Altersgrenze. Eine Diskussion verschiedener Ansätze hierzu bei Crimmins (2015).

chronischer Krankheiten und Leiden verhindert, zumindest hinauszögert, sodaß man die Freuden einer „Kompression der Morbidität" (James Fries) genießen kann?[30] Fries und Schumpeter sind daher intellektuelle Zwillingsbrüder. Ich bleibe länger gesund, ich kann länger erwerbstätig, unternehmerisch, tätig sein. Ob Menschen sich bis zu einem Alter von 80 Jahren unternehmerisch engagieren, oder bescheidener, über ein Alter von 60 hinaus, ist daher energetisch bedingt. Es können scheinbar banale Dinge sein, wie ein längeres Abschiednehmen vom Fernsehen (Seßhaftigkeit) oder aufwendigere Tätigkeitsbereiche, wie das Ausüben eines Ehrenamtes oder noch Anspruchsvolleres, wie Alterserwerbstätigkeit.

Gegenwärtig vermag nur jedermann selbst, seine gesunde Lebensspanne auszuweiten. In den USA scheint die durchschnittliche Lebenserwartung ihrer Höhepunkt erreicht zu haben (Ludwig, 2016). Übergewichtigkeit, Diabetes, Demenz, also Krankheiten, die medizinisch nicht korrigierbar sind, entfalten sich auf epidemischen Niveaus. Was tun? Eine gesunde Lebensweise und wirtschaftliches Aktivbleiben in höheren Altersgruppen sind durch weitgehend identische Persönlichkeitsmuster geprägt.

Betrachten wir das ökonomische Schicksal eines sehr alt gewordenen Menschen aus Japan. Zunächst (k)ein Einzelfall. Jemand *arbeitet* 69 Jahre. In unternehmerischer Funktion. Er arbeitet bis er stirbt. Mit 100 Jahren. Es ist Eiji Toyoda. Er starb am 17. September 2013 an Herzversagen. Er war Mitglied der Gründerfamilie von Toyota. Vizepräsident, Präsident, gründete 1974 die Toyota-Stiftung, ab 1992 Ehren-Chairman und Berater. Innovationen prägten sein Leben: Kaizen (kontinuierliche Verbesserung), Gemba (Inspektion vor Ort), Jidoka (intelligente Automation: Maschinen stoppen sich bei Fehlern selbst). "He was a real visionary and inspirational leader who understood what it would take to make Toyota a successful company" (Hirsch, 2013). Das englischsprachige Wikipedia enthält zum Lebenslauf und unternehmerischen Aktivsein von Eiji Toyoda weitere Informationen. Toyoda hat sich selbst erlaubt und seine Firma hat ihn unterstützt, bis in ein hohes Alter unternehmerisch tätig zu sein. Der Vorstandschef von Suzuki (größter Anbieter von Pkws in Indien) ist 86 Jahr alt.

Was heißt Vision? Eine Vision erlaubt uns, Zukunft zu gestalten, sei es mit 100 noch zu arbeiten oder mit 85 einen Marathon zu laufen – in einem Alter von 50 Jahren. In einer Vision des zukünftigen Lebens sieht man, was man erreichen möchte. Sie ist ein Antreiber, die Könnensbereiche auszuweiten und zu vertiefen, für Selbstevolution. Die Zukunft wirkt dadurch auf die Gegenwart zurück.[31] Die Zukunft wird und wirkt gegenwärtig. Gegenwart heißt, Vergangenheit von Zukunft zu unterscheiden. In einem Unternehmer sind diese Unterscheidungen im jeweiligen Verhalten immer präsent, aber je nach Funktion in unterschiedlicher Relevanz. Routine ist vergangenheitsdominiert, ein Innovator will seine Zukunft verwirklichen. Er fügt seinem und anderer Leben Neues hinzu. Er ist ein Lebensentdecker. Die zukünftigen Gegenwarten hängen davon ab, was und wie in der Gegenwart getan und entschieden wird. Bei älteren Menschen verkürzt sich der zukünftige Zeithorizont, eine Ausweitung der Lebensspanne kann die Zukunft in seinem Verhalten gegenwartsnäher machen. Er verhält sich zukunftsorientierter, unternimmt mehr Dinge, die sich erst in der Zukunft verwirklichen, „auszahlen". Lebenslanges Unternehmertum gewinnt an Zukunftsperspektiven, für das Individuum und für die Gesellschaft, ein

---

[30] Damit ist gemeint: Krankheiten treten nur wenige Jahre vor dem Ableben auf, vorher lebt man gesund. Die Leiden sind somit zeitlich komprimiert.

[31] Der Begriff Vision hat genauso wie Kompetenz und Innovation an Beliebigkeit gewonnen. Visionen gelten zunehmend als Projektionen ber die Zukunft für alles Mögliche, aber nicht für die eigene. Beispielhaft Cave (2016), der fünf Projektionen über Technologien als „Visionen" vorstellt, zwei der fünf Bücher mit „vision" im Titel. Hier trifft zudem zu, was Deaton (2013, 2015) über die Nutzung von Statistiken für politische und eigene Zwecke ausführt.

Grund, warum warum wir uns damit überhaupt beschäftigen. Wir versuchen auch in unserem Text, uns von der Gegenwart zu befreien und einen Entwurf der Zukunft vorzustellen.

Werfen wir einen Blick auf politisches Unternehmertum. „Sie wird in unserem Gedächtnis bleiben als private Maschine, welche einen erfolgreichen Präsidenten antrieb". Wer ist das? Nancy Reagan. Sie starb im Alter von 92 Jahren. Ehemals Schauspielerin, war sie entscheidend dafür verantwortlich, daß ihr Ehegatte, Präsident der Vereinigten Staaten von 1981-1989, bis heute die Welt beherrschende Entscheidungen treffen konnte, unter anderem - gegen immensen politischen und medialen Widerstand - die Aussöhnung mit Rußland, die Beendigung des Kalten Krieges, die Durchsetzung eines „Reagonomics" zu einer Lebenszeit, in der Nancy und Donald Reagan beide weit im Ruhestandsalter fortgeschritten waren. Partner war Gorbachev. [32] Reagonomics – liberal gestaltete politische Ökonomie, war die letzte Phase hohen Wirtschaftswachstums und steigender Realeinkommen in den USA.

Gehen wir einige Jahrzehnte im Alter zurück. Menschen genießen ihren Ruhestand, zunehmend in der Arztpraxis. Wer kennt Martin Sorrell? Er ist der Vorsitzende des größten Unternehmens in der Werbebrache,WPP, mit einem jährlichen Umsatz von 20 Milliarden Britischen Pfund. Er ist 70 Jahre alt geworden, seine Arbeitsintensität steigt weiter.Vom Aussehen her sieht er 15-20 Jahre jünger aus (Hill, 2015). Die Investoren in die Firma beginnen sich Gedanken über einen Nachfolger zu machen. Sorrell will jedoch das Unternehmen weiterführen. Geld scheint nicht die primäre Rolle zu spielen. Er hat genug. Seine letztes Jahresgehalt belief sich auf 43 Millionen Britische Pfund (Cookson & Oakley, 2015).

Volkswagen wollte die Nummer 1 auf dem Automobilmarkt werden, zahlreiche Aufkäufe (Arbitrage) halfen. In der Führungsspitze des Konzerns herrscht keine Harmonie. Der Vorstandsvorsitzende Martin Winterkorn galt „mit 67 Jahren altersbedingt als Auslaufmodell und kommt als Nachfolger von Piech [bisheriger Aufsichtsratvorsitzender, trat zurück] nicht mehr in Frage" (Döring, 2015). Die Abgasprobleme des Konzerns haben Winterkorn in den Ruhestand versetzt.

Rupert Murdoch, 85 Jahre (2016) übernimmt, wenn es ihm gelingt, den amerikanischen Medienkonzern Time Warner und will dafür 80 Mrd. Dollar ausgeben. Im August 2014 gibt er sein Vorhaben auf. Er betrachtet sich noch fit genug, in diesem Alter zu heiraten, zum vierten Mal, die Exehefrau von Mick Jagger, ein Photomodell, 59 Jahre alt.

Und jetzt kommt auch noch „Oma", wie die Medien sie vorstellen, obwohl sie keine Kinder hat, ins ökonomische Spiel. Irene Bergmann hat im August 2015 ein Alter von 100 Jahren verwirklicht . Von Ruhestand keine Spur. Sie arbeitet im Investmentbanking in New York. Sie betreut Kunden bei ihren Anlageentscheidungen, managt ihre Portfolios. Ihr altersweises Investment-Wissen wird hochgeschätzt. Sie ist im Kopf klar geblieben, weil sie bewegungaktiv blieb und im hohen Alter nicht in Rente ging, eine Sichtweise, welche zwar wissenschaftlich bestätigt ist (Bonsang, Adam, & Perelman, 2012; Horner, 2012; Lautenschlager, Anstey & Kurz, 2014; Meyer-Abich, 2010; Rajan et al, 2015; Rohwedder & Willis, 2010; Sahlgren, 2013; Vester, 1976; Wu u.a., 2016) aber in der politischen und gesetzgeberischen Praxis nicht umgesetzt ist oder als nicht als durchsetzbar gilt.[33]

---

[32] Das Zitat entnehmen wir der Financial Times vom 7. März 2016.

[33] Die Liste dieser Autoren führen wir mehrfach an. Wichtig für uns der Hinweis auf Klaus Michael Meyer- Abich. Er fällt aus der Reihe der anderen Wissenschaftler heraus, Spezialisten für medizinisch oder ökonomisch erforschte Gesundheit, auch kognitive, durch erwerborientiertes Arbeiten, sinnvolles Arbeit, berufliche Aktivitäten. Meyer-Abich (2010, S. 518): „Schöpferische Tätigkeit, etwas um seiner selbst willen zu tun, ist im besten und weitesten Sinn die menschliche Arbeit."

Abbildung 5: Eine Hundertjährige im Arbeitsstress?

Quelle: Die Welt[34] (Auffällig: kein Mobiltelefon in Reichweite).

Selbstverständlich fallen diese Beispiele aus dem Rahmen. Es handelt sich um Menschen, die seit Jahrzehnten unternehmerisch aktiv sind, eine Lebensvision aufgebaut haben, die viel, wenn nicht alles dafür getan haben, ihr Leben wertschöpferisch-innovativ zu gestalten. Rente, Ruhestand und seine emotionalen und kognitiven Verwandten interessieren nicht. Sie sind für einige Vorbilder, für andere Plagegeister, für noch andere verabscheuungswürdige Zeitgenossen. Jeder konstruiert *seine* Welt.

Gerd Rogge, 70 Jahre alt, arbeitete seit 56 Jahren auf dem Werksgelände von Airbus in Hamburg-Finkenwerder. Als ihn Kollegen bei der kleinen Abschiedszeremonie ansprechen, ob man ihn in Zukunft denn noch anrufen dürfe für dienstliche Belange, erklärt er sie für verrückt. Doch schon nach vier Monaten, in denen er in seinem Eigenheim in Ahlen alle fälligen Reparaturen erledigt hatte und als es für ihn wirklich nichts mehr zu tun gab, begann er die Dinge anders zu sehen. „Es war ein Fehler, von heute auf morgen aufzuhören. Plötzlich ist da dieses Loch, in das man reinfällt", sagt der Westfale. Seine Frau ist noch berufstätig (Fründt, 2014).

Einzelfälle? Die anekdotische Forschung, behauptet eher das Gegenteil. Linderholm (o.J.) gibt zahlreiche Beispiele und nennt Quellen. Mit dem Alter werden Unternehmer besser, behauptet Johnson (2013), wiederum zahlreiche Erfahrungen aus den USA anführend. Später führen wir weitere Erfahrungen und Forschungserkenntnisse an.

Zunächst Schumpeters Meinung:

> „Der Leser sieht [schreibt Schumpeter (1911/2006, S. 162)], worauf ich hinaus will: Wie die Durchsetzung neuer Kombination[Innovation] Form und Inhalt der Entwicklung ist, so ist das Tun [...] ihre treibende Kraft. Wären alle Wirtschaftssubjekte gleich weitblickend [vorstellungskräftig und visionär] und energisch, so müßte unser Bild der Wirtschaft natürlich anders ausfallen. Aber es ist nicht so, und wir meinen, daß hier graduelle Unterschiede der Persönlichkeiten, die für die einfache Logik der Wirtschaft prinzipiell irrelevant sind, zu wesentlichen Erklärungsmomenten des Geschehens werden."

Werfen wir einen Blick auf die japanische Wirtschaft. Japan ist demographisch die älteste Gesellschaft, sozusagen die demographische Führungsnation, technologisch nicht mehr auf dem letzten Stand, einige Industrien ausgenommen (Teile von Biotechnologie, Roboter/Digitalisierung) aber die EU-Länder übertreffend. Ähnliches gilt für China (später mehr dazu).

---

[34]http://www.welt.de/finanzen/geldanlage/article142010141/Warum-die-Wall-Street-Oma-Top-Renditen-einfaehrt.html

Zunächst scheint erstaunlich, bis zu welchem Zeithorizont Erwerbstätigkeit überhaupt erfasst ist. In Deutschland ist in der Regel mit dem Jahr 65 die Statistik zu Ende. Noch erstaunlicher: Unternehmertum (Selbstständigkeit) wird in Japan bis in hohes Alter (85) Jahre nachgewiesen. Die oben skizzierten Überlegungen aufgreifend, ist unternehmerische Erwerbstätigkeit bis in ein höheres Alter zu beobachten, die Einkommen sind zwar rückläufig, aber höher als bei unselbständig Erwerbstätigen. Bei einem Alter von fünfzig Jahren erreichen die Einkommen ihr Maximum.

Abbildung 6: Durchschnittliche Einkommensentwicklung von japanischen Unternehmern und angestellten Erwerbstätigen in Abhängigkeit vom Alter

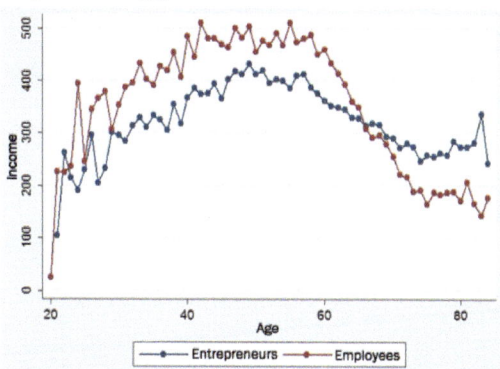

Quelle: http://www.rieti.go.jp/jp/columns/a01_0417.html

Bemerkenswert auch, bis zu welchem Alter auch „employees" noch erwerbstätig sind. Jenseits eines Alters von 65 Jahren sind es in Japan 6,1 Millionen Personen, 20 Prozent der Gesamtpopulation dieser Altersgruppe (Adachi u.a., 2015). In Deutschland arbeiten 191 047 Personen (124 668 Männer und 66 379 Frauen) in einem Alter jenseits von 65, das sind 6,3 % der arbeitenden Bevölkerung und 1,13 % der über 65-Jährigen (16.62 Millionen; Daten Bundesamt für Statistik).[35] Nahezu zwanzig mal mehr Personen in den jeweiligen Alterskohorten arbeiten in Japan jenseits von 65 Jahren als in Deutschland. Ist das ein Grund, warum die Zuwanderung in diesem Land nahezu keine Bedeutung hat und von der Bevölkerung zurückgewiesen wird? In den USA geht der Anteil der Menschen, die einer Beschäftigung nachgehen, seit Jahren zurück und erreicht im Jahr 2015 mit 62,4 Prozent den niedrigsten Wert seit 1977. Die Ausnahme sind die über 65-Jährigen, deren Beschäftigungsanteil im Jahr 2013 bei 19 Prozent liegt und sich seither auf diesem Niveau stabilisiert (Fleming, 2015b). Je älter die Menschen sind, desto stärker steigt die

---

[35] Eine Untersuchung des Instituts der Deutschen Wirtschaft ermittelt vergleichbare Daten. 8,7 Prozent der 65-74-Jährigen waren im Jahr 2013 erwerbstätig. Zu beachten sind dabei die Unterschiede zwischen Selbstständigen und abhängig Beschäftigten. 35,4 Prozent der Selbstständigen waren erwerbstätig, gegenüber 5,2 Prozent der aktuell oder zuletzt angestellten Erwerbstätigen (welche im Durchschnitt weniger als 10 Stunden pro Woche erwerbstätig waren). Beamte gelten als Ruhestandsspitzenreiter, nur 1,3 Prozent gingen einer Erwerbstätigkeit nach (Esselmann & Geis, 2015). Im Übrigen zeigt dieses Beispiel deutlich, warum die herkömmliche Pensionsgrenze zumindest für Lehrer und in Forschung und Lehre tätige ein gesetzliche Regelung zu Lasten der Gesellschaft ist.

Zunahme ihrer Erwerbstätigkeit, die Zunahme der Lebenserwartung um ein Mehrfaches übertreffend (Drake, 2014). Ausführlicher gehen wir hierauf in Kapitel 19 ein.

Wir könnnen eine evolutionäre Sackgasse in demographisch alternden Gesellschaften nicht ausschließen. Ökonomisch heißt dies: Rückkehr zu einer stationären Wirtschaft. Die Komplexität einer Gesellschaft erleidet Einbußen, wenn ein zunehmender Anteil von Menschen ihr Leben in Routine vollzieht. Eine stationäre Wirtschaft sozialisiert andere Persönlichkeitsprofile als eine sich entwickelnde. Auch Gesellschaften sind selektivem Druck unterworfen. Sozio-kulturelles (oder memetisches) Abkoppeln erzeugt ökonomische Nebenwirkungen. Im Gesundheitssystem erzeugen wir einen hohen Preis (Krankheiten, zu früh einsetzende Lebensuntüchtigkeit) durch Nichtbeachtung der Regeln einer „darwinschen Medizin" (Nesse & Williams, 1995). Im System Wirtschaft, also dem System, welches die Wertschöpfung erzeugt, damit Menschen auch in anderen Teilsystemen der Gesellschaft (Wissenschaft, Politik, Religion) ihren Aufgaben selbstevolutiv nachgehen können, gelten weitgehend identische Funktionsabläufe (Röpke, 2015). Europäische Länder wie Deutschland und Frankreich fallen technologisch immer weiter zurück – und schicken gleichzeitig wissenstiefe Hochschullehrer mit 60 oder 65 in die Pension. [36] Der gesamte Zukunftsmarkt – NBIC genannt: Nano, Bio, Info, Cogno – bleibt aus internationaler Perspektive unterentwickelt. Was folgt?

„Der Mann, der sich um Fernes nicht bekümmert,
erwartet schon in nächster Nähe Kummer."

Konfuzius

1.5 Diskriminierung alter Menschen

Was zeigt uns die nächste Abbildung? Gegen Ende des 19. Jahrhunderts gewinnen negative Stereotypen über das Alter(n) die Oberhand. Weil Menschen immer älter werden, werden sie immer weniger geschätzt. Sie werden benachteiligt.[37] Früher war ein hohes Alter eher eine Ausnahme. Man schätzte die Alten hoch

---

[36] Pensionierte Deutschlehrer dürfen sich andererseits auf ein Luxuseinkommen freuen. Sie erhalten ihre Pension, ungekürzt und die Bezahlung für den Deutschunterricht, wenn sie Flüchtlinge belehren. Die Financial Times (20. 1. 2016: German language teachers in demand) nennt einen Stundenlohn zwischen 20 und 23 Euro für 45 Minuten. Ein Flüchtling hat Anspruch auf 660 Stunden Deutschunterricht. 29,000 Lehrer insgesamt (nicht nur Beamte) sind im Migrationsbüro registriert. Ein Flüchtling kostet somit mindestens 13,200 Euro. Der Deutschunterricht würde dann knapp 400 Mio. Euro kosten. Wer zahlt? Der Leser und der Autor und jedermann, der steuerpflichtig ist. Interessant aus unserer Logik, ältere Menschen werden reaktiviert. Ein Lehrer kann es auf 9,000 Euro pro Monat bringen. Im Durchschnitt sind Pensionäre extrem zurückhaltend mit Arbeit im Alter. 1,3 Prozent der Beamten sind in ihrer Pensionszeit erwerbstätig (Esselmann & Geis, 2015, S. 32). Da neben dem Unterricht in deutscher Sprache auch weitere Bildungsangebote zu erbringen sind, wird sich die oben genannte Summe um ein Mehrfaches erhöhen. Auch Benimmunterricht für muslimische Flüchtlinge kostet Ressourcen in Zeit und Geld. Die entgangenen Nutzenströme (etwa aus Investionen in die Infrastruktur, Forschung und Entwicklung) umschreiben weitere Opportunitätskosten des Unterhalts und der Integration von Flüchtlingen.

[37] Es gilt dabei zwischen Nachteil und Benachteiligung zu unterscheiden. Ältere Menschen mögen gegenüber jüngeren Nachteile besitzen (schlechteres Sehvermögen, geringere Erfahrung mit Internet). Eine Benachteiligung ist etwas anderes. Sie wird einem Menschen aktiv von anderen Menschen zugefügt. Er kommt damit – nicht nachteilsbedingt – in eine schlechtere Position (etwa bei einer Stellenbewerbung - Menschen über 50, oder im Krankenhaus).
kann man haben, z.B. weil man als Kind von Eltern aus der Mittelschicht geboren wurde und deshalb ständig deren Vorstellungen einer erfolgreichen Bildungskarriere gerecht werden muss. Einen Nachteil kann man auch haben, wenn man als kleiner Mensch versucht mit großen Menschen im Basketball zu konkurrieren. Ein Nachteil hat aber nichts mit einer Benachteiligung zu tun, denn eine Benachteiligung wird einem Menschen aktiv von anderen Menschen zugefügt, um ihm eine schlechtere Ausgangsposition zu verschaffen.

ein, man verehrte sie, eine kulturelle Norm, die in ostasiatischen Ländern auch heute noch Gültigkeit besitzt, wenn auch mit abnehmender Relevanz. Der sog. Jugendkult (ageism) gewinnt die Oberhand. Ageism – Diskriminierung aufgrund des Alters eines Menschen – ist Standard in allen reifen oder „entwickelten" Gesellschaften. Eine destruktive Obsession mit jugendkultischen Memen (Meme verstehen wir mit Richard Dawkins als Einheiten der kulturellen Vererbung). Überall schicken Gesetze alte Menschen in den Ruhestand und damit in eine körperliche Vergreisung (Belege später). Folge der Diskriminierung: die Gesellschaft driftet in eine negative Evolution.

Die Gründe dafür sind vielfältig. Einer scheint zu sein: Mit dem Altern der Bevölkerung (Zunahme des Anteils alter Menschen an der Gesamtbevölkerung) wächst die Belastung der Gesellschaft. Wertschöpfung wird von alten Menschen immer weniger erzeugt. Die Gesundheitsaufwendungen steigen. Die Medizin hat gelernt, Menschen hohen Alters länger leben zu lassen, wenn auch nicht länger gesund. Die Aufwendungen für Gesundheit steigen mit dem Altern überproportional. Frankreich gibt viele Beispiele. Der „Senior entrepreneur" ist unbekannt, zumindest wenn man die Beiträge im primären „Think tank" für Unternehmen (L'institut de entreprise: http://www.institut-entreprise.fr/newsletter) verfolgt. Geht man auf die Startseite: mehrere Hinweise auf die „Jugend". Das Institut ist ein Berater der französischen Regierung im Bereich von Unternehmen und Unternehmertum.

Abbildung 7: Altersstereotypen

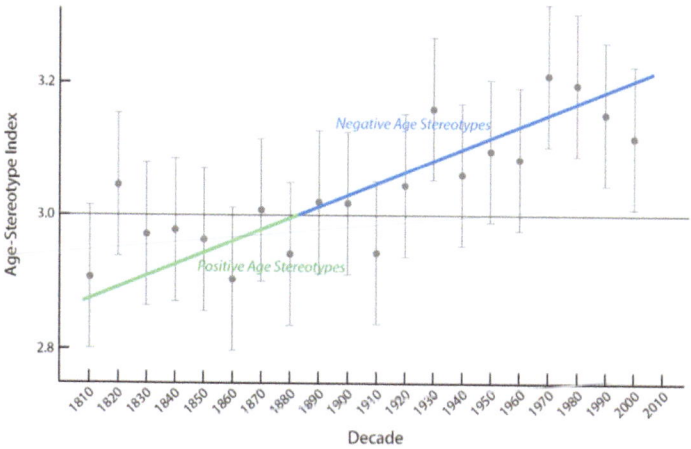

Quelle: Ng, Allore u.a. (2015)

Die Autoren Ng, Allore et al., welche die obige Abbildung erstellt haben, haben eine große Zahl von Untersuchungen ausgewertet, welche teilweise unsere Kommentierung bestätigen.

Unterstellt wird in einer Welt negativer Stereotypen: Älteren Menschen gehen Kreativität, Erfolgsstreben, Durchhaltevermögen verloren, also gerade jene Eigenschaften, durch welche sich Unternehmer auszeichnen. Eine Diskriminierung alter Menschen greift daher um sich. Ein zynischer Ökonom könnte weitere Argumente bezüglich Altersdiskriminierung anführen. Einer der bedeutenderen: Alte kosten zuviel, haben höhere Löhne als jüngere, lassen sich weniger disziplinieren als diese.[38] Die Diskriminierung durchzieht sämtliche Lebensbereiche alter Menschen: Medizinische Behandlung und Irrtümer,[39] Pflege,[40] täglicher Umgang, statistische Erfassung (ab dem Alter von 65 werden keine Daten über Gründungen alter Menschen mehr erfasst), Steuerpolitik, Medien, Unterhaltungsindustrie, Wissenschaft, Wirtschaft ohnehin, für unsere Überlegungen von Bedeutung: Arbeitschancen jenseits politisch-rechtlich festgelegter Altersgrenzen.

Wer will die Alten?
Wilhelm Langenstein - 22.08.2016

Mit 61 Jahren wurde ich, "freiwillig gezwungen mit erheblichen finanziellen Einbußen ", in den Vorruhestand versetzt. 4 Facharbeiterbriefe und gesund. Eine Zustimmung zum Vorruhestand war alternativ los.[41]

Die gesellschaftlichen Auswirkungen sind nicht unser Thema, eine sei erwähnt: die Förderung von Ungleichheit bei Einkommen und Vermögen. Wer nicht mehr arbeitet muß von Rente oder Pension oder staatlichen Unterstützungsleistungen leben, seinen Vermögensaufbau kann er vergessen, auch seine Bereitschaft, in seine Gesundheit zu investieren, verringert sich. Die noch Arbeitenden (Selbstständige, Freiberufliche) erzielen weitere Einkommen, vermögen ihr Vermögen zu vermehren, für sich selbst eine demographische Dividende erzeugen, nur: die Ungleichheit nimmt zu. Ist der Wohlfahrtsstaat ein Diskriminator? Warum weisen freiberuflich Tätige jenseits des Renten-und Pensionseintrittsalters einen höheren Gesundheistszustand auf? Wir zitieren mehrfach eine Forschergruppe, welche der Frage nachgegangen ist, warum mit dem Eintritt in die Rente gesundheitliche Probleme insbesondere kognitive Verarmung zunehmen – im Vergleich zu Menschen, die weiter/länger arbeiten? (Bonsang u.a., 2012; Horner, 2012; Lautenschlager u.a. 2014; Meyer-Abich, 2010; Rajan u.a., 2015; Rohwedder & Willis, 2010; Sahlgren, 2013; Vester, 1976; Wu u.a., 2016).

Erstaunlich was man aus Japan erfährt: Wer über 40 Jahre alt ist, kann sich an staatlichen Universitäten nicht mehr auf eine wissenschaftliche Stelle (einschließlich Professor) bewerben. Unternehmen kennen keinen Großmutter/vater-Effekt. Auch deswegen setzen viele, vor allem ihre organisierten Vertreter, auf Zuwanderer. Im 18. Kapitel zeigen wir, wie ein im Arbeitsmarkt und durch betriebliches Management diskriminierter schöpferische Antworten für sich erschließen kann.

Eine gesellschaftliche Gruppe, die in Deutschland zur Randständigkeit verurteilt ist, sind die Alten. Alte kommen als Wohlfühlrentner auf Mallorca oder als Demenzproblem im Dreibettzimmer des Pflegeheims vor. Ansonsten erfahren sie keine besondere Aufmerksamkeit geschweige denn Wertschätzung.

Sie sind keine besonderen Toten unter denen, die bei einem Flugzeugabsturz umgekommen sind. Die besonderen Toten sind immer Kinder (z.B.:"darunter 10 Kinder").

---

[38] Zu Beispielen aus den USA, insbesondere dem Erziehungssystem, einschließlich Universitäten, siehe Olson (2016).

[39] In den USA gelten medizinische „Irrtümer" als „drittgrößte Ursache" von Todesfällen (nach Herzversagen und Krebs), ermitteln Makary & Daniel (2016). Wir vermuten, daß von diesen Irrtümern insbesondere ältere Menschen betroffen sind. Daten hierfür liegen nicht vor.

[40] Man vergleiche die Pflege mit der Behandlung von Kindern in Tagesstätten und Kindergärten sowie die Entlohnung der dort Beschäftigten. Bei letzteren Streiks nahezu ohne Ende bei einer Bezahlung, die sich keine Hochschule leisten könnte, Pflegeheime sowie so nicht.

[41] http://www.faz.net/aktuell/wirtschaft/was-wird-aus-der-rente/debatte-um-erhoehung-des-gesetzlichen-renten-alters-14399453.html#lesermeinungen

Alte bleiben, so kann man kurz zusammenfassen, auf der Strecke, es sei denn, man kann sie instrumentalisieren und sich ihrer annehmen, sie zum Anlass nehmen, um eine Einnahmequelle zu erschließen. Dies dürfte der Grund dafür sein, warum fast hämisch über die Mallorca-Alten berichtet wird, während die Demenz-Alten zumindest noch als Einnahmequelle taugen.

http://sciencefiles.org/2015/09/11/ende-des-rentenbezugs-immer-mehr-alte-nehmen-sich-das-leben/

Die Bediensteten der Altenheime einschließlich der Ärzteschaft agieren innovationsarm. Sie befolgen (müssen es) die Vorschriften, Schulmedizin dominiert, Yoga ist ein Modeprodukt geworden, der indische, nicht chinesische (Yao-Yoga). Warum den Alten Neukombinationen vermitteln? Entweder sie machen es selbst (Beispiel Steinzeitdiät) oder sie machen das, was alle erfreut, Verkürzung der gesunden Lebensspanne. Fachkräfte fehlen, importieren wir sie (Osteuropäer, Chinesen, Filipppinas). Was machen sie, dürfen sie unternehmen? Wo sind die „Studien"? Eine Filippina lernt schnell, Schweinefleisch ist (wird) verboten. Brot (Getreide) ein Muß. In manchen Rehas ist Kaffee das Standardgetränk.

Gibt es Selbsthilfeorganisationen von alten Menschen?

Die medizinisch-therapeutische Diskriminierung bewirkt eine Verstärkung einer negativen Selbsteinschätzung alter Menschen, welche den Alternsprozeß beschleunigt (Schroyen u.a, 2015). „Krebs ist ist ein großes Gesundheitsproblem, welches bei alten Menschen in großem Umfang auftritt. Paradoxerweise sind alte Menschen oftmals aus klinischen Versuchen und medizinischer Behandlung im Vergleich zu jüngeren Patienten ausgeschlossen" (Schroyen u.a, 2015, S. 117). Warum ist das ein Paradox? Diskriminierung bewirkt,was Ärzte verhindern wollten: Herzkreislauferkrankungen (Everson-Rose u.a., 2015). Diskriminierung bewirkt eine Änderung der Persönlichkeitsstruktur von Menschen: Negative Emotionen (Neurotizismus) verstärken sich, sie verlieren den Glauben an sich selbst, ihre Motivation etwas zu unternehmen und ihre Selbstdisziplin leiden. Die fünf Eigenschaften einer erfolgreichen Persönlichkeit, insbesondere sog. Gewissenhaftigkeit (conscientiousness) erleiden Einbußen. Ein Forscherteam um Angelina Sutin (2015) ermittelte diese Erkenntnisse an amerikanischen Personen im Alter von über 50 Jahren. Persönlichkeiten, wie können sie bei diskriminierten Menschen entstehen, sich entfalten, sich neu generieren, auch in höherem Alter (wissenschaftliche Belege hierzu unten)? Dies gilt auch für den vorherrschen Aktionsparameter von Politik und Ökonomie, mit dem die Negativfolgen einer demographische Alterung modifiziert wenn nicht überwunden werden sollen: Zuwanderung. Diskriminierung von Zuwanderern ist alltägliche Praxis.

Die Diskriminierung und Entmutigung setzt früh ein, nicht nur in höheren Altersstufen selbst. Bereits Menschen in niedrigeren Altersstufen werden sozio-kulturell und rechtlich entmutigt, sich auf eine Lebensweise in höherem Alter vorzubereiten. Wenn sie dann in eine höhere Altersstufe aufgestiegen sind, fehlt die körperliche, geistige und unternehmerische Kompetenz für wertschöpfende Aktivitäten. Vorstellungskraft und visionäres Vermögen leiden. Ein Leben in Routine evolviert. Negative Funktionalität (Routine) durchzieht Menschen, die Gesellschaft und deren Teilsysteme. Diese Prozesse sind den Nocebo-Wirkungen in der Medizin vergleichbar. Wenn ein Arzt einen Patienten über eventuelle Nebenwirkungen einer Arznei oder einer Behandlung aufklärt, vermag diese Iteration in seinem Körper über psychische und neurobiologische Prozesse Wirkungen auszulösen, welche den Eintritt dieser Wirkungen fördern. Dieser Vorgang wird als Nocebo-Phänomen bezeichnet, der Gegensatz zur Placebowirkung. Häuser, Hansen und Enck (2012) haben solche Prozesse nachgewiesen.

Wir stellen eine Gegenposition vor. Jederman, jedes System, könnte die Alter(n)slogik überwinden, zumindest hinausschieben. Medizinisch betrachtet könnte man vom einem Placebo-Effekt sprechen. Genauso wie die neurobiologiosche Forschung die Placebowirkung nachweist – Schaltkreise im Gehirn mobilisieren Selbstheilungskräfte (Blech, 2010, S. 150) – fördern politisch, medial und soziokulturell erzeugte Nocebowirkungen Entmutigung, Verkürzung des Zeithorizonts, Energieverluste, körperliche Gebrechen, also Wirkfaktoren, die Unternehmertum, ein aktivistisches Leben im Alter, entmutigen, wenn nicht ausbremsen: Altersfatalimus. Das Leben ist gelaufen. Altersnocebos beschleunigen die organische und psychische Alterung.

Die Gegenposition: lebenslanges (langjähriges) Unternehmertum. Dies klingt natürlich einfältig, voreingenommen usw. angesichts der vielfältigen Ansichten, Meinungen, wissenschaftlichen Erkenntnisse aus allen Gebieten der Wissenschaft. Der Ökonom weiß: Aging ist ein Supermarkt, um Geld zu verdienen (Silberwirtschaft: 15. Kapitel). Chinesen fahren mit Kreuzfahrtschiffen nach Japan, um dort hochqualitative Windeln, noch nicht verfügbar von chinesischen Herstellern, für ihre alten Menschen und Babys einzukaufen, und die japanischen Hersteller kommen mit der Nachfrage nicht mehr nach und weiten ihre Produktionskapazitäten, fußend auf hochtechnologischen Innovationen, im Rekordtempo aus.[42] Für das Jahr 2030 wird ein Absatzvolumen von 45 Milliarden Dollar vorhergesagt (Lewis, 2016a). Der Gesundheitsmarkt expandiert und ist der größte Umsatzträger der Wirtschaft. Statistisch gilt er sogar als Wertschöpfer, obwohl die Menschen, in deren Leben, vor allem in deren Körper einschließlich Gehirn interveniert wird, keine Wertschöpfung mehr erzeugen, vielmehr dasjenige, was sie an Wertschöpfung geleistet haben und in Vermögen investierten, zunehmend aus ihren noch verbleibenden Lebensjahren verschwindet, auch steuerlich entsorgt wird. Nur wenige entgehen dieser Entwicklung, diejenigen die Angehörige der Eliteklasse sind – oder diejenigen, die es schaffen, lebenslanges Unternehmertum zu praktizieren. Die Kreuzfahrtindustrie expandiert und expandiert. Die vier größten Anbieter machen einen Umsatz von 22 Mrd. Euro (Walter & Jansen, 2015).[43] Im Jahr 2015 kamen in Deutschland knapp zwei Millionen Passagiere in den Genuß einer Kreuzfahrt, einen Umsatz von 2,9 Milliarden Euro erzeugend.[44] Alles Mögliche wird dort angeboten. Natürlich steht Essen im Mittelpunkt. Quasi *haute-cuisine* für den reicheren Normalbürger im fortgeschrittenen Alter. Die Anbieter von Leistungen für Silbermarktkunden widmen sich jedoch zunehmend jüngeren Nachfragern vom Typus Millenial, Silbermarktinnovationen diffundieren in jüngere Kundenschichten.

Ob die obigen Stereotypen gerechtfertigt sind oder nicht bleibt zu untersuchen (ausführlicher hierzu bereits Haga, 2013 und Röpke, 2015). Schaffen die alten Menschen nicht etwa Nachfrage nach Gütern auf „Silbermärkten", sind somit auch Innovationsanreger, falls die Unternehmen, bisher nur spärlich, auf diese Änderungen überhaupt schöpferisch antworten. Fördern sie durch ihre Krankheiten nicht auch Innovationen im Medizinsystem, könnten sie sogar neue Wellen wirtschaftlicher Wertschöpfung (Kondratieff-Zyklen) anregen? Auch das System Medizin dient, autopoietisch betrachtet, seiner Selbstreproduktion.[45]

Ein autopoietisches System trachtet nicht danach, einen Ausstoß (output) hervorzubringen, sondern sich selbständig zu erhalten und zu erneuern. Es versucht, seine Funktionskreisläufe zu stabilisieren, es strebt deswegen nach Stabilität („Harmonie") in der Veränderung, nicht notwendigerweise Gleichgewicht. In der

---

[42] Wegen Produktionsengpässen ist der Export nach China eingeschränkt.

[43] Die Anzahl der Passagieren weltweit beträgt 110 Millionen. Steevens (2016) gibt einen Überblick. Die Werftindustrie für Kreuzfahrtschiffe ist in Deutschland die einzige im Schiffbau, die noch wettbewerbsfähig zu sein scheint, ein Silbermarktprodukt somit.

[44] Börsenzeitung, 17. März 2016, S. 10: „Deutschland bei Kreuzfahrten vorn".

[45] Autopoietische Systeme organisieren ihre eigenen Strukturen und erzeugen die Elemente, aus denen diese Strukturen sich bilden.

Wirtschaft haben wir Systeme vor uns, teils mit Gleichgewichtscharakter (Routine, Arbitrage), teils mit sich reproduzierenden Fluktuationen (Innovation) und bei evolutorischen Organisationsmustern mit steigender Vielfalt (Komplexität).

Die „silver economy" ist von Bedeutung, weil in demographisch alternden Gesellschaften die Anzahl der Menschen und damit die Nachfrage nach Gütern tendenziell sinkt, der Mehrkonsum alter Menschen, erzeugt durch Güter und Dienstleistungen, die ihren Bedürfnissen besser angepaßt sind, einen Rückgang der Nachfrage sich teilweise kompensieren ließe. Diese Sichtweise ist jedoch nicht ohne gravierende Einwände (siehe die Kapitel 15,16 und 17), die erst langjähriges Unternehmertum zu überwinden vermag.

In der folgenden Tabelle sind vier Altersgruppen (demographisch: Kohorten) aufgelistet. In den Spalten 2, 3, 4 und 5 sind Möglichkeiten angedeutet, wie sich insbesondere Unternehmertum in den einzelnen Lebensaltern fördern, negieren, erschweren läßt. Da wir darauf mehrfach zurückkommen, lassen wir die Spalten offen.

Tabelle 1: Altersgruppen

Lebensalter	*Chronologie* 1	Training 2	Beratung usw. 3	Finanzierung 4	Handlungsrechte 5
Erstes	*bis 30*				
Zweites	*30-55*				
Drittes	*56-75*				
Viertes	*76+*				

Anmerkung: Beratung usw.: Coaching und Mentoring

Diese Unterscheidungen fußen ausschließlich auf dem sogenannten kalendarischem oder chronologischem Alter, nicht auf dem biologischen. Betrachten wir den unternehmerisch hochaktiven Jackie Chan, er ist (im Jahr 2014) 60 Jahre alt („Drittes Alter"), sein Körper einschließlich seines Gehirns funktioniert wie bei Menschen im Ersten Alter, auch wenn diese sogar überdurchschnittlich körperlich und geistig aktiv wären. In Japan wird diskutiert (siehe Itoh u.a., 2009), ob es gerechtfertigt ist, nach Chronologie und Lebenskompetenzen („life skills"), Menschen, die 75 Jahre oder älter sind, überhaupt als „alt" zu bezeichnen. In Deutschland gelten Menschen im vierten Lebensalter umgangssprachlich als „vergreist". Eine geläufige Charakterisierung von Menschen jenseits von 80 ist ihre Zuweisung in die Kohorte „oldest old" (Beispiel Ribeiro u.a., 2015). Könnte man einige von ihnen nicht auch als Oldest young oder Youngest old bezeichnen? Immerhin beginnen Beobachter auch das wirtschaftliche Potential dieser Menschen zu entdecken (siehe etwa Straubhaar, 2014, ohne empirische Belege): „Deutschlands Vergreisung ist etwas Wunderbares".

Demographie ist bei weitem nicht alles, für uns weitgehend irrelevant, wenn wir die grobe Unterteilung in Altersklassen anerkennen. Wichtiger ist für uns die Aussage von Albert Einstein: „Nicht alles, was man zählen kann zählt, nicht alles was zählt, läßt sich zählen". In der politischen, akademischen und wirtschaftlichen Praxis existiert nicht Einstein, sondern das Zählen. Nur was man zählen kann, findet in Studien Beachtung. Armer Kant, armer Luhmann, armer Schumpeter (1911/2006). Es bildet auch unseren Ausgangspunkt. Nach zahlreichen Schätzungen wird in der Jahrhundertmitte jeder Dritte in Deutschland mindestens 65 Jahre alt sein. Für andere postindustrielle Länder gilt Vergleichbares. Auch Emerging economies, insbesondere China, haben sich diesem Trend angeschlossen. Was daraus für die wirtschaftliche Entwicklung folgt, wird intensiv diskutiert. Die jeweils vertretenen Sichtweisen sind jedoch theoretisch wie idelologisch durchwachsen.

2 Unternehmertum und Lebensalter

Quelle: The Economist, 2014

Unsere Überlegungen beschäftigen sich vor allem mit dem dritten und vierten Lebensalter als demographische Quellen für wirtschaftliches Tätigsein. Zumindest drei Erwerbspotentiale lassen sich unterscheiden:

1) Abhängige Beschäftigung, das heißt Tätigsein über den „normalen" Eintritt in Rente oder Pension hinaus.
2) Fortführung einer bereits verwirklichten unternehmerischen Existenz in die Altersgruppen drei und vier.
3) Eintritt in unternehmerisches Tätigkeitwerden in verschiedenen Funktionen im dritten und vierten Lebensalter.

„ Mit 50 fängt das Alter an", so die Meinung eines Mediziners (zitiert in Schwertfeger, 2014). Nach obiger Tabelle somit bereits am Ende des zweiten Alters. In den Programmen und Konzepten der Europäischen Union sind gleichfalls 50 Jahre das Schlüsselalter (European Commission, 2015a, b). Der sog. Großmuttereffekt (Betreuung und Erziehung junger Kinder bis hin zu Babysitting; Grandparents plus, 2013; 2014) wird einem Alter ab 50 Jahren zugewiesen. Ab 50 beginnt der Silbermarkt und die Silberwirtschaft, das sind wirtschaftliche Abgrenzungen, die fortzusetzen scheinen, unbewußt, was wir als Altersdiskriminierung bezeichnen (15. Kapitel). Für die Anti-Aging-Industrie, Teil des Silbermarktes, ist 50 gleichfalls ein biologischer Wendepunkt. Das Unterbewußtsein findet Muster, die gut zu dem gegenwärtig Erfahrenen passen. Im Bewußtsein sucht man nach rationalisierten Erklärungen. Oft sind es solche, die unterbewußt wahrgenommene Tendenzen rechtfertigen. Beispiel: Das Testoron-Niveau soll ab einem Alter von fünfzig dramatisch sinken.[46] Beginnt leider schon mit 30. Das dritte und vierte Alter steht allerdings im Mittelpunkt unserer Überlegungen. Versuchen wir also ein Anti-Aging im Bereich der selbständigen Erwerbstätigkeit, unser Schwerpunkt, in höherem Alter. Anti-Aging heißt: Verringern der Geschwindigkeit, mit der Schäden im Organismus auftreten und damit die gesamte Lebensspanne ausweiten und die Zeit verringern, in der ein Mensch im biologischen Niedergang zubringt. Zu unterscheiden gilt es zwischem biologischem und chronologischem Alter, jeweils kombinierbar mit primärem und sekundärem (von der Lebensweise geprägtem) Altern. Der Körper altert, die Biologen sprechen von Seneszenz. Es gibt allerdings vielfältige Falsifizierer dieser Altershypothese:

---

[46] Testoteron ist ein Geschlechtshormon, bei Frauen in den Eierstöcken, bei Männern in den Hoden erzeugt.

wissenschaftliche und lebenspraktische. Wir werden sie kennenlernen. Unbestreitsbar ist: Gelingt es jemand, seine Seneszenz zu verlangsam, sozusagen den in seinem Leben evoluierten Körper auszutricksen, steigt seine Lebensspanne, sogar seine gesunde (Goldstein & Cassidy, 2012). Er vermag sogar eine Rückkopplung zwischen der Evolution seiner Persönlichkeit im Sinne eines Aufbaus von „unternehmerischen" Merkmalen und Alterungsentschleunigung verwirklichen. Wir kommen darauf ausführlicher zurück. Offensichtlich ist nur: Wären wir in einem Alter wie vor 50 oder 100 Jahren oder wie ein Steinzeitmensch gestorben, wäre die Diskussion unseres Textes überflüssig. Unternehmertum mit 70, oder 90 oder 110 wäre im Bereich einer Fata Morgana angesiedelt, eine Sichtweise, welche weite Bereich der Öffentlichkeit, auch der wissenschaftlichen, bis heute zu beherrschen scheint.

Sehr wahrscheinlich kennt der von Schwertfeger befragte Arzt wissenschaftliche Erkenntnisse wie die angeführten (eine kleine Auswahl) nicht:

Mishra B.: Secret of Eternal Youth; Teaching from the Centenarian Hot Spots ("Blue Zones"), *Indian J Community Med*. Oct 2009; 34(4): 273–275.

Association for Psychological Science:"Having a sense of purpose may add years to your life." *ScienceDaily*. May 2014.

Kim ES, et al. :"Purpose in life and reduced incidence of stroke in older adults: 'The Health and Retirement Study.'" *J Psychosom Res*. 2013 May;74(5):427-32.

Kim ES, et al. :"Purpose in life and reduced risk of myocardial infarction among older U.S. adults with coronary heart disease: a two-year follow-up." *J Behav Med*. 2013 Apr;36(2):124-133.

Levy, B.R. u.a.: "Longevity increased by positive self-perceptions of aging." *J Pers Soc Psychol.* 2002 Aug; 83(2):261-70.

Specht, Jule; Luhmann, Maike; Geiser, Christian (2014b): On the consistency of personality types across adulthood: Latent profile analyses in two large-scale panel studies,

Journal of Personality and Social Psychology, Vol 107(3), Sep 2014, 540-556.

Mattson, Mark P.: Toxic Chemicals in Fruits and Vegetables Is What Gives Them Their Health Benefits, Mind & Brain, Scientific American Volume, 2015, Vol. 313, Issue 1 1.

Betrachten wir wiederum die Entwicklung der Alterskohorten in den nächsten Jahrzehnten. Für uns stehen dabei Deutschland und Japan im Mittelpunkt unserer Überlegungen. Denn für diese beiden Länder könnte es zumindest aus wirtschaftlicher Perspektive eher düster aussehen. Die Alterung der Bevölkerung (siehe die nächste Abbildung) senkt die Wachstumsrate der Wirtschaft und auch des Wohlstandes (gemessen am Prokopfeinkommen) in Richtung einer Stagnation. Zahlreiche Prognosen scheinen diese Sichtweise zu bestätigen. Auf die ökonomische Logik dieser Sichtweisen gehen wir später ausführlicher ein.

Deutschland und Japan scheinen demographische Zwillinge (siehe Abbildung). In der Abbildung *The big shift* wird der Prozentsatz der Menschen mit einem Alter von 65 Jahren und höher auf jeweils 100 Personen der Menschen im Alter von 25-64 bezogen. In Japan erreichen im Jahr 2035 knappt 70 Prozent der Bevölkerung die Zahl der Menchen in der Alterkohorte von 25-64 Jahren. In Deutschland sind es etwas weniger. Sind diese 70 Prozent ökonomisch wertlos jenseits ihres Konsums auch medizinischer Leistungen und ihres akkumulierten Vermögens? Sind nur die Kohorten von 25-64 Teil der ökonomischen produktiven Klasse? Sinde die Menschen im Alter von 65plus als Produzenten von Gütern und Dienstleistungen weitgehend irrelevant? Wie ließen sie sich trotz ihres hohen und weiter steigenden Alters in die Wirtschaft als Wertschöpfer integrieren? Gibt es Bemühungen, sie weiter zu qualifizieren einschließlich *learning by doing* (jenseits eines Kreuzfahrtschiffsurlaubs, ein weltweiter Markt von rund 110 Millionen Passagieren [Steevens, 2016], Fernsehen, Shopping von Silverprodukten, Fahrradfahren in slow motion usw.), ihnen neue Perspektiven in der Wirtschaft zu eröffnen? Sind es gar Antreiber der zukünftigen wirtschaftlichen Entwicklung (verschieden von Wachstum): Sind alte Gesellschaften (potentiell) reiche Gesellschaften (19. Kapitel).

Abbildung 8: Altersquotient für die Jahre 2000, 2010, 2035

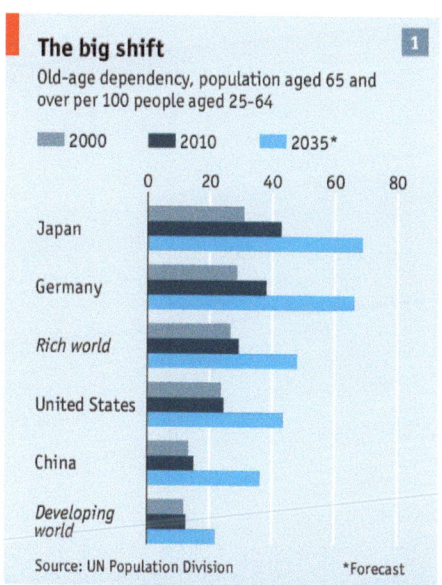

Quelle: The Economist, 2014

In Japan sinkt die Zahl der Erwerbstätigen (15-64 Jahre alt) von 64% im Jahr 2009 auf 54 % im Jahr 2040, gemessen an der Gesamtbevölkerung. Die ökonomischen Folgen werden immer wieder angesprochen. Wachstum geht zurück, Immigration endlich zulassen, mindestens 200,000 Personen pro Jahr. Japan ist ein exemplarischer Fall, deswegen gehen wir durchgängig auf die ökonomischen Folgen dieses demographischen Prozesses ein, vielfältig als potentiell katastrophales ökonomisches Problem bezeichnet (so auch von Soble, 2014). Die einzigen, die sich wohl wirklich freuen könnten, sind die japanischen Großmütter, die ihr Geld in Aktien investierten. Sie investieren nicht wie ihre deutschen Brüder und Schwestern in Riesterfonds, sie spekulieren. Der japanische Index erreichte im April 2015 den höchsten Stand seit 15 Jahren (April 2000). Die vorherrschende Sichtweise über Japan kann dennoch nicht überraschen, betrachtet man den Zuwachs an alten Menschen: ausgelaugt, müde ist die Nation. Kein Wunder, im Ranking of Happiness 2014 fällt Japan der Rang 46 zu (Korea 47), Deutschland 26 (angesichts der medialen und politischen Aussagen, wie gut es den Bürgern doch geht, ein überrraschendes Ergebnis).[47]

Abbildung 9: Japans Bevölkerung im erwerbsfähigen Alter – ein Vergleich

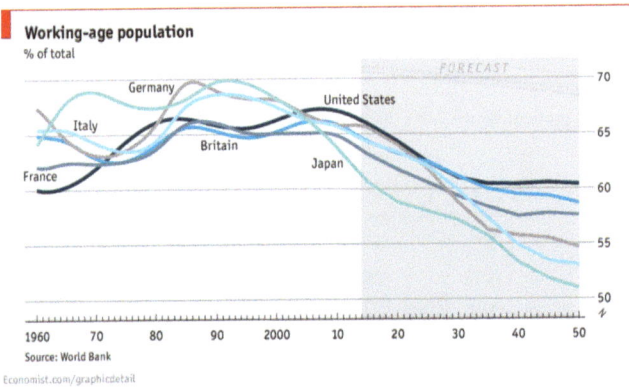

Quelle: The Economist, Doom and gloom, "Secular stagnation" in graphics, Nov 19th 2014.

---

[47] Quelle: http://worldhappiness.report/wp-content/uploads/sites/2/2015/04/WHR15.pdf

3 Evolvierendes Unternehmertum

3.1 Wie evolvieren Unternehmer?

Evolvierbarkeit ist die Fähigkeit eines Systems, durch interne Veränderungen seiner Merkmale die Evolutionsfähigkeit zu steigern. Einfach gesagt: Evolution der Evolution. [48] Evolvierbarkeit gilt als qualitative Eigenschaft eines Systems, jeden Systems. Sie ist eine Systemeigenschaft. Inwieweit sie in der Biologie ausgeprägt ist, bleibt umstritten. Sie ist aber auch in der Evolutionsbiologie mehr als die Anpassungsfähigkeit eines Systems.

Wir verstehen Evolvierbarkeit als die Fähigkeit, die Selbstevolution eines Systems zu verbessern oder zu steigern. Ein Beispiel: Eine fremde Sprache lernen ist Kompetenzaufbau. Mit der neuen Sprache vermag jemand, sein Evolutionsvermögen zu verbessern, Kompetenzen auf einer höheren Evolutionsebene zu erwerben. Jemand lernt die chinesische Sprache. Chinesisch zu lernen ist eine schwierige Angelegenheit. Er vermag mit einem Einsiedler in den Bergen zu kommunizieren. Er erlernt neue Lebensweisen. Er vermag durch konzentrierte Nahrung (Heilpflanzen), die Ernährung der Einsiedler, seine körperliche Gesundheit bis in ein hohes Alter zu erhalten. Er vermag dadurch höhere Evolutionsstufen seines Selbst zu verwirklichen. Dieser Prozeß ist in Koevolution eingebunden, das wechselseitige Erlernen von Fähigkeiten. Die Evolvierbarkeit (so Lehman u.a. 2013). hat sich in der biologischen Zeit erhöht.

Evolution bedeutet Erweiterung der Könnensbereiche. Koevolution liegt vor, wenn dieser Prozeß durch Interaktion mit anderen „Systemen" erfolgt. Diese können auch Systeme im eigenen Selbst sein, Körper (Organismus) und Psyche. Betrachten wir einen Unternehmer als System, ein interagierendes. Psyche (Persönlichkeit) und Körper interagieren. Evolvierbarkeit geht eine Stufe in die „Tiefe": Aufbau/Erwerb von Fähigkeiten zur Erweiterung der Könnensbereiche. Die Evolution evolviert. Die Zukunft eines Unternehmers existiert im Menschen selbst. Sie ist endogen erzeugt, „Entwicklung von innen" wie Schumpeter es nennt. Leider, wäre zu ergänzen, funktioniert Evolvierbarkeit im Unterschied zu den von Biologen untersuchten Systemen, wo es sich weitgehend initiativlos verwirklicht, nicht ohne körperliche und psychische Energie. Evolutionsbiologen erläutern: „Evolvability" bezeichnet die Fähigkeit von Lebewesen, durch Veränderung ihrer Gene eine Veränderung ihrer Merkmale herbeizuführen (Lehman & Stanley, 2013). Bis die Menschen soweit sind, ihr Genom evolutionsfördernd zu manipulieren, bis die Ethiker dafür grünes Licht geben, solches zu leisten, machen wir es selbst. Die Fähigkeit dies zu leisten, zu erwerben und zu entfalten ist auch der Kern eines langlebigen Unternehmertums, eingebettet in ethische Normen, selbsterzeugte, nicht von außen auferlegte. [49]

---

[48] Wir führen hierzu wenig Literatur an. Sie ist widersprüchlich, je nach dem vertretenen Standpunkt. Archäodarwinistisch, neodarwinistisch, postdarwinistisch? Vergleichbares in den Wirtschaftswissenschaften. Wir selbst beschäftigen uns seit langem mit „Evolution" jenseits der Sichtweisen der Evolutionsökonomie. Anders formuliert: Wir befinden uns noch in Bereichen theoretischer Evolution.

[49] Bioethiker sind von Langlebigkeitsforschern einer massiven Kritik ausgesetzt. Ein Beispiel ist Reason von Fight Aging, dem Internetportal mit den sachkundigen Kommentaren und reichhaltigen Literaturverweisen zur biomedizinischen Altersforschung. „[...] the miserable, parasitic institution of modern bioethics". Der Philosoph Steve Pinker wird zitiert: «...the primary moral goal for today's bioethics can be summarized in a single sentence. Get out of the way. A truly ethical bioethics should not bog down research in red tape, moratoria, or threats of prosecution based on nebulous but sweeping principles such as "dignity," "sacredness," or "social justice." Nor should it thwart research that has likely benefits now or in the near future by sowing panic about speculative harms

Betrachten wir einen Unternehmer. Er operiert als rationales Lebewesen im Gleichgewicht. Alles ist optimiert. Ein neues Produkt taucht auf, schöpferische Zerstörung droht. „Wandel der Werte – das ist Wandel der Schaffenden. Immer vernichtet, wer ein Schöpfer sein muß" (Nietzsche, Also sprach Zarathustra, I, Von tausend und einem Ziele). Chinesische Unternehmen machen Firmen in anderen Ländern zu schaffen. Auch in höher entwickelten, etwa der USA, den Möbelherstellern in Tennessee. Sie müssen Arbeitskräfte entlassen und/oder die Löhne senken. Eine adaptive Antwort auf Datenänderungen, wie Schumpeter es nennt. Ein jüngeres Beispiel ist die Quasi-Taxi-Unternehmung Uber. In Europa weitgehend verbannt. In China mit einem heimischen Konkurrenten fusioniert. In Indien in ständige Gerichtsprozesse involviert.[50] Sie könnten schöpferisch antworten, durch Neukombinationen. Passiert nicht. Wer kauft Möbel aus Tennessee? Die älteren Erwerbstätigen werden zuerst entlassen, sie kosten am meisten Geld (Lohn, Ausgaben für Gesundheit). Der Unternehmer müßte auf eine höhere Stufe (Innovation) im wettbewerblichen Marktsystem aufsteigen. Dazu benötigt er neue Fähigkeiten, was voraussetzt, daß er die Fähigkeit besitzt, diese Fähigkeiten auch zu erwerben, sich zu evolvieren. Der Unternehmer ist eine koevolutive Einheit von Psyche und Körper (um die beiden in der Systemforschung unterschiedenen Teilsysteme einer Person zu nennen). Die Evolvierbarkeit gilt für alle Teilsysteme einer Gesellschaft. Unser Fokus liegt auf dem System Wirtschaft.

Altern kann aus der Sichtweise der Evolvierbarkeit verstanden werden. Wer nicht zu evoluieren vermag, was die Fähigkeit dies zu unternehmen, einschließt, hat quasi Pech gehabt. Wenn ihn Supergene nicht retten, stirbt er *relativ* früh. Wenn er als Unternehmer bestehen will, ohne diese Fähigkeit, müssen ihm externe Instanzen, der Staat durch Subventionen oder Beschränkung der Konkurrenz, zu Hilfe kommen. Aktives Altern, wie Mittendorf (2012) es nennt, verlangt diese Fähigkeiten. Beispiel: Eine bewegungsintensive Lebensweise ist Teil unserer genetischen Vorgaben, steht unter „genetischer Kontrolle" (Mittendorf). Mit zunehmendem Alter sinkt die Bereitschaft zu physischer Aktivität. Wer sich wenig bewegt, gar einer seßhaften Lebensweise anhängt (sitting disease), hat das höchste Risiko, früh zu sterben (Biswas u.a., 2015; Reynolds, 2015a; Mercola, 2016e). Er scheidet als Unternehmer frühzeitig aus. Seine Lebensproduktivität (14. Kapitel) erleidet Einbußen. Seine Schmerzen plagen ihn, nicht seine Geschäftspläne und die Konkurrenten. Die Zeitspanne für ein lebenslanges Unternehmertum bleibt kurz. Vorhaben mit längerer Ausreifungszeit sind nicht machbar. Seine biologische Routine bewirkt oder impliziert auch eine ökonomische. Evolvierbarkeit ist jedem Menschen mitgegeben, die Umsetzung aber höchst heterogen und auch altersabhängig. Ältere Menschen hatten mehr Zeit zu evolvieren. Weisheit usw. des Alters. Ein Jugendgründer hat eher Glück gehabt, ihm fehlte die Zeit Fähigkeiten aufzubauen und die Fähigkeit, seine Fähigkeiten zu steigern, zu erwerben. „Jugend ist keine Garantie für Innovation" (James Bond). Die Basishypothese unseres Textes sei erneut angeführt: Kalendarisches (chronologisches) Altern bietet Chancen, vielfältige, in Lebensformen höherer Komplexität zu evoluieren. Dieser Evolutionsprozeß nimmt kein Ende. Historisch betrachtet stehen wir an seinem Anfang (Wir sprechen von Evolution, nicht verkürzt auf eine Zunahme der Lebenserwartung). Das Altern „läßt sich umkehren" (Aubrey de Grey).

Der Mittelstand in Deutschland altert. Immer mehr Unternehmensleiter rücken in die „Nähe des Ruhestandsalters", wie Schwarz & Gerstenberger (2015a) es formulieren. Wie hoch ist jedoch das Ruhestandsalter? Es folgt der Rentenlogik: 65 Jahre. Verstehen sich Unternehmer als Rentner, als normale Erwerbstätige in abhängiger Beschäftigung? Ruhestand für Unternehmer. „In vielen Familienbetrieben gilt

---

in the distant future.» Quelle: Fight Aging, 18. 8. 2015, https://www.fightaging.org/archives/2015/08/the-moral-imperative-for-bioethics-get-out-of-the-way.php.

[50] http://economictimes.indiatimes.com/small-biz/hr-leadership/leadership/uber-fights-the-odds-carries-on-with-risk-taking-and-meritocracy-within/articleshow/55778656.cms

es als Alarmzeichen, wenn der Chef mit 65 noch nicht an den Nachfolger übergeben hat." (Piper, 2015). Das lebenslange Unternehmertum endet mit einem Renteneintrittsalter; gilt jenseits von diesem als quasi abgeschafft, auch statistisch. Erstaunlich, wie und warum Unternehmer sich an die Rentenlogik anpassen. Wer so denkt und handelt, verfügt in der Tat nur noch über bescheidene Chancen für eine „schöpferische" oder gar evolutorische „Antwort" (Schumpeter) auf die Herausforderungen des Wettbewerbs. Ruhestand als Belohnung für viele Jahre der Wertschöpfung.

Auch in Japan denken viele Mittelständler mit fortschreitendem Alter an die Weitergabe ihrer Unternehmen. Als kritisches Alter gelten 70 Jahre (Lewis, 2016c). Im Gegensatz zu Deutschland werden diese Vorgänge in Japan noch als „uncharted territory" betrachtet, als noch nicht erkundetes Territorium für Familien und Banken. Mittelständische Unternehmen beschäftigen in Japan circa 70 Prozent der Arbeitskräfte. Auch die Mittelständler in Japan haben Schwierigkeiten, Nachfolger bzw. Käufer für ihre Unternehmen zu finden. Gute Chancen haben kleinere Krankenhäuser und Apotheken wie Drogerien, zweifellos auch dem Altern der Gesellschaft geschuldet.

Warren Buffett ist 85. Ein Nachfolger ist nicht in Sicht. Sein Stellvertreter Charlie Munger hat bereits seinen 91. Geburtstag hinter sich. Der Börsenwert ihrer Firma Bershire Hathaway beläuft sich auf 325 Mrd. Dollar (15.September 2015). Jeder weiß es: Ein habgieriger Kapitalist denkt nicht an Ruhestand. Als viertreichster Mensch auf der Welt (den Rang drei mußte er an Amazongründer Jeff Bezos abgeben) hat er genug zu tun, seine Finanztransaktionen vorstellungskräftig zu verwirklichen.

Die Anzahl der mittelständischen Ruheständler wird bis zum Jahr 2017 auf 580.000 geschätzt, so viele wollen ihr Unternehmen nicht selbst weiterführen; nicht eingeschlossen sind Unternehmer, die ihr Unternehmen ganz aufgeben, schließen. Bereits vor dem Eintritt in den Ruhestand sinkt die Investitions- und Innovationsbereitschaft. Eine familieninterne Nachfolge planen nur neun Prozent.

Über vergleichbare Trends wird auch aus anderen Ländern berichtet, Japan ist keine Ausnahme. In Japan beobachten wir aus der Sicht der jeweiligen Unternehmerfunktionen eine komplexe, variantenträchtige Wirklichkeit. Die Gründer und/oder Leiter der circa drei Millionen mittelständischen Unternehmen, werden als „grauhaarig, ultrakonservativ und voller Bedenken, daß ihre 45-Jahre alten Söhne für Führungsaufgaben bereit sind" beschrieben (Lewis, 2015a). Zunehmend engagieren sie Private equity funds, um ihre Unternehmen zu übernehmen, was bisher die Unternehmensgründer abgelehnt haben. Sie hoffen dadurch auch die Wachstumsaussichten zu verbessern. Ein Grund für das Engagement nicht-familiärer Investoren ist die hohe Erbschaftssteuer in Japan, die bis zu 55 Prozent des Vermögenswertes erreichen kann (wenn über 600 m Yen oder rund 4.5 Millionen Euro).

Wie ließe sich dieser empirische Befund evolutionsökonomisch deuten? Was wir nicht ausschließen können: Die mittelständischen Ruheständler haben eine Evolvierbarkeit durchlebt. Sie operieren geistig und körperlich auf einer Stufe, in welcher wirtschaftlich selbstständiges Tätigbleiben in der Zukunft als relativ niedrig angesiedelt ist. Sie machen sich, um das obige Beispiel erneut anzuführen, zu ökonomischen Einsiedlern, um neue Lebenswelten zu erschließen, etwa im Ruhestandsalter Marathon zu laufen, oder den Montblanc zu bezwingen, oder Yoga oder Qigong zu üben oder Houellebecq Konkurrenz zu machen oder in ihrer Pfarrgemeinde Demenzkranke zu betreuen. Man kann aber, die Normalität auch evolutionslogisch, eine bescheidenere Position einnehmen: Die vollzogene Selbstevolution, nennen wir es Kompetenzaufbau im Zeitablauf, war unzureichend, um den Herausforderungen des Älterwerdens in einem wirtschaftlichen Umfeld zu genügen. Die Innovations- und Investitionsschwäche stützt diese Vermutung. Kompetenzdefizite verkürzen den Zeithorizont für ein unternehmerisches Aktivsein. Biologisches und kalendarisches Altern vollziehen sich parallel. Der biologischen geht eine ökonomische Seneszenz parallel - wenn wir die Evolvierbarkeitshypothese ausschließen.

Altern ist somit, der vorherrschenden Sichtweise folgend, ein Weg zum Sterben, einer Vergreisung, auch einer ökonomischen. Der Rückgang der ökonomischen Leistung, wie immer gemessen, ist an Evolutionsprozesse gebunden. Die evolutionsökonomische Gegenhypothese, mündend in die „evolvability": Denn ein längeres Leben böte mehr Chancen, auch ökonomische. Angenommen, die Lebensspanne eines Menschen belaufe sich, ausgehend vom jeweiligen Zeitbereich des Ruhestandsalters, auf weitere 30 Jahre. Was könnte jemand mit einer erwartbaren zusätzlichen Lebensspanne und folglich potentiellen Unternehmensexistenz von 30 Jahren unternehmen? Wie erhält oder erwirbt er die Willenskraft für eine solche initiavreiche Gestaltung seiner verbleibenden Lebenszeit?

Die Jüngeren sind so stark in die Umsetzung ihrer Ideen involviert und an den Glauben an ihre Fähigkeiten gebunden, daß sie lernen, wie man einen Geschäftsplan macht und in drei Minuten zu präsentieren vermag. Von den Finanziers können sie wenig erwarten – außer Cash und vielleicht Kundenkontakte. Also wenig Ko-Evolution. Die Banker sind Kurzfristdenker und Arbitrageure. Der sog. Jugendkult im Entrepreneurship resultiert aus dem Erfolg einiger Weniger, zudem in Märkten (5. Kondratieff, Kommunikation), wo neue Ideen einfach zu generieren und umzusetzen sind. Wo gibt es Bio-Nanotechunternehmer im Alter von 25?[51] Wie die Untersuchungen von Benjamin Jones (2009, 2010, 2011) zeigen: Kreativität und Innovationsbereitschaft verschieben sich in höhere Altersgruppen (vergleiche auch Kapitel 19), trotz der beträchtlichen Diskriminierung alter Menschen im Berufsleben, selbst in den USA (Applewhite, 2016). In den Vereinigten Staaten schätzt man die Anzahl Menschen im Alter von 65+ im Jahr 2050 auf 89 Mio, in Deutschland auf 24,7 Mio (36 Prozent der Bevölkerung). 13.Mio der 65+Amerikaner könnten an Alzheimer leiden, schätzt die Alzheimer Association (Daten von Murman, 2015). Eine Primärquelle von Demenz ist ein Leben ohne Arbeit (die Quellen hierzu nennen wir). Frauen trifft es noch härter als Männer, eine zweifache Benachteiligung somit: Alter und Geschlecht. Falls es keine wirksame Therapie geben sollte, wird der „potentielle Bankrott des Medicare system" der USA vorhergesagt (Bredesen, 2014, S. 707). Alzheimer gilt als „die einzige Krankheit, die weder verhindert, geheilt oder verlangsamt werden kann", informiert uns der amerikanische Arzt Al Sears,[52] die herrschende Sichtweise des Medizinsystem anführend. Bredesen (ausführlich später) und unser Text sind anderer Meinung. Ohne Unternehmertum, biologisches, läßt sich jedoch in der Tat wenig machen.

Rückkehr zum Unternehmertum. Evolution bedeutet Erweiterung der Könnensbereiche. Koevolution liegt vor, wenn dieser Prozeß durch Interaktion mit anderen „Systemen" erfolgt. Diese können auch Systeme im eigenen Selbst sein, Körper (Organismus) und Psyche. Betrachten wir einen Unternehmer als System, ein interagierendes. Psyche (Persönlichkeit) und Körper interagieren. Evolvierbarkeit geht eine Stufe in die „Tiefe": Aufbau/Erwerb von Fähigkeiten zur Erweiterung der Könnensbereiche. Die Evolution evolviert. Die Zukunft eines Unternehmers existiert im Menschen selbst. Sie ist endogen erzeugt, „Entwicklung von innen" wie Schumpeter es nennt. Leider, wäre zu ergänzen, funktioniert Evolvierbarkeit im Unterschied zu den von Biologen untersuchten Systemen, wo es sich weitgehend initiativlos verwirklicht, nicht ohne körperliche und psychische Energie. Evolutionsbiologen erläutern:

---

[51] Umfragen in Deutschland zu den Berufswünschen junger Menschen, insbesondere Studierenden, lassen Beobachter die Vermutung äußern, das „deren ganzes Bestreben darin endet, unter die Fittiche des Staates zu kriechen und im öffentlichen Dienst unterzukommen" . Daran schließt sich die Frage an: „Wie kann der systematischen Entmutigung von Eigeninitiative und Wagnis, die sich in Befragungsergebnissen wie dem hier dargestellten, ausdrückt, entgegen gewirkt werden, um die Zahl von Innovationen zu erreichen, die notwendig ist, um die immer größer werdende Zahl der öffentlich Bediensteten und in anderen unproduktiven Jobs Beschäftigten zu finanzieren? (https://sciencefiles.org/2016/08/29/von-wegen-abenteuer-wissenschaft-nicht-mit-generation-mamakind/)

[52] Sears in seinem Text (18. November 2016, über Email erhalten) A tropical cure for Alzheimer?

„Evolvability" bezeichnet die Fähigkeit von Lebewesen, durch Veränderung ihrer Gene eine Veränderung ihrer Merkmale herbeizuführen (Lehman & Stanley, 2013). Bis die Menschen soweit sind, ihr Genom evolutionsfördernd zu manipulieren, bis die Ethiker dafür grünes Licht geben, solches zu leisten, machen wir es selbst. Die Fähigkeit dies zu leisten, zu erwerben und zu entfalten ist auch der Kern eines langlebigen Unternehmertums, eingebettet in ethische Normen, selbsterzeugte, nicht von außen auferlegte. [53]

3.2 Unternehmerische Tugenden in einer Welt des Wissens

Buffett verdient Milliarden als Old Ager. Unethisch? Warren Buffett empfiehlt tugendsituative Flexibilität als Aktionsparameter für einen Investor: „Sei besorgt, wenn andere gierig sind und gierig, wenn andere besorgt sind" (Buffett, oJ.).

Nicht anecken, nicht auffallen, schön Maß halten, die rechte Mitte als Tugendkompaß für den Routineunternehmer, oder Arbitrageur? Kann das Weisheit sein auch für einen Neuerer, ökonomisch oder biologisch oder wissenschaftlich? Eine erste und vorläufige Antwort geben wir mit der Vermutung, die Lehre von den Komplementärtugenden und den vermeidenden falschen Extremen passe auf den Routineunternehmer, dem „der moralische Mut fehlt" um Anderes, Neues zu versuchen. (Schumpeter, 1911/2006, S. 413). „Statisch disponierte Individuen zeichnen sich dadurch aus, essentiell das zu tun, was sie gelernt haben, sich im Rahmen der überkommenen Beschränkungen zu bewegen und sich in entscheidender Weise ihre Meinung, Dispositionen und ihr Verhalten von den gegebenen Daten beeinflussen zu lassen" (Schumpeter, 1911/ 2006, S. 428).

Betrachten wir die Tugenden/Untugenden in der Könnensklasse Wissen/Weisheit (Besserwisserei, Wissen, Weisheit, Schlauheit). Der „Besserwisser, Klugscheißer" (Willi Reimann, einst Trainer von Eintracht Frankfurt über seinen „Chef"[54]), hat als Unternehmer schlechte Karten. Je mehr wir über Ernährung wissen, desto mehr ignorieren wir es in unserem täglichen Leben (Brody, 2015).[55] Wenn es nicht Mode wird (Marathon) bleibt Wissen wenig genutzt außerhalb einer ökonomischen Funktion des „doing it" (Schumpeter). Je mehr jemand über etwas weiß (also Experte ist), desto größer ist sein Nichtwissen.[56] Kommt Fleisch auf den Index, und dann Brot (Getreide/Weizen)? Fragen wir die Experten. Warum werden Menschen in Blue Zones so viel älter als normale Menschen, in gutem Gesundheitszustand, arbeiten bis in ein hohes Alter? Verfügen sie über mehr Wissen (Lissabonstrategie

---

[53] Bioethiker sind von Langlebigkeitsforschern einer massiven Kritik ausgesetzt. Ein Beispiel ist Reason von Fight Aging, dem Internetportal mit den sachkundigen Kommentaren und reichhaltigen Literaturverweisen zur biomedizinischen Altersforschung. „[...] the miserable, parasitic institution of modern bioethics". Der Philosoph Steve Pinker wird zitiert: «…the primary moral goal for today's bioethics can be summarized in a single sentence. Get out of the way. A truly ethical bioethics should not bog down research in red tape, moratoria, or threats of prosecution based on nebulous but sweeping principles such as "dignity," "sacredness," or "social justice." Nor should it thwart research that has likely benefits now or in the near future by sowing panic about speculative harms in the distant future.» Quelle: Fight Aging, 18. 8. 2015, https://www.fightaging.org/archives/2015/08/the-moral-imperative-for-bioethics-get-out-of-the-way.php.

[54] Dieser, Peter Schuster, mit ausgeprägter „ich bezogener Persönlichkeitsstruktur", ehemaliger Spitzenmanager bei Höchst, wurde nach 21 Tagen als Vorstandsvorsitzender, somit erster Mann für das operative Geschäft (ein "Kinderspiel" laut Schuster) vom Verein, gegen seinen Willen (Aufsichtsrat: „Er wollte einfach nicht zurücktreten") seiner Pflichten entbunden.

[55] http://well.blogs.nytimes.com/2015/10/12/the-more-we-learn-on-nutrition-the-more-we-ignore/

[56] Karl R. Popper hat diesen Zusammenhang ausführlich dargelegt. Vor über 2000 Jahren war es in China (bei Konfuzius, den Daoisten) selbstverständlich. Zu einer exzellenten jüngeren Betrachtung siehe Hirschi (2012).

der Europäischen Union usw.)? Sie tun, was sie gelernt haben, in vielen Jahren ihrer Evolutionsgeschichte. Sie leben lange und arbeiten lange in Abhängigkeit von ihrer eigenen Geschichte. Sie leben lang, aber ihre Lebensspanne ist eine gesunde, Qualität des Lebens, nicht Quantität sind der Kern einer Blue Zone.

Diese Untugend des Wissens wird zur Tugend, wenn ein Unternehmer an seine Idee glauben muß, so von ihr überzeugt ist, daß er sie sich nicht ausreden läßt, er damit als unflexibler „Besserwisser" dasteht, usf. „Findet jemand Gefallen an Weisheit, dann wird er Schlauheit fördern. Findet jemand Gefallen an Wissen, dann wird er Streitsucht ermutigen" (Zhuangzi, 1998, S. 161).[57] Sich in sein Wissen verlieben, an seine große Idee glauben – der Umschlag in Besserwisserei und Nicht-Zuhören-Können beschleunigt seinen unternehmerischen Tod. Das kommunikative Überziehen des Wissenskontos durch Besserwissen, Rechthaben- und -behaltenwollen, Streiten, usf. ist für den Unternehmer, der im Innovationssystem überleben will, unvernünftig, da seinen frühen Tod herbeiführend – auch biologisch zu verstehen: Glauben an einen Lebensstil, der das Altern beschleunigt, in der Welt der Ernährung weit verbreitet. Der Unternehmer tut nicht, was gut ist, seine Untugend verführt ihn dazu, daß nicht zu tun, was er sollte, was die „Vernunft" der Innovation fordert, seine Un-Tugendethik, sein geringes ethisches Können, läßt ihn scheitern. Seine ethische Kompetenz verbietet ihm nicht Dinge zu tun, die ihn ruinieren, sie hindert ihn daran das Gute zu tun, „sein Werk gut zu verrichten" (Aristoteles), sie gibt ihm, keine positive Energie sein gutes Leben als Innovator zu verwirklichen.

Vernunft bezeichnen wir ganz pragmatisch als „die richtigen Dinge" tun. Tugendethisch sind die guten auch die richtigen Dinge. In dieser Logik ist die Ausprägung und der kommunikative Einsatz bestimmter Tugenden daher vernünftig - in Abhängigkeit von der jeweiligen unternehmerischen Funktion. Vernunft ist somit funktionsabhängig. Sie ist - in dem hier vertretenen Ansatz - immer personenabhängig, also nicht transzendental im Sinne einer höheren Vernunft von Kant. Ein an sich Richtiges existiert daher nicht jenseits der Funktion und außerhalb des Individuums. Was Vernunft ist wird somit ständig hinterfragt durch Funktion und Individuum (sein ethisches Können) und ist daher eine evolutionäre und evolvierbare Variable.

Welche Tugenden machen Mr. Buffett zu einem Favoriten vieler Investoren? Es sind nicht (nur) die Tugenden, die seine professionelle Arbitragekompetenz auszeichnen, es sind nicht nur Tugenden, die ihn zu einem *guten* Menschen in seiner Funktion als Arbitrageur (oder Innovator, wenn er sich damit versuchen würde) machen, vielmehr funktionsübergreifendes ethisches Können. Möglicherweise die „drei Schätze" von Laozi: Bescheidenheit, Mäßigkeit, Geduld/Ausdauer. Das Schlechte wird eine Möglichkeit, die keine Gegenwart erlangt (Thomas von Aquin).

3.3 Offene Fragen

Wie uns die Erfahrungen der mittelständischen Unternehmer zeigen, ist die evolutive Kompetenz in den erläuterten selbstevolutiven Funktionen - Fähigkeitsaufbau, Ko-Evolution, Evolvierbarkeit - in Alternsprozesse eingebunden, primär organisch-kognitiver Natur. Die Politik agiert ohne deren Existenz und Entfaltungsmöglichkeit zu reflektieren. Der „Ruhestand" ist das Schlüsselwort selbst für

---

[57] Besserwissen, Glaube an die große Idee, Verliebtsein in Wissen sind auch in der Management- und Unternehmerliteratur als unvernünftige Tugenden theoretisch wie empirisch Gegenstand der Diskussion. Vergleiche etwa die Überlegungen von Peter Drucker, die Untersuchung von Collins & Porras (2002) zum Mythos der großen Idee (der Überbewertung von Wissen und Kreativität) und das Kontrastprogramm der chinesischen Philosophen: Der Weise hängt an keiner Idee. Wir haben an anderer Stelle diese Thematik vor dem Hintergrund innovativen Unternehmertums ausführlicher erörtert (Röpke & Xia, 2007).

Überlegungen, die sich mit Erwerbstätigkeit jenseits eines Alters von 60 Jahren beschäftigen. Warum geben Mittelständler auf, suchen Nachfolger? Es scheinen selbstevolutive Beschränkungen zu sein. Warum einen Nachfolger suchen, der Geld für das Unternehmen bezahlen müßte oder die eigene Familie einbinden, wenn das Unternehmen ökonomisch gefährdet ist? Unsere Vermutung: unterentwickeltes biologisches Unternehmertum. Wer glaubt, mit Medikamenten seine Gesundheit zu retten, und diese Sichtweise auf sein Unternehmen überträgt, der ist in der Tat auf dem oben skizzierten Weg: Ruhestand.

„Warum sich die Evolvierbarkeit in der evolutorischen Zeit erhöht hat, ist eine wichtige ungelöste biologische Frage" (Lehman & Stanley, 2013). Gilt dies auch für ökonomische Systeme in demographisch alternden Gesellschaften? Hat sich deren Evolvierbarkeit erhöht? Wie vollzieht sie sich? Schafft chronologisches Altern Unternehmertum und damit das Erschließen neuer Entwicklungspotentiale? Bewirkt Diskriminierung alter Menschen, Ruhestandsdenken und –politik einen Rückgang unternehmerischer Artenvielfalt und eine Verarmung des unternehmerischen Pools der Gesellschaft? Wie läßt sich eine demographische Artenvielfalt von Unternehmern erzeugen und fördern? Fördert unternehmerisches Nichtstun (in allen Teilsystemen der Gesellschaft) den Alterungsprozeß der Menschen?

4 Alter(n)sökonomie bio-unternehmerisch betrachtet

4.1 Unternehmerische Antworten auf biologisches Altern

Generell gilt die folgende Aussage, eigentlich eine Selbstverständlichkeit, die Zajakova & Burgward (2013) als Schlußfolgerung aus ihrer Untersuchung ziehen: "Mit der Alterung der Bevölkerung der Welt, ist eine Forschung über alte Menschen von zunehmend kritischer Bedeutung für wirtschaftliche, gesundheitliche und sozialpolitische Vorhaben." Warum? Wie wir aufzeigen und später intensiver erforschen wollen: Kalendarisch alte Menschen könnten notwendige (unverzichtbare) Wertschöpfer in demographisch alternden und von Bevölkerungsrückgängen gekennzeichneten Gesellschaften werden. Unter einer kritischen Voraussetzung: Ihre körperliche Fitness und geistige Vitalität müßte ihnen unternehmerisches Tätigsein, allgemein „Erwerbstätigkeit", auch gestatten. Auch Großeltern, welche ihre Enkelkinder „betreuen", sind unternehmerisch tätig (Kapitel 16).

Fitness läßt sich in einem Darwinschen Sinne als Grad der Anpassung an die Umwelt verstehen. Die Umwelt wird komplexer. In diese sind vielfältige Störungen oder Stressoren integriert. Sie können die Funktionstüchtigkeit eines Individuums gefährden. Eine Anpassung kann vielfältig geschehen. Im Zentrum unserer Überlegungen steht eine innovative und selbstevolutive Anpassung.

Wir beobachten einen demographischen Umbruch. Die Tabelle zeigt uns die Wahrscheinlichkeit, wie viele Menschen (Männer, Frauen), geboren in verschiedenen Jahren, ein Alter von 100 Jahren erreichen können. Die Daten wurden an englischen Menschen ermittelt. Frauen können in den reifen Industriegesellschaften mit einer Lebenserwartung von über achtzig Jahren rechnen, ein beträchtlicher Anteil weit mehr. In Japan sind es 87 Jahre. Und jedes Jahr kommen einige Monate dazu.

Tabelle 2: Anteil von Personen mit einer Lebenswahrscheinlichkeit von 100 Jahren

Geburtsjahr	Männer (%)	Frauen (%)
1931	2,5	5,1
1961	10,5	16,2
1991	19,2	26,4

Quelle: Evans (2011)

Der Anteil von Personen mit einem Alter von 100 Jahren und mehr steigt überproportional. Auch wenn der *Anteil* an der Gesamtbevölkerung nicht ständig zunehmen würde: Die Lebenserwartung wird für viele Menschen weiter ansteigen. Die von uns in den Mittelpunkt gerückten Fragestellungen gewinnen somit an Relevanz, bleiben jedoch handlungspraktisch wie wissenschaftlich einschließlich empirisch wenig untersucht.

Wenn eine zunehmend größere Anzahl von Menschen in signifikant höhere Altersstufen aufrückt oder Menschen generell eine höhere Lebensspanne verwirklichen können, stellen sich die historisch gefundenen Antworten zunehmend als problematisch heraus. Grundlegende und schnelle Veränderungen waren menschheitsgeschichtlich bis heute immer Katalysatoren der Evolution. Die Verschiedenheit von Systemen ist Folge von evolutionären Operationsweisen, die sich als erfolgreich durchgesetzt haben. Variabilität ist die treibende Kraft der Evolution. Die Antworten von Politik und Wirtschaft sind überwiegend adaptiv, nicht schöpferisch und evolutionär: Politik und „Politiker des kurzen Blicks und der raschen Hand" (Friedrich Nietzsche, Jenseits von Gut und Böse). Auch wenn es gelänge, mehr Kinder zu erzeugen und Fachkräfte aus dem Ausland zu importieren – der Alterungsprozeß der Menschen selbst läßt sich dadurch nicht aufhalten. Das wirtschaftliche Potential älterer Menschen gilt es zu erschließen. Wir würden damit über evolutionär erfolgreiche Operationsweisen verfügen. Wie sich solche Prozesse gestalten lassen, skizzieren wir. Evolution ist gestaltbar, sogar machbar. Wir zeigen es an Beispielen. In einem in Japan ansässigen genossenschaftlichen Netzwerk tätige siebzigjährige Frauen innovieren und werden oder bleiben körperlich gesünder: Keine Selbstausbeutung, vielmehr Selbstevolution durch ein lebenslanges Unternehmertum. Fünf bis zehn Jahre dauert es, Kinder großzuziehen. Frauen hätten dann noch rund fünfzig Jahre verfügbar, einer Erwerbstätigkeit nachzugehen oder Großmutterwirkungen zu verwirklichen – Gesundheit vorausgesetzt.

In Frankreich engagieren sich 2,3 Millionen Menschen in Yoga (Langrand, 2015), man spricht dort schon von Yogamania. Wieviele Ruheständler („Seniors") machen mit? Kümmern sich die Anbieter der Kurse überhaupt um alte Menschen? In der Werbung sieht man nur: junge Frauen, extrem schlank, kosmetisch hochdressiert. Alte Menschen stößt so etwas ab, sie nehmen es nicht zur Kenntnis. Für viele andere Bereiche in der Bewegungsindustrie gilt Vergleichbares. Das Erschließen eines Silbermarktes, generell jedweder Marktpotentiale erfordert unternehmerische Vorstellungskraft.

Die blosse Vorstellungskraft kann bewirken neue Verhaltensweisen und Denkkonzepte auszuprobieren. „Stück für Stück werden alte und hinderliche Denkkonzepte in solche umgewandelt, die uns zufriedener, selbstsicherer und hinsichtlich der Erreichung unserer ganz persönlichen Ziele und Bedürfnisse "erfolgreicher" machen."[58]

Möglicherweise sind nur alte Menschen selbst in der Lage, bestimmte Angebote für ihre Alterskolleg(inn)en zu erstellen. Man könnte Yoga mit Qigong vergleichen, eine Bewegungsmeditation, die für alte Menschen (in China früher Standard) gut geeignet ist. Die Bewegungen werden langsam, viele im Stehen, vollzogen, mit gesundheitlichen Wirkungen etwa für ein dramatisches Senken von Blutdruck und damit von Herz- und Schlaganfall, zudem im Kern selbst erlernbar.

Demographisch bedingtes Altern der Gesellschaft, absolute und/ relative Zunahme des dritten und vierten Lebensalters (siehe Tabelle 1) gilt als Problemfall, als Negativum. Andere Sichtweisen werden zunehmend vorgetragen, auch in den Medien. Ihre praktische Relevanz, auch und gerade hinsichtlich eines wirtschaftlichen, gesundheits- und fähigkeitsaufbauenden Gegensteuerns bleibt bescheiden – noch. Die Argumente sind bekannt und bedürfen keiner ausführlichen Darlegung. Als ökonomischer Hintergrund gilt eine Verlangsamung des Wachstums. Diese kann tatsächlich eintreten. Den Kernpunkt gilt es jedoch zu betonen. Demographischer Wandel ist ein Datum, an den sich die Wirtschaft anpasst. Sind weniger Ressourcen verfügbar, wächst sie langsamer, was auch zu einer Stagnation (Nullwachstum) führen kann. Diese Sichtweise schließt jedoch die Primärquelle des Wachstums, dann Entwicklung genannt aus: die Neukombination der jeweils verfügbaren Ressourcen, Innovation genannt: „Neue Möglichkeiten

---

[58] https://www.psychotherapiepraxis.at/pt-blog/neuroplastizitaet/. Die neurologische Herleitung der Vorstellungskraft ist an die Vorstellung, um nicht zu sagen theoretische Erfindung einer Neuroplastizität des Gehirns gebunden. Das Hirn gilt nicht mehr als als ein „starr festgelegtes, fix verdrahtetes Organ". Das Gegenteil scheint der Fall zu sein. Plastizität gilt als ein natürlicher Prozess. Er erlaubt es dem Organismus auf Veränderungen in seiner Umgebung zu reagieren und sich diesen anzupassen. Plastizität gilt als Grundlage der Lernprozesse. Unternehmer scheinen oder müssen (http://www.gehirnlernen.de/gehirn/plastizit%C3%A4t/) ihre Plastizität xxxxx.Erwerbstätige, insbesondere unternehmerisch Aktive, nutzen diese Plastizität in besonderer Weise. Die Entstehung neuer Gehirnzellen ist eingeschlossen. Der Ruheständler läuft Gefahr, Einbußen an seiner kognitiven Leistungsfähigkeit zu erleiden (Untersuchungen hierzu haben wir mehrfach angeführt).

erkennen und durchsetzen" (Schumpeter). Demographischer Wandel wirkt durch diese hindurch ist aber nicht ihre primäre Quelle. Die Frage stellt sich daher, wie demographischer Wandel sich auf das Erkennen und Durchsetzen neuer Möglichkeiten auswirkt. Hierauf Antworten zu suchen, ist Kern unserer Überlegungen. Wir fokussieren uns dabei auf jene Gruppe von Menschen, die eigentlich als potentielle Stagnationsquelle angesehen werden: die (kalendarisch oder chronologisch) alten Menschen selbst. Durchgängig unterscheiden wir zwischen kalendarischem bzw. chronologischem Alter(n) und biologischem Alter(n). Die Uhren des Alterns laufen nicht durchgängig im gleichen Takt. Biologisches kann sich von kalendarischem Alter abkoppeln. Biologische Zeit verlangsamt sich durch biologisches Unternehmertum in einer Innovations- und Evolutionsfunktion, während chronologische Zeit physikalisch fortschreitet. Ein Mensch mit einem chronologischen Alter von 80 kann biologisch das Alter eines 40-Jährigen aufweisen (immer Durchschnittswerte). Würde jemand unsterblich, würde die biologische Alterszeit stehen bleiben.

Im System einer wettbewerblichen Wirtschaft gibt es kein „Recht" auf ein ewiges Leben. Unternehmen kommen und gehen. Einige schaffen es über viele Jahre. Siemens wurde 168 Jahre alt. Einige japanische Unternehmen ein halbes Jahrtausend. Ein langes Leben eines Menschen und eines Unternehmens speist sich allerdings aus der gleichen Quelle: permanente Neukombination der organischen und kognitiven Produktivkräfte und selbstevolutives Engagement.

>Die zehntausend Dinge werden aus den in der Welt vorhandenen Dingen geschaffen.
>Laozi, Daodejing, Kapitel 40.

Ein Langlebiger, biologisch, ökonomisch, gleicht einem Gladiotor in einer Arena, umgeben von Feinden, die er nur durch eigene Anstrengung, Achtsamkeit und permanentem Training seiner Fähigkeiten zu überleben vermag.

Über einen Samurai, ständig in Kampfhandlungen verwickelt, in der ersten Hälfte des 17. Jahrhunderts lebend, berichtet Yoshikawa (1984, S. 942).

>Die Leute schätzen den vier- oder fünfundfünzigjährigen Tadaaki meist um zehn Jahre jünger und meinten, er sei von durchschnittlicher Größe, obwohl er in Wahrheit recht klein war. Sein Haar war immer noch schwarz, sein Körper kräftig gebaut. Die Bewegungen seiner Gliedmaßen wirkten fließend und geschmeidig.

Was heißt Altern? „Altern ist ein *aktiver* Prozess unter genetischer Kontrolle" (Mitteldorf, 2012, S.2, unsere Betonung). Wir interpretieren das Aktive als das Unternehmerische. Der Mensch ist in der Lage – bei gegebener genetischer Ausstattung – auf sein Altern Einfluß auszuüben. Der aktiven Prozess läßt sich dreifach differenzieren: Jemand macht das, was er immer getan hat, was er gelernt hat. Schumpeter spricht von der Funktion eines „Wirtes", wir sprechen von einem Unternehmer der Routine. Es ist ein adaptiver Prozess (wiederum) nach Schumpeter. Man antwortet auf Veränderungen mit dem was man immer getan hat, mit Routine eben. Die Mächte der Routine und ihre soziokulturellen Bestimmungsgründe halten an vertrauten Mustern fest. Man kann auch schöpferisch antworten, ein innovatives Tun. Um sich gesund zu halten, stellt jemand seine Ernährung um, verzichtet etwa auf Getreide, insbesondere Weizen (Steinzeitdiät). Kein Steinzeitmensch bekam Diabetes. Von Übergewicht schreiben wir schon gar nicht. Innovatoren aus dem Silicon Valley machen es, auch immer mehr junge Leute. Auch lebenslang aktivbleiben Wollende: „Steinzeiternährung ist mehr als nur eine Auswahl von Nahrungsmitteln. Aus der

Notwendigkeit zu Jagen und zu Sammeln ergibt sich die Forderung nach Nahrungsmittelauswahl, Kurzzeitfasten (intermittierendem Fasten: 16-18 Stunden pro Tag nichts essen) und Training."[59] Wer also steinzeitadaptiv sein Leben gestaltet, macht das Älteste zum Neuesten. Das gesund Evoluierte praktizieren ist Innovation. Auch die Medizin beginnt, diese Logik zu entdecken.

Man erkennt sofort: keine einfache Angelegenheit. Ein französischer Senior ohne seine täglichen zwei bis drei Baguette verlangte ein Leben außerhalb der Routine, möglicherweise eine Scheidung oder ständigen Konflikt und Stress (Wie wir später zeigen, ist „senior-entrepreneurship" in Frankreich eine weitgehend unbekannte Lebensform). Sitzen kommt dazu. Auch am Strand.

4.2 Lücke zwischen Wissen und Tun

Sitzen macht krank, sogar im Stern (9.4. 2015) zu lesen: „Sitzen. Die unterschätzte Gefahr". Noch so viel Jogging kann die Krankheiten der Seßhaftigkeit nicht ausschalten. Man hat erkannt: Wer sitzt, terrorisiert seinen Körper. [60] Wir thematisieren das Sitzen oder die Seßhaftigkeit, weil diese Routine sich unternehmerisch am einfachsten „innovieren" ließe. Die Praxis sieht jedoch vollständig anders aus. Büro, Sitzungen, Schule, Studium, Fernsehen usw.[61] Die jüngere Forschung geht auf Beobachtungen von Jerry Morris vor über einem halben Jahrhundert zurück (Paffenbarger u.a., 2001). Er fand heraus: Die Busfahrer in London starben häufiger und früher an Herzversagen als die Schaffner in Londoner Bussen. Deutsche Busfahrer verbringen ihr berufliches Leben wie ihre Kollegen in Fernlastwagen in Seßhaftigkeit – eine Folge weniger ihrer Innovationsarmut als die ihrer Arbeitgeber und der Gesetzgebung. Die Krankheitsfolgen einschließlich Frühverrentung werden externalisiert an die Erwerbstätigen. Nobody cares. Die Erkenntnisse von Morris wurden von der damals herrschenden Medizin zurückgewiesen. Morris wurde 99 Jahre alt, körperlich aktiv bis kurz vor seinem Tod. Wer sich mit den „Studien" zur Seßhaftigkeit beschäftigt, findet schnell heraus, es gibt auch andere Meinungen, welche die These der Seßhaftigkeit modifizieren. Was dahinter steht (seriöse Forschung, Druck von Interessenten der Seßhaftigkeit, Medizinsystem, Unterhaltungsindustrie), wir wissen es nicht, vor allem derjenige nicht, der sich bemüht, seine Lebensweise zu ändern. Ungewißheit und Unsicherheit zu meistern, ist ein Kernbestandteil von Unternehmertum.[62] Ungewißheit ist auch eine selbsterzeugte, da von der ausgeübten unternehmerischen Funktion abhängig. Verwirklicht jemand Neukombinationen, muß er mit Ungewißheit zurechtkommen, sie psychisch und geschäftlich zu meistern versuchen. Die Wirkungen seines Tuns sind in eine ungewisse Zukunft eingebettet. Ein Unternehmer der Routine kennt diese Ungewißheit nicht. Auch er kann seine Umwelt nicht kontrollieren, Unsicherheit ist aber eine fremderzeugte.

Ein Traum des Beobachters: In den Gremien der Europäischen Union wurden diese Erkenntnisse nunmehr wahrgenommen und umgesetzt: das Sitzen pro Sitzung ist auf maximal 15-20 Minuten reduziert,

---

[59] http://me-improved.de/steinzeiternaehrung-intermittierendes-fasten-training/ sowie http://www.zentrum-der-gesundheit.de/intermittierendes-fasten-ia.html

[60] "Chronic sitting actively promotes dozens of chronic diseases, including obesity and type 2 diabetes, even if you're very fit and exercise regularly. Sitting is an independent risk factor for an early death, with a mortality rate similar to smoking."Eine Aussage von Joseph Mercola am 20. November 2015. (Quelle: http://fitness.mercola.com/sites/fitness/archive/2015/11/20/standing-sitting-metabolic-syndrome.aspx)

[61] Eigene Praxis. In Beratungen und Gesprächen mit Unternehmern/Mittelständlern haben wir sie in kurzer Zeit überzeugen können, im Stehen mit uns zu diskutieren und Erfahrungen auszutauschen. Stühle wurden verbannt.

[62] In der englischen Sprache wird nicht zwischen Unsicherheit und Ungewißheit unterschieden, beides ist „uncertainty". Die unternehmerrelevanten Unterschiede sind jedoch beträchtlich, wie wir aufzeigen werden.

dann bitte aufstehen. Eine EU-weite Direktive ist in Vorbereitung. Die EU wird damit zu einem Innovationsmotor. Eine Folge ist die Anhebung des Pensionsalters der EU-Beamten auf 70, später 75 Jahre. Die öffentlich-rechtlichen Medien imitieren aus Not. Rentenzahlungen dezimieren ihre Budgets für die Volksbeglückung. Verschiebung des Renteneintritts nach dem Vorbild der EU. Dieses Beispiel zeigt im übrigen, was Schumpeter schon 1912 formulierte: Wissen allein ist unternehmerisch kein Erfolgsmotor. Die erste Untersuchung zur Problematik der Seßhaftigkeit erschien 1923, gegenwärtig sind es über 20.000. Welche Logistikfirma hat sie zur Kenntnis genommen? Ikea preist sein Innovationsvermögen in der Möbelindustrie. Ein Katalog von 330 Seiten. Sitzen über alles, einschließlich der Angebote für das Arbeitszimmer. Arbeiten im Stehen, Stand-up desk, und weitere Neuerungen im Stehen zu arbeiten, Arbeiten mit dem Laptop? In Universitäten unbekannt. Lastwagenfahrer, ihr Schicksal: Frühverrentung. Schicksal: eine höhere Instanz das unwissende Management der Logistikfirmen gestaltet ihr Leben. Wir kennen einige Fahrer. Klinikkunden. Die Möbelindustrie in Deutschland beginnt, Sitz-Steh-Schreibtische und höhenverstellbare Schreibtische anzubieten.

Die einfache Frage: Wie verwirklicht man ein „aktives Altern"? Für viele Menschen nicht oder nur schwierig zu leisten, für Arbeitgeber, privat oder staatlich, gilt das Gleiche. Die einen schieben die Folgen auf ihre Körper ab, die anderen auf die Erwerbstätigen. Die Gene lassen sich (noch) nicht ändern, wohl aber die Fähigkeiten der Menschen zu innovieren und die Fähigkeit diese Fähigkeit zu gewinnen (Evolvierbarkeit). Wir sprechen von Selbstevolution (später ausführlich). Wer als Unternehmer im Alter ökonomisch reüssieren will, müßte nach dieser Logik auch selbstevolutiv für seine Biologie bei gegebener genetischer und wie zu ergänzen wäre, epigenetischer Kontrolle, als Anti-Ager, aktiv sein. Wenn jemand übergewichtig in seine unternehmerische Laufbahn einsteigt, wenn er physisch aktiv wird – sich bewegt, der Seßhaftigkeit entgegen wirkt – er kann noch viele Jahre (wenn seine Gene es erlauben) aktiv sein, einem kognitiven Abbau erfolgreich entgegenwirken, wie umfangreiche wissenschaftliche Belege aufzeigen (etwa Tolppanen u.a., 2014). Wer mit seinem Übergewicht nicht fertig wird, er wird es auch nicht mit Unternehmertum weit bringen. Immer mehr Krankheiten werden ihm zu schaffen machen (Ponce-Garcia u.a., 2015; Aune u.a., 2016). Er wird zum Sklaven seines Mangels an unternehmerischer Energie.

Der Knowing-doing-gap in diesem Feld – also unternehmerische Defizite – sind bemerkenswert. Über 20,000 Aufsätze allein in englischer Sprache sind verfügbar, sämtliche Krankheitsfelder umfassend. Bereits im Jahr 1894 erscheint der erste registrierte Artikel, der sich mit dem Zusammenwirken von Bewegung und Kognition beschäftigt, von Neurobiologen „embodiment" genannt.

Der Knowing-Doing-Gap ist ein zweifacher. Man weiß, was gesund erhält, man tut es nicht; man weiß nicht, was man nicht weiß, handelt aber, als ob man wisse.[63] Sogenanntes Besserwissen, die Primäreigenschaft der Wissensgesellschaft und des Expertentums. Die zweite Lücke läßt sich durch Unternehmertum – Handeln bei echter Unsicherheit (Knight, Schumpeter) überwinden.

Wissensgesellschaft ist eine inputlogische Metapher. Wissen ist so „bedeutungslos wie Kanäle auf dem Mars" (Schumpeter, 1911/2006, S. 164) wenn Wissen nur Wissen bleibt und nicht in „Zukunftswerte" (Schumpeter, S. 169) transformiert. Wissen ist überreichlich verfügbar, auch als ein freies Gut. Es geht um Anwendung des Wissens. Daher sprechen wir von einer *unternehmerischen* Wissensgesellschaft.

Warum ist Bewegung und Anti-Seßhaftigkeit und andere Selbstheilungskräfte so wichtig? Wer hier nicht aktiv ist, kann Unternehmertum jenseits des Eintritts in den Ruhestand weitgehend vergessen. Seine

---

[63] Das wahre Wissen, sagen uns chinesische Philosophen (Zhuangzi, Konfuzius) besteht darin, zu wissen, daß man nicht weiss. Zu wissen, was man nicht weiß, ist Nirwana.

Widerstandskraft gegenüber Stress, psychischen Störungen wie Depression und Einsamkeit sinkt, die gesunde Lebensspanne verkürzt sich. Ist Ruhestand ein Beschleuniger des Alterns? Altert man rascher? (Wir gehen mehrfach auf diese Frage ein, zahlreiche Untersuchungen anführend). Stress nimmt zu, die Fähigkeit ihn zu bewältigen, geht zurück, schwindet.[64] Ökonomisch betrachtet verkürzt sich der Zeithorizont, in welchem sich Vorhaben umsetzen lassen. Die Tage fallen wie Blätter vom Baum. Die körperlichen Schmerzen nehmen schleichend zu und beschäftigen das Denken und Fühlen immer stärker. Wirkungsvolle Medikamente gibt es nicht oder nur mit beträchtlichen Nebenwirkungen.

4.3 Ungewißheit und unternehmerische Zeitperspektiven in Alterungsprozessen

Mit zunehmendem Alter gehen wirtschaftliches und biologisches Unternehmertum Hand in Hand, bewußt oder unbewußt erzeugt. Wie im wirtschaftlichen gilt es auch im biologischen Unternehmertum Unsicherheit bis zu Ungewißheit zu akzeptieren. Auf obige Aussage zu Bewegung und Seßhaftigkeit zurückgreifend. Wer es nicht machen will oder kann vermag sein Verhalten immer zu rationalisieren. Wieviel sich Menschen bewegen, ist nur in einer Hinsicht klar: zu wenig. Für Deutschland wird behauptet: „400 Meter legten die Bundesbürger durchschnittlich an einem typischen Wochentag im Jahr 2010 zu Fuß zurück. Fünf Jahre zuvor waren es 800 Meter, 1950 sogar noch 10 Kilometer" (Rothaas, 2015). Der Titel des Beitrages „Geht doch", man mag ergänzen, *geht* doch, denn: Wissen ist nicht das Problem. Allerdings: Viel Wissen auch aus der Wissenschaft bleibt in Unsicherheit eingebettet.[65] Bewegung und Sitzen sind hier eigentlich Ausnahmen im Vergleich zur Ernährung. Wissen ist vorhanden. Der Unternehmer tut etwas mit dem Wissen, er setzt um. Sonst erzeugt er eine Lücke zwischen Wissen und Tun, handelt in seiner in der Zeit akkumulierten Routine. Die Palliativmediziner werden ihm dann viele Jahre früher ihre Dienste anbieten müssen.

Er muß selbst entdecken und lernen mit Ungewißheit umzugehen. Zu unterscheiden ist zwischen Sicherheit, Risiko, Unsicherheit und Ungewißheit. Die ersten drei sind kalkulierbar, Unsicherheit durch subjektive Wahrscheinlichkeitskalküle. Bei Ungewißheit geht das nicht mehr. Mit ihr muß man leben. Sie ist Kennzeichen eines innovativen Unternehmers, der Neukombinationen versucht. Sie ist daher auch funktionsspezifisch. Unternehmer jenseits der Routine sind psychische Systeme selbsterzeugter Ungewißheit. Die obigen Unterscheidungen sind nicht Standard in den Wirtschaftswissenschaften. Die Konfusion ist im Gegenteil bis heute bemerkenswert hoch. Was man sagen kann: Jeder nach seinem eigenen theoretischen Geschmack und für Managementforscher und -berater: Jeder nach dem Konzept, welches ihm den Erwerb von Anerkennung und finanziellen Ressourcen gestattet.

Der Körper ist eine nicht-triviale oder komplexe Maschine. Die Input-Outputlogik funktioniert für ihn nicht. Wenn Ioannidis (2005) zu ermitteln glaubte: Die überwiegende Zahl wissenschaftlicher Untersuchungen mit medizinischen Fragestellungen seien falsch, Ashby, Hayek, Luhmann, von Foerster

---

[64] "Entrepreneurs' ages, lengths of future temporal depth, and perceived temporal flexibility were all found to be negatively related to life stress" (Bluedorn & Martin, 2008, Abstract).

[65] Man betrachte nur die medizin-biologischen Erkenntnisse zu Bewegung (physischer Aktivität). „Physical activity is one of the best modifiable factors for the prevention of noncommunicable diseases and mortality, so it is important for clinicians to keep emphasizing that exercise is medicine." Aber wieviel Bewegung, wie oft, wie lange, welche Intensität? Wie sehen die Empfehlungen für Herzkranke aus? Das einzige was man sagen kann: wer zuviel macht, etwa langes Joggen, gar Marathon, erhöht sein Todesrisiko (polemisch: Selfie-Sport, außer man verdient gutes Geld damit). Das Zitat stammt von Eijsvogels & Thompson (2015), welche die jüngeren Erkenntnisse, überwiegend aus sog. epedimeologischen Untersuchungen, auswerten. Die Praxis nach unserer Beobachtung: Ein „Kliniker" freut sich, wenn er kranke Kunden bekommt.

wären nicht überrascht.⁶⁶ Die Input-Output-Betrachtung in der biomedizinischen Forschung wird von Bowen & Casadevall (2015) grundsätzlich in Frage gestellt: Sie bringt bis heute nur bescheidene medizintherapeutische Fortschritte.

Da die Lebensspanne der Menschen kontinuierlich ansteigt – Demographen wie James Vaupel ermitteln eine drei Monate längere Lebenserwartung pro Jahr –, wird auch die Zielgruppe Olderpreneurs immer umfangreicher. Demographischer Wandel bedeutet damit auch: Der Bedarf an Training, Ausbildung, Betreuung, Förderung und Beratung steigt. Aufgrund der unterschiedlichen Lebens- und Berufserfahrungen und unterschiedlicher Zeitperspektiven kann man Olderpreneurs nicht mit den gleichen Qualifizierungskonzepten bedienen wie sie jüngeren Menschen angeboten werden. Die Entwicklung und Umsetzung solcher Konzepte befindet sich noch in der Anfangsphase und verlangt daher Kreativität, Einfühlungsvermögen für die Bedürfnisse älterer Menschen und Bereitschaft zu experimentieren. Dies impliziert auch Forschungsanstrengungen, die zu diesem Themenschwerpunkt noch wenig entwickelt scheinen.

Die Zeitperspektive kann sich auf die Vergangenheit, die Gegenwart und die Zukunft beziehen. Jede dieser drei Perspektiven beeinflußt das Ausmaß unternehmerischer Energie, wie wir später zeigen. Die Abhängigkeit von der eigenen Geschichte macht aus jemand, das was er ist (isst), kann und will. Eine Erkenntnis die wir daraus ziehen: Olderpreneurship beginnt nicht mit einem „Senioren"-Alter, Ruhestandsalter usw. Beispiel – und wir wiederholen uns hierzu öfters: Jemand ist in einem mittleren Alter (etwa 35-50), er lebt übergewichtig. Dieses Leben macht ihm, wenn er 60 oder 65 oder 70 ist, massive Probleme. Viele vermögen diese Lebensweise nicht zu überwinden. Viele Schwierigkeiten in höherem Alter sind die Folge, unter anderem Demenz. Viele sind von einem Demenzkranken betroffen, nicht nur der Kranke selbst. Seine Familie (auch erwerbstätige Mitglieder), Bekannte und Freunde, das Sozialsystem (Gesundheits/Pflegekosten) sowie – unser primärer „Ansprechpartner" -, die zukünftige Wertschöpfung auch jenseits einer ökonomischen.

Loef & Wallach (2012) stellen hierzu empirische Beobachtungen aus den USA und China vor.⁶⁷ Die Chinesen, dies sei angemerkt, folgen zunehmend einer amerikanischen Lebensweise, welche die Todesrate selbst bei jüngeren Menschen (45-54) steigert.⁶⁸ Die Vergangenheit prägt die Zukunft. Die Abhängigkeit von der eigenen unternehmerischen (biologischen) Geschichte prägt das (organisch-psychische) System, die Person in der Zukunft. Ein lebenslanges Unternehmertum beginnt also nicht in einem höheren Alter. Dieses zeigt vielmehr die Chancen auf, welche unternehmerisches Aktivsein im Alter zu bieten vermöchte. Wer Demenz bekommt, ist, brutal formuliert, selbst schuld, überwiegend. Im Jahr 2050 wird mit 115 Millionen Demenzkranken weltweit gerechnet (Gill & Seitz, 2015). Was sind vier Jahrzehnte, sogar 60-

---

⁶⁶ Wie man in *Nature* nachlesen kann, auch psychologische Untersuchungen sind ergebnisgeschönt, ökonomische eingeschlossen. Ein Hauptproblem ist a) die statistische Auswertung (je komplexer das Untersuchungsfeld, desto schwieriger der statistische Nachweis) und b) die Absicht der Autoren, für die Evaluierer der Forschungsergebnisse ein überzeugendes Ergebnis vorzulegen, also die eigene wissenschaftliche Reputation zu fördern.
http://www.nature.com/news/psychology-s-reproducibility-problem-is-exaggerated-say-psychologists-1.19498
⁶⁷ Obesity is a risk factor of dementia. Current forecasts of dementia prevalence fail to take the rising obesity prevalence into account (Loef & Wallach, 2012, Abstract).
⁶⁸ Anstieg um 0.5 Prozent pro Jahr nach 1998 (Fleming u.a., 2015). Ursachen: „Überdosis" von Medikamenten, Narkosedrogen, psychische Probleme, Abbau der Leberfunktion, nichtbeherrschbare Schmerzen, Unfähigkeit zu arbeiten. Was hinter diesen steht ist wohl chronischer Stress gekoppelt an die Schwierigkeiten, ihn zu bewältigen.

Jährige könnten noch so lange leben, ceteris paribus, oder biologisches Unternehmertum vorausgesetzt.[69] Die Zeitperspektive eines Individuums ist daher in Vorstellungsvermögen (Imagination) eingebettet. Ist sie relativ kurz, oder die Vorstellungskraft bescheiden ausgeprägt, haben Menschen somit eine relative hohe Zeitpräferenz (Gegenwartspräferenz, Vorliebe für die Gegenwart), machen sie sich weniger Gedanken über ihr Leben in der Zukunft.

Befragungen in den Vereinigten Staaten deuten darauf hin: Die Menschen wollen kein langes Leben, sie sind mit dem Durchschnitt, 80 Jahre zufrieden. Sie haben vor allem Angst vor Behinderungen und Leiden, die mit dem Altwerden zunehmen. Andererseits, wenn sie gesund leben könnten, würde die Mehrheit der Befragten, 75 Prozent, auch bis zu einem Alter von 120 Jahren leben wollen.[70]

Medizinisch betrachtet, ist die „Lösung" einfach: praktiziere eine primäre Prävention. Körperliches Aktivsein wirkt wie Dünger für das Gehirn. Bio-unternehmerisch eine Herausforderung jenseits des Könnensbereichs vieler und zunehmend mehr Menschen (Röpke, 2015). Und wenn die Menschen dann tatsächlich chronologisch alt sind, finden wir bestätigt, was wir als den Nocebo-Effekt des Alter(n)s bezeichnen (polemisch: Altersrassismus). Ohne Willenskraft oder Durchhaltevermögen scheitert jedoch körperliches Aktivbleiben. Je älter jemand ist oder wird -biographisch und/ oder biologisch – desto stärker ist Durchhaltevermögen gefordert. Die unternehmerische Artenvielfalt steigt mit demographischer Alterung, ein Prozeß, der noch nicht vollständig theoretisch durchleuchtet und empirisch erforscht ist. Dieser Prozeß kann beschleunigt oder verlangsamt werden. Im ersten Fall wird die Entwicklungsdynamik gefördert. Im zweiten Fall verarmt der unternehmerische Pool und folglich leiden Wohlstand und Wachstum.

In einer vielzitierten, jährlich durchgeführte Untersuchungsreihe – Global Entrepreneurship Monitor –, ist Unternehmertum in höheren Alterskohorten nicht präsent. Es gibt Untersuchungen zu jungen Menschen und Frauen, „Senioren" fehlen. Die statistischen Erhebungen, etwa der Kreditanstalt für Wiederaufbau, enden mit ihren Untersuchungen bei 65 Jahren (offizieller Eintritt ins Rentenalter). Die Kreditanstalt für Wiederaufbau führt regelmäßig Untersuchungen zum Gründungsverhalten von Menschen in Deutschland durch. Jenseits von 65 Jahren konnten keine Daten ermittelt werden. Mit welcher Methode oder welchem Verfahren erfolgreich gegründet wurde, wird nicht untersucht. Selbstständige Erwerbstätigkeit im Alter als ein Fortführen von Freiberuflichkeit in höheren Altersstufen haben Esselmann und Geis (2015) jenseits eines Alters von 65 Jahren untersucht. Die Erwerbsbeteiligung der Selbstständigen im Alter von 65-74 Jahren übertrifft die der angestellten Erwerbstätigen in der gleichen Altersgruppe um das nahezu Siebenfache.

Verfügbar sind statistisch nicht validierte Berichte zu unternehmerischem Tätigsein im ersten und zweiten Lebensalter, eingeschränkt im dritten, nichtexistent im Vierten. Folgen wir weit verbreiteten Ansichten, auch medial aufbereiteten (siehe etwa Petersdorff, 2014: „Es ist Zeit, über die Rente mit 83 nachzudenken") scheint Arbeit in hohem Alter bereits heute oder in naher Zukunft eine Selbstverständlichkeit. Zitiert wird in diesem Zusammenhang oftmals eine Untersuchung von Christensen u.a. (2009), nach der gegenwärtig geborene Kinder mit einer Lebenserwartung von 100 Jahren rechnen können, mit entsprechenden Folgen für eine Verschiebung des Renteneintritts. Die Empirie zu Unternehmertum im Alter ist fast nicht existent. Daten werden nur spärlich erhoben. Vor allem fehlen

---

[69] "It is still likely that lifestyle factors such as diet and physical activity have important roles in the prevention of cognitive decline"(Gill & Seitz, 2015).

[70] https://www.fightaging.org/archives/2016/01/there-is-widespread-desire-for-extended-longevity-provided-it-brings-more-healthy-youthful-years.php

Zeitreihen: Wie entfaltet sich Unternehmertum in Abhängigkeit vom demographischen Altern einer Gesellschaft? Steigert sich unternehmerisches Aktivsein mit einer Zunahme der Lebens- und Gesundheitsspanne? Eine jüngere Untersuchung der OECD (2012) in Zusammenarbeit mit der Europäischen Kommission gibt Hinweise auf die Gründungsbereitschaft in Abhängigkeit vom Alter, wobei „older" die Jahre 50-64 umfasst, was mancher Leser, angesichts (s)einer zunehmenden Lebensspanne als diskriminierend empfinden dürfte. Die Empfehlungen der Untersuchung sind wertvoll und überschneiden sich mit unseren Überlegungen in späteren Kapiteln (insbesondere Kapitel 18 und 19).

Läßt sich die Logik Max Webers zur „protestantischen Ethik" und die von ihr erzeugten Wohlfahrtswirkungen in den demographischen Wandel integrieren: unternehmerische Ethik und Kompetenz für ältere Menschen kreieren und/oder erhalten? Werden (kalendarisch, nicht biologisch) ältere Menschen zu Wohlstandserzeugern? Wie ließe sich solches altersökonomisch erklären und gestalten? Wie ließe sich unternehmerische Energie – nach Joseph Schumpeter und neueren psychologischen Ansätzen wie Big Five (wir stellen es später vor) die primären Antreiber unternehmerischen Tuns - in einer demographisch alternden Gesellschaft fördern und/oder revitalisieren? Es gilt, den freien Fluß unternehmerischer Energie bei alten Menschen zu fördern, wenn man (siehe Abbildung 9 *The big shift* in Kapitel 3) die „Old-age-dependency" jenseits der Schaffung und Nutzung von „Silbermärkten" (etwa Kreuzfahrtindustrie) im Weber-Schumpeterschen Sinn ökonomisch zu nutzen hofft.[71] Vielfältige Neukombinationen in allen Teilsystemen der Gesellschaft wären erforderlich.

Ohne wissenschaftliches Erkunden würden wir jedoch rasch an Grenzen stoßen. Denn die Ergebnisse aus der Wissenschaft wirken unmittelbar hinein in die vielfältige Gestaltung der Förderung älterer Menschen in einem wirtschaftlichen Kontext. Wie Immanuel Kant sagt: „Das Praktischste was es gibt, ist eine gute Theorie". Wenn wir die praktische Wirksamkeit verbessern wollen, läßt sich solches nur durch ständige wissenschaftliche Kontrolle und Fortschritte erreichen. Wie kommen diese in die Praxis, werden für den Normalmenschen verfügbar? Die Antwort kennen wir. Fortschritte, ökonomische ohnehin, sind niemals dauerhaft, sind immer bedroht. Der Fortschritt von heute ist der Todesfall von morgen (schöpferische Zerstörung.) Fortschritte sind immer neu zu erzeugen, in allen Systemen der Gesellschaft, einschließlich der Personen.

Die Einbindung chronologisch älterer Menschen in den Wertschöpfungsprozeß der Gesellschaft ist daher durch Training, Ausbildung, weitere Qualifikation, Beratung, Coaching, Erfahrungsaustausch, Gruppenseminare und Fallbeispiele/Fallstudien auch theoretisch zu fundieren (nach Kant).

Gilt das auch für diejenigen, die einer wissenschaftlichen Tätigkeit nachgehen oder es früher in ihrem Leben taten? Sie verfügen über Wissen, Kontakte, Erfahrungen. Kann eine zukunftsorientierte Gesellschaft, angewiesen auf neue wissenschaftliche Erkenntnisse und deren praktische Umsetzung, auf solche Menschen verzichten? Menschen mit Migrationsgeschichte vermögen diese potentiellen unternehmerischen Lücken zumindest kurz- bis mittelfristig nicht zu schließen. Das Tätigwerden von Wissenschaftlern in der unternehmerische Wertschöpfung ist früher seltener (Röpke, 2002), heute durchgängig angesprochen. Die Problemlage ist bekannt. In Berichten werden Defizite aufgezeigt, die auch früher schon thematisiert waren (Johnson, 2014). Es gibt zahlreiche Versuche, junge Studierende oder Absolventen unternehmerisch zu aktivieren. Aufzuzeigen bleibt, ob und wie ältere Wissenschaftler, teilweise nicht mehr vollständig aktiv im System Wissenschaft, ihre Kompetenzen erhalten, neue erwerben und praktisch durchsetzen können.

---

[71] Old-age-dependency ratio oder Alter(n)squotient: Der Altersquotient ist das Verhältnis der Anzahl älterer Menschen zur Anzahl jüngerer Menschen in einer Gesellschaft. Synonym wird auch „Altenlastquote" verwendet.

Um solches zu leisten, müssen wir, als Wissenschaftler, selbst unternehmerisch agieren. Unternehmertum läßt sich nur durch Unternehmertum erzeugen. Daher halten wir die im akademischen Bereich vorherrschenden Ansätze, etwa das Seniorenstudium, nicht für adäquat. In Japan versucht man daher bereits andere Wege auch im akademischen Bereich zu gehen (siehe unten).

5 Altern auf dem Weg der Routine?

5.1 Gestaltung von Alterungsprozessen

Ein Weg kommt zustande, in dem man ihn geht (Zhuangzi). Wie unserer Überlegungen zeigen befindet sich die sog. Altersökonomie einschließlich einer Alternsökonomie in einer noch frühen Phase ihrer wissenschaftlichen und lebenspraktischen Fundierung. Wie in den zuständigen Wissenschaften, insbesondere denen, die sich mit Wirtschaft beschäftigen, existieren unterschiedliche Sichtweisen mit unterschiedlichen Interpretationen, theoretischen und empirischen Schwerpunkten und folglich auch Handlungsempfehlungen für die Praxis.

Systemlogisch ist diese Sichtweise einfach nachzuvollziehen: Wir bringen die Welt hervor, die wir leben, unternehmerisch. Leben wir eine Welt in Routine, der Reproduktion des Bestehenden, ist die erzeugte ökonomische Welt eine der Stationarität, der Wiederholung des Gleichen, des ökonomisch verstanden, des Gleichgewichts, biologisch der Homöostase. Wäre eine ökonomische und biologische Homöodynamik der Weg, den lebenslang tätiges Unternehmertum erschließen könnte oder müßte? Es gibt Konzepte, die Homöostase in eine Allostase und diese in eine Homöodynamik weiterzuführen. Körper passen sich an neue Herausforderungen an. In der Psychologie bezeichnet man mit Allostase die langfristigen Anpassungsmechanismen des Organismus an chronische Belastungen (etwa chronischen Stress). Das System überlebt und verbessert sein Leistungsvermögen trotz ständiger Belastungen. Auch in der Biologie findet diese Sichtweise Anerkennung, insbesondere im Herbalismus. Wer etwa Ginseng isst oder Rhodiola einnimmt, kann sich an Belastungen (etwa Kälte oder psychischen Stresserzeuger) besser anpassen oder ökonomisch gesprochen seine Produktivität etwa am Arbeitsplatz oder sein Leistungsvermögen als Sportler ohne die Negativwirkungen von Doping oder Stimulanzien aufrechterhalten und verbessern. Eine Weiterführung dieser Sichtweise ist die Homöodynamik, biologisch selbsterzeugte homöodynamische Prozesse auf der Grundlage der Hormesis, wie etwa Rattan (2016) sie erläutert. Die Homöodynamik geht den Fragen nach: Wie erhöhe ich den Widerstand gegen Stress, wie steigere ich meine Energie, um in einer zunehmend stressreichen Welt gesund zu bleiben und mein Leistungsvermögen zu erhalten und zu steigern? Beispiele sind körperliche Aktivität oder Fasten und Kalorienreduktion, milden Stress erzeugende Interventionen, Zufuhr von Supplementen (entgegen vielfältigen Meinungen, medizinischen, medialen und behördlichen, daß sie überflüssig und in normaler Ernährung schon genug enthalten sind). Sie verbessern die Überlebensfähigkeit des Systems Körper. In ökonomischen Systemen spielen sich vergleichbare Prozesse auf der Grundlage von Neukombinationen, Selbstevolution und Steigerung der Evolutionsfähigkeit ab (ausführlicher in Kapitel 16 erläutert). Um solches zu leisten ist eine Mutation der Routinefunktion notwendig, ein Ausstieg aus der Routine oder des ökonomischen Lebens eines „Wirtes" (Schumpeter). Wer Homöodynamik nicht zu leisten vermag, verkürzt seine gesunde Lebensspanne und wird als ökomischer Werteschöpfer mit schöpferischer Zerstörung bestraft. Dies sind Prozesse, die sich über eine lange Zeit vollziehen können, zunächst unmerklich ablaufen, ein Festhalten an Routine somit nicht sichtbar und spürbar bestrafen.

Schumpeter zum Routineunternehmer: "Es ist das Anwenden dessen, was man gelernt hat, das Arbeiten auf den überkommenen Grundlagen, das Tun dessen, was alle tun. Auf diese Art wird nie ‚Neues' geschaffen, kommt es zu keiner eigenen Entwicklung jedes Gebietes, gibt es nur passives Anpassen und Konsequenzen ziehen aus Daten" (Schumpeter, 1911/2006, S.124).

Wir leben in jedem Augenblick in einer Welt, die bestimmt wird durch die unternehmerische Dynamik – in jeder Altersklasse. In einer Silberwirtschaft werden die Menschen nach ihrem Abschiednehmen von selbsterzeugter Wertschöpfung – nach vorherrschender Sprachweise Eintritt in den Ruhestand – tagtäglich durch Aufforderungen zum Konsum oder der (schulmedizinischen) Reparatur ihrer Körper gelenkt. Mit noch zunehmender Lebenserwartung, nicht notwendig gekoppelt an eine Zunahme der gesunden Lebensspanne weitet sich das Marktvolumen aus, Wertschöpfung wird erzeugt, wenn auch zunehmend solche, welche auf den schleichende Abschiednehmen der Menschen aus dem Leben zielen. Der Ausstieg aus dem Arbeitsleben ist ein Demenztreiber. Die Medien und die Erzeuger silberwirtschaftlicher Güter (15. Kapitel) haben sich darauf eingerichtet.

Wer will oder kann Irene Bergman nacheifern, mit 100 Jahren noch im Dienst ihrer Kunden, die Diskriminierung von Frauen in der Investmentbranche überwindend?[72] Keine Kinder in die Welt gesetzt, den Großmuttereffekt negiert (der ohnehin, mit abnehmender Reproduktionsrate, sich tendenzielle gegen Null bewegt), eine sich selbst erhaltende Lebensdynamik umsetzend, bis in ein Alter jenseits des „oldest old" (80 Jahre plus), wie Gerontologen diese Alterskategorie zu kennzeichnen pflegen. Warum nicht „oldest young"? Übertragen auf die herrschenden Versorgungssysteme würde es ihren Bankrott oder mit Zwangsgewalt ausgestattet die Verarmung der wertschöpfenden Klasse bedeuten (siehe Abschnitt Silberwirtschaft). In der von Bergman ausgeübten Profession sind Frauen im übrigen Mangelware, besitzen Seltenheitswert (Felsted, 2015). In den USA werden von 7.000 Aktienfonds 184 von Frauen gemanagt, in Deutschland immerhin acht Prozent. Es scheint kein Bildungsproblem zu sein, denn 37 Prozent aller MBAs in den USA gingen an Frauen.

Abbildung 10: Investmentbanking im Alter von 100

Quelle: http://www.welt.de/finanzen/geldanlage/article142010141/Warum-die-Wall-Street-Oma-Top-Renditen-einfaehrt.html

Der demographische Trend ist stabil fortlaufend. Er läßt sich nicht mehr umkehren. Der Alternsprozeß erhöht jedoch bis heute die gesunde Lebensspanne, man mag sie auch „youthspan" (jugendliche Lebenskraft) nennen, bei Menschen in *Einzelfällen* bemerkenswert stark. Die Folgen für die Gesellschaft, ihre Institutionen und die Menschen sind dramatisch. Die mediale Metapher „Vergreisung" (Alterung) verkennt die Potentiale einer alternden Gesellschaft. Erzeugt nicht dieses Verkennen der Potentiale chronologisch oder kalendarisch alter Menschen, oftmals eingebettet in vielfältige Diskriminierung, genau

---

[72] Eine kurze Anmerkung hierzu. Den Investmentfirmen (Hedgefonds, Anlagegesellschaften) wird vorgeworfen, den Aufstieg von Frauen in Führungspositionen zu blockieren. Hierzu gibt es ein ständig umfangreicheres Monitoring der Branche (Marriage, 2015). Zwischen 14 und 32 Prozent beläuft sich der Anteil von Senior female staff bei britischen Anlagefirmen. Was dem Autor als nicht beantwortet gilt: Unterscheiden sich Männer und Frauen in ihrer Anlageperformance? Haben Frauen das gleiche emotionale und geistige Interesse daran, in einer solchen Branche zu arbeiten wie Männer? Die Frage, ob Frauen in höheren Positionen bessere Leistungen erbringen, bleibt unbeantwortet. Einiges mag dagegen sprechen. Quotenregelungen und vergleichbare Initiativen sind genderpolitische Reaktionen. Dies gilt auch für nicht-wirtschaftliche Karriere- und Arbeitsmuster.

jene „Vergreisungsprobleme"? Die Fortschritte der Medizin und biologisches Unternehmertum in der Lebensweise verschieben die Phase auch ökonomischen Aktivseins zumindest als Potential in immer höhere Altersstufen. Die Zeitperspektive weitet sich aus, längerfristige Zielsetzungen (nicht für ein Leben im Jenseits) sind auch für kalendarische alte Menschen keine Utopie mehr. Es gilt dabei, eine reduktionistische Beschreibung des Menschen durch die gleichgewichtsorientierte Ökonomie, Neoklassik genannt, zu überwinden, in Teilen auch zu negieren. Das bedeutet unter anderem, die Funktion des Unternehmers (in allen Teilsystemen der Gesellschaft) verstärkt in den Mittelpunkt der wissenschaftlichen Diskurse wie der Schaffung von Zukunftspotentialen zu stellen. Die Zukunft wirkt auf das Handeln in der Gegenwart. Je länger die Zeitperspektive, desto stärker wirken Vorstellungskraft (Imagination) auf das Verhalten in der Gegenwart (Kapitel 6 und 13), desto weniger vermögen die jeweils aktuellen Saboteure der Willenskraft ihre negativen Emotionen (etwa Angst/Furcht) zu entfalten. Die Psychologin McGonical (2012, 7. Kapitel) bezeichnet eine „Ökonomie der sofortigen Befriedigung" zu Recht als „Ausverkauf der Zukunft". Die jeweils verbleibende Lebensspanne unterscheidet sich selbstverständlich zwischen den Menschen. Mit ihrem Sinken verliert die Zukunftsgestaltung an Relevanz für unternehmerisches Tun und generell Erwerbstätigkeit.

Wir folgen daher einem Ansatz, der den sog. Unternehmer in den Mittelpunkt rückt, damit einer Sichtweise, die Joseph Schumpeter geprägt hat. Im Hinblick auf das Alter und Altern mag eine unternehmerische Orientierung im Rahmen einer Altersökonomie für manchen Beobachter eine geringe Plausibilität und Praxisnähe aufweisen, für manchen gar die Grenze zur theoretischen – und Kant folgend, praktischen - Absurdität überschreiten. Wir nehmen den gegensätzlichen Standpunkt ein (nicht weil wir ihn für richtig halten) [73] und versuchen dadurch herauszufinden, ob es theoretisch begründbare Alternativen gibt. Je weiter wir in die Zukunft des demographischen Wandels schauen, desto relevanter könnte diese Sichtweise werden. Die zentrale Aussage ist einfach: Ohne Unternehmer, in welcher Funktion auch immer, rückentwickelt sich eine demographisch alternde Gesellschaft in eine stationäre Ökonomie. Die gesamtwirtschaftliche Wertschöpfung vermag langfristig zu schrumpfen. Auch die Wissenschaft beginnt zu stagnieren, da in modernen Gesellschaften Wirtschaft und Wissenschaft auf engste verknüpft sind, sich gegenseitg stimulieren (müssen). Auch die Wissenschaft braucht Unternehmertum, um ihre Erkenntnisse in die Praxis, zum Wohle der Menschen, zunehmend höheren Alters, umzusetzen. Wie wir zeigen: Die Kreativität und Innovation der Wissenschaftler verschiebt sich in immer höhere Altersstufen. Einfach gesagt: Relativ alte Wissenschaftler fördern relativ alte Menschen, halten diese länger gesund, erlauben eine Ausweitung der gesunden Lebensspanne („healthy aging"), entschlüsseln das Altern, fördern damit indirekt die Möglichkeiten älterer Menschen, in immer höherem Alter unternehmerisch und damit wertschöpferisch aktiv zu werden oder zu bleiben.[74] Nur: Wissen allein, ohne durchsetzungsfähiges Unternehmertum, bleibt ökonomisch wertlos. Schumpeter spricht von „Kanälen auf dem Mars" Menschen höherer Altersstufen würden Inkubatoren des wirtschaftlichen und gesellschaftlichen Fortschritts, wenn es ihnen gelänge, wirtschaftliches und wissenschaftlich-unternehmerische Tun zu praktizieren.

Unsere Überlegungen dienen dazu, unternehmerische Energie in einer demographisch alternden Gesellschaft zu erhalten und zu revitalisieren. Es gilt, den freien Fluß unternehmerischer Energie bei alten Menschen zu fördern. *Wie* läßt sich dieses Ziel verwirklichen? Es gilt also auch eine Warum- mit einer

---

[73] Man man muss andere Sichtweisen, Beobachtungen, Theorien, respektieren. Man kann sie nur mit der eigenen Anschauung konfrontieren.

[74] Wer sich hierüber auf dem letzten Stand der Wissenschaft informieren möchte, empfehlen wir das Portal Fight Aging.

Wie-Frage zu koppeln. Warum ist Unternehmertum in alternden Gesellschaften, ausgeübt, verwirklicht, durch chronologisch alte Menschen selbst, eine notwendige Bedingung für eine schöpferische Gestaltung der demographischen Zukunft und wie läßt sich dieser Prozeß schöpferisch (innovativ) und evolutorisch gestalten? Altern würde dadurch nicht mehr wie Wolken die Sonne Zukunftsperspektiven und unternehmerische Willenskraft alter Menschen verfinstern. Demographisches Altern der Menschen ist kein akuter sondern permanenter ökonomischer Stress, der sich beherrschen, sogar schöpferisch beantworten ließe, wenn es gelänge, die Routine des Lebens innovativ und evolutorisch zu überwinden.

Mehrere Fragestellungen drängen sich auf. Das chronologische und biologische Altern der Menschen selbst, eingebunden in eine abnehmende Zahl nachwachsender Menschen. Der Anteil alter Menschen und zunächst auch ihre Gesamtzahl nehmen zu. Immer mehr Menschen altern – gesund wie krank - in ein hohes chronologisches Alter. Früher oder später unterliegen sie den Kräften chronologischer Krankheit. Ihre Gehirnleistungen schwächen sich ab. All dies ist bekannt. Gleichzeitig treten jedoch Prozesse ein, die weniger diskutiert sind und welche das lebenspraktische Umsetzen eines lebenslangen Unternehmertums hinauszögern oder gar aufhalten, wenn nicht gar umkehren können. Biologie und Geist (Kognition) lassen sich, wie wissenschaftliche Erkenntnisse deutlich machen, von der Chronologie, dem Alter nach der Geburtsurkunde, abkoppeln. Die Macht der Routine, die jemand, einen (potentiellen) Unternehmer, in alte Muster zurückfallen oder an ihnen festhalten läßt, ist überwindbar. Biologisch eine längere Zeit noch jung zu bleiben, erfordert allerdings ein Vermögen, welches wir „Unternehmertum" nennen. Unternehmertum war niemals und wird es auch in Zukunft nicht, eine Massenerscheinung sein. Oftmals war es, man denke an die auf Johann Calvin fußende „Protestantische Ethik" (Max Weber), eine unbeabsichtigte Folge soziokultureller oder memetischer Einflüsse. Meme sind Einheiten der kulturellen Vererbung (im Sinne von Richard Dawkins). Die Industrielle Revolution und die durch sie erzeugten Wohlstandswirkungen, die hier ihren geistigen Ursprung haben, waren seine Folge. Innovieren ohne Kredit mit Zins? Luther: Zinsnehmer sind „Diebe, Räuber und Mörder", Investmentbanker in der Gegenwart Agenten des „Neoliberalismus".

Dieser komplexe Prozess, der zunehmend alle Gesellschaften umfaßt, ist eingebunden in eine unterschiedliche demographisch-ökonomische Entwicklung von Regionen und Kommunen. Einige dieser entvölkern sich schrittweise, in anderen nimmt die Bevölkerungszahl zu, teilweise migrationsbedingt (Abwanderung und Aufnahme von Menschen mit Migrationsgeschichte). Diese Vorgänge sind – einen weiteren Komplexitätsschub bewirkend - eingebunden in ein ökonomisches Altern, in Vorgänge, die in der Ökonomie als „schöpferische Zerstörung" oder (Nicht-)Aufbau neuer Innovationspotentiale beschrieben werden. Regionen und Kommunen bis auf die Ebene von Dörfern büßen an demographischem und ökonomischem Potential, sich auch wechselseitig verstärkend, ein.

Beispiel: Gunnar Heinsohn (2016) hat den Prozeß (ausführlich in Schumpeter, 1950 erläutert) für Deutschland plastisch umschrieben: „Die ostasiatische Konkurrenz lernt aus alledem [gemeint sind Qualifizierungsdefizite], dass die Deutschen ihre verlorenen Industrien - Telefon, Computer, Kameras, Tonträger, Schiffe etc.- niemals zurückholen und Zukunftsbranchen kaum aufbauen werden." Die ostasiatischen Länder lernen es genauso. Die koreanischen Hersteller von Mobiltelefonen und Schiffen leiden unter China – und fördern die freigesetzten älteren Arbeitskräfte durch Qualifizierungsangebote und Hilfen bei Existenzgründungen. Bestimmte Regionen und Kommunen sind von schöpferischer Zerstörung immer besonders betroffen, etwa Subregionen in Nordrhein-Westfalen, oder Wilhelmshaven.

Beispiel: „Kommunen investieren viel zu wenig".[75] München leistet sich (2013) 720 Euro pro Einwohner für Schulen, Straßen usw., Wilhelmshaven 35 Euro. Was bewirkt diesen und dieser Unterschied? Im Jahr 2013 befindet sich die deutschen Kommunen noch nicht in einer Überlastung der kommunalen Haushalte durch Zugewanderte. Aus unserer Sicht: Abbau der Innovationsleistungen (vielfältig verursacht) bewirkt Investitionsschwäche in Unternehmen und Kommunen und Regionen. Die Steuereinnahmen stagnieren oder sind rückläufig. Fremdfinanzierung (Verschuldung) zunehmend eingeschränkt. Wilhelmshaven ist andererseits die Stadt mit den meisten „Wohnungseinbruchdiebstählen" (pro 100,000 Einwohner) in Deutschland. Keine Ressourcen für die Polizei? Ein Vergleich von Wilhelmshaven mit dem schottischen Dundee. In beiden Städten die Altindustrien ausgelöscht. Dundee lebt erneut von Schumpeter (Computerspiele, Lebenswissenschaften; Dickie, 2016: „A good place to establish a 21st century business"), Wilhelmshaven von Subventionen und Sozialstaat.

Vor langer langer Zeit, zu Beginn der industriellen Revolution, gründeten Unternehmer in oftmals kleinen Städten bis hinunter zu Dörfen. Die Städte wollten sie nicht haben (Schutz der etablierten Handwerker und Unternehmen). Der Mittelstand in Deutschland, ähnliches gilt für die Schweiz, ist bis heute vielfältig in kleineren Ortschaften angesiedelt. Wenn diese ihre Innovationsdynamik einbüßen, leiden die Kommunen. Einige versuchen, viele Beispiele aus Nordrhein-Westfalen, durch Aufnahme von Krediten ihre Leistungen an die Bürger zu erhalten.

Beispiel: In vielen ländlichen Gebieten existiert nur ein beschränkter Zugang zu schnellen Internetverbindungen. Damit sind vielfältige unternehmerische Entwicklungspotentiale eingeschränkt. Junge Menschen wandern ab, ältere vermögen für sich selbst (etwa ihre Gesundheit) oder ihre ökonomische Wertschöpfung weniger Potentiale zu erschließen. Die demographische ist an eine ökonomische Vergreisung gekoppelt. Solche Vorgänge haben Auswirkungen auf die Wettbewerbsfähigkeit solcher Regionen, auch international (etwa im Vergleich zu China, Korea, Japan). Der Zugang zu ärztlichen Leistungen ist gleichfalls in ländlichen Regionen zunehmend eingeschränkt. Schöpferische Antworten sind vorhanden, jedoch durch bürokratische Interventionen behindert oder durch Verwaltungs- und Planungsvorgaben wie in Deutschland erst geschaffen.[76]

Beispiel: Immer mehr Menschen müssen in die Pflege. Seit es Menschen gibt, pflegen sie ihre Alten und Kranken. Die Grundprinzipien bleiben die gleichen, wie in der Epoche der Neandertaler. Der durchbürokratisierte Sozialstaat hat für die Pflege neue Dimensionen erschlossen. Diese kostet mit zunehmendem Alter immer mehr Geld und Vermögen. Wer zahlt? Zunächst der alte Mensch. Wenn seine Ersparnisse und die mageren Zuschüsse des Staates aufgebraucht sind, muß seine Familie für die Kosten einstehen. Wenn deren vom Staat als pflegebelastbares Vermögen dann aufgebraucht ist, d.h. das Vermögen in die Pflege investiert wurde, müßte der Staat über Sozialhilfe wieder eingreifen. Ersparnisse und Vermögen erodieren, stehen für produktive Verwendungen nicht mehr zur Verfügung. Angehörige leisten, sich moralisch verpflichtet fühlend, Pflegedienste, erleiden Einkommensverluste und Einbußen an Gesundheit durch chronischen Stress. Die demographischen Defizite verstärken sich und Frauen verzichten vorausschauend auf Kinder. Deutschland gilt als Problemfall der „Kinderproduktion" (Siems, 2015b):„Deutschland hält einen traurigen Rekord: In keinem anderen entwickelten Land der Erde leben in Relation zur Gesamtbevölkerung weniger Kinder."

---

[75] Überschrift eines Beitrages in der Börsenzeitung (22. Oktober 2015, S. 6), sich auf eine Studie des Deutschen Instituts für Wirtschaftsforschung berufend.

[76] http://www.berlin-institut.org/publikationen/studien/von-huerden-und-helden.html

Auch wenn es gelänge, dem Beispiel Frankreichs zu folgen und die Reproduktionsrate zu steigern und irgendwann dann auch das „demographische Problem" Überalterung gemessen an der Zusammensetzung der Bevölkerung zu lindern. Bis die Kinder für die Wirtschaft zur Verfügung stehen, wird lange dauern. Ohnehin: Die Zahl der älteren Semester wird steigen, Kinder werden auch einmal alte Menschen, nach Prognosen von Demographen (Christensen u.a., 2009) sogar 100 Jahre alt, was tun mit den Alten? Ruhestand. Die fehlenden Kinder und die Einbindung von mehr Frauen in den Arbeitsmarkt zeigt erneut: Die inputlogische Sichtweise der Ökonomie in Verbindung mit demographischen Veränderungen vernachlässigt Schlüsselfaktoren im Entwicklungs- und Evolutionsprozeß.

Diese Sichtweise widerspricht vielfältigen Einsichten der Evolutions- und Entwicklungsforschung. Evolvierbarkeit von Gesellschaft und Menschen ist ausgeklammert. Daran schließt sich die Frage an: Wie lassen sich unternehmerische Mehrwerte in demographisch alternden Gesellschaften durch „olderpreneurs" erzeugen? Wie Wissenschaft und Praxis zeigen, werden die vielfältigen Herausforderungen und Verwerfungen einer demographisch alternden Gesellschaft auch selbsterzeugt. In der medizinischen Sprache: Noceba dominiert. Überall, durchgehend. Alte Menschen sind ökonomisch abgeschrieben. Ihre Diskriminierung, bewußt oder nicht, durch Gesetze und Meme gefördert oder nicht, ist Alltag. Für die Politik sind alte Menschen Wähler, Stimmen für den Machterwerb/erhalt. Altersrassismus ist nicht nur verbreitet sondern durch Gesetze, Verordnungen und soziokulturell mitbewirkt. Zuwanderer und Flüchtlinge gelten als Retter in einer demographischen Seenot. Die Europäische Union will Google in die Schranken verweisen. Ein Immigrant aus Indien, Sundar Pichai, leitet den Internetkonzern (Waters, 2015b). Siemens benötigt dringendst Zuwanderer aus Nigeria (bisher im Anbau von Hirse aktiv), die den Konzern endlich auf das 21. Jahrhundert vorbereiten. Würde es Siemens gelingen, einen Bruchteil des Finanzkapitals (rund zehn Milliarden Euro), welches Siemens für die Übernahme des spanischen Windmaschinenherstellers Gamesa ausgibt, in die Förderung älterer Erwerbstätiger (abhängig und selbstständig) zu investieren, die Firma selbst, ihre Netzwerke, die Wirtschaft insgesamt würde eine neue Welt erschließen können. Google ist auf dem Weg, Apple als die wertvollste Unternehmung auf der Welt zu überholen.

Altern bedeutet nicht nur, daß der Anteil der älteren Menschen an der Gesellschaft sich erhöht, daß mehr alte Menschen in einer Gesellschaft leben, sondern auch, daß die Menschen kalendarisch und biologisch altern, unabhängig von den beiden anderen Faktoren. Lebenslanges Unternehmertum ist primär dieser dritten Fragestellung gewidmet.

Wenn durch staatliche Auflagen und Anordnungen Menschen aus dem produktiven Dasein, dem Arbeitsleben entfernt werden (müssen), setzen Verwerfungsprozesse ein, auch gesundheitliche wie geistige Erosion, die nicht naturgegeben oder biologisch notwendig, vielmehr gesellschafts- und soziopolitischer Natur sind. Wie die Forschung zeigt, geht mit der Verrentung auch ein Abbau geistiger Leistungen einher (Bonsang u.a., 2012; Horner, 2012; Lautenschlager u.a. 2014; Meyer-Abich, 2010; Rajan u.a., 2015; Rohwedder & Willis, 2010; Sahlgren, 2013; Vester, 1976; Wu u.a., 2016). In ihrer Untersuchung kommen Bonsang und Kollegen zu dem Ergebnis, daß der Eintritt in den Ruhestand (retirement) „eine signifikant negative Wirkung auf das kognitive Funktionieren" aufweist. „Negative und substantielle Wirkungen auf die Gesundheit durch die Verrentung" belegt Sahlgren (2013, S. 33) nach einer Auswertung der Literatur und eigener Forschung. „[...]der Ruhestand (retirement) führt zu einer signifikant schlechteren Entwicklung der Gesundheit und die Länge der Zeit, die im Ruhestand zugebracht wird ist gleichfalls detrimental für die Gesundheit belastend" (S. 36). „Eine fortgesetzte Teilhabe in freiwillig-ehrenamtlichem Tätigsein und bezahlter Arbeit in höherem Alter nach Erreichen des Ruhestandsalters vermag den Niedergang physischer, kognitiver und mentaler Funktionen hinausschieben und das Risiko von Morbiditäten verringern" (Wu u.a., 2016, S. 5).

Wer Demenz bekommt, ist, brutal formuliert, selbst schuld, überwiegend. Im Jahr 2050 wird mit 115 Millionen Demenzkranken weltweit gerechnet (Gill & Seitz, 2015). Was sind vier Jahrzehnte? Sogar 60-Jährige könnten noch so lange leben, ceteris paribus, biologisches Unternehmertum vorausgesetzt.[77] Demenz erzeugt einen Milliardenmarkt. Auch Olderpreneurs könnten mitwirken (17. Kapitel). Die Palliativmedizin ist im Aufschwung (Die Palliativmedizin behandelt kranke Menschen, für die es keine Heilung mehr gibt). Der Pflegebranche fehlen Mitarbeiter, Chinesinnen sind gefragt (auch weil sie alte Menschen achten). Die Wissenschaft und die pharmazeutische Industrie investieren Milliarden für Forschung und Entwicklung. Familienangehörige müssen sich engagieren. Palliativmedizin und Palliativökonomie interagieren als Zwillinge in einer alternden Gesellschaft. Was leisten sie für die volkswirtschaftliche Wertschöpfung und das Schaffen neuer Lebensroutinen? Die Pflege alter Menschen ist keine Errungenschaft der Moderne. Es sind „Kosten" eines humanitären Alterns. Früher wie heute war wohl jeder fünfte oder sechste Mensch in der Pflege alter Menschen, zunehmend von Demenz und ihren Folgen geplagt, engagiert, heute zunehmend „beschäftigt". Was könnten wir erwarten - eine primitivökonomische Sichtweise - wenn es gelänge, der Erosion der Gehirne Einhalt zu gebieten oder sie in höhere Altersstufen zu verschieben, damit Menschen länger wirtschaftlich aktiv zu machen (active aging, bei uns entrepreneurial aging). Lucas Cranach (1472-1553) hat bis zu seinem Tod im Alter von 76 Jahren ein Dutzend von Künstlern beschäftigt. Selbstverständlich steigt mit dem Altern von Erwerbstätigen, insbesondere unternehmerisch Aktiven, wenn sie noch Wertschöpfung erzeugen und Vermögen aufgebaut wurde, der Anreiz, an ihren potentiellen Hinterlassenschaften zu partizipieren. Familienangehörige, Berater, Professoren, Anwälte sind engagiert, um die vielfältigen Problembereiche zum Vorteil der jeweiligen Zielgruppen zu gestalten (Knop, 2015). Man muß es aber nicht als ökonomisch retardierend betrachten. Das Alte ragt in das Neue hinein. Das Schöpferische entfaltet sich aus und durch die Zerstörung und das Entsorgen des Alten. Der Tod ist nicht mehr als eine Falte in der Zeit, die bald wieder glattgestrichen wird.

Sumner Redstone ist 92 Jahre alt. Er ist Vorstandsvorsitzender der beiden Mediengruppen Viacom und CBS. Die Marktkapitalisierung der Unternehmen beläuft sich auf 45 Mrd. Dollar. Redstone kontrolliert über Stimmrechte 80 Prozent des Unternehmens. Eine wirtschaftlich, finanziell und auch privat Beteiligte („girlfriend") verklagt Redstone. 150 Mio. Dollar hat er sich die Freundschaft mit seiner „Freundin" und ihrer Vorgängerin bereits kosten lassen (Bond, 2016). Er sei geistig und körperlich nicht mehr in der Lage, das Unternehmen zu führen. Er hält sich nicht an medizinische Vorgaben. (Was diese leisten könnten, zumindest was die Gesundheit des Gehirns betrifft, ist bekannt. Will Redstone nicht an Nebenwirkungen aus dem Leben scheiden?). Er lebt ungesund, isst immer noch Steaks usw. Er muß endlich zurücktreten. (Mance, 2015). Die Klage der Ex-Freundin scheitert. Um seine Gesundheit wird sich in Zukunft seine Tochter kümmern (Bond, 2016, schildert die Verhandlung vor Gericht).

Ein Einzelfall? 92 Jahre und noch immer nicht im „Ruhestand"? Streitereien um das Vermögen sind auch in Deutschland bekannt, wenn die Unternehmensgründer altersbedingt aus dem Geschäft aussteigen, man denke an die Aldifirmen. In Deutschland wird die Nachfolge von „Seniorchefs" in noch früherem Alter erörtert. Der Präsident der Industrie- und Handelskammer DIHK Eric Schweitzer thematisiert die Schwierigkeiten, einen Nachfolger zu finden (wir wiesen darauf bereits mit Untersuchungen der Kreditanstalt für Wiederaufbau hin). „Die Zahl der Unternehmer im Rentenalter wächst. Nachfolger sind häufig nicht in Sicht. In der Industrie kommen sogar fünf Altinhaber auf einen möglichen Übernehmer. [Eine] flächendeckende Vermittlung von Unternehmertum in Schulen" wird als ein Ausweg gesehen

---

[77] "It is still likely that lifestyle factors such as diet and physical activity have important roles in the prevention of cognitive decline"(Gill & Seitz, 2015).

(Zitate aus Czycholl, 2016). Beträgt die Wartezeit für erfolgreiche Altersübernahme damit mindestens eine Generation?[78]

Gehen somit erwerbsmäßige und mentale Verrentung Hand in Hand? Früher waren die Menschen längst gestorben, bevor sie von Arthritis und Demenz heimgesucht wurden. Wer ökonomisch aktiv bleibt, bis in ein hohes Alter, vermöchte er auch seine "funktionale Unabhängigkeit" (keine Behinderungen) länger zu erhalten? Vermag er einen unternehmerischen Energiekörper jenseits der Routine zu erhalten, gar zu evolvieren? Wer in die Welt des Ruhestandes versetzt ist (Rente, Pension), verstärkt er seine Pflegebedürftigkeit und seine Mortalitätschancen in einem geringeren kalendarischen Alter? Welche ökonomischen Gesetze verbieten ein ökonomisches Tätigbleiben/werden in höherem Alter jenseits schöpferischer Zerstörung? Ist ein ökonomisches, wissenschaftliches usw. Tätigbleiben ein Mechanismus präventiven Gesundheitsmanagements, ein körperlich-geistiger Anti-Ausbeuter? Was verliert jemand, der unternehmerisch bei zunehmendem Alter aktiv ist oder bleibt – außer den Ruhestand und den genußreichen Konsum von Silbermarktprodukten? Wir kennen keine Untersuchung (was nicht heißt, es gäbe keine), die den Gesundheitszustand zu einem gegebenen Zeitpunkt und im Zeitverlauf sog. Ruheständler, „Senioren" ohne erwerbstätiges Aktivsein mit wirtschaftlich/beruflich aktiven Gleichaltrigen vergleicht, die Komplexität dieser Vorgänge berücksichtigend. Erschwert die Besteuerung von Erwerbstätigen in höherem Altersstufen des Staates die Anreize für längere Erwerbstätigkeit (umfassend verstanden, wissenschaftliches, erzieherisches, religiöses Tätigbleiben einbeziehend)? Müßte ein zukunftsorienter Staat nicht den demographischen Spieß umkehren, jenseits einer trivial-ökonomischen Zuwanderung? Wer länger als mit einem Alter von 70 Jahren arbeitet, dürfte er sich Steuerermäßigungen in allen Kategorien inklusive Kapitaleinkommen erfreuen? Wenn Menschen länger leben, wenn Roboter belastende und die Gesundheit gefährdende Arbeit ersetzen können, wenn eine längere Lebensarbeitszeit einer Alterung der Gesellschaft entgegenwirkt, könnte durch steuerliche Anreize für Beschäftigte und Unternehmen ein substantieller Beitrag für das Wohlbefinden der Menschen, nicht zuletzt ihrer Gesundheit, geleistet werden. Eine steigende Lebensspanne wird ohnehin in der Zukunft das Ruhestandslogik in Frage stellen. Die Errechnung des Nettonuzens müssen wir an die Ersteller von Studien delegieren.

5.2 Ausstieg aus der Routine?

Unternehmertum und generell Erwerbstätigkeit in höherem Alter ist ein Ausstieg aus der Routine. Es aktiviert das Gehirn, wirkt präventiv, und damit auch der Lebensverkürzung und/oder der Aneignung oftmals multimorbider Krankheiten entgegen. Eine Untersuchung der John Hopkins zeigt für die USA: Nahezu vier von fünf älteren Amerikanern lebt mit multimorbiden chronischen Krankheiten. Die Lebenserwartung könnte stagnieren, da die medizinischen Fortschritte zu schwach sind, um wirkungsvolle Therapien zu bieten (Canudas-Romo u.a., 2014).[79] Die funktionale Unabhängigkeit oder Abwesenheit von körperlichen Beschränkungen wirkt unmittelbar auf die geistige Leistungskraft von Personen.[80] Wer sie

---

[78] Wir werden uns der Thematik einer „Produktion" von Unternehmertum durch Erziehung und Training im Kapitel 17 ausführlicher zu.

[79] Alle sich als postmodern darstellenden Staaten investieren ein Vielfaches an Ressourcen in die Bekämpfung des „Terrors" als in die Erkundung und Therapie primärer Alterungsprozesse.

[80] "It is still likely that lifestyle factors such as diet and physical activity have important roles in the prevention of cognitive decline"(Gill & Seitz, 2015).

verliert - Bewegungsmangel, Seßhaftigkeit - zahlt für seine Bequemlichkeit mit kognitivem Abbau. Immer wieder berichtet die Altersforschung über diesen Zusammenhang (siehe etwa Rajan u.a, 2015). Medikamente gibt es, gehen an die Ursachen aber nicht heran, zudem sind sie mit vielfältigen Nebenwirkungen belastet. Wer nur noch wenige Lebensjahre vor sich hat, vermag diese hinzunehmen. Für einen Olderpreneur würde sie sein Aus bedeuten, psychisch und körperlich. Die alternative Medizin nennt Medikamente „Chemiekäulen", innovationslogisch Produkte des dritten Kondratieff (Chemie).

Wir zitieren fast wörtlich die Erkenntnisse aus einer Untersuchung von Ribeiro und Kollegen (2015) zur sogenannten funktionalen Unabhängigkeit sehr alter Menschen.

> Die wesentlichen Variablen, welche zur funktionalen Unabhängigkeit beitragen waren *wirtschaftliches Aktivbleiben*, körperliches Aktivbleiben, einem sozialen Leben nachgehen, Ernährungsverhalten auf der Grundlage von Früchten, Gemüse und Fleisch. Wer diese Praktiken umzusetzen vermochte konnte seinen Bedarf an Pflege und Hilfe im täglichen Leben verringern. Die *tägliche Routine* zu ändern kann ein wirksamer Weg sein, um das Gedächtnis zu verbessern. Macht man tagein und tagaus *immer das Gleiche*, hält man an einer Routine fest, die wenig Gehirnleistung verlangt. Aber die Dinge ändern, zwingt einen, sich mit unbekannten Situationen auseinanderzusetzen, die mehr geistige Aufmerksamkeit verlangen (unsere Hervorhebungen).

Was die portugiesischen Forscher ermittelt haben, ist zwar kein theoretisches Neuland, dennoch für unsere Überlegungen bedeutungsvoll, da sie, selten genug in dieser Wissenschaft (Geriatrie), in einer verständlichen Sprache formulieren. Ihre Erkenntnisse decken sich etwa mit der von Weiss-Numeroff (2013), welche 100 amerikanische Hundertjährige (Centenarians), weitgehend unabhängig lebend und viele noch ökonomisch aktiv (trotz eines Alters von 90 Jahren und höher) im Raum von New York in ihrem täglichen Leben beobachtet hat. Die tägliche Routine zu ändern, wie macht man das? In welchem Alter?

Die älteste Frau der Welt lebt in Italien. 116 Jahre alt. „Sie wollte unabhängig sein und nie wieder herumkommandiert werden." Eine echte unternehmerische Einstellung. „Sie erfreut sich immer noch guter Gesundheit. Sie nimmt keine Medikamente. Denkt stets positiv an die Zukunft", also wenig Stress (Diepes, 2016; Interpretation von uns). Ein Altersforscher hat mit seiner Forschungsgruppe alle Menschen beobachtet, die extrem lange, 110 Jahre und älter, leben. Seine Erkenntnis: „Menschen die am längsten leben sind im besten Zustand. Fast jeder, der bis zu einem Alter von 115 lebt, lebte unabhängig, selbständig, im Alter von einhundert Jahren. Wir müssen von der Idee von einem Leben von 30 Jahren im Pflegeheim loskommen, wenn ich sehr alt bin" [81] Er bestätigt die Hypothese einer Kompression der Morbidität auch für sehr alte Menschen (Supercentenarians). Aus unserer Logik: Wem es gelingt, bis in ein hohes Alter gesund zu leben, aus welchen Ursachen auch immer, könnte auch sein biologisches mit ökonomischem Unternehmertum verbinden lernen.

Heute leben Menschen länger, aber auch länger krank, weil es für sie oftmals nicht mehr möglich ist, ihre Kompetenzen im Arbeitsleben zu erhalten oder weiter zu entwickeln. Wer vom Arbeitsleben Abschied nimmt, zahlt einen hohen Preis: Er altert rascher, sein Hippocampus erodiert mit höherer Geschwindigkeit, die täglichen Vergnügen wie Fernsehen und Seßhaftigkeit schaden der

---

[81] Freie Übersetzung der Aussage des Altersforschers Robert Young von der Gerontology Research Group: " One more thing I wanna say is that the people who live the oldest are in the best shape. So almost everybody that lives to be 115 was living on their own at 100. So we need to get rid of this idea of, "I'm gonna be 30 years in a nursing home." It's not like that." Auszüge aus dem Interview mit Robert Young sind verfügbar in:
https://www.fightaging.org/archives/2016/05/an-interview-with-robert-young-of-the-gerontology-research-group/

Funktionstüchtigkeit seines Körpers[82], Glücksgefühle werden seltener und soziale Interaktionen dünnen aus. Nach Eintritt in den Ruhestand vermag man nur für eine kurze Zeit ein Wellbeing zu genießen, bevor der schleichende Verfall einsetzt.[83] Ein Leben wie in einer Blue Zone gewinnt utopische Züge. Ist lebenslanges Unternehmertum, ob biologisch oder ökonomisch, mit einer seßhaften Lebensweise vereinbar? Nur die Krebsindustrie freut sich [84] und die Mediziner, die sich mit Diabetes beschäftigen. Wer mehr als acht Stunden am Tag sitzt, erhöhte sein Risiko für Diabetes vom Typ 2 um 90 Prozent, das Herz leidet und die Mortalität steigt. Sitting for more than eight hours a day is associated with a 90 percent increased risk of type 2 diabetes, along with increased risks of heart disease, cancer, and all-cause mortality (Biswas u.a., 2015). [85]

Die Lebensenergie, im Chinesischen Qi genannt, geht nach und nach mit dem Altern verloren. Die ungesunde Lebensweise erzeugt zunehmend Morbiditäten, oftmals mehrere (Multimorbidität). Man könnte diesen selbst in hohem Alter noch entgegenwirken, ohne unternehmerische Energie funktioniert das nicht. Forscher stellen dann fest: Mit zunehmendem Alter unterscheiden sich die Menschen immer stärker in ihrer körperlichen und geistigen Funktionstüchtigkeit (Akiyama, 2011; Santoni u.a., 2015), weil die über viele Jahre sich akkumulierenden Folgen unterschiedlicher Intensität biologischem Unternehmerseins sichtbarer werden. Im Alter von 60 Jahren leiden nur wenige Menschen an mehreren Krankheiten. Sechsundneunzigjähre sind gleichzeitig fünf oder mehr Krankheiten ausgesetzt (Santoni). Die bereits weit überdurchschnittliche Lebensspanne sinkt rapide. Die Funktionstüchtigkeit des Körpers bleibt allerdings für die meisten Menschen im Alter von 60 bis 80 Jahren noch verfügbar (die Untersuchung von Santonini bezieht sich auf Menschen in Schweden), auch für Personen, die an

---

[82] Schlußfolgerung aus einer Untersuchung: "We confirm that prolonged television viewing time was associated with greater mortality in older adults and demonstrate for the first time that individuals who reduced the amount of time they spent watching television had lower mortality" (Keadle u.a., 2015). Der Zyniker: Wer seine Eltern oder Großeltern früher in den Himmel schicken will, läßt sie fernsehen, je länger desto früher.

[83] Fernsehen und andere Bildschirmaktivitäten lassen die Gehirnleistung der Menschen erodieren. Aus dem Hippocampus werden kognitive Seepferdchen (Hippocampi). Die Pflegeheime freuen sich auf neue Kundschaft. Der Hippocampus ist biounternehmerisch manipulierbar – wenn man nicht einer restriktiven bioneuronalen Logik verpflichtet ist. Ist der Hippocampus beschädigt, kann man keine neuen Erinnerungen formen. Auch wenn ältere Erinnerungen vor der Zeit der Hippocampuserosion unberührt bleiben, tritt man in eine Welt ein, in der das, was man wahrnimmt und erlebt, keine Beziehung zur Vergangenheit aufbauen kann. Der Hippocampus funktioniert als nicht-triviale Maschine in einem nicht-trivialen Organ (dem Gehirn). Die Forschung entdeckt im Hippocampus immer neue Teilsysteme (Maruszak & Thuret, 2014). Die neuere Forschung zeigt auf: die verschiedenen Bereiche des Gehirns arbeiten nicht ausschließlich spezialisiert, wie vielfach angenommen wurde (Morin, 2015). Man spricht von „regionalen Wirkungen", wobei eine Region mit anderen interagiert. Daß für Alzheimer, Depression etc. noch keine befriedigende Interventionen, seien es Arzneien, seien es psychotherapeutische Eingriffe (gleichfalls zunehmend auf medikamentöser Basis arbeitend), zur Verfügung stehen, überrascht daher nicht. Bio-unternehmerische Interventionen auf selbsttherapeutischer Grundlage (etwa Bewegung) könnten mit der Komplexität wirkungsvoller umgehen. Systemlogisch überraschend wäre es nicht. Interventionen in komplexe Systeme (sei es ein Marktsystem, sei es das Gehirn, sei es das kardiovaskuläre System) sind immer mit Nebenwirkungen verknüpft.

[84] At the end of follow-up, there were 1855 deaths. Compared with high ST[sitting time; Seßhaftigkeit] maintainers, low ST maintainers had a 51 and 48% lower risk of all-cause and and cancer mortality, respectively. Reducing sitting also resulted in a protective rate of 29% for all-cause and 27% for cancer mortality. Untersucht wurden Frauen im nach-menopausalen Alter (Lee, Kuk, Ardern, 2015). Gilt Seßhaftigkeit gilt schon als eine *sitting disease*? Wann schreitet die EU-Kommission mit Direktiven ein? Viele Forscher freuen sich auf neue Studien. In Deutschland arbeiten 21Millionen Menschen im Büro. Die durchschnittliche Arbeitszeit beträgt rund 40 Stunden. Wieviele dieser Stunden werden im Sitzen zugebracht? Freizeit (Fernsehen), Mahlzeiten, gleichfalls Promotoren der Seßhaftigkeit.

[85] Sitting for more than eight hours a day is associated with a 90 percent increased risk of type 2 diabetes, along with increased risks of heart disease, cancer, and all-cause mortality (Biswas u.a., 2015). In den zuständigen EU-Gremien der meistgelesene Text. Eine Direktive ist in Vorbereitung. Die Fernsehnachrichten zeigen bereits, wie „Sitzungen" der EU in „Stehungen" transformiert werden.

Multimorbidität leiden. Danach sinkt sie rasch ab und ab einem Alter von 90 ist die Funktionsbeeinträchtigung Normalität im menschlichen Leben, allerdings nicht für jedermann. Mit jedem Jahr des Älterwerdens müßte ein Mensch mehr Zeit in seinen Körper investieren: idealerweise ist der Olderpreneur daher auch ein biologischer Unternehmer (Röpke, 2015). Wir schätzen auf der Grundlage jüngerer biomedizinischer Forschung: ein Mensch kann seine Lebensspanne um 15 bis 20 Lebensjahre durch biounternehmerische Tätigsein ausweiten.[86] Der Seßhafte verschenkt sein Unternehmertum, der Bewegungsarme genauso. Sein Körper straft ihn ab. Wem es nicht gelingt, ein alternsentschleunigendes Ernährungsverhalten für sich zu praktizieren, macht sich, die physiologischen Folgen der Bewegungsarmut verstärkend, zu einem Aussteiger aus dem Wertschöpfungsprozess. Physische Aktivität fördert das Gehirn, die Bildung neuronaler Zellen, der Hippocampus wird aktiviert. Demenz und seine ökonomischen Folgen könnten Vergangenheit werden. Entschleunigung des Alterns, umgangssprachlich-abendländisch übertragen bedeutet einen langsameren Zug in den Himmel zu wählen.

Was bedeutet biologisches Unternehmersein: Nehme die Gesundheit in die eigene Hand. Das beste Medikament ist man selbst. Kann man sich wohlfühlen in einem kranken Körper? Versuche, das gesunde Leben länger zu machen. Selbstwirksamkeit. Alles was man tut oder nicht tut, mit seinem Körper, wird internalisiert, wirkt zurück auf Körper und Geist.

Das ist keine Angelegenheit der Gene. Auch identische Zwillinge unterscheiden sich in ihrer Gesundheit dramatisch je nach der Intensität ihres Bewegungsverhaltens (Mercola, 2014; 2015; Rottensteiner u.a., 2015). Keine Zeit? Wir betonen immer wieder Bewegungsverhalten und Seßhaftigkeit. Der Grund ist ein simpler: Es ist einfach zu machen. Jedermann kann es machen, unabhängig vom Alter, von Babys ausgenommen. Auch Behinderte können es, einige machen es auf professionelle Weise, wie die Paraolympics zeigen. Es gilt nicht Neues zu lernen – außer Routine zu überwinden. Das neue Alte zu praktizieren, sein Bewegungsverhalten neu zu kombinieren, angesichts der Schwierigkeiten, mit einer Infrastruktur zu leben, welche in Beruf und Freizeit auf Seßhaftigkeit ausgerichtet ist, für viele Menschen eine schwierige Aufgabe. Wie viele Jugendjogger praktizieren es im Berufsleben oder im Ruhestand? Es wird oftmals empfohlen: dreimal 30 Minuten pro Woche ein Hochintensitätstraining (HIT). Um signifikante Gesundheitswirkungen zu erzielen, könnten bereits drei Minuten in der Woche genügen, wie Michael Mosley (zitiert in Mercola, 2014) in seinem Buch *Fast exercise: the simple secret of high-intensity training*, zu begründen versucht. Interessant ist, worauf wir später eingehen: in der Welt des Aufbaus von Unternehmen, ihrer Gründung, gibt es vergleichbare Ansätze. Man spricht von einem Lean-Startup-Ansatz.

Alle Organe erfreuen sich an physischer Aktivität, das Körpergewicht ärgert sich. Selbstverständlich nicht unumstritten. HIT ist die Bewegungsweise unserer Vorfahren. Marathon das Bewegungsmuster für Selfies. Supermarathons werden angepriesen. Selfieplus. Im Spiegel und anderen Medien kann man die Widersprüchlichkeiten erfahren: Gestern noch, mache viel, mache lang, Marathon inklusive (Römer, 2015), zwei Tage danach: mache es intensiv, wer viel macht, kann zudem Krankheiten einfangen (Mertin, 2015; ausführlich in Röpke, 2015; Mercola, 2016a zeigt erneut, was mit der Gesundheit sich abspielt, wer seinen Körper mit Bewegungsstress überlastet). Es ist eine Konstellation, die für Unternehmer nicht ungewöhnlich ist. Experten sagen Dieses und Jenes, fast immer liegen sie schief (Kahneman, 2012). Blinde Flecke. Komplexität ist kein Thema für sie. Unsicherheit und Ungewißheit sind für Unternehmer unvermeidbar, auch für solche, und gerade für diese, die sich gesund in höhere Altersstufen evoluieren

---

[86] https://www.fightaging.org/archives/2016/08/a-small-selection-of-recent-research-on-lifestyle-choices-and-aging/

wollen. Nicht die „neue Idee" oder Kreativität bestimmen unternehmerischen Erfolg. Es sind der Umgang mit Unsicherheit und Ungewißheit, vielfältig selbsterzeugte und das Vermögen, trotz unsicherer Zukunft durchzuhalten und zu lernen. Evolution ist ein Entdeckungsprozeß. Evoluierbarkeit ist an Lernfähigkeit gekoppelt. Man lese die Kommentare zu obigen Artikeln aus dem Spiegel, um die Meinungsvielfalt zu erkennen. Auch Experten melden sich zu Wort. Folge: Die Wissenschaft vermag uns zu helfen. Ihre Überspezialisierung und Negierung von Systemkomplexität macht aus dem menschlichen Körper einen „Elefanten":

> Es waren sechs Männer in Hindustan,
> zum Lernen sehr bereit,
> die wollten den Elefanten sehn
> (obwohl sie alle blind),
> daß jeder durch Beobachtung
> sich seinen Reim drauf macht.
>
> John Godfrey (1816-1887). Die Blinden und der Elefant.

Godfrey formuliert, was die Systemforschung in extenso darlegt. Es existiert keine objektive Beobachtung. Sogenannte Blinde Flecke sind unvermeidbar. Ein Arzt der chinesischen Medizin beobachtet anderes als ein sog. Schulmediziner. Er therapiert daher auch anders. Ein Spaziergänger beobachtet Anderes in seinem Körper als jemand der Walking betreibt, jemand der Intensitätsbewegung macht anderes als ein Jogger. Beobachtung ist selbstverständlich auch altersabhängig. Der Körper des Menschen ist daher abhängig von seiner Beobachtung, seinen Fähigkeiten auch schwache Signale des Körpers wahrzunehmen und seinen Zustand zu einem bestimmten Zeitpunkt und im Zeitablauf zu diagnostizieren. Wie beobachte ich die Entstehung von Fehlentwicklungen meiner Zellen oder die Abschwächung meines Immunsystems. Wie beochtete ich den Abbau meines ökonomischen Immunsystems bei zunehmendem Alter? Der Körper als Organisation von Organen und Zellen ist immer ein beobachteter. Diese Aussage läßt sich vollständig auf ökonomisches Unternehmertum übertragen.

> Not every wise man is looking at the same part of the elephant.

Alte Menschen denken anders und über Anderes, sie visionieren über Anderes als jüngere, ihre komparativen Vorteile und Nachteile sind verschieden von denen jüngerer Altersstufen. Eine alternde Gesellschaft jenseits der Renten/Ruhestandslogik verfügt somit über eine größere unternehmerische Vielfalt, vermag somit Evolutionsmöglichkeiten und Könnensbereiche zu erschließen, welche in einer auf jüngere Altersgruppen ausgerichteten Ökonomik (und Wissenschaft) verborgen oder unterentwickelt bleiben. Wie der Kybernetiker Ross Ashby es formulierte: Nur Vielfalt kann Vielfalt (Komplexität) beherrschen. Die von Einigen (Verbänden, Lobbygruppen, Wissenschaftlern, in Medien Aktiven, Politikern) vertretenen und geforderten Antworten auf die Alterung von Gesellschaften reflektieren auch die Komplexitätsarmut ihrer (auch unbewußten) theoretischen und weltanschaulichen Sichtweisen.

Den Körper gilt es immer und überall mitzudenken. Bis zu einem Alter von 80 plus sind viele Menschen noch körperlich funktionstüchtig, was ihnen Erwerbstätigkeit erlauben könnte. Diese Spanne wird sich ausdehnen - und mit ihr die Unterschiedlichkeit zwischen biologischen und wirtschaftlichen Unternehmerfähigkeiten. Erwerbstätigkeit im Allgemeinen und Unternehmertum im Besonderen wird sich daher weiter ausweiten können. Die wesentlichen Beschränkungen sind nicht nur körperlich-geistig bedingt, sondern auch regulatorischer Natur. Die Politik setzt, wie wir mehrfach darstellen, auf Ersatz älterer Menschen, auch funktionstüchtiger, durch Einwanderung, einer ökonomischen Logik folgend, die wir als Inputlogik bezeichnen (10. Kapitel). [87] Die Daten zum Arbeitsmarkt „zeigen eben keine Überhitzung, sondern noch mehr als genug unausgeschöpftes Arbeitskräftepotential."[88] Die Bereitschaft im Alter länger erwerbstätig zu bleiben, nimmt zudem weltweit zu, auch in Deutschland (Esselmann & Geis, 2016). Die älteren Angestellten (65-74 Jahre alt), 8,7 Prozent dieser Altersgruppe, arbeiten im Durchschnitt weniger als zehn Stunden in der Woche. Von den älteren Selbstständigen sind es mehr 42 Prozent, die in Vollzeit arbeiten. Zu fragen wäre: Wie sieht es mit der Gesundheit der angestellten und selbständigen älteren Erwerbstätigen aus. Über 90 Prozent der angestellten Älteren arbeitet nicht mehr, die anderen 8,7 Prozent zehn Stunden in der Woche. Welchen Einfluß hat der Gesundheitszustand, also die Wirkung biounternehmerischen Tätigseins auf die Bereitschaft im Alter zu arbeiten? Über noch ältere Kohorten sind Daten bei Esselmann & Geis nicht verfügbar.

Das Arbeitskräftepotential (noch nicht im Erwerbsleben Tätige) sehen einige Beobachter durch die sog. Digitalisierung sich dauerhaft ausweitend, da Arbeitskräfte freigesetzt werden (Dörner, 2016). [89] Humanoide Roboter stehen *ante portas*. Viele Arbeitsplätze könnten verlustig gehen, wenn es nicht gelingt ein lebenslanges Lernen in Interaktion mit den Robotern zu verwirklichen. Was sind die komparativenVorteile und Nachteile der hochintelligenten Maschinenmenschen? Die Wirkungen solcher teils basisinnovativer Veränderungen sind jedoch gegenwärtig weitgehend unbekannt, nicht zuletzt weil schöpferisch-unternehmerische Antworten in die Normalität von in Ungewißheit eingebetteten Entwicklungsprozessen sind. Die Interaktion von wirtschaftlichem und biologischem Unternehmertum, der Kernprozess der Entwicklungsdynamik seit dem Anlaufen der industriellen Revolution, bleibt ohnehin nicht berücksichtigt. Jeder Beobachter konstruiert seine eigene Welt.

Zwei Aussagen zu Japan, zur exakt gleichen Zeit (14. November 2015) veröffentlicht.

Japan keeps entering recessions because its population is falling and so its economy has little potential to grow (Harding, 2015b).

Japan befindet sich in einem langfristigen Bullenmarkt. Die alte Generation ist enorm reich. In Japan wurde die Pharmaregulierung aufgehoben. Japan ist in der Medizinrobotik führend. Die Wirtschaftlage entwickelt sich sehr positiv. Japan ist das erste Land, in dem eine neue Mittelschicht entsteht. 98% der Hochschulabgänger (haben) innerhalb von zehn Tagen einen Arbeitsplatz gefunden (Koll, 2015, S. 13).

Unsere Beobachtung: Ein Inputlogiker" versus ein Schumpeterianer". Der Leser konstruiert seine eigene Sicht der Wirklichkeit.

---

[87] Wer an dieser Stelle sich informieren will, wie eine inputlogische Sichweise auch politisch korrekt funktionieren kann, lese den Beitrag eines Professors im Spiegel, der darlegt, wie die Zuwanderung ein zweites „Wirtschaftswunder" in Deutschland hervorbringt (Müller, 2015). Wir kommentieren den Beitrag nicht. Die Leserbriefe zu diesem Beitrag zeigen auf, was an theoretischer und empirischer Falsifizierung sich vorbringen läßt.

[88] Wer statistische Fakten zur Entwicklung und zum wirtschaftlichen Zustand in Deutschland sucht, sei, http://www.querschuesse.de/deutschland-laeuft-heiss-der-faktencheck/ empfohlen, von dem auch obiges Zitat stammt.

[89] Digitalisierung ist ein neues Schlagwort, die Computerisierung der Arbeit durch Big Data, KI, Roboter, 3D-Druck und Industrie 4.0 umfassend. Industrie 4.0 wird in Deutschland als Vernetzung von Produktionsanlagen mit Software und Datentechnik verstanden. Sie gilt als Kern einer vierten industriellen Revolution. Maschinen lernen, sich mit Hilfe von Big-Data-Technik selbst zu organisieren. Zahlreiche Prognosen beschäftigen sich mit der Auswirkung auf Wachstum, Produktivität und Arbeitsplätze. Sie sind Teil einer fünften Langen Welle (Kommunikation), aber zunehmend in neuere, teils revolutionäre Entwicklungen in Nano-, Bio- und Gentechnologie eingebunden (6. Lange Welle oder Kondratieff), somit einen Interkondratieff erzeugend.

6 Schöpferisches Altern und Zeitperspektive

6.1 Schöpferisches Zusammenwirken von Erwerbstätigkeit und Gesundheit im Alter: Spirale der Selbstevolution

Wir wollen in diesem Kapitel untersuchen, wie sich eine Gesellschaft in der Zeit entwickeln kann, wenn es ihr gelänge, unternehmerische Energie zu kultivieren. Und wie in jedem Kapitel gilt es auch in diesem, den Körper immer und durchgängig mitzudenken. Sind wir die Meister unserer Zeit? Unser Ziel ist es, Wege für ein gesundes, unternehmerisch *aktives* Altern zu erschließen, die es Menschen ermöglichen, zur Schöpfung von Werten und Arbeitsplätzen beizutragen. Alte Menschen sind potentielle „Aktivisten". Unser Text enthält deswegen Überlegungen auch zum Aufbau eines Programms, welches sich an ältere Menschen (55+) wendet, um sie dabei zu unterstützen, Initiativen für Selbständigkeit zu konzipieren, zu ergreifen und durchzusetzen. Wir nennen es wertschöpferisches Altern durch lebenslanges Unternehmertum. Schöpferisch oder „kreativ" besitzt wie Innovation einen Schlagwortcharakter, was ihre Relevanz aber nicht in Frage stellt. Wer inno viert, handelt schöpferisch. Schöpferisches oder kreatives Handeln ist zeitperspektives schwierig zu machen, insbesondere durchzuhalten. Es kann viele Jahre dauern, bis die Wirkungen bemerkbar werden, in der Wirtschaft, im eigenen Körper. Wenn die Menschen altern, eine Gesellschaft, eine Wirtschaft demographischen Altersprozessen ausgesetzt ist, gilt dies - die vorherrschende Sichtweise in allen Teilsystemen der Gesellschaft – als Quelle des Rückgangs einer „Produktivität der Taten" (Goethe zu Eckermann, 1828). Die Zeitperspektive, verkürzt sich, der Zeitunterschied zwischen Gegenwart und Zukunft wird kleiner. Dutzende von Untersuchungen haben errechnet, ein neoklassisches Wachstumsmodell zugrundelegend, wie und in welchem Ausmaß die Wachstumsrate der Wirtschaft leidet. Japan und sein demographischer Zwilling Deutschland bewegen sich in Richtung Nullwachstum – Deutschland ist aufgewacht, Japan steckt immer noch seinen Kopf in den Sand der Stagnation: keine Zuwanderung, nicht einmal junge Frauen aus Nigeria, die als Flüchtlinge in Italien und Deutschland die körperlichen Bedürfnisse in einer alternden Gesellschaft befriedigen dürfen. Japaner setzen auf Roboter, solches zu leisten.

Mit dem chronologischen Altern sinkt die verbleibende Restzeit für das Leben, auch für ein ökonomisches Tätigbleiben oder -werden. Die biologische Alterszeit ist jedoch nicht gleichzusetzen mit der Zeit des Kalenders, von welchem Ausgangszeitpunkt, etwa Geburt, Renteneintritt, man auch ausgeht. Die biographische Zeit ist keine unternehmerische Zeit, wohl aber die biologische. Sie ist ein Aktionsparameter des biologischen Unternehmers. Damit wird die unternehmerische Zeitperspektive zu einer Variablen, einer kognitiven und motivationalen (Lens u.a., 2012). Sie ist evoluierbar. Die Implikationen dieser Sichtweise stellen wir mehrfach dar. Die Spirale der Selbstevolution ist der Kernprozeß eines lebenslangen Unternehmertums. Sie verwirklicht sich in biologischer Zeit, Körperzeit, nicht physischer oder kalendarischer, die auch im sog. Zeitmanagement dominiert, die Zeitmessung durch Uhren und Kalender. Daher ist das kalendarische Altern nur eine Zahl, wenn es um unternehmerisches Tätigsein, auch um Erfolg geht. Versicherungen leben von solchen Zahlen, die Rentenkasse auch und die Zeitmesser bei den olympischen Spielen.

Die Evolutionsspirale verdeutlicht: Evolution jenseits der historisch evolvierten Genetik, also Evolution der Evolution bedeutet Steigerung der Eigenkomplexität eines Systems. [90] Die Spirale der Evolution

---

[90] Wir haben dies früher zu begründen versucht (Röpke, 1977) und soweit wir sehen, sind die theoretischen Kontroversen von früher auch heute noch die gleichen.

verwirklicht sich in biologischer Zeit, in Körperzeit, obwohl ihr Ablauf sich auch in chronischer Zeit beobachten läßt. Erwerbstätigkeit, in welchem System auch immer, ist zeitlich gekoppelt an biologische Funktionstüchtigkeit.

Abbildung 11: Spirale der Selbstevolution

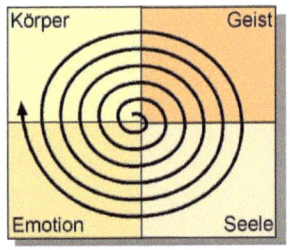

Selbstevolutorisches Tun in jedem der vier Kompetenzfelder ist für das Individuum etwas Neues, aus seiner subjektiven Sicht, somit Teil der unternehmerischen Funktion jenseits von Routine. Die Schumpetersche Logik: Im Erkennen und Durchsetzen neuer Möglichkeiten liegt der Kern der unternehmerischen Funktion. Ein Unternehmer mobilisiert in sich, und oftmals bewußt, bereits verfügbare, aber nicht aktualisierte Operationsweisen seines Körpers. Der Kompetenzaufbau ist dann an eine Entfaltung des Bewußtseins in den vier Subsystemen des Selbst (welche wiederum, holarchisch organisiert, sich aus Elementen bilden) gebunden. Wenn wir Evolution so verstehen, ist sie ein Prozeß fundamentaler Innovation im Sinne einer Schaffung für das jeweilige Individuum neuer Operationsweisen. Es entstehen dadurch neue Formen des Lebens im Sinne eines anderen Umgangs mit körperlichen Funktionen. Diese zeigen sich dann auch in neuartiger Individualität: der Mensch transformiert. Selbstevolution zeigt sich somit im Aufstieg neuer Individuen mit neuen biologischen Operationsweisen. Selbstverständlich funktioniert der Körper nach den gleichen biologischen Gesetzen. Seine „Organisation" (im Sinne von Humberto Maturana) ändert sich nicht.[91] Wohl aber die Strukturen seines Körpersystems, resultierend in einer längeren Lebensspanne und damit einer längeren Zeitperspektive für unternehmerisches Aktivsein.[92] Theoretisch existiert keine Altersgrenze. Die selbstgeschaffene Mehrzeit erlaubt das Tun eigener oder fremder Ideen. Die unternehmerische Herausforderung ist auch nicht, daß man nicht wüßte, was zu tun ist, sondern daß der Wissende es nicht tut. Er läßt dann seine Zeit ungenutzt verstreichen. „Doing the thing" (Schumpeter). Einer der vielfältigen Einwände gegen eine Ausweitung der Lebenszeit – vorausgesetzt, der Tithonus-Irrtum ist überwunden – ist Langeweile. Kein produktives Tun, Verschenken von Glück. Die Maximierung des psychischen Einkommens leidet. Der Unternehmer ist

---

[91] Die autopoietische Systemtheorie unterscheidet zwischen Organisation und Struktur eines Systems.

[92] Andererseits: Wenn wir die *tendenzielle* Überwindung des Todes (tendenziell: zeitliche Verlängerung der gesunden Lebensspanne) als auch körperliche Evolution einschließend verstehen, handelt es sich um mehr als um Strukturdynamik. Es wäre eine organisatorische Veränderung des Teilsystems Körper des Selbst, die Selbstkonstruktion (durch an Selbstevolution gekoppelte Innovation) der Autopoiese des menschlichen Körpers. Der Begriff schöpferische Zerstörung der Organisation könnte dann passen: Die alte Organisation stirbt eines schöpferischen Todes durch Transzendenz in eine „tiefere" Ebene des Seins.

glücklich, weil er seine Arbeit liebt, und als biologischer Unternehmer auch seinen Körper (Röpke, 2015, 13. Kapitel; 11. Kapitel im Text).

Menschen evoluieren. Einige. Viele nicht, oder nicht mehr, teilweise altersabhängig. Sie leben mit unbewußten Inkompetenzen. Viele bauen ab. Streß, Depression und Einsamkeit machen körperlichen und psychischen Ärger. Manchen wird dieses auch bewußt. Sie steuern dagegen, erkennen ihre unbewußten Fähigkeiten. Dies ist der kritische Moment, der ein evolutorisches Momentum erzeugt: von unbewußter zu bewußter Inkompetenz. Wer dies erkannt hat, kann sich dann, oftmals mit Unterstützung anderer – ein ko-evolutiver Prozeß – Fähigkeiten aneignen, seine Schwachstellen verringern, seine Stärken ausbauen. Irgendwann fällt er wieder in eine evolutorische Falle und muß von Neuem beginnen.[93] Die obige Abbildung illustriert, wie sich durch Zusammenwirken persönlichkeitsstruktureller Variablen Kompetenz im Zeitablauf entwickeln kann.

Es geht dabei nicht primär um die Frage, wie sich durch fähigkeitsbewirkte Ausweitung der Lebensarbeitszeit ein eventueller Rückgang der Bevölkerung und die dadurch bewirkten Wachstumseinbußen kompensieren lassen. Dies ist eine Sichtweise, die wir als „Inputlogik" bezeichnen (Röpke, 2002; Aßmann, 2003), nach der ein Mehr an Input (Arbeitskraft) ein Mehr an Output bewirkt. Uns interessiert das ganzheitliche Wohlbefinden älterer Menschen *per se*. Unsere Fragestellung wäre daher auch für Gesellschaften relevant, die keinen demographischen Schrumpfungsprozessen oder keiner Zunahme des Anteils alter Menschen an der Bevölkerung ausgesetzt wären.

Nochmals sei Konfuzius zitiert:

„Der Mann, der sich um Fernes nicht bekümmert, erwartet schon in nächster Nähe Kummer."

Den Mann können wir durch System ersetzen. Jedes System ist betroffen. Kummer, Schaden, Leiden, Wohlstandsverlust, Produktivitätseinbußen, Investitionszurückhaltung sind Folgen einer bescheidenen Zeitperspektive.

Mit Selbstunternehmertum bleiben oder werden alte Menschen unternehmerisch, aktiv, auch bei der Ausweitung ihrer zukünftigen Zeitperspektive. Für jüngere (siehe Przepiorka, 2015) wie ältere Menschen (Lens u.a., 2012) stellt die Zukunftszeit einen unverzichtbaren kognitiven wie emotionalen Motivator dar. Wie sie diesen aktivieren oder erhalten können, was sie dazu an Kompetenzen, eventuell auch Finanzkapital benötigen, wie sie im gesamten Lebenszyklus ihres Vorhabens zu fördern sind, bleibt zu erläutern. Das Fortschreiten der biologischen Zeit verlangsamt sich durch biologisches und wirtschaftliches Unternehmertum. Man müßte nur Warren Buffet befragen. Kalendarische Zeit schreitet unaufhörlich voran, physikalischen Gesetzen folgend, die biologische Zeit ist auch ein unternehmerischer Aktionsparameter. Selbstevolution verwirklicht sich in Biozeitlichkeit. Wer an kurzfristigen Zielen festhält, als Unternehmer, in welchem Alter er sich auch befindet, verschenkt Zukunftspotentiale. „... wer die langfristigen Ziele aus den Augen verliert, spielt mit seiner Zukunft – gesundheitlich wie finanziell", klären uns Psychologen auf (Baumeister & Tierney, 2012, S. 91).

Ein konzeptioneller Kern ist theoretisch wie handlungspraktisch betrachtet: Chronologisch alternde Gesellschaften können durch „Arbeit", insbesondere Werte schaffendes Tätigsein älterer Menschen, ihre Gesundheitsspanne ausweiten und sich möglicherweise sogar biologisch verjüngen, wenn sie entsprechende Innovationen durchsetzen (siehe de Grey und Rae, 2010; Fight Aging; Magalhães, 2014) und ethisch tolerieren. Keine leichte Aufgabe, denn die beiden Typen von Unternehmertum sind

---

[93] Details dazu in Kazue Haga (2013) sowie Röpke & Ying Xia, Reisen in die Zukunft kapitalistischer Systeme (2007).

notwendig, wohl auch hinreichend, ein Solches zu verwirklichen: biologisches und wirtschaftlich-wissenschaftliches Unternehmertum. Natürlich sind auch das Politik- und Rechtssystem gefordert, bis heute die primären Verzögerer wenn nicht Blockierer. Japan verfügt über die regulativ liberalste Politik für die Entwicklung einer regenerativen Medizin (Tabarrok, 2015), die USA und in ihrem Fahrwasser Europa regulieren regenerative Interventionen sprichwörtlich zu Tode, folgt man Aussagen wie denen von Fight Aging. [94] In Japan gibt es einen „Tag der Alten", jährlich am 21. September. 10 Millionen Japaner sind älter als 80 Jahre, und 60,000 älter als 100 (Ministry of Internal Affairs), in Deutschland ca. 14.000 (Schwentker & Elmer, 2014). Alte Menschen sind in Japan hochgeschätzt. Hochtechnologien wie Roboter werden für alte Menschen entwickelt und sind in Altenheimen oder für Individuum verfügbar (Lewis, 2016b). Immigration ist kein Thema.[95]

Aubrey de Grey beklagt permanent: Wir haben zu wenig Ressourcen, um die Altersforschung voran zu bringen, insbesondere neue „Interventionen" in den Organismus zu entwickeln. Dazu kommen nach De Grey und anderen (siehe die Website Fight Aging) massive Blockaden durch die etablierte Wissenschaft, das Regulierungssystem und die Akteure im herrschenden Medizinsystem. Geld für die Altersforschung ist Mangelware.[96] Was läßt sich daraus lernen? Bis die Forschung etwas vorzuweisen hat und substantielle medizinische Interventionen verfügbar sind: Die eigenen Könnensbereiche ausweiten, man könnte dann so lange gesund leben, bis die Wissenschat aufgeholt hat. Lebenslanges Unternehmertum lebt von Selbsttun.

Im Silicon Valley versucht man, nicht überraschend, dem entgegenzuwirken, auf mehrfache Weise. Google ist im Anti-Aging-Markt aktiv, unterstützt Forschungsanstrengungen. Die Innovatoren im Markt stellen ihre eigene Lebensweise um. Einige Unternehmer des High-Tech leben wie Steinzeitmenschen, unter anderem praktizieren sie eine sog. Paleodiät (kein Getreide, keine Milch usw.). Ray Kurzweil hat eine Universität in Kalifornien aufgebaut, die sich der Ausweitung der Lebensspanne von Menschen widmet. Wir beobachten die Entstehung einer Post-Post-Modernen Universität, die Menschen mit den mentalen Werkzeugen ausstattet, um sich die Fähigkeiten anzueignen, sich selbst zu evolutionieren, ihre

---

[94] https://www.fightaging.org/archives/2015/09/incentives-at-work-in-medical-regulation.php

[95] Zu jüngeren Zahlen für die Akzeptanz von Asylsuchenden in Japan siehe den Beitrag in Le Monde (2016): 27 Personen im Jahr 2015, 11 im Jahr 2014, 6 im Jahr 2013, in daoitischer Polemik: eine Steigerung um nahezu 500 Prozent in drei Jahren.

[96] Ein ausführlicher Kommentar hierzu, da im öffentlichen Bewußtsein (und den Medien) derartige Zusammenhänge weitgehend unbekannt bleiben. Folge: Menschen werden mit frühem Sterben bestraft. "Advocacy and philanthropy are often the only ways forward for a new medical technology that is a radical departure from the present status quo. This is a lesson to keep in mind when we talk about the various branches of longevity science. It is hard to obtain funding in the life sciences in any meaningful fashion, and the organization of funding for any ongoing serious effort has become a baroque effort involving many players, all of whom are operating with perverse incentives that only serve to slow down progress and make funding less effective on a dollar for dollar basis. For example the large funding bodies are extremely risk-averse, and thus almost never fund the most important early-stage and high-risk projects, the science that is actually science, at the forefront and involving new discoveries. These funding bodies only ever put money into ongoing development wherein which the researchers can already demonstrate proof of concept and an understanding of the mechanisms involved. Getting to that point for any new line of research requires creative accounting and the help of philanthropic donations, and even so there is far too little actual science taking place in major laboratories." (Fight Aging,https://www.fightaging.org/archives/2015/07/draco-illustrates-the-poor-funding-situation-for-radical-departures-from-the-existing-status-quo.php).Was läßt sich daraus lernen? Bis die Forschung etwas vorzuweisen hat und substantielle medizinische Interventionen verfügbar sind: Die eigenen Könnensbereiche ausweiten. Man könnte dann so lange gesund leben, bis die Wissenschat aufgeholt hat. Lebenslanges Unternehmertum lebt von Selbsttun. In Fight Aging lassen sich nahezu wöchentlich Kommentare und Belege zum Lobbyismus in der Altersforschung lesen, die weitgehend der Schumpeterschen Sichtweise folgen: was neu ist, was anders ist, was das Etablierte in der Altersforschung zu überwinden hofft, ist ressourcenökonomisch benachteiligt (https://www.fightaging.org/archives/2016/01/global-healthspan-policy-institute-launches.php).

Könnensbereiche auszuweiten. Studierende aus der ganzen Welt sind dort eingeschrieben. Andere, oft die gleichen, spendieren Geld für die Forschung. Unternehmer fördern ein lebenslanges Unternehmertum. Etwa Peter Thiel, Venture Capitalist und Philanthrop, der viel Geld mit Investionen in Startups verdient hat. Er spricht die Zeitperspektive konkret an. Kurzweil ist *director of engineering* bei Google (Alphabet). Seine Sichtweisen gelten als überzogen, viele gewinnen jedoch zunehmend an Anerkennung (Butler, 2016, in Nature).

Thiel: I believe, if we could enable to live forever, we should do that. I think this is absolute. There are many people who stop trying because they think they don't have enough time. Because they are 85. But that 85-year-old could have gotten four PhDs from 65 to 85, but he didn't do it because he didn't think he had enough time. If it's natural for your teeth to start falling out, then you shouldn't get cavities replaced? In the 19th century, people made the argument that it was natural for childbirth to be painful for women and therefore you shouldn't have pain medication. I think the nature argument tends to go very wrong. […]I think it is against human nature not to fight death.

Question: Assuming the breakthrough in eternal life doesn't come in our lifetime, what do you hope to have achieved through your philanthropy before you die? What would you like to be remembered for?

Thiel: I think if we made some real progress on the aging thing, I think that would be an incredible legacy to have. I have been fortunate with my business successes, so I would like to encourage, coordinate and help finance the many great scientists and entrepreneurs that will help bring about the technological future. It's sort of not important for me to get credit for the specific discoveries, but if I can act as a supporter, mentor and financier, I think that feels like the right thing.[97]

Peter Thiel war bei Facebook und Paypal in deren Pionierphasen aktiv, jetzt mehrfacher Milliardär (Waters, 2013). Er gibt seinem Körper eine Ernährung (Paleo: Steinzeitdiät; Steinzeitbewegung), die seine Gene erfreuen, möglicherweise sogar nutrigenomisch (eine Variante von epigenomisch) wirken, ihn auf der Brücke des Lebens rascher gehen lassen, und nicht nur neue Medizintechnologien erhoffen läßt, vielmehr durch seine finanziellen Ressourcen aktiv mitwirkt, diese zu erzeugen. Das Älteste ist manchmal des Neueste. Thiel fördert auch die SENS-Technologie von Aubrey de Grey. Er ist Geber und später auch Nehmer. „Die Menschen bemühen sich nicht stark genug" sagt Thiel jenen, die aus unserer Sicht biounternehmerisch zu wenig aktiv sind. „Ich denke, es könnte eine radikale Ausweitung der Lebensspanne geben". Ein unternehmerischer Zeithorizont ist in biologisches Aktivsein eingebunden. Trotz eines Fortschreitens der kalendarischen Zeit ist die biologische und damit auch potentielle Wertschöpfungszeit eine unternehmerische Variable.

6.2 Kalendarisches und biologisches Alter(n)

Während die Kalenderzeit einem konstanten physischen Ablauf folgt, ist die biologische Zeit Schwankungen und Rhythmen ausgesetzt, teilweise genetisch bedingt, aber eben nur teilweise. Kalendarische oder chronologische Zeit ist objektiv vorgegeben; die biologische Zeit ist für jeden

---

[97] https://www.fightaging.org/archives/2015/04/peter-thiel-on-longevity-research-and-the-defeat-of-aging.php

Menschen zunächst ein subjektives Konstrukt, aus mehreren Dimensionen (Körper, Emotionen, Kognition, Geist/Seele; siehe obige Abbildung Evolutionsspirale) bestehend, jedoch durch sog. Biomarker und Tests wissenschaftlich beobachtbar. Wie der Mensch diese Daten interpretiert, ist wiederum an seine Subjektivität bzw. die Struktur seiner Persönlichkeit gebunden.

Körperliche und geistige Fähigkeit läßt sich nur im Zeitablauf aufbauen und erhalten. Biologische Zeit ist für das System Körper eine entscheidende Dimension. Evolution vollzieht sich in der Zeit. Wenn wir den Körper als autopoietisches System verstehen, das sich in seinen biologischen Strukturen selbst reproduziert, ist der Erhalt der körperlichen Funktionstüchtigkeit in biologische Zeitabläufe eingebettet. Schäden akkumulieren in der Zeit. Der Körper registriert sie minutiös und zunehmend diagnostisch beobachtbar. Und auch der Körper läßt sich durch Unternehmertum überraschen, genauso wie ein Konkurrent auf dem Markt. Primärprävention nennt es der Mediziner und Gerontologe. Der Körper ist überrascht durch Treppensteigen anstelle von Fahrstuhl. Vielfältige Innovationen und sei es nur Nordic Walking und wirksamerer Umgang mit Stressoren sind schöpferische Antworten eines Blue Zone Unternehmers. Auf den Inseln Bali (Indonesien) und Okinawa (Japan) essen die Menschen täglich und mehrmals Kurkuma, ein Gewürz. Für sie Routine. Für Westmenschen eine Innovation - unter ständiger und mißtrauischer Beobachtung der zuständigen Behörden. Die EU wartet auf Verbotsimpulse der pharmazeutischen Industrie.

Die Biologie unseres Körpers, betrachten wir ihn ganzheitlich, ist ein Aktionsparameter, bewusst gezielt oder unbewusst beeinflussbar. Jeder Mensch ist in der Lage, seine gegenwärtig nicht veränderbare genetische Ausstattung auszureizen, die ihm offenstehenden Möglichkeiten durch eigenes Verhalten zu maximieren. Das nennen wir biologisches Unternehmertum. Die Lebensspanne eines Menschen ist dann primär eine Funktion seiner Lebensweise - bis irgendwann Nano- und Biotechnologie und regenerative Medizin, einem Sesshaften, einem Raucher, einem durch Ernährung sich Schädigenden mehr *gesunde* Lebensjahre schenken können. Natürlich auch jemandem, der als biologischer Unternehmer sein Leben gestaltet, die Kräfte des Alterns aber nicht dauerhaft in die Zukunft verschieben kann. Immerhin sind 15 bis 20 Jahre zusätzliche Lebensspanne für diejenigen machbar, die sich bemühen, gesund zu leben (vor allem Ernährung, körperliche Aktivität). Für fast jeden Menschen bedeudet dies: Aussteigen aus der Routine und damit Akzeptanz von Unsicherheit und Ungewißheit. Die Wissenschaft und Medizin, wie sie als Norm betrieben wird (nennen wir sie Schulmedizin) hilft nur in Grenzen, da sie mit der Komplexität der Wirkungsfaktoren nicht zurechtkommt.

Durchgängig gilt es daher, zwischen dem historischem/chronologischem Alter eines Menschen und seinem funktionalen - mechanischen, biologischen - Alter zu unterscheiden. Jeder Mensch trägt in sich eine kalendarische und eine biologische Uhr. Letztere lässt sich zurückstellen, am Weiterlaufen behindern oder auf ein langsameres Fortschreiten einstellen als die biographische Uhr. *Active aging, delayed aging, rejuvenation, anti-aging* sind oft verwendete sprachliche Kürzel für diese Prozesse. Ein Achtzigjähriger kann biologisch jünger sein als ein Dreißigjähriger. Das biologische Alter gibt dabei den Gesundheitszustand im Vergleich zum Durchschnitt an. Die gegenwärtige demographische, bio-medizinische und ethische Diskussion der Alternsfrage setzt chronologisch und biologisch gleich. Welcher Lebensstil ermöglicht eine längere Reproduktion der somatischen Lebensfunktionen? Und genau dieses - die Abkopplung der Biologie von der Chronologie - schafft die Zeitchancen für selbstevolutive Entfaltung und Reichtumsakkumulation.

Betrachten wir Hundertjährige (Centenarians), gegenwärtig noch ein kalendarisches Schlüsselalter. Hundertjährige sind weltweit, zumindest in den ökonomisch entwickelten Ländern, die am schnellsten wachsende Altersgruppe.

Beispiel Ernährung

Was ist an der Ernährungsweise ein bio-unternehmerisches Merkmal? Jedermann weiß doch, was gute Ernährung ausmacht. Wir haben eindeutige Erkenntnisse der Wissenschaft. Die zuständigen Organisationen geben jedermann die Essenpyramide, die er zu einem gesunden Leben braucht, unverzichtbar für ein lebenslanges Unternehmertum. Bewegungsmuster nehmen steinzeitliche Züge an. Barfußlaufen gewinnt an Anhängerschaft, Schuhe und Sandalen werden fußgerecht „modernisiert", nachdem man beobachtet, wie Haltungsschäden, Laufverletzungen und Schmerzen bei Fitnessläufern sich ausbreiten (Oberhuber, 2016a). Ein Professor der Harvard Universität (Lieberman) rennt täglich barfuß von seiner Wohnung in die Hochschule. Ein erimitierter Professor einer kalifornischen Hochschule, Änhänger und Publizist einer steizeinzeitlichen Lebensweise, bewegt sich barfuß in der Landschaft, um seinen Körper gesund zu halten.

Eine der wichtigsten und prominentesten Gesundheitsbotschaften ist, eine gesunde, ausgewogene Diät zu essen. Aber was bedeutet das? Ausgewogen im Hinblick auf was - und wann im Laufe des Lebens? Was sind die Folgen, wenn es nicht gelingt, eine ausgewogene Ernährung zu verwirklichen? Dies sind grundlegende Fragen, die unzureichender beantwortet sind als notwendig wäre für eine Gesundheitspolitik, welche in der Lage wäre, die Epidemie der Fettleibigkeit und der metabolischen Krankheit zu bekämpfen (Simpson & Raubenheimer, 2012).

Das PT-Magazin widmet sich dem Mittelstand in Deutschland. Es verleiht einen „Großen Preis des Mittelstandes". In seiner ersten Ausgabe des Jahres 2016 erscheint ein Beitrag von Eglin & Schaub (2016) „Mit richtiger Ernährung zum Erfolg", „artgerechte Human-Ernährung". Der Mittelstand hat Probleme mit der Gesundheit seiner alternden Führungskräfte und Eigentümer und seinen Mitarbeitern. Ruhestand wird zur Wunschzeit. Die Autoren stellen ein Ernährungsprogramm vor, in welchem Diätkomponenten „verboten" sind, die auch heute noch als allgemein „gesund" anerkannt sind und von den entsprechend sich zuständig betrachtenden (und regierungsamtlich geförderten) Organisationen vorgeschlagen bzw. bis vor kurzem empfohlen wurden. Weizen raus, Kohlehydrate („Zucker, Brot, Backwaren etc.") weg damit, „fettarme Ernährung greift das Gehirn an", wenig Ballaststoffe wie Vollkorn und Rohkost. Klar, daß sie ihre „Schaub-Kost" vorschlagen, die viel Verwandtschaft mit der Steinzeiternährung aufweist. Wer ihre Diät einhält, lebt gesünder, länger gesund, kann für sein Unternehmen geringere Kosten für Krankheitsabwesenheiten verwirklichen, vermag Wettbewerbsvorteile zu erzielen, die Unternehmensführung und die Mitarbeiter könnten länger in Gesundheit leben und arbeiten, Geld für Nachfolge-Experten ließe sich in Forschung & Entwicklung investieren.

Die Ernährungswissenschaft ist nachhaltiger Kritik ausgesetzt. Ihre Empfehlungen gelten bis heute als zweifelhaft. Ein oft von uns angesprochenes „Problem": Wie reduziere ich Komplexität? Das uralte Problem mit Experten: Besserwissen in einem engen Bereich. Der Rest ceteris paribus. Das gilt auch für die Ernährungswissenschaft. Beispiele sind Milchkonsum, Getreide (auch Vollkornbrot), Fettkonsum ohnehin. Vergleiche hierzu die Aussagen von Archer (2013; siehe auch Archer u.a., 2013) in The Scientist, von einer kaum zu übertreffenden Brutalität gegenüber seinen Kollegen.[98] Mozzafarian (2016) schildert ausführlich die Irrwege der Nahrungsempfehlungen bezüglich einer fettreichen Ernährung. Diese prägt bis heute das Ernährungsverhalten und die Produktentwicklung in der Nahrungsmittelindustrie. Wieviele Menschen darunter leiden und frühzeitig gestorben sind, bleibt zu untersuchen (was wohl, zynisch

---

[98] Man informiere sich über die Vielzahl von wissenschaftlichen Beiträgen zu „milk" oder „wheat" usw. auf Pubmed. Man findet alles, was in die eigene Meinung, auch wissenschaftliche, paßt.

beobachtet, auf massiven Widerstand stoßen wird, da die herrschende Sicht- und Ernährunsweise vollständig in Frage gestellt würde).

Die Empfehlungen der sich als zuständig betrachtenden Behörden, Institute, Vereine, NGOs, Blogger usw. mögen gut gemeint sein, viele Menschen treiben sie in die Arztpraxen und Apotheken und den Mittelständler in den Ruhestand. Wir nennen es das Syndrom des sterbenden Frosches, der sich nicht mehr aus dem heißen Wasser befreien kann. Chronologische Krankheiten entstehen schleichend, fast unmerklich, aber sie entstehen, akkumulieren ihre Wirkungen im Zeitablauf. Sie gleichen in ihrer Diffusion inkrementellen Innovationen, sich über Jahrhunderte entfaltend. Ihre Wirkungen akkumulieren im Leben eines Menschen, dank medizinischer Fortschritte erst in höherem Alter. Stetige Verschlechterungen mit der Zeit, in ihren Kausalitäten erst zögerlich erkannt (etwa die Wirkungen fettarmer Diät), die gesunde Lebensspanne verkürzend, eine Altersökonomie als Pflegefall erzeugend. Man spricht von sekundärem Altern. Medizinische Interventionen mit Kausalitätscharakter existieren nur eingeschränkt. Beispiel Bewegung. Kann die Medizin leisten, was körperliches Aktivsein zu leisten vermag?[99] Ich bin 30, oder 45 oder 60 Jahre alt. Über welche Zeitperspektive verfüge ich? Ein Jahr, 6 Jahre, 15 Jahre, 30 Jahre? Denke ich daran, kann ich mir vorstellen, in welchem psychischen und körperlicher Zustand ich mich in 6 oder 15 oder 30 Jahren befinde? Was kann ich in der jeweiligen Gegenwart unternehmen, um die Akkumulation von Schäden in der Zukunft, erzeugt in den jeweiligen Gegenwarten, zu verhindern oder gering zu halten, dadurch in der Zukunft unternehmerisch aktiv zu bleiben (etwa als mittelständischer Unternehmer oder Künstler oder Wissenschaftler), oder ein Unternehmen aufzubauen, erwerbstätig zu sein oder zu bleiben? Unternehmertum jenseits von Routine ist in Unsicherheit und Ungewißheit eingebettet. Diese zu bewältigen und bestimmte Muster durchzuhalten, ist eine Funktion der Persönlichkeit und diese prägt die Funktionstüchtigkeit von Körper und Geist. Ein Weg kommt zustande, in dem ihn *geht* (Zhuangzi), auch wenn es dem Besteigen eines Berges mit verbundenen Augen (in Ungewißheit also) gleicht.

6.3 Funktionstüchtigkeit als Variable der Persönlichkeit?

Arbeiten wirkt der kognitiven Erosion entgegen – wenn es vor allem in höherem Alter in eine unternehmerische oder erwerbstätige Lebenspraxis integriert ist. Von den 65- bis 74-Jährigen waren in Deutschland 5.2 Prozent als Angestellte beschäftigt. Sie arbeiten im Durchschnitt knapp zehn Stunden in der Woche. Bei den Selbstständigen dieser Altersgruppe sind es 42,6 Prozent, die noch in Vollzeit arbeiten. Daß die Selbstständigen, nach Selbsteinschätzung, über eine beträchtlich höhere Gesundheit verfügen, kann daher nicht überraschen (Daten von Esselmann & Geis, 2015).

Haben wir es hier mit einer dem demographischen Wandel adäquaten Weiterführung der „protestantischen Ethik" von Max Weber zu tun? War doch der protestantisch-calvinistische Erwerbsgeist der eigentliche Motor von Kapitalismus und Industrialisierung? Diese Überlegungen wurden in der modernen Psychologie durch die Leistungsmotivationstheorie von David McClelland und Heinz Heckhausen (neuere Erkenntnisse in Heckhausen & Heckhausen, 2010) erarbeitet, weiterentwickelt durch Julius Kuhl (Martens & Kuhl, 2005), zunehmend integriert in die Fünf-Komponenten-Theorie (Big Five) der Persönlichkeit. Schumpeter hat bereits im Jahr 1911 ähnliche Überlegungen vorgetragen. „Wieder hat er nichts beigesteuert als Wille und Tat, wieder nur vorhandene Elemente neu kombiniert." (Schumpeter,

---

[99] Fight Aging faßt die jüngeren Erkenntnisse zusammen. Schlußfolgerung: „Over the long term, regular exercise can do things for us that no medical technology can presently reproduce."
https://www.fightaging.org/archives/2016/03/recent-papers-linked-by-the-theme-of-exercise-and-aging.php

2011/2006, S. 286). Für Schumpeter schient klar: Der Wille (Volition) gilt als eine der Fähigkeiten, die einen Menschen zu einem Unternehmer machen, die Willenskraft abjängig von der unternehmerischen Funktion. Psychologen haben es neu entdeckt: „Wo ein Wille ist, ist auch eine Karriere".[100] Der Wille zum Tun als „Steuerzentrale" (Martens & Kuhl, 2005, S. 72) ist deswegen für unsere Überlegungen grundlegend. Der Wille ermöglicht Verantwortung, Leistung, schafft persönlichen Freiraum, ethisches Handeln, Kreativität, die Schaffung und Durchsetzung neuer Ideen, damit Veränderungen. In der Praxis ist der Wille überwiegend unterentwickelt. Auch in den Führungsetagen der Wirtschaft. Macht triumphiert. Der Durchschnittsmensch wartet auf die Vorgaben der Politik, „Rente mit siebzig", bevor er sich auf den Weg in die Wertschöpfung macht, auf diesem Weg, gezwungenermaßen, inkrementelle Gesundheitsinnovationen verwirklichend. Ein Siebzigjähriger arbeitet am Stehpult. Hill climbing mit verbundenen Augen. Experten stehen zur Seite und verringern seinen Bedarf an bewußtem Denken.

Am Leistungsmotiv läßt sich auch die ganzheitliche Verknüpfung der Kompetenzdimensionen unternehmerischen Handelns aufzeigen. Sind Menschen mittleren, weder über- noch unterfordernden, Herausforderungen ausgesetzt, bzw. suchen sie solche, sind sie auch "am wenigsten von Herz-Kreislauf-Erkrankungen betroffen" (Ornstein und Sobel, 1995, S. 270),Todesursache Nr.1 in der westlichen Welt. Nach der Theorie der Leistungsmotivation bewirken solche Aufgaben ein ausgeprägtes Erfolgserlebnis (Miner, 1993). Die Grundhypothese wurde bereits von Yerkes und Dodson im Jahr 1908 (S. 471,481) im sogenannten Yerkes-Dodson-Gesetz formuliert: The relation of strength of stimulus to rapidity of learning depends upon the difficultness of the habit to be learned. Both weak stimuli and strong stimuli result in slow habit-formation. An intermediate range of intensity of stimulation proved to be the most favorable to the acquisition of a habit. Auch das Gefühl für Selbstbestimmung und die Fähigkeit mit Herausforderungen umzugehen, wird durch Aufgaben mittleren Schwierigkeitsgrades gefördert (Ornstein und Sobel, 1995, S.270, 283). Wie die Autoren weiter berichten (S. 247), entsteht Streß "aus einem Mißverhältnis zwischen den *jeweils wahrgenommenen* Anforderungen aus der Umwelt und den *jeweils wahrgenommenen* Möglichkeiten, ihnen zu begegnen." Streß entsteht also nicht dadurch, daß Menschen "äußeren Ereignissen ausgesetzt sind" (S. 247), sondern ist offensichtlich selbst-konstruiert im Sinne des Konstruktivismus bzw. ein emergentes Produkt der strukturellen Kopplung zwischen Mensch und Umwelt. Die American Heart Asssociation hat Daten publiziert, nach denen ein bestimmter Persönlichkeitstypus ("competitive, impatient, and hostile") einem erhöhten Risiko von Herz- und Schlaganfällen ausgesetzt ist. Mentaler Streß führt zu Blockaden der Blutgefäße, und diese zu Herzversagen und Schlaganfall (The Financial Times, 4.12. 1997, S. 10: Personality key to heart disease). Streß scheint damit eine Funktion von Fähigkeit und Herausforderung. Bei gegebener Fähigkeit steigt die Anfälligkeit für Streß ab einem bestimmten Herausforderungsgrad. Höhere Fähigkeiten drücken die Streßfunktion wieder nach unten. Menschen mit höherer Kompetenz können stärkere Herausforderungen ohne Streß bewältigen. Aufgrund der Kompetenzabhängigkeit ist Streß (wie auch andere sog. Zivilisationskrankheiten) eine selbstevolutorische Variable, das heißt durch eigene Bemühungen beeinflußbar. Bevor man sich mit Streß therapeutisch beschäftigt, muß dieser (wie andere komplexe Krankheiten, Depression, Rheuma, Herzschwäche usw.) wahrgenommen werden. Aufgrund der hochkomplexen Interaktion von Ursache und Wirkung stößt die Schulmedizin bei Diagnose wie Therapie ('treatment') auf große Schwierigkeiten (von Uexküll, 1997). Wir haben diese Problemlage mit dem Übergang von unbewußter zu bewußter Inkompetenz angedeutet. Selbstbeobachtung, in sich Leere erzeugen und tolerieren, sind Wege, interaktive Komplexität und Wirkungsdynamik in sich zu erkunden. Heilungsorientierte Medizin legt hierauf aller größten Wert. Anfällig für Streß wären aus der Sicht der

---

[100] http://www.welt.de/wirtschaft/karriere/article141992818/Wo-ein-Wille-ist-ist-auch-eine-karriere.html

Theorie der Leistungsmotivation Unternehmer, die eine Präferenz für überfordernde Aufgaben entwickeln, Angst vor Mißerfolg haben, ausgeprägt risikoaverse Unternehmer und Manager, lage- und analyseorientierte Führungskräfte. Angst vor Mißerfolg bzw. Fehlschlägen läßt sich durch unter- bzw. überfordernde Aufgabenschwierigkeiten gering halten. Fiedler (1996, S. 246f.) schließt aus empirischen Untersuchungen: In Situationen mit starkem Streß schalten Führungskräfte ihre analytische Kompetenz ab. Analytische Intelligenz dominiert bei Problemlagen von geringem Streß. Der Bezug zu Lehre, Ausbildung und Training von Unternehmern und Managern ist offensichtlich. Es ist zu fragen, ob nicht gerade die Analysepräferenz konventioneller Methoden und Inhalte obige Problemlagen ko-generiert, "erlernte Hilflosigkeit" erzeugt, generell negatives evolutorisches Lernen mitbewirkt. Unsere anekdotischen Beobachtungen der Ausbildung an wirtschaftswissenschaftlichen Fakultäten erlauben uns nicht, diese Vermutung zurückzuweisen.

Ältere Menschen sind nach dieser Logik aber auch Pioniere einer ökonomischen und gesundheitlichen Entwicklung, welche in sämtliche Altersstufen der Gesellschaft hineinzuwirken vermag. Einfach formuliert funktioniert die neue Logik (Weber 2.0 könnte man sie nennen) so: Gesundheit wird selbst erzeugt! Wie? Durch Erwerbstätigkeit, weit gefaßt, auch ehrenamtliches Tätigsein einschließend. Die persönlichkeitsstrukturellen Eigenschaften erwerbstätigen und ehrenamtlichen wie biologischen, Unternehmertums sind weitgehend identisch. [101] Erwerbstätigkeit ist mehr als Geld verdienen, Einkommen erzeugen. Man arbeitet auf eine Weise, daß Arbeit gesund macht oder weniger krank. Der Ertrag einer therapeutischen Allianz mit seinem Geist und Körper zeigt sich in der Zukunft. Biologisches Altern entkoppelt sich von der Chronologie, eröffnet somit weitere Chancen für langjähriges Unternehmertum in allen Teilsystemen der Gesellschaft. Eine Symbiose von ökonomischem (erwerbstätigem) und biologischem Unternehmertum erweitert die Lebensspanne und erlaubt das Leben in einem längeren Zeithorizont zu gestalten. Die unternehmerische Kopplung von Arbeit und Körper entkoppelt das chronologische Altwerden von Innovationsarmut und Kompetenzabbau. Damit wird auch der Zeithorizont zu einer unternehmerischen Variablen. Ökonomisch formuliert: Die Zeitpräferenz kann in Prozessen des chronologischen Alterns konstant bleiben oder sinken – falls die Biologie mitmacht, und dies hat der Mensch im Rahmen der biologischen Gesetze, denen er folgen muß, selbst in seiner unternehmerischen Hand. Die oft angesprochene „Demographische Falle" (etwa Scherff, 2016) ist eine unternehmerisch gestaltbare Variable oder wie der Ökonom sagt, ein Aktionsparameter. Warum soll „Alter" teurer sein als „Jugend"? Empirisch ist es bis heute der Fall. Eine Kompression der Morbidität und damit die Erzeugung von Chancen für unternehmerisches Aktivbleiben (umfassend verstanden, immer biologisch-unternehmerisches einbeziehend) ist ein Papiertiger in Politik und Medien und überwiegend auch der Wissenschaft.

Ohne Eigenanstrengungen läßt sich somit Gesundheit mit Arbeit nicht verknüpfen. Kein Paradox: Je älter jemand ist, desto mehr ist seine Anstrengung und Willenskraft gefordert. Viele Erwerbstätige scheiden aus dem Arbeitsleben aus - einige auch vor dem offiziellen Renten- oder Pensionsbeginn - weil sie gesundheitliche Probleme haben, einschließlich Stress und Burnout. Sie sind froh, um nicht zu sagen glücklich, nicht mehr arbeiten zu müssen. Die Folgen, auch gesundheitlichen, des Ruhestandes, treten aber gleichfalls früher oder später zutage. In unseren Vorschlägen zu Erwerbstätigkeit in höherem Alter – wir sprechen von lebenslangem Unternehmertum - sind diese gesundheitlichen Überlegungen einzubeziehen.

---

[101] Ausführlicher dargelegt in Röpke (2015). Zum Ehrenamt siehe Mike u.a. (2014): Gewissenhafte Menschen in Rente haben eine höhere Vorliebe für ehrenamtliches Tätigsein als Berufstätige mit vergleichbaren Merkmalen ihrer Persönlichkeit. Sie haben mehr Zeit.

Es macht weder ökonomischen noch gesundheitlichen Sinn, wenn Menschen länger unternehmerisch aktiv sind, die Folgen aber Stress und chronisches Kranksein sind, also Wirkungen, die man im sog. Ruhestand vermeiden wollte und welche mit der Erwerbstätigkeit – begründet oder nicht – in Verbindung gebracht werden. Zu beobachten ist allerdings eine Ausweitung der Erwerbsspanne, gekoppelt an ein späteren Eintritt in die Pension/Rentendaseinsphase. Der Rentenbeginn wird zögerlich flexibilisiert (FAZ, 2014b).[102] Zunehmend mehren sich Beobachter und Forscher, die Menschen ein längeres Arbeitsleben nahelegen, ohne auf Entrepreneurship zu verweisen (International Longevity Center, 2014; Straubhaar, 2014) – zudem in der modernen Welt auch die sog. Freizeit hochgradig stressintensiv sein kann. In ihrem „Longevity Project" untersuchen die Psychologieprofessoren Friedman und Martin, beginnend im Jahr 1991, die Ursachen von Langlebigkeit von amerikanischen Bürgern alter Altersstufen. Sie begannen mit Menschen, die im Jahr 1921 geboren wurden. Eine ihrer Beobachtungen: Dauerhaft produktive Männer und Frauen leben länger als ihre sich dem Ruhestand widmenden Zeitgenossen (Friedman & Martin, 2012). Die lange Lebenden machten keinen Bogen um harte Arbeit; das Gegenteil war der Fall. [103] (Friedman in einem Gespräch mit Greenwood, 2011). Friedman sagt auch: "Die Ratschläge zur Gesundheit waren überwiegend ein Fehlschlag für das öffentliche Gesundheitswesen". Was man für seine Gesundheit tun kann, muß jeder für sich selbst entdecken. Gesundheit ist ein „Entdeckungsverfahren" (F.A. Hayek). Unternehmertum wird mit zunehmendem Alter ganzheitlich und holistisch (Röpke, 2015), man kann von einer „Homöodynamik" (Rattan, 2016) sprechen, auch ökonomisch.

Verglichen mit einigen ostasiatischen Ländern wie Japan und Korea befinden wir uns in einer noch frühen Phase einer weiter zunehmenden Ausweitung der Erwerbstätigkeit eingebunden in eine steigende Lebensspanne. Eine Steigerung der Lebensarbeitszeit wirkt wie eine Senkung der Arbeitslosigkeit oder Vermehrung des Faktors Arbeit, wo immer dieser erzeugt wurde. Wertschöpfung steigt, die Lebensproduktivität oder die altersakkumulierte Erzeugung von Mehrwerten erhöht sich (ausführlicher Kapitel 14). Man vermag es in Japan und Korea beobachten, in einer Zunahme der Erwerbstätigkeit mit dem Alter in den USA. Warum stecken die Menschen in Japan und Korea trotz einer immensen demographischen Alterung ihre Köpfe nicht in den demographisch-gerontologischen-geriatrischen Sand?

Diese Tendenzen unterstützen Überlegungen auch zu selbständiger Erwerbstätigkeit. Unternehmertum wird sich in immer höhere Altersstufen verlagern. Schon heute lassen sich Aussagen lesen wie: „Entrepreneurs get better with age." Ein Mensch im Alter von 55 Jahren oder mehr, auch von 65 Jahren und höher, verfügt über mehr Innovationspotential als ein 25-Jähriger. „Individuen werden mit dem Alter besser" (Johnson, 2013). Diese Aussage bezieht sich auf US-amerikanische Verhältnisse. Wir geben später Belege zum Zusammenhang von Wissenschaffung und Innovation im Alter. In Deutschland enden Statistiken und damit die Erforschung von Unternehmertum im Alter mit der Bismarckschen Vorgabe: 65 Jahre. Es gibt jedoch Ausnahmen. Wir verweisen insbesondere auf die Arbeit von Esselmann & Geis (2015), die für das Institut der Deutschen Wirtschaft der Erwerbstätigkeit für Selbständige und abhängig Beschäftigte bis zu einem Alter von 75 Jahren nachgegangen sind.

Erwerbstätigkeit im Alter ist auf zwei Wegen möglich: Hinausschieben des Renten/Pensionseintrittsalters und/oder Arbeiten nach dem Erreichen des Eintrittsalters. Beide Wege sind unvermeidbar, wenn wir eine

---

[102] Im Jahr 2015 wurde die Gesetzgebung zum Zusatzverdienst erneut zum Vorteil der Rentner verändert.

[103] „Striving to accomplish your goals, setting new aims when milestones are reached and staying engaged and productive are exactly what those heading to a long life tend to do. The long-lived didn't shy away from hard work; the exact opposite seemed true" (Friedman in einem Gespräch mit Greenwood, 2011).

Zunahme der Lebensspanne der Menschen unterstellen (unabhängig von der Geburtenhäufigkeit). Die Unterstützung im Alter (Lebensunterhalt, Krankheitsfürsorge, Pflege) muß finanzierbar bleiben. Wenn der Staat, die gegenwärtige demographische Konstellation etwa in Deutschland oder Japan - Zunahme der Zahl alter Menschen absolut und relativ in die Zukunft verlängert -, wird ein immer höherer Anteil der volkswirtschaftlichen Wertschöpfung für die Alimentation alter Menschen aufzuwenden sein. Die Zahlungsströme kehren sich um, zu Lasten der jüngeren Generationen und zu Lasten alternativer Investitionen. Diese Ressourcen stehen für andere Verwendungen, kritisch vor allem Innovation, Forschung und Entwicklung, Infrastruktur, nicht mehr zu Verfügung. Die Volkswirtschaft nähert sich der Stationarität, einem Zustand, der in Ländern wie Frankreich nahezu erreicht ist und für Japan (siehe McKinsey, 2015) vorhergesagt wird. Die Alternative: Erzeugen von Wertschöpfung auch durch alte Menschen selbst (Kapitel 16, 17, 18). Die sozialstaatliche Überforderung tritt nicht ein, wenn die Menschen für eine längere Periode Wertschöpfung erzeugen und damit Produktivitätszuwächse (Zuwachs der Wertschöpfung pro Einwohner) und Lebensproduktivität ermöglichen. Eine Rente mit siebzig ist seit Jahren in der Diskussion. Es gibt auch Vorschläge, den Renteneintritt grundlegend flexibel wenn nicht freiheitsgerecht zu gestalten. Die Länge der Ruhestandsphase bleibt absolut gesehen erhalten, ein größerer Anteil der Lebensspanne wird jedoch der Erwerbstätigkeit oder anderen Tätigkeitsfeldern wie Ehrenamtlichkeit gewidmet. Wollt ihr bei einem Rückgang der Bevölkerung im erwerbsfähigen Alter ein Pro-Kopf-Einkommen von 32.000 Dollar oder von 48.000 Dollar im Jahr 2025, fragen die McKinseyforscher die Japaner? Oder soll die Wirtschaft gar an Senioritis (übersetzt Vergreisung) leiden (wie wir ergänzen).

Es genügt in diesem Zusammenhang die beiden japanischen Forscher Muramatsu und Akiyama (2012, S. 429) anzuführen: „Japan [Deutschland] kann es sich einfach nicht leisten, alte Menschen zu haben, die nicht arbeiten. [...] Arbeiten in hohem Alter ist essentiell, um die japanische [deutsche] Gesellschaft zu erhalten." Die dieses schreiben sind Gerontologen. Für manchen Ökonomen fast eine Blasphemie, auch für japanische. Ein Wirtschaftsprofessor der Keio-Universität: Wenn Japan bei sinkender Bevölkerung Wohlstand erzeugen will, benötigt es junge Menschen.[104] Wo sollen die „jungen Menschen" herkommen", aus China, Korea, Nigeria? Aus Japan nicht, außer der Kollege von Keio meinte „older young". Woher nehmen, wenn nicht importieren? Gibt es keine Alternativen zu dieser neoklassischen Wachstumslogik? Kann die Produktivität und damit letztendlich der Wohlstand auch bei einer sinkenden Bevölkerung nicht steigen? Können Roboter nicht in Kooperation mit Menschen, jung und alt, einen Bevölkerungsrückgang kompensieren? Muß man Manyika und Kollegen (2014, S. 137) zustimmen, wenn sie anhand von Daten, die zweitausend Jahre zurückreichen, die Schlußfolgerung ziehen, daß die „Steigerung der Produktivität die primäre Quelle von sich erhaltendem und langfristigem Wirtschaftswachstum ist"? Die Anzahl der Erwerbstätigen kann sinken und dennoch die Produktivität der verbleibenden Arbeitskräfte steigen, in einem Ausmaß, daß sogar die gesamtwirtschaftliche Wertschöpfung nicht sinken muß. Die Anzahl der Erwerbstätigen sinkt um die Hälfte (etwa für Japan vorhergesagt), die Produktion bleibt erhalten durch technische Fortschritte (Digitalisierung, Roboter) und Kompetenzentfaltung, ein immenser Produktivitätsgewinn könnte es erlauben, den Wohlstand der Erwerbstätigen und ihrer Familienangehörigen (auch solche in Pflege) zu erhalten. Erlauben Roboter Menschen ein Grundeinkommen zu gestatten. Historisch haben Neukombinationen so etwas geleistet.

---

[104]"*If the country is to prosper as its population shrinks*, it needs its dwindling bank of young people to punch above its weight. [...] Japan needs young people" (Kaji, 2015, unsere Hervorhebung).

Bereits 2012 berichtete die Japan Times, 73.6 % der 430.036 Beschäftigten, welche das Ruhestandsalter erreichten, wurden von ihren Arbeitsgebern erneut eingestellt („rehired").[105]:Bei kleinen und mittleren Unternehmen war die Wiederbeschäftigung besonders ausgeprägt. Die japanische Regierung hat das Pensionsalter mehrfach heraufgesetzt. Wie kann ein sich dramatisch alterndes Land wie Japan ohne Immigranten (noch in den Jahren 2014ff. als ein einzuschlagender Weg für Deutschland nahezu durchgängig auch von Ökonomen betrachtet) auskommen? David Pilling (2014) schildert, wie Japan mit alten Menschen umgeht, sie auch achtet, sie gesundheitlich fördert. Schulen müssen schließen: zu wenig Kinder, man macht aus ihnen Begegnungsstätten für alte Menschen, in denen diese auch ihre körperliche Fitness trainieren können. „Fünfundzwanzig Prozent der Japaner sind über 65. Aber sie leben nicht nur länger, sie arbeiten länger, sie bleiben gesünder, kümmern sich um ihre Alten besser – und haben Wege gefunden, dafür Geld zu verwenden" (Pilling). Die Pflege alter Menschen unterscheidet sich in vieler Hinsicht grundsätzlich von den Mustern, die man in westlichen Ländern beobachten kann, was teilweise soziokulturelle Gründe hat - die Hochschätzung alter Menschen im Konfuzianismus und Zenbuddhismus -; aber auch ökonomische und gesundheitsorientierte. Bei aller Innovationsarmut politischer Systeme werden in Japan, auch Korea und China, Initiativen entwickelt und durchgesetzt, die etwa in Deutschland oder Frankreich oder anderen europäischen Ländern nicht einmal gedanklich thematisiert sind.[106] Einige erwähnen wir, aber nicht in systematischer Weise. Wenn wir über Immigration und die sog. Inputlogik schreiben, kommen wir auf diese Sichtweise ausführlich zurück.

Eine Gegenmeinung aus Deutschland, der Politik der Frühverrentung gewidmet. Vor der deutschen Arbeitswelt schreibt Hiep Van Tran (WatersToronto) am 08.04.2015 in einem Kommentar, ‚kann man nur das Weite suchen.

> Wer, bitteschön, bleibt freiwillig länger in so einer menschenabgewandten Arbeitswelt wie der deutschen, wo Unternehmer wie kleine Diktatoren herrschen, die den Beschäftigten so auspressen und ausnutzen wie nirgendwo sonst in der sich zivilisiert nennenden Welt und die Löhne zahlen, die nochmals dazu anregen, diese Arbeitswelt so schnell wie möglich zu verlassen? Und warum sollen deutsche Unternehmer unterstützt werden in ihrem Wahn, halb Nordafrika oder die halbe Türkei zwecks Lohndumpings nach Deutschland holen zu wollen?? Die jungen, gut ausgebildeten Menschen flüchten vom deutschen Arbeitsmarkt ins Ausland mit wesentlich humaneren Arbeitsbedingungen, die Alten flüchten, sobald es geht, in die Rente. Eine logische Folge eben. Wo ist das Problem??

Ob Tatsache oder nicht. Viele Menschen denken so. Die Unternehmen wollen die Alten los werden. Die Politik unterstützt sie dabei. Siehe hierzu weitere Kommentare zu einem Artikel in der FAZ, der belegt, wie die sog. Rente mit 63 zu einem Verlust an Arbeitskräften führt. Und früher oder später zu einem Verlust an Lebenssinn oder wie die Forschung es heute zu bezeichnen pflegt, an „happiness" beiträgt. Der obige Kommentar war der meistgelesene zu Creutzburg (2015a). Bis zum Ende des Jahres 2015 haben rund 500.000 Erwerbstätige die Rente mit 63 in Anspruch genommen. Die Arbeitsagentur hat andere Vorstellungen. In Deutschland werden jedes Jahr 700,000 Arbeitsplätze geschaffen, [107] in zehn Jahren

---

[105] http://www.japantimes.co.jp/news/2012/10/20/business/record-49-of-japanese-companies-are-letting-seniors-work-beyond-65/#.Vl9Q97-pTIU

[106] Zu verweisen ist auf eine Untersuchung der Weltbank (Worldbank, 2016), die sich ausführlich mit der Praxis ostasiatischer Länder beschäftigt, Erwerbstätigkeit im Alter zu fördern.

[107] http://www.faz.net/aktuell/wirtschaft/der-deutsche-arbeitsmarkt-kann-350-000-fluechtlinge-aufnehmen-14058138.html. Dem stehen 1,1 Millionen Langzeitsarbeitslose und nicht mehr in Arbeitslosenstatistik ausgewiesene, welche auch „Flüchtlinge" nicht erfaßt, gegenüber. Kritische Kommentierung der Aussagen der Arbeitsagentur

somit sieben Millionen? Die Menschen länger arbeiten zu lassen, macht dann offensichtlich wenig Sinn, außer aus ethischen Gründen: Selbstverwirklichung durch Arbeit. Die Ethik spielt auch eine Schlüsselrolle hinsichtlich der Offenheit zumindest des Politiksystems gegenüber sogenannten „Flüchtlingen". Die Arbeitsagentur schätzt, der Arbeitsmarkt könnte jährlich 350,000 „Flüchtlinge" aufnehmen.

Ein weiterer Kommentar zu Creutzburg (2015b), der sich mit Forderung der Arbeitgeber beschäftigt, die Rente mit 63 rückgängig zu machen.

Hiram Franklin (LhotseStar) - 13.07.2015

Wenn die Fachkräfte mit 63 Jahren in den Ruhestand gehen, fehlen sie als Arbeitnehmer plötzlich hinten und vorne. Wenn sich aber ein Facharbeiter, der über 50 Jahre alt ist, als Ersatz auf die freie Stelle bewirbt, ist er bereits zu alt.

Bemerkenswert daher, wie es der Politik gelingt, einen Knowing-Doing-Gap zu verwirklichen, zweifach. Der „Fachkräftemangel", welcher auch politisch anerkannt ist, was den Druck erhöht, eine Kompensation durch Zuwanderung zu fördern, wenn auch in niedrigeren Fachkräftebereichen, wird durch die Frühverrentung oder das nur langsame Hinausschieben des Renteneintrittsalters gefördert. Wir wissen auch, wie sich ein frühes Ausscheiden aus beruflichem Tätigsein auf die geistige (neuronale) Fähigkeit (Gesundheit) auswirkt. Die Lücke zwischen Wissen und Tun ist daher eine zweifache. Man handelt entgegen dem Wissen über welches man verfügt. Wer es im Markt täte, würde bestraft. Ein erneuter Hinweis auf eine nur beschränkte Vereinbarkeit von „Demokratie" und „Kapitalismus" (Marktwirtschaft)?

Offensichtlich stellt sich die Frage, wie will man in höherem Alter wertschöpfend aktiv sein, wenn man körperlich und geistig dazu nicht fähig ist.[108]

6.4 Japanische Erfahrungen

Für Japan hat Hiroko Akiyama (2011) in einer Untersuchung gezeigt, wie viele ältere Menschen (70+) körperlich noch in der Lage scheinen, auch ökonomische Wertschöpfung zu betreiben. Die Abbildung bezieht sich auf männliche Personen. 11 Prozent von ihnen bleiben bis 90 im Zustand der Fitness (self-sustainability; Stufe 3).

70,1% der Untersuchten beginnen relativ früh (Alter ab 74), an körperlicher und geistiger Funktionskraft einzubüßen. Dennoch benötigen sie bis zu einem Alter von 83 nur eine leichte Unterstützung im Alltag (sie bleiben im Bereich „2"; siehe Abbildung). Sie können noch selbständig leben, wenn sie eine nur leichte Hilfe im Alltag erhalten (In Deutschland entspräche dies der Pflegestufe 0). Dieser Zustand ist von Pflegebedürftigen zu unterscheiden. Die Gruppe der 70,1% Kategorie 2 zählt bis zu einem Alter von 83 Jahren zusammen mit den fitten 10,9% zu den „noch Selbständigen".

Akiyama bezieht ihre Überlegungen auf das Alltagsleben. Wir könnten diese Personen auch als noch Erwerbsfähige einstufen; d.h. insgesamt 81,0% (10,9% + 70,1%) würden dann zu den potentiell

---

finden sich nicht in den journalistischen Beträgen sondern in den Kommentaren der Leser (wenn diese, wie im zitierten Artikel der Welt.de, noch erlaubt sind): http://www.welt.de/wirtschaft/article151951041/Arbeitsmarkt-verkraftet-350-000-Fluechtlinge-jaehrlich.html#disqus_thread.

[108] Für jüngere „Kohorten" gilt Vergleichbares zeigt eine Untersuchung des Instituts für Arbeitsmarkt- und Berufsforschung aus dem Jahr 2016. Nur ein geringer Prozentsatz von Hartz-IV-Beziehern findet in den Arbeitsmarkt zurück. Die wesentliche Ursache sind Gesundheitsprobleme und geistige Defizite. Wir zitieren die Interpretation dieses Untersuchung in https://sciencefiles.org/2016/10/09/einmal-hartz-iv-immer-hartz-iv-arbeitsvermittlung-als-illusion/

Erwerbsfähigen gezählt, zumindest bis zu einem Alter von 75 Jahren. Aus der Fülle der gerontologischen und sportmedizinischen Daten lässt sich schließen: Wer mit 60 + als biologischer Unternehmer aktiv würde, hätte gute Chancen, sich in die Gruppe 10,9 % einzureihen und das Schicksal der Menschen im Funktionsbereich 1, welches Frauen noch härter trifft wie Männer, zu vermeiden. Bei einem Fitnessgrad von 1 vermögen Menschen ohne fremde Hilfe ihren Alltag nicht mehr zu gestalten.[109]

Abbildung 12: Abbau von Lebensqualität in Abhängigkeit vom Alter

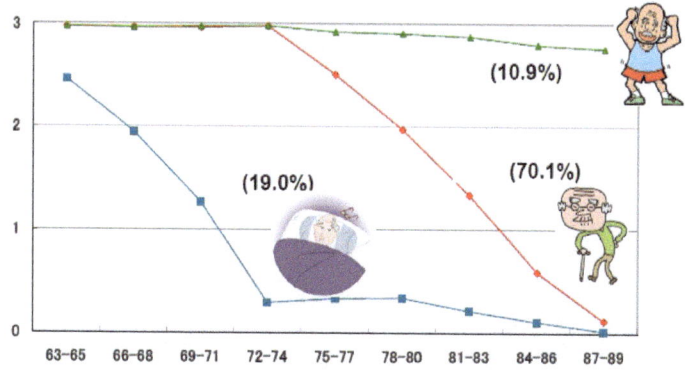

Quelle: Akiyama 2011, S. 15

Die Abbildung macht deutlich: Altern zeigt sich in einem Verlust an Fitness, einem zeitabhängigen Niedergang funktionaler Tüchtigkeit, der jedoch nicht einem biologischen Zwang geschuldet ist, vielmehr ein Aktionsparameter der Menschen selbst ist, der Lebensführung, der schöpferischen Gestaltung ihrer „Homöodynamik" (Rattan, 2016) geschuldet. Zu beachten ist: Wir formulieren Zukunftsscenarien, die in einem Jahrzehnt oder später Wirklichkeit werden könnten, die jedoch bereits in der Gegenwart ein Gegensteuern erforderlich machen, um die wirtschaftliche Dynamik in der Zukunft zu erhalten, die Plastizität des Zufälligen auszuschließen.

Max Weber hatte behauptet, eine spezifisch gefühlte Not, heute Stress genannt, bei ihm primär aus theologischen Überlegungen abgeleitet, vermochte psychologische Impulse freisetzen, die Menschen dazu brachten, sich in nichthedonische unternehmerische Aktivität zu stürzen und als „Nebenprodukt", eine zu ihren Interessen passende Sozialordnung zu schaffen. Vergleichbare Überlegungen lassen sich aus den Wandlungen ableiten, welche die demographischen Prozesse bewirken könnten. Altersarmut ist dabei nur eine Komponente. Gesundheit eine weitere, des weiteren sind persönlichkeitsstrukturelle Einwirkungen zu beachten, hergeleitet aus der kontinuierlichen Ausweitung der Lebensspanne. Mit zunehmendem Alter scheinen Schlüsselkomponenten der Persönlichkeit, insbesondere die für Unternehmertum ausschlaggebende „Gewissenhaftigkeit" (conscientiousness) im Vergleich zu jüngeren Altersgruppen an Gewicht zu gewinnen (Kato u.a., 2012), sich sogar zu verstärken (Wortman u.a., 2012; Law u.a., 2014 zum Persönlichkeitsprofil sehr alter Menschen). Hochaltrige Menschen (100 Jahre und älter) verfügen über eine

---

[109]Eine Untersuchung mit vergleichbaren britischen Altersgruppen aber anderer Untersuchungsmethodik: "Most persons (83%) were independent in all activities at age 70". Aber: "Incidence of disability was 8% between 70 and 73 and 26% between 73 and 76 years of age. Dependence at age 70 could predict mortality as well as institutionalization." Und: "One fifth at age 70 and almost half of the population at age 76 used assistive devices in daily life activities, and the use was more frequent in women (52%) than men (37%) at age 76" (Clegg u.a. 2013).

ausgeprägte Gewissenhaftigkeit. Sie zeigt sich primär darin, was sie unternehmen, um ihre körperliche Tüchtigkeit zu erhalten (Law u.a., 2014, S. 106). Wirtschaftliches Tätigkeitsein oder –bleiben in höherem Alter ist durch die gleiche Persönlichkeitsstruktur geprägt (siehe die Nachweise in Röpke, 2015).

Entgegen der herrschenden Meinung ist die Persönlichkeit auch im Alter nicht stabil sondern vermag sich beträchtlich zu verändern (Cezanne, 2015; Specht u.a., 2014a; Specht, 2014b). Auch wenn Menschen diskriminiert werden oder sich als diskriminiert wahrnehmen und fühlen, ändert sich ihre Persönlichkeit - in eine Richtung, welche Unternehmersein erschwert, Erwerbstätigkeit im Alter zu einer Illusion werden läßt.[110] Alte Menschen werden diskriminiert, nahezu überall, vor allem im Berufsleben, auch durch eine Vielfalt rechtlicher Beschränkungen. Die „Senioren" (Menschen ab 50/55) verändern dadurch ihre Persönlichkeitsstruktur. Die Folgen für die wirtschaftliche Dynamik in demographisch alternden Gesellschaften können gravierend sein. Massive Widersprüche im politischen Geschehen sind zu beobachten. Die Europäische Kommission fördert die sogenannte Silberwirtschaft (Produkte und Dienstleistungen für alte Menschen; mehr in 15. Kapitel). Parallel setzt sie Richtlinien, Verordnungen, Direktiven durch, welche Unternehmertum diskriminieren, Olderpreneurship eingeschlossen. Die nationalen Regierungen in Europa setzen Verhaltensvorschriften in Umlauf, welche Unternehmensgründungen erschweren und einen Großteil der Gründer dazu bewegen, das Handtuch zu werfen. Hierüber wird sogar im Fernsehen berichtet (nicht im Öffentlich-Rechtlichen).

Niemand wird ein Hundertjähriger (Centenarian), der in seinem Leben nicht eine bestimmte Persönlichkeit erwerben konnte oder eine solche auch in höherem Alter entfalten lernte. „Du mußt dein Leben ändern", legt uns der Philosoph Peter Sloterdijk (2009) nahe. Wie soll ich das denn schaffen? Muß ich Sigmund Freud um Auferstehung bitten? Oder muß ich meine Gene um Unterstützung bitten, meine Persönlichkeit habe ich doch geerbt.

Leider nicht, sagt uns die Genforschung. Auch Schlüsseleigenschaften von Unternehmertum, etwa die „Gewissenhaftigkeit", eine der fünf Merkmale des Big-Five-Modells, weisen nur bescheidene oder gar keine genetische Veranlagung auf (Bae u.a., 2013).

„Die größten und bedeutendsten Änderungen der Persönlichkeit treten vor dem Alter von etwa 30 Jahren sowie ab dem 60. bis 70. Lebensjahr auf", so Specht (zitiert in Cezanne, 2015). Wer mit einer hohen Gewissenhaftigkeit (Selbstkontrolle, Selbstdisziplin und Zielstrebigkeit), Durchhaltevermögen (Schumpeter) und Willenskraft ausgestattet ist, zusammengefaßt (unternehmerischer) Energie, hat auch weniger Probleme mit kognitiver Erosion (Kato u.a., 2013, S. 184; Law u.a., 2014)). Allerdings vermag Diskriminierung das Gegenteil zu bewirken (Sutin u.a., 2015). Unternehmertum in höherem Alter fördert neben wirtschaftlicher Wertschöpfung auch die geistige Gesundheit, was es ihm erlaubt, auch länger unternehmerisch aktiv zu bleiben. Diese Unternehmer sind ungern bereit, Führungsentscheidungen an andere abzugeben. Insbesondere Frauen leiden darunter und verlassen das Unternehmen. Einige gründen. Jedes fünfte kleine oder mittlere Unternehmen in Deutschland wird von Frauen geführt, insgesamt rund 700.000 (Schwarz, 2015).

Was sind die Persönlichkeitsmerkmale der „Chefs" mittelständischer Unternehmen? Hermann Simon hat sich über viele Jahre damit beschäftigt (etwa Simon 2012; 2014). Simon kennzeichnet die Unternehmen als „Hidden Champions" Sie nehmen eine weltweit führende Stellung in ihren Spezialisierungsmustern ein, sind aber weitgehend unbekannt. Die Lenker, teilweise Gründer dieser Unternehmen, zeichnen sich durch eine Identität von Person und Mission, fokussierte Zielstrebigkeit, Furchtlosigkeit (in unserer Logik:

---

[110] http://www.welt.de/gesundheit/psychologie/article148801118/Wie-Diskriminierung-die-Persoenlichkeit-veraendert.html

Akzeptanz von Ungewißheit, angstfrei), Ausdauer, sowie die Fähigkeit aus, andere zu inspirieren. Ob diese Unternehmer ähnlich mit sich selbst, ihren Körpern, die es zu „inspirieren" gilt, umgehen, wissen wir nicht. Was einige Forscher und Medien zu wissen scheinen: kalendarisch alte Unternehmer werfen hin, immer mehr, sie leiden an Senioritis. Die Wirtschaft käme deswegen auch zunehmend in Schwierigkeiten. Nicht nur Arbeitskräfte werden zu einem Knappheitsproblem, insbesondere sog. Fachkräfte, auch die Unternehmer selbst scheinen, wie es umgangssprachlich heißt, die Nase voll zu haben. Forscher der Kreditanstalt für Wiederaufbau haben hierzu mehrere Veröffentlichungen vorgelegt. „Bringen es die Alten noch?"; „Alterung im Mittelstand bremst Investitionen" „Deutsches Wirtschaftswachstum in der Demographiefalle: Wo ist der Ausweg?" Schwarz und Gerstenberger (2015a) nennen eine Ursache: „Ein zentraler Grund für die mit dem Alter abflauende Investitionsbereitschaft liegt im Planungshorizont der Inhaber", informieren uns wissenschaftlichen Beobachter, die nicht selbst unternehmerisch tätig sind. Was würden Joseph Schumpeter oder David McClelland hierzu sagen?. „Ziehen" sie die „neuen Möglichkeiten, die sich dem Manne der Tat jeweils darbieten", nicht mehr an? (Schumpeter, 2011/2006, S. 143). Leiden sie an einem Mangel an Durchsetzung, nicht Konzipierung (S. 176), erodiert die „Energie des Handelns" und ihre „besondere Art der Motivation" (S. 131)? Verringert sich der „Planungshorizont", verkürzt sich die Zeitperspektive für unternehmerisches Aktivbleiben. Dieses Argument zielt auf die Lebensspanne der Unternehmer, die gesunde, seneszenzarme Spanne. Sie wirkt unmittelbar auf die Zeitpräferenz und Zeitperspektive. Bewirkt somit biologische Seneszenz auch eine ökonomische? Verkürzt sich der unternehmerische Zeithorizont, weil eine therapeutische Allianz sich nicht entfalten konnte? Bewirkt eine biologische Seneszenz auch eine ökonomische, Einbußen an Motivation für Erwerbstätigkeit, geringeres projizieren auf die Zukunft, reduzieren des Lebens auf die Nutzwerte (Silbermarkt), welche die Gegenwart bietet? Wer nur noch wenige gesunde Lebensjahre erwartet, bereits als unternehmerisch noch Aktiver unter chronischem Stress und Krankheiten leidet, für den verkürzt sich die wirtschaftliche Zukunft dramatisch und Investitionen mit längerer Ausreifungszeit fallen einer hohen Zeitpräferenz (Gegenwartsvorliebe) zum Opfer. Selbstevolutorische Anreize verlieren mit dem Altwerden (biologischem Altern, nicht kalendarischem Alter) an Relevanz. Eine selbsterzeugte Zeitperspektive ist eine wesentliche Bedingung für Evolution - wenn diese nicht, historisch die Norm, memetisch, etwa religiös, wie im protestantischen Calvinismus, historisch erzeugt wurde. Verringert sich somit in demographisch alternden Gesellschaften die Investitions- und Innovationsbereitschaft (beobachtbar in Ländern wie Deutschland, Frankreich, Japan, den USA)?[111]

Diese Aussage gilt generell, auch für Entscheidungen im Politiksystem. Die politischen Lebensjahre eines Politikers bestimmen in demokratischen Systemen die Wahlbürger. Investitionen mit langer Ausreifungszeit sind daher in der Politik unbeliebt. Warum warten auf Erträge in vielen vielen Jahren. Der deutsche Staat hat 2014 gegenüber 2005 mehr Steuern im Umfang von 216 Mrd. eingenommen. 20 Mrd. von diesem Betrag wurden für Investitionen, etwa in die Infrastruktur aufgewendet. Das Sozialbudget stieg im gleichen Zeitraum um 110 Mrd. (Gersemann, 2015b). 20 Mrd. Kein Unternehmen könnte sich eine solche Investitionsbereitschaft leisten. Der Staat kann es. Der Wunsch Macht zu gewinnen oder zu erhalten verkürzt Zeithorizont und Investitionsbereitschaft. Eine stationär-wirtschaftliche Tendenz wird gefördert. Von dem Zuwachs der gesamtwirtschaftlichen Wirtschaftsleistung um nominell 533 Milliarden Euro gingen die Hälfte, nämlich 309 Milliarden, an die öffentlichen Hände.

---

[111] In welchem Ausmaß demographische-geriatrische-gerontologische Einflüsse diese grundlegenden Wirkfaktoren von Wachstum und Entwicklung tatsächlich beeinflussen, bleibt zu untersuchen. Die Hinweise im Text beziehen sich auf Deutschland. Für Deutschland wissen wir, daß Mittelständler immer weniger Nachfolger finden (siehe etwa die Untersuchungen der Kreditanstalt für Wiederaufbau, von Diethard Simmert, vorgestellt in Knop, 2015)

Die Amortisationsdauer sinkt mit dem Näherrücken „an das Renteneintrittsalter" (Schwarz & Gerstenberger, 2015a). Unternehmerisch relevante Fähigkeiten erodieren, unter anderem auch Gesundheit sowie Evoluierbarkeit. Muß Hermann Simon seine an das Wunderbare grenzende Einschätzung des deutschen Mittestandes revidieren? „Alte Chefs sind (doch) für den Mittelstand eine Gefahr" berichtet Inga Michler (2015), sich auf KfW-Studien berufend. Interessant sind die Lesermeinungen zu Michlers Beitrag, welche die dargestellte Logik aus verschiedenen Sichtweisen kommentieren.

> Ich habe bisher sowohl in der Familie, als auch im Bekanntenkreis und im eigenen Berufsleben nur die gegenteilige Erfahrung gemacht. Die alten Chefs waren in der Regel die Firmengründer und hatten allesamt ein Händchen sowohl fürs Geschäft, als auch für die Mitarbeiterführung und -motivation. Alle Firmen waren solvent und erfolgreich, solange sie von den "Alten" geführt wurden und bei fast allen hat sich das ins Gegenteil verkehrt, als die junge und vermeintlich dynamische, aber ahnungslose und großspurige nächste Generation ans Ruder kam. Da wurden erfolgreiche mittelständische Firmen mit ein paar Duzend Angestellten innerhalb weniger Jahre zu Ein-Mann-Betrieben und Unternehmen mit familiärem Betriebsklima und loyaler, motivierter Belegschaft zu Firmen, die vom externen Unternehmensberater regiert und mit billigen Leiharbeitern gegen die Wand gefahren wurden. Soll heißen nach meiner Erfahrung läuft die Firma umso besser je länger der alte Firmengründer am Ruder steht oder sich zumindest noch das letzte Wort vorbehält, bis die neue Generation gelernt hat, dass nicht jeder Blödsinn, den man im BWL Studium lernt, auf die Realität übertragbar und im realen Leben erfolgreich ist.

Der Spiegel (2015) berichtet weitgehend zeitgleich ebenfalls über die KfW-Untersuchung: „Sorge um Standort Deutschland: Viele Mittelständler über 60 scheuen Innovationen." Auch zu diesem Beitrag sind die Kommentare der Leser das eigentlich Erhellende. Was für ein „typisches deutsches Geschwafel" kommentiert ein Leser.

> Also ich würde, *wenn ich körperlich und geistig gesund wäre*, auch noch mit 80 Jahren investieren, wenn der Staat sich nicht dauernd für die Banken kümmern würde, sondern auch für den PRIVATEN Selbstständigen! Theoretischer Programmvorschlag: Angenommen ich hätte 4 Millionen Privatvermögen. Ich würde 2 Millionen investieren, plus 1-2 Millionen KfW (zu 0,2% Zinsen) Kredit. Geht die Firma KORREKT in Pleite (keine Scheinfirma!), bin ich trotzdem sofort schuldenfrei und kann meine Verluste steuerlich über die Jahre abschreiben. Tja, aber ich weiß schon was jetzt kommt..... Aber nur so, oder ähnlich, riskiert doch jemand sein schwer verdientes Vermögen (keine Manager!) mit 80 Jahren! Die Ideenlosigkeit auf die Antwort des Demografieproblems in Deutschland kommt doch eher von der seit Jahren schlafenden Bundesregierung, die nach wie vor auf Jugendwahn setzt, bevor sie innovative Programme für AN und AG entwickelt die ja "etwas" Kosten könnten. Aber EU Rettung und die schwarze Null ist ja wichtiger....

Die Hervorhebung haben wir eingeführt um erneut zu betonen: Mit zunehmendem kalendarischen Alter wird bio-unternehmerisches Tun unverzichtbar, eine notwendige Bedingung für wirtschaftliche Wertschöpfung (Röpke, 2015). Charles Darwin hebt seinen Zeigefinger: aufgepaßt.

Es gibt einen deutschen Mittelständler, er hat sich beim Springreiten schwer verletzt. 70 Jahre alt geworden (April 2015). Er ist der größte Pferdezüchter in Europa. „Aber es gibt noch Ziele für mich. Ich will beweisen, daß ich die besten Sportpferde züchten kann. Vergangenes Jahr haben wir 100 Pferde aus unserer Zucht im internationalen Reitsport gehabt, daraus müssen 1000 Pferde werden. Ich will die Qualität und die Wirtschaftlichkeit erhöhen" (Paul Schockemöhle, zitiert in Nicolai, 2015).

Ein „erfolgreiches Altern" von Gesellschaft, Unternehmen und Individuen ist ohne unternehmerische Erwerbstätigkeit und biologisches Tun kaum vorstellbar. Die Gesellschaft würde sich in Zuständen von Stationarität, ökonomisch wie sozial, stabilisieren müssen. Der Staat wird mitspielen (müssen): Die Logik des Rechenschiebers und der Wahlurne schaffen Anreize, Bedingungen herzustellen, alten Menschen chronologisches Altwerden mit unternehmerischem Aktivsein in seinen vielfältigen Formen zu ermöglichen.

Die Erwerbstätigkeit in höherem Alter, insbesondere unternehmerisches Tätigwerden/sein, kann sich einerseits spontan vollziehen, bedarf andererseits vielfältiger Unterstützung. Denn das Erwerbsleben gilt für die Menschen mit Eintritt in die Rente/Pension als abgeschlossen, wenn nicht Notsituationen (Altersarmut), wie wir sie durchgängig in Entwicklungsländern vorfinden, ein Arbeiten im Alter erforderlich machen oder im Fall Deutschland etwa die Bewältigung der Flüchtlingskrise. Sogar eine Erwerbstätigkeit im „Ruhestand" wird für deutsche Bürger beobachtet (Esselmann & Geis, 2015; Pfarr & Maier, 2015). „Allerdings liegen die Hintergründe, weshalb manche Personen trotz Ruhestands weiterhin einer Erwerbstätigkeit nachgehen, bis heute weitgehend im Dunkeln" (Pfarr & Meier, 2015, S. 9). Der Ruhestand ist eine sprachliche Erfindung, die deutlich macht, wie schön das Leben im Alter sich gestalten läßt. Wie sich neuere politische Interventionen wie sie in Deutschland erfolgt sind (Rente mit 63), auf die Erwerbstätigkeit auswirken, wäre ein wichtiger Forschungsschwerpunkt. Diese Reform hat vor allem den Austritt aus dem Arbeitsleben für relativ hochqualifizierte Mitarbeiter attraktiver gemacht. Wenn sich diese Erfahrungen, Fähigkeiten und das implizite (nicht übertragbare) und explizite Wissen nicht mehr in die Wirtschaft einbringen lassen, mit dem Ruhestand somit verloren geht, wäre dies ein großer Verlust an (potentieller) Wertschöpfung. Der Aufbau dieser Kompetenzen ist über ein langes Arbeitsleben erfolgt und läßt sich kurz- bis mittelfristig (10-20 Jahre) weder durch junge Menschen noch durch Zuwanderer noch durch Roboter kompensieren. Warum wir in dieser Hinsicht des Öfteren auf Japan verweisen, zeigen erneut die folgenden Abbildungen, denen empirische Forschungen zugrundeliegen. In allen Teilsystemen der Gesellschaft (hier Wissenschaft/Weiterbildung), Wirtschaft, Kommunalpolitik, werden für ältere Menschen neue Möglichkeiten erschlossen. Das Beispiel Wissenschaft verweist auf die Universität Rikkyo, welche Praktiken wie das Seniorenstudium weiterentwickelt und zunehmend die älteren „Studierenden" (60 Jahre und älter) zu auch unternehmerischem Aktivwerden anzuregen versucht, mit bescheidenem Erfolg. Die Teilnehmer wollen, nach Umfragen von Kazue Haga, „ihr Restleben so bequem wie möglich haben und es nur noch hedonistisch genießen" (Haga). Die Firma Mystar versucht, ältere Menschen auf ein ökonomisches Leben nach dem Eintritt in die Rente vorzubereiten. Training und Ausbildung sind auf ein halbes Jahr angelegt (Quelle Abbildung: Kazue Haga). Es handelt sich aus unserer

Beobachtung um erste Versuche, die Teilnehmer mit solchen Fähigkeiten vertraut zu machen, die ihre Könnensbereiche ausweiten, um Rentenzeit durch Arbeitszeit kompensieren zu lernen und damit auch produktive und gesündere Lebenszeit zu schaffen. Mystar predigt nicht, geht mit gutem Beispiel voran. 60 Prozent der Mitarbeiter sind zwischen 65 und 80 Jahre alt (Gilhooly, 2015). Man könnte sie in mancher Hinsicht mit einem Kreisjobcenter vergleichen, käme aber aus dem Erschrecken nicht heraus.

Tabelle 3: Japanische Initiativen für die Erwerbstätigkeit älterer Menschen Tabelle 3:

Beispiele

Wissenschaft	Wirtschaft	Politik
Rikkyo Second Stage College (RSSC) Studium ↓ Reflexion ↓ Umsetzung	Mystar60 Praktika für Ältere Institute of social human capital Kurse für lebenslange Karriereplanung (+ Arbeitsvermittlung)	Ministry of Economy, Trade and Industry Förderprogramm zur effizienteren Nutzung von Humanressourcen

Quelle: Kazue Haga

Die Japaner vermeiden alte Menschen als „Senioren" zu bezeichnen. Standard in *La Grande Nation*, auch in Deutschland nicht unüblich. Wir haben genug Junge und Arbeitslose, warum auch noch Alte im wirtschaftlichen Leben halten, zudem Roboter an die Türen des Arbeitsmarktes mit zunehmender Heftigkeit klopfen: Gebt mir doch endlich etwas zu arbeiten? Auch wenn immer mehr von ihnen erwerbstätig bleiben und abhängig Beschäftigte durch arbeitsrechtliche Beschränkungen an einer Weiterbeschäftigung gehindert werden (Esselmann & Geis, 2015, S. 32, 41). Das in Frankreich verbreitete Nullsummen- und Gleichgewichtsdenken stand bereits Pate bei der Einführung der 35-Stunden-Woche, die aufzuheben politischem Selbstmord gleichkäme. In Deutschland sind ein Drittel der Arbeitslosen 50 Jahre und älter (Bundesagentur für Arbeit). Ihre Chancen auf einen Arbeitsplatz sind bescheiden. Für Langzeitarbeitslose, mehr als ein Millionen potentiell Erwerbstätige, sind die Chancen einen Arbeitsplatz zu erhalten, bescheiden – auch in einer Wirtschaft wie der deutschen, die viele neue Arbeitsplätze schafft (Siems, 2016b).[112] Haben die Franzosen gar weitblickend agiert, wenn Befürchtungen Wirklichkeit würden, daß die sog. Digitalisierung und Robotorisierung in der Wirtschaft viele Arbeitsplätze vernichten könnte? (Dörner, 2016; Jognoit, 2016).

Nach einer Umfrage des japanischen „Ministry of Internal Affairs and Communications" wollen 66 Prozent der Befragten über ein Alter von 65 Jahren hinaus arbeiten. Der zynische Ökonom verweist auf sein Heimatland, neue Anreize auch in der Jetztzeit noch früh in Rente zu gehen, der ständige Ruf von Industrie, Politik und Medien, Zuwanderer ins Land zu holen, usf. Auf den theoretischen Hintergrund dieser Sichtweise kommen wir ausführlicher zu sprechen, auch mit Verweis auf Kanada, einem virtuellen Modellland für Deutschland. Man löschte dort die indigene Population weitgehend aus, trainierte sie im täglichen Leben mit dem westlichen Lebensstil, Folge chronische Krankheiten. Kanada bleibt bis heute für Einwanderer offen, wenn diese umfangreiche Tests erfolgreich meistern. In Kanada wird die Ansicht vertreten, bis heute auf Einwanderer angewiesen zu sein, in jüngerer Zeit auch solche aus dem Nahen Osten (primär geschuldet dem Persönlichkeitsprofil eines neu gewählten Ministerpräsidenten).

---

[112] „Das Alter spielt eine wesentliche Rolle für die Chancen am Arbeitsmarkt. Mehr als jeder zweite Langzeitarbeitslose ist über 55 Jahre alt. Wer in diesem Alter seinen Job verliert, hat ein hohes Risiko, dauerhaft erwerbslos zu bleiben." (Siems, 2016b).

In Japan machen sich die Interessen der Menschen länger zu arbeiten viele Firmen zu Nutze, wie Adachi u.a (2015) an Beispielen aufzeigen. Auch McKinsey (2015) geht in seiner Untersuchung zum Zusammenhang von Demographie und Wirtschaft in Japan ausführlich darauf ein. Wenn andere sich in Pflege und Demenz metabolisch und neurodegenerativ auf das Ableben vorbereiten und als Nebenprodukt den Pflegern „fatale Arbeitsbedingungen" (Dowideit, 2016) bescheren, gibt es andere, die noch in hohem chronologischen Alter ökonomische Werte erzeugen, also arbeiten, die sich, in den Worten von Buettner, „weigern zu sterben", selbsttherapeutische und selbstevolutive „Aktivisten".

Eine japanische Ama, 70 Jahre und älter, taucht ohne Geräte in den pazifischen Ozean um Nahrung zu sammeln und zu verkaufen (Germis, 2013; Pons, 2013). Ob die Amas („Frauen des Meers") an Demenz leiden, bleibt nichtuntersucht. Sie tauchen im Meer nach Eßbarem, ohne Tauchgeräte, bis zu zwei Minuten, in zehn Meter Tiefe (andere Quellen sprechen von 25 Meter). Viele der tauchenden Frauen haben, so Germis (2013; siehe auch Pons, 2013), „das 70. Lebensjahr schon weit überschritten". Die Frauen suchen Muscheln, Seeschnecken und Seeohren.

Abbildung 13: Japanische Seetaucherinnen im Rentenalter

Quelle: Germis (2013)

Der italienische Photograph Fosco Maraini entdeckte die Amas bereits in den 50-Jahren des vorigen Jahrhunderts.

Abbildung 14: Tauchende japanische Frauen in ihrer Jugend

Quelle: Maraini; Ilpost, Le donne del mare di Fosco Maraini, 14. August 2014 (http://www.il post .it/ 2014/08/14/fosco-maraini-ama/)

Abbildung 15: Kaputt von der Arbeit, Urlaub am Meer, mit 60 (?) in Rente

Quelle: http://www.ilpost.it/2015/03/31/sony-mobile-photo-2015/

„Selbst in eurem Alter kann euch noch das Glück widerfahren, nützliche Arbeit zu leisten. Vielleicht lebt ihr noch viele Jahre. Unterhaltet euch mit den Priestern darüber, wenn ihr zum Tempel kommt." Gemeint ist das Alter von Takuan, einem zen-buddhistischen Wandermönch, Freund von Miyamoto Musashi (1584-1645), einem Samurai (Zitat aus Yoshikawa, 1984, S. 980).[113] Ist das Älteste manchmal das Neueste?

Arbeiten ist nicht notwendigerweise ein Ausbeutungsmechanismus für den Körper, obwohl die Lebenspraxis der Menschen dieses bewirken kann: Dauerstress, Depression, Schlafstörungen, Rückenschmerzen und vieles mehr sind Teil der Lebenserfahrung im modernen Leben vieler Menschen. Der biologische Unternehmer, unternehmerischer Zwilling des wirtschaftlichen, kann den körperlichen Verwerfungen allerdings relativ einfach entgegenwirken. Hierfür stehen bereits einfache Tests und Ratschläge bereit, etwa im Hinblick auf Seßhaftigkeit (Mercola, 2013). Wer ständig im Sitzen arbeitet, vermag sich auch im Urlaub nicht mehr körperlich zu erholen. Das Beispiel Bewegungsmangel und Krankwerden zeigt deutlich: Nicht fehlendes Wissen ist die Ursache, vielmehr mangelndes Tun und deren Ursachen jenseits von Wissen.[114] Fitness ist die körperliche Schlüsselvariable auch für geistiges Wohlbefinden (Depression, Demenz). Sie hat sich noch als wichtigerer herausgestellt als das Körpergewicht. Wer körperlich nicht fit ist, kann Unternehmertum im Alter, Erwerbstätigkeit generell, vergessen.[115] Fitness ist keine Funktion des Zeitaufwandes (Inputdenken) sondern der Intensität des Tuns, behaupten zumindest die Theoretiker und Praktiker des Hochintensitätstrainings. Mit zunehmendem Alter steigt sein Rang im unternehmerischen Tun. Der Autor wundert sich immer wieder, wie im sog. Seniorenstudium alte Menschen wie junge behandelt werden: Setze dich auf die Bank im Hörsaal, dein Gehirn freut sich über die neuen Informationen. Körperlich unsinnig, neurologisch genauso, wissensökonomisch auch: Wissen ist selbsterzeugt, nicht durch Dritte vermittelt (sagt uns die Systemforschung nach Luhmann, Maturana, von Foerster, nachzulesen in Haga, 2013, Röpke, 2015). Die

---

[113] Die Aussage entnehmen wir Yoshikawa (1984, S. 980), der in einem Roman die Lebensgeschichte von Musahi erzählt. Von Musahi gibt es das „Buch der fünf Ringe" (Knaur), in welcher er strategische Lebensweisheiten erläutert, mittlerweile Geheimcodes für Manager und Investmentbanker. Musahi war der größte Samurai seiner Zeit.

[114] Die Informationsseite zu wissenschaftlicher Aufsätzen mit medizinischer Forschungen Pubmed hat Anfang April 2015 bereits 7200 Artikel zu Seßhaftigkeit gelistet. Diabetes, Demenz etc . sind Folgen des Sitzens. Die Öffentlich-Rechtlichen verlangen eine monatliche Gebühr für den Fernsehgenuß, müßten nach der ökonomischen Logik der Internalisierung von Negativwirkungen den Zuschauern jedoch Seßhaftigkeitsentgelte bezahlen. Fernsehen verkürzt die *gesunde* Lebensspanne, die bei Kindern beginnt (mehr Information in Röpke, 2015).

[115] "Overall, results from the present study suggest that low fitness is more strongly associated with the onset of elevated depressive symptoms than is fatness. To reduce the risk of developing depression, individuals should be encouraged to improve their fitness regardless of body fatness." (Becofsky u.a., 2015, zitiert aus Abstract).

Studenten müssen es machen, Bachelor und Master warten, Auswendiglernen etc. Alte Menschen? Ein Unternehmer ist der Träger des Wissens im Verlauf der Entwicklungsgeschichte einer Innovation und seiner Selbstevolution.

Durch Unternehmertum läßt sich die Gesundheit verbessern. Es erzeugt zwei Wirkungsströme: einen wirtschaftlichen und einen gesundheitlichen, oftmals synergetisch gekoppelt. Letzterer erlaubt, die wirtschaftliche Leistung zu verbessern. Dieser Prozeß kann im Prinzip für lange Zeit anhalten, wenn es gelingt, die gesunde Lebensspanne (auch durch wertschöpfendes Arbeiten) auszuweiten. De Grey und Rae (2010) sind Pioniere dieser Sichtweise: „Niemals alt! So läßt sich das Altern umkehren." Wir gehen selbstverständlich nicht so weit, und sprechen vielmehr von einer „Brückenfunktion" (Haga, 2013). Man weitet die gesunde Lebensspanne so weit aus, bis neue medizinische Interventionen zur Verfügung stehen, welche die Lebensspanne weiter auszuweiten vermögen. Unternehmerische Beispiele gibt es bereits. Etwa Ray Kurzweil, der amerikanische Erfinder und Unternehmer. Künstliche Intelligenz hält er für möglich und weist Kritik daran, etwa von Stephen Hawking, zurück (Kurzweil, 2014). Oder Peter Thiel, ein in Deutschland geborener Amerikaner, Mitbegründer von Paypal und Venturecapital-Financier bei Facebook (http://en.wikipedia.org/wiki/Peter_Thiel). Er hat eine Non-profit-Unternehmung gegründet, um junge Firmen, die Anti-Aging-Therapien entwickeln, zu finanzieren (http://www.breakoutlabs.org/). Steve Jobs starb an Krebs. Er kam nicht über die Brücke oder wollte sie nicht überqueren. Neue/andere Therapien jenseits der Chemotherapie lehnte er ab.

Ausstieg aus der unternehmerischen Routine ist in beiden Funktionen – wirtschaftlich, gesundheitlich – erforderlich, außer man hat eine Geschichte erleben dürfen, welche lebenslanges Unternehmertum und damit negative Seneszenz zumindest für eine längere Zeitspanne möglich macht. Wenn sich Altern entschleunigt, vermag das unruhige Gezerre am Leben verschwinden, daoistisch wird Zeit zum Herzschlag des Lebens. Senioritismus ist schöpferisch überwunden. Ersetzt Lebenszeit Genie? Wissen ist reichlich verfügbar. Tun, Machen, Durchsetzen. Erneut sei Ernährung angesprochen, die Primärquelle einer ungesunden Lebensweise und damit Verkürzung der biologischen Zeit. Wer macht es von den mittelständischen Unternehmern? Haben sie Vorbilder, denen es nachzueifern gilt, eine Lebensvision, die ein gesundes Altern jenseits der Ruhestandslogik erreichbar macht? Können sie ihr Leben als Blue Zone gestalten, sich zu einem Blue-Zone-Unternehmer entfalten lernen?

Wer etwa das Glück hatte, in eine Blue Zone (Regionen mit überdurchschnittlich hoher und gesunder Lebensspanne) hineingeboren zu werden (Okinawa in Japan, Sardinien, die griechische Insel Ikarios), Eltern und Großeltern sein Eigen nennt, welche Psyche und Körper genetisch und memetisch auf ein langes Leben programmiert haben: keine Altersdepression, bewegungsintensiv auch im höchsten Alter (jenseits von 100 Jahren), medikamentenarm, sozusagen eine selbstevolutive Lebensreise zu sich selbst (Panagiotakos u.a., 2011), Zonen, wie Buettner (2012) sie beschreibt, in denen „Menschen vergessen, zu sterben".[116] Sind Blue Zones medial bekannt, beginnt ihr Niedergang. Zuerst kommen Journalisten, dann

---

[116] Entschuldigung für das lange Zitat in Englisch (keine Zeit zu übersetzen), als Antwort auf Bemühungen, ein Diabetesmedikament (Metformin) gegen das Altern zu testen (2016): Es zielt auf das, was jeder selbst unternehmen kann. „Just google "The Blue Zones" for a look at how entire populations of people in various parts of the world achieve healthy aging and how their citizens reach age 90-plus with alarming regularity, simply based on how they live, sleep, eat and drink. No medications added. Daily moderate exercise, a diet rich in vegetables and fruit, one alcoholic drink a day, sunshine, gardening, a sense of purpose, social connectivity, attending religious services regularly, being close to family and having happy friends...all these things can potentially give you the extra years of disease free living that the research scientists are seeking in a pill. Also add NO SMOKING to the list (Kommentar von "All" zum Artikel von Brody, 2016).

Touristen, dann Mallorcarianer, dann auch Immobilieninvestoren.[117] Wer waren die gesündesten und am längsten lebenden und am längsten arbeitenden Menschen in der Welt? Die 1.5 Millionen Okinawaner. Sie stellten nur 1 in 5000 der Weltbevölkerung, aber waren für 15 Prozent der Superalten (100-110 Jahre) verantwortlich. Eine Überrepräsentation von 75.000. Vergangenheit. Der US-Lebensstil hält Einzug. Nicht bei den Alten, bei den Jüngeren.

Die Ergebnisse aus der Wissenschaft wirken unmittelbar hinein in die vielfältige Gestaltung der Förderung älterer Menschen in einem wirtschaftlichen Kontext. Auch die Rückwirkungen auf jüngere Generationen sind beachtlich. Eine weit verbreitete Sichtweise beobachtet die ökonomische Welt als Generationenkonflikt. Die „Jungen" arbeiten für die Alten, ihre Gesundheitsausgaben, ihren Lebensunterhalt, ihre Pflege. Früher bezeichnete man diese Vorstellung als Nullsummenlogik. Wenn alte Menschen auch noch arbeiten, kann das nur auf Kosten der jungen Menschen gehen, auch angesichts der massiven Jugendarbeitslosigkeit, die sich in vielen Ländern beobachten läßt. Gilt diese Sichtweise auch im Bereich von Unternehmertum? Endet Wertschöpfung, sogar Aufwärtsmobilität, mit dem Eintritt in das Rentenalter? Zwei Drittel der Arbeitslosen in Deutschland sind weniger als 50 Jahre alt, nach Aussagen der Bundesagentur für Arbeit.

Offensichtlich beeinflusst die Altersstruktur einer Gesellschaft ihr ökonomisches Entwicklungspotential. Im Iran sind siebzig Prozent der Bevölkerung unter 35 Jahre alt. In Japan entfallen auf Menschen mit einem Alter von 65 Jahren oder höher im Jahr 2030 ein Drittel der Bevölkerung. In Deutschland wird der Anteil alter Menschen (65 Jahre und älter) für das Jahr 2030 auf 27 Prozent geschätzt (Esselmann & Geiss, 2015, S.26). Steigt der Wohlstand im Iran deswegen schneller als in Japan oder Deutschland? Wenn wir afrikanische Länder südlich der Sahara einbezögen, würde eine Diskrepanz zwischen Dominanz junger Menschen und wirtschaftlichem Wohlstand offensichtlich. Es gibt jedoch noch keine allgemeingültige Antwort. Je nach der verwendeten theoretischen Konstruktion lassen sich andere Ergebnisse erzielen. Denn wir bewegen uns im Bereich Olderpreneurship auf einem noch nicht überschaubaren Gelände. Wir bewegen uns andererseits jedoch aufgrund unserer theoretischen und empirischen Erfahrungen sowie praktischen Tätigseins über viele Jahre hinweg nicht in einem Niemandsland.

Abbildung 16: Olderpreneurs – reif für das Pflegeheim?

Quelle: http://www.inc.com/8over80[118]

---

[117] Wer zu Okinawa und anderen „Inseln der Hundertjährigen" mehr wissen will, insbesondere an Fehlwissen interessiert ist, mache einen Googlelauf: Insel der Hundertjährigen.

[118] Inc.com gibt Details zu den Personen, ihrem Alter (zwischen 90 und 100+) und ihren wirtschaftlichen Aktivitäten.

Wir fragen: Wird der Markt zu einem Aufbewahrungsheim für alte Menschen, für manche gar zu einem Kindergarten für das Erlernen unternehmerischer Initiativen?

7 Zwischen Vergreisung, Zuwanderung und schöpferischen Antworten

7.1 Unternehmerische Funktionstiefe im Kontext der Zuwanderung

Wir erläutern zwei Wege, die demographische Herausforderung einer alternden Gesellschaft zu bewältigen. Ein insbesondere in Deutschland begangener Weg - beinahe eine Autobahn - ist die Zuwanderung. Einen zweiten Weg haben wir bereits öfters angesprochen. Er ist im 8. Kapitel erneut dargestellt. Beide Wege schließen sich nicht aus. Sie können parallel beschritten werden. Auf beiden Wegen stellt sich die Herausforderung, die unternehmerische Energie in der Gesellschaft aufrecht zu erhalten oder zu erzeugen. Gelingt dies nicht, ist die Autopoiesis einer Entwicklungsgesellschaft in Gefahr. Entwicklung vollzöge einen schleichenden Tod, biologisch gesprochen Seneszenz. Historisch betrachtet war Zuwanderung Normalität. Deutsche Menschen wanderten nach Amerika (Nord und Süd, auch europäische Ländern), Franzosen (Hugenotten) kamen nach Deutschland, nach dem zweiten Weltkrieg eine Einwanderung von Menschen, auch Deutschen, aus Osteuropa. Merkmal dieser Zuwanderungsströme ist die hohe Kompetenz der Zugewanderten, auf oftmals höherem Niveau als das der Einheimischen. Ihre Motive waren vielfältig. In Grenzen trifft solches auch für Länder wie die USA und Kanada zu, da Zugezogene nach ihren Kompetenzprofilen, also ihrer historisch vollzogenen Selbstevolution, aufgenommen werden. Diese Selektionskriterien treffen oder trafen auch auf zeitgenössische „Flüchtlinge" zu. Zugewanderte aus Ländern der Dritten Welt müssen, um sich als ökonomische Wertschöpfer zu entfalten, Kompetenzprofile in den Einwandererländern erst noch erwerben, selbständig oder mit Unterstützung der gesellschaftlichen Teilsysteme (Wirtschaft, Politik, Erziehung). Die Erzeugung von Wertschöpfung ist von der Ausprägung bestimmter unternehmerischer Funktionen in den Einwanderungsländern abhängig, bei den Eingesessenen selbst und den Zugewanderten.

Der demographische Wandel stellt für alle reifen Industriegesellschaften und zunehmend auch Länder nachholender Entwicklung wie China und Brasilien, eine Herausforderung dar, die überwiegend – in Wissenschaft, Politik, Medien, Wirtschaft – als von negativer Tragweite angesehen wird. Das umgangssprachliche Schlüsselwort hierfür ist Vergreisung. Angst ist involviert und vermag Zukunftsvisionen zu erzeugen. Die produktive Klasse erodiert demographisch. Der Import von Humankapital ist ein naheliegender Ausweg, gestützt von ökonomischen Paradigmen und Interessen. Er vermag sich zu einem dominanten Aktionsparameter zu entfalten.

Der Alters- oder Alternquotient (old-age-dependency ratio) wird sich in den kommenden Jahrzehnten signifikant erhöhen. Der Altersquotient oder die „Altenlastquote" mißt das Verhältnis der Anzahl älterer Menschen (etwa 65 Jahre und älter) zur Anzahl jüngerer Menschen (etwa 15 bis 64 Jahre). Die OECD hat die Quote für zahlreiche Länder berechnet (OECD, 2010, 10. Kapitel). Für viele Länder steigt er auf über 60 Prozent. Spitzenreiter ist Japan. Er steigt in diesem Land von 25 im Jahr 2000 auf 74 im Jahr 2050, in Südkorea im gleichen Zeitraum von 10 auf 63, in Deutschland wird ein Anstieg von 24 auf 59 erwartet. Dieser Anstieg gilt als eine große Belastung für die Gesellschaften. Die Renten- und Pensionssysteme und die Gesundheitssysteme sind primär betroffen.

Die OECD erwartet verstärkte Bemühungen, insbesondere die Erwerbstätigkeit von jüngeren Menschen, Frauen mit Kindern und alten Menschen auszuweiten. Wissenschaft und Politik diskutieren drei Optionen: Zuwanderung, Steigerung der Geburten, Mehrarbeit (länger arbeiten, mehr Frauen in die Arbeitswelt integrieren). Wir können sie, Schumpeter folgend, als „adaptives Reagieren" verstehen (Schumpeter, 1987, S. 184).

Die Wahl dieser Optionen ist von Werten, auch von Ideologien geprägt. Des Weiteren spielen die jeweiligen theoretischen und empirischen Weltkonstruktionen eine Schlüsselrolle. Die Auseinandersetzung zwischen den vorgetragenen Alternativen ist „hart" bis hin zur Verunglimpfung. Ökonomische und politische Interessen sind durchgängig angesprochen. Auch Forscher, die ihr gesamtes wissenschaftliches Leben demographischen Fragen gewidmet haben, neigen zu umstrittenen, auch politisch kontroversen Sichtweisen, sich jeweils auf empirische Untersuchungen berufend. In einer komplexen Welt mit ihrer Vielfalt interagierender Einflüsse ist Empirie weitgehend eine selbsterzeugte. Durch Studien läßt sich alles belegen. Man vergleiche etwa die Untersuchungen von Herwig Birg (zusammengefaßt in Birg, 2014: Die alternde Republik und das Versagen der Politik; Birg, 2015), die in der Zuwanderungsdebatte weitgehend ausgeblendet sind, da sie den herrschenden politischen und medialen Sichtweisen widersprechen.[119] Der Einwanderung wäre zu dem die Auswanderung gegenüberzustellen. Vor allem hochqualifizierte Menschen verlassen „in Scharen" das Land (Diems, 2015a). London ist die sechstgrößte Stadt für Franzosen geworden. Aus französischer Sicht hat das Vereinigte Königreich einen „Roten Teppich" für französische Staatsbürger ausgelegt. Eine „Flucht der Gehirne" aus Frankreich wird beobachtet, zwischen 300.000 und 400.000 Personen, ein „kolossaler Verlust" (Syfuss-Arnaud, 2014). Frankreich darf sich allerdings im Vergleich mit Deutschland über eine hohe Reproduktionsrate und einen bedeutenden Anteil von Menschen mit Migrationshintergrund (mitverantwortlich für die hohe Kinderzahl) erfreuen. Die Zuwanderer selbst und ihre Kinder (alle französische Staatsbürger mit voller Unterstützung durch das hochentwickelte Sozialsystem in Frankreich) haben große Schwierigkeiten, sich in die Arbeitsmärkte zu integrieren. 40 Prozent der überwiegend jungen Population der Zugewanderten sind arbeitslos. „Für Araber und Schwarze ist es unmöglich, einen Arbeitsplatz zu bekommen, sagt der Sohn eines marokkanischen Immigranten" (obige Aussagen aus Thomson, 2015). Renault und Dacia bauen in Marokko Automobile, die auch in Deutschland verkauft werden. Ob der Rückgang der Lebenserwartung in Frankreich (2015: Männer 0,3Jahre, Frauen 0,4 Jahre[120]) immigrationsbedingt ist, bliebe demographisch zu untersuchen. Eine „schwarze Null" ist für Frankreich eine Illusion und auch für Deutschland seit 2015 zunehmend illusorisch. Die Immigration bindet zunehmend Ressourcen (Steuergelder, auch neue Schulden), die für neukombinative Vorhaben und infrastrukturelle Investitionen nicht mehr verfügbar sind, somit Wachstums- und Produktivitätseinbußen bewirken. Die Taxifirma Uber ist noch nicht wie in Deutschland eine verbotene Innovation, die Behinderungen sind jedoch massiv, erschweren gerade Zugewanderten sich aus der Arbeitslosigkeit zu befreien (Chassany, 2016). Die Integration alter Menschen in Uberdienste, in den USA Normalität, ist jenseits der behördlichen und potentiell-unternehmerischen Vorstellungskraft (letztere persönlichkeitsstrukturell bedingt).[121] Uber hat weltweit (außer in Europa) Imitatoren ins Leben gerufen, vielfach Menschen eine Einkommensmöglichkeit verschaffend (Frauen, ältere Menschen, in Indien Angehörige niedriger Kasten), die sonst nur bescheidene Chancen für eine produktive Erwerbstätigkeit hatten. 40 Millionen Fahrten pro Woche hat Uber in China ermöglicht, der

---

[119] Eine kritische Darstellung, wie die Arbeitsagentur die Flüchtlingszahlen und die Bildungs- und Fachqualifikationsprofile der Zugewanderten statistisch erfaßt, findet sich in http://www.tichyseinblick.de/wirtschaft/migranten-und-arbeitsmarkt/

[120] http://www.lemonde.fr/les-decodeurs/article/2016/01/19/8-graphiques-pour-comprendre-la-demographie-francaise_4849781_4355770.html. Die genannte Quelle gibt im übrigen einen exzellenten graphischen Einblick in die demographische Entwicklung in Frankreich.

[121] Bereits Georg Simmel hat 1913 (zitiert aus 2009) parallel zu Schumpeter die Funktion der Persönlichkeit in einer „Geldwirtschaft" durchgängig dargelegt. „Es sind die verschiedenen Interessen und Betätigungsphären, die durch die Geldwirtschaft ihre relative Selbständigkeit erhalten. [...] die ökonomische Leistung bleibt ein Teil der Persönlichkeit." (Simmel, 2009, S. 533).

größte Konkurrent Didi (geleitet von einer Frau), der Uber im Jahr 2016 gegen eine seriöse Bezahlung aufkaufte, 100 Millionen.[122]

Eine Gegenüberstellung der Wohlstands- und Entwicklungs/Innovationswirkungen ist uns nicht bekannt. Inputlogisch: Humankapital hoher Qualität verläßt das Land, solches niedrigerer Qualität wandert ein. Es genügt somit nicht, lediglich die Zahl der Migranten und Auswanderer einander gegenüber zu stellen, wenn Qualität und Innovations- wie Evolutionsvermögen unberücksichtigt bleiben. Da Hochqualifizierte Länder wie Deutschland und Frankreich verlassen, leidet evidentermaßen die zukünftige Innovationsfähigkeit. Bereits aus diesen Überlegungen kann deutlich werden, wie wichtig die Mobilisierung von unternehmerischem Humankapital jenseits bestimmter Altersgrenzen wäre.

Auch wir skizzieren einen Weg, den man als kontrovers bezeichnen mag, folgen jedoch vollständig einem theoretischen Ansatz, den man als schöpferisches und evolutorisches Antworten auf die Herausforderungen der Demographie bezeichnen kann. Joseph Schumpeter unterscheidet zwei Möglichkeiten, auf Veränderungen von „Daten" wie demographische Veränderungen zu antworten: adaptives und schöpferisches (innovatives) Antworten oder Reagieren (siehe Schumpeter, 1987). Wir fügen eine dritte Möglichkeit hinzu: evolutorisches Reagieren. Die vorherrschenden Aktionsparameter sind adaptiv angelegt. Die von uns vorgestellten innovativ und evolutorisch. Ein Routinesystem kann „Störungen" aus dem Innovationssystem nur durch Routinestrukturen verarbeiten: „adaptives Reagieren" (Schumpeter), Anpassung an „Änderung der Daten" (Schumpeter, 1987, S. 187). Wachstum ist möglich durch vermehrte Bereitstellung von Ressourcen (Arbeitskräften, Erwerbstätigen).

Immigration (Zuwanderung) heißt im Wachstumskontext: Das einer Wirtschaft zur Verfügung stehende Humankapital nimmt zu. Sein Import vermag deswegen einen demographisch bedingten Rückgang an Arbeitskraft tendenziell auszugleichen.[123] Die „Wirtschaft" in allen entwickelten Volkswirtschaften setzt sich für diesen „Import" ein, auf allen Stufen der Qualifikation.[124] Die Klagen der amerikanischen Wirtschaft sind bekannt. Die Landwirtschaft, Bauindustrie usw. wünscht Arbeitskräfte insbesondere aus Lateinamerika, die High-Tech-Branchen beklagen die restriktive Vergabe - seit der Initiierung des „Kampfes gegen den Terrorismus" - von Visa an Hochqualifizierte aus Süd- und Ostasien, die Universitäten suchen dringend Dozenten für Studiengänge, an denen Amerikaner wenig Interesse haben (etwa Engineering im Vergleich zu Law und MBA). 233,000 Menschen wollten ein US-Visa. 85,000 wurden gewährt – in einem Lotterieverfahren. Silicon Valley ist enttäuscht. 7,000 bis 10,000 Dollar waren von Visa-Interessierten aufzuwenden, unter anderem für Rechtsanwälte, um ein Visa zu erhalten (Lesnes, 2015). Silicon Valley hat sich primär zu einem Standort von Consumermedia auf der Grundlage des 5. Kondratieff (in Deutschland auch als Teil von Industrie 4.0 bezeichnet) entwickelt, ökonomisch bringt das leider nicht viel im Vergleich zu den Langen Wellen des 6. Kondratieff (Bio, Nano etc.), in denen Unternehmen wie Google (Apple weniger) bereits aktiv sind. Die Nutzung von Big Data könnte Informations- und Kommunikationstechnologie noch wirkungsvoller an das Gesundheitssystem anbinden, medizinische Forschung produktiver gestalten (Wallace, 2015c) und auch für ältere Menschen neue, auch selbstevolutive Chancen biologischen Unternehmertums erschließen (Jolly, 2015) und somit dazu

---

[122] Die Vorstandsvorsitzende von Didi, Liu Qing oder Jean Liu zum Kauf von Uber: „Wir lieferten uns einen erschütternden Krieg. Und wenn wir nun unsere Hände verbinden, unsere Liebe wird bis zum Ende der Zeit andauern." Wir zitieren Frau Liu, um diese Aussage nicht zu vergessen.

[123] Wir klammern solche Überlegungen aus, die sich auf Integrationsfragen, Übernutzung der Sozialsysteme, parallelgesellschaftliche Entwicklung usw. beziehen.

[124] Wir sind auf diese Fragen an anderer Stelle ausführlicher eingegangen und sprechen in diesem Abschnitt nur einige Zusammenhänge an, die mit dem demographischen Wandel verknüpft sind.

beitragen, die Erwerbstätigkeit in ein höheres Alter auszuweiten. Auch das sogenannte Big Data (kurz gefaßt Digitalisierung im Medizinsystem) [125] vermöchte die Informations-, Kommunikations- und Diagnosetechnologie für die Gesundheitsforschung und Therapie voranbringen. Auf die Nutzung von Robotern, welche zunehmend Arbeitskräfte mit geringer Qualifikation und Erfahrung ersetzen und somit auch immigrationshemmend wirken könnte, gehen wir später ein.

Abbildung 17: Kondratieff-Zyklen

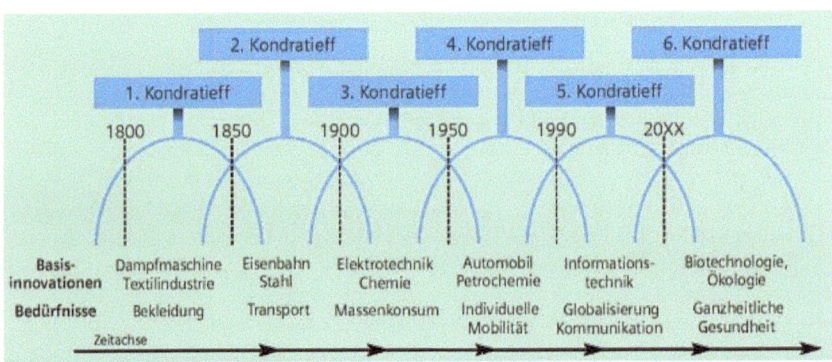

Die alten Industrienationen befinden sich im Kondratieff-Winter. Auf Argumente, die langfristige Innovationsdynamik würde technologisch-wissenschaftlich bedingt (siehe etwa die Argumente von Gordon, 2015) Geschichte sein, gehen wir noch ein. In den USA, teilweise in China und noch teilweiser in Japan, ist die sechste lange Welle ökonomisch allerdings bereits erkennbar, in Westeuropa nahezu ein Nobody. Umsatz der Biotechindustrie (Komponente des sechsten Kondratieff) in Deutschland rund drei Mrd Euro, der Automobilindustrie (Vierte Lange Welle) 368 Mrd. Google ist ein Pionier im 5. und 6. Kondratieff, daher zu Recht von der EU-Kommission „zurecht" gewiesen. Die Automobilindustrie (4. Kondratieff) illustriert. In Europa stagnieren die Automobilzulassungen (2010: 13,0 Millionen; 2016, geschätzt: 13,3 Millionen) In den USA: Zunahme von 11,6 auf 17,5; in China von 11,3 auf 21,3; jeweils nach Schätzungen des Verbands der Automobilindustrie. Die Automobilbranche bleibt im Industriesektor die führende. Deswegen versuchen Regierungen Innovationen in diesem Sektor zu subventionieren, Beispiel Elektromobile. Selbstfahrende oder autonome Automobile sind noch nicht marktreif, ausgenommen Tesla. Die alternde Bevölkerung liefert ihren Negativbeitrag: eine geringere Kaufkraft, eine abnehmende Zahl und verkehrssicherheitlich motivierte Direktiven. Aber auch in jüngeren Generationen sinkt die Kaufbereitschaft, in Japan am deutlichsten.

Ein weiteres Beispiel ist die Biotechnologie. Die USA ist der noch führende Standort, in anderen Ländern bleibt sie angesichts ihres Potentials unterentwickelt. Die „Zukunftswerte" werden Schritt für Schritt in Wertschöpfung umgesetzt und im Bereich der Gesundheit in lebensverlängernde Interventionen. In unserer Sprache: Biotech ist Teil des 6. Kondratieff. Sie übertrifft bereits heute hinsichtlich ihrer Zukunftswerte einen Vorgängerkondratieff wie die Automobilindustrie in den USA. Deutschland bleibt

---

[125] In Deutschland als Teil von Industrie 4.0 verstanden.

auf Automobile fixiert und diese „lebt" von den Aufholkondratieffs im Ausland (China, andere Schwellenländer). [126] Die negativen externen Wirkungen (Umweltverschmutzung) in China sind so beträchtlich, dass man zweifeln kann, würden sie in die Wertschöpfung integriert, wieviel an Nettowertschöpfung übrig bliebe. Die Automobilindustrie steht (nach den Vorhersagen der Beratungsgesellschaft Roland Berger 2016) vor dramatischen Entwicklungen: Autonomes Fahren oder selbstfahrende Autos, robotergesteuerte Automobile und neue Dienstleistungsangebote auch im Taxigewerbe werden die Branche revolutionieren. Die Taxibranche ist schöpferischer Zerstörung ausgesetzt; durch Firmen wie Uber und viele Imitatoren. Das selbstfahrende Auto folgt. Sechzig Prozent der Taxigebühren entfallen auf die Lohnkosten des Fahrers. Wandelt sich das Auto in ein autonomes, spart die Taxifirma diese sechzig (McGee, 2016). Die Folgen für den Kauf von PKWs sind noch unbekannt, aber wenn die Taxigebühren um die Hälfte sinken würden, warum mit der Eisenbahn zum Flughafen oder zum Fußballspiel fahren? Warum ein Auto kaufen, werden sich viele überlegen, insbesondere ältere Menschen, auch verkehrsgesetzlich zunehmender Diskriminierung ausgesetzt. Die schöpferische Zerstörung steigert Wohlstand und Wohlbefinden alter Menschen: als Werteschöpfer, als Konsumten von Silbergütern. Die Mobilität Älterer erhöht sich nicht nur, sondern für ältere Menschen erschließen sich neue Potentiale in demographisch alternden Gesellschaften. Das Zusammenwirken von Roboterisierung, Datenmanagement (Big data), künstlicher Intelligenz wird, wie alle grundlegenden Innovationen, Arbeitsplätze vernichten, aber auch neue schaffen; unsere Vermutung, weniger für Menschen, die aus Entwicklungsländern zuwandern als für bereits gutqualifizierte Ältereingesessene.

Das Grundproblem: Wie vermag eine demographisch alternde Gesellschaft Lange Wellen nicht nur zu erschließen und ihre Entstehung zu fördern (im Rahmen ethisch-moralischer oder memetischer Beschränkungen), sondern ältere Menschen in diese einzubinden. Im Konsum geschieht dies nahezu automatisch, in einer durch alte Menschen selbst erzeugten Werteschaffung als Erwerbstätige sind Herausforderungen beträchtlich.

Wir bewegen uns in unserem Text in einer neuen, anderen Welt. Wenn Menschen altern, denkt der Mainstream in Politik, Wirtschaft, Medien, auch in Teilen der Wissenschaft, an das Negative, die „Vergreisung." Wenn Menschen durch Innovationen länger leben können, wenn sie selbst als biologische Unternehmer ihre Körper achten und fördern, daher länger arbeiten und ihre Kompetenz erhöhen können, erzeugen sie Zukunftswerte, die sich zunehmend – siehe Biotechnologie – in Gegenwartswerten niederschlagen. 100 Jahre alt? No problem. Ich arbeite, Ich mache Ikegai (sagen die Japaner).

Man hofft in Europa, insbesondere in Deutschland, durch Zuwanderung hochintelligenter Zuwanderer aus Afrika, dem Balkan und dem Nahen/Mittleren Osten eine Wende vom vierten zum fünften und von

---

[126] Ein Kommentator von Andreas Frick zur Unterentwicklung der Informatik in Deutschland: „Mathe ist hart Informatik bedeutet eben nicht nur etwas Programmieren sondern vor allem angewandte Mathematik. Und die ist nun einmal sehr schwierig. An den Schulen wird das Niveau aber immer mehr gesenkt, denn jemand das Abitur zu verweigern, weil er mit Mathe, Latein und Altgriechisch überfordert ist, ist nach gängiger politischer Korrektheit schlicht asozial. Außerdem ist die Industrie nicht bereit, hochqualifizierten Absolventen ordentliche Gehälter zu zahlen. Deutschland ist in Sachen Computertechnik auch schon hoffnungslos abgehängt. Hier gibt es keine Unternehmen mehr, die Innovationsführer sind. Für Mutti ist das WWW Neuland, und freie Meinungsäußerung Hetze, die bekämpft werden muß. Die Revolution der Informationstechnik wird als Gefahr gesehen, weil sie von führenden Politikern nicht verstanden wird. Die sind meist Juristen oder Geisteswissenschaftler. Da muß man sich nicht wundern, daß es weiter bergab geht" (http://www.faz.net/aktuell/feuilleton/forschung-und-lehre/die-neue-reflexionselite-bleibt-stumm-informatik-studium-wird-dem-neuen-rollenbild-nicht-gerecht-14098471.html#lesermeinungen (02.03.2016).

diesem zum 6. Kondratieff zu verwirklichen.[127] Das historisch aussergewöhnlich hohe Wachstum in jungen Industrieländern Ostasiens resultiert primär aus dem Zusammenwirken mehrerer Kondratieffs (Langen Wellen), von uns Multikondratieff genannt. Zum fünften Kondratieff vergleiche man etwa die Innovationsintensität in Südkorea mit der von Deutschland. Korea und Japan sind zu erwähnen, weil in diesen Ländern die Erwerbstätigkeit alter Menschen intensiver ausfällt und zunehmend vom Staat gefördert wird (World Bank, 2016 stellt Daten vor und faßt Maßnahmen zusammen). Die sechste Lange Welle wird in den USA angestoßen, wird sich allerdings zunehmend nach Ostasien verlagern, nicht nur investitions- und kompetenzbedingt, sondern auch wegen der Entregulierung (etwa bei der Prüfung und Zulassung neuer medizinischer Interventionen. Am Beispiel Chinas siehe Roth u.a., 2015; Ward, 2016b). China will etwa den Zeitpunkt, in dem ein Medikament für Patienten verfügbar wird, auf zwei Jahre verringern (in den USA oftmals bis zu 10 Jahren). Die gesunde Lebensspanne in diesen Ländern und damit die Chancen für lebenslanges Unternehmertum wird auch die westlicher Länder übertreffen, weil die traditionelle, oftmals selbstpräventive Nutzung traditioneller Verfahren der Gesundheitspflege in der Lebenspraxis der Menschen verankert ist und medizin-wissenschaftlich nicht der Logik der von Descartes verpflichteten Westmedizin (Meyer-Abich, 2010) unterworfen ist. Die Erwerbstätigkeit im Alter in Korea und Japan übertrifft diejenige in westeuropäischen Ländern bereits heute. Japan ist das Land mit der höchsten gesunden Lebensspanne, Korea nimmt den neunten Rang ein, Singapur ist die Numer zwei (Murray u.a., 2015). Dieser Vorsprung wird sich ausweiten, auch weil diese Länder Zuwanderung nicht als Ausweg aus der demographischen Alterung sehen. China blieb lange Zeit einer Ein-Kind-Politik und der Rente mit 60 von Mao-ste Tung verpflichtet, sog. Reformen sind jedoch eingeleitet. Das Renteneintrittalter steigt und die die Ein-Kind-Direktive gilt als beendet. Alle genannten Länder setzen auf technologische Neukombinationen des 6. Kondratieff, um ihre demographische Herausforderung zu bewältigen. Singapur etwa führt selbstfahrende Taxis ein und erlaubt Robotern die Unterstützung alter Menschen in Altenheimen. Wirkungsungewißheit wird akzeptiert. Der Stadtstaat hält sich mit der Zuwanderung von Arbeitskräften zurück. Die Bevölkerung lehnt es ab und die herrschende Partei befürchtet einen politischen Machtverlust.

Polemik kann hier nicht ausbleiben. Was ist der am stärksten wachsende „Wertschöpfer" in Deutschland? Deutschland erzielte zwischen 2008 und 2014 ein jährliches Wachstum von 0,6 Prozent, ist somit nach der obigen Logik noch im Winter des Kondratieff. Die jährlichen Wachstumsraten einzelner Sektoren waren in der Luft- und Raumfahrt (2. und 4. Kondratieff) mit 6.2 Prozent gefolgt vom Profifußball mit 6.1 Prozent am höchsten. Bei letzterem ist der außergewöhnliche Beitrag von Menschen mit Migrationshintergrund bemerkenswert. Immerhin gibt es hier aufgrund der vielfältigen Verletzungen und Einsatz von Dopingmitteln einen Beitrag zum Gesundheitswesen (6. Kondratieff), welches allerdings mit 1.2 Prozent am Ende der Wachstumstabelle bleibt.[128] Man beachte den Anstieg des US-Biotechindex in den vergangenen Jahren, um zu erkennen, welche Vermögenswerte (Schumpeter spricht von „Zukunftswerten") durch Kondratieff-Komponenten erzeugt werden. IT-Dienstleistungen (5. Kondratieff) wuchsen mit 3,8 Prozent, die Automobilindustrie (4. Kondratieff) mit 3,4 Prozent. Im Vergleich zu China gewinnt man den Eindruck, die europäischen Länder fallen zurück oder China holt auf. Migration ist in China ausgeprägt, folgt aber einem anderen Muster als Europa oder anderer westlicher

---

[127] In allen unseren Veröffentlichungen (zuletzt Röpke, 2015) haben wir mit dem Kondratieffmodell gearbeitet. Siehe auch Haga (2013) mit ausführlichen Überlegungen, in welche die demographischen Entwicklungen explizit integriert sind.

[128] Quelle für diese Daten: Börsenzeitung, 12. August 2015, S. 9: „Bundesliga legt hohes Tempo vor. Wertschöpfung des Profifußballs wächst zehnmal schneller als Gesamtwirtschaft." Wir erkennen hier im übrigen auch den Wert statistischer Aussagen: Worin besteht die „Wertschöpfung" im Profifußball?

Länder. China setzt wie andere ostasiatische Länder und nicht wie die früher nahezu populationsleeren Regionen in Nord- und Südamerika oder Australien/Neuseeland auf interne Migranten. Deutsche wandern aus, Iren wandern aus, wechseln eigentlich aber nur ihren Wohnort, denn dort, wohin sie sich aufmachten, gab es nur wenige Menschen, mit denen sie in direkte Konkurrenz um Arbeitskräfte und sozialstaatliche Angebote treten mußten. Die interne Migration in wirtschaftlich fortgeschrittenen und bevölkerungsdichten Ländern ist eine ökonomisch bedingte und primär durch schöpferische Zerstörung erzeugte. Die Populationsdynamik in den USA, Australien etc. könnte man deswegen als eine Art interner Migration verstehen, willkommenkulturell problemlos. Ostdeutsche gehen nach Westdeutschland. Die Stahl/Kohleindustrie fährt zurück. Arbeitskräfte verlassen die Standorte, ziehen um. In China beobachten wir eine massive Migration zunächst aus der Landwirtschaft in die Industrie. Da Schwerindustrie wie Stahl, Schiffbau, Rohstoffe leiden, Arbeitskräfte freisetzen, ist nunmehr eine Migration von den Altindustrien (Old economy) in neue Wirtschaftszweige (New economy) zu beobachten (Kynge, 2016): Forschung & Entwicklung, Medizin, Dienstleistungen, Finanzsektor, Internetfirmen, Handel, Aufbau neuer Langer Wellen. Neue Industrien befinden sich in rascher Entwicklung (weniger in Europa). Den Internet things of development, Träger eines sechsten Kondratieff, werden bis zum Jahr 2025 ein Umsatzvolumen von 11,000 Mrd. Dollar vorausgesagt (Wallace, 2016). Wer seine Ressourcen nicht neu zu kombinieren vermag, bemüht sich um Inputwachstum.

Die geschilderten Migrationsbewegungen sind zunehmend in demographische Prozesse, insbesondere Alterung der Bevölkerung eingebunden. Der Ruhestand verschiebt sich in ein höheres Alter, Menschen arbeiten länger, die Erwerbstätigkeit älterer Kohorten nimmt somit zu, also Migrationsprozesse zwischen und in bestimmten Generationen. Der „Ruf" etablierter Produzenten nach Zuwanderern ist somit durch zumindest zwei Problembereiche beeinflußt: geringe Innovationsneigung in den betroffenen Unternehmen oder Industriezweigen und/oder Weigerung auch durch politischen und gewerkschaftlichen Druck bedingt, Arbeitskräfte anderen Verwendungen einschließlich Freisetzung zuzuführen.

Abbildung 18: „Asylsuchende in den wichtigsten europäischen Ländern, in Millionen, 2014"

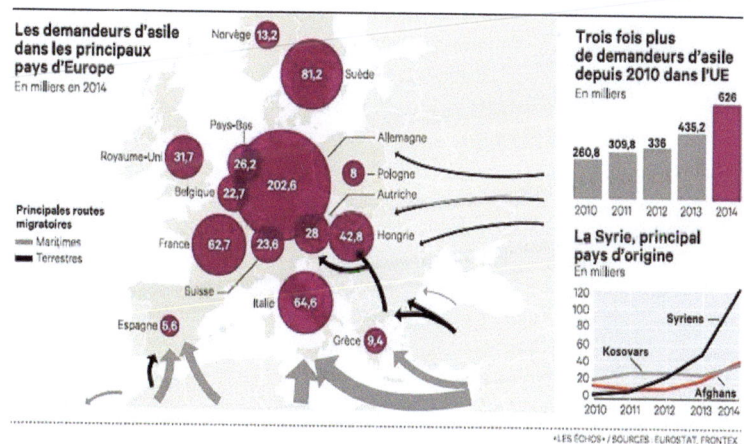

Quelle: Les Echos, 13. Mai, 2015.[129]

---

[129] http://www.lesechos.fr/monde/europe/02165243463-migration-la-mise-en-place-de-quotas-de-refugies-divise-les-europeens-1118860.php

Die Abbildung zeigt die Anzahl der Asylmigranten, die in europäische Länder im Jahr 2014 nach Europa einwanderten. Folgen wir der vorherrschenden Wachstumslogik, könnte Deutschland einem beträchtlichen Wachstumsimpuls entgegensehen, zudem die Einwanderer einer relativ jungen Generation angehören. Für Deutschland gilt (oder galt?): „Aufschwung braucht Zuwanderung" (Hüther, 2007). Mangel an Ingenieuren und anderen Hochqualifizierten bremst die Expansion und behindert Innovation. 350,000 Ingenieure fehlen, folgt man der gleichen Quelle (Institut der Deutschen Wirtschaft) acht Jahre später (Kramer, 2015). „Deswegen sollten wir den Mut für eine wirklich ökonomisch gesteuerte Zuwanderung aufbringen. ... Es gibt kein anderes Instrument, das auf *kurze Sicht* vergleichbar wirksame Abhilfe verspricht." (Hüther; unsere Hervorhebung).

Ein ausländischer Wissenschaftler, in Japan forschend, reflektiert diese Sichtweise.

Die alternde Bevölkerung in Japan und die abnehmende Geburtenrate verringert die wirtschaftliche Produktivität und wird letztendlich die Lebensqualität all jener beeinflussen, welche auf den Inseln leben. Es scheint, daß die Regierung, widerstrebend, erkannt hat, daß ein großer Teil der Lösungen für dieses Problem darin besteht, eine substantielle Anzahl ausländischer Arbeitskräfte ins Land zu bringen.

Unglücklicherweise und antiproduktiv bezüglich einer Lösung der japanischen demographischen Realität, wird eine Internationalisierung der Arbeiterschaft oft mit der Vorstellung einer Erosion der nationalen Identität in Beziehung gebracht, emotional eingebunden in die seltsame Idee rassischter und genetischer Homogenität (Osborne, 2007).

Bemerkenswert an dieser Stellungnahme ist die Kombination von "Inputlogik" und Zurückweisung der Einstellung der japanischen Bevölkerung: Emotionale, „rassistische" (nach deutscher Interpretation) und genetische Meme blockieren.

Immigration als „Joker" des Wachstums? Diese verbreitete Sichtweise betont die Vorteile, wie immer definiert und hergeleitet und geht auf die Opportunitätskosten der Zuwanderung nicht ein. Bei inputlogischer Betrachtung ist das auch schwierig, weil sie durch die aufgesetzte theoretische Brille nicht sichtbar sind, das Phänomen des Blinden Flecks.

In Japan könnten im Jahr 2050 rund 45% der Bevölkerung über 65 Jahre alt sein (Hein, 2013; McKinsey, 2015). Was nur in einem Debakel enden kann: „The trend is unmistakable and potent: Japan is heading for a demographic disaster."[130] Der anonyme Autor sieht vier Möglichkeiten, das Desaster abzuwenden: Immigration (large scale immigration, the type that could salvage Japan's demographic situation, may provoke major public clashes with its near-homogenous population);mehr Kinder; Senken der Mortalitätsrate; länger arbeiten: Erhöhung des Renteneintrittsalters auf 77 Jahre. Wenn man über eine kulturnahe Immigration nachdenkt, kommen China und Korea in Betracht, eventuell in Brasilien lebende Japaner. China und Korea sehen sich vergleichbaren demographischen Herausforderungen gegenüber. Korea und Japan sind demographisch weitgehend deckungsgleich (siehe auch Daten bei Hein, 2013). Was der angeführte anonyme Autor anspricht, läßt sich als herrschende Meinung betrachten. Um mit seinen Alterungsproblemen Herr zu werden, müßte Japan „jährlich 600.000 Einwanderer" aufnehmen (Schmitt, 2014). Die Japaner waren selbst vor mehreren Tausend Jahren Migranten. Neo-migratorische Eingriffe in ihre homogene Migrantenkultur weisen sie zurück.

Bislang scheint Japan mit dem Rückgang der arbeitenden Bevölkerung im Vergleich zu anderen entwickelten Volkswirtschaften keine Schwierigkeiten zu haben, zudem die Regierungen in Japan

---

[130] http://thefot.tumblr.com/tagged/population-projections (Abruf: 24. 7. 2013).

versuchen, durch vielfältige, nur zögerlich umgesetzte Reformen, die wirtschaftliche Leistungsfähigkeit zu steigern. Die Wertschöpfung (Bruttosozialprodukt) pro Kopf der arbeitenden Bevölkerung im Alter von 15-54 übertrifft die aller anderen Volkswirtschaften in den Jahren 2000 bis 2015 (Wolf, 2016). Auch die Prozentzahl der Arbeitslosen (rund drei Prozent) ist signifikant geringer als in anderen Ländern. Da in Japan auch mehr ältere Menschen arbeiten als in anderen Ländern, wird zudem der Rückgang der arbeitenden Erwerbstätigen in jüngeren Alterskohorten zumindest in Teilen kompensiert. Roboter alimentieren das Arbeitsangebot. Das Hauptproblem Japans sehen wir in der relativen geringen Investitionsbereitschaft oder der hohen Sparneigung der Unternehmen, welche primär einer geringen Innovationskraft geschuldet ist. Unternehmen kaufen andere Unternehmen oder fusionieren mit ihnen, zu Lasten der Entwicklung und Durchsetzung von Neukombinationen. In diesem Feld unterscheidet sich Japan jedoch nicht von anderen reifen Industriestaaten.[131] Die sechste Lange Welle ist jedoch längst angelaufen. Wer nicht mitschwimmt, wird von den Wellen an ein innovationsarmes Ufer geschwemmt. Die Roboterwirtschaft wird getragen von einem Investitionsboom. Der Robotermarkt könnte bis zum Jahr 2019 ein Volumen von 135 Mrd. Dollar erreichen. Die Investitionen in „robotics" erreichten im Jahr 2015 bereits knapp 600 Mrd. Dollar, angeführt von den USA, China und Japan. Europa läuft hinterher. (Waters & Bradshaw, 2016) Auf China entfallen ein Drittel der roboterrelevanten Patente, auf Europa ein Drittel der Chinesen.

Bemerkenswert scheint, daß die Länder mit bescheidener Immigrationsbereitschaft die Roboterwelle am stärksten vorantreiben. Benötigt ein Land Zuwanderer, wenn es Arbeitskräfte durch Roboter ersetzt, deren Arbeitsproduktivität jene auch gut qualifizierter Arbeitskräfte mit Hochschulabschluß zu übertreffen scheint? „As these good jobs, often held by university graduates, begin to disappear, faith in education and training as the solution to technological disruption of the job market is also likely to erode", vermutet Martin Ford (2016), der 2015 das Buch „The rise of the robots" publizierte. In welchen Berufen arbeiten dann die Zuwanderer, welche Industrie, Politik und Medien als in Deutschland notwendig für den Erhalt der Wirtschaftsdynamik ansehen? Werden Erwerbstätige in hohem Alter durch neue Technologien überflüssig gemacht (eine Frage, der wir uns später ausführlicher widmen).

Könnte Japan betreffend, andere Länder mit vergleichbaren demographischen Herausforderungen ließen sich anführen, die Zurückhaltung gegenüber Zuwanderung entgegen der noch vorherrschenden Sichtweise („Vergreisung", Überalterung) die Innovationsdynamik (Beispiele sind Roboter, Digitalisierung) anregen? Bewirkt ein Rückgang der Bevölkerung einen Verlust an Innovationschancen und damit eine Stagnation wenn nicht Rückgang von Lebensstandard und Evolutionspotential? Wachsen Länder ökonomisch, wenn auch ihre Bevölkerung wächst, wie es in zahlreichen Entwicklungsländern in bestimmten Perioden zu beobachten ist, insbesondere in Afrika? Afrika ist der Kontinent mit der am stärksten wachsenden jungen Bevölkerung, in vielen Ländern fünf bis sechs Kinder pro Frau. Internationale Institutionen wie Währungsfonds und Weltbank, insbesondere jedoch Teile der Wirtschaftswissenschaften und die Forschungsabteilungen von Investmentbanken und Investoren, sahen (bis zum Jahr 2015) afrikanische Länder in einem langfristig-überdurchschnittlichen Wachstumstrend. Seit 2015 stagnieren die Realeinkommen pro Kopf. Der oftmals angesprochene Mittelstand als Konsumtreiber besteht vor allem aus Staatsbediensteten. Afrika leidet an der Holländischen Krankheit (Fokus auf Rohstoffe). Sinken die Rohstoffpreise, leidet das Wirtschaftswachtum. Die Bevölkerungszunahme ändert

---

[131] Wie Wolf (2016) aus keynesianischer oder Nachfragesicht schreibt: „Japan must offset the private surpluses, export them or eliminate them. This is the dominant challenge." Das gleiche analysiert er für Deutschland. Schumpeterianisch sind Investitionen der primäre Wachstumsmotor, die selbstverständlich auch Nachfragedynamik erzeugen.

daran wenig. Das einheimische Unternehmertum ist auf Routine, Arbitrage und Rentseeking ausgerichtet. Industrieproduktion ist weitgehend unbekannt oder quantitativ gering.[132] In China bewegt sich das Bevölkerungswachstum in Richtung auf null. Wie konnte dieses Land sein Prokopfeinkommen so dramatisch erhöhen, die Wertschöpfung pro Kopf zwischen 1978 und 2015 um das 23-fache steigern? (Wolf, 2017)? Martin Wolf erklärt Chinas Wachstum mit „Innovation". Warum vermögen Volkswirtschaften auch mit einer überdurchschnittlich wachsenden, jungen Bevölkerung sich nur bescheiden zu entwickeln während demographisch stagnierende Länder (China/Taiwan, Korea; Japan ohnehin), vor wenigen Jahrzehnten (ausgenommen Japan) noch Entwicklungsländer, in die Spitzengruppe von Realeinkommen wie Produktivität pro Kopf und technischem Fortschritt vorstoßen? Ist somit Bevölkerungswachstum ein Treiber von Wohlstand und Neukombinationen? Einige Länder (USA, Australien etc.) waren vormals nahezu ohne eine markt-ökonomische Werte produzierende Bevölkerung (Indianer, Aborigines). Was von dieser überlebte, wurde von Immigranten nahezu ausgelöscht oder in Reservate abgedrängt (heute noch in Südamerika, teilweise staatlich gefördert, zu beobachten).

Wir können weiter differenzieren. Benötigen demographisch alternde Gesellschaften die Zuwanderung ausländischer Arbeitskräfte?

Sind demographisch alternde Länder innovationsschwach, wie können sie wachsen, genauer, sich entwickeln? a) Sie können versuchen, durch Mehrarbeit insbesondere älterer Menschen ihre Wirtschaftsleistung zu steigern. b) Geschieht dies nicht, wer unterstützt, versorgt, alimentiert die wachsende Zahl älterer, nicht mehr wertschöpfender Menschen? Zuwanderung oder Immigration kann das Leben im Ruhestand einer alternden Gesellschaft alimentieren, wenn das zugewanderte Humankapital einer Erwerbstätigkeit nachgeht und dies auf einer Ebene der Produktivität geschieht, welche der der ausgeschiedenen Erwerbstätigen entspricht. c) Ist die Produktivität der Zugewanderten geringer als die den Arbeitsmarkt verlassenden älteren Menschen, müßte die Arbeit der weniger produktiven Einheimischen durch Zuwanderer ersetzt werden und die freigesetzten Einheimischen in höher produktive Arbeitsfelder wechseln. Die Zugewanderten machen den Einheimischen somit auf dem Arbeitsmarkt Konkurrenz. d) Wenn Roboter zunehmend im Arbeitsmarkt aktiv werden, verlassen wir die obige Logik: Innovation zieht ein.[133] Roboter und andere Innovationsinitiativen ersetzen oder modifizieren das Zuwanderungsszenario. Roboter-Berater (Menschen und künstlich intelligent gemachte Maschinen) helfen alten Menschen – und schaffen auch Arbeitsplätze für diese, unter anderem, in dem sie andere Menschen, auch ihre Altersgenossen, beraten, wie sie mit Robotern zu ihrem jeweiligen Vorteil interagieren können. e) Auch wenn ältere Menschen selbst in den Innovationsprozess eingebunden sind, verringert sich die Notwendigkeit der Zuwanderung. Routine weicht der Innovation. Dies geschieht, in dem neue Produkte und Dienstleistungen speziell für alte Menschen verfügbar werden, die Entfaltung des sogenannten Silbermarkts (ein Segment des „Konsumkapitalismus"). Es bleibt zu untersuchen (15.,16. & 17. Kapitel), ob die Schaffung einer Nachfragedynamik durch ältere Menschen die Wirtschaftsdynamik in einer alternden Gesellschaften erhalten kann. Ältere Menschen können auch selbst innovieren, also als

---

[132] Zu Afrika möchten wir auf einen Beitrag von David Pilling (2016a) in der Financial Times verweisen. Bemerkenswert, welches Niveau ein journalistischer Artikel erreichen kann.

[133] Einen detaillierten Überblick über die Einsatzfelder von Robotern, vielfach bereits in der Praxis tätig, gibt Joignot (2016). Der französische Autor spart auch den Hinweis auf eine „destruction créatrice" von Schumpeter nicht aus, führt jedoch Argumente an, welche die Befürchtungen vieler Autoren (Freisetzung von Arbeitskräften und ähnliches) zurückweisen.

Neuerer aktiv sein, entweder in selbständiger oder unselbstständiger Arbeit. Diese letzte Alternative ist (leider) die anspruchsvollste, da auch in selbstevolutive Prozesse eingebunden.

Die zentrale Aussage (mit obigen Einschränkungen) somit: Reproduziert sich eine alternde Gesellschaft in Routine, sinkt ihre Wirtschaftsleistung, wenn sie nicht Arbeitskraft importiert. Ist die Wirtschaft, aus vielfältigen Gründen, nicht in der Lage, die verfügbaren Arbeitskräfte zu beschäftigen, herrscht also Arbeitslosigkeit (Beispiel Frankreich, Deutschland wenn man die nicht statistisch erfaßten potentiellen Erwerbstätigen einbezöge), verbessert eine Zuwanderung nicht die gesamtwirtschaftliche Dynamik. Sie steigert zudem die Arbeitslosigkeit und überlastet die Sozialsysteme. In Frankreich steigt die Arbeitslosigkeit in Permanenz. Im Februar 2016 waren 3.6 Millionen ohne Arbeit. Zum Vergleich: Februar 2008 ca. 2 Millionen Arbeitslose. Über die Ursachen streiten sich Ökonomen je nach theoretischer Perspektive. Die Zuwanderung wurde drastisch eingeschränkt. Im politischen Prozeß zeigt sich dies durch Stärkung von Parteien und Initiativen, die eine Immigration ablehnen. Ähnliche Überlegungen gelten auch für Entwicklungsländer. Populärökonomisch werden diesen Ländern aufgrund ihrer Bevölkerungsdynamik Wachstumspotentiale zugewiesen. Wenn diese Länder nicht neukombinieren, bleiben sie Gefangene ihrer Armut – falls sie nicht über exportfähige Naturprodukte oder Rohstoffe verfügen. Sie müssen dann andererseits lernen, die „Holländische Krankheit" zu beherrschen, was den Aufbau von Manufakturen und Dienstleistungen, somit wiederum Neukombinationen ihrer Ressourcen, erfordert. Entwicklungshilfe ändert wenig, kann die Stagnation sogar verlängern, weswegen Menschen aus Entwicklungsländern selbst, diese auch vielfach ablehnen. Afrikanische Länder sind daran bisher weitgehend gescheitert (Pilling, 2016b; dort Quellen). Die einzige Emerging economy, welcher es gelungen zu sein scheint, sich entwicklungsökonomisch von Naturressourcen zu befreien, scheint der Iran zu sein, welcher parallel auch die Geburtenrate auf eine reduzieren konnte, welche der etablierter Volkswirtschaften entspricht (Zu ergänzen wäre: Der Iran gibt viel Geld für Militär aus; das shiitische Land ist der Hauptbekämpfer des sunnitischen Islamischen Staats. Der militärische Aufwand fördert über Forschung und Entwicklung - die Waffen werden primär im Land selbst erzeugt – die industrielle Produktion. Die Sanktionen haben dazu beigetragen. Sie gleichen einem Schutzwall/zoll für die heimische Industrie im Sinne von Friedrich List. Die sunnitischen Länder folgen einem anderen Entwicklungsweg).

Ökonomen wie Easterlin oder der Nobelpreisträger Deaton lehnen Entwicklungshilfe grundsätzlich ab. Ohne Innovation verstärken sich die Anreize, auszuwandern. Junge Frauen aus Nigeria investieren 30,000 Euro in Schlepper, um in Italien und anderswo (Deutschland eingeschlossen) ihre Körper zu verkaufen (Politi & Fick, 2015).[134]

Wie geht man in Japan mit vergleichbaren Herausforderungen um? Wir sprechen Japan durchgängig an, weil dieses demographisch älteste Land am meisten unter den Folgen einer demographischen Alterung leiden müßte.

Nach der konventionellen Weisheit unterminiert eine große ältere Bevölkerung eine Wirtschaft und Japans beispiellose Alterung verdammt das Land zu einer düsteren Zukunft. Die Logik: Alte Menschen sind ein unproduktiver Ballast, Ressourcen für Rente und Gesundheitsleistungen

---

[134] Brüssel wäre ein nützlicher Standort für ihre Wertschöpfung. Die EU-Mandarine und ihre Zuarbeiter haben erstens viel Geld (Steuergeld) zur Befriedigung ihrer Bedürfnisse; zweitens benötigen sie Entwicklungshilfe aus erster Hand, um sich über die Grenzen ihrer Entwicklungshilfe mehr Einsichten zu verschaffen. Die EU will 352 Mrd. Euro bis zum Jahr 2020 für Entwicklungshilfe ausgeben. Der Autor ist zu alt, um sich hier zu engagieren, obwohl er – ohne EU-Gelder - in Entwicklung verstanden als Neukombination und ihre Förderung engagiert ist, auch in sog. Entwicklungsländern (Ostasien).

aufbrauchend, während sie wenig für das Wachstum durch Arbeiten, Verdienen, Konsum und Steuern beitragen (Schlesinger & Martin, 2015).[135]

Japan ist die demographisch älteste Gesellschaft. Was hat Japan bis heute aus den Chancen der Demographie machen können? Hat die japanische Wirtschaft, Wissenschaft, die politische Elite die ökonomischen Potentiale chronologischen Alterns erkannt und Schritte eingeleitet, diese unternehmerisch zu erschließen?

Wie läßt sich verstehen: Die USA geben 17 Prozent (gilt als Unterschätzung) ihrer gesamtwirtschaftlichen Wertschöpfung für Gesundheitsleistungen (Krankheitskosten) aus, Japan zehn Prozent? Mit dem Altern von Menschen und Gesellschaften, steigen die Kosten für Krankheiten und Pflege. Warum diese Diskrepanz, zehn gegen siebzehn? Mindestens zwanzig Prozent der älteren Menschen („Senioren") arbeiten, mehr als die Hälfte japanischer Männer im Alter von 65 bis 69 Jahre bleiben in die Wirtschaft eingebunden, ein Anstieg von 40% in einem Jahrzehnt. Japan bemüht sich, mehr Frauen in die Wirtschaft zu integrieren, fördert die Unternehmensgründung durch Frauen, gibt von Frauen geführten kleineren Unternehmen finanzielle Zuschüsse (Inagaki, 2015).[136] Ergebnis: die Zahl der Erwerbstätigen ist im letzten Jahrzehnt um weniger als ein Prozent gesunken, auch wenn die konventionell definierte erwerbstätige Bevölkerung (Alter zwischen 15 und 64 Jahren) um acht Prozent zurückgegangen ist. Die Bauindustrie hat 60,000 neue Arbeitsplätze für ältere bisher nicht mehr Erwerbstätige geschaffen. Das Renteneintrittsalter für Piloten steigt auf 67 Jahre (Lufthansa Frühruhestand 55 Jahre).Zuwenig Piloten, laßt sie länger arbeiten.[137]Ethisch nicht korrekt, aus der Sicht anderer Länder.

7.2 Roboter – Freunde der Menschen?

In sämtlichen Branchen werden Arbeitsplätze für ältere Menschen geschaffen, das Alter ist „offen", auch 83-Jährige finden einen Arbeitsplatz. Zunehmend mehr ältere Menschen arbeiten im Bereich der Pflege, der Branche in Japan, die am stärksten unter einem Mangel an Arbeitskräften leidet. Japan ist durchzogen von innovativen „Lösungen" für pflegedürftige Menschen, einschließlich des Einsatzes von Pflegerobotern.

Japaner haben ein spezielles Verhältnis zu Robotern entwickelt: Sie betrachten sie als Freunde und nicht als intelligente Maschinen (aber dumme Menschen) wie oftmals Menschen im Westen, wo Roboter jenseits der industriellen Fertigung (aber auch hier eher negativ: Arbeitsplatzvernichter, Widerstand durch

---

[135] Die nachfolgenden Ausführungen und Beispiele entnehmen wir, wenn nicht andere Quellen angeführt, dem Text von Schlesinger & Martin (2015).

[136] Diese Polemik sei erlaubt, angesichts der in Deutschland verbreiteten Anti-Diskriminierungs-Politik bezüglich Frauen. Eine deutsche Universität (den Namen halten wir geheim) lädt ein zu einer Konferenz, die sich mit Frauen im Erwerbsleben einer demographisch alternden Gesellschaft beschäftigt. Die Tagung findet statt in Japan, unterstützt von einem deutschen Ministerium. „Our conference provides a forum for the development, dissemination, and implementation of tools to aid individuals, communities, policy makers, healthcare practitioners, social workers, researchers address and discuss some of the most pressing issues related to the effects of an ageing society, in particular for working women. (Work refers to paid or unpaid work, volunteering and or contributing to the local or the global community.) Active ageing, Care responsibilities, Career development, Development of innovative ageing communities, Healthy ageing, Senior contributions to local revitalization, Senior entrepreneurship, Womenomics, Work, gender and ageing.

Quelle: Date: 3-5 June 2016. Organisers: Fukuoka Women's University, Kyushu University, WE Project, SALT, Fukuoka Women's University Alumni Association Venue: Fukuoka International Congress Center, http://www.ww-as.net/venue-2-4/.

[137] http://www.japantimes.co.jp/news/2015/04/23/business/japan-lifts-pilot-age-limit-67-amid-asian-shortage

Maschinenstürmer) vielfach ein Negativimage besitzen.[138] Sollen Roboter gar als emotionale Aufheller, wenn nicht gar als Therapeuten, zum Einsatz kommen (bereits Le Hir, 2007), spielt ihre subjektive Konstruktion durch den Menschen offensichtlich eine Schlüsselrolle für ihre emotionale Wirkkraft. Da negative Emotionen das Gehirn schneller altern lassen, leisten Roboter, die Menschen, insbesondere alte, positiv emotionieren, möglicherweise sogar ihre emotionale Intelligenz zu erhalten wenn nicht zu steigern vermögen, einen offensichtlichen Beitrag zur Verlängerung der Lebensspanne von Menschen, zur Eindämmung von Gesundheits- und Pflegekosten (Demenz); darüber hinaus machen sie alte Menschen biologisch weniger alt und erlauben diese deswegen auch im Alter kognitiv aufwendige Aufgaben und emotional intensive Interaktionen wie Entrepreneurship zu leisten. Eine kalendarisch alte Gesellschaft ist - eine unserer zentralen Behauptungen - keine Gesellschaft mit ausgedünntem Unternehmertum. Musik werden vielfältige gesundheitliche Wirkungen zugeschrieben. Der robotergelenkte Deepmind von Google erzeugt Piano-Musik in klassischer Tradition, ein früher Schritt in einer roboternutzenden Musikindustrie (Fildes, 2016).

Wenn Japaner Roboter als „Freund" sehen, hat dies weitreichende Auswirkungen. Gegenwärtig ersetzen Roboter keine Psychologen oder gar Psychiater, um Menschen zu therapieren. (In der Chirurgie haben sie längst eine Heimat gefunden.) Sie könnten Menschen jedoch positiv emotionieren. Ein(e) ältere(r)r Erwerbstätige kommt abends nach Hause, leidet noch unter Arbeitsstress (eine achtzigjährige Professorin aus einer Fakultätssitzung). Dann ist jemand da, der sich um ihn(sie) kümmert. Quasi die emotionale Funktion eines Hundes oder einer Katze. Dies funktioniert natürlich viel besser, wenn man den Roboter als Freund/in konstruieren kann. Die Therapie ist eine indirekte. Auch eine Katze macht keine Therapie, hilft jedoch durch ihre Anwesenheit. Der Roboter Paro ist in mancher Hinsicht aber schon mehr als eine Katze, vielleicht sogar mehr als ein Mensch; denn von diesen gehen ja die meisten Störungen negativer Art aus (Arbeitsleben,, sog. Freunde, Familie usf.). Er ist vielleicht ein „neutraler Beobachter" im Sinne von Adam Smith.[139] Sei er ein „Freund" oder ein neutraler Beobachter, er könnte dennoch selbsttherapeutische Wirkungen erzeugen und Stress (Quelle einer Vielzahl von Krankheiten) einschränken. Roboter vernichten Arbeitsplätze, die herrschende Meinung. Halten sie aber auch Menschen länger in der Arbeit – alle Altersstufen umfassend? (siehe hierzu ausführlicher das 14. Kapitel).

Was würde Sigmund Freud von Robotern halten?

Es existiert somit keine objektive Wirkung der Interaktion von Robotern und Menschen. Nicht einmal in der Fabrikhalle. Die Erfahrungen sind noch fragmentarisch. Sehen Arbeiter den Roboter als Konkurrenten denn als Helfer, behandeln sie ihn anders (Sabotage, Wartung, Innovation). Roboterfreundliche Einstellungen wie in Japan sind deswegen auch innovationslogisch von offensichtlicher Bedeutung. Sie beeinflussen nicht nur Forschung und Entwicklung, Wissensdurchsetzung im Markt, auch die Art der Produkte und den Umfang des Marktes.

Diese Roboter kommen aus den Forschungsinstituten von Unternehmen oder aus der Universität. Dort werden die Roboter in erster Linie aus dem Interesse für Technik entwickelt, aber der Aspekt des Nutzens für alte Leute wird in gewisser Weise integriert. Mit anderen Worten: Der Markt befindet sich noch in

---

[138] *Maschinenstürmer* waren eine Protestbewegung, Widerstand gegen Folgeerscheinungen der Mechanisierung in der frühen Phase der Industriellen Revolution. *Sämtliche* Langen Wellen sind von Widerstand begleitet. Roboter sind keine Ausnahme. Die Proteste werden zunehmen.

[139] Der neutrale Beobachter versetzt sich in die Lage eines Menschen, mehrerer Menschen, wenn sie interagieren, und vermag zu beoachten, inwieweit sich Menschen von angemessenem Verhalten entfernt haben. Ein Roboter als neutraler oder unparteiischer Beobachter könnte dem beteiligten Menschen somit anregen, sich in einer bestimmten Weise zu verhalten oder ihn in einem bestimmten Verhalten zu unterstützen.

einer Explorationsphase, im Gegensatz zu den oben vorgestellten Märkten für inkrementelle Neuerungen. Die langfristige Dynamik dieser noch jungen Märkte kann aber diejenigen bereits etablierter um ein Mehrfaches übertreffen. Zumindest war dies in der Geschichte von Innovationen immer der Fall.

Roboter in obigen Funktionen sind Komponenten einer integralen Gesundheitswelle in alternden Gesellschaften. Sie schaffen neue, bisher wenig oder nicht bediente Märkte. Sie breiteten sich in Japan bisher schneller als in anderen Ländern, weil Japan aufgrund strikter Immigrationsgesetze und kultureller Werte dem Import von Arbeitskräften für die Altenpflege und –betreuung nur wenige Chancen bietet. Möglicherweise sind sie auch billiger als menschliche Pflege in bestimmten Bereichen. Während in anderen Ländern Roboter jenseits der Güterfabrikation den Charakter von Spielzeug haben, schaffen sie im alternden Japan neue Märkte mit rasch wachsendem Umsatz.

Es existiert keine objektive Wirkung der Interaktion von Robotern und Menschen (wie jeder Science Fiction Roman bereits nachweist). Nicht einmal in der Fabrikhalle. Sehen Arbeiter den Roboter als Konkurrent denn als Helfer, behandeln sie ihn anders (Sabotage, Wartung, Innovation). Roboterfreundliche Einstellungen wie in Japan und zunehmend China sind deswegen auch innovationslogisch von offensichtlicher Bedeutung. Sie beeinflussen nicht nur Forschung und Entwicklung, Wissensdurchsetzung im Markt, auch die Art der Produkte und den Umfang des Marktes.

Fördert die Alterung von Gesellschaften und die Ausweitung der Lebensspanne die Entwicklung und Akzeptanz von Robotern mit androiden Eigenschaften? Leisten sie mehr als Pflegekräfte, die in Deutschland belastungsbedingt unter psychischen Erkrankungen leiden, sich früh verrenten und Berufsflucht praktizieren (Dowedeit, 2016)? Entwickeln sie emotionale Interaktionen? Alte Menschen verbringen ihr Leben zunehmend in Einsamkeit, was ihre Krankheitsanfälligkeit steigert und ihre Lebensspanne verkürzt (Holt-Lunstad u.a., 2015).[140] Im Alter noch Erwerbstätige entschleunigen oder verschieben eine Verarmung zwischenmenschlicher Beziehungen und Einsamkeit. Was tun? Der Erwerbstätige kennt keine Einsamkeit, er muß kommunizieren, um sich ökonomisch am Leben zu halten. Viel läßt sich tun, wir gehen darauf ein. Beispiel: Er kann bei Uber anhäuern (wenn er nicht in Deutschland lebt), auch als alter Mensch. Verdient Geld und hat Gesprächspartner im Auto. Vielfältige Kontakte ließen sich erschließen. Der finanzielle Aufwand ist niedrig, wenn man sein Auto mitbringt (Fallstudie bei Olson, 2016a).

Verlieren künstliche Menschen, humanoide Roboter, zunehmend ausgestattet mit künstlicher Intelligenz, zunächst bei älteren Menschen an Ablehnung? Können sie von robotischen Assistenzkräften zu Lehrern, Pflegern, ärztlichen Helfern werden, auch potentiell erwerbstätigen Menschen kognitive und körperliche Kompetenzen erhalten helfen und vermitteln, welche ihnen erlauben, ohne Altersstress erwerbstätig zu bleiben? Könnten somit ältere Menschen eine Pionierfunktion bei der Entwicklung und Anwendung künstlicher Menschen einnehmen? Als Testpersonen hinsichtlich Akzeptanz, Lernvermögen, Gesundheitswirkungen, wie als Entwickler, Berater, Versuchspersonen und Betreuer.[141] Die gegenwärtigen Antworten sind solche von Vision, Phantasie, Angst, Ablehnung.

Roboter sind hochinnovative Erzeugnisse. Sie benötigen intelligente Software, Elektronik und sind zunehmend mit künstlicher Intelligenz ausgestattet. Ihr Design und ihre Produktion verlangt hochqualifizierte Arbeit. Sie sind Produkte der Wissenschaft. Allgemein: Ihre Produktion erzeugt, im

---

[140] Wir untersuchen im Kapitel 17, wie Enkel betreuende Großeltern diese Problematik abschwächen wenn nicht umgehen können.

[141] Zur jüngeren Diskussion zu menschenähnlichen Maschinen bis hin zu solchen mit „Haut und Haar" siehe Mara & Appel (2015) mit ausführlichen Literaturhinweisen und Photos von humanoiden Robotern.

Sinne von Albert O. Hirschman, Rückwärtskopplungen in vorgelagerten Branchen und Vorwärtskopplungen in Verwendungen, die durch den Einsatz von Robotern und Sensoren zustande kommen (Dienstleistungen, Service/Reparatur, Versicherungen, Banken). Die von Robotern geschaffenen Märkte und Arbeitsplätze sind in ihren frühen Phasen. Zunehmend ältere Menschen werden in sie integriert. Auch deren Erfahrungen sind unverzichtbar.

Sie weisen eine geringe Qualität schöpferischer Zerstörung auf. Sie schaffen Märkte, die sonst nicht existiert und deren Ausbreitung bestehende Märkte nicht bedroht oder bedrängt (von Billiglöhnern, zugewandert, abgesehen). Weiterhin ermöglichen sie alten Menschen Dinge zu tun, oder besser zu tun, oder ganz neue Dinge zu unternehmen, die ohne ihre Existenz nicht möglich wären. Roboter sind keine Unternehmer, Energieträger, eventuell erzeugen und erhalten sie Energie und Willenskraft. Was sie können, als humanoide Maschinen, Lebensenergie bei ihren menschlichen „Kollegen" zu erhalten, auch zu erzeugen, falls ihnen gelingt, in sozialen Interaktionen positive Emotionen zu fördern – und damit auch, folgt man der traditionellen chinesischen Medizin, zum Funktionserhalt menschlicher Organe beizutragen.

Japan erwartet viel von Robotern, nicht nur als Helfer von alten Menschen. Sie sollen, so Ministerpräsident Shinzo Abe, den demografisch bedingten Rückgang der arbeitenden Bevölkerung kompensieren helfen (Hiatt, 2006). Ethische Einwände en masse. Viele Bücher wird es darüber geben. Als Ökonom muß man keine ethischen Minderwertigkeitskomplexe haben. Am Beginn der modernen Ökonomie standen mit Adam Smith und seinem Lehrer David Hume „Moralphilosophen", deren ethiktheoretische Vorstellungen[142] - auch verglichen mit dem, was gegenwärtig unter „Wirtschafts/Bio/etc-ethik" gedacht, geschrieben und praktiziert wird – als wegweisend für eine universalistische Ethik gelten können.

Die Automobilindustrie bemüht sich, Fahrzeuge zu entwickeln, die auch alten Menschen ein mobiles Leben (vierte Lange Welle) gestatten würden, autonomes Fahren. Roboter interagieren mit alten Menschen auf vielfältige Weise, auch um ihnen Freude zu bereiten, sie zu unterhalten, ihnen, wie man es in Deutschland nennt, „Spaß" zu bereiten. Roboter werden für sexuelle Interaktion eingesetzt und die Heirat von Robotern mit einem Menschen wird nicht mehr ausgeschlossen.[143] Jede dieser Roboterinnovationen eröffnet auch Chancen für selbstständiges Unternehmertum in einer „alterslosen Wirtschaft". Weitere Beispiele führen wir in unseren Überlegungen zur Silberwirtschaft (15. Kapitel) an. Die Grundaussage: Ein Silbermarkt ist langfristig nur dann überlebensfähig, wenn zunehmend mehr alte Menschen die Nachfrage nach Silbergütern durch eigene Wirtschaftsleistungen (Erwerbstätigkeit im Alter: Wir nennen es im 17. Kapitel, „Goldene Wirtschaft") selbst erzeugen. Es ist daher, wenn wir die obigen Beispiele auf die Entstehung einer neuen Langen Welle (6. Kondratieff) ausweiten, nicht überraschend, daß die japanische Regierung die Zulassung neuer Arzneien signifikant erleichtert (China macht das gleiche), was die gesunde Lebensspanne der Menschen weiter steigern könnte. Japan wie andere ostasiatische Länder und Indien wie Tibet praktizieren zudem neben schulmedizinischen Interventionen

---

[142] Siehe Adam Smith, Theorie der ethischen Gefühle, verschiedene Auflagen. Vor vielen Jahren habe ich darüber, noch jugendsündig, einen 80seitigen Essay („Das Adam-Smith-Problem", Freiburg im Br. 1977) geschrieben. Die Herausgeber einer liberalen Schriftenreihe (gegenwärtig der Steuermoral der deutschen Bundesregierung verpflichtet), denen das Manuskript zur Veröffentlichung vorlag, gaben es kommentarlos zurück. Der Text ist auch beim Autor verschwunden. Er wartet seither auf seine Reinkarnation.

[143] http://www.kurzweilai.net/should-humans-be-able-to-marry-robots. Wer die Meinunsvielfalt hierzu lesen will: ein Fülle von Kommentaren zu diesem Beitrag (der nicht zufällig auf der Internetseite von Ray Kurzweil erscheint). Ausführlich informieren sie Joignot (2016) und FT zur aktuellen und zukünftigen Innovationspotential durch eine zunehmend interaktive Nutzung von Robotern.

auch einen ganzheitlichen Ansatz, welcher eine „dynamische Homöodynamik" (Rattan, 2016) zugrundeliegt und dadurch der Komplexität der Alterungsprozesse, betrachte man nun Altern als Krankheit oder nicht, besser gerecht wird.

7.3 Unternehmerische Funktionstiefe im Kontext der Zuwanderung (II)

Wir schlagen vor, um auf die inputlogischen Argumente zurück zukommen, Immigration bzw. Zuwanderung (Auswanderung) nach dem Modell unternehmerischer Funktionstiefe zu untersuchen. Unternehmertum unterscheidet sich in vier Funktionen, allesamt altersrelevant, das heißt für alte Menschen offen. Die Entwicklungsbedeutung steigt mit unternehmerischer Tiefe (Funktionstiefe). Wir sprechen von dem RAIE-Konzept: Routine, Arbitrage, Innovation, Evolution.

Die folgende Abbildung gibt einen Überblick. Rückkopplungswirkungen sind nicht eingefügt. Ein Unternehmer operiert multifunktional. Ob er dies selbst reflektiert, wissen wir in der Regel nicht.

Systemlogisch: „Der Beobachter startet den Aufbau seiner Welt damit, dass er Unterscheidungen vollzieht" (Simon, 2007, S.60), eine grundlegende Einsicht der modernen Systemtheorie. Alles was wir beobachten, ist angewiesen auf Unterscheidungen. Daher unterscheiden wir auch Unternehmertum in verschiedene Funktionen und verknüpfen diese mit ihren wirtschaftlichen und biologischen Funktionen. Selbstreflektion ist Teil der Evolutionsfunktion. Ein Vorstandvorsitzender präsentiert seine Produkte auf einer Messe, der Automesse IAA. Er bricht zusammen. Herzkreislaufprobleme. Unterentwickelte Reflexion als biologischer Unternehmer? Ein Körper vermag nicht sich selbst zu beobachten. Man kann es selbst tun, Dritte (Ärzte, Familie, zunehmend digital gesteuerte Beobachter, Mobiltelefone, Big Data) zu Hilfe ziehen.

Man kann unternehmerische Funktionen evolutionsbiologisch deuten. Sie sind als ökonomische Artenvielfalt zu verstehen. Sie konkurrieren miteinander um Ressourcen, um die Bedürfnisse der Nachfrager zu erfüllen. Schließen wir eine Funktion aus, verarmt der unternehmerische Pool und mit ihm die Funktionstüchtigkeit der Wirtschaft.

Abbildung 19: Zuwanderung und unternehmerische Funktionen

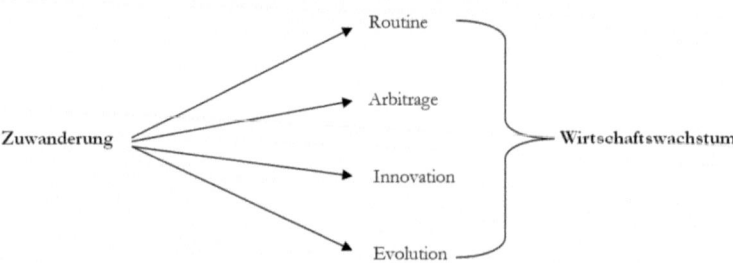

Je stärker wir in der Funktionshierarchie in die Tiefe gehen, desto problematischer bzw. unsicherer ist die Wirkung. Betrachten wir Zuwanderer aus dem Mittleren Osten. Jede der vier Funktionen können sie nachgehen. Sie bringen ihre Religion mit, einige wollen sie anderen Menschen aufzwingen, auch mit Gewalt. „Heilige Krieger", nach vorherrschender Sicht als „Terroristen" verstanden. Sie agieren als Evolutionisten, aus der Sicht eines zeitgenössischen Anhängers Luthers negativ evolutionär wirkend. Man gibt vor, sich an die Gesetze zu halten, seine, wie er sie versteht. Wir beobachten dann eine Rückevolution, die sich auch gesamtgesellschaftlich auswirkt. Die Kontrolldichte und Überwachung steigt. Die zuständigen Behörden benötigen sachkundige Zuwanderer, um Aktivitäten zu beobachten, einzuschätzen, einzugrenzen. Des weiteren läßt sich auch eine Rückevolution auf der Grundlage der Maslowschen Bedürfnispyramide nicht ausschließen.[144] Zuwanderer aus ökonomisch weniger entwickelten Regionen befriedigen andere Bedürfnisse als Menschen, die auf einem höheren Wohlstandsniveau leben und eine Selbstverwirklichung anstreben. Motive für Zuwanderer aus ärmeren und unsicheren Regionen zielen auf Bedürfnisse der Physiologie und Fundamentalreligiöse werben um Anhänger bei den Zuwanderern. Diese Konstellation unterscheidet sich grundsätzlich von Zuwanderern mit vergleichbarer sozio-kultureller Prägung wie die Einheimischen etwa aus dem europäischen Süden oder hochqualifizierte Chinesen oder Inder, welche in den USA innovativ-unternehmerisch tätig sind (sein wollen).

Entwicklungsprozesse lassen sich nicht verstehen, geschweige denn beeinflussen, auf welche Systemebene es auch sein mag, wenn die Funktionen, ihre Unterschiedlichkeit, nicht reflektiert sind. Die Evolutionsfunktion ist leider eine weltanschaulich problematische, weil sie auch die Unterschiedlichkeit der Menschen in ihren Evolutionsstandards thematisiert. Man kann also Zuwanderer nicht ausschließlich aus einer inputlogischen Sichtweise betrachten, als Anbieter von Arbeitsmengen, auf welchem Qualifikationsniveau auch immer.

Innovationsschwache Länder benötigen Zuwanderung. In ihrer Ökonomie dominiert unternehmerische Routine. Wollen sie wachsen, sind mehr Inputs notwendig – vorausgesetzt, die zugewanderten „Humankapitalisten" kommen in Arbeit. Gelingt ein solches nicht, vollzieht sich, was man als eine „Frühvergreisung" bezeichnen könnte. Frankreich bietet hierfür zahlreiche Beispiele, folglich in diesem Land auch ein ausgeprägter Widerstand gegen Immigranten mit bescheidener Ausstattung an Humankapital. Der Unterhalt der Zuwanderer erfordert eine hohe Belastung der Erwerbstätigen, vergleichbar dem Generationenkonflikt zwischen Berufstätigen und Rentnern. Zuwanderer agieren dann ökonomisch betrachtet als „Ruheständler", eine bereits in Frankreich zu beobachtende Konstellation (ausgenommen primär aus Ostasien in Frankreich Tätige, etwa Menschen aus China oder Vietnam). Gelingt eine produktive Beschäftigung der Immigranten, kann ein Land wachsen, ohne Ressourcen neu zu kombinieren: Der Anreiz für Innovationen sinkt. Alte Industrien können sich länger behaupten, die Lohnzuwächse sind bescheiden, Keynesfaktoren (zusätzliche Nachfrage durch zugewanderte Menschen) gewinnen an Bedeutung. Wir beobachten in diesem Zusammenhang auch die Unterschiede zwischen einer keynesianischen und schumpeterschen Sichtweise und Analyse. Keynesianische Prozesse verwirklichen sich, auch wenn Immigranten nicht arbeiten. Das politische System (Sprache nach Luhmann „Macht") muß ihnen Ressourcen zuweisen, damit Nachfrage schaffen, insbesondere, wenn die Nachfrageimpulse nicht aus einer stärkeren Belastung der Wertschöpfenden resultieren.

Afrika gilt (galt) für Beobachter (Finanzmarktakteure, internationale Organisationen wie die Weltbank) als wachstumsaussichtsreich, weil die Geburtenrate und die Zahl von jungen Menschen hoch ist oder bleibt. Ohne Innovation bleiben die Länder des Kontinents in Armut gefangen, wenn Produkte der Natur (Rohstoffe, Agrarprodukte) nur bescheidene oder zyklische Nachfrage finden.

Routine-ökonomisch ist Zuwanderung/Auswanderung ein Teil der auf optimale Allokation wirkenden Mobilität. Betrachten wir Arbitrage, dominieren gleichfalls die Vorteile. Warum sollte man einem Polen verwehren, in England zum doppelten Einkommen (bei vermutlich höherer Produktivität seiner Arbeit)

---

[144] Der amerikanische Psychologe Abraham Maslow unterscheidet sieben Bedürfnisse (auch als Motivationen bezeichnet), von physiologischen, über Sicherheitsbedürfnisse bis zur Selbstverwirklichung. Kurz vor seinem Tod hat er noch ein achtes vorgestellt, Transzendenz..

zu arbeiten als in seiner Heimat? Innovationslogisch sind die Folgen viel problematischer und erfordern komplexe theoretische Ansätze. Insbesondere ist „brain circulation" zu berücksichtigen. Länder wie Deutschland sind Auswanderer- und Einwandererländer zugleich. Grob gesagt wandert „Intelligenz" aus und weniger Qualifizierte ein: ein negativer Intelligenzsaldo. Welche Wirkung hat solches auf die Innovationsdynamik, in welche deutsche oder französische hochqualifizierte Menschen auswandern (UK, US, Schweiz). Das Silicon Valley lebt auch von Zuwanderern aus China und Indien. Sie treiben, nicht zuletzt durch Unternehmensgründungen, die Innovationsdynamik. Der Chef von Googles Internetgeschäften (380 Mrd. Dollar Gesamtumsatz von Google im Jahr 2015), wurde (im Jahr 2015) der Inder Sundar Pichai, 43 Jahre alt. Er studierte in Indien, nach seinem Abschluß ging er in die USA, erwarb dort weitere akademische Titel und war vor seiner Anstellung bei Google in mehreren Unternehmen beschäftigt (Waters, 2015b). In den USA tätige Inder gehören zu den reichsten Menschen in den USA.[145]Viele Ausländer in den USA kehren jedoch irgendwann in ihre Heimat zurück – ohne die Brücken zu den USA abzureißen. Chinesen studieren in den USA, holen sich ihren Doktorgrad, steigen in Hightech-Unternehmen ein, kehren nach China zurück und gründen dort ihre eigenen Unternehmen. Die chinesische Biotechindustrie wird von ihnen geprägt (Ward, 2016b). Sie fördern also in ihren Heimatländern wie in den USA die Innovation. Bei deutschen und französischen Auswanderern ist die Motivlage verschieden (Siems, 2015a; SVR, 2015). Sie bleiben in der Mehrheit draußen – oder kehren oftmals als alte Menschen zurück, um das Golden Age (den „Ruhestand") in ihrer Heimat zu verbringen.[146]

In Ostasien ist die Zuwanderung von Menschen extrem eingeschränkt, in Japan fast unbedeutend. Hochqualifizierte werden nur in Engpaßbereichen, etwa Softwareentwicklung und Altenpflege, zugelassen (zunehmend durch Roboter ersetzt oder mit ihnen kombiniert).[147] Die japanische Regierung unterliegt massivem Druck nicht nur der heimischen Industrie. Der ausländische Teil des Arbitragesektors beklagt die schlechten Arbeits- und Lebensbedingungen in Tokios Finanzzentrum. Topverdienende westliche Investmentbanker in Tokio fordern von der japanischen Regierung nicht nur die Errichtung eines „attraktiven globalen Finanzzentrums". Sie haben auch private Anliegen: „[…] a quantum expansion of immigration quotas for foreign child-care workers", um sie in Tokio zu halten (Robert Feldman, Morgan Stanley, zitiert in Nakamoto & Turner, 2007). Wir beobachten einen deutlichen Evolutionssprung: Von den „Schwarzen Schiffen" des US-Admirals Perry (19. Jahrhundert), die Japan gewaltsam für den Kapitalismus öffnen, zum Investmentbanking des angelsächsischem Arbitragekapitalismus, wesentlich mitverantwortlich für das „verlorene Jahrzehnt" japanischer Entwicklung, welches bis heute, aufgrund der dadurch eingeleiteten Staatsverschuldung und Expansionspolitik der Notenbank (quantitative easing), das wirtschaftliche Leben in Japan prägt.

Fassen wir die Überlegungen dieses Abschnitts zusammen.

---

[145] http://economictimes.indiatimes.com/news/company/corporate-trends/5-indian-americans-among-americas-richest-people-forbes/articleshow/54763722.cms

[146] Die Bereitschaft Deutschlands, Zuwanderer aufzunehmen, ist jüngeren Datums. Gut- bis hochqualifizierte Ausländer, in Deutschland ihr Examen einschließlich Doktorgrad machend, wurde keine Aufenthaltsgenehmigung erteilt. Die Erfahrungen auch des Autors, bei dem nahezu ein Dutzend Ausländer promoviert haben. Alle wurden behördlich gezwungen, in ihre Heimatländer zurückzukehren.

[147] In Japan sind 17,000 Inder im Immigrationsbüro registriert, 4000 davon kamen nach Japan in den vergangenen 10 Jahren. Zum Vergleich: In den USA leben 2,3 Millionen Inder, mehr als die gesamte ausländische Population von 2 Millionen in Japan (Stand 2005)., „Over the past five years… there has been an influx of IT engineers from India arriving to fill a huge skills gap in Japan's software industry – and in the process helping this country to remain globally competitive despite its rapidly shrinking and aging workforce" (Otake, 2007). Die gleichen Argumente ein Jahrzehnt spatter.

Es scheint auf der Hand zu liegen, daß inputlogische Lösungen der demographischen Herausforderung, etwa Immigration, einer theoretisch fundierten Neukonstruktion bedürfen. Wenn 70-Jährige, in Zukunft, in Kopf und Körper, so gut funktionieren, wie heute 50-Jährige, sogar noch Lebensvisionen und Zukunftsperspektiven für Jahrzehnte entwickeln können, negative Emotionalität als Vorboten des Todes ins Abseits stellen, gleiche, und wenn sie ihre Kompetenzdimensionen gezielt entfalten lernen, sogar bessere Krankheits- und Produktivitätsprofile aufweisen, also spiraldynamisch evoluieren, bedarf es dann, des Imports von Kompetenzen, in der Regel angebunden an Selbstsysteme mit geringerer Komplexität und weniger tiefer Memetik, zudem, evolutionslogisch, weniger tief operierend, Produzenten von Gesundheitsausgaben jenseits der Normalität? Paradigmatische Fehlkonstruktionen beherrschen die Welt. Die Reflexionsarmut im politisch-medialen System vermag ihre Reproduktion zu fördern.

7.4 Interne Migration und Innovation: China

In allen sich entwickelnden Ländern vollziehen sich Migrationsprozesse. Die ökonomische Bedeutung bestimmter Industrien und Regionen verändert sich. Die Menschen wandern in andere Sektoren und Regionen. Historisch ausgeprägt war oder ist die Abwanderung aus der Landwirtschaft in industrielle Sektoren und zunehmend aus dem verarbeitenden Gewerbe in Dienstleistungsbranchen. Diese Vorgänge sind in Neukombinationsprozesse eingegliedert. Ohne Neuerungen bleiben die Arbeitskräfte dort, wo sie eingesetzt wurden. Der historisch erste dieser Vorgänge war der Übergang von einer Gesellschaft der Jäger und Sammler in eine sich graduell entfaltende Landwirtschaft. Ohne „Zuwanderung" funktionierten solche Vorgänge nicht.

Der umfassendste und weitreichendste dieser Vorgänge vollzieht sich gegenwärtig in China. Die Menschen sind dort über viele Jahre aus ländlichen Regionen in die Städte ausgewandert. Alte Menschen und Kinder blieben zurück. Für einige Beobachter war dieser Vorgang ein Schlüsselprozeß für den ökonomischen Aufstieg von China. Zwischen 1979 und 2015 wanderten 278 Millionen ländliche Arbeitskräfte in die Städte, ein „migrant miracle", wie es genannt wird. Die Zuwanderer hielten die Löhne niedrig. Chinesische Unternehmen auch im Exportsektor konnten günstig produzieren. Staatliche Unternehmen vermochten sich Fehlallokationen und Ausgaben für Verschwendung und Korruption zu leisten. Dennoch konkurrenzfähig. Der Migration geschuldet? Bereits Laozi und Chuangzi beschrieben vor mehr als zwei Jahrtausenden den Grundsatz aller daoistischen Praxis: „Das Alte verwerfen und das Neue aufnehmen." Über viele Jahrhunderte haben sich die Chinesen nicht daran gehalten und wurden mit Armut bestraft (ausführlich in Röpke & Xia, 2007). Würden die von Billiglöhnern überschwemmten Unternehmen das Gleiche produzieren wie vor 10, 50, 100, 500 etc. Jahren? Keine Chance für wettbewerbsfähige Angebote auf dem Weltmarkt. Aus der Innovations- und Evolutionsperspektive hat erst die Neukombination und der Aufbau von Fähigkeiten, auch bei den Landflüchtigen, den historisch ungewöhnlichen Anstieg von Wertschöpfung und Pro-Kopf-Einkommen (Anstieg von 1978 bis 2012 von 2.000 auf 8.000 Dollar) möglich gemacht. Die Wertschöpfung pro Kopf verglichen mit den USA und kaufkraftgemessen stieg von zwei Prozent im Jahr 1980 auf fünfundzwanzig Prozent im Jahr 2015 (Wolf, 2015). In Zahlen der Kaufkraftparität gemessen, hat China die USA überholt. Das Bruttosozialprodukt pro Kopf der Bevölkerung stieg von acht Prozent auf 25 Prozent des Niveaus der USA in den vergangenen Jahren. Die Einkommen der Ärmsten Vierzigprozent steigen pro Jahr um neun Prozent, stärker als die Einkommen der Mehrverdienenden (Hughes, 2015). Dutzende von Büchern sind in jüngerer Zeit erschienen, welche den Niedergang Chinas prophezeien: *The coming collapse of China*. Erst alt bevor reich.Westliche Länder und die Internationale Währungsfonds machen sich Gedanken über den

Rückgang des Wachstumsrate in China, auch mit 6.5 bis 7.0 die des Westens um ein Mehrfaches übertreffend. Der Migration geschuldet?

Der Zuwachs an Arbeitskraft war bescheiden und ist in eine Stagnationsphase eingetreten. Dennoch könnte China nach Ansicht chinesischer und internationaler Beobachter in den folgenden Jahren zwischen fünf und sieben Prozent pro Jahr wachsen. China ist mittlerweile zum Innovationsführer in zahlreichen Branchen aufgestiegen und gibt ein Mehrfaches für Forschung und Entwicklung als alle Länder auf der Welt, die USA ausgenommen (Roth u.a., 2015).[148] China ist ein Innovationsdieb, weiß jeder, man klaut Wissen und die von diesem erzeugten Produkte. Aus der hier vorgestellten Sichtweise sind es Innovatoren, die solche Dinge zu machen wagen und auch dadurch früher oder später an der Innovationsfront ankommen. Ein jüngeres Beispiel, berichtet von Ward (2016a). Der britische Pharmakonzern GlaxoSmithKline GSK beschäftigt in seinem Labor in den USA mehrere chinesische Wissenschaftler, überwiegend Frauen, noch relativ geringen Alter (30-45 Jahre). Eine gilt als „top protein biochemist" auf der Welt. Die Chinesinnen, teilweise Mitglieder einer gleichen Familie, werden angeklagt: Diebstahl von Wissen. Das von ihnen erzeugte Wissen haben sie in neu gegründete Unternehmen eingebracht, um biopharmazeutische Produkte in China zu entwickeln und auf den Markt zu bringen. Warum hat es GSK nicht selbst gemacht/geschafft? Jeder weiß es. Der die Angeklagten verteidigende Anwalt: „It's one of many cases brought against Chinese Americans in the last several years, some of which have proved to be vastly overstated." Es gibt auch andere Wirkungsmechanismen um Neukombinationen in China, etwa der Biotechindustrie durchzusetzen, teilweise der Migration geschuldet, wenn chinesische Forscher und Unternehmer aus den USA nach China zurückkehren um dort biotechnologische Unternehmen zu gründen (Ward, 2016b). Die Angst vor China ist primär eine der Investoren. China durchläuft wie alle Industrienationen Zyklen wirtschaftlicher Aktivität, mehrere Jahre und Jahrzehnte andauernd, in welche teils gravierende Rezessionen eingebunden sind (ausführlich dargelegt in Schumpeters Konjunkturzyklen). Die Einflußnahme des chinesischen Staates kann Schwankungen verstärken. Überinvestionen in bestimmten Branchen. Insgesamt aber ist in China ein nacholender Entwicklungsprozeß zu beobachten, der mit interner Migration in Beziehung steht, die Aufholdynamik und das Ein- und Überholen anderer Industrieländer aber nicht erklärt. Die Alterung der Bevölkerung wird diese Prozesse noch deutlicher hervortreten lassen, denn zunehmend werden dort höherqualifizierte Menschen, viele mit akademischem Hintergrund, alt, welche aus eigenem Wunsch oder durch staatliche Anreize, die Spanne der Erwerbstätigkeit in zunehmend höhere Altersstufen verschieben.

Zukunftsbranchen wie Bio-, Gen-, Nano- und Robotertechnik übertreffen in China die der europäischen Länder. Mit Zuwanderung hat dies nur in dem Sinne etwas zu tun, als chinesische Forscher und Unternehmer aus dem Ausland in ihre Heimat zurückkehren - mit massiver Unterstützung durch den Staat. In China vollzieht sich eine Transformation von einer rohstoffdominierten Produktion von Industrieerzeugnissen in eine Dienstleistungswirtschaft nach westlichem und japanischem Muster. In einigen dieser Branchen, etwa Kommunikationstechniken und –netzwerke, zählen chinesische Unternehmen (Alibaba, Tencent, Baidu) zu Weltmarktführern. Unternehmen mit vergleichbarer

---

[148] An anderer Stelle sind wir ausführlich auf das chinesische Innovationsverhalten eingegangen. Es sei hier lediglich die unterschiedliche Begrifflichkeit vermerkt. Innovation bedeutet, daß jemand, der Unternehmer, neukombiniert. Ob andere so etwas auch schon vollzogen haben, spielt innovationslogisch und wirtschaftlich keine Rolle. Der Westen beschwert sich bis heute: China hat unser Wissen geklaut, die Chinesen sind Wissensdiebe usf. „Na und", sagt Schumpeter. Wenn sie dadurch für sich selbst, für ihr Unternehmen, für die Volkswirtschaft Neues erzeugen, steigt der Wohlstand, wie immer er verteilt sein mag. Patente sind im übrigen keine Innovation, auch wenn, mangels Zugang zu anderen Daten, diese bis heute als Innovationsindikatoren verwendet werden (mehr zu diesen Überlegungen in Röpke & Xia, 2007).

Umsatzhöhe existieren in Europa nicht. Für die Gesundheitsindustrie gelten vergleichbare Aussagen. Auch der Bankensektor ist in einer Expansionsphase.

Eine primäre Ursache für ein geringeres Wachstums in China hat gleichfalls wenig mit dem „Humankapital" in der Wachstumsgleichung des Ökonomen zu tun. Chinesen folgen zunehmend dem Vorbild der USA, durch Finanzmärkte die reale Wirtschaft zu stören, wenn nicht zu manipulieren. Investitionen erfolgen in andere Unternehmen durch deren Aufkauf oder durch Fusion, zunehmend im Ausland. *Deal making* und seine Finanzierung substituiert Investitionen in inkrementelle und radikale Innovation. Japan hat es – auf Druck der USA – vor über 20 Jahren vorgemacht und glaubt bis heute, eine Politik des Billiggeldes (bis zu negativen Zinsen) könnte Investitionen in Neukombinationen ersetzen. Deutschland (und die Europäische Zentralbank) folgt diesem Weg. Die Unternehmen sitzen auf Cashbergen, allein für die im Aktienindex Stoxx 600 gelisteten Unternehmen wird das verfügbare Finanzvolumen auf 2300 Mrd. Euro geschätzt, die zudem in hohem Maße für Aufkäufe und Fusionen verwendet werden (Müller, 2016). China exportiert nicht nur viel Kapital (was den Wechselkurs niedrig hält), sondern „investiert" zunehmend in den Aufkauf ausländischer Unternehmen, in Europa für 23 Mrd. Dollar (international mindestens den fünffachen Betrag, die Daten sind nicht eindeutig) im Jahr 2015 (Vergès, 2016). Motiv: Zugang zu neuen Märkten und Wissen, Kauf bekannter Marken. Ein bekannter und umstrittener Aufkauf war der des deutschen Roboterherstellers Kuka

Die Chinesen (genauso wie Japaner oder Koreaner) haben keine memetischen Probleme[149] mit alten Menschen. Im Gegenteil. Ihr Problem ist die von Mao Tse Tung bis heute geltende Pensionsregelung (mit 60 in Rente), die jedoch alte Menschen nicht daran hindert, auch ökonomisch aktiv zu bleiben. Die Notwendigkeit hierzu wurde durch eine Politik, die Familien nur gestattet, ein Kind zu bekommen, verstärkt. In den ländlichen Regionen bleiben die alten Menschen zurück, widmen sich, vergleichbar mit Japan, der Landwirtschaft und und als Erziehen den zurückgelassenen Kindern (Großmutter/Vater-Effekt; mehr hierzu im 17. Kapitel). Da in China die Migration in die Städte und Produktionszentren ihren Höhepunkt nicht nur überschritten hat, vielmehr bereits Gegenbewegungen einsetzen (Rückkehr in kleinere Städte um die Lebensqualität zu erhöhen), sprechen Beobachter von einem „turning point" im Entwicklungsprozeß Chinas (als Beispiel Wildau, 2015). In Shanghai leben 25 Millionen Menschen, 10 Millionen davon sind Migranten. Shanghai gilt als Wohlstandsregion. Wer und was war hierfür ökonomisch verantwortlich? (Wir warten auf eine Studie, die Shanghai mit Berlin, zum Gründungszentrum in Deutschland geworden, nach medialen Berichten, entwicklungsökonomisch vergleicht).

Die Wachstumsrate sinkt, arbeitsintensive Billigprodukte verlieren ihre Konkurrenzfähigkeit.[150] Der Übergang in eine oftmals geforderte Dienstleistungswirtschaft vollzieht sich zwar rasch, die Transformation der chinesischen Wirtschaft ist jedoch eine andere: Erschließung neuer Potentiale der Wertschöpfung durch weitgehend von privaten Unternehmen initiierte Innovationen, fußend auf neu gegründeten Unternehmen. Chinesische Unternehmer agieren dabei aggressiver als ihre europäischen und

---

[149] Als Meme verstehen wir soziokulturelle Vorgaben, Rechte (property rights), ethische Normen, nach Dawkins (2010, S. 390) Einheiten der kulturellen Vererbung.

[150] Theoretischer Hintergrund ist die Theorie von Arthur Lewis, erstmals vorgestellt im Artikel "Development with Unlimited Supplies of Labour" (1954). Manchester School of Economic and Social Studies, 22, 139–19. Nach Lewis haben Länder mit einem Arbeitsüberschuß einen komparativen Vorteil bei industriell erzeugten Gütern. Man darf sich fragen, warum dies in Griechenland oder Nigeria oder Brasilien nicht der Fall ist. Die Länder haben einen Arbeitsüberschuß (40 Prozent der jungen Griechen sind arbeitslos), leiden aber auch an einer holländischen Krankheit. Ihr komparativer Vorteil liegt in Produkten der Natur, Rohstoffen, in Griechenland „Sonne und Meer", sprich Tourismus.

japanischen Kollegen.[151] Ein Vorteil gegenüber westlichen Ländern ist die geringere Regulationsdichte und die Entscheidungsschnelligkeit in chinesischen Unternehmen und Forschungseinrichtungen. Ein Beispiel ist der Taxi-Fahrdienst Uber. Kein Problem in China, außer intensive Konkurrenz durch chinesische Unternehmen. Uber bedient 60 Städte mit 40 Millionen Fahrten pro Woche. Die Chauffeure verdienen gut, oftmals zusätzlich zur normalen Einkommen als Erwerbstätige, wurden von Uber sogar subventioniert (Zahlung überhalb des Marktpreises). Ein chinesischer Konkurrent hat Uber schließlich aufgekauft. Alles zusammen gerechnet: Wachstum in China sieben Prozent, in Deutschland (Uber verboten) ein Prozent. Überregulierung in sämtlichen Branchen erschweren wenn nicht verbieten Innovation, schöpferische Zerstörung und folglich Investition. Daß die deutsche Industrie auf Import von Fachkräften setzte, ist modell-logisch nachvollziehbar. Zahlreiche Studien versuchen, diesen Weg zu rationalisieren.

Eine chinesische Unternehmerin in der Biotechbranche, aus den USA nach China zurückgekehrt: „In Amerika benötigte man 60 Sitzungen um etwas auf den Weg zu bringen, hier in China vier" (zitiert in Ward, 2016b). In Deutschland? 80, 130 etc.? Wie unsere und anderer Erfahrungen aus dem unternehmerischen und akademisch-universitären Kontext zeigen: Viele potentielle Gründer werfen hin, weil sie von Vorschriften, ethischen Vorgaben und Sitzungs/Entscheidungshäufigkeit überlastet sind. Wer eine gewisse Altersstufe erreicht hat, auch schon pensioniert ist, kann im akademischen Kontext nur noch wenig ausrichten. Diskriminierung. Er kann jedoch, wenn er sein „exit" vollzogen hat, in einem größeren Freiraum jenseits der staatlichen Einmischungspraxis und –moral sein eigenen Ding durchziehen.

Man kann China mit Indien vergleichen. Indien wird für die kommenden Jahre ein stärkeres Wachstum vorausgesagt, nicht zuletzt wegen einer hohen Bevölkerungsdividende. Auch in Indien herrscht Landflucht. Die Chancen jedoch im infrastrukturellen und industriellen Gewerbesektor eine Anstellung zu finden, sind im Vergleich zum China der vergangenen Jahrzehnte bescheiden geblieben. Warum? Zu wenige Investitionen von Staat und Unternehmen. Indien müßte sich, so sehen es einige Ökonomen, von einem von Konsum- zu einem von Investitionen getragenen Wachstum entwickeln (Kazmin, 2015), also in Richtung des historischen chinesischen Modells.

7.5 Brain substitution

In den USA beobachten wir ein Phänomen, daß wir *brain substitution* nennen können: Höher Qualifizierte wandern aus Regionen aus – und nicht (nur), weil sie dort weniger Lebenschancen sehen, sondern weil sie von Einwanderern geringerer Qualifikation (Amerikaner politisch inkorrekt: „low IQ-people") verdrängt werden. War dies früher ein Vorstadtphänomen, ist es nunmehr in Regionen und Metropolen zu beobachten (Barone, 2007; Kommentar: Parapundit, 10. Mai, 2007; dort viele weitere Beiträge; Sailer, 2015). Tendenziell rückentwickeln sich diese Regionen; mit der Zuwanderung importieren sie Innovationsschwäche und evolutive Regression. Die Rückentwicklung muß nicht absolut sein, Potentiale bleiben jedoch nicht ausgeschöpft, die Produktivität und Einkommen steigen weniger. Auch dieser Prozeß ist im Hinblick auf das Altern noch wenig untersucht. Mit dem Ausscheiden höher qualifizierter Babyboomers und entsprechendem Qualifikations- und Erfahrungsverlust, bewirkt der Alterungsprozeß bei Zuwanderung von gering qualifiziertem Humankapital Innovations- und Evolutionsschwäche.

---

[151] Bereits Tse (2006) hat die Eigenschaften chinesischen Unternehmertums ausführlich geschildert. Ein neuerer Beitrag von Clover (2016) erläutert, wie Unternehmertum auch jenseits der Zentren Beijing, Shanghai, Shenzen gefördert wird, überall im Land neue Silicon Valleys entstehen (sollen). „I don't see why in the future, China wouldn't have 15 to 20 Silicon Valleys", äußert ein Mitarbeiter von McKinsey.

Umgekehrt: Die Gebiete mit positivem Zuwanderungssaldo qualifizierter Amerikaner entwickeln sich zu „booming centers of high-tech and other growing private-sector businesses" (Barone). Die Auswanderung aus armen Ländern einschließlich solchen in der EU ist direkt an die Innovations- und Kompetenzarmut dieser Länder gebunden. Dies ist eine Implikation des Schumpetermodells: Geringe Einkommen = f (Innovationsarmut). Die oft angeführte positive Beitrag der Auswanderung – Transfer im Ausland erzielter Einkommen in die Heimat (Siems, 2015c) – kann die Länder kurzfristig „reicher" machen. Es handelt sich innovationslogisch aber lediglich um einen indirekten Import von Neuerungen: Die höheren Einkommen im Ausland sind Folge der dort bestehenden höheren Produktivität oder besserer Arbeitsmarktbedingungen. Arbitragelogisch ist die Aussicht auf „entitlements" ein wesentlicher Antrieb für die Auswanderung. Innovation erzeugt immer Arbitragechancen, die sich im internationalen oder globalen Kontext in personaler Mobilität verwirklicht. Ob aus dieser dann ein Arbeitskräftezuwachs in den Aufnahmeländern mutiert, ist unsicher.

Man könnte vergleichen: Einen 70-Jährigen in Deutschland mit einem jungen Menschen aus Afrika (aus einem der Länder, welche in die Europäische Union, insbesondere nach Deutschland einreisen). Wie hoch ist/wäre die Wertschöpfung (Bruttoinlandsprodukt) eines noch aktiven „Ruheständlers" pro Person oder Arbeitsstunde in Deutschland, verglichen mit der in afrikanischen Auswandererländern. [152] Um die Zuwanderer auf ein deutsches „Vergreisungsniveau" der Wertschöpfung pro Kopf oder Arbeitsstunde zu bringen, wären viele Dinge zu unternehmen. Zu beachten wäre auch, daß die Höhe der Geldzuweisungen für arme Einwanderer auch wesentlich abhängig waren oder sind von den Arbeitsleistungen der sog. Ruheständler. [153] Es gälte somit historisch zu vergleichen: Wie hoch ist oder wäre der Wertschöpfungsbeitrag alter Menschen jenseits des Renten/Pensionseintrittsalters mit der von Immigranten (abzüglich ihrer Ausbildungskosten und/oder Unterhaltskosten, natürlich verglichen mit denen der Einheimischen). Nichtselbständige Erwerbstätige in höherem Alter (65+) arbeiten im Durchschnitt zehn Stunden pro Woche (Esselmann & Geis, 2015, S. 34). Wenn wir eine Entlohnung von 20 Euro pro Stunde unterstellen, beläuft sich ihr Einkommen zusätzlich zur Rente auf 800 Euro pro Monat. Ein Immigrant, 40 Stunden pro Woche arbeitend, mit dem Mindestlohn von acht Euro pro Stunde entlohnt, erzielt ein Einkommen von 320 Euro. Der Wertschöpfungsbeitrag eines „Altmeisters" wäre somit um mindestens das Doppelte höher als eines jüngeren Zuwanderers. Dabei ist zu beachten, daß das Beschäftigungspotential abhängig Beschäftigter höherer Altersstufen - auch etwa im Vergleich zu Japan - bei weitem nicht ausgeschöpft zu sein scheint, primär bedingt durch arbeitsrechtliche Restriktionen (siehe Bösch-Supan u.a. 2015). Würde ein Altmeister der Erwerbstätigkeit (abhängig beschäftigt oder selbstständig) seine Arbeitsleistung auf 20 Wochenstunden steigern, sein Zusatzeinkommen beliefe sich auf 1600 Euro im Monat, vorausgesetzt, das steuerliche Mitverdienenwollen des Fiskalstaates unterbliebe oder zeichnete sich durch Zurückhaltung aus - unverzichtbar für eine (Re-)Integration älterer Menschen in den Wertschöpfungsprozess jenseits von Großmutter/Großvaterwirkungen und ehrenamtlichem Tätigsein.

Man könnte im Alter noch reicher werden (mehr einnehmen als ausgeben) und mehr Vermögenszuwächse als –verluste verwirkliche - ohne in Konkurrenz zu Warren Buffet zu treten. Das Beispiel erlaubt uns, zwischen drei Arten der Arbeit im Alter („Ruhestand") zu unterscheiden. „Ich arbeite

---

[152] Zur Höhe des Bruttoindlandsproduktes in überwiegend afrikanischen Ländern siehe http://de.statista.com/statistik/daten/studie/247140/umfrage/laender-mit-dem-niedrigsten-bruttoinlandsprodukt-bip-pro-kopf/.

[153] Diese Vermutungen sind sicherlich in Studien bereits erschlossen worden, sie liegen uns jedoch nicht vor, wir haben auch nicht danach gesucht.

nicht, weil ich es brauche, sondern weil ich es kann." Jemand arbeitet, weil er das Geld braucht, um seine Ausgaben im Alter zu bestreiten (Altersarmut). Auch der Altersarme muß es können, gesundheitlich, sonst driftet er in eine Selbstausbeutung seines Körpers ab. Der zweite Typus hat, im Prinzip, genügend Geld oder Alterseinkommen aus Rente und Vermögen zur Verfügung. Ihm macht es Freude, er kann und will es, auch emotional, vielleicht will er es den Anderen auch zeigen, was er im Alter noch zu leisten vermag. Die meisten unserer Beispiele von Olderpreneurs fallen in diese Kategorie. Warum arbeitet Warren Buffett noch, trotz der vielen Milliarden auf seinem Konto? Warum wirft er nicht hin, gibt auf, wie mancher Mittelständler. Es sind andere Motive als Mehrhabenwollen und besser Zurechtkommen mit der Armut im Alter, von der immer mehr Menschen geplagt werden. Die dritte Art, etwa Rente mit 73. Sie dient primär dem Staat, in Deutschland der „schwarzen Null." Der Staat wird entlastet (mehr Steuereinnahmen), weniger Geld für Rentenzahlungen, geringere Gesundheitskosten (wer länger arbeitet, ist weniger krank), weniger Zuwanderer (und damit Kosteneinsparung)?[154]

7.6 Problembereiche von Zuwanderung

Mehrere Problembereiche seien angedeutet. Wir beschränken uns auf Andeutungen, da theoretische Grundlagen bereits dargestellt sind und zahlreiche Immigrationsdiskurse zur Verfügung stehen.

(1) Bei evolutorischer Betrachtung dominieren die Fragezeichen. Die Wirkung auf die Alterung von Wirtschaft und Gesellschaft ist noch weitgehend nicht untersucht. Zuwanderung wird üblicherweise als „Lösung" für Probleme gesehen, die mit der Erosion der Sozialsysteme, bedingt durch eine abnehmende und alternde Bevölkerung zu tun haben.

(2) Die Schwierigkeiten mit „Integration", parallelgesellschaftlichen Verhältnissen, Kriminalität und Arbeitslosigkeit, die sich aus dem „Import" von *im Durchschnitt* weniger qualifizierten Menschen mit anderem kulturellem und religiösen Hintergrund ergeben, sind allgemein bekannt. Amerikanische Autoren und Diskutanten erläutern diese Fragen in einer für europäische Menschen ungewohnten Radikalität.[155]

(3) Die „Produzenten" des Humankapitals leiden, insbesondere wenn sie hochqualifizierte Bürger in reiche Länder abziehen lassen; die Innovation des „Nordens" geht zu Lasten der Innovation des „Südens". Arme Gesellschaften bilden aus, investieren in Humankapital, reiche erwirtschaften die Knappheits- und Innovationsrente.

(4) Die Ursachen des Humankapitaldefizits werden ausgelagert. Bildungssysteme bleiben (relativ) nicht reformiert; der Druck zur Veränderung der Anreizsysteme zur Schaffung von höher qualifiziertem Nachwuchs, zur Mobilisierung von Humankapital und unternehmerischer Energie älterer Alterskohorten und zur Entfaltung der Fähigkeiten in allen Teilsystemen der Gesellschaft bleibt gering(er).

---

[154] Der französische Präsident Sarkozy hat den Renteneintritt auf 62 Jahre angehoben. Er wurde abgewählt. Eine Rente mit 73 würde Frankreich lahmlegen.

[155] Siehe als Quellen www.pundit com und www.vdare.com, in welcher die Immigrationsproblematik intensiv erläutert ist. Eine jüngere Aussage von Parapundit http://www.parapundit.com/archives/009786.html.:"Why are workers [einheimische US-Bürger] without much education getting hammered? Stop immigration of anyone with an IQ below 120." Während Einwanderer/Flüchtlinge aus den Konfliktregionen des Nahen und Mittleren Ostens weitgehend ungehindert nach Europa, insbesondere Deutschland einwandern können (Stand November 2015), selektieren die USA Einreisewillige nach ihrer Qualifikation, ein Prozeß, der bereits in den US-Botschaften der einzelnen Ländern eingeleitet wird. Man vergleiche die Aufnahme von Syrern in Deutschland und den USA, grob geschätzt ein Verhältnis von 300:1. Die Ursachen der innersyrischen Konflikte sind nicht unser Thema, außer des Hinweises, daß die Vereinigten Staaten wie in anderen Nahostländern und Nordafrika als Wegbereiter wenn nicht Verursacher gesehen werden können.

(5) Bemühungen um der Auswanderung der eigenen Bürger durch Veränderung der Arbeitsbedingungen im eigenen Land entgegenwirken, bleiben unterentwickelt.

(6) Die Fragen des demographischen Wandels sind nur fordergründig beantwortet. Alte Menschen mit qualifiziertem Humankapital werden früh verrentet/pensioniert; andere werden in Rente und Pension entlassen, auch wenn sie noch produktive Arbeit leisten können; Doppelbezahlung hält Einzug: „Alte" erhalten Rente/Pension, die Zuwanderer ihr Gehalt und/oder Leistungen des Sozialstaates; innovationsfördernde Veränderungen in Unternehmen, welche die Neukombination bestehender menschlicher „Ressourcen" erleichtern, können ausbleiben. Die Höherqualifikation chronologisch (kalendermäßig, nicht biologisch) alter Menschen verliert an Anreiz.

Zwischenbilanz: Immigration verringert den Problemlösungsdruck; „kurzfristig" mag Wachstum und Entwicklung via Innovation erzeugt werden; langfristig „we are all dead" (J. M. Keynes), auch wenn sich der Tod immer weiter in höhere Lebensspannen verlagert. „Reformen" und schöpferischer Wandel kann unterbleiben oder läßt sich in die Zukunft verlagern. Fördert Immigration die Alterung („Vergreisung") des Humankapitals im eigenen Land? Zuwanderung wie diese in der vorherrschenden Sichtweise in Wirtschaft und Politik verstanden wird, trägt nur wenig dazu bei, die erdrückenden Probleme demographischen Wandels lösen zu helfen. Sie ist daher ein klassischer Fall eines „adaptive response" nach Schumpeter. Sie ersetzt ein „schöpferisches Reagieren" (Schumpeter) - und wie wir ergänzen -: eine evolutorische Antwort.[156] In der kurzen Sicht ist Zuwanderung (möglicherweise) ein Joker, in der langen Sicht, wenn sie nicht gekoppelt ist an die Erfahrungswelten, Könnenspotentiale und soziokulturellen Evolutionsmuster entwickelter Gesellschaften, an die Chancen des Wandels demographisch alternder Gesellschaften, *könnte* Zuwanderung die Innovationsleistung und Evolutionspotenz solcher Gesellschaft retardieren, weil sie nicht die erhofften Wirkungen auf Wachstum, Wohlstand und Sozialsysteme wie Rente und Gesundheit erzeugt und weil sie die Chancen einer Alterung der Gesellschaft übersieht und nicht fördert. Unsere Zuwanderungsskepsis bezieht sich auf deren inputlogische Interpretation. Ein geradlinig-kausales Denken, vorherrschend im Wachstumsdenken der Ökonomie, verfügt zweifellos über eine hohe Attraktivität im Vergleich zu einem Paradigma, welche das System Wirtschaft als nicht-trivial betrachtet, damit nicht im Sinne geradliniger Ursache-Wirkungs-Beziehungen steuerbar.

Auch die Wirtschaft scheint sich schrittweise dieser Sichtweise anzunähern. Vor wenigen Jahren setzte sie sich mit Vehemenz für die Zuwanderung von Fachkräften aus dem Ausland ein. Mehrere Studien des Instituts der deutschen Wirtschaft versuchten, diese Sichtweise zu unterstützen. Eine jüngere Untersuchung (Esselman & Geis, 2015; Kaiser, 2015) versucht den Nachweis: Immer mehr ältere Menschen arbeiten nach dem Renteneintrittsalter, erhöhen damit das *endogene* Fachkräftepotential.

Aus einem Leserkommentar

> Man muss einfach mal aufhören, die Probleme der Zukunft mit den Rezepten von Vorgestern lösen zu wollen. Das Potenzial an Arbeitskräften ist riesig. Wem als Antwort auf Fachkräftemangel nur Einwanderung einfällt der ist denkfaul und/oder es geht ihm in Wahrheit nicht um einen Mangel an Fachkräften sondern um einen an BILLIGEN Fachkräften. Fitte Menschen über 50 könnte man problemlos für viele der freien Stellen ausbilden. Die Leute sind

---

[156] Schumpeter trifft diese Unterscheidung in seinem Aufsatz „Schöpferisches Reagieren in der Wirtschaftsgeschichte" (Schumpeter, 1987), angewendet auf demographische Prozesse in Haga (2013, Abschnitt 4.3).

heute mit 70 fitter als früher mit 60 - einfach mal Leute über 50 einstellen und man hat kein Problem.[157]

In Japan sieht man es dagegen schon länger so (Burges, 2007). Die Weltbank schlägt Japan und anderen ostasiatischen Ländern, auch China vor, endlich Immigration zu ermöglichen, um die negativen Wachstumswirkungen einer alternden Bevölkerung einzuschränken (World Bank, 2016). Was für Europa vorgeschlagen wird, gilt in noch stärkerem Ausmaß für Japan: „Europas hochverschuldete Länder benötigen eine Injektion von Jugend und Dynamik" (Rachman, 2016). Vorgeschlagen wird ein Import von Arbeitskraft aus Afrika und dem Nahen Osten, um die Vergreisung zu meistern, ökonomisch und demographisch. Japaner sind immigrationsskeptisch bis -ablehnend. Sie halten wenig von Zuwanderung - wiederum Vertreter der Wirtschaft ausgenommen.[158] Die Wirtschaft vermag jedoch, wie in Deutschland, externe Wirkungen aus ihren Gewinn- und Verlustrechnungen zu externalisieren (anderen weiterzugeben). Die Gesellschaft muß jedoch mit den Wirkungen der Zuwanderung leben. Die Wirtschaft externalisiert Negativwirkungen. Die Gesellschaft und andere ihrer Teilsysteme internalisieren die Wirkungen. Wie kommt Japan ohne Zuwanderung zurecht? Warum nicht Roboter einsetzen? Sie helfen auch, alte Menschen zu pflegen, verringern somit auch die Nachfrage nach einheimischen und zugewanderten Pflegepersonal.[159] Im demographisch stagnierenden China wird gleichfalls Robotern eine große Zukunftschance eingeräumt (auch wegen massiv steigendender Stundenlöhne). Inputlogik weicht Innovationslogik.

Zum Abschluß dieses Kapitels eine weitere Illustration. Volkswagen beschäftigt knapp 600.000 Mitarbeiter. Die Anzahl der von ihnen hergestellten Fahrzeuge pro Jahr ist weitgehend identisch mit der von Toyota (Daten von Milne, 2015).[160] Die japanische Firma benötigt für die Produktion etwas mehr als die Hälfte der Mitarbeiter von VW, 344.000. Würde VW auf gleiche produktive Weise Automobile wie Toyota erstellen, stünden somit 250.000 Mitarbeiter (Fachkräfte) für die deutsche Wirtschaft zur Verfügung, somit die Hälfte dessen, was als ein Fehlen von Fachkräften geschätzt wurde (rund 500.000 im Jahr 2015). Fachkräftemangel resultiert auch aus dem Widerstand des Unternehmens, der Arbeitnehmervertreter und der Politik, schöpferische Zerstörung zu tolerieren. Dieses Verhalten durchzieht sämtliche Branchen in Deutschland: Angst vor Arbeitslosigkeit trotz eines nicht befriedigten Bedarfs an qualifizierter Arbeitskraft. Eine Folge ist auch ein geringerer Anstieg der Arbeitsproduktivität. Der Fachkräftemangel und die Produktivitätseinbußen und diesem folgend eine geringere Steigerung der Einkommen ist somit auch einer, der aus dem Widerstand gegen Neukombinationen erwächst. Eine Folge ist dann geringere Produktivität der Produktionsfaktoren einschließlich Arbeit und geringere Einkommen. Die Daten zu VW und Toyota stammen aus einem Beitrag von Milne (2015). Er nennt seinen Text

---

[157] http://www.faz.net/aktuell/beruf-chance/arbeitswelt/arbeitskraeftemangel-droht-wegen-geringer-geburtenrate-13618671.html#lesermeinungen

[158] Die deutsche Wirtschaft fordert permanent ausländische Fachkräfte. Ein Bankvertreter formuliert die herrschende Meinung. Die Zuwanderung ist aus ökonomischer Sicht „für die Wirtschaft ein Segen, da sie die negativen Folgen der alternden Gesellschaft abfedern könnte" (Aussage in Börsenzeitung, 31. 7. 2015, S. 7.)

[159]"The rise of the machines in the workplace has U.S. and European experts predicting massive unemployment and tumbling wages. Not in Japan, where robots are welcomed by Prime Minister Shinzo Abe's government as an elegant way to handle the country's aging populace, shrinking workforce and public aversion to immigration "(Nohara, 2015). Siehe auch: Japan Labor Shortage From Aging Population Boosts Robots (http://www.parapundit.com/archives/009902.html). Hership (2016) und Masui (2016) stellen Beispiele einer Robotersierung der Altenpflege in Japan vor.

[160] Wir haben nicht geprüft, ob sich die genannte Zahl auf Deutschland und auch andere VW-Produktionsstätten (Polen, Tschechei) beziehen. Der Kern des Arguments bleibt davon unberührt.

„Systemversagen" (system failure), womit der VW-Konzern in allen Hierarchiestufen angesprochen ist. Dieses „Versagen" bezieht sich allerdings auch auf die Systeme, mit denen Volkswagen interagiert, insbesondere das System Politik. Die Lösungen welche die Politik vorschlägt und durchsetzt, etwa im Bereich der Industriepolitik und der Zuwanderung, erzeugen die Folgen, die im politischen und medialen Diskursen als Erfolgsindikatoren gewertet werden, etwa geringe Arbeitslosigkeit und umgekehrt - Fehlen an Arbeitskraft - und Notwendigkeit ihres Imports. Das Ausmaß des sog. Fachkräftemangels ist keine wissenschaftlich objektive und objektivierbare Größe. Ein typisches Ceteris-paribus-Muster. Forscher die hier Zahlen vorlegen, reflektieren dies entweder unzureichend oder folgen implizit oder explizit politischen Vorgaben. Eine komplexe Welt läßt sich ohne handlungspraktische Einbußen nicht auf eine trivial-maschinelle reduzieren.

8 Erschließung von Handlungsbereichen für Wertschöpfung durch ältere Mitbürger

8.1 Möglichkeiten der Wertschöpfung in einer alternslosen Gesellschaft

Wenn wir lebenslanges Unternehmertum ansprechen, unterscheiden wir vier Möglichkeiten der Schaffung von wirtschaftlichen Werten durch (chronologisch) ältere Personen.

(1) Neue Märkte entstehen, die sich an den Bedürfnissen älterer Menschen orientieren (sog. Silbermärkte); von den vier Möglichkeiten ist diese am einfachsten zu leisten.

(2) Alte Menschen sind unternehmerisch aktiv: Selbstschöpfung von Werten. In welcher Funktion sie ihrer unternehmerischen Rolle nachgehen (Routine, Arbitrage, Innovation, Evolution) bleibt eine vernachlässigte Frage. Neuere Forschungen zeigen allerdings: die Innovationsleistung verschiebt sich in immer höhere Altersgruppen (Jones, 2009; 2010; 2011). Wenn jemand (Alter 63; siehe die nächste Abbildung) noch 25 Jahre gesunden Lebens vor sich hat, vermag er Neukombinationen auch längerer Ausreifungszeit anzugehen; vorausgesetzt, es gelingt ihm, seine gesunde Lebensspanne abzuschätzen. Hierfür stehen Tests zur Verfügung, mit denen man auf der Grundlage einer individuellen Gesundheits- und Familiengeschichte, seine verbleibenden Lebensjahre zu ermitteln vermag.[161] Es handelt sich also nicht um gerontologische oder demographische Durchschnittsdaten für bestimmte Alterskohorten. Die Chancen einer Selbstschöpfung von Werten sind eng an die dritte Möglichkeit gebunden.

(3) Menschen vermögen in Prozessen chronologischen Alterns sich selbst zu evolutionieren, Kompetenzen aufzubauen, durch eine oftmals auch selbst zu entdeckende Lebensweise ihre gesunde Lebensspanne auszuweiten. Inwiefern selbstevolutives unternehmerisches Tun von den von Akiyama (2011) ermittelten „10,9%" - 90 Jahre alt, ohne körperliche und geistige Funktionseinbußen -verwirklicht wurde, wissen wir nicht. Es gibt jedoch zahlreiche Erfahrungsberichte und Forschungserkenntnisse, welche diese Vermutung zu bestätigen scheinen. Gehen Menschen diesen Weg, gehen sie, bildlich gesprochen, über eine Brücke, die den Fluß des Todes überquert und an dessen anderer Seite sie auf medizinische Fortschritte hoffen dürfen, die ihnen eine weitere Verlängerung ihrer Lebensspanne ermöglichen. Wir bezeichnen diese Möglichkeit daher als die Brückenfunktion. Wer nicht schnell genug über die Brücke kommt, verkürzt sein Leben. Die Geschwindigkeit des Gehens ist eine unternehmerische Variable. Die Biomediziner bezeichnen es als „Homöodynamik" (Rattan, 2016), die Quelle von Lebensqualität (Brown, 2015). Viele Menschen haben Angst langer zu leben, weil sie davon ausgehen, im Alter an Krankheiten zu leiden, brückenfunktionale Chancen nicht kennen oder ihre Zeitperspektive solche nicht zuläßt. Für die USA zeigt eine Untersuchung, daß eine von sechs Personen (befragt im Alter von durchschnittlich 42 Jahren, es vorzieht, vor einem Alter von 80 Jahren zu sterben.[162]

(4) Eine vierte Möglichkeit erschließt sich, wenn grundlegende Neuerungen (Basisinnovationen oder Lange Wellen nach Schumpeter und Kondratieff) in die Überlegungen eingeschlossen werden. Entwicklung vollzieht sich nach dieser Logik über Basisinnovationen. Alternsprozesse regen diese an,

---

[161] Man kann es etwa mit dem Test des Langlebigkeitsforschers Thomas Perls versuchen: https://www.livingto100.com/

[162] Vgl. zur Befragung und Interpretation der Daten https://www.fightaging.org/archives/2016/08/a-bleak-outlook-on-aging/. In Röpke (2015) sind wir ausführlicher auf vergleichbare Befragungen eingegangen. Siehe auch weitere Überlegungen im 14. Kapitel.

schaffen sie in vielen Fällen. Altern schafft Anreize für Wissenssuche und unternehmerische Umsetzung neuen Wissens grundlegender Natur (regenerative Medizin, Nano-, Bio-, Gentechnik), welche die Lebensspanne weiter ausweiten können (nach Ansicht visionärer Denker wie Aubrey de Grey die Lebensspanne nahezu ununterbrochen verlängern).[163]

Diskriminieren wir alte Menschen, wenn wir ihre Kreativität, Tatkraft und ihre Erfahrungsschätze nicht ernst nehmen, schädigen wir die Gesellschaft, wenn wir für sie keine Möglichkeiten schaffen, Wertschöpfungsbeiträge bis in ein hohes Alter (auch 100 +) zu erbringen? Könnten wir mit Sloterdijk (2009, S. 372) von einer „Selbstausbeutung", einer „Inquisition gegen das Selbst" der Invididuen und der Gesellschaft sprechen? Aus „youngest old" werden „oldest old".

Bleiben die *„youngest old"* nicht in die Wirtschaft integriert (für andere Teilsysteme gilt Vergleichbares), leistet sich die Gesellschaft eine Ressourcenverschwendung, Verzicht auf Wertschöpfung und Evolutionspotential. Noch wichtiger:

(a) Sind oder bleiben alte Menschen diskriminiert verkürzt sich ihre gesunde Lebensspanne. Sloterdijk findet seine Bestätigung, Alterserwerbstätigkeit verliert den entscheidenden Antrieb.

(b) Alte Menschen schaffen vielfältige Anreize für Neukombinationen (15. & 16. Kapitel).

(c) Ein Blick in die Zukunft zeigt uns: Immer mehr alte Menschen sind erwerbstüchtig und –tätig. Alte sind die am stärksten wachsende Bevölkerungsgruppe, auch auf dem Arbeitsmarkt.

(d) Wenn es nicht gelingt, unternehmerische Energie alter Menschen zu kultivieren, verliert eine Gesellschaft an Entwicklungs- und Evolutionspotential (Hinweise hierzu im 15. 16. & 17. Kapitel).

(e) Wenn wir (mit Heinz von Foerster) den Sinn des Lebens im Leben selbst sehen, ist ein unternehmerischer Lebensstil eingebunden in Lernen, Tun, Ausweitung der Könnensbereiche, Immunisierung gegen Wohlstands- und Entwicklungseinbußen, Erschließen von Zukunftsperspektiven. Wir sehen vielfältige Gemeinsamkeiten zwischen einem biologischen und ökonomischen Immunsystem in allen Systemen. Die theoretische Durchdringung in beiden ist aufgrund der komplexen Wirkungsmechanismen in einer frühen Phase.

(5) Zu selbstevolutiven Prozesse ließe sich anmerken:

(a) Bei Selbstevolution handelt es sich um Prozesse, die potentiell dem Menschen (seit seiner Geburt) verfügbar sind. Dennoch gehen sie aus der Sicht des Individuums mit einer Transformation seiner Lebensweise einher und erschließen für ihn ein Neuland des Lebens, sind also für ihn gleichsam eine subjektive Neuerung.[164]

(b) Die Handlungsmaxime des selbstevolutiv tätigen Lebensverlängerers lautet: Lebe so, daß deine Redundanz keinen Schaden nimmt.[165] Um solches zu schaffen, müssen drei Bedingungen erfüllt sein: Er

---

[163] Einen Überblick zu Langen Wellen bietet das Buch von Uwe Höft (1992): Lebenszykluskonzepte. Grundlage für das strategische Marketing- und Technologiemanagement. In unserem Text verwenden wir durchgehend das Konzept Langer Wellen. Es bildet eine in der praktischen Politik vernachlässigte Entwicklungsstrategie gerade in Gesellschaften, die sich demographischen Herausforderungen der Alterung ihrer erwerbstätigen Bevölkerung und Industrien – beides zunehmend als kausal verknüpft betrachtet – gegenübersehen.

[164] Allerdings auf einer anderen funktionalen Stufe des Unternehmerseins als Innovationsprozesse medizinisch-biologischer Natur.

[165] Die Nähe zu ethischen Maximen wie der von Heinz von Foerster ist offensichtlich: „Act always so as to increase the number of possibilities". Eine Möglichkeit ist – im extremen Fall, aber mit einer Wahrscheinlichkeit größer Null

muß es wollen, er muß es können und er muß es dürfen. Auf allen drei Feldern müßte er lernen, die Vielfalt seines Lebens zu erhöhen, also in sich selbst eine höhere Komplexität hervorzubringen.

(c) Das neue Tun im selbstevolutorischen Modus ist offensichtlich mit medizinischer Innovation kombinierbar, kann deren Wirkung verstärken, kann sie überflüssig machen, kann ihre Notwendigkeit zeitlich hinausschieben. Die Störung des Systems Körper durch medizinische Innovation (neue Behandlungsmethoden, Arzneimittel) trifft auf eine vom Individuum selbst transformierbare Struktur des Körpers.

(d) Die beiden Prozesse (medizinische Innovation) und selbstevolutive Transformation verringern den Redundanzabbau im Körper, stabilisieren Redundanz, können sogar Redundanz ausweiten. Bleibt Redundanz erhalten, stirbt das System nicht.

(e) Beim gegenwärtigen Stand unseres Wissens geht vielfältig erzeugtes und erfahrenes Wissen [166] mit hochgradig taciter Komponente in die Schaffung und Erhaltung körperlicher Funktionstüchtigkeit ein. Das Individuum muß lernen mit Selbstzweifeln (auch religiöser Natur), Unsicherheit, auch echter, Skeptizismus, Vorwürfen (nicht zuletzt aus seiner Umwelt) zurechtzukommen, die oftmals nur durch seinen „Glauben" zu meistern sind.[167] Der selbstevoluierende Mensch verfügt daher über Eigenschaften, die sich auch dem Innovator in den frühen Stadien der Entwicklung eines Produktzyklus zuschreiben lassen.

(f) Die wichtigste Schlußfolgerung aus diesen Überlegungen. Angesichts noch nicht verfügbarer oder relativ unwirksamer Behandlungsmethoden bei vielen Krankheiten und hohen Kosten medizinischer Eingriffe, kann der Mensch für seine Gesundheit mehr im Sinne der Redundanzethik tun, wenn er selbstevolutorisch tätig ist, Krankheiten deswegen nicht entstehen oder später auftreten oder einfacher zu behandeln sind. Das große Manko der gegenwärtig praktizierten Gesundheitspolitik: Fast Nullanreize für „Evolution" bzw. eine ausschließliche Praxis externer Intervention in Körper und Psyche.[168]Diese wird nahezu endlos politikökonomisch dekliniert und machtpolitisch äquilibriert. Die Effizenz und Effektivität des (schulmedizinischen) Gesundheitssystems ist daher weniger davon abhängig, ob es „sozialistisch" oder „kapitalistisch" (neo-liberal) organisiert ist, vielmehr davon, in wieweit es gelingt, selbstevolutorische Komponenten zu fördern und zu integrieren. Die wirtschaftlichen Auswirkungen eines solchen Paradigmawechsels betrachten wir als Schlüssel für die schöpferische Teilhabe in einer alternden Gesellschaft.

(6) Weiterhin scheint es uns auf der Hand zu liegen, daß inputlogische Lösungen der demographischen Herausforderung, etwa Immigration, einer theoretisch fundierten Neukonstruktion bedürfen. Wenn 70-Jährige, in Zukunft, in Kopf und Körper, so gut funktionieren, wie heute 50-Jährige, sogar noch

---

– nicht zu sterben, unter der Nebenbedingung, dem Titanos-Irrtum nicht zu erliegen, somit die Pflegeheimexistenz nach deutschem Recht und alltäglicher Praxis (Löwer, 2007) zu überwinden.

[166] „Personal knowledge" im Sinne von Michael Polanyi (1958).

[167] Als Beispiel sei auf die Aufnahme und allmähliche Rezeption der traditionalen chinesische Medizin durch westliche Wissenschaft, Ärzte und Krankenkassen verwiesen. Wir beobachten hier den allmählichen Umschlag von Esoterik in Schulmedizin.

[168] Unternehmen wissen, welchen Unterschied Gesundheit auf die Arbeitseffizenz hat. In japanischen Unternehmen wird Gesundheitsbewußtsein der Mitarbeiter „bewußt" gefördert (Beispiel: Mitsubishi). Als Beispiel für ein Anreizsystem in den USA, welches mit Bestrafungen und Belohnungen arbeitet siehe Wharton (2008). PricewaterhouseCoopers und das World Economic Forum haben bereits vor Jahren Unternehmen dazu aufgerufen, chronische Erkrankungen, viele aufgrund von Übergewicht, zu „bekämpfen", nicht nur aus ökonomischen Interessen, auch aus Gründen „sozialer Verantwortlichkeit". (Quellen, Wharton, 2008).

Lebensvisionen für Jahrzehnte entwickeln, negative Emotionalität als Vorboten des Todes ins Abseits stellen, wenn sie ihre Kompetenzdimensionen gezielt entfalten lernen, sogar bessere Krankheits- und Produktivitätsprofile aufweisen, also spiraldynamisch evoluieren, bedarf es dann, des Imports von Kompetenzen, in der Regel angebunden an Selbstsysteme mit geringerer Komplexität und weniger tiefer Memetik, zudem, evolutionslogisch, weniger tief operierend, Produzenten von Gesundheitsausgaben jenseits der Normalität? Paradigmatische Fehlkonstruktionen beherrschen die Welt. Reflektionsarmut fördert ihre Reproduktion.

Diese Beobachtungen stehen nicht in Konflikt mit der Einwanderung von Menschen aus weniger entwickelten Regionen, diese kann jedoch dazu beitragen, die genannten Zusammenhänge zu verzögern, gar zu mißachten. [169] Betrachten wir Innovationen wie Digitalisierung, Big Data, Robotereinsatz, Komponenten einer sechsten Langen Welle. Ökonomen vertreten die Ansicht, diese Neuerungen könnten gering Qualifizierte aus den Arbeitsmärkten freisetzen, arbeitslos machen, was auch Zuwanderer aus der Zweiten und Dritten Welt einschlösse. Widerstand gegen radikale Neuerungen war historisch bei allen radikalen Neuerungen basisinnovativen Charakters Normalität. Die moderne Kommunikationstechnik, die Diffusion ethischer Normen in allen Teilsystemen der Gesellschaft und der hochgradige Einfluß von Lobbyinteressen erschließt auch neuartige Widerstandpotentiale. Eine Zukunftswelt höherer Produktivität wird in Frage gestellt. Wie diese Radikalinnovationen auf den Arbeitsmarkt der Alteingesessenen und Zugezogenen wirken und welchen Rollen angestellte und selbstständige Erwerbstätige nachgehen könnten, bleibt Überlegungen in späteren Kapiteln vorbehalten.

(7) Wenn Personen eines höheren biographischen Alters in den unternehmerischen Blickpunkt geraten, wird es unverzichtbar, das biologische Alter von dem kalendarischen zu unterscheiden. Es zeigt sich dann: Das biographisches Alter, welches in der Regel von der Geburt gemessen wird, ist nicht identisch mit dem biologischem Alter. Wir erläutern es im nächsten Abschnitt, sind jedoch bereits in 6. Kapitel darauf eingegangen.

8.2 Biologische und kalendarische Zeit

Mit zunehmendem biographischen Alter ist wirtschaftliches Unternehmertum zunehmend auch biologischem Unternehmertum geschuldet. Nehme Gesundheit in deine Hand. Beide Typen fördern sich dann synergetisch. Jenseits von präventivem Aktivsein gibt es bislang medizinisch noch wenig, was man gegen das Altern unternehmen könnte, ausgenommen die von Rattan (2016; zahlreiche frühere Veröffentlichungen) vorgeschlagenen Schaffung eines „homöodynamischen Raums" (sich weitgehend überlappend mit selbstinitiierter Prävention, etwa, intermittierendes Fasten; siehe 17. Kapitel). Ein Grund dafür sehen einige Forscher wie Aubrey de Grey in einer schulmedizinisch weitgehenden Verneinung des Alterns – religiös und medizinisch - als Krankheit, die entsprechende Forschungsanstrengungen und medizinische Interventionen ökonomisch uninteressant macht. Primäres Altern bleibt im Gegensatz zu medizinischen Interventionen in das sekundäre Altern wenig erforscht bzw. in noch frühen Phasen therapeutischer Entwicklung. Die Ausweitung einer gesunden Lebensspanne, gleichgültig ob die Pathologie durch Altern oder etwas anderes erzeugt wurde, findet durch Vorbeugung statt (Gems,

---

[169] Neben unseren skeptischen Überlegungen zur Zuwanderung siehe die kritischen Anmerkungen zur Einwanderung von Gunnar Heinsohn (2016), der die deutsche Praxis der von Australien, Kanada und den USA gegenüberstellt. Er vergleicht in diesem Zusammenhang auch Deutschlands Zukunftschancen im Bereich neuer Technologien mit denen ostasiatischer Länder. Auch „Senioren" sind angesprochen, nicht als potentiell Erwerbstätige sondern als steuerzahlende Alimentierer der kompetenzschwachen Einwanderer.

2015)[170], und diese ist abhängig von Innovation und Evolution der Betroffenen, der primäre Grund, warum wirtschaftliches an biologisches Unternehmertum gekoppelt ist. Ob man Altern als Krankheit betrachtet (die Sichtweise etwa von Aubrey de Grey, thematisiert in Fight Aging) oder die gegenteilige Meinung vertritt (etwa Rattan) ist für unsere Überlegungen keine zentrale Frage.

Die Wissenschaft hat genügend Forschungen vorgestellt, welche diese Möglichkeiten als realistisch und umsetzbar erscheinen lassen (Antonini, 2008). In ihrer Untersuchung des Kreativitätspotentials älterer Menschen ziehen Price & Tinker (2014, S. 284) den Schluß: „[…]the older mind is more adapt to imaginative thinking … the quality and accreditation of work increases with age." Beobachtungen und Untersuchungen aus den USA interpretierend, behauptet Whitney Johnson (2013): „Entrepreneurs get better with age." Die Altersgruppe umfaßt Unternehmer im Alter von 50 bis 75 Jahren. Unternehmerische Persönlichkeit ist kein Datum. Mit dem Alter(n) läßt sich ein Persönlichkeitsprofil unternehmerisch gestalten.

Chronologisch alte Menschen können biologisch relativ jünger sein, als dem Durchschnitt ihrer Alterskohorte entspricht. Was wir als lebenslanges Unternehmertum in höheren Altersgruppen (jenseits des in Deutschland „Ruhestand" bezeichneten Alters) bezeichnen, befindet sich, demographisch und gerontologisch bedingt, in einer wirtschaftlichen Pionierphase. Es bleibt daher wichtig, jene Lebenserwartung zu berücksichtigen, die nach dem Erreichen der Altersgrenze bei abhängiger oder freiberuflicher Beschäftigung im Durchschnitt zur Verfügung steht (siehe die folgende Abbildung). Wie lange kann ein Freiberufler im Alter von 65 Jahren im Durchschnitt noch erwarten, seinem Beruf nachgehen zu können? Hat ein Handwerker nach seinem Ausscheiden aus der regulären Beschäftigung oder ein 65jähriger oder älterer Beamter oder Angestellter oder ein mittelständischer Unternehmer noch genügend gesunde Lebensjahre vor sich, in denen er eine berufliche Aktivität fortführen oder ein Unternehmen aufbauen oder innovativ fortführen kann? Sind die Genannten körperlich, psychisch-emotional und kognitiv in der Lage, sich einen mehrjährigen Zeithorizont unternehmerischen Tätigseins vorzustellen oder die hierfür erforderlich Vorstellungskraft zu entfalten, ihre Zeitpräferenz entsprechend gering zu halten, eine „schöpferische Zukunftsperspektive" (Lens u.a. 2012) zu entfalten, den „engen Horizont des Gegenwärtigen" (Kurt Lewin), der Reproduktion von Routine in Lebensstil und ökonomischem Verhalten zu überwinden? Sinkt mit einer zunehmenden Lebensspanne die Zeitpräferenz, könnte parallel auch die Präferenz für risikoreichere Lebensentwürfe, die mit Unternehmertum einhergehen, steigen. Hinzuweisen ist auf die Nichtlinearität dieses „Trends". Wir können somit nicht sagen: Je älter desto x oder y. Das Risikoverhalten und die Bereitschaft und Fähigkeit, Unsicherheit und Ungewißheit zu tolerieren, verändert sich im Alter nicht-linear, im übrigen im Gegensatz zu bisherigen wissenschaftlichen Vermutungen, die etwa staatlichen Entwürfen der Altersvorsorge zugrunde liegen. Ist die Gegenwartsvorliebe hoch, sinkt sie sogar mit dem Alter, verkürzt sich das Zeitmanagement zunehmend auf die Gegenwartsprobleme oder Vorlieben des täglichen Lebens (etwa Einkaufen, Arztbesuche, Ferien). Die Beschleunigung des Lebens nimmt damit, paradoxerweise, vermehrt an Fahrt auf. Wie weit denkt Irene Bergman, 100 Jahre alt, an ihr Leben und ihre Investitionsentscheidungen in die Zukunft? Um mit Kurt Lewin zu sprechen: Eine Rückkehr zum Verhalten und Denken eines Kleinkindes (Lewin, 1935). "Man sollte die gegenwärtige Situation - den Status Quo - als von bestimmten Bedingungen oder Kräften erhalten betrachten", schreibt Lewis im Jahr 1940.[171] Welche "Kräfte" halten jemand in der Gegenwart fest? Wie verändern sich diese Einflüsse, die Lewin als Interaktion zwischen Persönlichkeit

---

[170] „[…]geroprotection is most efficacious in the form of prevention" (Gems, 2015, S. 6).

[171] Zitat aus https://en.wikiquote.org/wiki/Kurt_Lewin.

und Umwelt versteht, im Prozeß des Alterns eines Menschen - oder eines Unternehmens? Die Folgen nach der hier vorgestellten Sichtweise: wirtschaftlicher Ruhestand, für Unternehmer/Unternehmen im Wettbewerb: „schöpferische Zerstörung" (Schumpeter). Beispiel: Rückgang der Innovationstätigkeit in Unternehmen des Mittelstandes seit mehr als einem Jahrzehnt (2002/4 bis 2012/14). „Zukunftsmärkte geraten aus dem Blick", kommentiert die Deutsche Börsenzeitung (26.2. 2016) eine Untersuchung der Kreditanstalt für Wiederaufbau (Zimmermann, 2016b). Ursachen haben wir mehrfach angesprochen Demgegenüber: Ein Zeitgewinn durch eine Ausweitung der Lebensspanne ließe sich für die Gestaltung innovativer Lebensentwürfe und selbstevolutiven Fähigkeitsaufbau verwenden, die Ruhestandsphase folgte der Logik von James Fries: Komprimierung der Morbidität (ökonomische Erkrankungsrate).

Abbildung 20: Durchschnittlich erwartete Lebenszeit, die 65-Jährige noch haben

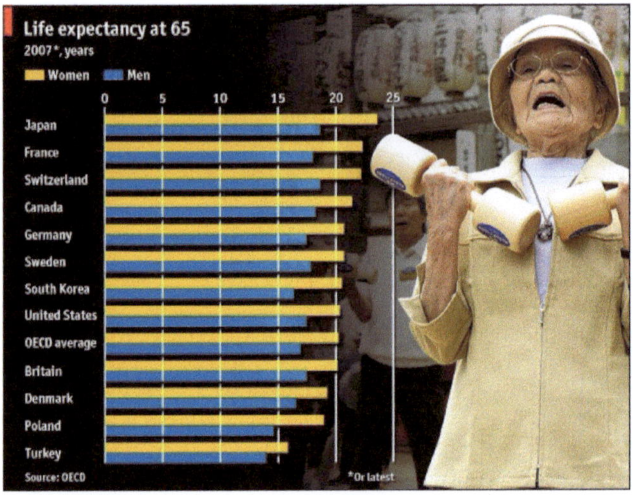

Quelle: economist.com, 11. Dezember 2009, http://www.economist.com/node/15098902.

Wer 1850 geboren wurde, konnte im Durchschnitt noch 48 Jahre leben, hundert Jahre später waren es 70 Jahre, gegenwärtig sind es 85 Jahre. Die Abbildung zeigt die Anzahl der verbleibenden Lebensjahre von Personen im Alter von 65 Jahren, also dem Eintritt in den „Ruhestand", auch den ökonomischen.[172]

Ein Japaner im Alter von 65 Jahren hat *im Durchschnitt* noch 19 Lebensjahre vor sich. Ein Deutscher 17.[173] Gelänge es ihnen ihre Morbidität zu komprimieren (Logik von James Fries), wäre ihre verbleibende Lebensspanne weitgehend krankheitsfrei und auch länger als im Durchschnitt angenommen. Zwischen 1960 und 2013 hat die Lebenserwartung von 60-Jährigen in Japan um 9.6, in Frankreich um 8.2 und in Deutschland um 7.0 Jahre (Frauen) und 7.1, 6.8 und 6.0 (Männer) zugenommen (OECD, 2013). Nach Aussagen der OECD: Wer 65 Jahre alt ist, kann in Japan noch 23,6 Jahre leben, in Frankreich 23,4 und in

---

[172] Die Daten aus der Abbildung verwenden wir illustrativ. Es gibt zahlreiche weitere Hochschätzungen. Eine informative Quelle ist Crimmins (2014).

[173] Die Europäische Kommission (2015) hat einen ausführlichen Bericht zum Altern in Europa vorgelegt, der auch nicht-europäische Länder einschließt. Die Abweichungen zu den Aussagen in der Graphik sind gering, wir haben diese somit aus darstellerischen Gründen beibehalten. Die Lebenserwartung für Frankreich ab einem Alter von 65 wird mit 26 Jahren, für Deutschland mit 25 Jahren errechnet (Graphik 1.18).

Deutschland 21.2. Das sind Durchschnittswerte. Ein biologischer Unternehmer kann mehr erwarten, weil er mehr gesunde Lebensjahre zu erzeugen vermag, gelernt hat, sein Altern zu entschleunigen, parallel zu einer Entschleunigung seins Lebens.

Angenommen, jemand ist 65 Jahre alt. Was tun mit den verbleibenden Lebensjahren? Die genannte Lebenserwartung ist ein Durchschnittswert. Die Lebensspanne, auch die gesunde, kann höher sein. Berechnungen für England zeigen: Die Chance, bis zu einem Alter von 100 zu leben, hat sich (für Männer) von 2,5 % im Jahre 1931 auf 19,2 % im Jahr 1991 erhöht (Sebastiani & Perls, 2012, S. 2). Dabei ist ein höheres Alter nicht gleichzusetzen mit geistigem Abbau und körperlichen Gebrechen. Viele der alten Menschen leben, so die Autoren, ein relativ gesundes Leben bis kurz vor ihrem Tod, also Kompression der Morbidität. Qualität des Lebens: man lebt länger, aber nicht länger mit Krankheit und Leiden. In ihrer Untersuchung zum Gesundheitszustand alter japanischer Menschen (siehe unsere obigen Ausführungen) hat Akiyama (2011) rund elf Prozent der Männer bis zu einem Alter von 90 Jahren als uneingeschränkt „fit" eingestuft: Menschen ohne Behinderungen und Gebrechen. Die Vorstellung über Lebensarbeitszeit und unternehmerischem Tätigsein folgen bis heute zum Teil problematischen Vorstellungen über demographische Entwicklungen. Einfach gefragt: Warum mit 60 oder 65 das unternehmerische Handtuch werfen, nur weil die vorherrschende Sichtweise sich auf empirisch wie theoretisch problematische Sichtweisen stützt? Und gekoppelt an Angst, die Einwanderung von Menschen fordert und fördert, die im Durchschnitt ein geringeres Qualifikationsniveau aufweisen, als diejenigen, dessen Ausstieg aus dem Erwerbsleben gefordert und gefördert werden. Wir kennen einen Nanoforscher. Mit 65 zwangspensioniert. In Gesprächen und Workshops konnten wir ihn und seine Nanokollegen überzeugen helfen, zu beginnen, die praktische Anwendung ihrer Kenntnisse zu unternehmen. Der Staat intervenierte: Die Patente gehören nicht dir. Die Verwertungsagentur hat nichts daraus gemacht. Die Mitarbeiter verlassen nach ihren Examen die Universität. Ein sechster Kondratieff Made in Germany? Die unternehmerische Energie des Kollegen ging verloren. Zu den „Fitten" nach Akiyama gehört er schon lange nicht mehr.

Offensichtlich ist: Wer multimorbid, generell chronisch krank ist, für den steigen die Kosten der verbleibenden Lebensjahre. Schmerzen suchen ihn heim. Quantität der Lebensjahre ersetzt Qualität. Die Pflege kostet eigene Ressourcen, auch die seiner Angehörigen. Die Medizin kann noch wenig leisten bei chronischen Erkrankungen. Sein biologisches Unternehmertum, seine „Homöodynamik" (Rattan) hat er vernachlässigt. Sein Körper straft ihn ab. An ökonomisches Unternehmertum ist ohnehin nicht zu denken. Palliativmediziner beginnen, an die Tür seines Lebens zu klopfen – wenn er Glück hat mit Morphin in der Hand, wenn es normal zugeht, in den Kliniken, mit Interventionen, die viel Geld kosten, möglichst lange, seine Leiden nicht verkürzen, verlängern.

Im April 2015 lebt der älteste Mensch in den USA. Eine Frau. 116 Jahre. Ihr Geheimnis? Freunde sagen, sie sei geistig noch scharf, bis in die jüngste Zeit noch in der Lage, ihren Rasen zu mähen und zum Kegeln zu gehen. Sie hat aber jetzt Schwierigkeiten, sich längere Zeit zu bewegen, aber erfreut sich noch daran Fischen zu gehen, gewöhnlich zur Zeit ihres Geburtstages. Ihr Ratschlag für ein langes, gut gelebtes Leben? „Es kommt von oben. Ich versuche immer noch, to do the right thing" (berichtet von Shah, 2015). Man könnte es mit Weber (protestantische Ethik) und schumpeterianisch („*doing* the thing") zu erklären versuchen, eine synergetische Kombination von biologischem und ökonomischem Unternehmertum?

Wenn jemand in höherem chronologischem Alter weiterhin als Unternehmer, als Selbstständiger, als Erwerbstätiger aktiv sein könnte, muß er dies auch wollen und können. Für manche kann es dann bedeuten, die psychischen Verwerfungen, die am Ende der normalen Erwerbstätigkeit einsetzen (Otto Quadbeck spricht von einem „Empty-Desk-Syndrom; siehe Quadbeck & Roth, 2008) zu überwinden und eine neue Lebensphase einzuleiten. Weniger arbeiten bringt keinen Glücksvorteil, früher in Rente gehen, auch nicht – zumindest nicht für Koreaner (Rudolf, 2014). Die Großkonzerne (Chaebol) in Korea versuchen allerdings, ältere Mitarbeiter loszuwerden: ihre Löhne sind zu hoch im Vergleich zu jüngeren. Sie unterstützen andererseits die Entlassenen auch finanziell dabei, sich selbständig zu machen. Die Regierung fördert Trainingsprogramme für ältere Mitarbeiter, die im Technologiesektor Fuß fassen wollen (Mundy, 2015). Zu vermerken am Beispiel Koreas wäre: Die Unterstützung setzt in relativ frühem Alter ein (50 Jahre), was potentiellem Unternehmertum angesichts der langen Lebenserwartung eine Zukunftsperspektive erschließen kann, in welcher sich auch anspruchsvollere Vorhaben initiieren und durchhalten lassen. In Frankreich gelten die 35-Stunden-Woche und eine frühe Pensionierung bis heute als Elemente der Staatsräson. Zum Wohlbefinden hat dies nicht beitragen können. Verringert oder erhöht Arbeit im Alter (55+) neben dem monetären auch das psychische Einkommen, Glück genannt.

Wir zeigen unten, wie die Zunahme der Lebenserwartung, insbesondere die Ausweitung einer gesunden Lebensspanne (health span) auf Unternehmertum einwirkt, die Innovationsleistung im Alter positiv beeinflußt und warum es kein Zufall ist, vielmehr der Natur der demographischen Entwicklung folgt, daß Unternehmensgründer nicht nur immer älter werden, vielmehr in einigen Ländern wie Japan und den USA, die Mehrheit der Gründer höheren Altersgruppen entspringen (die Daten hierzu in einem späteren Kapitel).

8.3 Unternehmerisches Tätigbleiben durch Selbstevolution

Wer mit 70+ noch aktiv sein will, der muß es schaffen, sich selbst zu evolutionieren, seine Fähigkeiten zu erhalten, an neue Herausforderungen anzupassen. Auch das Erhalten verlangt Lernprozesse. „Bildung" ist keine Jugendeigenschaft. Da alte Kompetenzen erodieren, gilt es neue zu erwerben – oder man verabschiedet sich in den Ruhestand. Einigermaßen gesund zu leben ist eine solche. Was das bedeutet, gilt es ständig neu zu entdecken. Nicht überraschend: „[...]der Gesundheitszustand [gilt als] eine zentrale Determinante für die Erwerbsbeteiligung Älterer" (Esselmann & Geis, 2015, S. 35). Nach einer Selbsteinschätzung der 65-74-Jährigen schätzen fast die Hälfte der Erwerbstätigen ihren Gesundheitszustand als gesund oder sehr gesund ein. Bei den Nichterwerbstätigen trifft dies bei 75 Prozent nicht mehr zu.[174] Personen mit einem höheren Qualifikationsniveau schätzen ihre Gesundheit positiver ein. Dies sind auch die Personen, die primär einer selbstständigen Erwerbstätigkeit nachgehen. Unternehmertum verlangt ein geistiges Aktivsein weit über dem Durchschnitt. Wer sich mit Krebs, Depression, Herzproblemen, Arthritis etc. herumschlagen muß, der hat Kopf, Imagination, Emotion nicht frei von Stressoren , um als unternehmerischer Wertschöpfer und Neukombinierer agieren zu können. Angst ist ein Primärgefühl in seinem Leben. Erwerbstätigkeit läßt sich vom Erhalt der Funktionstüchtigkeit des Organismus immer weniger abkoppeln. Die „Sünden" der Ernährung und Bewegungsarmut schlagen im Alter unbarmherzig zu. Wer als junger Mensch sein wirtschaftliches Leben in Seßhaftigkeit vollzieht, auch er muß sich mit emotionalen Herausforderungen wie Angst, ein emotionales Gift für unternehmerischen Aktivismus, herumschlagen (siehe Hinweise zur Angst durch Seßhaftigkeit bei Hollersen, 2015). Das Peter-Prinzip ist für Olderpreneurs längst widerlegt. Das Peter-Prinzip ist eine These von Laurence J. Peter, die besagt, dass „in einer Hierarchie jeder Beschäftigte dazu neigt, bis zu seiner Stufe der Unfähigkeit aufzusteigen." Wer das Peter-Prinzip auf sich selbst anwendet, dem dankt die Krankenvericherung herzlich, da seine Lebensspanne sich verkürzt und daher ein

---

[174] Da es sich um eine Selbsteinschätzung und nicht von Dritten durch Biomarker ermittelte Ergebnisse handelt, lassen sich Placebo- und Nocebowirkungen nicht ausschließen.

geringerer Aufwand für Krankheitskosten anfällt. Auch einen alten Kalauer gilt es erneut anzuführen: Ein früher Tod bringt die Rente ins Lot.

Der Erhalt geistiger Gesundheit oder der Aufbau kognitiver Fähigkeiten kommt nicht nur durch geistiges Aktivsein selbst zustande; er ist vielmehr mit zunehmendem Alter hochgradig und zunehmend (!) abhängig von körperlicher Aktivität. Die Aussagen der Forschung hierzu sind beeindruckend positiv. Körperliche Betätigung „düngt" das Gehirn, Nervenzellen lassen sich auch neu erzeugen. Physische Aktivität zu vermitteln oder anzuregen, müßte daher Teil eines jeden Programs sein, das sich der Förderung der Erwerbstätigkeit älterer Menschen widmet. Im Zentrum stünde dabei nicht primär die Vermittlung von „Wissen" – auch nicht dem „Training" körperlichen Tätigseins – vielmehr dem Erwerb von Methoden oder Verfahren, eigene Schwächen und Stärken zu erkennen und ihre Überwindung (bei Schwächen) oder ihre Stärkung anzustreben (Kapitel 17 und 18). Man kann hier von einer Bewegung von unbewußter zu bewußter Kompetenz sprechen, ein Schlüssel für selbstevolutive Prozesse. Selbstevolution zeigt sich in einer selbstverwirklichten Erweiterung der Könnensbereiche eines Individuums.

Evolution bedeutet in unserem Kontext Steigerung der Komplexität eines Systems, bezogen auf Personen, des psychischen und organischen Systems, der Ausweitung des Könnensbereichs. Letzteres wird mit zunehmendem Alter von ständig steigender Relevanz. Daß es bei einem Alter von 100 Jahren oder mehr kaum noch Unternehmer gibt, liegt - primitiv gesagt - nur daran, daß a) fast alle Menschen bei diesem Alter bereits gestorben sind und b) die Überlebenden oftmals an organischen und psychischen Gebrechen leiden, welche unternehmerisches Tätigsein, in welchen Systembereichen auch immer (ökonomisch, wissenschaftlich, politisch, religiös, etc.) ausschließen. Die Geschichte der Päpste aus unternehmerisches Perspektive könnte uns viele Aufschlüsse liefern. Selten, daß ein Papst wegen Gesundheitsproblemen aufgibt (Papst Benediktus). Sein Nachfolger Franziskus im Alter von über 70 Jahren reformiert das katholische Denken und Handeln und bereist die Welt mit einer ruhestandsverachtenden Intensität. Andererseits: Die Zahl der Menschen in höheren und hohem Alter (Altersklassen 3 und 4, siehe Tabelle 1) steigt (auch relativ: Anteil an der Gesamtbevölkerung) zunehmend an. Damit steigt auch die Zahl potentieller Unternehmer in höheren Altersgruppen, ein Trend, der heute bereits deutlich erkennbar ist.

Viele alte Menschen wollen und könn(t)en aktiv bleiben oder sein. Manche wollen auch ihr „eigenes Ding" machen, d.h. ökonomisch Wertschöpfung hervorbringen anstelle von oder zusätzlich oder als Ergänzung zu im Leben erzeugte oder akkumulierte Werten (Vermögen) aufzubrauchen, dadurch die Wertschöpfung anderer zu nutzen (Sozialsystem). Auch ihr Verbrauchsverhalten, insbesondere wenn Silberprodukte verfügbar werden, fördert gleichfalls eine Werteschaffung, insbesondere in den Systemen Gesundheit und Wirtschaft. Diesen Prozeß alleine durchzuziehen ist schwierig, daher ist es sinnvoll, Chancen für ko-evolutive Entfaltung (Fähigkeitsaufbau) für ältere Menschen anzubieten und durchzuführen. Aufgrund der unterschiedlichen Lebenserfahrungen, Kontakte, Kompetenzprofile, Zeithorizonte und Bedürfnisse macht es wenig Sinn, Maßnahmen anzubieten, welche für *alle* Typen von Olderpreneurs gemeinsam wären. Olderpreneurs denken und handeln anders als „millenials" (eine Kohorte von Unternehmern im Altersbereich von 18-33 Jahren). Alte Erwerbstätige benötigen an ihren Bedürfnissen ausgerichtete Konzepte, Trainings- und Beratungs- und Coachingmaßnahmen. Die vorherrschenden Gründungs-„Rezepte", wie sie durchgängig angeboten sind, auch an Universitäten, lassen sich nur in Grenzen auf Olderpreneurs, nicht nur wegen deren tieferen Erfahrungswelten, übertragen (Kapitel 17). Hier sind auch oftmals neue Verfahren zu entwickeln, die sich in Teilen auf den Lean-Startup-Ansatz von Eric Ries stützen können, der in der Praxis jedoch weit verbreitet ist, auch in einigen Ländern wie China die Regel darstellt (in Röpke, 2002, haben wir ähnliche Konzepte vorgestellt). Wie läßt sich mit möglichst wenig Kapital ein erfolgreiches Unternehmen gründen, ohne lange Vorab-Planung und detaillierte Geschäftspläne, vielmehr durch Learning-by-doing und frühzeitiges „An den

Markt bringen" des Produktes oder der Dienstleistung. Des weiteren gilt es der Fehlschlagsangst (fear of failure) entgegenzuwirken, einer psychischen Einstellung, theoretisch fundiert in der Leistungsmotivationstheorie (Heckhausen & Heckhausen, 2010), welche als unternehmerische Psychobremse zu betrachten ist, und durch die herkömmlichen Verfahren für Training, Beratung und Coaching oftmals gefördert wird. Experten wollen beweisen: Wir haben alles drauf, das Wissen und die Fähigkeiten.

Die Herausforderung somit: Einbindung biographisch älterer Menschen in den Wertschöpfungsprozeß der Gesellschaft durch Training, Ausbildung, weitere Qualifikation, Beratung, Coaching, Erfahrungsaustausch, Gruppenseminare, Fallbeispiele/Fallstudien zu fördern und zu unterstützen.

Das Bild zeigt uns einen Japaner im Alter von 91 Jahren (im Jahr 2012).

Abbildung 21: Kintaro Suzuki, Handwerker, 91 Jahre alt

Quelle: Hobo nikkan Itoi shinbun, 27.11.2012, http://www.1101.com/kintaro/2012-11-27.html.

Für denjenigen, der den obigen Link durchblättert, mag erkennbar werden, welche Erfüllung und welchen Lebenssinn ein Unternehmerdasein in hohem Alter zu schaffen vermag. Was ist der Sinn des Lebens? Heinz von Foerster antwortet: „Der Sinn des Lebens ist das Leben". Wir sagen: das Leben als Unternehmer – ökonomisch und biologisch. Beides ist in einen koevolutiven Prozess eingebunden. Sie helfen und stärken einander. Ob Menschen einen großen Teil ihres Lebens unternehmerisch verschwenden, wagen wir nicht zu beantworten. Verschwendung ist jedoch in allen Teilsystemen einer Gesellschaft Normalität. Für Peter Drucker, einen der wenigen Berater, deren Aussagen und Rat dem Sinn des Lebens förderlich ist – im Management und Studium spielt er daher zu Recht nur eine marginale Rolle – ist Verschwendung in der Wirtschaft Normalität (Drucker, 1997, S. 145-6), im Vergleich zu dem, was sich im System Politik abspielt – und im eigenen Leben, jedoch vernachlässigbar.

Wie viel Zeit verbringt ein normaler Mensch in Deutschland oder den USA vor dem Fernseher? Im Sitzen? Demenz erzeugend? Zukunftszeit ist Lebenszeit. Zeitverschwendung bedeutet Verkürzung der Lebenszeit und Abbau von Chancen für ein lebenslanges Unternehmertum.

Jeder müßte, sich selbst, in einen „Unternehmer der Zukunft" (Drucker spricht von „Unternehmen") umwandeln (Drucker, 1997, S. 16). Wir nennen es evolutionieren. Selbstevolution bedeutet (wir wiederholen uns hierzu oft) Erweiterung des Könnenshorizontes eines Systems. Wir schreiben bewußt „System". Bei Individuen ist es offensichtlich. Aber auch bei Unternehmen. Sie klagen über Fachkräftemangel. Was tun sie? Erweitern sie die Könnenshorizonte ihrer Mitarbeiter, sämtlicher Altersstufen? Motivieren sie Mitarbeiter zu einer längeren Erwerbstätigkeit, was von den Unternehmen im Hinblick auf Stresserzeugung, Fähigkeitserhalt und –verbesserung sowie Gesundheitsmanagement neue

Ansätze erforderlich macht. Ein Blick auf Universitäten. Die Einführung von Bachelor und Master zwangen sie quasi, auch international erfolgreiche Programme aufzugeben. Die fehlenden Fachkräfte sind der Universitätsreform (Studium zunehmend ökonomisch und sozial irrelevanter Programme und der Frühverrentung geschuldet).

Was leisten Seniorenprogramme für Kompetenzaufbau? Wurden Erfahrungen aus anderen Ländern, insbesondere aus Japan, ausgewertet? Welcher der ihr Unternehmertum aufgebenden Mittelständler hat sich jemals mit Druckers Aussagen, Empfehlungen, Weisheiten beschäftigt? Welcher Berater hat ihm Drucker empfohlen? Drucker lebte bis Minuten vor seinem Tod als Sinngeber für sich und die von ihm beratenden Unternehmen. Er wurde 96 Jahre alt.[175] Seine Überlegungen überschneiden sich vielfältig mit denen von Joseph Schumpeter. Peter Drucker gelang es jedoch nicht, Schumpeter von einer gesunden Lebensweise zu überzeugen, obwohl sie sich gut kannten. Schumpeter starb im Alter von 67 Jahren.

Der Gerontologe Andreas Kruse:

„Bei unserer hohen Lebenserwartung können Menschen mit 60 oder 65 Jahren nicht einfach sagen, nun machen wir nichts mehr für die Gesellschaft. Das kann nicht gehen".

„Man kann in Betrieben feststellen, dass ältere Mitarbeiterinnen und Mitarbeiter, also Leute über 55, *wenn* sie körperlich und kognitiv trainiert sind, so gut kompensieren können, dass sie nicht weniger leistungsfähig sind als junge Mitarbeiter" (Kruse, 2015; Hervorhebung eingefügt. Jeder weiß: Wenn das Wörtchen „wenn" nicht wäre)

Und Konfuzius berät uns:

„Der Mann, der sich um Fernes nicht bekümmert, erwartet schon in nächster Nähe Kummer."

8.4 Zielgruppen lebenslangen Unternehmertums

Aus den obigen Überlegungen können wir nunmehr die Zielgruppen für ein lebenslanges Unternehmertum umreißen.

- Menschen 55 Jahre und älter. Nach oben gibt es keine Grenze.
- Unternehmer/Manager, die in höherem Alter ihre Arbeit nicht weiterführen wollen oder können. Der Problembereich Unternehmensnachfolge ist hier anzumerken.
- Arbeitslose: Menschen im Alter von 50-60+ haben nur geringe Chancen auf dem Arbeitsmarkt, wenn sie einmal arbeitslos sind. Alternative ist Selbstständigkeit. Die Erfahrungen mit der Ich-AG lassen sich weiterentwickeln.
- Menschen in Rente/Pension und Freiberufler. Nach dem Eintritt in den Ruhestand haben viele unter anderem emotionale und psychische Probleme zur Neu- und Umorientierung (Quadbeck & Roth, 2008). Vor Wiederaufnahme der Erwerbstätigkeit gilt es deren psychische Probleme zu erörtern und zeitliche Perspektiven für die Zukunft zu entwickeln.
- Selbständige: Arbeiten oftmals bis in ein hohes Alter. Die Gründe sind vielfältig. Sie machen in Deutschland den höchsten Anteil an im Alter Erwerbstätigen aus (BIBB, 2014; Esselmann & Geis, 2015; Pfarr & Maier, 2015).
- Ehrenamt
- Administratoren, Zuständige in Kommunen und Ländern, Projektzuständige und -entwickler (Was läßt sich bezüglich alter/arbeitsloser Menschen *wie* machen?).

---

[175] http://de.wikipedia.org/wiki/Peter_Drucker

Alte Menschen gelten als Konsumenten, Vernichter von Werten (Ausgaben für Gesundheit), Verbraucher von Ressourcen, weniger als Produzenten von Wertschöpfung. Man braucht die Alten auch für ehrenamtliche Tätigkeit, teilweise Staatsaufgaben, die an alte Menschen delegiert werden. Im Interaktionssystem Familie fördern oder helfen sie den Kleinen, entlasten Mütter und Väter, absorbieren Stress, wirken der Armut von Kindern entgegen (Großmuttereffekt; ausführlich Kapitel 17.). Diese Sichtweise ist vorherrschend und bestimmt die Politik, nicht unbedingt das Verhalten von Unternehmen. Der Ruhestand kann, wenn in familiäres Unternehmertum eingebunden, Zukunftswerte erzeugen.

Ein gutes Beispiel für die Konsumkultur bietet Frankreich (siehe vielfältige Belege in Canard, 2014 und Hénault, 2014). Innovation ist nicht ausgeschlossen, denn es gilt Güter speziell für alte Menschen zu entwickeln (Silver market oder Seniorenprodukte genannt). „Das Wachstum der Silberwirtschaft schafft große Gewinner" (Authers, 2014). Der Autor stützt sich auf Daten von Merrill Lynch. Unter anderem wird berichtet: Menschen über 50 sind für 64 Prozent der Besucher von Casinos in den USA verantwortlich (Japan hat gegen Ende 2016 Casinos legalisiert). Ältere europäische Frauen machen 34 Prozent des Marktes für Verbesserungen der Gesichtsschönheit aus. Silber-Wirtschaft auf den Kopf gestellt: Silberlinge (Menschen 60 oder 70plus) erzeugen Werte für andere Silbermenschen und jüngere Kohorten. In einigen Jahrzehnten wird es Normalität sein. Uberisierung im Dienstleistungssektor. Uber: Internetgesteuerte Chauffeure in höheren Altersgruppen übernehmen Transportaufgaben im Personennahverkehr (Taxigewerbe). In Europa verboten. Frankreich zieht Streik im Taxigewerbe vor. „Illegale" Taxis breiten sich aus. [176] Wer es im höheren Alter macht: Freisein von staatlicher Regulierung und Steuerpflicht? Nicht in Regulierungsstaaten. Schöpferische Zerstörung gilt oftmals als ein ökonomischer Nobody. Wo es wie in Deutschland und Frankreich behördliche Regulierungen für eine unübersehbare Vielzahl von Aktivitäten gibt, findet sich fast immer eine, welche Neukombinationen entmutigt oder verbietet. Die Uberesierung ist ein kleiner Schritt in eine Digitalisierung zahlreicher Märkte, auch vielfältige Chancen für Olderpreneurs eröffnend. Die Digitalisierung und das sog. Big Data, Industrie 5.0 (Internet of things development – Internet der Dinge), frugale Neukombinationen in unteren Preissegmenten, bieten eine Fülle von Chancen für ältere Menschen, viele, etwa Informatiker oder Ingenieure oder Hochschulmitarbeiter/innen bereits im Ruhestand (teilweise zwangspensioniert). Persönlich zugeschnittetes und sozial vernetztes Lernen bietet für die unternehmerische Praxis, etwa in Schulen oder Unternehmen, ein bislang brachliegendes Potential. Die wesentliche Beschränkung einer Expansion sind staatliche Beschränkungen zum Schutz der etablierten Anbieter, eingebettet in ethische und moralische Vorbehalte. Uber ist in 60 Ländern aktiv. Die Innovation hat nahezu über Nacht Imitatoren erzeugt, insbesondere in Asien (China, Indien, Singapur). Uber hat sich rund 10 Mrd. Dollar von Finanzinvestoren besorgt. Ist nicht an der Börse gehandelt. Ob es sich bei Uber und vergleichbaren Neuerungen um Prozesse handelt, die sich als frugale Innovation beschreiben lassen, untersuchen wir insbesondere im 17. Kapitel.

Als die unternehmerischen „Macher" gelten jedoch neben bestehenden Unternehmen vor allem Start ups jüngerer Menschen. „Best Agers" und „Silver Surfers" sind Kunden, aber noch keine Wertschöpfer. Wollen alte Menschen über die Pensionsgrenze hinaus weiter in ihrem ausgeübten Beruf beschäftigt bleiben („Seniorprofessor", Seniorrichter, Seniorflugkapitän – in Japan fast Standard), müssen sie vor

---

[176] http://www.lesechos.fr/industrie-services/services-conseils/021651320357-taxis-la-mobilisation-se-poursuit-1195574.php

wwwwGericht gehen – und verlieren.[177] Die statistische Ermittlung von Unternehmensgründungen erfasst keine Gründer in höherem Alter.

8.5 Wirkungsfelder lebenslanges Unternehmertum

Unternehmerisches Verhalten ist vielfältig. Es umfaßt das Erkennen von Möglichkeiten (Opportunitäten), die Nutzung oder Umsetzung solcher, Innovation, Werteschaffung. Diese Felder sind vielfach verknüpft. Sie sind nicht an Erwerbstätigkeit (abhhängige oder selbstständige) gebunden.

Wenn wir von Wertschöpfung sprechen, sind zumindest sieben Wirkungsfelder für ein lebenslanges Unternehmertum zu beachten:

1) Werte erzeugt man für sich selbst. Wer unternehmerisch tätig ist, schafft Werte für sich, seine Familie, seine Freunde und Bekannten. Diese Werte müssen keineswegs ökonomische sein. In jedem Teilsystem der Gesellschaft (Ökonomie, Erziehung, Gesundheit, Wissenschaft, Religion, Sport, sogar Politik) lassen sich Wertschöpfungsprozesse beobachten, auch in hohem kalendarischen Alter. Werte sind Leistungen, die bei sich selbst oder anderen Personen einen Nutzen erzeugen. Betrachten wir einen 70-Jährigen Hochschullehrer. Er ist als Lehrer längst aussortiert. Andererseits: Die Universitäten werden mit dem Ansturm junger Studierender nicht fertig. Dennoch herrscht immer noch eine bestimmte Sichtweise vor und bestimmt die universitäre Praxis: Die Alten nehmen Jungen nur die Arbeitsplätze und Aufstiegsmöglichkeiten weg. In der Ökonomie spricht man dann von Nullsummenlogik, Merkmal primitiver Gesellschaften.[178] Man sieht an diesem Beispiel, welche Anstrengungen von älteren Menschen und den sie Fördernden notwendig sind, Unternehmerpotentiale zu erschließen. Dies gilt für alle Berufsgruppen, etwa Richter, Flugbegleiter und -kapitäne, Handwerker und Steuerberater, usw.

2) Werte werden für Nachfrager im Markt oder Nutzer von Dienstleistungen geschaffen. Sie treten in Konkurrenz zu bestehenden Anbietern mit bekannten Produkten, vermögen jedoch disruptiv und frugal zu operieren. Anzusprechen wären vor allem „low-end disruptive innovations" nach Christensen (2006; Christensen u.a. 2016).[179] Christensen unterscheidet zwei Arten von disruptiven Neuerungen: solche in

---

[177] „Seniorprofessoren" gewinnen allmählich Anerkennung durch die zuständigen Instanzen. In der Universität des Verfassers wurde ein Kollege als „Senior" anerkannt (Stand 2015).

[178] Das modernere Denken in Nullsummen geht auch auf Überlegungen von Karl Marx zurück, der Arbeit dem Kapital als Produktionsfaktoren und Werterzeuger gegenüberstellt. Unternehmer sind eine Komponente des „Kapitals", der Begriff „Kapitalismus" und Humankapital reflektiere diese Konstruktion des Systems Wirtschaft. In einigen Ländern wie Frankreich ist diese Sichtweise ausgeprägt. Obwohl Gewerkschaften in diesem Land zahlenmäßig, Anteil der Mitglieder, bescheidene Bedeutung aufzuweisen scheinen, wirken sie in starkem Maße auf Politik und Gesetzgebung. Sie spielt auch in der Diskussion zwischen älteren Menschen und Jüngeren als als Anbietern von Arbeit eine ausgeprägte Rolle.

[179] Wir verwenden den Begriff und das Konzept Disruption zurückhaltend, nicht nur weil es im Management, Beratertum, Medien, vermarktet wird, auch, weil alles Grundlegende, was dazu gesagt wurde, bereits andere Ökonomen, insbesondere Schumpeter und ähnlich Denkende wie Peter Drucker, geschrieben haben. Christensen geht nicht ohne Grund Schumpeter et al. aus dem literarischen Weg. Selbstvermarktung. Leider beobachten wir eine vergleichbare Tendenz bei „Innovation". Bei Werbung im Fernsehen Standard, dito Politik, Medien, Beratung ohnehin. Der deutsche Text von Christensen u.a. (2016) nimmt auf jüngere Kritik an seinem Ansatz nicht Bezug auf andere Autoren, Kritiker ohnehin nicht. Hinzuweisen ist, da von uns öfters angesprochen: Christensen betrachtet die Taxifirma Uber, die selbst keine Taxis besitzt, nicht als eine disruptive. Kritisch zu Christensen unter dem Stichpunkt „Schumpeter" ein Beitrag im Economist (2015b). Was Uber macht, unterscheidet sich von Neukombinationen nach Schumpeter. Der Taximarkt wird durch einandergewirbelt, radikal, warum europäische Taxifirmen massiv dagegen vorgehen, mit Unterstützung ihrer Regierungen. In den USA und anderen Ländern hat Uber freie Hand. In New York stehen auch Kreditinstitute, die meisten genossenschaftlich organisiert, welche die Taxifahrer mit Krediten versorgen (Autokauf, Lizenz) vor dem Aus (Gray, 2016). .

unteren Preissegmenten, uninteressant für etablierte wAnbieter, und damit Teile der Kundschaft vernachlässigend; die zweite Art zielt auf Innovationen, die Nichtkonsumenten in Konsumenten verwandeln (sollen). Beide Formen lassen sich verknüpfen (von Christensen nicht thematisiert), weil bestehende Produkte sich ohne Neuerungsaktivität nicht billiger erstellen lassen. Man denke an das frühe Ikea, den ökonomischen Tod vieler Möbelhersteller bewirkend oder die Produktion von Billigstautos in Indien oder von Dacia in Europa oder das Transistorradio von Sony, eine etablierte Radioindustrie auslöschend, oder Xiaomi aus China macht westlichen Mobilfunkannbietern zuschaffen. Christensen hat sich mit Schumpeter oder Peter Drucker nicht auseinandergesetzt, er hätte dann feststellen können, daß seine Ausführungen wenig Neues bieten, auch nicht im Bereich des Innovationsmanagements, wenn man seine mit Druckers Überlegungen und Vorschlägen vergleicht (siehe Drucker, 1993). Drucker bezieht sich mehrfach auf Schumpeter der für ihn nicht nur mit der „traditionellen Ökonome brach", diese überwand – *Ohne Ungleichgewicht kein Unternehmertum* - auch viel radikaler argumentierte als John Maynard Keynes.

Wir verwenden den Begriff und das Konzept Disruption zurückhaltend, nicht nur weil es im Management, Beratertum, Medien, vermarktet wird, auch weil alles Grundlegende, was dazu von Christensen gesagt wurde, bereits andere Ökonomen, insbesondere Schumpeter und ähnlich Denkende, geschrieben haben. Christensen geht nicht ohne Grund Schumpeter et al. aus dem literarischen Weg. Selbstvermarktung. Leider beobachten wir eine vergleichbare Tendenz bei „Innovation". Bei Werbung im Fernsehen Standard, dito Politik, Medien, Beratung ohnehin. Der deutsche Text von Christensen u.a. (2016) nimmt auf jüngere Kritik an seinem Ansatz nicht Bezug auf andere Autoren, Kritiker seines Ansatzes ohnehin nicht. Hinzuweisen ist, da von uns öfters angesprochen: Christensen betrachtet die Taxifirma Uber, die selbst keine Taxis besitzt, nicht als eine disruptive. Kritisch zu Christensen unter dem Stichpunkt „Schumpeter" ein Beitrag im Economist (2015b). Was Uber macht, unterscheidet sich nicht von Neukombinationen nach Schumpeter. Der Taxismarkt wird durch einandergewirbelt, radikal, warum europäische Taxifirmen massiv dagegen vorgehen, mit Unterstützung ihrer Regierungen. In den USA und anderen Ländern, auch China und Indien, hat Uber freie Hand. In New York stehen auch Kreditinstitute, die meisten genossenschaftlich organisiert, welche die Taxifahrer mit Krediten versorgen (Autokauf, Lizenz), vor dem Aus (Gray, 2016).

Ein Hinweis auf die Lebensweise von Christensen. Er ist kein Praktiker biologischen Unternehmertums. Wie lange er seine Beratungsfirmen und seine Harvardlectures durchziehen kann, entscheidet sein Körper. Und der leidet. Alle primären Todesursachen suchen ihn heim. Herzprobleme, Diabetes, Krebs, Schlaganfall, im Alter von 64 Jahren (Hill, 2016b). Seine Forschungs- und Beratungstätigkeit wendet er nicht auf sich selbst an. Halten sich Unternehmen nicht an seine Ratschläge, sterben sie, so Christensen.

In nachholenden Entwicklungsprozessen sind Disruptionen die Regel und längst vor Christensen Standard der Forschung, Wirtschaftspolitik und unternehmerischer und managerialer Praxis. Ein Land wie China folgte dieser Sichtweise bis in jüngere Zeit. Bestehende Produkte und Dienstleistungen lassen sich durch Vereinfachung in Produktion und Vermarktung kostengünstiger anbieten und auch neue Käuferschichten erschließen. Diese Sichtweise gilt es zu vermitteln und durch Fallstudien plausibel zu machen. Für alte Gründer sind Märkte mit artikulierten und bedienten oder noch nichtbedienten Bedürfnissen (nach Hamel & Prahalad, in der nächsten Abbildung das Feld rechts unten) von besonderem Interesse, da auf diesen das Fehlschlagrisiko relativ gering ist (Haga, 2013, 7. Kapitel). Aber auch bereits bediente Märkte (Güter und Dienstleistungen) lassen sich durch Olderpreneurs, wenn sie frugal agieren oder nach Christensen durch niedrige Preise oder bescheidenere Qualität erschließen.

Abbildung 22: Erschließung neuer Märkte

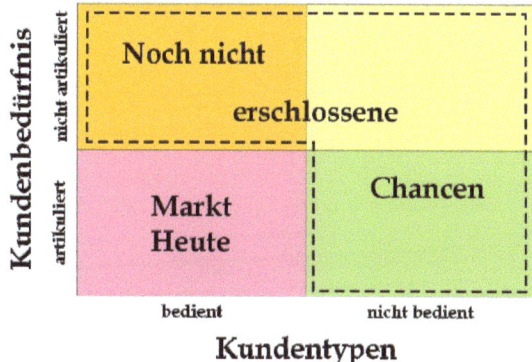

Quelle: Röpke (2002), S. 167

Auch die vielfältigen rechtlichen und behördlichen Regelungen sind im Hinblick auf ihre Einschränkung disruptiv-zerstörerischer Wirkungen einzubeziehen. Wer im Pflegemarkt oder der frühkindlichen Erziehung aktiv sein will, hat sich mit diesen Beschränkungen zu beschäftigen. Daß in diesem Bereich Tätige oftmals an Dauerstress bis Burnout leiden, ist primär behördlich-reglementativ bedingt. Die normativen und memetischen Beschränkungen von Unternehmertum, insbesondere von Innovation und Gründung, sind eine primäre Ursache bescheider unternehmerischer Wirkkraft und in deren Folge Wohlstand und Gesundheit. Für die USA wird der bescheidene Anstieg von Produktivität und Realeinkommen auf eine zunehmende Regulierungsdichte zurückgeführt und die Unternehmen gelten als „alt und fett" (Casselman, 2014). [180] Der Wirtschaftshistoriker Gordon (2015) hat ermittelt: Das Einkommen eines Haushalts in den USA betrug im Jahr 2014 50.600 Dollar (median income). Wenn der Produktivitätszuwachs dem der Jahre vor 1970 entspräche, hätte das Einkommen 97.300 Dollar erreicht. Gordon ist im übrigen der Ansicht, das Zeitalter eines historisch starken Anstiegs der Produktivität sei vorüber. Kann sein. Wir kommen auf Gorden zurück.

Was sind die Gründe? Vielfältig. Für Gordon neben anderen „Gegenwinden" Demographie in Verbindung mit Innovationsschwäche. Für andere Gesellschaften gilt Vergleichbares, aber auch Einflüsse *Made in the US*, in starkem Maße bedingt durch die Dominanz des Finanzsektors (deal making, Fusionen & Aufkäufe, Unterentwicklung des Krankheitssystems), Transaktionen im Immobiliensektor, primär somit Arbitrageaktivitäten jenseits von Neukombinationen. Für andere Länder gilt Vergleichbares, etwa China und Japan (von vielen, auch Japanern selbst, wird Japan als Kolonie oder Vasallenstaat der USA betrachtet; Kritik an dieser Position auf der Insel Okinawa – „Insel der Langlebigkeit"- wird von der Zentralregierung nicht geduldet).

---

[180] Die Meinungsvielfalt unter den Ökonomen ist beachtlich. Eine Vielfalt von Ursachen wäre anzusprechen (Fleming, 2005 und Fleming und Giles, 2015 geben Überblicke). Durchgängig nicht thematisiert sind die Rückwirkungen des Finanzsystems auf die Realwirtschaft, was jedoch in angelsächsisch dominierten Konstruktionen nicht überraschen muß. Die „tiefe Rezession" der Jahre 2008ff., eine Folge der Fehlleistungen des Finanzsektors, hat die Wirtschaftsleistung in vielen Ländern soweit eingeschränkt, daß das Niveau vor 2008 bis gegenwärtig (2015) nicht mehr erreicht wurde. Die Expansion des Finanzsektors wurde nur marginal von den Bedürfnissen der Realwirtschaft für finanzielle Dienste geprägt.

In Singapur dauert die Gründung eines Unternehmertums weniger als einen Tag. Das Prokopfeinkommen überschreitet das deutsche um das Doppelte, auch die Lebenserwartung ist höher. Das Prokopfeinkommen in der Mitte der 1960er Jahre erreichte rund 500 Dollar, heute das Hundertfache. Als der erste Ministerpräsident Lee Kuan Yu im Jahr 1964 einen Blick von seinem Arbeitszimmer auf die Straße wirft, sieht er Kühe grasen. Er stirbt im März 2015 im Alter von 91 Jahren. Gründern wird ein roter Teppich ausgerollt, Hochtechnologie in allen Bereichen ist willkommen. Der Stadtstaat entwickelt Modelle, um alten Menschen eine gesunde Langlebigkeit zu ermöglichen. Die Blue Zone der japanischen Insel Okinawa gilt als Vorbild (Röpke, 2015, Abschnitt 10.3). Vor einem halben Jahrhundert war Singapur ein ökonomischer Nobody. Zu ergänzen wäre: Singapur ist ein Immigrationsstaat. Von den Hochqualifizierten aus westlichen Ländern abgesehen überschneiden sich die soziokulturellen Normen der Einwohner (Chinesen, Malaien, Inder). Diese pflegen dennoch weiterhin ihre Kernwerte. Es gibt auch zahlreiche Konflikte. Die Regierung war bestürzt, als aus China eingewanderte Busfahrer in den Streik treten und auf den Straßen Protestmärsche veranstalten. Die Einheimischen wehren sich gegen eine weitere Immigration, eine Partei, die zweitgrößte mit Chancen für die Mehrheit, hat sich grundsätzlich gegen Zuwanderung ausgesprochen. Die Regierung setzt auf die Höherentwicklung der Wirtschaft durch ausländisches und einheimisches Unternehmertum gekoppelt an wissenschaftliche Erkenntnisse (Nachweise in Röpke, 2015)

(3) Wir unterscheiden mit Joseph Schumpeter und Clayton Christensen (siehe auch Whadhwa, 2013, 2014) zumindest zwei Möglichkeiten der Disruption: low-end disruption (inkrementelle Innovation) und radikale Innovation. In bestehende Märkte treten Unternehmen mit Gütern ein, die bereits angeboten werden, jedoch mit niedrigeren Preisen oder eingeschränktem Service (frugale Innovation). Die Beispiele im Text fallen in diese Kategorie. Die zweite Variante widmet sich radikaler Disruption, der Schaffung neuer Märkte durch Innovation. Basisinnovationen sind hierfür beispielhaft, etwa Produkte auf nano- oder biotechnologischer Grundlage. Diese Unterscheidung gelten für alle Teilsysteme der Gesellschaft. Da sich wissenschaftliche Kreativität und Innovation in immer höhere Altersstufen verlagern (siehe etwa die Untersuchungen von Benjamin Jones), ist radikal-innovatives Unternehmertum durch chronologisch alte Menschen nicht nur nicht auszuschließen, vielmehr aktiv zu gestalten und zu fördern. Eine indirekte Bestätigung dieser Überlegungen sind die Ergebnisse mehrerer Untersuchungen (siehe Menkens, 2014, dort Nachweise), daß mit zunehmendem Alter die Arbeitsproduktivität nicht sinkt, oder sinken muß, einen bestimmten Gesundheitsstand vorausgesetzt. Dieser läßt sich durch bio-unternehmerisches Verhalten erhalten oder verbessern, was auch Veränderungen der Persönlichkeit in höherem Alter einschließen kann, insbesondere „Gewissenhaftigkeit" und Leistungsmotivation.

(4) Schaffung und Erhalt von Arbeitsplätzen. Die Arbeitsplatzdynamik läßt sich im vorgestellten Kontext auf dreifache Weise beschreiben.

(a) Jemand kann sich Arbeit verschaffen oder in Beschäftigung halten, in dem er seine Entlohnung niedrig hält. Bei Existenzgründungen wird dieser Weg als „Selbstausbeutung" beschrieben. Für ältere Beschäftigte bietet diese Möglichkeit neben einem Einkommenserhalt den primären Vorteil eines wertschöpferischen Aktivbleibens in höherem Alter mit allen damit verbunden Wirkungen auf soziale Kontakte, Lebenssinn, Erfahrungsnutzung, geistige Gesundheit. Wenn alte Menschen Arbeit suchen, ist dieser Mechanismus verbreitet. Ein extremer Fall ist – aus ökonomischer Betrachtung – das Ehrenamt. Ehrenamtliches Tätigsein ist allerdings an persönlichkeitsstrukturelle Bedingungen und die Einhaltung von Rechtsvorschriften (siehe Beispiele bei Gunkel, 2014) gebunden, welche sich nicht grundlegend von eher kommerziell orientierter Selbständigkeit unterscheiden. Empirische Untersuchungen zeigen: Nach dem Ende ihrer beruflichen Tätigkeit neigen Menschen mit einer unternehmerisch-orientierten Persönlichkeitsstruktur dazu, auch ehrenamtlich tätig zu sein (Mike u.a., 2014), sie unterscheiden sich also nicht grundlegend von Menschen, welche in höherem Alter unternehmerisch aktiv sind oder werden wollen oder könnten. Die psycho-ökonomische Forschung beschreibt sie mit dem Merkmal „Gewissenhaftigkeit" (verantwortungsbewußt, zielorientiert arbeitend, leistungsorientiert). Sie sind also verschieden von Menschen, die im Alter ihre „goldenen Jahre" sehen, sich der Freizeit, dem Vergnügen, dem Hobby, der Pflege von Freundschaften widmen.

(b) Arbeitsplatzdynamik durch Schaffung neuer Unternehmen. In unserer Fragestellung kann die Entstehung neuer Unternehmen durch alte Menschen selbst erfolgen. Man fragt dann seine eigene Arbeit nach. Ohne Nachfrage nach Arbeit entstehen keine (Netto-)Arbeitsmöglichkeiten. (Netto bedeutet: neu geschaffene abzüglich aufgelöster Arbeitsplätze, auch durch Entlassung/Verrentung älterer Arbeitskräfte).Zahlreiche Untersuchungen weisen nach: Die Entstehung neuer Arbeitsplätze erfolgt primär durch neue, ökonomisch junge Unternehmen. Zu verweisen ist auf die Untersuchungen von Kirchhoff und Haltiwanger und neuere Daten bei Casselman (2014) und Decker, Haltiwanger u.a. (2015) sowie die zahlreichen Untersuchungen der Kauffman Foundation. Haga (2009, 2012, 2013, 2015) zeigt an japanischen Beispielen, wie alte Menschen, auch jenseits von 70 Jahren, Unternehmen aufbauen, Arbeit schaffen, Einkommen erzielen können und jüngere Mitglieder ihrer Familien zu unterstützen vermögen. *Alt fördert Jung* (genau die umgekehrte Konstellation, die in Deutschland befürchtet wird).

(c) Dynamik durch Innovation, insbesondere durch Schaffung neuer Produkte und Dienstleistungen. Während große Unternehmen (etwa Dax-Konzerne) Innovationen primär einkaufen (Aufkauf anderer Unternehmen; Beispiel: Siemens, eingebunden in die Entlassung oder Freisetzung von Arbeitskräften),[181] sind es neue und mittelständische Unternehmen, welche durch Innovationen wachsen und Nettoarbeitsplätze schaffen

Die dritte Möglichkeit (4c) hat auch eine Relevanz für Probleme bei bestehenden mittelständischen Unternehmen, da wegen der Alterung der Gründer und Führungskräfte Nachfolgeprobleme auftreten (Schwarz & Gerstenberger, 2015a,b; Knop, 2015; Zimmermann, 2016a). Diese lassen sich jedoch durch die hier vorgeschlagenen Aktionsparameter abschwächen oder verhindern. Suche nach externen Nachfolgern, Unternehmensbörsen, Verkauf des Unternehmens an Konzerne, etc. sind die vorherrschenden Lösungsansätze. Probleme machen die Vererbung an Nachfolger. Die gesetzliche Regelung (Stand 2014) sieht eine steuerfreie Vererbung vor (sog. Verschonungsregel), wenn unter anderem sieben Jahre nach der Vererbung die Gesamtlohnsumme sich nicht verringert hat – was die Erschließung neuer Märkte durch Innovation und schöpferische Zerstörung durch Wettbewerber im Einzelfall ausschließen kann.

Bernie Ecclestone, geboren 1930, Promoter, Unternehmer und Geschäftsführer der Formel-1-Holding SLEC (Formula One Group) unternimmt keinerlei Anstrengungen, einen Nachfolger zu suchen. Im Alter von 84 Jahren will er die Formel 1 revolutionieren, von ihrer Dominanz durch Autoindustrie befreien. Der Mensch muß im Mittelpunkt stehen, nicht die Maschine.[182]

„Der wahre Unternehmer hingegen sollte sich nie beruhigt zurücklehnen, denn der Sinn seines Tuns besteht gerade darin, durch sein Verhalten und seine unvermeidlich riskanten und unsicheren Entscheidungen permanent Neues zu schaffen" (Esposito, 2007, S. 103).

---

[181] Stand 2015. Ein neuer Vorsitzender des Vorstandes will Siemens radikal umbauen und dadurch die Innovationskraft des Unternehmens signifikant erhöhen.

[182] Spiegel Online, 8.4. 2015, http://www.spiegel.de/sport/formel1/formel-1-bernie-ecclestone-will-regeln-veraendern-a-1027470.html.

In Deutschland standen (bis 2014) rund 110,000 Unternehmensnachfolgen an (Institut für Mittelstandforschung, 2012). „Im Idealfall ist die ältere Generation bei der Übergabe zwischen 60 und 65 Jahre alt und die jüngere zwischen 30 und Anfang 40" rät ein Experte, zitiert in Wetzel (2012). In Deutschland gibt es zahlreiche Mittelstandsinstitute, die im Hinblick auf eine detailliertere Forschung kontaktiert und/oder eingebunden werden könnten (Zu einer Auflistung und Beschreibung siehe Deckstein, 2012; Janert, 2015 gibt einen Überblick zur Beratung durch „Senioren").

Die von uns vorgeschlagenen und einzuschlagenden Wege spielen nach unserer Beobachtung nur eine marginale Rolle. Das Denken bewegt sich in anderen Bahnen.

Zudem wird in Deutschland oftmals auf ehrenamtliche Tätigkeit verwiesen, vielleicht Tätigsein als Berater, aber weniger auf unternehmerische Initiative und die Gründung von Unternehmen.

(5) Diese vier Wertschöpfungsfelder erlauben eine inkrementelle Immunisierung der Wirtschaft- und Sozialsysteme gegen eine demographische Alterung, welche sich primär in einem Rückgang der Erwerbstätigen in den kommenden Jahrzehnten zeigt (EU-Kommission, 2014 mit Daten für alle EU-Länder). Die Expansion einer „Silberwirtschaft" (Erschließung der Nachfragepotentiale alter Menschen; Kapitel 15) vermag demgegenüber eine entwicklungs- und evolutionskompatible Zukunftsperspektive nur in Grenzen zu leisten, da alte Menschen primär als Nachfrager in den Wirtschaftskreislauf eingebunden sind. Die Silberwirtschaft ist in eine Golden Economy Kapitel 16,17) zu integrieren, in welcher ältere Menschen als Hersteller von Gütern und Dienstleistungen zunehmend mitwirken. Die Ausweitung der Arbeitsspanne leistet die Schaffung von Einkommen aus Eigenleistung in Gegenwart und Zukunft, nicht eines historisch erzeugten, wie in den umlagefinanzierten Sozialsystemen. Sie erlaubt die Produktion von Werten für sämtliche Generationen oder Alterskohorten. Die Golden Economy fördert somit auch die Nachfragedynamik jüngerer Generationen, da diese, zumindest teilweise, von der zwangsweisen Finanzierung der Unterhaltskosten älterer Menschen (Rente, Pflege, Gesundheit) entlastet werden (siehe 15. & 17. Kapitel).

(6) Die Produktivitätsentwicklung im Alterungsprozeß einer Wirtschaft und der Menschen ist eine offene Frage. In allen entwickelten Ländern ist ein Rückgang der Produktivitätszuwächse zu beobachten. Dieser geht einher mit einer geringeren Investitionsbereitschaft. Zum geringen Produktivitätswachstum in Deutschland lesen wir (Gersemann, 2015a): „Wenn die Ausstattung mit Computern, Werkzeugen und Maschinen nicht à jour gehalten wird, kann die Produktivität kaum steigen, da nützt auch die beste Ausbildung nichts." Das hätte auch Schumpeter schreiben können. Diese Aussage gilt, wenn wir die „Ausstattung" um Vielfalt bereichern, auch für Wirtschaften, in denen Dienstleistungen zum größten Sektor aufgestiegen sind. Die Erkenntnisse hierzu sind, wie oben angeführt, umstritten. Wir erweitern die Produktivitätslogik auf den einzelnen Menschen, in dem wir Gesundheit einbeziehen. Die grundlegende Aussage wäre zu beziehen auf die gesunde Lebensspanne eines Menschen. Diese kann jeder auch bei sich selbst messen.[183] Es geht also nicht um die Ausweitung der Lebenserwartung und Lebensspanne allgemein, vielmehr um die „health span". Man kann verschiedene Biomarker heranziehen: Häufigkeit und Anzahl der eingenommen Arzneien, Anzahl der Arztbesuche, zahlreiche Fitnesstests und Ähnliches. Steigen sie, bleiben sie gleich, sinken sie? Wie lange und wie oft kümmere ich um meinen Körper (Bewegung, Sitzen, Ernährung), um der Senioritis entgegenzuwirken. Neuerungen bei der Digitalisierung gestatten es dem Menschen, Schlüsseldaten wie Blutdruck ständig zu ermitteln. Die allgemeine Aussage wird von niemandem bestritten: mit dem Anstieg des biographischen Alters verringert sich die gesunde Lebensspanne im Vergleich zum einem Anstieg der Lebensspanne insgesamt. In bestimmten Zeitphasen

---

[183] Siehe etwa den Test zur Altersgesundheit des Altersforschers Thomas Perls: https://www.livingto100.com/

kann es Ausnahmen geben. Diese Zeitphasen sind die Chancenerzeuger für Unternehmertum (in allen Teilsystemen: Wirtschaft, Wissenschaft, Religion, Sport usw.) und Erwerbstätigkeit. Die Gerontologen streiten sich, wie es damit empirisch bestellt ist. Die Unterschiede zwischen den Menschen steigen jedoch bezogen auf ein bestimmtes Alter dramatisch an. Nicht jeder wirft mit 60 oder 70 oder 80 hin. Die Unterschiede in der Wertschöpfungskraft pro Person, allgemein Produktivität, unterscheiden sich. Sie sind Ausdruck der biologischen Leistungsfähigkeit eines Körpers und seines Potentials auch zu wirtschaftlicher Wertschöpfung. Ökonomisches und biologisches Unternehmen sind synergetisch verbunden. In den als Blue Zones nachgewiesenen Regionen läßt sich dieser Zusammenhang erkennen, bei einzelnen Personen ohnehin.

(7) Mit der demographischen Entwicklung (steigende Lebenserwartung, Zunahme der gesunden Lebensspanne/health span) steigt das Wertschöpfungspotential älterer Menschen. Falls es nicht gelingt, dieses zu erschließen, steigen die gesellschaftlichen Kosten. Diese speisen sich aus mehreren Quellen. Offensichtlich steigen (siehe Abbildung) die Kosten der Alterssicherung (Renten- und Pensionszahlungen, Gesundheitskosten – in der Abbildung nur teilweise berücksichtigt) mit dem demographischen Altern der Gesellschaft. Die zweite Kostenquelle sind die Opportunitätskosten: die entgangene Wertschöpfung durch „Arbeiten" im höheren Alter, sei es in abhängiger, sei es in selbstständiger Beschäftigung. Beide Kostenströme beeinflussen sich wechselseitig (siehe die späteren Überlegungen). Wer nicht mehr arbeitet (Eintritt in Rente/Pension) erleidet gesundheitliche Einbußen, insbesondere durch beschleunigte „Vergreisung" seiner Gehirnleistungen (Demenz, Alzheimer). In Frankreich werden sie „junge Senioren" genannt, bereits zunehmend Alzheimererkrankungen ausgesetzt (Prigent, 2015). Eine medikamentöse „Lösung" dieser Problemlage ist noch nicht in Sicht. Training des Gehirns am Computer und mit Videospielen scheint keine Wirkung auf die Gehirnfunktion zu haben (Abner, 2015). Chirurgische Innovationen sind in Vorbereitung (Roy, 2015). Besser sich bewegen, spazieren gehen, Intensitätstraining usw. als am Computer zu sitzen. Computerspiele plus Seßhaftigkeit sind Gehirnkiller. Was bei Kindern schon beginnt. Die nicht-pharmakologischen Möglichkeiten erläutern Lautenschlager und Kollegen (2014). In diesem Beitrag wird auch angedeutet, daß der Ausstieg aus dem Arbeitsleben den kognitiven Niedergang beschleunigen kann.[184] Diese Kosten werden – Beispiel USA – signifikant unterschätzt (Rötzer, 2014). Mit der Zunahme der Lebensspanne, wird sich Demenz überproportional ausbreiten.[185] „Forscher sehen den Beginn einer Herrschaft der Alten", faßt Siems (2014a) Überlegungen von Kreuter u.a. (2014) zusammen (siehe die folgende Abbildung zur Entwicklung in Deutschland). Diese Sichtweise ist eine des Ceteris Paribus: unter sonst gleichen Bedingungen. Angelaufene Entwicklungen werden in die Zukunft verlängert. Sie entspricht dem, was in der medizinischen Forschung als Tithonus-Irrtum bekannt ist: langes Leben im Zustand der Krankheit, Vergreisung und Ressourcennutzung insbesondere der jungen Generation. Schrecken ohne Ende.[186]

---

[184] Siehe die Untersuchungen von (Bonsang, Adam, & Perelman, 2012; Horner, 2012; Lautenschlager, Anstey & Kurz, 2014; Rajan et al, 2015; Rohwedder & Willis, 2010; Sahlgren, 2013; Wu u.a., 2016).

[185] Die Weltgesundheitsorganisation schätzt 7,7 Millionen neue Fälle in jedem Jahr. WHO: Dementia, a public health priority, hhttp://www.who.int/mental_health/publications/dementia_report_2012/en/. In den USA steigt die Zahl der Alzheimerkrankungen von 4,7 (2010) auf 13,8 Millionen (2050). Weltweit sind im Jahr 2030 rund 76 Millionen Erkrankungen zu erwarten, gegenüber 44 Millionen (2014), wie Ward & Cow (2015) ausführen. Die Autoren schildern ausführlich die bisher vergeblichen Versuche, ein Medikament zu entwickeln. Nur Andeutungen, es könnte gelingen, lassen die Börsenkurse des jeweiligen Unternehmens explodieren. Zwischen 1998 und 2014 wurden 120 fehlgeschlagene Versuche gezählt. Nach den Daten von Gill & Seitz (2015) ist im Jahr 2050 weltweit mit 115 Millionen Demenzkranken zu rechnen.

[186] In einem antiken Mythos verliebt sich die Göttin Eos in den Menschen Tithonus. Sie wünscht sich für ihn das ewige Leben. Zeus, der Eifersucht nicht abhold, erfüllt ihr den Wunsch. Nach einigen Jahren der Liebe bemerkt Eos,

Abbildung 23: Kosten des Alters

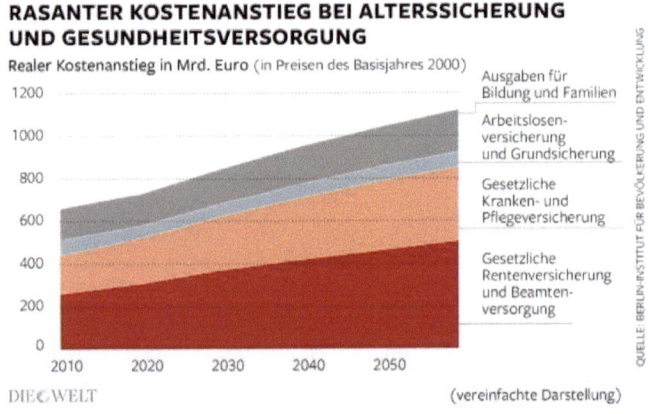

Quelle: Siems (2014a); Kreuter u.a. (2014)

Keine dieser drei Folgen sind durch Entwicklungsprozesse determiniert (Haga, 2013; Röpke, 2015). Hiobsbotschaften über die Folgen des demographischen Alterns prägen die Diskurse. „Vergreisung wird uns 497.000.000.000 Euro kosten", so Gersemann (2015b), einen Bericht der EU-Kommission (2014) interpretierend. „Die Kosten des Sozialstaats verdoppeln sich – auf eine Schwindel erregende Zahl", rund 1000 Mrd. im Jahr 2060. Die Experten haben Lösungen längst in Studien aufgezeigt und Daniel Kahnemann (2012) zeigt uns auf, was von ihnen zu erwarten ist.

Daher ist es notwendig, sehr früh Erfahrungen darüber zu sammeln, wie sich Gründung und abhängige Beschäftigung bzw. Mischformen zwischen diesen im Alter am wirkungsvollsten gestalten lassen. Der Bedarf an Training, Betreuung, Förderung und Beratung steigt bei Älteren und Alten. Dazu gehört auch, Veranstaltungen zu organisieren, in denen ältere Menschen ihre Erfahrungen austauschen können und sich gegenseitig zu unterstützen vermögen. Des Weiteren sind Methoden zu erproben, welche a) dem Alter und b) der Zielrichtung (Erwerbstätigkeit, Selbständigkeit) Rechnung tragen. Schulische und akademische Belehrungsangebote scheiden somit aus. Das konventionelle universitäre Seniorenstudium und vergleichbare Veranstaltungen sind ungeeignet, da Vortragsveranstaltungen, aber für das Ansprechen älterer Mitbürger durchaus nutzbar: Belehrungen, Besserwissen, Erzeugen von Knowing-doing-gaps. Eine Weiterentwicklung versucht die Rikkyo-Universität in Tokio, an der Kazue Haga mitwirkt. Unternehmerisches Gestalten und Mitwirken sind unverzichtbar. Ohne unternehmerisches Engagement läßt sich kein Unternehmertum erzeugen oder erhalten.

---

zu spät, dass sie etwas Schlimmes vergessen hat: ihrem Geliebten auch die ewige Jugend zu wünschen. Unsterblichkeit wandelt sich in Grauen. Tithonus wandelt sich in einen Greis, alle Gebrechen suchen ihn heim, Altersschwachsinn sein ständiger Begleiter, nur sterben kann er nicht. Ein Schrecken ohne Ende. Eos erlöst ihn und sich von seinem unaufhörlichen Gebabbel: sie verwandelt Tithonus in eine Heuschrecke (das griechische Symbol für Langlebigkeit), das senile Dauergeplapper weicht dem Zirpen.

Abbildung 24: Produktzyklus

Innovationszyklus

(Die Anmerkungen folgen Laozi, Dao De Jing,verschiedene Kapitel)
Quelle: Röpke & Xia, 2007

Das Alter der Menschen ist keine unmittelbar interessierende Größe, keine Variable der Theorie. Dennoch läßt es sich in die Innovationslogik integrieren. Diskrepanzen zwischen beiden Ansätzen sind schnell erkennbar. Innovationslogisch können junge Gesellschaften wie die afrikanischen und arabischen „vergreist" sein. Exportieren sie ihre Kultur, Humankapital und Erfahrungen in evolutorisch fortgeschrittene Gesellschaften, gibt es notwendigerweise Schwierigkeiten sich zu „integrieren", die als Diskriminierung und Rassismus in den Systemen Politik und Medien wahrgenommen werden.

Ihre Bevölkerung wächst rasant, die Bevölkerungspyramide weist eine ideale Gestalt auf, auch die Lebenserwartung nimmt zu. Neukombinationen sind ein marginaler Aspekt ihrer Ökonomien. Sie leben von Rohstoffen und der Innovationsleistung anderer, oft demographisch schlechter dastehender Wirtschaftsräume, die ihre Ressourcen nachfragen. Neukombinationen sind inkrementellen, oftmals frugalen Charakters, in nachholenden Entwicklungsprozessen Normalität. Ein bekanntes Beispiel ist das Billigauto Tata Nano in Indien (Preis 1700 Euro), welches sogar Anerkennung bei reichen Menschen im Westen findet. Lionel Messi fährt ein solches. In Europa wurden Dacia-Autos 7,4 millionenmal verkauft. Dacia-Renault hat, zunächst für dem indischen Markt, ein eigenes Automobil (Name Kwid) entwickelt, Preis 3600 Euro. Der Export in andere Entwicklungsländer (Südamerika, Afrika) ist vorgesehen, später auch nach Europa. Das Automobil wurde vollständig in Indien entwickelt, mit dort verfügbaren Vorprodukten hergestellt und hat in kurzer Zeit eine beträchtliche Nachfrage mobilisiert. [187] Eine indische Firma vermarktet ein selbstentwickeltes Smartphone auch in Europa für drei Euro.[188]

---

[187] Die Daten zu Dacia fußen auf einem Bericht aus Le Figaro, 17. November 2015, S. 36: Au volant de la Renault à 3600 euros.

[188] http://www.handelsblatt.com/unternehmen/it-medien/indien-und-das-freedom-251-das-drei-euro-smartphone-kommt/13805394.html?nlayer=Meistgelesen_4441434

Wenn, wie in Nahostländern, in weniger entwickelten Ländern der Europäischen Union ohnehin, qualifizierte Menschen auswandern oder im Ausland arbeiten (Beispiel Polen), leidet die heimische Innovationsleistung. Innovationsarmut und Bevölkerungsreichtum könnten Hand in Hand gehen. Was stimmt hier nicht mit der Inputlogik? Läßt sich möglicherweise auch ein umgekehrter Fall vorstellen: Eine demographische Vergreisung der Bevölkerung gekoppelt mit Innovationsdynamik? Dieser Frage gehen wir in unserem Text nach.

Evolutionsökonomisch argumentieren wir, wenn wir die Fähigkeitskomponente von Menschen zu einer Variablen machen. Wir führen hierzu den Typus eines evolutorischen Unternehmers ein. Evolution hat biologische, emotionale, kognitive und spirituelle Komponenten (Abbildung).

Abbildung 25: 4L-Modell der Evolution

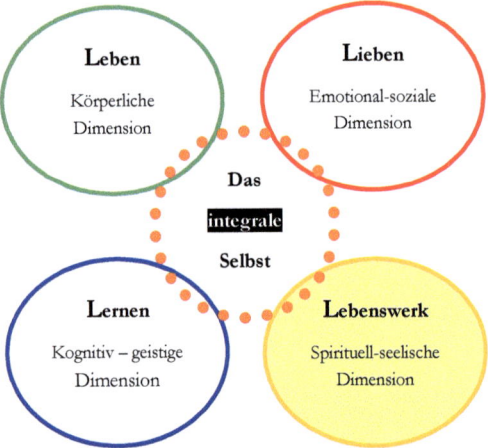

Variable bedeutet im unternehmerischen Kontext: Selbsttun. Anregung des Selbst von Außen (Irritation) ist selbstverständlich. Das System, das Selbst, paßt sich an. Reicht hierzu eine adaptive Anpassung aus? Das hängt davon ab, welches System angesprochen ist. Das Selbst, eine Unternehmung/Organisation, das System Wirtschaft oder andere Teilsysteme der Gesellschaft?

Lässt sich Routine mit Evolution kombinieren? Was macht ein evolutorischer Unternehmer? Er produziert evolutorische Güter. Für wen? Für sich selbst, für andere. Wenn eine Mutter ihre Kinder erzieht, produziert sie evolutorische Güter. Wenn jemand lernt, wie man Intervalltraining macht, evoluiert er sich selbst in der Dimension Körper. Er steigert seine körperliche Fähigkeit. Evolution in diesem Sinne ist Teil des Menschseins. Erstmalig seit Beginn des modernen ökonomischen Entwicklung[189] in der industriellen Revolution, übernehmen Evolutionsgüter die Schrittmacherrolle im Entwicklungsprozeß. Evolutionsgüter sind Produkte und Dienstleistungen, die Menschen in ihrem Fähigkeitsaufbau unterstützen. Der „Gesundheitsmarkt" im weiten Sinne (Entfaltung der geistigen, körperlichen, sozialen

---

[189] Nicht Wachstum. Wachstum ist Inputlogik, eine Vermehrung der Input-Outputrelationen und –mengen.

und seelischen Fähigkeiten des Menschen, wir sprechen von 4L[190]) ist nicht nur als Kostenfaktor wahrzunehmen.[191] Die bewusste Förderung der Selbstevolution der Menschen durch Evolutionsgüter produzierende Unternehmer zielt auf den Kern der Eigendynamik von Entwicklungsgesellschaften. Innovationsgüter (Schumpetergüter) sind Komplementärprodukte. Evolution und Innovation fördern sich wechselseitig in ihrer Entfaltung.Innovation und Evolution sind gekoppelt. Sie fördern sich wechselseitig. Ohne Evolution würden Neukombinationen an ökonomischer Wirkkraft verlieren. Der Innovator muß sich evolutiv engagieren, ganzheitlich (daher die 4L), um das Neue hervorzubringen und und durchzusetzen. Ein Unternehmer jeden Alters antwortet auf die Herausforderungen seiner Umwelt adaptiv, innovativ oder evolutiv.

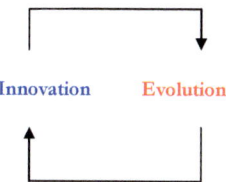

Erhöhe ich die Arbeitszeit, adaptiv, setze ich auf Zuwanderung, adaptiv; senke ich Rente, Sozialleistungen, etc, adaptiv. Was ist eine schöpferische Antwort? Eine innovative oder „neukombinative" oder selbstevolutive?

Schumpeter bemerkt zum Unterschied zwischen adaptiver und schöpferischer Antwort – explizit auf „Bevölkerungszunahme" eingehend – „Wann immer eine Volkswirtschaft oder ein Teil einer Volkswirtschaft sich an Änderungen ihrer Daten in der von der traditionellen Theorie [bezogen auf Wachstum: Inputlogik] anpaßt, d.h., wann immer eine Volkswirtschaft auf eine Bevölkerungszunahme dadurch reagiert, daß sie die neuen Arbeiter und Angestellten der erwerbstätigen Bevölkerung in ihrer bestehenden Beschäftigungsstruktur einfach hinzuzählt … können wir diese Entwicklung als adaptives Reagieren bezeichnen. Und wann immer die Volkswirtschaft oder eine Industrie oder einige Unternehmungen in einer Industrie in anderer Weise reagieren, indem sie irgend etwas außerhalb der Norm Stehendes tun, sprechen wir von schöpferischem Reagieren" (Schumpeter, 1987, S. 184; Hervorhebung im Original). „[…] schöpferisches Reagieren(s) im Wirtschaftsleben", fügt Schumpeter hinzu, „(ist) gleichbedeutend mit einer Analyse des Unternehmertums." Was genau den Kern unserer Überlegungen trifft.

„Außerhalb der Norm Stehendes" gilt für sämtliche Systeme, auch das Selbstsystem. Wer in Routine verharrt, reagiert adaptiv. Betrachten wir das Banksystem. Als Folge der Finanzkrise von 2008 wurden bei europäischen Banken 225.000 Mitarbeiter entlassen, eine adaptive Antwort auf die Folgen eines „deal making" (Arbitrage) auf den Finanzmärkten. Die schöpferische Zerstörung steht aber noch an und sie wird das Bankensystem grundlegend verändern. Die Digitalisierung (fünfte Lange Welle, zunehmende

---

[190] 4L = Lernen (Kognition), Leben (Körper), Liebe (Emotion), Lebenswerk (Seele/Geist). Bezogen auf Gesundheit entspricht es einem biopsychosozialen Krankheitsmodell, einem ganzheitlichen Verständnis von Krankheit.

[191] Wir arbeiten mit dieser Logik in Theorie und Praxis seit vielen Jahren. In der Medizin und Psychologie scheinen sich ähnliche Konzepte durchzusetzen. Man spricht hier – um einen Ansatz zu nennen – von Salutogenese, ein Begriff, der auf Aaron Antonowsky zurückgeht. Was wir mit „4L" umschreiben, wird dort als „Biopsychosoziale Einheit Einzelmensch" bezeichnet.

verknüpft mit dem sechsten Kondratieff: Interkondratieff) von Bankgeschäften wird primär von neuen Unternehmen vorangetrieben.[192]

Der schumperterschen Unterscheidung fügen wir eine dritte hinzu: evolutionäres Reagieren, was wir als unverzichtbar bei einer langfristigen Betrachtung der Beziehung zwischen demographischem Wandel und ihren wirtschaftlichen und gesellschaftlichen Auswirkungen betrachten.

- Adaptives Reagieren: Unternehmer der Routine
- Schöpferisches Reagieren: Innovator („Unternehmer" bei Schumpeter)
- Evolutionäres Reagieren: Evolutorischer Unternehmer

Diese drei Kategorien des „Reagierens" lassen sich überall unterscheiden, analytisch anwenden und selbst- sowie koevolutorisch umsetzen. Um noch einmal zu betonen: Es handelt sich nicht um „richtig" oder „falsch" sondern um drei, theoretisch hergeleitete Möglichkeiten des Beobachtens oder Konstruierens von Wirklichkeiten, in unserem Text primär im Selbstsystem. Wir können einfach erklären, warum demographisches Altern Wachstumseinbußen erzeugen kann, bis hin zu Stagnation und Negativwachstum. Wir können aber auch verstehen lernen, warum Unternehmertum jenseits von Routine („Wirt" bei Schumpeter) der primäre, wohl einzige Weg ist, das System Wirtschaft gegen Alterung zu immunisieren. Notwendig wäre dann - vielleicht sogar hinreichend - alte Menschen in Innovations- und Evolutionsprozesse einzubinden. Wir folgten damit auch einem ethischen Imperativ von Heinz von Foerster: „Handle stets so, daß sich die Anzahl der Wahlmöglichkeiten erhöht." Wer handelt so? Zunächst die älteren Menschen selbst. Dann jene, welche sie in ihrem Handeln unterstützen, fördern, mit Freiheiten ausstatten.

Was in diesem Kapitel erneut erkennbar wird: Theorien konstruieren unterschiedliche Wirklichkeiten und damit auch unterschiedliche Interventionsmöglichkeiten, Aktionsparameter und Konflikte in den Teilsystemen der Gesellschaft.

---

[192] Führend bei Fintech (Finanztechnologie) sind die USA. Deutschland nicht in der Spitze. China ist mit Lufax China das führende Unternehmen. Soweit wir gegenwärtig beobachten, ist das Wertschöpfungspotential von Fintech bescheiden, solange es überwiegend auf Arbitrage zielt und auch von Managern gelenkt wird, die sich in ihren früheren Beschäftigungsfeldern der Spekulation gewidmet haben, auch Geschäften, welche die Finanzkrise von 2008 mitverursachten (zum Hintergrund siehe Shubber, 2015). Bis auf eine Frau (früher Banker bei JP Morgan) scheinen mir alle anderen führenden Köpfe der US-Unternehmen der Seniorengruppe anzugehören.

9 Funktionen von Unternehmertum im demographischen Kontext: Entwicklungstheorie vs. Inputlogik?

9.1 Vergreisung vs Alter(n)radikalismus

Überalterung? Vergreisung? In diesem Kapitel führen wir Überlegungen aus dem siebten Kapitel fort. Wie in jedem Kapitel sind Theorie und Empirie, vor allem illustrativer Natur, miteinander verknüpft. Auch das zehnte Kapitel widmet sich diesem Zusammenhang. Wie in der Einleitung angekündigt: Wiederholungen sind bewußt eingefügt, um bestimmte Fragestellungen aus verschiedenen Gesichtspunkten darstellen zu können. Unser Text ist keine Studie. Wir sind am praktischen Leben orientiert, beobachtet durch die Brille von Unternehmertum. Wir entfalten unsere Überlegungen jedoch auch auf theoretischer Ebene. Der Leser muß wissen, wie unsere Überlegungen begründet sind.

Die Gesellschaft überaltert – demographisch, politisch, medial – aber auch ökonomisch? Pessimistische Vorhersagen prägen das Zukunftsgeschehen. Wohlstandszuwächse stagnieren.. Roboter und künstliche Intelligenz prägen zunehmend das Geschehen (Butler, 2016). Mit künstlicher Intelligenz ausgestattete Maschinen besiegen Menschen selbst in den intellektuell aufwendigsten Spielen wie Schach und sogar Go. Ziehen gar Nanoroboter in unsere Körper ein? Was tun? Der einfachste Weg: auf Wachstum verzichten. Adaptive Anpassung. Handlungspraktisch wie theoretisch weitgehend herausforderungslos, politisch andererseits nicht unattraktiv. Zahlreiche der jüngeren Entscheidungen (die sog. Rente mit 63, die Mütterrente, die Migrationspolitik) ließen sich als exemplarische Beispiele verstehen, je nach dem vertretenen theoretischen Standpunkt, welcher keineswegs explizit im Bewußtsein des Beobachters oder Machers verfügbar sein muß. Ist Altersradikalismus eine Alternative, eine Golden Economy, eine ökonomische Schutzimpfung für die jüngeren Generationen und gegen die Negativa einer Wohlstandserzeugung, nicht nur materiell-ökonomisch? Eine Entschleunigung des Alterns ist bereits Wirklichkeit, wenn auch nicht krankheits- und leidensfrei. Wird der Prozeß des Alterns gar überwunden: De Grey und Rae (2010): „Niemals alt".

Dieser Abschnitt widmet sich erneut – und weitere werden folgen - dem theoretischen und teilweise empirischen Hintergrund unserer Überlegungen. Eine auch empirisch sich bestätigende Theorie ist eine absolute Notwendigkeit, daher zunächst auch erneut einige Hinweise aus der demographisch ältesten Gesellschaft.

Angst vor Theorie ist jedoch nicht angebracht. „Eine gute Theorie ist das *Praktischste* was es gibt", sagt Immanuel Kant (1974). Peter Drucker (1986, S. 53): „Jedes praktische Tun beruht auf einer Theorie, auch wenn sich der Praktiker ihrer nicht bewußt ist." „In einem kleinen Sack kann man nichts Großes aufbewahren", die Meinung von Zhuangzi († 290 v. Chr.), einem chinesischen Philosophen (Zhuangzi, 2003, S. 137). Ost und West sind gleicher Meinung. Tun, nicht Reden ist Laozis Lehre, die Lehre eines „Alten Meisters". Als Unternehmer bleibt man jedoch nicht im Theoretischen stecken, übt sich nicht in geistiger Akrobatik sondern im praktischen Tun. Der jeweilige pragmatische Erfahrungskontext vermag jedoch Schwierigkeiten zu machen, wenn man einer Lebensweise anhängt, die Körper und Geist in Schwierigkeiten bringen und eine Geist-Körper-Beziehung bei bescheidener Achtsamkeit zur Routine macht.

Auch unser Beitrag strahlt nicht von Optimismus angesichts des Schicksals demographisch schrumpfender Gesellschaften. Gegenüber anderen Sichtweisen behaupten wir allerdings: Es gibt keine inhärenten Entwicklungsprobleme im Hinblick auf Wohlfahrt und Gesundheit. Länder mit schrumpfenden Populationen sind keine Länder die „doomed" sind, dem Untergang geweiht, der Machterosion im globalisierten Kapitalismus ausgesetzt usw. (Siehe die zusammenfassende Darstellung im 19. Kapitel).

9.2 Japanische Antworten

Allerdings folgt unserer Sicht einer anderen theoretischen Logik als dem des vorherrschenden demographisch-ökonomischen Mainstream.[193] Sie ist auch im Schrifttum kaum systematisch erläutert und spielt in der Politik eine untergeordnete Rolle, obwohl sich sowohl in Wirtschaft wie Politik eine vorsichtige Neukonstruktion des alten Menschen in seiner Rolle als Wirtschaftsmensch andeutet.[194] Was nicht heißt, sie bliebe konzeptionell und rhetorisch unbeachtet. So offeriert der japanische Ministerpräsident Abe, auf die Herausforderungen des Alterns in Japan angesprochen, eine Mischung aus input- und innovationslogischen Lösungen, später als „Abenonomics" bezeichnet:

> The trick will be "innovation," Abe said, and economic reform. In fact, robots and other ways to improve productivity are one of four possible routes to economic growth despite an aging population. The others would be making better use of women; immigration, which has increased slightly but remains unpopular in this ethnically cohesive country; and keeping the elderly working longer. According to Naohiro Ogawa, a population expert at Nihon University, *if every healthy elderly person worked*, Japan's total economy in 2025 would be worth 791 trillion yen instead of the currently projected 619 trillion yen, an increase of 28 percent. Just raising the retirement age from 60 to 65 would produce a 12 percent increase (zitiert in Hiatt, 2006; unsere Hervorhebung).[195]

„Wenn jeder *gesunde* alte Mensch arbeiten würde." Japan scheint mit dieser Sicht weniger Probleme zu haben als andere Länder. Eine Ursache scheint auch eine hohe Nettoverschuldung des japanischen Staates

---

[193] Wir verwenden den Begriff "Logik" durchgehend in einer Weise, wie sie im folgenden Zitat von Luc Ciompi, 1997, S. 77) zum Ausdruck kommt: "In dieser .. viel allgemeineren Bedeutung von Logik geht es also weniger um eine Vorschrift, wie korrekterweise gedacht werden *sollte*, als vielmehr um die Feststellung, wie in einem bestimmten Kontext gedacht *wird*. In diesem Sinne gibt es nicht nur eine einzige Logik, sondern deren viele... Zu einem ähnlichen Schluß führt ebenfalls der Konstruktivismus .... Zu bedenken ist ferner, daß neben der okzidentalen Logik auch andere Hochkulturen wie die chinesische ... ganz andersartige 'Logiken' hervorgebracht haben." Man muß Acht geben, wenn von Konstruktivismus die Rede ist. Die vorherrschende Sichtweise ist eine andere. Man konstruiert eine wünschenswerte Welt, die dann mit mehr oder weniger Zwang anderen zum Leben empfohlen oder incentiviert wird. Sie beschneidet die Freiheit der Menschen. Sie be- oder verhindert Weiterentwicklung einer evolutionären Ordnung. Kausalitäten sind trivial-maschinell hergeleitet. Ursache-Wirkung-Beziehungen sind transparent. Diese Sichtweise beherrscht auch die Politik und ihre Interventionsmechanismen, auch wenn diese demokratisch oder rechtskonform begründet werden. F.A. Hayek spricht von einer „Anmaßung von Wissen".

[194] So könnte man bereits die politischen Stellungnahmen auf einem „Demographie-Kongress" im April 2007 in Berlin verstehen. Mehr als mediales Schaulaufen? Vgl. Frankfurter Allgemeine Zeitung: „Das innovative Alter entdecken", 18. April 2007, S. 13.

[195] Da wir einen japanischen Ministerpräsidenten zitiert haben, eine kurze Anmerkung zum Verständnis von Innovation in Japan. „What is innovation", fragt der Bericht "Innovation 25", in dem Regierung und Öffentlichkeit einen Fahrplan für Innovation im Jahr 2025 erstellen. „It is said that the word "Innovation" is derived from the Latin "Innovare" (renew) 型三 "in" (within) + "novare" (change). In Japanese, the word is rephrased to mean technological renovation and management reorganization or simply renovation or renewal, but innovation also means using new technology and ways of thinking in existing materials and structures to create new value and to make significant changes in society. For example, the technology for the internal combustion (engine) and semiconductors appeared in the world of automobiles, personal computers and the Internet in combination with other technology to change our lives on a grand scale. It can be said that this is a typical example of innovation." (http://www.kantei.go.jp/foreign/innovation/okotae1_e.html).

zu sein. Wenn keine strukturellen Reformen unternommen werden, unter anderem auch verstärkte Anreize, die Lebensarbeitszeit auszudehnen, würde sich in Japan die staatliche Nettoverschuldung auf 429 Prozent des Bruttoinlandsprodukts von gegenwärtig (2015) 128 Prozent erhöhen (Lorz, 2016).

In der Region mit der höchsten Dichte an Über-Hundertjährigen, Okinawa, arbeiten auch 90-Jährige fast auf Routinebasis, machen sich sogar in hohem Alter noch selbstständig (siehe spätere Belege). Shinzo Abe hat diese Sichtweise aus dem Jahr 2006 in zahlreichen Interviews wiederholt, in seiner praktischen Politik aber nur in bescheidenem Umfang durchsetzen können. Immerhin hat er bereits im Jahr 2006 auf die Roboterisierung verwiesen, welche zehn Jahre später zunehmend auch mediale öffentlichkeitswirksame Aufmerksamkeit im Rahmen einer „Digitalisierung" erhält.[196] Die japanische Wirtschaft, sagt Abe, „muß die Nutzung von Robotern von Fabriken in jede Ecke unser Wirtschaft und Gesellschaft vorantreiben" (Zitat in Lewis, 2016b). Japan war die führende Roboternation, hat den Vorsprung jedoch auch im Bereich von Forschung und Entwicklung an die USA und zunehmend China verloren und versucht erneut, seine Spitzenstellung zurückzugewinnen (Waters & Muyamana, 2016). Die primäre Schwächen sind nicht Forschung und Entwicklung. Die zögerliche Umsetzung des Wissens von den Unternehmen und Forschungseinrichtungen in die Praxis bewirkt die Innovationsschwäche (Inagaki, 2016a,b). Unternehmen nutzen Finanzkapital weniger für die Selbsterzeugung von Neukombinationen, als, dem US-Muster folgend, für den Aufkauf von Firmen, um Märkte zu erschließen. Als Beispiel kann die Unternehmung Softbank dienen. Der jüngste Deal (wir schreiben Juli 2016) ist der Aufkauf der britischen Semiconductorfirma Arm Holdings für 24 Mrd. britische Pfund. Softbank hat durch Aufkäufe Schulden von 112 Mrd. Dollar angehäuft.[197]

Auch 20 Jahre einer nahezu Nullzinspolitik vermögen dieses (aus unserer Sicht primären) Entwicklungshemmnisse nicht aufzuheben. Bei der Nutzung von Robotern im täglichen (privaten) Leben der Menschen, antropomorphische Roboter genannt, nicht zuletzt in der Lebensgestaltung älterer Menschen, hat Japan seine Führungsposition erhalten können. Toyota entwickelt neben fahrerlosen Autos auch Roboter, Homerobots wie Kirobo.

Japans Politik ist in Widersprüche und Vorstellungsarmut eingebettet. Es gibt ein Ministerium METI (Ministry of Economy, Trade and Industry[198]) genannt, welches sich primär mit der Konsolidierung von Altindustrien wie der Stahlindustrie beschäftigt (Lewis & Inagaki, 2016), die Zukunft einer alternden Gesellschaft aber weitgehend vernachlässigt (Shinzo Abe folgend). In der Förderung von kleinen und mittleren Firmen ist Innovation und Start Ups weitgehend ausgeblendet.[199] Ein strategisches Umdenken ist erkennbar (Fujiwara, 2015; Matsuda, 2014; Wieczorek, 2016). Der Vorgänger von Meti war das Ministry of Commerce and Industry, das japanische Schlüsselministerium und der industriepolitische Promoter des modernen Japans (wir haben darüber zahlreiche Artikel geschrieben). Gelaufen. Der japanische Mittelstand beschäftigt siebzig Prozent der Arbeitskräfte. Die Gründer der mittelständischen

---

[196] Zu verweisen ist auf die Tagung führender Unternehmensleister und hochrangiger Politiker des jährlichen Davos Ecomic Forum. Im Jahr 2016 widmet sie sich primär einer sog. Digitalisierung und Industrie 4.0, einer „neuen industriellen Revolution", anlehnend aber nicht direkt verweisend auf Kondratieff und Schumpeter.

[197] Ein Porträt des Gründers und Leiters von Softbank, Masayoshi Son, geben Inagaki und Lewis (2016). Mit einem Bruchteil des für Aufkäufe ausgegebenen Geldes hätte sich die Roboterbranche Japans zur Weltspitze entfalten können, mit den im Text beschriebenen Wirkungen auf Produktivität und Arbeitsplatzdynamik. Wie Schumpeter und die jüngeren Forschungserkenntnisse von Psychologen zeigen: die Persönlichkeit entscheidet. Son kann im Prinzip machen was er selbst anstrebt, für richtig hält. Son ist der zweitreichste Japaner.

[198] http://www.meti.go.jp/english/aboutmeti/

[199] http://www.chusho.meti.go.jp/sme_english/151109_SupportNewBusiness.pdf

Unternehmen werfen hin, wie ihre deutschen Kollegen, nicht mit 65 aber 70. Das Durschnittsalter von Unternehmern des Mittelstandes ist 67 Jahre (Lewis, 2016c). Die Kinder der Unternehmer wollen nicht einsteigen. Jüngere Japaner gründen selbst, zunehmend in Branchen der Hochtechnologie wie Biotechnologie oder Roboter, oftmals finanziert durch die eigene Familie (Inagaki, 2016b). Die Gründungsdynamik durch Jüngere, oftmals ihre Väter als Vorbild betrachtend, steigt (Lewis, 2016c; Wieczorek, 2016). Deutschland ist in einer zu Japan vergleichbaren demographischen und industriepolitischen Lage. Die Antworten sind wie die Japans adaptiv im Sinne Schumpeters. Der große Unterschied: Deutschland erhofft sich einen (neoklassich-wachstumsorientierten) ökonomischen Auftrieb durch Zuwanderer, in Japan sozio-kulturell nicht möglich.

Auf die Frage, warum Japan wie auch andere ostasiatische Kulturen die Zuwanderungspolitik des Westens ablehnt, antwortet Abe: „Bevor wir Immigranten oder Flüchtlinge akzeptieren, haben wir das Bedürfnis, unsere Geburtenrate zu erhöhen und den Frauen und unseren alten Personen mehr Arbeit zu geben".[200] Japan kann mit einem schrumpfenden Bevölkerung ökonomisch leben, ohne Immigration, wie? Mehr Frauen sind erwerbstätig, mehr alte Menschen arbeiten, steigende Arbeitsproduktivität, Robotereinsatz.[201] Jeder dieser vier Faktoren ist von anderen Gesellschaften mit einer alternden Bevölkerung (man könnte sämtliche europäischen Länder anführen), imitierbar. Die politischen und teilweise ökonomischen Sichtweisen und Interessen, eingebunden in eine unterschiedliche Memetik, erzeugen jedoch Widerstände.

In unserem Text rücken wir das als „hyperalt" beschriebene Japan mehrfach in den Mittelpunkt, weil dieses Land, was die demographische Entwicklung angeht, am meisten „fortgeschritten" ist (Haga, 2013). Wir vermögen daher von Japan viel zu lernen, im positiven und negativen Sinn (siehe bereits das vorangehende Kapitel mit Nachweisen). In Japan sind zudem bestimmte Aktionsparameter, die im Standardargument als „Lösung" vorgeschlagen werden, politisch und kulturell nicht akzeptabel, insbesondere Zuwanderung. Japan, ähnlich China und andere ostasiatische Gesellschaften, hat daher kaum Probleme mit sog. „Multikulturalismus" oder parallelgesellschaftliche Herausforderungen wie Westeuropa. Multikulturelle Meme sind endogenisiert, selbsterzeugt, kein parallelgesellschaftlicher Entwicklungsweg, wie er in allen westlich ehemals abendländischen Gesellschaften zu beobachten ist.

Folgen wir der Standardbetrachtung, zahlen Länder ohne Immigrationstoleranz einen Preis dafür. Wie hoch dieser ist, wird erst erkennbar, wenn wir uns auch theoretisch außerhalb der inputlogischen Denkwelt bewegen. In Japan ist Zuwanderung kein Thema, weil sie nicht stattfindet und nicht toleriert wird. Die Wirtschaft will es, wie überall, die Menschen lehnen es ab. Man erspart sich schöpferische Antworten auf Herausforderungen eines zunehmend globalisierten Wettbewerbs. Behörden agieren nach europäischen Kriterien gegenüber Ausländern „diskriminierend". Andererseits: Japan als demographisch „älteste" Gesellschaft gilt manchen Beobachtern als Land, vom dem sich schon heute lernen ließe, wie man schöpferisch mit alten Menschen umgeht – da eine „schöpferische Anpassung" (Schumpeter) der primäre Weg ist, Wirtschaft und Gesellschaft jenseits von Stationarität, also autopoietischer (sich selbst reproduzierender) Entwicklung zu erhalten. Die Unterscheidung zwischen Stationarität (entwicklungslos) und Entwicklung ist grundlegend. Wir betrachten den demographischen Komplex entwicklungslogisch. Entwicklung ist Autopoiese, sie erzeugt sich andauernd selbst. Demographie kann sie aushebeln genauso wie Macht, welche sich durch Gehorsam (nach der Sichtweise von Humberto Maturana) verwirklicht. Eine unserer wesentlichen Schlußfolgerungen, durch Obiges erneut angedeutet: Wenn ein System welcher

---

[200] Zitiert in Yann Rousseau [Korrespondent der Zeitung in Japan], Face aux refugies, le Japan promet des fonds mais pas de visas, Les Echos, 1. 10. 2015, S. 12.

[201] [...] women and the over 65-s are pouring into the labour force in unprecented numbers" (Lewis, 2016e).

auch Funktion auch immer, inputorientiert, auf die Alterung, in welchem System auch immer, antwortet, verzichtet es, wenn nicht vernichtet, neukombinative und evolutorische Impulse. Psychologisch: Es neurotisiert. Problemverdrängung durch Schaffung neuer Probleme. Inputlogik ist ein geradlinig-kausales Denkmuster, welches, folgt man Heinz von Foerster, in trivial-maschinellen Systemen zum Zuge kommt und deswegen sowohl in Wissenschaft wie Politik attraktiv ist.

Abbildung 26: Hightech in der Badewanne

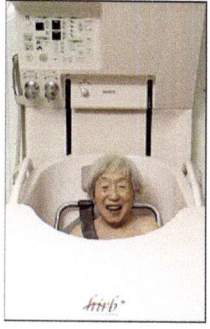

Quelle: Brooke (2004)

Abbildung 27:Anteil von Japanern über 65 im Vergleich zu anderen Ländern

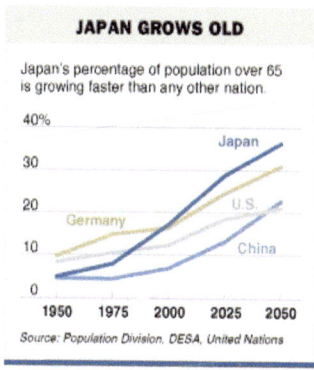

A study by the UN Population Division released in 2000 found that Japan would need to raise its retirement age to 77 or allow net immigration of 17 million by 2050 to maintain its worker-to-retiree ratio. (http://en.wikipedia.org/wiki/Aging_of_Japan)

Die Abbildung *Japan grows old* illustriert den japanischen Weg demographischer Entwicklung, auch im internationalen Vergleich. Die Pionierfunktion Japans kommt in der Abbildung deutlich zum Ausdruck. Zeigt Japan anderen reifen Industriegesellschaften den WEG? Auch Roboter sollen/können eine sinkende Verfügbarkeit von Arbeitskräften in westlichen Industriegesellschaften ausgleichen helfen (Nohara, 2015; Joignot, 2016; Waters & Murayama, 2016), anderseits wird in den westlichen reifen Industriegesellschaften eine zunehmende Freisetzung von Arbeitskräften durch die neuen Technologien

(Roboter, Digitalisierung) befürchtet. Die Abbildung zeigt deutlich die Ähnlichkeit der demographischen Wege von Japan und Deutschland. Die Herausforderungen werden jedoch unterschiedlich wahrgenommen und beantwortet, in allen Teilsystemen der Gesellschaft. Man vergleiche als Beispiel den Shintoismus mit protestantisch geprägten multikulturellen Antworten auf die Zuwanderung und den Ansichten von Papst Franziskus zur Einwanderung muslimisch geprägter Menschen nach Europa.

Wir verweisen in diesem Zusammenhang erneut auf die Aussage der beiden japanischen Forscher Muramatsu und Akiyama (2012, S. 429): „Japan kann es sich einfach nicht leisten, alte Menschen zu haben, die nicht arbeiten. [...] Arbeiten in hohem Alter ist essentiell, um die japanische Gesellschaft zu erhalten." Gibt es Alternativen zu dieser Feststellung, zumindest theoretisch begründbare?

9.3 Theoretische Ansätze

Die folgende Tabelle gibt einen Überblick der theoretischen Ansätze. Unser Schwerpunkt liegt auf Innovation und Evolution, Inputlogik dient uns als theoretischer und empirischer Sparringpartner. Das Folgende ist eine Skizze, keine in die Tiefe, vor allem empirisch, gehende Untersuchung. Es geht uns mehr um die Exploration von Möglichkeiten und ihre empirische Skizzierung, die vor allem Plausibilitätscharakter aufweisen soll. Die Ansätze sind theoretische Konstruktionen, unterschiedliche Sichtweisen, keine Wahrheiten. Die implizierten Aktionsparameter sind jedoch verschieden, aber wiederum einander nicht ausschließend, dennoch in der ökonomischen Gestaltung von Systemen nicht durchgängig konkfliktfrei verwendbar.

Tabelle 4: Bevölkerungsentwicklung und Wirtschaftswachstum: drei Ansätze

Ansatz	Theoretischer Hintergrund	Unternehmertyp	Aktionsparameter	Unsere Zukunft
Inputlogik	Ökonomie und Demographie des Mainstream	Routineunternehmer „Wirt" Optimierer	Zusätzliche Mengen an Arbeitskraft „Bildung"	Wohlstand usw. durch Mehrarbeit und Zuwanderung
Innovation	Schumpeter u.a.	Innovator	Inkrementelle und radikale Neuerung (oftmals Neugründungen)	Wohlstand durch Neukombination auch bei sinkender Bevölkerung
Evolution	Evolutionstheorie	Evolutorischer Unternehmer	Integrale Entfaltung von Kompetenzen	Substantielle Lebensverlängerung bei nachhaltiger Entwicklung der Wirtschaft

Im Innovations-Evolutionsansatz kommt der „Bevölkerung" ein anderer theoretischer Rang zu als in der vorherrschenden Inputlogik. Menschen (Arbeitskraft, Erwerbstätige, Ruheständler) sind (bei Schumpeter) „Ressourcen" (Produktivkräfte), die sich „neu kombinieren" lassen; Menschen sind gelegentlich auch innovative Unternehmer, auch „Humankapital" für neu kombinierende Unternehmer. Schumpeter (1911/2006, S. 172): „Unsere Behauptung ist also, daß ein Unternehmer derjenige ist, der neue Kombinationen durchsetzt...". Personen sind zudem der Selbstevolution fähig, sie sind nicht auf das ihnen extern – durch Gene, Meme, Bildung - eingepflanzte Potential festgelegt, sie vermögen sogar, zunehmend, ihre Biologie selbst zu gestalten und ihrer biologischen Seneszenz entgegen zu wirken (Röpke, 2015).

Nicht die Ideen an sich verwandeln die Welt oder verbessern die Gesundheit oder fördern die Ausweitung einer gesunden Lebensspanne oder lassen ältere Menschen erwerbstätig bleiben oder werden, sondern das unternehmerische Tun, die Energie das Andere, Neue, zu machen. „Ein Weg kommt zustande, in dem man ihn geht" (Zhuangzi). Dies zu leisten ist die Funktion des evolutorischen Unternehmers. Man kann ihn neoklassisch dem Humankapital zuschlagen oder schumpeterianisch der Innovation. Wir ziehen es vor, nicht zuletzt, weil wir dadurch neue Aktionsparameter und Lernstrategien erschließen, die Funktion des evolutorischen Unternehmers einzuführen, die durchaus darwinsche Züge aufweist: neue Möglichkeitsräume erschließen durch Kompetenzaufbau.

Um eine enkulturierte Lebenspraxis zu reflektieren, um lebenslanges Unternehmertum zu praktizieren, müßte der Mensch evolutionieren, Kompetenzen aufbauen, Willen, Durchhaltevermögen, Umgang mit Ungewißheit, emotionale Intelligenz, Urteile und Vorurteile ausräumen, Besserwissen überwinden. Selbstevolution verlangt das höchste Energieniveau von allen unternehmerischen Funktionen.

Selbstevolution bedeutet die selbstverwirklichte Erweiterung der Könnensbereiche eines Individuums, eingebunden in Evolvierbarkeit, den Aufbau von Fähigkeit sich selbst zu evoluieren, Evolution der Evolution. Unsere Steinzeitvorfahren waren dazu fähig. Sie lebten in Schlüsselbereichen (Ernährung, Bewegung) auch gesünder als moderne Menschen.[202] Sie investierten in Selbstevolution, Learning by doing war Teil ihrer täglichen Lebensweise. Sie investierten auch Zeit in eine Verringerung der Mortalität. Sie starben nicht an den chronischen Krankheiten der Moderne, vielmehr an Schlangenbissen, Angriffen von Jaguars und Piranhas und anderen Wildtieren, Unfällen, Knochenbrüchen, Infektionen (Kaplan u.a., 2000). Ihre Zeithorizonte erreichten 15-20 Jahre, denn so lange dauerte es, durch eigenes Tun ihre Kinder für das Jagen ausbilden, einer der anspruchsvollsten Tätigkeiten, denen sich Menschen bis heute ausgesetzt sahen. Wer davon verschont blieb, erreichte ein Alter wie heutige Langlebige. Ihre genetische Ausstattung ist weitgehend identisch mit der unsrigen. Was sie grundlegend von modernen Menschen unterscheidet waren ihre Meme, auf Selbstevolution, Überleben, Reproduktion angelegt. Ihr Altern war schöpferisch gestaltet .

Diese drei interaktiv wirkenden Prozesse-Bevölkerungsrückgang und Altern, Innovation, Evolution - geben uns eine Sichtweise des Zusammenwirkens von demographischen und wirtschaftlichen Faktoren.

Eine Quelle der Inputlogik, die Wachstum des Output aus der Vermehrung (Akkumulation) von Produktionsfaktoren (Ressourcen) herleitet, ist die ökonomische Klassik. Wenn man Neukombination und selbstvevolutive Faktoren ausschließt oder nicht kennt, im klassischen Denken durchaus nachvollziehbar, stand die erste industrielle Revolution doch gerade an ihrem Beginn und der erste Kondratieff war zur Zeit von Adam Smith noch nicht existent. Wie also Wachstum erklären und das Zusammenwirken von Entwicklung, Wohlstand und Lebensspanne? Die wissenschaftliche Herausforderung ist ähnlich der, für die erst Charles Darwin eine Antwort findet. Am einfachsten, naheliegendsten ist auf Akkumulation und deren Träger und Ermöglicher zu setzen: Unternehmer als „Kapitalisten", Arbeitskräfte, Boden, Institutionen und Rechte – und den Staat. Bis heute gelten diese als die Wachstumsträger in den Modellen der Ökonomie. Da systemendogene Faktoren theoretisch

---

[202] Diese Sichtweise scheint Anerkennung zu gewinnen. Wie oben geschildert, pflegen nicht nur Innovatoren im Silicon Valley Praktiken der Steinzeit, vor allem Ernährung. Steinzeit (Paleo) gewinnt auch in den Medien zunehmend Anerkennung, zumindest Aufmerksamkeit (Stark, 2015). Der Übergang zur Landwirtschaft war die bis heute weitreichendste Innovation der Menschheit. Vieles wäre darüber zu berichten. Ein andermal.

ausgeblendet sind (auch in der sog. endogenen Wachstumstheorie), setzt man folgerichtig auf „Input", von außen zufließende Wertschöpfer, ergänzt, ob ihres abnehmenden Potentials, um residuale Wertschöpfer (technischer Fortschritt), deren Wirken jedoch gleichfalls unerklärt bleibt, und welchen man den naheliegenden Namen „Manna vom Himmel" gab. Die theoretische Antwort ist ganz ähnlich der, welche die Evolution der Menschen, des Lebens insgesamt, gegeben wurde, die auch heute wieder Anhänger gewinnt: die Intervention einer systemfremden Macht, einer „unsichtbaren Hand" (in einer Interpretation), Gott. Man könnte daher von einem religiösen Charakter von Teilen der modernen Ökonomie sprechen, zumindest bei Adam Smith, als ihrem „Vater". Eine genauere Analyse dieser Punkte, an anderer Stelle erfolgt, hätte die Grenzen der „Systeme", in welcher Inputs sich einbringen, genauer darzulegen. Was wir sagen bedeudet zudem nicht, Inputs spielten keine Rolle, schon gar nicht, daß sie nicht existieren. Was gesagt wird: Ihre Neukombination treibt Entwicklung (die dann auch die Akkumulation von Ressourcen ermöglicht), nicht ihre vorausgehende oder zeitparallele Vermehrung. „Carrying out innovation is the only function which is fundamental in history"(Schumpeter, 1939,I, S. 102) – and in future times, wäre zu ergänzen.

Es bleibt für uns überraschend, daß ein Jahrhundert seit Erscheinen der „Theorie der wirtschaftlichen Entwicklung" (Schumpeter 1911/2006) die Basishypothese Schumpeters nahezu vollständig ignoriert bleibt. Dies ist nicht (nur) eine Angelegenheit mangelnder Sprachfähigkeit und theoretischer Arroganz angelsächsischer Ökonomen, wie das Zitat aus Schumpeter (1934, S. 68) zeigt: „Generally, the carrying out of new combinations means simply a different employment of the economic system's *existing* supplies of productive means." Ansätze, die versuchen, Entwicklung („Wachstum") durch eine Vermehrung der Ressourcenausstattung zu erzeugen, also der Mainstream in Wissenschaft und Politik, bezeichnen wir als Inputlogik (ausführlich hierzu bereits Aßmann, 2003 und dort genannte Quellen).

Der in unsere Überlegungen integrierte Ansatz von Schumpeter verknüpft, vereinfacht dargestellt, Innovation (als Quelle der Entwicklung) mit Bevölkerung (als von Innovation geschaffenem „Input") und Wachstum. [203] Die Bevölkerungsdynamik steht in engem Zusammenhang mit landwirtschaftlichen Innovationen, welche die altsteinzeitliche Lebensweise der Jäger und Sammler ablöst (nicht überwindet) und als Hauptquelle der Entwicklungs- und Bevölkerungsdynamik bis heute gilt. Die vorherrschende Negativdeutung der demographischen Alterung der Gesellschaft (Vergreisungskultur) ist eine jüngere Ausprägung dieser tief verwurzelten Sicht- und Denkweise. Erst in allerjüngster Zeit entwickeln sich erneut Lebensweisen, welche an die vorlandwirtschaftliche Ernährungs- und Lebenskultur anknüpfen und insbesondere bei jüngeren Menschen Anklang finden. Die Ernährungs- und Bewegungsforschung bemüht sich zunehmend um eine theoretische und empirische Aufklärung.

Der Mainstream beschäftigt sich theoretisch und empirisch mit Input und Wachstum und setzt Innovation auf Eis (Neukombinationen als Datum, als exogene Größe, als Koeffizient unseres Unwissens,

---

[203] Wir verweisen erneut auf die „Landwirtschaftliche Revolution" vor über 10,000 Jahren. Sie bestimmt die Lebensweise der Menschen bis heute, einschließlich der Qualität ihrer Gesundheit. Sie ist verantwortlich für den Anstieg der Weltbevölkerung, die Ausbeutung der Umwelt und Armut. Nullwachstum anzustreben ist eine inputgetragene-adaptive Antwort auf diese Herausforderungen. Der Export von Humankapital aus Entwicklungsländern ist in Teilen eine Reaktion auf von der Natur und Menschen geschaffenen Bedingungen, auf bescheidene Innovations- und Evolutionsleistungen in diesen Ländern. Die stärkste Dürre seit 900 Jahren im Mittleren Osten ist ein Antrieb für viele Menschen, ihre Heimat zu verlassen und für die Ausbreitung radikaler religiöser Bewegungen (im Westen als Terrorismus bezeichnet). Zur Dürre siehe https://www.washingtonpost.com/news/worldviews/wp/2016/03/04/the-middle-east-suffered-its-worst-drought-in-900-years/ (Der Beitrag nennt viele Quellen).

etc.).[204] Das bedeutet auch: Die eigentlichen Antriebe der Bevölkerungs- und Gesundheitsdynamik, zumindest soweit sie entwicklungsökonomischer Natur sind (medizinisch-technologischer Fortschritt; Veränderung der Bedürfnisse und Konsumgewohnheiten) bleiben unberücksichtigt. Menschen in den USA haben große Schwierigkeiten, von Junk Food und Getreide, insbesondere Weizen auf Obst und Gemüse zu wechseln. "We just have to get into the habit of replacing some of those foods we *normally* eat with fruits and vegetables", erläutert die für die Untersuchung zuständige Forscherin (Medline Plus, 2015). Wie macht man so etwas? Gemüse und Früchte sind gesund, jeder weiß es. Wie überwindet jemand lebensverkürzende da krankmachende Routinen? „Get into the habit". Danke. Endlich klar. Wer sich mit amerikanischen Autoren wie Baumeister und Tierney (2012) oder McGonical (2012) beschäftigt, die sich über Willenskraft Gedanken machen, ist über die dort geschilderten Lebensroutinen erstaunt, welche die Menschen an Lebensweisen festhalten läßt, die ihr körperliches Wohlbefinden untergraben, auch im Wissen über die Folgen. Die Macht der Routine läßt sie permanent in ihre vertrauten Lebensmuster zurückfallen.

Bevölkerung ist ein Datum. Das Wachstum paßt sich an, positiv (Bevölkerungswachstum als „Bonus"), negativ (als „Onus").[205]

Abbildung 28: Bevölkerungsdynamik theoretisch betrachtet

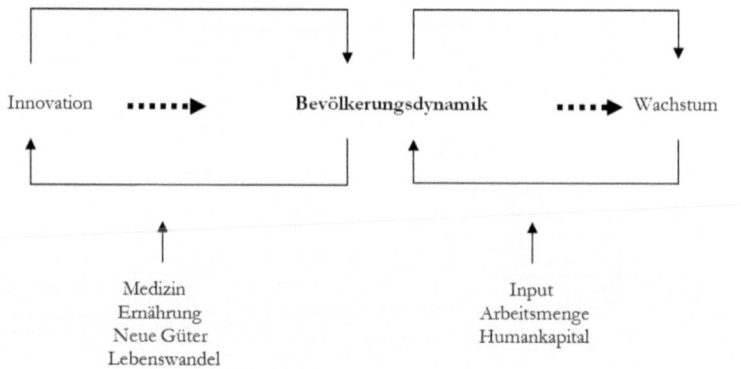

Betrachtet man die Bevölkerungsentwicklung in Abhängigkeit vom Entwicklungsniveau einer Gesellschaft, ergeben sich systematische Unterschiede im historischen Ablauf einer Gesellschaft (Lebenserwartung im 18. Jahrhundert, vor der industriellen Revolution, vor 25 Jahren, heute, in 100 Jahren),[206] im Zeitalter der Unsterblichkeit und zwischen Gesellschaften zum gleichen Zeitpunkt (Japan versus Nigeria). Es liegt nahe,

---

[204] Wissen wird oftmals als Wachstumstreiber angeführt, damit verknüpft auch „Ideen" und „Kreativität". Zur kritischen Hinterfragung dieser Überlegungen gilt es erneut schumpetersche und neo-schumpetersche Ansätze anzuführen, welche durchgängig das Tun, Durchsetzen und die dazu notwendige Willensstärke (Volition) und Energie betonen, also sog. Unternehmertum. All dies ist bereits in Schumpeters Frühwerk aus dem Jahr 1911 ausführlich oder ansatzweise angesprochen. Interessanterweise kommen die theoretischen wie handlungspraktischen Weiterentwicklungen primär aus der Psychologie und Managementforschung. Sie spielen auch für die konkrete Gestaltung (Training, Selbstevoluition) von lebenslangem Unternehmertum eine Schlüsselrolle.

[205] Exemplarisch Komine u.a. (2007).

[206] Wir wählen bewußt 100 Jahre, weil in einer Untersuchung von Christensen u.a. (2009) vorausgesagt wurde: Ein heute geborenes Kind kann einer Lebenserwartung von 100 Jahren entgegensehen.

diese auf Faktoren zurückzuführen, welche Entwicklung hervorbringen. Wie würde sich eine Gesellschaft und ihre Wirtschaft entwickeln, wenn es gelänge, die Menschen unsterblich zu machen, was etwa Ray Kurzweil anstrebt und daher sein Leben so gestaltet, daß er einigen Jahren dieses Ziel zu erreichen vermag? „Ich glaube, daß ich eine gute Chance besitze - ich würde sie mit 80 Prozent betrachten – solange zu leben, bis es unbegrenzt wird." (zitiert in Oremus, 2013). [207]

Aubrey de Grey widmet seine Forschung diesem Ziel. In seiner SENS-Stiftung arbeiten Forscher, die sich diesem Ziel verpflichten. Die Zeitschrift „Rejuvenation Research" publiziert neuere Erkenntnisse. Das Internetportal „Fight Aging" referiert und kommentiert, oftmals kritisch, jüngere wissenschaftliche Beiträge zur Alternsforschung.

C: For those who are not familiar with you [Aubrey de Grey], let us know more about your project. What is the core concept of "Ending Aging"? What would you like to achieve through your project?

AG: At SENS Research Foundation we are focused on developing rejuvenation biotechnologies, which means medicines that cannot just slow down aging but actually reverse it. We want to take people who are already in middle age or older and restore their physical and mental function to that of a young adult. We aim to do that by repairing the molecular and cellular damage that the body does to itself throughout life as side-effects of its normal operation.[208]

Der Einfluß der Bevölkerungsentwicklung auf das Wirtschaftswachstum ist eine theoretisch konstruierte. Es gibt keinen Einfluß an sich. Je nach Modell bzw. Theorie ergeben sich andere Auswirkungen bzw. spielt die Bevölkerungsentwicklung mit ihren verschiedenen Parametern eine unterschiedliche Rolle. Die Diskussion dieser Frage ist andererseits theoretisch einseitig ausgerichtet. Auch Demographen, die sich zu wirtschaftlichen Dingen äußern, argumentieren nahezu durchgängig mit einem Modell, welches wir Inputlogik nennen. Dies mag so sein, weil diese Logik die unter Ökonomen vorherrschende ist und sie eine hohe Plausibilität besitzt. In unseren Überlegungen gehen wir dennoch nur am Rande auf inputlogische Betrachtungen ein. Wir halten diese nicht für falsch, auch nicht für empirisch widerlegt. Wir behaupten nur, für die Beobachtung, Analyse und Gestaltung bietet sie zu wenig, um sie zur Grundlage einer Politik zu machen, die sich *schöpferisch* mit den Herausforderungen der Bevölkerungsentwicklung in reifen Industrieländern und Schwellenländern auseinandersetzt, somit keine Mutationskrise heraufbeschwört.

Wir stellen den Innovationsansatz noch einmal dar. Insbesondere versuchen wir einen Zusammenhang zwischen dem chronologischen (kalendarischen/biographischen) Altwerden von Gesellschaften und Basisinnovationen oder langen Wellen nach Kondratieff herzustellen. Lange Wellen entfalten ihre ökonomische Dynamik für ein halbes Jahrhundert (bislang die historische Erfahrung), sie sterben aber nicht. Ihre Entwicklungsdynamik geht jedoch zurück. Die älteste Eisenbahnroute in Deutschland zwischen Nürnberg und Fürth wurde 1835 eröffnet. Gegen Automobile konnte sich die Eisenbahn nur bescheiden zur Wehr setzen, die Konkurrenz durch Fernbusse wurde durch gesetzliche Restriktionen nahezu unterbunden. Flugzeuge transportieren in Deutschland (nicht in Frankreich: Verbot schöpferischer Zerstörung) zu niedrigeren Preisen und geringerem Zeitaufwand als die Bahn. Die fünfte Lange Welle (Informations- und Kommunikationstechnologie) scheint ihren Höhepunkt erreicht zu

---

[207] "For Kurzweil, then, life is a sort of race against the clock. If he and his fellow scientists and software engineers make the right moves, he could live to see the 22nd century, and then the 23rd. If not, he will have blown his one shot at immortality" (Oremus, 2013).

[208] https://www.fightaging.org/archives/2015/04/an-interview-with-aubrey-de-grey-2.php.

haben. Die Neukombinationen verwirklichen sich in Marginalität, die Produktivitätszuwächse verringern sich (Fleming, 2005a und Fleming und Giles, 2015), ihre Zukunft liegt in holistischen Interaktionen mit anderen Technikfeldern, die einen neuen Kondratieff erzeugen können (NBIC: Nano, Bio, Info, Cogno) und vielfältige Anwendungsfelder einschließen (Mobilität, Gesundheit, Roboter, künstliche Intelligenz, um einige zu nennen, oftmals umschrieben als Internet of things – Internet der Dinge). In Teilen weisen sie silberwirtschaftliche Eigenschaften auf (Kapitel 15).[209] Das Altern der Gesellschaft wird nach unserer Einschätzung eine Schlüsselrolle in der Erzeugung künftigen Wohlstandes spielen, da ohne Innovation die Last des Alterns nicht beherrschbar ist, und Neukombinationen aus dieser eine Chance machen, die in den kommenden Jahrzehnten verwirklicht wird. Gesellschaften versuchen, sich alterslos (ageless society) aber nicht entwicklungslos zu entfalten, in ostasiatischen Gesellschaften zunehmend Wirklichkeit. Auch eine abnehmende Bevölkerung und ein Rückgang der Anzahl der Arbeitskräfte verhindert nicht einen Anstieg der Wertschöpfung pro Kopf der Bevölkerung und der Arbeitsproduktivität (höher als in Westeuropa).[210] Werden Roboter die alterslosen Mitarbeiter in einer demographisch, aber nicht ökonomisch alternden Gesellschaft? Einwanderung spielt in diesen Ländern eine marginale Rolle (Weltbank, 2016, S. 122-125). Wenn Eingewanderte keine relativ kulturnahen Meme aufweisen, ist, wie auch die Weltbank vermerkt, eine konfliktbescheidene Integration eine schwierige und kostspielige Angelegenheit.[211]

Chronische Krankheiten und Multimorbidität lassen sich mit den vorherrschenden medizinischen Interventionen nur in Grenzen therapieren. Die brückenfunktionale Bedeutung von Verbesserungen des Lebensstils werden deutlich. Raymond Kurzweil ist ein exemplarischer „Macher", da er beides gleichzeitig umsetzt: Seine Lebensweise auf eine gesunde Langlebigkeit ausrichtet und neue Technologien entwickelt (etwa künstliche Intelligenz), von welcher er sich auch für sein eigenes Leben Unsterblichkeit erhofft. Kurzweil arbeitet mit der Tochterfirma von Google (neuer Name der Dachfirma Alphabet), Calico zusammen, und ist Director of engineering bei Google. Ein Ziel von Googles Forschung und Produktentwicklung: den Alternsprozess selbst wissenschaftlich und therapeutisch beherrschen lernen. Inputlogische Interventionen werden sich demgegenüber nach unsere Einschätzung als von marginaler Entwicklungsrelevanz herausstellen.

Entwicklung speist sich aus der Dynamik von Innovation und Evolution. Entwicklung wirkt auf Wirtschaftswachstum. Dieses selbst ist getragen vom Wachstum von Produktionsfaktoren einschließlich des Bevölkerungswachstums. Demographische Faktoren wirken – über Neukombination (Innovation) und Kompetenzentfaltung (Evolution) – auf Entwicklung und rückgekoppelt auf Wachstum. Im entwicklungslosen Wachstumsmodell determinieren die Mengen von Produktionsfaktoren bei gegebenem Stand der Technik den Output und (mit und ohne technischen Fortschritt) die Produktivität je Faktoreinheit. Bezogen auf den Faktor Arbeit, etwa je Arbeitsstunde, erhalten wir die Arbeitsproduktivität, der ökonomische Schlüsselwert für Wohlstand, leider so vielfältig bewirkt, daß wir, als Ökonomen, auch heute noch nicht in der Lage sind, die Verursachungsvielfalt trivial-maschinell zu erkennen. Wir können nur Manyika und Kollegen (2014, S. 137) anführen, wenn sie anhand von Daten, die zweitausend Jahre

---

[209] Die Gestalter des NBIC-Konzeptes nennen es einen „CKTS approach" (convergence, knowledge, technology, society), siehe Roco u.a. (2013).

[210] Der Zuwachs des Bruttosozialproduktes ist aus demographisch-ökonomischer Sicht ein wenig geeigneter Indikator um die Entwicklungsdynamik einer Wirtschaft zu erfassen.

[211] Die Schwierigkeiten einer Integration muslimischer Einwanderer verdeutlicht die unterschiedliche Wirkung memetischer, auch religiös bedingter Faktoren auf Beschäftigungschancen. Siehe hierzu den Link und die dort genannten Quellen: https://www.wzb.eu/de/pressemitteilung/muslime-auf-dem-arbeitsmarkt

zurückreichen, die Schlußfolgerung ziehen, daß die „Steigerung der Produktivität die primäre Quelle von sich erhaltendem und langfristigem Wirtschaftswachstum ist".

Die Menge an Arbeitskraft und ihre Einbettung in Ausbildung und Erfahrung (learning by doing) sind Schlüsselfaktoren. Die *total fertility rate* (Reproduktionsrate) bestimmt die zukünftig verfügbare Menge an Arbeit. Sinkt sie unter einen kritischen Wert, geht die Arbeitsmenge irgendwann zurück. Man kann diesem Schicksal durch Import von Arbeit (Immigration, Zuwanderung) teilweise entgehen. Weigern sich Länder wie Japan oder China, Arbeit zu importieren, verschenken sie Wachstumspotential. China leidet an Mao Tse Tung. Zweifach. Die Politik schreibt den Familien vor: Ein Kind dürft ihr haben, mehr Kinder sind verboten (in jüngerer Zeit flexibler gestaltet: zwei Kinder sind erlaubt).[212] Eine Rente mit sechzig. Beide Interventionen in die Freiheit der Menschen bewirken einen Verlust an Wachstumspotential (die zweite auch in sich entwickelt nennenden Gesellschaften). Der kritische Bereich scheint uns die Frühverrentung. Die Lebensspanne in China erreicht zunehmend das Niveau der entwickelten Länder. Zudem bemühen sich alte Menschen in China, ihre Lebensweise die Gesundheit erhaltend zu gestalten. Ein Beispiel: Alte Menschen bevölkern die Parks, sogar die Straßenränder, und praktizieren Tai Chi und Qi Gong. Jüngere unterwerfen sich demgegenüber zunehmend der Lebensweise der Führungsmacht des Westens. Die Blue Zone Okinawa stirbt, auch andere, heimgesucht von Neugierigen und Touristen. Eine Blue Zone muß man für sich selbst als evolutorischer Unternehmer aufbauen.

Obige Abbildungen sind theoretisch primitiv aber für unsere Zwecke ausreichend. Kompliziertere Modelle gründen auf das gleiche theoretische Konstrukt und sind lediglich modelltheoretisch aufwendiger angelegt. Die neoklassische Wachstumstheorie, auch in ihren endogenen Varianten, bedienen sich dieser Sichtweise. Entwicklungs- und Evolutionsvariablen bleiben ausgeklammert. Wenn man das bevölkerungsbedingte Wachstum steigern will, hat man drei Möglichkeiten: Die Anzahl der Arbeitskräfte erhöhen und/oder die Zahl der Arbeitsstunden, die sie arbeiten und/oder die Menge an Output, die sie in einer Stunde produzieren können. Letzteres wird als Arbeitsproduktivität verstanden. Leider sind diese drei Faktoren komplex verursacht. Sie sind nicht unabhängig von Innovation und Evolution. Empirische Untersuchungen, welche Belege für die eine oder andere Variable und deren Zusammenwirken ermitteln, sind harter Kritik ausgesetzt, zuletzt von Paul Romer (2015), der als Mitgestalter der endogenen Wachstumstheorie gilt. Was Romer schreibt, ist für einen Systemforscher in der Denkweise von Luhmann oder Maturana oder von Foerster allerdings nicht überraschend. Eine objektive Realität existiert nicht oder ist nicht zu erkennen. Man erfindet seine Wirklichkeit um der Variantenträchtigkeit des Realen aus dem Weg zu gehen. Romer: „[...] Ökonomen werden zu einer modernen Version mittelalterlicher Priester", ihre „Papiere" [papers, Aufsätze] sind „so kompliziert, daß nur wenige sie verstehen und glauben müssen, was der Priester ihnen vorsetzt. Makroökonomen haben aufgehört zuzuhören. Sie haben aufgehört Daten zu sammeln, die nicht zu ihren Glaubenssätzen passen. Ihr Dogma steht." Romers und andere Kritiker lassen die Kernproblematik außen vor – die „economic animals" wie Keynes sie genannt, die Menschen in ihren unterschiedlichen ökonomischen Funktionen. Unterstellt wird durchgängig ein Rationalitätsmodell menschlichen Verhaltens. In der Makroökonomie ist der Mensch als handelndes Subjekt nicht verfügbar. Makroökonomen und Wachstumstheoretiker sind exzellent in Statistik. Sie sind qualifiziert in Mathematik, Statistik und quantitativer Datensammlung und Interpretation, beschäftigen sich aber spezialisierungsbedingt wenig mit Mikroökonomie jenseits der neoklassischen Modelle, insbesondere Wettbewerb und Unternehmertum, also jenen Einflußprozessen, welche die Entwicklungsleistung eines ökonomischen Systems bestimmen. Ein jüngeres Beispiel ist die Interpretation der historischen Entwicklung des Kapitalismus seit dem 18. Jahrhundert durch Thomas Piketty. Eine einseitige

---

[212] Ein Kind – und wenn es weiblichen Geschlechts ist? Abtreiben.

Kompetenzprofilierung überzeugt, wie auch Romer betont, viele Beobachter und Politikentscheider und erlaubt wissenschaftlichen Produzenten ein „Priestertum wie im Mittelalter" zu erzeugen, also Glaubenssätze in der Sprache der Wissenschaft zu verbreiten.

Vier Beispiele. Wir wählen auch bewußt ältere mediale Quellen, um aufzuzeigen, daß die Diskussion viele Jahre zurückreicht. Das „Ende des Jugendwahns" ist nahe, zumindest in der Wirtschaft. „Alle werden länger arbeiten müssen" (Roßbach, 2007). Warum „alle" und warum „müssen"? Genauso wie früher, eigentlich bis heute, „alle" nur bis zu einem bestimmte Alter arbeiten *dürfen* (ein Muß), „müssen" sie auch später alle länger arbeiten. Die Entscheidung, wie lange jemand arbeitet, ist keine Sache des Unternehmens, der Behörde, des Einzelnen. Die Freiheit über den Einsatz seines Humankapitals und seiner unternehmerischen Kompetenz selbst zu entscheiden, bestand früher nicht, und wird auch, folgen wir Ansichten wie der zitierten, das ist der herrschenden, auch in Zukunft nur eingeschränkt bestehen. Früher raus, jetzt rein in das Arbeitsleben. Alle Teilsysteme der Gesellschaft sind betroffen, ausgenommen Politik. In der Politik wird der Alte ausgesondert, weil er in den Medien nicht mehr ankommt und daher keine Stimmen mehr bringt.

Zweites Beispiel: „Kann die liberale Demokratie mit Einwanderern überleben, die sie demographisch für ihren Wohlstand *benötigt* ...?" (Schümer, 2007, S. Z1, unsere Hervorhebung). Der Autor meint nun nicht hochqualifizierte „Einwanderer" aus Indien oder China – letztere werden ohnehin nicht zugelassen, und wenn sie hier sind, aus dem Land heraus diskriminiert. Er meint Zuwanderer aus Afrika, dem arabischen Raum, der Türkei. Warum werden sie für unseren Wohlstand benötigt? Inputlogisch klar. Innovationslogisch? Wurde das Wachstum in China und Indien, vorher Korea, Taiwan, Japan, noch früher Deutschland durch eine junge Bevölkerung bewirkt (jung demographisch verstanden)? Warum hat eine junge Bevölkerung Indien in Armut gehalten und wird es auch in Zukunft tun? In den Vorstädten von Paris (Banlieues) dominiert die Jugend. Warum herrscht dort Arbeitslosigkeit und nahezu vollständige Unterstützung durch den Sozialstaat? Würden wir gedanklich Neukombinationen jeglichen Typs, von frugal bis basisinnovativ, gedanklich ausschließen, wie ließe sich Wohlstand erzeugen? Und evolutionslogisch zeigt der Autor sogar mit vielen anderen, wie der Import von einfacher Arbeitskraft eine evolutorische Rückentwicklung („Holland in Not") bewirkt. Evolution spielt in unseren Überlegungen die zentrale Rolle. In Form von Selbstevolution und Ko-evolution. Und letztere kann, unter bestimmten Bedingungen (siehe Röpke & Xia, 2007, 5. Kapitel) zu einer Rückevolutionierung (Regression) der aufnehmenden Gesellschaften führen. Die sogenannte Integration könnte daher durchaus gelingen, wenn die aufnehmende Gesellschaft sich rückentwickelt, sogar involuiert. Bedeutet Integration Evolutionseinbuße?

10 Zuwanderung in Robotergesellschaften

Zunächst ein Blick auf die folgende Abbildung. In allen entwickelten Gesellschaften sinkt die Zahl der Erwerbstätigen in Prozent der Gesamtbevölkerung, am stärksten in Japan. Dazu noch einmal ein Zitat (unser drittes Beispiel): „Denn nahezu allen Industriestaaten droht auf Grund alternder und schrumpfender Gesellschaften in den kommenden Jahrzehnten ein in dieser Form noch nicht dagewesener Mangel an Arbeitskräften" (Astheimer, 2007, S. 11). Nach der EU-Kommission „fehlen" auf dem Kontinent bis 2030 rund 20 Millionen Menschen. „Fehlen" wozu? Die Frage von Astheimer daher: Wie können Menschen aus Afrika, Asien, Lateinamerika angelockt werden, während in Spanien nach offiziellen Daten (Ende 2015) noch nahezu zwei Millionen Menschen unter 34 Jahren arbeitslos sind? Inputdenken. Es beherrscht bis heute auch die intellektuellen Vorstellungswelten der Wirtschaftsverbände und scheint in seinen Folgen den Rückgang der Innovationsleistungen der deutschen Volkswirtschaft mitzubewirken. Japan und Korea lehnen Immigration nahezu kant-kategorisch ab. Strafe: Null-Wachstum, von vielen mit Wachstumsmodellen forschenden oder beobachtenden vorhergesagt. In diesen Ländern lassen sich vielfältige Bemühungen beobachten (siehe World Bank, 2016), die Erwerbstätigkeit in höhere Altersstufen und jenseits des standardisierten Eintrittsalters in die Rente auszuweiten. Japan versucht importiertes Humankapital durch Maschinen (Roboter) zu ersetzen, auch in der Pflege finden Roboter Beachtung (Nohara, 2015). Zerstören Roboter Arbeitsplätze. „Roboter werden Millionen Jobs vernichten".

Abbildung 29: Anteil der Erwerbstätigen an der Gesamtbevölkerung (Deutschland, Japan, USA)

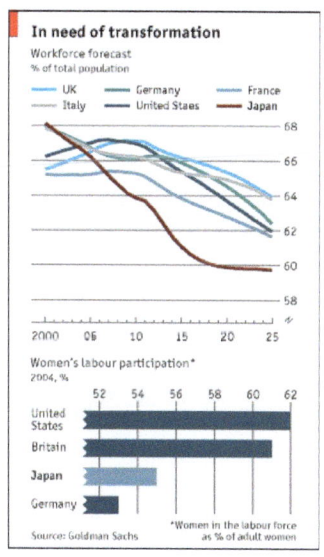

Quelle. The Economist, Meet the new salarymen, 10. November 2005

In einer „ageless society" ist das Tätigbleiben, in allen Teilsystemen der Gesellschaft, ein Aktionsparameter jeden Bürgers. Auch das Entwicklungssystem der Wirtschaft lernt, seine eigene Komplexität zu stabilisieren. Auf die Roboterproblematik (Pro und Contra) auch im Hinblick auf die

Arbeitsmärkte gehen wir ausführlicher in Kapitel 17 und hinsichtlich ihrer Potentiale für Anti-Aging in Kapitel 14 ein).

Setzen Zuwanderer einheimische Arbeitskräfte für Neukombinationen frei? Zynisch: Nehmen wir an, ein halbes Hundert afrikanischer Zuwanderer würde im Bundeskanzleramt eingesetzt. Steigt dadurch dessen politische Innovationsleistung? VW arbeitet an Elektro-Automobilen. Zuwanderer aus Nigeria steigen in die Forschung ein und ersetzen die Einheimischen für die Verbesserung der Abgaswerte von Dieselmotoren? Neukombinieren die Zuwanderer, wie die deutschstämmigen Flüchtlinge nach dem zweiten Weltkrieg, die Hugenotten (religiöse und finanzielle Eliten) aus Frankreich im 18. Jahrhundert, die Inder im Silicon Valley, die deutschen Auswanderer in die USA, aus der Heimat geflüchtet wegen religiöser Repression? Diese Beispiele zeigen: Die Ausgewanderten hofften auf bessere Lebenschancen, auch ökonomische. Aber niemand bot ihnen Einkommen, ärztliche Betreuung, Schule für die Kinder, wie sie für Wirtschaftsimmigranten aus Afrika (in der Regel „Flüchtlinge" genannt) verfügbar sind, außer sie bezahlten sie selbst.[213] Das Ergebnis war in allen Fällen: substantielle Beiträge zur Wertschöpfung. Warum? Nicht „Arbeitskräfte" wurden „importiert". Unternehmertum nutzte die Chancen einer zunehmend weltweiten Mobilität.

Eine vierte Sichtweise sei durch folgendes Zitat illustriert:

Der einzige Weg der Auswirkung eines sich abschwächenden Absatzes und steigenden Kosten entgegenzuwirken, besteht darin, die Produktivität zu steigern. Unternehmen müssen daher die Produktivität als strategischen Imperativ betrachten. Für die Wirtschaft insgesamt kommt Produktivitätswachstum von Verbesserungen in den Firmen selbst. Unternehmen müssen ihre internen Prozesse dramatisch verbessern, um Produkte oder Dienstleistungen *mit weniger Inputs* liefern zu können.[214]

Weniger Inputs steigern die Produktivität und damit den durchschnittlichen Lebensstandard. Aber woher kommen das verringerte Umsatzwachstum und die steigenden Kosten? China spürt es (das Zitat bezieht sich auf dieses Land), höher entwickelte Länder genauso. Unzureichende Innovation. Google (5. & 6. Kondratieff) oder Celgene (Biotechnologie) haben keine Probleme damit. Die Roboterindustrie arbeitet weltweit mit Hochdruck (Joignot, 2016). China ist robotertechnologisch weiter entwickelt als Deutschland (unsere Vermutung). Für 1800 Euro kann man in China den Haushaltsroboter Ubot erwerben, ein Meter hoch, der als intelligenter Ansprechpartner im Haushalt arbeitet, als digitaler Butler (Hellmann, 2016) und gerade alten Menschen wertvolle Unterstützung bieten kann. Roboter sind vielfältig in Produktionsprozesse eingebunden und zunehmend auch für Dienstleistungen eingesetzt. Aus der Innovationssicht sind sie auch Komponenten einer neuen langen Welle, NBIC genannt (Nano, Bio, Info, Cogno), die verschiedene Wissenschaften und Wertschöpfungssektoren miteinander kombiniert. Die Vielfalt von Anwendungsmöglichkeiten ist beeindruckend (Markoff, 2015). Mit einem zunehmendem demographischen Altern steigt die Anwendungsvielfalt. Selbstverständlich antworten Menschen sehr vielfältig auf ihnen zunächst fremde Herausforderungen. Ein Neurotiker oder Perfektionist reagiert anders auf Roboter (Mara & Appel, 2015; dort weitere Literaturhinweise) als ein vereinsamender Alter im

---

[213] Nach unserer Kenntnis lassen sich die Zuwanderer aus Afrika von wenigen Ländern abgesehen nicht als Flüchtlinge nach den Asylantengesetzen verstehen. Es sind Wirtschaftsflüchtlinge, sie folgen dem „exit", wie der Entwicklungsforscher Alfred Hirschman es bezeichnet hat. Auch aus von Boko Haram beherrschten Gebieten in Nigeria sind nach EU-Erkenntnissen keine Flüchtlingen nach Europa aufgebrochen. Was sich ändern kann und die endogene Kompetenz der Länder widerspiegelt, Entwicklung zu erzeugen.

[214] http://www.ey.com/Publication/vwLUAssets/China_productivity_imperative_en/$FILE/China-Productivity-Imperative_en.pdf

Pflegeheim (Altersheim, Alternsheim, Seniorenheim) oder ein 90-Jähriger, der seine Mobilität erhalten will (Toyota-Automobile). Altern fördert somit Innovationen auch jenseits von „elder care technologies". Alte Menschen können andere Ältere über den Nutzen und die Anwendung von Robotern beraten. Bewirkt somit gerade ein demographisches Altern der Gesellschaft Innovationsanstrengungen bis –schübe (Roboterisierung, Digitalisierung/Big data im Gesundheitssystem, Nano/Biotechnologie), während der Import von Humankapital aus weniger entwickelten Regionen innovationshemmende Wirkungen entfaltet (wie in Deutschland, allen EU-Ländern), da Ressourcen aus dem Innovationssystemen der Gesellschaft in integratives Bemühen umzuleiten sind?

Eine US-Firma, True Companion, entwickelt Roboter für sexuelle Interaktionen. Ein Frauenroboter kann sprechen, Liebe empfinden, zuhören, Berührung fühlen (Palmer, 2016).

Ein Mann, 70 Jahre alt, sieht seine Frau in der Badewanne. Sexgefühl K.O. In einigen Jahrzehnten, zum einhundertjährigen Geburtstag, besucht ihn Jia Jia – entwickelt von der University of Science and Technology in Hefei, China. Bereits jetzt, Jahr 2016, kann Jia Jia mit Menschen sprechen. Was der Ruheständler oder Erwerbstätige oder seine Enkelkinder betreuende Senior machen müßte: brückenfunktional leben. So leben, daß er die Zeit bis zum Hundersten in Gesundheit überbrückt. Viel Widerstand ist zu erwarten, in der Umwelt (Frauen machen schon jetzt mobil) und von seinem Organismus, den er gesund halten muß.

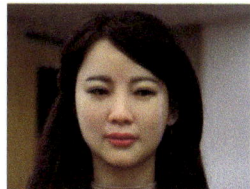

Viele Quellen, hier http://www.independent.co.uk/life-style/gadgets-and-tech/news/jia-jia-china-robot-goddess-humanoid-hefei-a6989716.html

Was folgt daraus für den Arbeitsmarkt und das Betriebsklima, für Interaktionen zwischen Mann und Frau und zwischen Frauen? Anwälte lassen sich durch automatische Ratgeber ersetzen (Fair Document; Judicata). Ökonomen sagen für die USA voraus: 47 Prozent der Arbeitsplätze sind durch Automation und Roboter gefährdet (siehe die Beiträge in Parapundit.com).[215] Die Amerikaner wollen keine Zuwanderer, außer Hochqualifizierte aus dem Fernen und Mittleren Osten (China, Indien, Iran). Sie leisten Beiträge zur Neukombination, tragen zur Entwicklung neuer Märkte bei, wirken produktivitätssteigernd. Welchen Beiträge „Seniorenunternehmer" hierzu leisten können, erläutern wir in Kapitel 16 unter anderem am Beispiel der Automobilindustrie, insbesondere selbstfahrenden Automobilen, denen in einem Jahrzehnt ein Marktvolumen zwischen 40 und 60 Mrd. Dollar vorhergesagt wird (Waters u.a., 2016). Die Herstellung autonom fahrender Automobile verdrängt (nach Roland Berger, 2016) zunehmend die konventionelle Produktion. Die Nutzung selbstfahrender Automobile im Taxigewerbe und in der Logistik wird Arbeitskräfte freisetzen (für die USA gibt bereits Schätzungen[216]), die nach ehemals herrschender Sicht

---

[215] "There are now 260,000 robots working in U.S. factories. My own reaction: Only 260k? I was expecting more. Robot sales are growing at over 10% per year. Amazon alone has 30,000 robots. I think that's a global number." Future Pundit, 9. April 2016: Automation, Robots, Jobs, http://www.futurepundit.com/archives/010023.html.

[216] Siehe Future Pundit, 7. August 2017, Massive layoffs when trucks become autonomous, http://www.futurepundit.com/archives/010079.html

vertretene Auffassung, ein demographisch bedingter Mangel oder Rückgang an Arbeitskraft würde eine Zuwanderung solcher notwendig machen, würde revidiert.

Mit Intelligenz (nicht humaner) ausgestattete Roboter sind Komponenten sind Komponenten eines sich entfaltenden neuen Kondratieffs. Alle Langen Wellen stoßen auf Widerstand in ihren frühen Phasen. Normalität. Es gilt das Gewonnene und Etablierte und ethisch Durchleuchtete zu bewahren. Nahezu täglich lassen sich medial verbreitete und in Teilen an Wissenschaft gekoppelte Nachrichten zur Gefährdung von Arbeitsplätzen und überkommenen moralischen Prinzipien durch neue Technologien, Roboter/Digitalisierung/Big Data zur Kenntnis nehmen. Andere Werte wie Gesundheit können leiden (etwa das Verbieten von durch Kommunikationstechnik erfaßte biologische Daten an die Krankenkassen). Die Kritik an Roboter und künstliche Intelligenz stützt sich zunächst immer auf bekannte Größen (Hawkins). Angeführt werden die Meinungen von Autoren, die sich skeptisch bis ablehnend zu Kondratieffkomponenten wie Roboter und künstlicher Intelligenz äußern. Normalität. Webstuhllogik. Wir als wissenschaftlicher Schreiberling beobachten nur. Was herauskommt wissen wir nicht.

Die Unternehmen müssen mit weniger Inputs auskommen, damit sie ihre Produktivität steigern. Weniger Inputs! Weniger Arbeitskräfte? Arbeit durch Roboter ersetzen. Pflegedienste an Roboter delegieren? In Japan greift es um sich, da das Angebot an Arbeitskräften zurückgeht und die Ausweitung der Lebensarbeitszeit diesen Rückgang noch nicht zu kompensieren vermag. Die „Verbesserung der internen Prozesse" vor allem im Bereich der Neukombination und des Kompetenzaufbaus/erhalts der Mitarbeiter scheint der Schlüssel für das Überleben des Unternehmens und den Produktivitätszuwachs. Wie zugewanderte Personen hier Beiträge erbringen könnten, ist eine offene Frage. Auch in demokratisch jungen Gesellschaften wie Indien ersetzt Automatisierung und Roboterisierung die Nachfrage nach jungen Arbeitskräften. Die schwedische Firma Ericson automatisiert ihre Produktionsprozesse in Indien, einem Land mit einem Überschuß an jungen Arbeitskräften. Sie können nicht mithalten. Roboter machen die Arbeit. Hochqualifizierte Inder entwickeln hierfür die Technologie und gestalten die Produktionsabläufe. Die taiwanesische Firma Foxconn, die in Indien eine Million Arbeitskräfte einsetzt um iPhones für Apple herzustellen, setzt bei neuen Fabriken auf Automation (Informationen von Crabtree, 2016b). In China ersetzt Foxconn Arbeitskräfte durch Robobeter in einem dreistufigen Prozess, beginnend mit Tätigkeiten, die menschliche Mitarbeiter nicht ausführen wollen oder die als zu gefährlich gelten. [217] Was wir beobachten: trotz überreichlich verfügbarer Jugend, somit dem Produktionsfaktor, welcher in Deutschland als Wachstumsanreger von Wirtschaft und Politik gesehen wird, wählt die Industrie, wenn sie innoviert, andere Beschäftigungsmuster. Im Nachbarland Frankreich beobachten wir Vergleichbares. Würden in Deutschland Zugewanderte in Arbeitslosigkeit und staatlichen Unterstützungsprogrammen festhängen, sänken Produktivität und Lebensstandard. Noch offener ist, wie sie in die Innovationsbemühungen von Unternehmen eingebunden werden können. Die Macht der Routine - Inputwachstum - läßt Unternehmen wie das System Wirtschaft und die Gesellschaft in vertraute Muster zurückfallen und neue Wege, eingebettet in Unsicherheit und Ungewißheit nicht gehen wollen und können. Wenn die Menschen in einer Gesellschaft nur zögerlich mehr arbeiten wollen, können und dürfen und dann Wachstum erzeugt werden soll, welche Alternative existiert dann noch jenseits des Imports von Humankapital? Wenn die Zuwanderer auf unterschiedlichen Evolutionsniveaus ihre Lebenspraxis vollziehen, wie kommunizieren sie mit den Einheimischen jenseits der unteren Ebenen der Maslowschen Bedürfnishierarchie. In den USA, oder Brasilien, oder Australien, leben Gemeinschaften

---

[217] http://www.faz.net/aktuell/wirtschaft/internet-in-der-industrie/handy-zulieferer-foxconn-will-fast-alle-mitarbeit er-durch-roboter-ersetzen-14601265.html

von Zuwanderern, deren Evolutionsniveaus (siehe hierzu Röpke & Xia, 2007; Haga, 2013) über dem der einheimischen Bevölkerung liegt (wir meinen nicht die indigene Bevölkerung).

Die diskutierten Ansätze thematisieren Lebenszyklen. Der inputlogische Ansatz fragt nach den wirtschaftlichen Auswirkungen demographischer Veränderungen (Reproduktionsrate, Altersaufbau, Lebenserwartung und Lebensspanne) auf die Wirtschaft in ihren unterschiedlichen Facetten: Wertschöpfung, Produktivität, Sozialleistungen, Wachstum. Die Bevölkerung eines Landes gilt als Input in einer Wachstumsgleichung (Produktionsfunktion). Inputwachstum ist notwendige Bedingung für Outputwachstum; ist Innovation ein Datum, läßt sich mit gegebenen Mitteln kein zusätzlicher Output erzeugen, wenn die Wirtschaft ihre Ressourcen einmal optimal eingesetzt hat.[218] Evolution ist gleichfalls exogenisiert bzw. dem Input „Humankapital" kausal zugeschrieben.

Im Innovationsansatz durchlaufen Unternehmen, Technologien und Güter gleichfalls Lebenszyklen. Schlüsselgröße ist allerdings das Innovationsalter von Neuerungen. Neuerungen werden wie Menschen geboren, durchlaufen einen Zyklus und sterben. Neue Märkte entstehen, streben auf einen Höhepunkt zu und bilden sich zurück. Unternehmen versuchen, die nachlassende Absatzdynamik durch inkrementelle Neuerungen aufzufangen und vernachlässigte Nachfrager durch disruptive Neukombinationen (Christensen) oder frugale Produkte anzusprechen. Dies gelingt auf Dauer nicht, wenn eine abnehmende Bevölkerung den Marktumfang stagnieren oder gar zurückgehen läßt. Vermögen silberökonomische Produkte, für die spezifischen Bedürfnisse älterer Menschen erzeugte Güter und Dienstleistungen, diese Entwicklung aufzuhalten oder gar umzukehren (siehe Kapitel 15,16,17)?

Viele deutsche Hersteller leben auch von China, einer Emerging economy, in welcher sich der 4. Kondratieff (Mobilität; Automobil) noch in einer frühen Phase befindet, während die Kommunikationstechnik (5. Kondratieff) Länder wie Deutschland längst hinter sich gelassen hat und beginnt, die USA einzuholen (Yueh, 2016). China zählt pro 100 Einwohner 4 bis 5 Pkws, Deutschland 50-60. Volkswagen erzielte 40 Prozent seiner Gewinne in China.[219] Darf man hoffen (oder muß man befürchten), mit sich selbstfahrenden Kraftfahrzeugen alte Menschen länger automobil zu halten? Renault plant Automobile zu entwickeln, die auch 95-Jährige noch fahren können (Waters u.a., 2016). Könnten siebzigjährige gehirnnormale Personen selbstfahrende LKWs lenken? Der Taxidienstleister Uber beschäftigt auch über Siebzigjährige, auch Frauen (Olson, 2016), neben Teilzeitbeschäftigten, Altersdiskriminierten, in Frankreich, bis zum Verbot auch Migranten.

---

[218] Daraus wurde der Schluß gezogen: ein nicht-optimaler bzw. fehlallokativer Ressourceneinsatz sei Bedingung von Entwicklung. Am deutlichsten von Schumpeter ausgesprochen (siehe Zitat); der Managementtheoretiker Peter Drucker behauptet ähnlich: Dinge richtig tun (Umgangsdeutsch: keine „handwerklichen" Fehler machen) ist nicht nur verschieden von dem Tun der richtigen Dinge, sondern beide „Strategien" schließen sich aus. Man kann auch, wie in der Managementpraxis zu beobachten, falsche Dinge richtig tun. Schumpeter hat die Konflikthypothese eindrücklich formuliert: „Ein System - jedes System, nicht nur jedes Wirtschaftssystem, sondern auch jedes andere -, daß zu jedem gegebenen Zeitpunkt seine Möglichkeiten möglichst vorteilhaft ausnützt, kann dennoch auf lange Sicht hinaus einem System unterlegen sein, das dies zu keinem gegebenen Zeitpunkt tut, weil diese seine Unterlassung eine Bedingung für das Niveau oder das Tempo der langfristigen Leistung sein kann." (Schumpeter, 1950, S. 138).

[219] Jürgen Pieper, Equity Research Bankhaus Metzler, Interview in Börsenzeitung, 21. März 2015, S. 13

11 Das Zusammenwirken von Innovation, Gesundheit und Wohlbefinden

11.1 Nachlassende Innovationsdynamik und körperliche Seneszenz

Wir gehen, wie schon öfters angesprochen, von einem Ansatz aus, der vier Typen von Unternehmertum und unternehmerischen Funktionen unterscheidet: Routine, Arbitrage, Innovation, Evolution, abgekürzt RAIE. Unser Vorgehen umfaßt alle vier Typen in den beiden Systeme Wirtschaft und Körper (Biologie). Jeder dieser Typen oder „Funktionen" beobachtet anders und Anderes, nimmt also die Welt, *seine* Welt anders wahr. Der eine Typus sieht Dinge, läßt sich irritieren, was ein anderer, in anderer Funktion aktiv, nicht wahrnimmt, unternehmerisch „kalt" läßt. Wir haben es also mit unterschiedlichen Teilnehmern an komplexen Überlebensprozessen zu tun. Überleben meint zunächst ökonomisches. Mit zunehmendem biographischem und biologischem Alter gewinnt das Physiologsische einschließlich des Kognitiv-neuronalen zunehmend an Gewicht. Die Funktionstüchtigkeit des Körpers entscheidet mit zunehmendem Alter über das Unternehmersein. Innovation und Selbstevolution erleiden die größten unternehmerischen Defizite, da das Gehirn und der Körper am stärksten gefordert sind.

Leiden etwa Gesellschaften, inbesondere reiche, an zunehmendem Körpergewicht, sogar Übergewichtigkeit, wie zahlreiche Untersuchungen zeigen, wird ihr Wachstums- und Entwicklungspotential Einbußen erleiden und zunehmend auf ein Nullwachstum tendieren (Kritchevsky u.a., 2015). Bemerkenswert an dieser Untersuchung ist die (implizit angesprochene) Sichtweise, die unseren Text durchzieht: Es ist die Absicht, die Energie (Anstrengung, Durchhaltevermögen, Volition) und die Zeitperspektive, welche wesentlich dafür verantwortlich ist, ob es jemand gelingt, etwa sein Körpergewicht zu verringern. Neuere psychologische Modelle (Big Five) sprechen von „Gewissenhaftigkeit". An anderer Stelle (Röpke, 2015) haben wir ausführlicher dargelegt, daß biologisches Unternehmertum eine weitgehend identische psychologische und energetische Grundlage hat wie ökonomisches.

Wie wir immer wieder betonen: Unternehmerische Energie wird, mit zunehmendem Alter verstärkt, vom Körper, von der Biologie des Erwerbstätigen, erzeugt. Auch der Kopf, die Psyche, die Motivation haben organische Wurzeln. Die „Volition" ist mehr als Psyche. Wenn es nicht gelingt, das organische Funktionieren zu verwirklichen, bleiben die Energien nicht im Fluß. Die Lebensenergie (qi, Ki) leidet. Seneszenz übernimmt das Kommando. Für ältere Menschen wird das körperliche Leben schwieriger, anspruchsvoller: „Schwimmen gegen den Strom" (Laozi, Schumpeter) der Seneszenz, des organischen Abbaus.

Hat der Rückgang der Investitionen, die Zunahme negativer Erwartungshaltungen, die mangelnde Innovationsbereitschaft mittelständischer Unternehmen (Schwartz & Gerstenberger, 2015a,b; Zimmermann, 2016a), nicht nur, nicht einmal primär, mit dem Altwerden der Gründer und Lenker der Unternehmen zu tun, sondern auch, möglicherweise primär, mit ihrem Gesundheitszustand, mit ihrer sich einschränkenden Zeitperspektive? Unterhält man sich mit Mittelständlern, nahezu jeder klagt über irgendwelche Gebrechen, die ihn heimsuchen.

Eine „Ökonomie der sofortigen Befriedigung" bewirkt „einen Ausverkauf der Zukunft" (McGonical, 2012, S. 203ff.). Wird Seneszenz und deren gesundheitliche und damit auch wirtschaftliche Folgen für immer mehr auch unternehmerisch aktive Menschen zum Lebensinhalt – wenn auch in höheren Altersstufen als in der Vergangenheit? Wir wissen: Mit zunehmendem Alter wächst die Präferenz für die Gegenwart, die Rate der Diskontierung steigt. Die Zukunft wird immer weniger geschätzt, daher höher abdiskontiert. Zukunft und Gegenwart nähern sich an. Für einen Außenstehenden bleibt zunächst schwer verständlich, warum man bei älteren Mittelständlern überhaupt von einem „Eintritt in das Rentenalter" spricht, eine Konstruktion, die für abhängig Beschäftigte, der Bismarck-Logik folgend, bis heute Gültigkeit besitzt, in Ländern wie Japan aber zunehmend überwunden zu werden scheint. Dennoch ist verständlich, warum viele von ihnen ihren Ruhestand herbeisehnen.

Uns interessieren Altersgruppen, die vor 80 oder 150 Jahren ihr unternehmerisches Dasein längst physisch bedingt, beenden mußten. Heute leben die Körper länger, was nicht heißt gesünder. Diese Thematik muß daher eine Schlüsselrolle in Überlegungen zu *older* oder *elder entrepreneurship* spielen. Von immer größerer Bedeutung ist dabei auch eine geistige Vergreisung (Demenz), die zunehmend an die Spitze der Pyramide sog. Zivilisationskrankheiten aufsteigt und für welche medizinische Interventionen jenseits eines Selbst-etwas-unternehmen bis heute noch nicht verfügbar sind. Im Alter von 65 (das konventionelle Renten/Pensionseintrittsalter) leidet einer von acht Amerikanern an einem ernsthaften kognitiven Niedergang, im Alter von 80 sind es einer von zwei.[220] Die Komplexität des Gehirns - 1,5 kg schwer – besiegt bis heute alle Forschungs- und Entwicklungsanstrengungen. Für Unternehmertum, sei es die Reproduktion des Erlernten und Unternommenen (Routine), sei es Arbitrage (Ausnutzen von Bewertungsunterschieden), sei es Innovation, ist das physiologische und kognitive Wohlbefinden unverzichtbar. Und hier betreten wir ein unternehmerisches Territorium, in welchem sog. Gesundheit bzw. ihr Spiegel, Krankheit in den Mittelpunkt des Lebens der Menschen rückt. Unternehmerische Selbsterhaltungsprozesse (Autopoiese) und körperliche Homöodynamik sind mit zunehmendem Alter evidentermaßen an Aktionsparameter gebunden, die wir der Funktion evolutorischen Unternehmertums zuschreiben. Ein *elder entrepreneur* lebt in einer parallelfunktionalen Welt: Der Erhalt wenn nicht die Verbesserung der körperlichen, kognitiven und emotionalen Fähigkeiten tritt neben Routine, Arbitrage und Neukombinationen als notwendige Bedingung unternehmerischen Daseins und der Meisterung von ökonomischen, emotionalen und gesundheitlichen Streßquellen. Unternehmerische Willenskraft erschöpft sich durch chronischen Streß. Man könnte auch von unternehmerischer Freiheit sprechen im traditionell abendländisch-antityrannischen Sinn: Der Körper tyrannisiert auch das unternehmerische Leben. Wir sind frei, unseren Körper und Geist zu schädigen und ihm dadurch Freiheit zu nehmen, als Endpunkt steht der Tod, erzeugt durch Prozesse sekundären Alterns. Ein kalendarisch alter Unternehmeraktivist muß sich also mit den Stressoren seines ökonomischen Überlebens auseinandersetzen, zunehmend aber auch solchen, die seine Körperfunktionen tyrannisieren und damit auch seine ökonomische Freiheit beschränken. Er muß also auch als biologischer Unternehmer aktiv sein. Mit dem körperlichen Altwerden, dem Verlustiggehen von körperlicher Dynamik (Seneszenz) leidet unternehmerisches Aktivbleiben. Ein unternehmerischer Mensch wird zum Sklaven seines Körpers: Senioritis.

Wir versuchen daher, Innovation und Evolution in den Mittelpunkt zu rücken. Evolution ist die zentrale Komponente. Die empirische Forschung unterscheidet bei diesen Funktionen selten. Die Datenlage ist unzureichend. Jederman, der ein Gewerbe ausübt, gilt als Unternehmer, für Gründer gilt das Gleiche. Zudem enden die statistischen Erfassungen von Unternehmertum mit den gesetzlichen Altersvorgaben zum Renten/Pensionseintritt. Somit sind gerade jene Altersgruppen, für welche wir uns im Besonderen interessieren und welche in der Zukunft eine auch immer größere ökonomische Wirksamkeit entfalten könnten (wir schreiben im Konjunktiv), aus den Analysen und Reflektionen eher ausgeblendet (vgl. etwa Engel u.a., 2007; Kluge u.a., 2014). Einige Forscher, dem schumpeterschen Entwicklungsmodell folgend, schreiben lediglich der Innovation eine unternehmerische Funktion zu (Henrekson & Sanandaji, 2014). „Education" (Ausbildung, Erziehung, Kompetenz, in unserem Text in Teilen evolutionsfunktional), gilt

---

[220] http://www.alzheimersprevention.org/alzheimers_disease.htm.

jedoch für sie als „starke Determinante von Unternehmertum" (S.1764) in seiner innovatorischen Funktion. Die evolutorische Funktion umfaßt die Steigerung und den Erhalt von Fähigkeiten, die neuerdings als Kompetenz bezeichnet wird: die Ausweitung der Könnensbereiche. Fähigkeit ist zentral, weil bestimmte Komponenten der Fähigkeit mit dem kalendarischen und biologischen Alter eines Menschen zurückgehen. Bleiben Kompetenzen erhalten oder lassen sie sich erhöhen, steigt die Lebensspanne und mit ihr die Ausreifungszeit für unternehmerische Investitionen. Ein Unternehmer ohne Energie (Willensstärke, Volition) ist chancenlos, welcher Altersgruppe er auch angehört. Das erlaubt einem „Senior"-Unternehmer, länger aktiv zu bleiben, risikoreichere Vorhaben in Angriff zu nehmen, insbesondere aber Neuerungen anzugehen. Es gibt „eine evolutionäre Tendenz zum Aufbau von Eigenkomplexität (Systemkomplexität)", behauptet Niklas Luhmann (1998, S. 135). Warum evolutorische Tendenz? Irritationen der Umwelt (Markt und Wettbewerb; Politik/Behörden) erzeugen Anstrengungen, diese überlebenserhaltend/fördernd zu verarbeiten. Wer nicht mitzuziehen vermag, seine internen Strukturen auf die Herausforderungen anpaßt, erleidet Überlebensnachteile. Mit dem Ansteigen des biologischen Alters, setzen ökonomische und biologische Seneszenzvorgänge ein. Die Zeitspanne für ein unternehmerisches Aktivbleiben steigt mit der zumindest relativen Zunahme biographisch alter Menschen an der Bevölkerung, damit die Möglichkeiten selbstevolutiven Unternehmertums. Ein Indikator dafür ist ein überproportionale Anstieg von Menschen die ein sehr hohes Alter (100 Jahre und älter) verwirklichen können, viele auch bei guter Gesundheit, manche auch noch arbeitend (siehe etwa für die USA Tavernise, 2016).

Wir wissen aus jüngeren Untersuchungen, insbesondere von Benjamin Jones (siehe unsere spätere Analyse): Die Innovationsleistung verschiebt sich in immer höhere Altersstufen. Die Ausbildung und Qualifikation dauert länger, Erfahrungen sind zu sammeln. Wir wissen auch: Verlassen erfahrungsreiche „Senioren" ein Forschungs- und Entwicklungsteam, sinkt die Qualität der Gruppe. Die Vernetzung steigt mit dem Alter. Diese Sichtweise widerspricht (noch) weit verbreiteten Ansichten und einer Diskriminierungslogik, sich etwa niederschlagend in den vielfältigen gesetzlichen Arbeitsentmutigern. Die gesunde Lebensspanne verkürzt sich. Schumpeter schreibt im Jahr 1911:

> Man lebt nur während eines Bruchteils des physischen Lebens. Der Künstler, der Gelehrte, der Politiker und auch unser Industriekapitän — sie alle haben nur eine relativ kurze Spanne Zeit zu wirklich schöpferischer Tätigkeit. Dann tritt eine eigentümliche Erschöpfung ein (Schumpeter 1911/2006, S. 147).

Als Schumpeter dies niederschreibt, beträgt die durchschnittliche Lebenserwartung der Menschen wenig mehr als 50 Jahre. Ihr kontinuierlicher Anstieg, was immer die Ursachen dafür sein mögen, hat vollständig neue Lebenspotentiale auch für unternehmerisches Aktivbleiben und -werden erschlossen. Dieser schumpeterschen Sichtweise und Interpretation der menschlichen Lebensweise wirken wir theoretisch und handlungspraktisch entgegen. Theorie ist dazu notwendig. Wie Peter Drucker, 96 Jahre alt werdend, Schumpeter, den er persönlich kannte und hoch schätze widerlegend (fast wörtlich die Sichtweise von Immanuel Kant wiederholend), ausführt: „Jedes praktische Tun beruht auf einer Theorie, auch wenn sich der Praktiker ihrer nicht bewußt ist" (Drucker, 1986, S. 53). Als Unternehmer bleibt man nicht im Theoretischen stecken, übt sich nicht in geistiger Akrobatik sondern im praktischen Tun.

Wir schauen ins Mittelalter.

Abbildung 30: Lucas Cranach der Ältere

Quelle: Lucas Cranach der Jüngere

Ein Maler, Lucas Cranach der Ältere, sein Porträt gemalt von seinem gleichnamigen Sohn dem Jüngeren. Der Ältere im Alter von 77 Jahren. Er wurde 79 Jahre alt. Außerordentliche Kreativität bis zu seinem Tod. Trauzeuge bei Luthers Eheschließung.

11.2 Liebe zum Körper

Der jeweilige pragmatische Erfahrungskontext vermag jedoch Schwierigkeiten zu machen, wenn man einer Lebensweise anhängt, die Körper und Geist in Schwierigkeiten bringen und eine Geist-Körper-Beziehung bei bescheidener Achtsamkeit (mindfulness) zur Routine machen. Steigt die Lebensspanne, wird die Erhaltung der Gesundheit von Körper und Geist zu einem unternehmerischen Aktionsparameter in zumindest zweifacher Hinsicht: Man muß selbst etwas unternehmen, um aus seiner Lebensspanne eine gesunde zu machen. Wir betonen das Selbst, denn sich auf andere verlassen, etwa und insbesondee medizinische Experten und Mitarbeiter in Kliniken; kann gravierende Folgen für ein gesundes Überleben bewirken.[221] Und man kann Wertschöpfungspotential für andere erschließen helfen, in dem man sich unternehmerisch im „Krankheitssystem" (Meyer-Abich, 2010) engagiert. Zu Hilfe kommt dabei die Selbsterfahrung des biologischen Alterns. Man vermag Chancen zu erschließen, weil man die Bedürfnisse anderer „Alternsgenossen" kennt. Man hat sie selbst artikuliert und erfahren.Man vermag damit Märkte mit artikulierten Bedürfnissen zu erschließen, die bisher nicht oder nur unzureichend artikuliert waren. Diese zielen auf alle Alterskohorten (auch Kinder leiden zunehmend an gesundheitlichen Defiziten, die in ihrem Erwachsenenalter ausreifen), primär aber auf Menschen mit vergleichbaren Alter(n)serfahrungen. Beispiel: Die gesamte Pflegeindustrie gilt als weitgehend innovationslos. Dabei gibt es Beispiele aus aller Welt (etwa Frankreich und Japan), die aufzeigen, welche Innovations- und Wertschöpfungspotentiale sich

---

[221] Für die USA werden die Todesfälle in Kliniken durch fehlerhafte Behandlung auf zwischen 250,000 und 400,000 Personen pro Jahr geschätzt, „the third biggest most common cause of death in the US", Todesfälle durch Medikamente nicht eingeschlossen (Makary & Daniel, 2016). Ein Altersbezug der verstorbenen Patienten wird nicht ermittelt, auf grund der bereits erläuterterten Diskriminierungsprävalenz gegenüber alten Menschen vermuten wir, daß primär ältere Menschen betroffen sind. Auch Todesfälle durch Herzversagen (611,000) und eingeschränkt auch Krebs (585,000) treffen ältere Menschen in besonderer Weise.

erschließen lassen – mit und ohne Roboter. Für die Immobilienwirtschaft ist der Bau von Altenheimen ein „Milliardengeschäft" (Schwaldt, 2015). Die Immobilienbranche verdient als Teil des „silver market" durch Produkte speziell für alte – gesunde wie gebrechliche – Menschen. Wer zahlt? Wer ins Pflegeheim „zuwandern" muß und die Pflegekosten aus dem Verkauf seiner Immobilie ko-finanzieren will oder muß, könnte böse Überraschungen erleben (Elmer u.a., 2015).[222] Sein Vermögen erodiert. Die Vermeidung von Pflegekosten wird zu einer der wirksamsten Maßnahmen im Leben, seinen Wohlstand zu erhalten und ressourcenökonomisch eine höhere Lebensspanne in Gesundheit zu verwirklichen, seine natürliche Lebensspanne auszuleben (Laozi), das Natürliche tun. Die Ressourcen dienen mit zunehmendem Alter primär Investitionen in die eigene Gesundheit, das körperliche Überleben. Die Entfaltung der Liebe zum eigenen Körper ist mit zunehmendem Alter ressourcenaufwendiger.

Erfolgreich Alternde verwirklichen die Kompression der Morbidität, das Krankwerden, wie James Fries diesen Vorgang nennt. Nur die allerletzte Lebenszeit ist dann durch Krankheiten geprägt. Die Selbstausbeutung des Organismus, die „Inquisition gegen das Selbst" (Sloterdijk, 2009, S. 372) zerstört Chancen für ökonomisches Unternehmertum. Warum sind Juden in höherem Alter noch wirtschaftlich aktiv? Sie verwirklichen eine Kompression der Morbidität, durch die es ihnen gelingt ihre gesunde Lebensspanne bis um 24 Jahre auszuweiten (Ismail u.a., 2016). Man kann mit dem Leben, seinem Leben, durchaus in Harmonie leben. Jenseits von Nullsummenkonflikten: Der Gewinn des einen Teils des Selbst geht zu Lasten eines anderen, des Köpers. Das Leben ist kein Nullsummenspiel. Wie hoch die Summe des Lebens ist, kann man – bei gegebenen, noch nicht selbsttherapeutisch beeinflussbaren Wirkungen des Alterns - selbst bewirken. Vor dem Fernseher ausruhen, sich vergnügen, geht zu Lasten des Körpers. Das Leben ist von vielen Konflikten, erzeugt durch die eigene Lebensweise, durchzogen. Chronische Krankheiten sind die Folge. Wer seinen Körper ausbeutet, wird von ihm bestraft. Das Leben ist ein Nichtsummenspiel, wenn ein Unternehmer engagiert ist, der seinen Körper achtet, ihn liebt. Nichtsummenspiele sind solche, bei denen Gewinn und Verlust sich nicht ausgleichen, beide (Körper, Psyche) können gewinnnen – oder verlieren. Der Unternehmer muß entdecken, was seinem Körper, seinem biologischen Leben, nicht nur Freude macht, sondern ihn in seiner Funktionstüchtigkeit erhält und steigen läßt. Die Ausweitung der gesunden Lebensspanne oder Gesundheitsspanne erlaubt dem Menschen eine Vielzahl von Möglichkeiten in seinem Leben – lifestyle choices - zu erschließen, nicht zuletzt ökonomische. Die bislang vorliegenden Erkenntnisse lassen die Aussage zu, daß die Lebensspanne, die in der Hand eines Menschen selbst liegt, seine unternehmerische Variable Lebensstil, zwischen 15 und 20 Jahren liegt.[223]

Lebenszeit wird Leidenszeit nur für eine kurze Zeitspanne, die Belohnung des Körpers für die Achtsamkeit und Liebe, die wir ihm entgegen bringen. Liebe hilft, die Last des eigenen Lebens abzulegen, den „Bewegungszustand des Lebens" (Meyer-Abich, 2010, S. 537) zu erhalten Anders gesagt: Man muß keine Angst vor Gebrechlichkeit haben, vor chronischen Leiden, wenn man darauf achtet, seinen Körper zu lieben. Diese Liebe, buddhistisch Achtsamkeit (im Amerikanischen „mindfulness"), zeigt sich darin, wie wir mit ihm umgehen, was wir ihm zu essen geben, wie wir ihn in Bewegung halten, wie wir ihm Lebensenergie zuführen, wie wir chronischen Stress von ihm fernhalten. All dies ist im Prinzip einfach zu machen. Wenn man es will und durchhält, die Willensstärke aufbringt. Liebe wird zu einem Errzeuger von unternehmerischer Energie. Man muß dann keine Angst vor dem Altwerden haben: Mein Körper leidet,

---

[222] Wer etwa ein Eigenheim in Köln besitzt, muß davon ausgehen, daß durch den Verkauf der Immobilie die Finanzierung des Pflegeheims im Durchschnitt für acht Jahre ausreicht.

[223] https://www.fightaging.org/archives/2016/08/a-small-selection-of-recent-research-on-lifestyle-choices-and-aging/

ich bin gebrechlich, mein Gehirn schrumpft usw. Unternehmertum versiegt wie eine Quelle ohne Wasser. Scheidung meint eine Trennung des Körpers von der Liebe und Achtsamkeit zu ihm. Man kann an ein Einsseinprinzip denken, erzeugt durch eine intensive Interaktion unter Anwesenden, Geist (Psyche) und Körper. Wir sprechen von einer homöodynamischen Liebe. Die Organe freuen sich, schenken positive Emotionen.

Abbildung 31: Homöodynamische Liebe

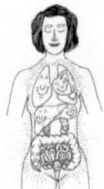

Quelle: Chia & Chia (1993, S. 150)

Ist das Leben nicht der einzig kostbare Besitz, den ein Mensch hat? Folgt daraus nicht, mit seinem Leben achtsam und respektvoll und liebevoll umzugehen? Der Körper gehört mir oder ich gehöre meinem Körper. Es gibt keinen Höhepunkt des Liebeslebens. Vielleicht Einbrüche, Rückfälle. Wer liebt, geht auf der Brücke des Lebens, verwirklicht seine Brückenfunktion. Wer es nicht tut, engagiert sich als Altruist für das Krankheitssystem und als Konsument für Silbergüter. Körperliche Selbstliebe ist kein Egoismus. Ist es Empathie? Diese weist, folgt man Charles Darwin und Adam Smith, evolutive, auf Überleben ausgerichtete Emotionen auf, die bereits in der Tierwelt anzutreffen sind. Selbstliebe ist Liebe eines Teil des menschlichen Selbst. Das moderne Leben hat sie verkümmern lassen. Folge ist, die Lebensspanne ist geringer als sie mit Liebe oder Achtsamkeit sein könnte.

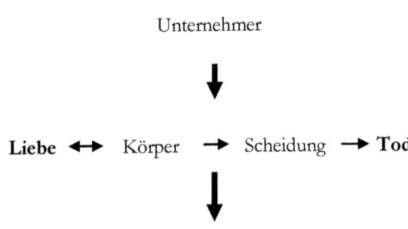

Die kleine Abbildung umschreibt, um was es geht. Um seinen Körper zu lieben, muß man auch aktiv sein oder werden, als „Unternehmer" sich für seinen Körper engagieren. Der Körper registriert jede Unachtsamkeit, die wir ihm zufügen, genauso wie die ein Kunden seine Behandlung im Markt. Wer seinen Körper achtsam behandelt, fügt ihm weniger Stress zu, macht ihn daher auch weniger krank. Auch sein erotisches Kapital bleibt länger erhalten. Sein Arbeitsvermögen und seine Produktivität ohnehin. Die wirtschaftliche Relevanz scheint offensichtlich.

Körperliebe oder -achtsamkeit läßt sich in drei interagierenden Dimensionen verwirklichen: kognitivgeistig, emotional, energetisch oder willenskräftig. Was unternehme ich *wie*, um meinen Körper funktionstüchtig zu halten? Achte ich meinen Körper, will ich ihm aus Liebe zu ihm Gutes tun. Die kognitive Dimension: ein Experte empfiehlt mir dieses oder jenes, Ratschläge aus Googel, meine Erfahrung lehrt mir dieses oder jenes zu tun, usw. Verfüge ich über die Willenskraft, das was meinem Körper gut tut, auch durchzuhalten, umzusetzen, nicht in körperschädliche Routinen zurückzufallen? Menschen verkürzen ihre gesunde Lebensspanne durch mangelnde Achtsamkeit. Viele, die meisten (?) Menschen altern und sterben, ohne die Liebe zu ihrem Körper kennenzulernen. Liebe ist ein Aktionsparameter des biologischen Unternehmers, mit dem Altern zunehmend gekoppelt an die Schaffung und den Erhalt von Chancen für wirtschaftliche Wertschöpfung. Es gibt noch keine medizinischen Rezepte für lebenserhaltende unternehmerische Routinen eines hochkomplex arbeitenden Organismus. Es gilt zu entdecken, zu erproben, zu verwerfen, zu überwinden, durchzuhalten, also Elemente der Persönlichkeit (die auch mit chronologischem Altern keine gegebene sein muß). Die Reproduktion des Körpers als nicht-triviale Liebesmaschine im Sinne von Heinz von Foerster ist eine unternehmerische Funktion in den genannten drei (oder vier, siehe Abbildungen 12 & 31) Dimensionen des Selbst. Schöpferische Zerstörung selbst als „heilig" betrachteter Lebensroutinen ist unvermeidbar.

Wer sein Herz liebt, vermeidet chronischen Streß. Wer sein Herz nicht achtet, schadet auch seinem Gehirn, zeigt uns die neuere Forschung. Das Gedächtnis erleidet Einbußen. Beide stimulieren sich gegenseitig (Mercola, 2016b, dort neuere Forschung). Das Gefühl Liebe, sagt Humberto Maturana (1996, S. 123) liegt „unserer ganzen Entwicklung zugrunde [...] wir werden krank, wenn wir gegen die Liebe angehen, ernstlich krank: Krebs, Infektionen, Beinbrüche". Maturana (1998, S. 313): „Fast alle unsere Unfähigkeit, menschliches Leiden zu verstehen, entspringt unserer Unfähigkeit, die grundlegende Rolle der Liebe in der Biologie des Menschen zu erfassen."

Die Beobachtungen von Benjamin Jones (2009, 2010, 2011), primär bezogen auf die USA, werden durch Erkenntnisse zu Kreativität und Vorstellungskraft älterer Menschen gestützt (Price & Tinker, 2014). Jones belegt mit Daten für die Vereinigten Staaten: Kreativität, Vorstellungskraft, Innovationsleistungen (bei Jones gemessen an Patenten[224]) steigen mit dem Alter – leider nicht mit dem Altern. Nicht bei allen Menschen, vor allem nicht bei Armen und Kranken. „Erfolgreiches Altern" entkoppelt sich von chronologischem Altern. Was „erfolgreiches Altern" ausmacht, bleibt endlos diskutiert. Eindeutige Kriterien gibt es nicht. Verschiedene Modelle liegen vor und wurden empirisch überprüft. Einen jüngeren Überblick bieten Cho & Poon (2012), die ältere Konzepte mit neueren Überlegungen vergleichen und empirisch überprüfen. Multifaktorenmodelle gewinnen zunehmend an Bedeutung, da sich zeigt, daß „objektive" Kriterien mit ausschließlich medizinisch-biologischen Eigenschaften insbesondere psychische, auch ökonomische Merkmale ausklammern, die aus der Sicht alter Menschen eine Schlüsselrolle für die Einschätzung durch die Menschen selbst und damit auch ihr tägliches und zukünftiges Aktivsein ausmachen. Die Unterschiede im Gesundheitszustand von Menschen gleicher chronologischer Altersgruppen sind beträchtlich (Lowsky u.a., 2014) und legen die Vermutung nahe, die Ausprägung biologischen Unternehmertums könnte für diese Unterschiede verantwortlich sein. Entschleunigung des Alterns, primär selbsterzeugt, bewirkt eine Ausweitung der gesunden Lebensspanne und eröffnet daher auch ökonomische Chancen in Gesellschaften mit rückgängiger Bevölkerung. Ältere Menschen verfügen über komparative Vorteile gerade aber nicht nur in Bereichen, die auf andere ältere Menschen zielen, also Segmente des Marktes, die a) für alle Menschen gültig sind (jedermann wird alt), b) für Menschen, deren Anteil an der Bevölkerung zunimmt. Wer erfolgreich altert, hat in seinem Leben, seiner Lebensweise Praktiken erlernt und praktiziert, Wissen (implizites, nicht übertragbares und explizites, kommunizierbares) angehäuft, welches sich wirtschaftlich nutzen läßt.

---

[224] In den USA verfügen Patente über eine stärkeren Einfluß auf Unternehmertum als in Europa.

11.3 Unternehmerisches Aktivsein im Alter

Auch wenn es bei einigen Lesern Kopfschütteln auslösen mag: Gehen wir 40,000 Jahre oder mehr zurück und riskieren eine zeitpendlerische Beobachtung. Die Evolution des Gehirns und seiner sozialen Beziehungen ist aufs engste mit der Lebensweise der Menschen verbunden, ökonomisch dem Einsatz von Ressourcen und Produktionsmethoden. Die Jäger und Sammler mussten sich auf jene Tätigkeitsfelder spezialisieren, welche den höchsten Lernaufwand erforderlich machten und welche die höchsten Anforderungen an Physis und Geist stellten (Jagen). Keine Spezies konnte hier mithalten. Kaplan & Gangestad (2005, S. 74-76) untersuchen detailliert diese Zusammenhänge. Je länger die Investitionsperiode in „Humankapital" oder der Aufbau von Fähigkeiten dauert, desto höher ist der Ertrag, den ein Wildbeuter zu „erwirtschaften" vermag. Wir beobachten vergleichbare Prozesse auch bei Innovationsinitiativen in demographisch alternden Gesellschaften (Haga, 2013, 8. Kapitel). Neuerungen verlangen tieferes Wissen, über längere Zeiträume erworbene Erfahrungen und eine breite Kompetenz (siehe die Forschungen von Benjamin Jones). Jugendkult bewirkt Erosion von Innovationen. Unternehmertum verlagert sich in ältere Alterskohorten (Fleming & Whipp, 2015; Fairlie u.a., 2015; Ortmans, 2015; sämtlich bezogen auf die USA). Chronologisches Altern ist nicht gleichzusetzen mit Verlust an Lebensenergie, mit kognitiver Vergreisung, Rollstuhlmobilität etc. Im Durchschnitt läßt sich Obiges zwar beobachten, aber der Durchschnitt ist nicht der Einzelfall. Die Unterschiede macht der biologische Unternehmer, insbesondere seine Innovations- und Evolutionsdynamik. Selbstevolution ist die DNA in einem postdarwinistischen Leben. Wer wartet, bis Politikeliten oder EU-Mandarine ihn durch Vorschriften gängeln, verschenkt, was er nur einmal im Leben sein Eigentum nennen kann: sein Leben.

Beim Stand von Wissenschaft und medizinischen Interventionsmöglichkeiten in den Alterungsprozess, was kann der einzelne unternehmen? Werfen wir erneut einen Blick auf den Molekularbiologen Aubrey de Grey. Er investiert sein Leben und die Erbschaft seiner Mutter in eine signifikante, unaufhörliche Ausweitung der Lebensspane der Menschen, Unsterblichkeit nicht ausgeschlossen. Wir zitieren De Grey aus einem Interview:

Frage: Was ist das Kernkonzept von "Niemals alt"?

Aubrey de Grey: Bei der SENS Forschungsstiftung widmen wir uns der Entwicklung von biotechnologisch bewirkter Verjüngung das bedeutet, einer Medizin, die nicht nur das Altern entschleunigen sondern umkehren kann. Wir wollen, daß Menschen im mittlerem oder noch höherem Alter die physische und geistige Funktion eines jüngeren Alters zurückgewinnen. Wir versuchen dies durch eine Reparatur von Molekular- und Zellschäden, die der Körper sich selbst als Nebenwirkungen seiner normalen Operationsweise antut.[225]

Bis De Grey und andere Forscher Resultate und Therapien verfügbar haben, wie lange es dauert, niemand weiß es. Das normale Operieren des Körpers kann sein (primäres) Altern nicht aufhalten. Man kann Altern und damit die Chancen für Unternehmertum einschließlich einer Entschleunigung des Alterns nur durch selbstenergetisches Tun verwirklichen, (sekundäres) Altern entschleunigen, seine „Homöodynamik" (Rattan) biounternehmerisch zu gestalten versuchen. Auch genetische Einflüsse widersprechen dieser Sichtweise nicht. Eine Forschergruppe hat sich die Gene der ältesten Menschen angeschaut (Gierman u.a., 2014).

---

[225] Verfügbar in Fight Aging, 22. April 2015, An Interview with Aubrey de Grey, https://www.fightaging.org/archives/2015/04/an-interview-with-aubrey-de-grey-2.php

Obwohl die Autoren keine spezifisches Genvariante für eine extreme Langlebigkeit finden konnten, lassen sich ihre Erkenntnisse als hoffnungsvoll verstehen. Die Untersuchung liefert Belege dafür, daß es nicht notwendig ist, Glück gehabt zu haben, mit einer bestimmten Genvariante geboren zu sein, um 110 Jahre oder älter zu werden. Wir wissen nicht, welche genetische Ausstattung die besten Chancen für ein langes Leben bietet, aber zumindest haben wir kein Gen gefunden, das die Chance ausschließt, ein Superalter zu werden, wenn wir darüber nicht verfügen (if we lack it).

Im Grunde hat somit jedermann die Chance, ein Supercentenarian (110 Jahre und älter) zu werden. In Japan sind 10 Millionen Menschen älter als 80 und 60,000 haben die hundert Jahre überschritten (Ministry of Internal Affairs). In Deutschland sind 14,000 Menschen älter als hundert Jahre. (Schwentker & Elmer, 2014). Wenn es nicht die Gene sind, was dann? Wir haben es mehrfach angesprochen. Lebensweise. Wohlbefinden ist bis in ein hohes Alter ein selbsterzeugtes oder selbst erzeugbares. Man mag fragen, wie so etwas möglich sein soll, wenn Menschen bereits ein hohes Alter (dritte und vierte Alterskohorte) erreicht haben. Man vermag dieses Vermögen allerdings zu trainieren, was bei älteren Menschen, die nur noch relativ wenige Lebensjahre vor sich haben, von besonderer Relevanz ist. Die Kraft sich ein bestimmtes unternehmerisches Tätigsein in der Zukunft vorzustellen, ist ein grundlegende Eigenschaft insbesondere von Innovatoren. Bereits griechische Philosophen wie Sokrates haben sich darüber Gedanken gemacht. Es bedeutet, sich eine zukünftige und vor allem selbstgeschaffene Wirklichkeit vorzustellen.

Gegenwärtig sind Hundertjährige (Centenarians) noch unternehmerische Extremfälle, sie sind jedoch die am stärksten wachsende Alterskohorte. Sie vermochten ihr Leben relativ gesund zu gestalten. Sie waren als biologische Unternehmer erfolgreich. Wir beobachten: Die Wachstumsrate der Kohorten steigt mit dem Alter ihrer Mitglieder. Ailshire JA, Beltrán-Sánchez und Crimmins (2014) zeigen am Beispiel amerikanischer Hochaltriger ihren überdurchschnittlichen Gesundheitszustand auf. 23 Prozent erreichten dieses hohe Alter ohne größere chronische Erkrankungen. Über die Hälfte erreichten das Alter von 100 Jahren ohne kognitive Einbußen. Im Text von Weiss-Numeroff (2013) wird die Lebensweise Hochaltriger beispielhaft vorgestellt, einige von ihnen auch unternehmerisch aktiv („Their secrets to living a long vibrant life"). Wir wissen auch (siehe Lowsky u.a., 2014) um die großen Unterschiede im Gesundheitszustand in sämtlichen Altersgruppen oder bei gleichem biographischem Alter.

Der immer noch verbreitete Jugendkult im Hinblick auf Innovation und Gründungen könnte durch den demographischen Wandel und die Verschiebung der Innovationsleistungen in höhere Altersgruppen revidiert werden (Forschungen von Jones; Gründungsbereitschaft Fairlie u.a., 2015), ein beschwerlicher und zeitaufwendiger Weg in einer zumindest ökonomisch zwangsjuvenilen Gesellschaft. Ein Beispiel ist das Silicon Valley in Kalifornien, welches als Kernregion für Unternehmensgründungen im Hightech-Bereich insbesondere der Kommunikationstechnologie und Digitalisierung gilt. Es dominieren dort, bei der Gründung und bei Beschäftigung von Unternehmern in der Hochtechnologie, Menschen bis zum Alter von durchschnittlich 35 Jahren (Kuhn, 2014). Start-ups im Valley sind überwiegend solche mit Internetbezug. Die meisten scheitern. Die Frühphasenfinanzierung erfolgt primär über eigenes Geld, Venture Capital folgt erst in den Phasen danach (Miskin, 2014). Die amerikanischen Erfahrungen des Silicon Valley hinsichtlich Alter der Gründer, Finanzierung und Spezialisierungsmuster der neuen Unternehmen lassen sich nur eingeschränkt auf andere Regionen (in den USA etwa New York) und vor allem potentielle Unternehmer in der dritten und vierten Altersklasse beziehen (Forschungen der Kauffman Foundation), zumindest solange, bis eine gesunde Lebensspanne signifikant höher als gegenwärtig möglich ist. Davon sind wir jedoch noch weit entfernt (Magalhães, 2014). Interessant ist und nicht paradox: Gründungen neuer Unternehmen durch junge Gründer in Bereichen nicht etablierter Basisinnovationen, etwa Biotechnologie und Biogerontologie erfolgen nicht durch diese: Das Wissen, die

Erfahrung, die Vernetzung fehlen den jungen Gründern. Die zukünftige Wertschöpfung in Hochtechnologiesektoren jenseits des Kommunikationssektors erfordert ein anderes Altersprofil. Man studiere die Altersprofile von Biotechunternehmen oder von Calico von Google, die sich der biomedizinischen Überwindung des Alterns widmet. Der Googlegründer Larry Page (42 Jahre alt) hat bei Google diese Tochterfirma gegründet und mit Ressourcen ausstattet, die im normalen Wissenschaftsbetrieb nicht verfügbar wären. Page denkt in einem Zeitraum von 100 Jahren (Waters, 2014).

Wir schreiben bewußt im Konjunktiv. Denn auch bezüglich alter Menschen beobachtet man eine Präferenz für Jugend, durch die alten Menschen selbst und durch ökonomische, mediale und politische Einflüsse. Alte Menschen wollen jung aussehen, was Märkte für Kosmetik und Kleidung schafft, sie wollen ihre sexuellen Bedürfnisse auch im Alter befriedigen (Medikamente, sexueller Tourismus), ihre Konsumneigung ist oftmals höher als bei jungen Menschen, was insbesondere in der Touristikbranche zahlreiche Angebote schafft. Thorstein Veblen (1857-1929) hat in seiner „Theorie der feinen Leute" bereits grundlegende Einsichten zur Ausbreitung bestimmter Konsummuster vorgelegt, die in einer Ökonomie demographischen Alterns zu reflektieren wären (in unserem Text leider nur in Grenzen vollzogen; siehe das Kapitel zur Silberwirtschaft). „Prestige-Steigerung" durch Konsum ist ein Merkmal silberwirtschaftlichen Ausgabeverhaltens. „Alle Leute können sehen, wieviel er sich [im Alter] leisten kann" (Veblen). Ein Beispiel ist der Kauf von Automobilien etwa des Herstellers Daimler-Benz.

In Frankreich geben alte Menschen 18 Prozent ihres Einkommens für Ernährung aus, 34 % für Reisen, 22 % für Kultur und Sport, 16 % für Freizeitgeräte, 6% für ihre Kinder und Enkelkinder (Hénau, 2014). Von unserer Thematik (Erwerbstätigkeit) ist in Frankreich, einem Land, in dem bereits 50-Jährige als „Senioren" gelten, nur selten die Rede, obwohl jemand im Alter von 50 noch 30 Jahre oder mehr dafür zur Verfügung hätte.

Die Nachfrage alter Menschen nach spezifisch für ihre Bedürfnisse erstellten Gütern und Dienstleistungen gilt als „Silberwirtschaft". Später gehen wir der Frage nach, ob eine Silver Economy auf Dauer wohlstandserzeugende/erhaltende Wirkungen in demographisch alternden Gesellschaften hervorbringen kann - ohne alte Menschen selbst in die Produktion von Leistungen (Wertschöpfung) zu integrieren (15. Kapitel).

Die „millenial generation" (Menschen zwischen 18 und etwas über 32 Jahren) dominiert das mediale, politische und ökonomische Denken (als Illustration Murray, 2013 und weitere Beiträge in einem FT Special Report). Ein Beispiel für Gründungen: Das Ministerium für Finanzen und Wirtschaft Baden-Württemberg und die Universität Mannheim fördern Gründer bis zum Alter von 25 Jahren für ein Jahr. Ausgeschlossen: Wer Erfahrung sammelte, wer sein Studium wechselte, wer länger krank war, wer eine Lehre machte usw. Auch die Förderung für ein Jahr kann, nach unserer Erfahrung, nur wenig bringen. Ziel des Programms: Talente unterstützen und Geschäftsideen umzusetzen (www.junior-accelerator.de).

Bei älteren Menschen wurde beobachtet: Sie sehen mehr auf die Vorteile als auf die Kosten einer Innovation, wenn sie sich Gedanken machen, eine Neuerung zu übernehmen (Melenhorst u.a., 2006). In diesem Sinne sind sie auch risikofreudiger als Jüngere, denn die Kosten-Nutzen-Bilanz verschiebt sich in Richtung Nutzen. Dies ist auch wichtig, wenn Olderpreneurs Produkte anbieten wollen, die für andere ältere Menschen Nutzen versprechen, also den sog. „silver market" erschließen. Es scheint, bleibt aber in der Tiefe zu untersuchen, daß ältere Unternehmer wettbewerbliche Vorteile im sog. „Altenmarkt" besitzen. Zu Obigem kommen weitere Aspekte (emotionale Nähe, gemeinsame Erfahrung), die älteren Unternehmern Vorteile geben.

Des Weiteren gibt es zahlreiche Hinweise auf eine positive Beziehung zwischen Innovation und Lebenszufriedenheit (Wellbeing). Das Zwischenglied sehen wir in ganzheitlicher Gesundheit.

Abbildung 32: Zusammenwirken von Innovation, Gesundheit und Wellbeing

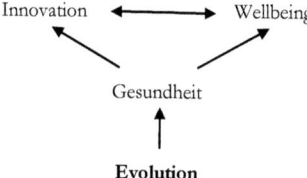

Evolution

Ob Innovation zu höherer Zufriedenheit führt oder Wellbeing zu Innovationen anregt, ist noch nicht geklärt (Dolan & Metcalfe, 2012). Was klar zu sein scheint, ist die Rolle von Gesundheit als intervenierende Variable.

Universitäten haben weltweit vielfältige Probleme, Forschungswissen in Innovationen umzusetzen. „Lösungen" sind vielfältig angeboten, ihre Umsetzung erfolgt, primär politisch bedingt, nur zögerlich. Ein „shortage of entrepreneurship" wird nunmehr auch in den USA beobachtet. Als „old and fat" beschreibt Casselman (2014; zahlreiche Belege) die Unternehmenslandschaft in dieser einst als Gründungspionier geltenden Volkswirtschaft. Um die Jahrtausendwende kommt (so Decker u.a., 2015; zusammengefaßt bei Samuelson, 2015) die unternehmerische Gründungswende. Das Wachstum der überlebenden Gründerunternehmen, entscheidend verantwortlich für Produktivitätszuwächse und Lebensstandard, hat sich „beträchtlich verringert" (Samuelson, 2015). Die „geschäftliche Dynamik" geht zurück, wenn man es auf das organische Wachstum (nicht Aufkäufe und Fusionen) bezieht, primär bedingt durch „endogene Innovation" (Decker u.a., 2015, S. 8ff.). Die nachlassende Innovationsdynamik fördert andererseits ein historisches Spitzenvolumen an Aufkäufen und Fusionen. Dieses fördert dann wiederum die Vernachlässigung endogener oder organischer Innovationsanstrengungen. Arbitrage verdrängt Innovation. Sie ist auch unternehmer-energetisch leichter zu bewältigen (siehe das folgende Kapitel).Wäre es weltfremd die Frage zu stellen: Könnten olderpreneurs (Unternehmer die weitermachen oder die neu beginnen) die „shortage" an Unternehmertum überwinden helfen? Empirische Beobachtungen der Kauffman Foundation scheinen diese Vermutungen zu bestätigen (Fairlie u.a., 2015; Ortmans, 2015). Bei unselbständiger Erwerbstätigkeit weitet sich die Arbeitsphase in höhere Altersgruppen aus, insbesondere in Ostasien und den USA. In anderen Ländern blockieren gesetzliche Einschränkungen vielfältiger Natur wirtschaftliche Werteschöpfung im Alter, ausgenommen ehrenamtliches Tätigsein (der Staat spart Ressourcen). Gründungen älterer Unternehmer (siehe Decker u.a., 2015) zielen gegenwärtig primär auf „Subsistenz" (Einkommensschaffung, wenig Beschäftigte) und weniger auf Transformation (Produkt- und Prozessinnovation. Subsistenzgründungen operieren unternehmerisch näher im Routinemodus, auch wenn sie aus der Sicht der Unternehmer einen Neuheitscharakter aufweisen, insbesondere wenn sie in einem höheren biographischen Alter verwirklicht werden. Wenn sich die gesunde Lebensspanne ausweitet, steigt die Bereitschaft, innovativere Vorhaben zu verwirklichen, auch solche mit wissenschaftlichem Hintergrund, da diese eine höhere Ausreifungszeit verlangen. Untersuchungen hierzu sind uns noch nicht bekannt.

Welche Auswirkungen hat das Altern und die Pensionierung von Forschern auf die Innovationsleistung? Wie lassen sich die Erkenntnisse und Erfahrungen älterer Forscher für die wirtschaftliche Entwicklung nutzen? Was läßt sich unternehmen, um Forscher und Entwickler nach ihrem Eintritt in das Renten/Pensionierungsalter (falls dieses überhaupt aufrechterhalten bleibt) unternehmerisch zu aktivieren, auch körperlich?

Wenn wir von Innovation sprechen und diese anregen wollen, ist dabei nicht – im Regelfall – an radikale Neuerungen zu denken. Dies kann möglich sein – etwa bei einem Wissenschaftler, der grundlegend neue Einsichten oder Methoden entwickeln konnte, in seinem normalen Berufsleben aber keine Chance hatte oder suchte, diese auch umzusetzen – ist aber (noch) die Ausnahme. Innovationen können bescheiden sein, marginale Veränderungen beispielsweise im handwerklichen, literarischen, sportlichen oder religiösen Leben. Jüngere Überlegungen zur Forschung und Praxis von Innovationen bieten vielfältige Ansatzpunkte, terminologisch allerdings in Wirrwarr eingebettet.[226] Da mit dem Altern der Vernetzungsgrad höher ist, liegt es nicht nur nahe, sondern ist geboten, ältere Menschen verstärkt für unternehmerisches Tätigwerden zu motivieren.

Warum kann Zufriedenheit und Wohlbefinden durch Innovation steigen? Innovationen verlangen Kreativität, Begeisterung, kognitives Aktivsein, soziale Kontakte, emotional-empathisches Vermögen, positive Emotionen. All dies fördert Lebenszufriedenheit und verringert Streß. Auch der Konsum von Neuerungen vermag Nutzen zu stiften, für Körper und Geist (siehe die Überlegungen zum Silbermarkt). Wenn Menschen im Ruhestand leben, vor sich hin leben, ist Langeweile, Mangel oder gar Abwesenheit von Herausforderungen ein Quelle von Burnout, Depression und anderen psychischen Verwerfungen (Nebe, 2015). Obwohl beruflich nicht mehr belastet, unterminiert das berufflich-ökonomische Nichtstun[227] Willenskraft, Angst, negative Emotionalität, Depression, Einsamkeit können folgen, sie leben nicht stressfrei, ihr Stress ist ein selbsterzeugter.[228] Die Lebensspanne mag steigen, bei der Lebensqualität (gesunde Lebensspanne) überwiegen die Zweifel, wenn die Krankheitshäufigkeiten, vielfach zusammen auftretend (Multimorbidität), in das Altern einziehen. Wie der Biochemiker Guy Brown (2015, S. 137) es in britischer Zurückhaltung formuliert: „Ist es nicht offensichtlich, daß die Lebensspanne jenseits von 90 Jahren auszuweiten ein erstrebenswertes Vorhaben ist."

11.4 Zum Karma der Alter(n)sarmut

Karma wird oft als Schicksal oder Vorbestimmung verwendet. Die Menschen müssen ihr unabwendbares und selbstverschuldetes (Lebensweise, Kinderproduktion) Karma erdulden. Jeder hat es sich durch sein gegenwärtiges Leben verdient. Auf die Bevölkerung hochgerechnet spricht man von Demographie. Eine höhere Instanz, demographischer Wandel, gestaltet das Leben. Die Demographie ist unser Schicksal. Die Demographie bestimmt das Schicksal der Märkte – wenn sie nicht in eine alterslose Ökonomie (ageless society) zu mutieren vermögen. Die Demographie kann aus ihren Daten ablesen, daß die Bevölkerungen altern - und daß sie schrumpfen. Na und, whats the problem, kann man fragen. Je nach der aufgesetzten

---

[226] Man betrachte die Überlegungen zu disruptiven und frugalen Innovationen, was jedoch nur deutlich macht: Das Innovationssystem als Teilsystem der Wirtschaft und dieses der Gesellschaft ist ein hochkomplexes, was bislang weder die Wissenschaft noch die Expertokratie durchleuchten konnte, wenn wir von den grundlegenden Unterschieden, bei Schumpeter bereits angesprochen, absehen.

[227] Nichtstun ist zu unterscheiden von Nichttun, ein Schlüsselkonzept in der daoitischen Philosophie, dort als *wu wei* bezeichnet (siehe Laozi, Daodedjing). Hände weg von Interventionen, empfiehlt er uns. Nichttun (wuwei) zahlt sich auf Dauer immer aus. Notwehr ausgenommen. Nichttun heißt nicht Nichtstun (Laissez faire). Man tut die „falschen" Dinge nicht, Dinge, welche die Energie des Lebens (qi) sabotieren oder ihren freien Fluß behindern.

[228] Es gibt eigentlich einfache Möglichkeiten, Einsamkeit, Depression, Altersstress unternehmerisch entgegenzuwirken: Aktivierung des „Großmuttereffektes" (Kapitel 17).

theoretischen Brille unterscheiden sich Probleme und Antworten auf diese. Wir machen keine Ausnahme: Demographische Trends gestalten die Zukunft von Unternehmertum (Kapitel 19).[229]

Im Buddhismus versteht man unter Karma das Entstehen in gegenseitiger Abhängigkeit. Beide Sichtweisen lassen sich mit Armut verknüpfen, auch und gerade Altersarmut. In allen – nennen wir es Länder, die der OECD angehören – ist das Armwerden und -sein mit zunehmendem Alter in den Mittelpunkt von Diskursen gerückt, auch deswegen, weil (nach unserer Kenntnis) noch keine langfristig tragfähigen Antworten aus Politik und Wirtschaft vorliegen. Um zum wiederholten Male Immanuel Kant anzuführen: Wer eine gute Theorie hat, kann Wertvolles in der Praxis leisten. Jeder weiß: Meine Theorie ist die beste. Daher überschlagen sich die Antworten auf die Herausforderungen eines Lebens ohne gravierende Einbußen an den Lebensstandard, den man in seiner erwerbstätigen Lebensphase sich erarbeiten konnte. Um noch einmal einen unseren theoretischen Besserwisser anzuführen. Schumpeter unterscheidet drei Möglichkeiten auf Herausforderungen zu antworten: durch Routine, durch Innovation, und (von uns ergänzt), durch Evolution Die politisch und medial vorherrschende Antwort ist die der Routine. Unsere Interpretation ist natürlich eine erfundene, theoretisch erzeugte.

In Deutschland steigt die Armut generell, eingebettet in eine zunehmende Ungleichheit der Einkommens- und Vermögensverteilung, selbstverständlich, je nach politischer und ökonomischer Sichtweise, in unterschiedliche Konstruktionen der Realität eingebettet. Statistiker definieren Armut als den Anteil der Menschen, die über weniger als 60 Prozent des mittleren Einkommens in Deutschland verfügen, und dieses liegt bereits - deutlich niedriger als das Durchschnittseinkommen.[230] Wer in seiner jungen und mittleren Lebensphase bereits arm ist, wie will er Altersarmut überwinden. Woher nimmt er die Ressourcen, eine gesunde Lebensspanne jenseits schulmedizinischer Interventionen zu verwirklichen? Bleibt er selbst und die ihm Erwerbschancen anbietenden, im Routinemuster, ist seine Altersarmut so sicher wie sein früher Tod. Er müßte in eine höhere unternehmerische Funktionsstufe mutieren. Selbst innovativ tätig werden, oder selbstevolutiv, Fähigkeiten aufbauen, die ihm eine produktivere Erwerbstätigkeit jenseits von Arbeitslosigkeit oder niedrig bezahlten Beschäftigungsmustern ermöglichen. Je älter er wird, desto geringer sind seine Chancen. Staat und Unternehmen setzen auf den Jungmenschen, auch den importierten. Was für ihn selbst gilt, was wir mit Lebensproduktivität umschreiben (14. Kapitel), gilt gleichermaßen für die Systeme Wirtschaft und ihre Teilsysteme (Unternehmen), Staat/Politik, Wissenschaft. Ein Unternehmen wie Bayer gibt 66 Mrd. Euro für den Kauf eines Unternehmens aus, welches durch seine Produkte erhofft, die Nahrungsmittelproduktion weltweit anzuregen. Man setzt hier auch auf die Zunahme der Weltbevölkerung, die natürlich ernährt werden muß, ob sie das gesund tut, ist Nebensache. 66 sind nicht nur das Dreifache des Etats des Ministeriums für Bildung und Forschung. Sie erschweren bei Bayer selbst die Neukombination von Ressourcen und eine interne Kompetenzevolution. Folge ist eine Einschränkung der gesellschaftlichen Innovationsdynamik und der Arbeitsproduktivität. Bayer ist kein Einzelfall. Die Unternehmen nutzen ihre Liquidität und den Zugang zu Krediten mit niedrigen Zinsen nicht für eine endogene Neukombination, sie kaufen sich Innovationen. 295 000 Mrd. Dollar haben sie sie von 2006 bis 2016 für Aufkäufe und Fusionen ausgegeben (nach Goldman Sachs, zitiert in Rousseau, 2016) Die gesamtwirtschaftliche Produktivität ist geringer, tendiert zu Stagnation (was wir in allen sog. fortgeschrittenen Ökonomien einschließlich der USA beobachten). Folge ist: Die Realeinkommen bleiben geringer, die Chancen steigen, so wenig zu verdienen, dass man die sog. „Altersvorsorge" nicht zu finanzieren vermag und dem Staat die Mittel fehlen, sein Alter jenseits von

---

[229] Wörtlich übernommen von Wiens & Fetch (2015), Autoren der Kauffman Foundation. Die Alten hängen die Jungen ab, was Unternehmertum angeht, behaupten und teilbelegen die Autoren.

[230] Siehe jüngere Daten des statistischen Bundesamtes.

Armut zu finanzieren. Er kann nur auf Buddha hoffen, ihn zu einem Wiedergeborenen zu machen, ihm damit eine Chance eröffnen, in eine Welt einzutreten, in welcher Schumpeter (Innovation) und Darwin (Evolution) das politische, ökonomische und biologische Sagen hätten. Wie Nobelpreisträger Angus Deaton sagt (in einem Interview; Deaton 2016): „Das ‚gute Leben' gibt es erst seit kurzem in der Geschichte der Menschen. Wir müssen betonen, dass einzig der kapitalistische Westen die Armut besiegt hat". So etwas zu sagen, ist nur einem Nobelpreisträger erlaubt. [231]

Wenn der Anteil der Alten im „kapitalistischen Westen" (und zunehmend Fernen Osten) zunimmt, weil steigende Produktivität und Realeinkommen ihnen die Produktion von Jungmenschen (Kindern) ökonomisch uninteressant gemacht hat, wie lässt sich das Karma der Demographie (Alterung der Gesellschaft) überwinden? Wenn ein Drittel bis die Hälfte der Bevölkerung bereits heute oder in wenigen Jahren ein Ruhestandsalter (nach den heute gegebenen gesetzlichen Vorgaben) erreicht hat, wie läßt sich für sie und die jungen Menschen, welche die Wertschöpfung erzeugen müssen, verhindern, daß sie einen Großteil ihres Lebens, zunehmend länger werdend, in Armut verbringen. Nochmals Angus Deaton (2016) zitierend: „Es ist die Ausbreitung von Ideen [welche wir meinen, rechthaberisch, führen wir ständig an] und die Innovationen, welche den Ländern helfen". [232] Wer im Ruhestand lebt, verschlechtert seine Gesundheit. Viele Quellen haben wir angefügt. „Retirement is bad for health."[233] Und wer krank ist, muß sich früh pflegen lassen, seine Wohnung auf Bewegungsarmut „modernisieren", sein Vermögen in seine Krankheit investieren, wo doch Verjüngungstherapien vor der Türe stehen (wenn man sie bezahlen kann). Wer investiert mit 75 noch in einen indischen Aktienfonds? Besser mit der EZB auf Negativzinsen und Helikoptergeld setzen. Die Demographie schafft vielfältige Möglichkeiten, der Armut entgegenzuwirken, falls es jemand gelänge, aus dem Routinemuster des Lebens auszuscheren. „Demographische Trends gestalten die Zukunft von Unternehmertum" (Wiens & Fetch, 2015).

Machen wir die Demographie zu unserem Schicksal - die vorherrschende Meinung - wartet Armut auf die Menschen. Armut wie Wohlstand in demokratisch alternden Gesellschaften sind systemisch selbsterzeugt. Auch technologisch. Roboter vernichten Arbeitsplätze. Wenn die aktiv Beschäftigten weniger werden, und über das Umlagesystem die Rentner immer weniger zu finanzieren vermögen – erzeugen Roboter in demographisch alternden Gesellschaften dann nicht Altersarmut? Jeder vierte Bremer gilt als arm. Die verwendete Definition lassen wir offen. Wohl die normale statistische Herleitung des Statistischen Bundesamtes. Armut meinen wir hier: Befriedigung der Grundbedürfnisse nach der Bedürnispyramide von Maslow. Vor 200 Jahren, bevor der Kapitalismus sich durch Neukombinationen verwirklichen konnte, waren fast alle Menschen (statistisch) arm. Eine demographisch alternde Gesellschaft kann Armut nicht vermeiden. Die Diskussion um Armut ist lebhaft und auch politisch gesteuert. Lebenslanges Unternehmertum, eine Variante der Erwerbstätigkeit im Alter, kann Maslowsche Armut einschränken und gleichzeitig höhere Bedürfniskategorien jenseits der Befriedigung aus dem Konsum von Silbergütern (15.

---

[231] Auf die aktuellere Diskussion zur Altersarmut gehen wir nicht ein. Die Meinungen gehen weit auseinander, genauso wie die Vorschläge, Altersarmut zu überwinden. Viele Aktionsparameter stünden zur Verfügung, in der Politik kommen sie nicht zum Einsatz. Wir verweisen statt dessen auf den Artikel von Diekmann (2016) und die Kommentare zu diesem Beitrag. Bemerkenswert ist die weitgehende Hinnahme der Altersarmut durch die zukünftig Betroffenen. Vorsorge bleibt unterentwickelt (viele Gründe) genauso wie eine demokratie-initierter Machtumbau im politischen System.

[232] Mit den „Ländern" meint er Entwicklungsländer. Auch die sog. entwickelten Ländern schließen wir allerdings ein, da auch diese sich permanent weiterentwickeln müssen, um das Kharma der Demographie hinter sich zu lassen. Wie bereits angeführt, halten Deaton und andere Ökonomen wenig von sog. Entwicklungshilfe. Auch für Deutschland gibt es hierfür zahlreiche Beispiele.

[233] https://www.fightaging.org/archives/2016/07/the-effects-of-retirement-are-complex/

Kapitel) verwirklichen (17. Kapitel: Goldwirtschaft). Man vermag sogar durch Arbitrage („Investitionen" an der Börse) Altersarmut einzuschränken, auf eine Weise, die wir im 19. Kapitel vorstellen.

Der westliche Kapitalismus, auch der nach Ostasien exportierte, hat die Armut besiegt. Er hat dazu beigetragen, die gesunde Lebensspanne auszuweiten. Er könnte es auch in der Zukunft leisten, wenn er alternsgerecht seine Wirkungskraft entfalten kann. Wenn man es ihm erlaubte. Die erforderlichen Aktionsparameter liegen auf Abruf bereit. Über 70,000 Jahre lang war Homo sapiens der intelligenteste Algorithmus auf Erden. Könnte eine demographische Vergreisung und Verarmung (die Jungen werden immer weniger, um die zunehmende Anzahl der Alten zu bezahlen) unser Karma sein? Müssen wir, was die politische und ökonomische Elite uns nahelegt, Humankapital aus Entwicklungsländern importieren oder auf die neue Religion des Dataismus setzen? Das gute Karma wartet auf seine Wiedergeburt. Aktionsparameter für die Erzeugung von Wohlstand, Gesundheit, für einige sogar ein ewiges (unsterbliches) Leben liegen zu unseren Füßen. Wer bückt sich? Die Alten selbst, wenn sie an Gebrechen ihrer Wirbelsäule leiden, Unternehmer (in allen Teilsystemen der Gesellschaft), wenn es ihnen an Vorstellungskraft, Zukunftsperspektive und Energie mangelt?

Bewegungsarmut erzeugt Altersarmut. Die theoretische Grundlage dieser Aussage ist einfach (siehe Abbildung, bewußt einfach. Intervenierende Variable und Rückkopplungen ausgeschaltet). Mit dem Altwerden (chronologisch und biologisch) sinkt die unternehmerische Energie. Die Bewegungsintensität geht zurück. Zahlreiche körperliche Verwerfungen ziehen ein. Dieser Prozeß ist buddhalogisch das Schicksal vieler Menschen, beginnend bereits vor dem Eintritt in das Golden Age des Ruhestandes. Armut ist an Lebensproduktivität gekoppelt. Auch Mediziner sprechen von „Bewegungsarmut" als Ursache von Rückenschmerzen (Speckmann & Wittkowski, 2012, S.177). Bandscheibenvorfälle und Osteoporose sind Folgen. Wir würden bestimmte Typen von Schlaganfälle, einschließen, da Gehirn und Rückenmark gekoppelt sind. In Deutschland leiden über 40 Prozent der Erwachsenen an Rückenschmerzen, also an weitgehend verhinderbaren Krankheiten.[234] Kopf-und Rückenschmerzen durch „Handy-Nacken" sind eine jüngere Folge moderner Technologien.

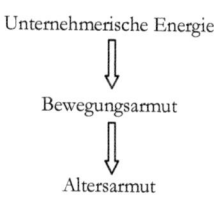

Die Menschen leiden auch ökonomisch. Geringeres Einkommen, Krankheiten, Abbau der Energie, unternehmerisch aktiv und erwerbstätig zu bleiben. Arbeitsunfähigkeit und Frühverrentung warten.[235] Das im Alter verfügbare Einkommen und Vermögen ist geringer, was für den Einzelnen gilt, aber auch für die

---

[234] Eine Darstellung einschließlich der ökonomischen Folgen gibt Angela Kempel, Analyse der Krankheitskosten bei Rückenschmerzen,
https://www.academia.edu/3237794/Analyse_der_Krankheitskosten_bei_R%C3%BCckenschmerzen

[235] Einen Überblick bietet das Robert Koch Institut: https://www.rki.de/DE/Content/Gesundheitsmonitoring/Gesundheitsberichterstattung/GBEDownloadsT/rueckenschmerzen.pdf?__blob=publicationFile

Gesellschaft insgesamt. Die Pflege wartet und kostet erneut Ressourcen, eigene und die der Mitbürger (Zwangsabgaben).[236] Die Krankenkassen können bewegungsbewirkte Krankheiten therapieren lassen. Die Kosten hierfür werden solidarisch finanziert, senken somit erneut die Einkommen der Bürger. Wir schätzen die Kosten für die Behandlung von Rückenschmerzen pro Jahr auf mindestens 50 Mrd. Euro. Gleiches gilt, wenn Experten zu finanzieren sind, welche den Menschen beibringen sollen, auch präventiv, wie sie sich gesünder bewegen, seßhafte Lebensroutinen überwinden, zu innovieren somit und die Energie aufbauen, Bewegungsinnovationen auch durchzuhalten. Über vieles mehr wäre zu berichten. Das Wissen hierzu mag bei den Bewegungsarmen durchaus verfügbar sein. Wissen ist nicht das Problem. Vielmehr seine Anwendung in der Lebenspraxis. Armut ist an Lebensproduktivität gekoppelt. Altern im chronologischen Sinn (Lebenserwartung etwa seit der Geburt) und hohe Bewegungsintensität schließen sich nicht aus. Wir geben später mehrfach Beispiele. In Blue Zones (etwa auf der Insel Okinawa/Japan oder Ikaria in Griechenland) leben die Menschen bis in ein sehr hohes Alter (90+) lebensproduktiv. Bewegung ist Routine, entschleunigt den Alterungsvorgang und bewirkt einen ökonomisch-biologischen Widerherstellungsprozeß. Altersarmut hat trivialerweise auch biologische Wurzeln.

---

[236] Beispiel England mit Zahlen zur Steuererhöhung auf kommunaler Ebene für die Pflege alter Menschen:The social care crisis (http://www.economist.com/news/britain/21711928-sticking-plaster-solution-system-needs-quadruple-bypass-taxes-will-rise-fund).

12 Unternehmerische Energie und Willenskraft

12.1 Funktionsabhängigkeit unternehmerischer Energie

„Der Unternehmer setzt seine Persönlichkeit ein und nichts als seine Persönlichkeit" (Schumpeter, 1911/2006, S. 529).

Die Abbildung zeigt die energetischen Anforderungen der Ausübung unterschiedlicher Funktionen von Unternehmertum: Routine, Arbitrage, Innovation und Evolution (RAIE). Die Energieentfaltung in der Zeit mag zwar bei den einzelnen Funktionen konstant sein, sie unterscheidet sich jedoch zwischen den Funktionen beträchtlich. Es ließe sich auch innerhalb der einzelnen Funktionstypen weiter differenzieren.

Abbildung 33: Unternehmerfunktion und unternehmerische Energie nach dem RAIE-Modell

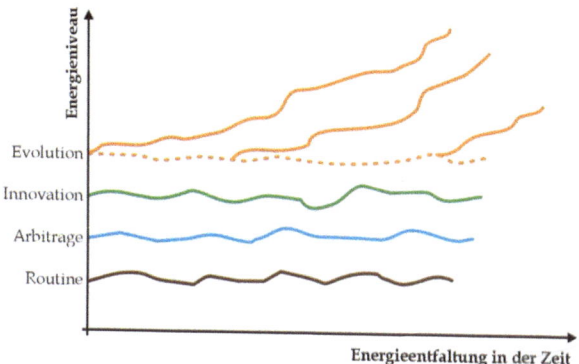

Unsere Hypothese: Ein Aufstieg in der Hierarchie unternehmerischer Funktionen verlangt das bewußte Überwinden jeweils unbewußter, eingeschliffener, „automatisierter" Fühl-, Denk- und Verhaltensprogramme auf der jeweils niedrigeren Ebene. Unternehmerisches Alltagshandeln auf den jeweiligen Ebenen vollzieht sich weitgehend unbewußt und routiniert. Die Intensität der Affekte bei der Bewältigung der Alltagsprobleme ist gering. Unbewußt genutzte Kompetenz leistet affektive „Energieersparnis" (Ciompi). Andererseits bleibt aber auch unternehmerische Selbstevolution kognitiv und emotional blockiert. Die Transformation des Gleichgewichtshandelns und -denkens durch Arbitrage, und dieses durch Innovation ist gleichbedeutend mit einer Neuorganisation von Affekt und Kognition, dem Ausbrechen der Gefühls-, Denk- und Verhaltenswelt aus dem unternehmerischen Alltag der jeweiligen funktionalen Ebene, der Neukonstruktion der Welt und der Transformation des Selbst. Diese Sichtweise steht im Einklang mit Erkenntnissen neurobiologischer und psychologischer Forschung, die bereits seit Jahren verfügbar sind.[237]

---

[237] Im Anschluß an die ungewöhnlichen Therapieerfolge von Milton H. Erickson, wird die Rolle des Unbewußten in Veränderungsprozessen, allerdings in ganz anderem Sinne als bei der klassischen Psychoanalyse von Freud und Nachfolgern, diskutiert (vgl. Scholz, 1986, S. 116ff.; Walker, 1996, S. 226ff.). Walker hierzu: „Leider wird in der Literatur über Erickson kaum diskutiert, welche Rolle letztlich *das Bewußtsein* für ihn spielte... Die praktische Erfahrung zeigt aber, daß es oft unumgänglich ist, ein gewisses Maß an Einsicht in die Erfahrung zu schaffen, die zur

Ein nur inkrementell innovierender Unternehmer benötigt weniger Energie als ein radikaler Innovator: im Freibad zwei Bahnen schwimmen anstelle von Hochintensitätstraining auf der Schwimmbahn. Alte Menschen werden herkömmlicherweise der Routine zugeordnet. Dies stellt sich zunehmend als problematisch heraus (siehe den nächsten Gliederungspunkt). Die Abbildung macht deutlich: Unternehmer ist nicht gleich Unternehmer. Es gilt vielmehr zwischen verschiedenen Funktionen zu unterscheiden. Das RAIE-Modell unterscheidet vier Funktionen. Die Funktionen sind mit Wertschöpfung gekoppelt und unterscheiden sich hinsichtlich des erforderlichen Energieniveaus, welches unternehmerisches Handeln verlangt. Die vorherrschende Sichtweise unterscheidet hier nicht. Training, Beratung und Finanzierung unterscheiden sich jedoch nach dem Funktionsniveau. Ein Unternehmer, der neue Produkte oder Dienstleistungen anbietet, benötigt andere Fähigkeiten, eine andere Beratung und Finanzierungsquellen als ein Unternehmer, der bereits im Markt eingeführte Produkte verkaufen will. Start-ups leiden massiv unter Finanzierungsproblemen, falls sie nicht selbst die Finanzmittel aufbringen können, auch als Selbstausbeutung bezeichnet. Die Durchsetzung im Markt, auch wenn eine Finanzierung verfügbar wäre, verlangt Fähigkeiten und damit auch die Fähigkeit, diese sich anzueignen, also Kompetenzen zur Selbstevolution, die viele Unternehmer überfordern und für die hohe Rate von Fehlschlägen verantwortlich sind. Auf eine höhere funktionale Stufe von Unternehmertum zu gelangen, verlangt energetische Fähigkeiten jenseits der jeweils schon erreichten. Das Standardtraining für Gründer hilft wenig (17 Kapitel).

In einer Welt des Golden Aging (Kapitel 17) etablieren sich auch Finanzierungsnetzwerke. Es gibt alte Menschen mit reichhaltiger finanzieller Ausstattung (etwa „pensionierte" Investmentbanker). Sie finanzieren die Gründungen alter Menschen. Old finanziert Old.

Auch wer gute Ideen, Konzepte und Energie mitbringt: Muß er sie für die Mobilisierung von Finanzquellen einsetzen, leidet sein Vorhaben, die meisten potentieller Unternehmer geben auf. Mullins (2014) schildert ausführlich die Situation in den USA, die verglichen mit Deutschland geradezu als Paradies für die Mobilisierung von Venture capital und Business Angels gilt. Die US-Wirtschaft wird von Unternehmen dominiert, die als „alt und fett" beschrieben werden, während die Zahl der Neugründungen schrumpft und wenn es einem Jungunternehmen gelingt, Fuß im Markt zu fassen, ist es hochwahrscheinlich, daß er aufgekauft, also einem „Fetten" einverleibt wird (Casseman, 2014 und Wiens, 2015 zeigen die nachlassende Gründungsdynamik in den USA, insbesondere bei jungem Unternehmertum). Jüngere Daten der Kauffman Foundation geben eine optimistischeres Bild (Fairlie u.a., 2015), vor allem zeigen sie auf: ein Weniger von Gründungen durch Jungunternehmertum wird durch Gründungen älterer Unternehmer kompensiert.

Werfen wir einen Blick auf die pharmazeutische Industrie. Die etablierten Unternehmen geben viel Geld für Forschung und Entwicklung (Innovation) aus, die Ergebnisse scheinen mager, zudem Patente auslaufen, dadurch Billigkonkurrenten in die Märkte eindringen. Eine Lösung: Kauf anderer Unternehmen mit wirtschaftlich interessanten Arzneien. Alle Pharmafirmen engagieren sich in diese Form der Arbitrage. In den USA nimmt die Pharmaarbitrage jedoch eine Spitzenstellung ein. Ein Beispiel ist die Firma Valeant. Sie hat viele Schulden gemacht, Kredite aufgenommen (21 Mrd. Dollar) um andere Firmen zu

---

Ausbildung einschränkender Generalisierungen geführt haben" (S. 230). Ericksons Fähigkeit, mit seinem und seiner Klienten Unbewußten zu arbeiten, „ging eine jahrelange, intensive und äußerst disziplinierte Schulung voraus, bei der er sein Unbewußtes trainierte. Unbewußte Prozesse gründeten für ihn auf Lernerfahrungen. Egal, ob es sich um Fähigkeiten wie Lesen oder Schreiben, die Kompetenz, ein Auto zu steuern, oder um ein einschränkendes Verhaltensmuster handelt – alles mußte seiner Auffassung nach irgendwann gelernt worden sein. Wie sonst sollte man unbewußt darauf zurückgreifen können?" (S. 240). Der im Text vorgestellte Lernzyklus nimmt diese Überlegungen auf.

übernehmen, insbesondere solche, die billige Arzneien wegen ausgelaufener Patente im Markt hatten.[238] Nach dem Aufkauf wurden die Preise der Arzneien erhöht. Herzkranke mußten für Arzneien 525 Prozent und für eine andere Herzarznei 212 Prozent mehr bezahlen. Hedgefonds greifen die Problematik auf, bringen Informationen, echt und manipuliert, in die Öffentlichkeit, verdienen an den sinkenden Börsenpreisen (Crow, 2015). Der Arbitragekapitalismus ist in den angelsächsischen Ländern dominant, hat sich aber über die ganze Welt ausgebreitet, auch China und Japan „leiden". Die ostasiatischen Länder einschließlich Indiens verfügen allerdings über den Vorteil, auf alte medizinische und selbstevolutive „Therapien" zurückgreifen zu können, deren Nutzung jedoch hochgradig von unternehmerischen Initiativen der einzelnen Menschen abhängt.

Arbitrage ist im Gesundheitssektor verbreitet, insbesondere durch Aufkäufe relativ junger Unternehmen, die neue Produkte entwickeln, durch etablierte Pharmafirmen. Im Jahr 2014 gaben pharmazeutische Unternehmen 462 Mrd. Dollar für Aufkäufe und Unternehmenszusammenschlüsse aus. Man könnte sagen: Investiert das Geld doch in eigene Forschung und Entwicklung. Passiert in geringerem Umfang auch, die Erträge bleiben bescheiden.Die Forschung- und Entwicklungsabteilungen in großen Unternehmen sind nicht auf radikale Neuerungen ausgerichtet. Google (jetzt Alphabet) hat daher seinen „Tochterunternehmern" vollständige Innovationsfreiheit eingeräumt. Arbitrage verlangt eine geringere unternehmerische Kompetenz als Innovation aus eigener Kraft. Die Entwicklung einer Arznei bis zur Marktreife kostet in den USA 2,6 Mrd. Dollar (Ward, 2015b). Eine Primitivrechnung: 177 Arzneien hätten sich mit den 462 Mrd. zur Marktreife entwickeln lassen. [239]

Die Ursachen der Höhe und des Anstiegs für Aufkäufe und Fusionen ist direkt mit unserer Thematik verknüpft: Die „zunehmende Nachfrage einer alternden Gesellschaft" für Arzneien (Ward, 2015a). Die Entwicklung und Verschreibung neuer Produkte zielt primär auf die Krankheiten einer alternden Gesellschaft, etwa Krankheiten des Herzens oder des Immunsystems, sie sind somit Komponenten einer Silberwirtschaft (15. Kapitel). Offen bleibt die Frage (siehe 17. Kapitel), wie die Nachfrage sich finanzieren läßt – ohne ein verstärktes Engagement alter Menschen in den Wertschöpfungsprozessen.

Wenn wir Willenskraft und Durchhaltevermögen als Basisantreiber von Unternehmertum ansprechen, ist diese immer, durchgängig, mit Willensfreiheit verknüpft, dem Gefühl, wie der Neurowissenschaftler Roth (1996, S. 304) es formuliert, daß die Entscheidung, der gesamte unternehmerische Durchsetzungsprozeß, „aus mir selbst kommt, nicht von außen aufgezwungen" ist. Emotionen sind ökonomisch rational. Das emotionale Gehirn ist auch unternehmerisch wichtiger als „rationale Argumente" (McGonical, 2012, S. 266). Unternehmertum ist daher, man muß sagen, seit altersher, mit Freiheit verbunden, nomologisch wie lebenspraktisch. Sogenannte Property Rights, Handlungsrechte, seien sie politisch oder soziokulturell, sind deswegen als Kodeterminanten unternehmerischen Durchsetzungsvermögens zu betrachten. Sie stellen einen der wenigen, wohl den entscheidenden Aktionsparameter dar, wie politische Instanzen

---

[238] Patente galten einst, und für manche auch heute noch, als Mittel, um Forschung und Innovation zu fördern, sie sind aber zunehmend, zumindest in den USA, zu Waffen in Kriegen um wettbewerbliche Vorteile geworden, welche der Innovationsbereitschaft und -durchsetzung beträchtliche Schäden zuführen.

[239] Eine Firma, die einen anderen Weg geht, ist die amerikanische Biotechunternehmung Celgene, tätig in mehreren Krankheitsfeldern, vor allem bei Krebs und Immunsystem. Ein Kommentar hierzu: "Additionally, letting the company remain independent -- as opposed to, buying it -- gives Celgene two additional benefits. First off, it's cheaper to buy part of a company than the whole company, which lets Celgene spread its bets out among relatively risky companies instead of concentrating its risk in a few. Keeping the smaller biotech independent also leaves the scientists that company employs free to do drug discovery their own way instead of bringing them into the Celgene way of doing things."

Quelle des Zitats in: http://www.investorvillage.com/smbd.asp?mb=341&mn=202855&pt=msg&mid=15681549

Unternehmertum aller Altersstufen fördern, aktivieren oder hemmen könnten. Die Negativemotionalität gegenüber selbstständigem Unternehmertum aber auch einer lebenslängeren Erwerbstätigkeit sind primär handlungsrechtlich bewirkt. Betrachten wir einen Forscher im höheren Alter, der über biomedizinisches Wissen verfügt, welches sich alleine oder in Kooperation mit anderen, auch Unternehmen wertschöpferisch aktivieren ließe. Im Biobereich ist eine längerfristige Zeitperspektive unvermeidlich. Dies impliziert auch ein Hinausschieben von Belohnungen, für das Unternehmen, für den antreibenden Unternehmer und die Investoren. Vorstellungskraft ist erforderlich, um die zukünftige Vorteilsbilanz auf die Gegenwart zu „diskontieren". Eine hohe Diskontierungsrate, also Geringschätzung der zukünftigen Vorteile, erschwert emotional, neurologisch, ökonomisch ohnehin, das Durchsetzungvermögen von Vorhaben, insbesondere neukombinativen, wie im biomedizinischen Bereich, mit längerer Ausreifungszeit. Mit zunehmendem Alter sinkt biologisch bedingt die verfügbare Zeitperspektive, also gerade die am stärksten wachsende Schicht von Menschen in einer demographisch alternden Gesellschaft erleidet Einschränkungen in ihrer Willenskraft und potentieller Willensfreiheit. Was soll und kann es mir bringen, im Alter noch ökonomisch aktiv zu bleiben? Warum sinkt mit dem Altern der Unternehmensführung im Mittelstand die Innovationsbereitschaft (Zimmermann, 2016a,b)? Es versteht sich von selbst: Für Handlungsrechte und unternehmerische Freiheiten zuständige Institutionen und Organisationen wären aufgefordert, eine positive Diskriminierung (also ein Abweichen von den herrschenden Standards) für ältere Unternehmer zu praktizieren. Die Gleichheit vor dem Gesetz ist ohnehin längst zu einem zivilgesellschaftlichen Papiertiger mutiert, an welche nicht einmal Studierende der Rechtswissenschaften zu glauben vermögen.

Joseph Stalin pflegte zu sagen: "Menschen weg, Problem weg". Der moderne Ökonom denkt ähnlich. Er entledigt sich der Probleme, indem er die Tiefe des wirtschaftlichen inklusive ethischen Lebens auf die Funktionsebene Routine reduziert. Willenskraft (Energie, Durchhaltevermögen, Volition) sind ökonomische Luft, vielleicht auch umweltbelastet, aber kein Thema, keine Variable oder gar ein Aktionsparameter. Ökonomie des Flachlands. Er siedelt seine Menschen am Fuß eines Berges an, von dem er sagt, er existiere nicht, Berge gäbe es nur im theoretischen Disneyland der Schumpeterianer und Evolutionisten. Was sich nicht modellieren läßt, existiert theoretisch nicht. Eine Wirtschaftslandschaft also, der es an funktionaler "Kontingenz" mangelt, folglich auch an Möglichkeiten jenseits der Reflexion über Routine und Arbitrage, generiert keine Entwicklungsdynamik. Das mag ausreichend sein für einen Nobelpreis, für die Tiefe wirtschaftlichen Lebens, für die Holarchie der Ökonomie benötigen wir eine integrale Wirtschaftslogik, die den Unternehmer in seiner funktionalen und holarchisch integrierten Vielfalt anerkennt.[240]

12.2 Unternehmerische Energie – von Blue Zones lernen?

Mit Energie meinen wir „Tatkraft" (Peter Drucker) bzw. Durchsetzungs-/Umsetzungsvermögen, Umsetzungskompetenz, Psychologen sprechen neuerdings von „Willenskraft" Volition), Fähigkeit zur Selbststeuerung, auch die „Gewissenhaftigkeit" des Fünf-Komponenten-Modells (Big five) ist damit verknüpft.[241] Volition gilt als Schlüsselkompetenz für Erfolg, in welchem Lebensbereich auch immer (etwa

---

[240] Holarchie ist ein Konzept der Systemforschung, auf Arthur Koestler zurückgehend und von Ken Wilber und Wilbur Smith fortentwickelt. Es bedeutet ein Ganzes, das Teil eines anderen Ganzen ist. Es wird auch als "Ganzes/Teil" umschrieben.

[241] Gute Überblicke mit reichhaltigen Literaturverweisen bieten Artikel in Wikipedia zu Volition. Eine detaillierte Diskussion mit Anweisungen für die berufliche Praxis und empirischen Erkenntnissen gibt Waldemar Pelz (unser Abruf 2015). Der Internettext enthält zahlreiche auch mediale Quellen.

Sport, Unternehmertum, Management, Kunst). Bemerkenswert: Unternehmertum wird nicht oder selten angesprochen (Ausnahme Pelz, 2015). Das Alter(n) bleibt weitgehend ausgeblendet. Ein unternehmerischer Energieschub ist leider kein Geschenk des Himmels. Er ist selbtevolutiv und koevolutiv zu entfalten. Energiearme Menschen genießen ihre Routine, in welchem Alter sie auch sind. Sie werden kalendarisch älter, im Durchschnitt bisher 2,2 Jahre pro Jahrzehnt (Oeppen & Vaupel, 2002). Steigt aber auch ihre gesunde Lebensspanne, gelingt es, eine Kompression der Morbidität (James Fries) umzusetzen oder sinkt ihre Lebensqualität in höherem Alter (Brown, 2015), wenn es nicht gelingt, durch Selbsttun (nicht durch Medikamente) gesundheitserhaltende Lebensweisen zu praktizieren, zu verwirklichen, was Rattan eine Homöodynamik nennt?

„Evolution verlangt ein höheres Energieniveau, ist aber selbst keine Konstante, sondern einem Kompetenzaufbau zugänglich. Dieser verlangt jeweils steigende unternehmerische Energie, die aus Dürfen, Wollen und Können gespeist wird. Wenn die evolutorische Kompetenz steigt, hat dies auch Auswirkungen auf die unternehmerische Wirksamkeit der anderen Funktionen. In der [obigen] Abbildung würden dann die Funktionskurven von Innovation, Arbitrage und Routine nach oben, auf höhere Energieniveaus verschoben. Das Energieniveau der Evolution zieht das Niveau der anderen Funktionsebenen mit nach oben. Auch in hohem Alter aktiv tätig zu sein, wird zunächst von wenigen, sozusagen Pionieren, ausgeübt, auch von Gesellschaften, die in bestimmten Regionen zu Hause sind, die als Blue Zones bezeichnet werden." (Haga, 2013)

Untersuchungen zur Ausweitung einer gesunden Lebensspanne zeigen durchgängig die Relevanz dieser Überlegungen, die in jüngeren Persönlichkeitsmodellen wie Big Five thematisiert sind (siehe bereits Givens u.a., 2009; Poon u.a., 2010). Die weitgehend persönlichkeitsstrukturelle Identität zwischen Unternehmertum und einem gesundem biographischem Altwerden haben wir an anderer Stelle (Röpke, 2015) ausführlicher dargestellt.

Als theoretischen und lebenspraktischen Hintergrund unserer Überlegungen ließe sich das Konzept der Blue Zone erneut anfügen. Wir betonen es nicht, weil Blue Zones im Sinne einer lebenslangen und gesunderhaltenden bzw. –machenden regional ausgeprägten wie persönlichkeitsspezifischen Lebenspraxis in Deutschland und generell in Europa entweder anders verstanden werden (etwa verkehrsberuhigte Zonen in München oder Zürich) oder nicht bekannt sind. Die Lebenslogik von Blue Zones gewinnt jedoch gerade in stressreichen und demographisch alternden Gesellschaften zunehmend Anerkennung (siehe etwa Blyweiss, 2014), so daß wir durchaus von Blue-Zone-Unternehmertum sprechen könnten. Wie bleiben Menschen in Blue Zones bis in ein hohes Alter überdurchschnittlich lange gesund und aktiv im täglichen Leben? Willenskraft und Durchhaltevermögen sind in ihre Persönlichkeit integriert. Sie vermögen weitgehend stressfrei zu leben. Chronischer Stress ist der Feind der Willenskraft (McGonical, 2012, S. 79). Es gelingt ihnen, eine Synergie zwischen Körper, Lebenssinn und wirtschaftlichem Wohlstand zu erhalten. Ihre Homöodynamik wird unternehmerisch kultiviert, Qualität ersetzt dann Quantität, Unternehmertum eine medizinische Inputlogik. An ihrer Ernährungsweise ist etwa erkennbar: Sie versuchen, einer unmittelbaren Befriedung zu entgehen, eine zukünftige Belohnung (Gesundheit, gesunde Lebensspanne) anzustreben. Ihr Zeitverständnis ist biologisch, weniger kalendarisch.

„Die moderne Medizin hat es geschafft die Lebenserwartung beträchtlich auszuweiten, aber dieses Ergebnis der Statistik kam weitgehend zustande aufgrund weniger Todesfälle während der Geburt, Verbesserung der Sanität, sauberem Wasser und Antibiotika. Die Wissenschaft hat noch nicht das Geheimnis eines Lebens jenseits von 90 Jahren entdeckt, obwohl Forscher Regionen identifizieren konnten – *Blue Zones* genannt – in denen die Menschen länger als normal leben" (Wallace, 2015c). Wir zitieren Wallace, weil er eine Grundeinsicht der demographischen Alternsforschung anführt und einem breiteren Publikum vorstellt – und eine Möglichkeit andeutet, was jeder tun kann, sogar muß, um seine *gesunde* Lebensspanne auszuweiten. [242] Wenig essen, gesund essen, bewegen. Wer hält eine Nahrungseinschränkung (kalorische Restriktion) durch? Die Okinawaner schafften es auch, weil sie sich „konzentriert ernähren", hochenergie-intensive Wirkstoffkomplexe wie Kurkuma oder Heilpilze wie Reishi aßen. [243] Die Lebenserwartung der Menschen auf Okinawa war fünfzehn Jahre höher als in Deutschland heute. Das ist Geschichte. Der US-Einfluß auf die Lebensweise junger Menschen (über 40,000 amerikanische Soldaten inklusive Familienangehörige leben auf Okinawa) führt Okinawa auf den japanischen Durchschnitt zurück. Was zeigt das Beispiel? Schaffung und Erhalt einer gesunden Lebensweise verlangen Energie, Volition. Baut diese ab, sinkt die Gesundheit und damit die Chance unternehmerisch aktiv zu bleiben.

Leider, leider, ist zu ergänzen: Energie hat auch eine biologische Quelle, die Energie, die Zellen funktionstüchtig hält. Dies leisten sogenannten Mitochondrien, die energetischen Kraftwerke der Zellen. Mit dem Altern bauen sie ab, ceteris paribus.[244] Energiehungrige Organe wie das Herz und das Gehirn leiden am meisten. Man könnte Einiges unternehmen, um die Mitochondrien (Energieproduzenten) funktionstüchtig zu halten. Ärzte sagen es nicht oder wissen es nicht. Man muß es selbst erkunden, anwenden und auf Dauer durchziehen. Die steigende Lebensspanne der Menschen erzeugt Krankheitsfelder, die sich gegenwärtig nur selbsttherapeutisch, also unternehmerisch, vermeiden oder hinausschieben lassen. Eine Aussage, die in gleicher Weise für das Entdecken und die Schaffung von Wertschöpfungspotentialen in alternden Gesellschaften durch ältere Menschen selbst gilt.

Die folgende Abbildung stammt von Al Sears, einem Arzt des Anti-Aging aus Florida. Er bietet Produkte an, die nach seiner ärztlichen Sicht die Mitochondrien erhalten, auch bei alten Menschen. Mitochondrien sind die Energieproduzenten der Zellen. Werden sie beschädigt, ein normaler Prozeß des körperlichen Alterns, sinkt die körperliche Energie, auch die der Gehirnzellen. Der Körper baut ab und mit ihm das unternehmerische Leistungsvermögen. Diese Prozesse lassen sich entschleunigen, unter anderem durch Förderung homöodynamischer Prozesse auf der Grundlage der Hormesis, wie Rattan (2016) es beschreibt.

---

[242] Wir müssen Wallace, zuständig in der Financial Times für Medizin und Pharma, dankbar sein, daß er – anders als journalistische Kollegen von ihm – die Regionen mit Blue-Zone-Charakter nicht benennt. Eine Insel in Griechenland, als Blue Zone herausgestellt, wird seitdem von Touristen heimgesucht und tendenziell ausgelöscht. Okinawa erleidet das gleiche Schicksal. Tourismus zerstört viel.

[243] Amerikanische Hersteller und Anbieter von sog. Supplementen und gesundheitsfördernden Lebensstilpraktiken haben auch die griechische Insel Ikarios in ihre Promotionprogramme integriert. Der im folgenden skizzierte Arzt Al Sears reist um die Welt, um Regionen in der Dritten Welt zu erkunden, in denen die Menschen Lebensweisen nachgehen, die sich für das unterentwickelte Krankheitssystem der USA nutzen lassen. Würden die amerikanischen (und wohl auch deutschen usw.)Krankenhäuser wie Blue Zones geführt, die Anzahl der Todesfälle (in Makary & Daniel 2016, auf 400,000 pro Jahr geschätzt), könnte dramatisch sinken.

[244] Zum Stand der Forschung: https://www.fightaging.org/archives/2015/05/a-collection-of-recent-mitochondrial-research.php

Abbildung 34: Schädigung der Mitochondrien im Prozeß des Alterns

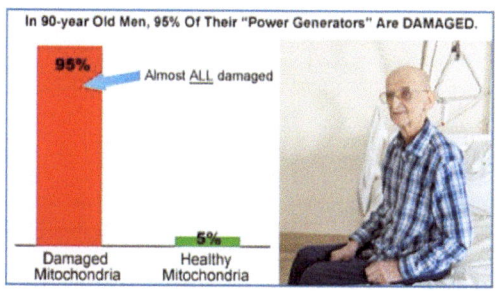

„In 90 Jahre alten Menschen sind 90 Prozent ihrer 'Energiegeneratoren' beschädigt."

Quelle: Sears (2015).

Beispiele sind körperliche Aktivität oder Fasten und Kalorienreduktion, milden Stress erzeugende Interventionen, Zufuhr von Supplementen, welche die Überlebensfähigkeit des Systems Körper erhalten oder verbessern. Zukunftszeit ist eine selbsterzeugte, Senilität eine selbstgemachte. Die Verwandtschaft zu Innovationswirkungen ist offensichtlich: Das Überleben eines ökonomischen Systems wird gefördert. Innovationen sind Stressoren. Sie erzeugen Widerstand im System selbst und bei anderen Systemen. Jüngeres Beispiel ist der Widerstand gegen neue automobile Mobilität etwa durch lokale Transportinitiativen wie die der US-Firma Uber (die auch über 70-jährige Frauen als Fahrerinnen erwerbstätig macht), auch selbstfahrende Automobile werden in der Zukunft davon betroffen sein (17. & 18. Kapitel). Die Roboterisierung wird für (zukünftige) Verluste an Arbeitsplätzen verantwortlich gemacht und ethisch-moralisch hinterfragt (siehe 17. Kapitel). Durch Unternehmen wie Uber und Lyft in den USA - in anderen Ländern wie China und Indien mehrere Imitatoren - werden auch für ältere Menschen Chancen für Erwerbstätigkeit geschaffen, eine Kombination zwischen selbstständigem und angestellten Tätigsein. Zusätzliche Einkommen bei großer Freiheit der Arbeitsabläufe und des Zeitaufkommens machen die Tätigkeit für alte Menschen (über 70-Jährige) attraktiv (Olson, 2016). Biologisch formuliert: Der Rückgang der unternehmerischen Mitochondrien (Energie, Volition) wird verlangsamt, aufgehalten, sogar umgekehrt.

12.3 Negativeinstellungen über alte Menschen

Das Leben älterer Menschen ist zunehmend durch negative Einstellungen ihrer Umwelt und auf diese übergreifend durch die Menschen selbst geprägt. Nicht mehr produktiv, nicht mehr erwünscht. Die beiden interagierenden Energiefelder, Psyche und Körper machen die Menschen früher alt und krank und volitionsarm und unternehmerisch (ökonomisch und/oder biologisch) anreizarm. Auch die sog. Bildung reflektiert diese energieverarmende Einstellung. Kanada gilt als Vorbildland der Immigration. Eine Förderung älterer Menschen durch den Aufbau unternehmerischer Kompetenzen existiert nicht. „[...] this cohort is basically ignored", beobachtet Wasylyk (2015), der sich bemüht, ältere Menschen für Unternehmertum im Alter zu mobilisieren. Seniorenunternehmertum ist „Anti-Ruhestand".[245]

---

[245] Interessant an diesem Beitrag ist nicht nur die Beschreibung kanadischer Verhältnisse - im Grunde: Du bist in Rente, genieße dein Leben - sondern auch die Hinweise auf die zahlreichen Initiativen zu

Was zeigt uns folgende Abbildung? Wie bereits oben dargestellt, gewinnen gegen Ende des 19. Jahrhunderts negative Stereotypen über das Alter(n) die Oberhand. Die Medizin hat gelernt, Menschen hohen Alters länger leben zu lassen, wenn auch nicht länger gesund. Eine steigende Lebenserwartung erzeugt Krankheiten, die sich über viele Jahre im Organismus aufbauen. Die Aufwendungen für Gesundheit steigen mit dem Altern überproportional und schaffen Chancen für Silberprodukte im Krankheitsmarkt.

Abbildung 35: Zunahme von Negativeinstellungen gegenüber alten Menschen: 1810-2010

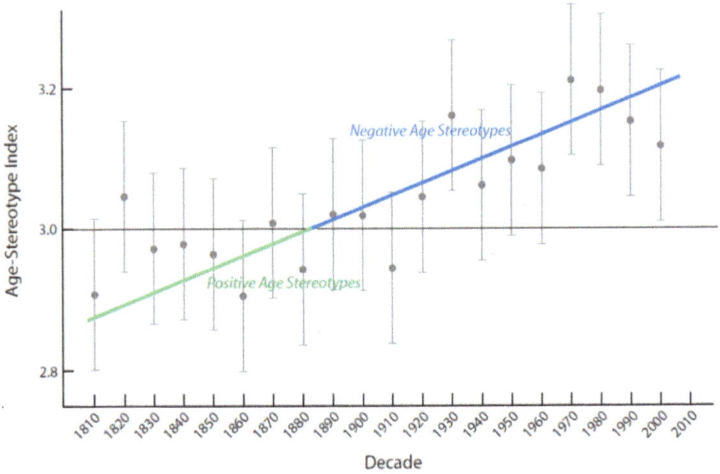

Quelle: Ng, Allore u.a. (2015)

Die Autoren, welche die obige Abbildung erstellt haben, werten eine große Zahl von Untersuchungen aus, weitgehend unsere Kommentierung bestätigend.

Unterstellt wird: Ältere Menschen gehen Kreativität, Erfolgsstreben, Durchhaltevermögen verloren, also gerade jene Eigenschaften, durch welche sich Unternehmer auszeichnen. Die Diskriminierung alter Menschen greift daher um sich. Ein zynischer Ökonom könnte weitere Argumente bezüglich Altersdiskriminierung anführen. Die Diskriminierung durchzieht sämtliche Lebensbereiche alter Menschen: Medizinische Behandlung, Pflege, täglicher Umgang, statistische Erfassung (ab dem Alter von 65 werden keine Daten über Gründungen alter Menschen mehr erfasst), Steuerpolitik, Medien, Unterhaltungsindustrie, für unsere Überlegungen von Bedeutung: Arbeitschancen jenseits politisch-rechtlich festgelegter Altersgrenzen. Unternehmen kennen keinen Großmutter/vater-Effekt. Die Zuwanderung junger Menschen erzeugt weitere Diskriminierungsargumente. Wozu benötigt eine Gesellschaft erwerbstätige ältere Menschen? Die Zuwanderer helfen uns doch, ihren Lebensunterhalt zu finanzieren. Es erinnert an den Umgang der Vereinigten Staaten und Kanadas mit der einheimischen (indianischen) Bevölkerung. Ökonomisch nutzlos. Weg damit. Bis heute. Du bist doch ein „Senior", sagt

---

„seniorentrepreneurship" in den USA. Siehe auch Wasylyk (2014) und seine Website www.seniorentrepreneurship.ca. In Kapitel 17 kommen wir auf diesen Zusammenhang ausführlicher zurück.

man in Frankreich. Leiste dir einen Caravan (Made in Germany) und verbringe dein Leben in Seßhaftigkeit. Und Roboter klopfen an die Türen des Arbeitsmarktes. Viele Beobachter erwarten eine massive Zerstörung von Arbeitsplätzen. Wozu also noch alte Menschen in Beschäftigung halten? Ob diese Sichtweise mehr als eine Nullsummenlogik ist, gilt es zu untersuchen.

Die medizinisch-therapeutische Diskriminierung bewirkt eine Verstärkung einer negativen Selbsteinschätzung alter Menschen, welche den Altersprozeß beschleunigt (Schroyen u.a, 2015; Sutin u.a., 2015). Burn-out und Depression durch Langeweile machen zu schaffen, auch psychologische Hilfe wird eingefordert (Nebe, 2015). Die Liebe zum Körper erleidet Einbußen. Die Diskriminierung und Entmutigung setzt früh ein, nicht nur in höheren Altersstufen selbst. Bereits Menschen in niedrigeren Altersstufen werden sozio-kulturell und rechtlich entmutigt, sich auf eine Lebensweise in höherem Alter vorzubereiten. Mit 50 arbeitslos, game over. Wenn sie dann in eine höhere Altersstufe aufgestiegen sind, fehlt die körperliche, geistige und unternehmerische Kompetenz für wertschöpfende Aktivitäten. Saboteure der Willenskraft gewinnen an Macht. Vorstellungskraft und visionäres Vermögen leiden. Ein Leben in Routine evolviert und läßt die Individuen in vertraute Muster zurückfallen. Negative Funktionalität durchzieht Menschen, Gesellschaft und ihre Funktionssysteme. Die Zukunftsperspektive nähert sich der Gegenwart. Können sich Unternehmen vorstellen, ihre Leistungen mit Mitarbeitern im Alter von 70 und mehr Jahren zu vollbringen, sogar mit diesen Auslandsmärkte zu erschließen (Beispiel die japanische Firma Irodori: die von ihr beschäftigen Frauen sind im Durchschnitt 70 Jahre alt und zunehmend älter). Wie würde es sich auf ihre Wettbewerbsfähigkeit von Unternehmen (in 20 oder 30 Jahren) auswirken, wenn sie ihre Fachkräfte ganzheitlich weiterbilden und zu Gesundheits- „Management" anregen, sich gar auf Trainingsmaßnahmen einlassen (siehe Pelz, 2015), welche die Willenskraft älterer Mitarbeiter steigert?

12.4 Willenskraft und Durchsetzungsvermögen

Was sagt die Ökonomie zu diesen Überlegungen? Bietet uns die Psychologie neue Einsichten?

Zitieren wir zunächst Altmeister Joseph Schumpeter (schon wieder, fragt der Leser, gibt es denn nichts Neues seit 1911?):

> Aber außerdem ist es auch psychisch schwer, etwas zu tun, was man noch nicht getan hat. Es erfordert dies eine neue und anders geartete Willensaufwendung, deren nicht jedermann fähig ist, und es involviert dies immer ein Risiko von andern und ganz neuen Gefahren (Schumpeter, 1911/2006, S.120).

> Wir lenken von selbst an jedem Tage in diese gewohnten Bahnen ein und selbst verhältnismäßig ganz unbedeutende Veränderungen kosten Willensanstrengung, erregen Unlust und werden als etwas Ungewohntes, Fremdes betrachtet (S. 120).

> Was haben nun unsre Wirtschaftssubjekte dazu beigesteuert? Nur den Willen und die Tat: Nicht konkrete Güter, denn diese haben sie gekauft — von andern oder von sich selbst —, nicht die Kaufkraft, mit der sie kauften, denn diese haben sie sich ausgeliehen — von andern oder, wenn wir Errungenschaften aus früheren Perioden auch einbeziehen wollten, von sich selbst. Und was haben sie getan? Nicht irgendwelche Güter aufgehäuft, auch keine ursprünglichen Produktionsmittel geschaffen, sondern vorhandene Produktionsmittel anders, zweckmäßiger, vorteilhafter verwendet. Sie haben neue Kombinationen durchgesetzt. Sie sind Unternehmer (S.284). Die wesentlichen Merkmale dieses Typus sind erstens die Energie des Handelns und zweitens eine besondere Art der Motivation (S. 31). Welches ist die genauere Rolle des

Unternehmers gegenüber denselben? Ihre Durchsetzung mittelst seiner Energie und des Gewichtes seiner Persönlichkeit ist seine eigentliche Aufgabe, nicht eigentlich aber oder doch nur in zweiter Linie die Konzipierung, die Schöpfung des Gedankens (S. 176).

Wenn man die jüngsten Untersuchungen zu Willenskraft, Volition, Gewissenhaftigkeit (Big-Five -Ansatz) mit den obigen Aussagen vergleicht, läßt sich wenig Neues, von Details abgesehen, entdecken. Was das Neue ausmacht, sind Versuche, diese Persönlichkeitsmerkmale zu erzeugen, im Training oder durch Beratung und Coaching. Schumpeter und auch zeitgenössische Ökonomen einschließlich solcher, die sich mit Unternehmertum beschäftigen, gehen von einer gegebenen Persönlichkeitsstruktur aus. Training usw. zielt auf Zusammenhänge, die Schumpeter und andere eher für nebensächlich halten („die Konzipierung, die Schöpfung des Gedankens").

Wir müssen jedoch differenzieren. Die Anforderungen an Willenskraft oder Energie unterscheiden sich nach Funktion (Schumpeter hat mit obigen Aussagen den Neukombinierer im Blickfeld) und mit dieser verknüpft den jeweiligen Tätigkeitsbereichen.

Wir schlagen hierzu eine Hierarchisierung von unternehmerischen Ebenen vor, in welcher ältere Menschen tätig sein könn(t)en.

1. Ruhestand (Rente, Pension, dauerhafte Arbeitslosigkeit in höherem Alter)
2. Weiterbeschäftigung im gleichen Betrieb nach Erreichen des Rentenalters
3. Neue Arbeitsstelle in einem anderen Unternehmen mit vergleichbarer Spezialisierung
4. Selbstständigkeit
5. Willenskraft
6. Durchsetzungsvermögen
7. Energie

Die genannten 1 – 4 lassen sich mit sog. ehrenamtlicher Tätigkeit verbinden, oftmals solcher, welche die politischen und staatlich-administrativen Systeme in der Regel aus Mangel finanzieller Ressourcen nicht selbst ausüben können. Ein Ehrenamt kann sämtliche Altersstufen umfassen und ist oftmals auch eingebunden in Freizeitaktivitäten. Sämtliche Funktionstypen von Routine bis Evolution sind zu beobachten. Offensichtlich gibt es Überschneidungen. Ein Ingenieur kann seine Erkenntnisse und Erfahrungen in einem Vorhaben der Entwicklungshilfe oder als temporärer Berater vermittelt durch Dritte, oftmals Institutionen, umsetzen. Die genannten Aktivitätsbereiche schließen sich nicht aus, lassen sich zeitparallel verwirklichen.

> Plane Schwieriges, wenn es noch einfach ist.
> Tue Großes, wenn es noch winzig ist.
>
> Laozi, Daodejing, Kapitel 6

In der obigen Hierarchie läßt sich eine Zunahme von Anforderungen an die Willenskraft vermuten. Der Energieaufwand steigt. Volition hängt mit biologischen, neukombinativen und evolutorischen Anforderungen zusammen, eingebunden in eine sich ausweitende Zeitperspektive. Selbst- und Koevolution steigern das energetische Niveau. Den Körper gilt es immer mitzunehmen. Aus Oldest Old würden dann Oldest Young. Eine demographisch alternde Gesellschaft verwirklicht eine ökonomische und biologische Selbsttherapisierung, was den gesellschaftlichen Kern von Olderpreneurship ausmacht. Wir nennen es alterslose Gesellschaft (ageless society). Anfänge sind erkennbar, statistisch belastbare Aussagen existieren nicht. Alle Evolutionsprozesse beginnen im Nichts oder im Kleinen.

12.5 Stressmanagement bei zunehmenden Arbeitsjahren und Roboterisierung

Ökonomisch betrachtet sind Mutationen Neukombinationen. Sie energetisieren die Gesellschaft, sie sind ihre „konzentrierte Nahrung". [246] Wer sich an Laozis Empfehlung hält, kann den Einsatz seiner Willenskraft evolutorisch nutzen. Er beginnt mit dem Einfachen, baut seine Fähigkeiten Schritt für Schritt

auf, erleidet weniger Enttäuschungen und Fehlschläge. Der Olderpreneur ist ein Stressvermeider. Chronischer Stress zerstört Energie. Er achtet seinen Körper, nur in Harmonie mit ihm, vermag er seine aktive Arbeitsphase und seine verbleibenden Lebensjahre - seine primären Aktionsparameter - schöpferisch und evolutorisch zu gestalten. Er ist, biologisch gesprochen, ein Homöodynamiker. Zukunftsängste sind nicht sein Ding. Sie schädigen seine Organe. Tiger (yang) und Kranich (yin) interagieren in Harmonie, Lebensenergie erzeugend.

Stressmanagement muß auch in die Arbeitswelt einziehen: Unternehmen, Organisationen, Behörden müßten mit zunehmendem Alter ihrer Mitarbeiter Stressarmut zum primären Aktionsparameter machen. Wenn eine Rente mit 73 in die Unternehmen einzieht, die aktive Arbeitsphase der Mitarbeiter steigt, lassen sich Betriebe nicht mehr führen wie mit jüngeren Mitarbeitern. Wer älter als siebzig ist, zehn Jahre kann er noch im Durchschnitt leben, aber auch gesund? Mutieren Unternehmen in Ausbeutungsmechanismen der Körper ihrer Mitarbeiter, deren Lebensenergie für Wertschöpfung nutzend, die „Kompression der Morbidität" (James Fries) mißachtend. Die Organisation der Arbeitsteilung und der Zuweisung von Aufgaben ist lebenslang-unternehmerisch zu gestalten. Eine zweite Herausforderung ist die Integration von Robotern in die Aufgabenwelt der Mitarbeiter. Die Angst vor Robotern als Arbeitsplatzvernichter ist weitverbreitet und ein ertragreiches Beschäftigungsfeld für Experten. Wie Untersuchungen jedoch zeigen (siehe OECD, 2016), ist die eigentliche Herausforderung weniger der Verlust an Arbeitsplätzen als ihre Neugestaltung, welche ein produktives und produktivitätssteigerndes Zusammenarbeiten zwischen Mensch und Roboter zustandebringt. Angestellte wie Selbständige neukombinieren ihr Arbeitsleben. Das Schlagwort eines „lebenslangen Lernens" gewinnt Inhalte.

> Wer lernt, fügt täglich Neues hinzu.
> Der Welt geht es gut,
> in dem man den Dingen [Robotern] ihren natürlichen Lauf läßt.
>
> Laozi, Daodejing, Kapitel 48.

---

[246] In der indisch-ayurvedischen Gesundheitslehre und -praxis gelten bestimmte Wirkstoffe (Heilkräuter/Pilze) als „konzentrierte Nahrung", „Heilpflanzenenergetik", die auch der traditionellen chinesischen Pflanzenheilkunde zugrundeliegt und den Kern der indischen wie chinesischen Medizin ausmacht (Lad & Frawley, 2013, S.49).

Nahezu täglich ist zu lesen - die Medien beginnen allerdings, positive Altersbilder vorzustellen - , wie Unternehmen versuchen, ältere Menschen länger zu beschäftigen (World Bank, 2016). Die Politik wirkt dem teilweise entgegen, wie die Maßnahmen zur Frühverrentung zeigen. Die meisten Frauen haben die Unternehmen ohnehin schon vorher verlassen. Die Unternehmen sind starkem Druck der öffentlichen Meinung ausgesetzt. Die Weiterbildung Älterer bleibt unterentwickelt, aus scheinbar rationalen ökonomischen Überlegungen: Die Ausreifungszeit für Bildungsinvestitionen ist zu kurz, um Vorteile für die Unternehmen zu erzielen.

Eine bemerkenswerte Einsicht gibt uns Reindl (2008) – auch in seiner Kritik der vorherrschenden ökonomischen Sichtweise.

Kein modernes Personalmanagement könnte es sich heutzutage mehr leisten, in den Verdacht zu geraten, negative Altersstereotype zu transportieren. Sie tun es auch nicht, im Gegenteil: Der Ältere wird heute von ihnen als Träger von Fitness, von Entwicklungsfähigkeit, von ungeahnten Potentialen angerufen. Wenn sie ihn dennoch nicht einstellen, dann hat dies mit ihrem Wissen um die Anforderungen der permanent optimierten Produktionssysteme, der angespannten Wertschöpfungsketten und der verdichteten Leistungserstellungsprozesse zu tun. Sie taxieren sehr realistisch, dass die moderne Arbeit den Älteren eigentlich nicht mehr zumutbar ist. Dies hat nur bedingt mit dem Wandel des körperlichen und geistigen Leistungsvermögens im Verlaufe des Arbeitslebens zu tun, sondern mit dem ungeheuren nervlichen und psychischen Druck, der heute auf den Beschäftigten lastet. Man muss es ernst nehmen und nicht nur als Vorurteil abtun, wenn die Unternehmen als die größte Einstellungshürde die geringere Belastbarkeit Älterer nennen. Die Arbeitswelt ist eingerichtet, als ob es die ‚ewige Jugend' gäbe: Die Innovations- und Leistungsregime sind jugendzentriert, in sie ist bereits die Arbeit mit begrenzter Tätigkeitsdauer eingeschrieben (Steindl, 2008).

Dieser Sichtweise vermögen wir nur in Grenzen zuzustimmen, wenn der Autor das „geistige und körperliche Leistungsvermögen" als unproblematisch, sogar positiv beurteilt. Gerade der „nervliche und psychische Druck" (Stress bis zu Burnout) in der modernen Arbeitswelt bewirkt einen schleichenden Abbau kognitiven und körperlichen Leistungsvermögens und eine Erosion des Leistungswillens. Die Innovationsbereitschaft sinkt mit dem Alter(n) mittelständischer Unternehmer, zeigt uns die empirische Forschung (Zimmermann, 2016b). Die Neigung wirtschaftlich aktiv zu bleiben geht zurück, Selbstständigkeit gewinnt aus der Sicht einzelner Menschen negativ-emotionale Züge. Chronische Krankheiten resultieren auch und zunehmend aus einem stressigen Arbeitsleben. „Arbeitsbezogener Stress im midlife hängt mit der Anzahl" von Beschwerden im höheren Alter zusammen (Kulmala u.a., 2014 mit zahlreichen Belegen und Verweisen auf Untersuchungen). Frauen sind dabei noch stärker belastet als Männer. Man könnte sogar – folgt man einer marxistischen Logik – von einer neuen Form der „Ausbeutung" sprechen. Unternehmen versuchen dem durch vermehrte Beschäftigung junger Arbeitnehmer und Migranten entgegenzuwirken. Die gesundheitlich-geistigen Folgen interessieren nur eingeschränkt. Wir wissen aus zahlreichen Untersuchungen, dass eine Verkürzung der Lebensarbeitszeit eine kognitive „Vergreisung" (Demenz) beschleunigt. Was daraus für das wertschöpfende Arbeiten im Alter folgt, insbesondere selbständiger Erwerbstätigkeit, ist unser zentrales Thema. Stress ganz zu vermeiden, wäre keine wirkungsvolle Antwort. Zumindest milder Stress fördert schöpferische und evolutorische Antworten im Organismus und im Wettbewerb des Marktes, des Sports und in anderen Teilsystemen. Die Biologen nennen es Hormesis und sprechen von Homöodynamik (Rattan, 2016). Wir beobachten sie überall. Eine alterslose Gesellschaft ist auch eine homöodynamische. Vorausgesetzt oder impliziert ist ein unternehmerisches Mitmachen der älteren Menschen selbst. Ergebnis: Ein 97-Jähriger kann gesünder sein als jemand im mittleren Alter.[247]

Unternehmen müßten sich und werden es schrittweise auch tun, in eine „Blue Zone" verwandeln, in der Wertschöpfung bis in ein hohes Alter bei guter Gesundheit Normalität ist. Ein Leben in einer Blue Zone bleibt für ältere Menschen ausgedünnt. In solchen lebenspraktischen Konstellationen kann sich Unternehmertum nicht oder nur schwierig entfalten.

Die Wirtschaft scheint wenig von sog. Softskills zu halten (FAZ, 2014a; die Lesermeinungen zu diesem Beitrag scheinen bedeutsamer als dieser selbst). Das kann nicht überraschen. Da sie auf relativ junge Menschen ausgerichtet ist, zählen „harte" Fähigkeiten (Wissen, Ausbildung), Willenskraft oder Energie wird vorausgesetzt. Zudem wurden in der zitierten Untersuchung Manager und Verwalter befragt, die in der Regel nicht unternehmerisch aktiv sind. Ihr Aufstieg im Unternehmen hat wenig mit unternehmerischer Kompetenz zu tun. Wenn ältere Menschen unternehmerisch aktiv sein wollen, vielleicht müssen (um Geld zu verdienen), gelten andere Kriterien. Viele dieser Älteren wurden in den Unternehmen diskriminiert, Weiterbildung für sie war eine Ausnahme, eigene Ideen wurden abgelehnt. Softskills sind für Unternehmertum unverzichtbar. Erst die Kombination von Kompetenz mit Erfahrung und Wissen macht Unternehmer im Markt erfolgreich.

12.6 Funktionen von Unternehmertum in Abhängigkeit von Willenskraft

Routine läßt sich am einfachsten verwirklichen. Gerade für ältere Erwerbstätige kann es eine attraktive unternehmerische Funktion darstellen. Ihr Lebensunterhalt mag bereits gesichert sein, ihre Vorliebe für die Gegenwart ist aufgrund ihres hohen Alters gleichfalls sehr hoch, das Risiko ist geringer, die Märkte teilweise bekannt, ein disruptiver Markteintritt ist möglich (siehe auch obige Abbildung „Erschließung neuer Märkte", das Feld links unten in Abschnitt „Wirkungsfelder" Kapitel 8).

Arbitrage oder das Erkennen und Ausnutzen von Bewertungsunterschieden, etwa bei Preisen, ist die nächst höhere Funktionsstufe. Danach folgt Innovation, die nach verschiedenen Typen (von frugal über inkrementell bis radikal) sich unterscheiden ließe. Auf der vierten Ebene befindet sich die Entwicklung von Fähigkeiten, die wir als „Selbstevolution" bezeichnen. Wir betrachten diese als den Schlüssel für Unternehmertum und Erwerbstätigkeit im Alter. Wer als älterer Mensch, alt immer im chronologischen Sinn, aktiv wird, muß seine Kompetenzen reaktivieren, steigern, neues Lernen und im praktischen Leben auch umsetzen. Das Empty-Desk-Syndrom (Quadbeck) gilt es zu überwinden. Damit verwandt ist die Problematik der Unternehmensnachfolge: Alte Unternehmer wollen und/oder können, kompetenzbedingt nicht weitermachen (Schwarz und Gerstenberger, 2015a,b; Knop, 2015). Oftmals können sie das auch nicht, da sie mit dem alltäglichen Streß, der chronisch wurde, und anderen gesundheitlichen Herausforderungen nicht mehr zurecht kommen.

Leider ist es im Alternsprozeß nun so, daß ab einem bestimmten Alter das Energieniveau sinkt, die energetische Seneszenz zunimmt, jedoch andererseits mit dem Altern die Anforderungen an energiegespeistes Tätigwerden, also Unternehmertum, gleichfalls zunehmen. Wer gesund altern will, muß die biologisch bedingten Seneszenzen in seinem Körper und Geist zu kompensieren versuchen, d.h. sein biologisches von seinem kalendarischen Alter abkoppeln lernen. Erhalt der Gesundheit ist dabei unverzichtbar und notwendiger Bestandteil jedweder Förderung von Olderpreneurhip. Wem es gelingt,

---

[247]Er treibt Sport, fährt Fahrrad, Ergebnis: "His musculoskeletal properties, athletic performance, cognitive function and gut microbiota are outstanding. Some traits even exceed those seen in middle-aged men (Cheng u.a., 2016).

seine Seneszenz zu verlangsamen, der kann eine längere Lebensspanne erwarten (Goldstein & Cassidy, 2012) und seine aktive Arbeitsphase als angestellter oder selbsständiger Erwerbstätiger ausweiten. Bewegungs- und Ernährungsverhalten spielen eine Schlüsselrolle, also Lebensweisen, die man antiseneszent auszurichten vermag.[248] Wie wir durchgängig bis zum Überdruß betonen: Das Erschließen neuer Lebenswelten (auch die Ausweitung einer gesunden Lebensspanne mit zunehmendem kalendarischem Alter wäre eine solche) verlangt nach energetischen Ressourcen, mehr als in jüngeren Jahren, mehr Widerstände sind zu überwinden, die Alterung des Körpers ist weiter fortgeschritten und erfordert intensive Anstrengungen. Die Könnensbereiche im Alter zu erhalten oder gar auszuweiten und damit auch ökonomische Wertschöpfung zu erzeugen, ist eine Funktion schöpferischer (innovativer) Interaktion wirtschaftlichen und biologischen Unternehmertums. Unternehmertum ist immer auch ein Wettbewerb um unternehmerische Energie, der jedoch den Vorteil bietet, selbsterzeugt zu sein.

Selbstevolution ist nun, wie auch die obige Abbildung (Unternehmerfunktion und unternehmerische Energie) illustriert, ohnehin energie-intensiv, ein aktiv an sich arbeiten, um seinen Könnensbereich auszuweiten. Je älter jemand wird, desto mehr Energie müßte er investieren, auch was seinen Zeitaufwand betrifft. Ökonomie ist auch ein System energetischer Vorgänge. Eine sich entwickelnde und evoluierende Wirtschaft ohne Energie im Sinne von Volition, Willenskraft wird ihren Funktionen verlustig gehen. Sie fällt auf Routine und Alltagsarbitrage (Billigsttickets, niedriger Benzinpreis, Aldi/Lidl etc) zurück. Eine Arbitragewirtschaft investiert viel Geld in das Ausnutzen von historischen, gegenwärtigen, zukünftigen Bewertungsunterschieden, die hier tätigen Unternehmer gelten als „Investoren", Produkte und Dienstleistungen erzeugt sie nicht. Was nützen Arbeitskräfte, „Inputs" im Wachtumsmodell, ohne Investitionen? In sich selbst, durch einen Selbst, wenn man ein Gewerbe aufbaut oder erhalten will, durch andere, wenn man „fremd geht", durch Investitionen in Körperliebe.

Es ist wie bei einem alten Haus: Die Reparaturen nehmen mit seinem Alter zu. Repariert man, bleibt das Haus intakt. Reparieren muß jedoch jemand leisten. Ein Wirtschaft altert wie ein Mensch. Innovationen in historisch erzeugten Basisinnovationen verlieren ihre Wirkkraft. Wer das Neue nicht zu energetisieren vermag, verliert an Wohlstand und biologisch an gesunder Lebensspanne. Demographisch alternde Gesellschaften leiden weniger am Altwerden ihrer Menschen, an einer Abnahme der erwerbstätigen Bevölkerung, primär an Innovationsdynamik und diese ermöglichende Investitionstätigkeit. Unternehmen horten ihre Cashflows, kaufen Aktien zurück, engagieren sich in Aufkäufen und Fusionen. Sie präferieren ein stationäres, finanzkapitalorientiertes Management. Folgen sind Innovationsschwäche und bescheidener Anstieg der Produktivität und deren Folge bescheidene Einkommenszuwächse bei der arbeitenden Bevölkerung und diese finanzierenden Menschen im Ruhestand.

Ein Mensch, der im Alter unternehmerisch aktiv bleibt oder wird, repariert sich selbst. Er erhält seine körperliche und geistige Energie länger als jemand, der sich der biologischen und geistigem Abbau hingibt, nicht gegen sie angeht. Die erzwungene und/oder incentivierte Verrentung und Pensionierung von Menschen wirkt Kompetenzerhalt und -steigerung entgegen. Die wissenschaftlichen Befunde sind eindeutig: Nach einer kurzen Euphorie/Glück/Wellbeing-Phase nach dem Ausscheiden aus dem Arbeitsleben, setzt eine Gegenbewegung ein, die mit kognitivem Altern, bei vielen Menschen in Demenz mündend, einhergeht (siehe die Untersuchungen von Bonsang u.a., 2012; Horner, 2012; Lautenschlager

---

[248] Man sagt: Japaner halten ihre Gehirne etwa länger gesund, weil sie viel grünen Tee trinken (Prevention of senescence and stress by food composition (Unno Kakugaku Zasshi. 2015;135(1):41-6. doi: 10.1248/yakushi.14-00208-2.PMID:25743897). Wer das Pulver der Teeblätter, seien es grüner oder weißer Tee, in Japan Matcha genannt, zu sich nimmt, vermag noch bessere Wirkungen zu erzielen. Die Kaffeeindustrie schlägt brutal zurück, eine Studie nach der anderen zeigt uns: Trinke doch endlich mehr Kaffee. Vier Tassen pro Tag absolut ok, berichten Ernährungswissenschaftler.

u.a. 2014; Rajan u.a., 2015; Rohwedder & Willis, 2010; Sahlgren, 2013; Vester, 1976; Wu u.a., 2016 sowie Meyer-Abich 2010 aus ethisch-philosophisch-medizinischer Sicht zum Sinn der Arbeit und nichterwerbsorientierte Tätigkeiten einschließend). Das psychische Einkommen leidet. Demenz wird folgerichtig zu einem vom Solidaritätssystem zu unterstützenden Pflegefall. Bei einer relativ kurzen Lebensspanne - zwei bis drei Generationen - war körperliche und geistige Seneszenz kein medizinischer und ökonomischer Problemfall, weil die Menschen längst gestorben waren. Diese Erfahrungswelt ist vielfältig enkulturiert geblieben, folglich auch das unterentwickelte Bemühen, unternehmerisch – ökonomisch wie biologisch – entgegenzuwirken. Wer in die Pflegewelt eintritt, ist ökonomisch tot, was natürlich nicht bedeutet, daß man mit Pflegefällen kein Geld verdienen und Arbeitsplätze schaffen kann. [249] Für die Volkswirtschaft und die einzelnen Menschen sind es Vermögensverluste (Abschreibungen) in ihren Human- und Finanzkapital. Lebenslanges Unternehmertum ist Aktivsein gegen Senioritis, das Aufschieben wenn nicht Überwinden der Erosion von Lebenswillen und früh einsetzender Morbidität, Prozesse lebenslangen Lernens mit und ohne ökonomische Autopoiesis.

Was einen *Anti-Aging-Lebensstil* ausmacht ist im Prinzip bekannt. Das Umsetzen ist die große Herausforderung, weil sie energie-intensiv ist und in Ungewißheit eingebettet bleibt. Diese Ungewißheit ist eine selbsterzeugte, durch selbstevolutives Unternehmertum geschaffen. Unternehmer sind psychische Systeme selbsterzeugter Ungewißheit. Nur wenige auch früher unternehmerisch aktive Personen besitzen die Energie für Veränderungen, mit der Folge, daß auch ihre unternehmerische Energie für ihre geschäftlichen Tätigkeiten darunter leidet und sie ihr Unternehmersein aufgeben. Willenskraft und Durchhaltevermögen sind jedoch keine unternehmerische Daten, vielmehr Aktionsparameter. Sie lassen sich auch im Alter unabhängig von ihrer jeweiligen Biographie erhalten, sogar ausbauen.

All diese Prozesse sind eingebettet in schöpferische Zerstörung (Innovation). Wer im höheren und hohen Alter unternehmerisch aktiv sein möchte, muß auf neue Technik zugreifen können. Wer heizt in einem Haus Baujahr 1930 noch mit der damals vorherrschenden Technologie? Gas anstelle von Briketts ist noch einfach. Wer heute Unternehmertum praktizieren will, kommt etwa um Internet und Computer nicht herum. Wenn er Steuern zahlen muß, verlangt das Finanzamt eine Steuererklärung auf elektronischem Weg. Kreativität wird ihm nicht helfen, wenn er seine souveräne Individualität nicht in freier Selbstverfügbarkeit schöpferisch ausübte: Steuerhinterziehung.

Innovation oder Neukombination, d.h. das Neue zu tun, galt und gilt quasi als Privileg junger Menschen. Die Förderung von Unternehmertum ist auf die junge Generation ausgerichtet. Nach der vorherrschenden Logik heißt: Mit zunehmendem Alter schwinden Bereitschaft (Wollen) und Fähigkeit (Kompetenz einschließlich des Durchsetzungs- und Durchhaltevermögens), das Neue zu wagen und durchzusetzen. Jüngere Forschungsergebnisse und empirische Beobachtungen widersprechen allerdings dem jugendkultischen Unternehmertum. Man könnte sogar die Gegenhypothese aufstellen, wenn man beobachtet, wie junge Menschen erzogen und geschult werden. Angst und Risikoaversion scheinen unbeabsichtigte Folgen des Lehrprogramms an Schulen und Hochschulen zu sein. Universitäten involutionieren in Reproduktionsanstalten. Angst vor Mißerfolg zu haben, wird bereits in der Schule anerzogen, und Freiräume das Neue zu unternehmen, sind eingeschränkt, schon zeitlich. Chronischer Streß prägt die Arbeit vieler Menschen im Beruf und fördert eine kognitive Vergreisung im Alter (Sindi u.a., 2016). Auch jüngere Menschen innovieren wenig. Gerade acht Prozent der Erwachsenen im Alter von 25 bis 45 machen sich Gedanken über Innovation, wenn sie vorhaben, ein Unternehmen zu gründen (Kelley u.a., 2012, S. 17f.; Casselman, 2014,a,b faßt die jüngere Diskussion in den USA zusammen; die

---

[249] „Seniorenbetreuung: ein Zukunftsmarkt mit großem Potential" (Promedica Plus, 2015).

Kauffman Foundation untersucht im Detail das Gründungsverhalten unterschiedlicher Altersgruppen in den USA, siehe Fairlee u.a., 2015). Was für die USA als „old and fat" (Casselman) für die Unternehmenspopulation beschrieben wird, gilt auch für die Bevölkerung, Deutschland eingeschlossen. „Deutschlands Generation Y hat Angst vorm Gründen", faßt Siems (2014c) eine Untersuchung zusammen. Deutschland nimmt bezüglich der Einstellung der unter 35-Jährigen weltweit ein Schlußlicht ein. „Hier in Deutschland gibt es ein starkes Sicherheitsbedürfnis. Die Angst, mit einem eigenen Betrieb zu scheitern, ist groß" (Lutz Goebel, Präsident des Verbandes Die Familienunternehmer, zitiert in Siems). Die Angst vor dem Scheitern reflektiert eine bestimmte Ausprägung des Leistungsmotivs (Angst vor Mißerfolg), die im Erziehungsprozeß (Eltern, Schule, Ausbildung, Studium) erworben wird (Martens & Kuhl, 2005), zu Beginn der modernen Entwicklungsdynamik aber religiös-leistungsmotiviert gesteuert (Weber: protestantische Ethik).

Zu bedenken ist des weiteren: Höherqualifizierte wandern aus, insbesondere Akademiker (Siems, 2015). Für ein unternehmerisches Aktivsein in Deutschland stehen sie dann nicht mehr zur Verfügung. Die Evolutionsfähigkeit der Gesellschaft sinkt. Mangelnde Erfahrung sowie bürokratische und rechtliche Beschränkungen im Gründungsprozeß und bei angestellter Erwerbstätigkeit im Alter (65+) wirken hemmend auf die Leistungsmotivation bei potentieller Selbständigkeit. Es überrascht daher nicht, wenn in gründungsfreundlichen Ländern wie den USA auch die Selbständigkeit im dritten und vierten Lebensalter hohe Anteile erreicht, bei insgesamt allerdings rückgängigen Gründungen (Casselman, 2014, a, b; Fairlee u.a., 2015;). Des Weiteren ist zu beachten, daß Wissensvermittlung und ein Training nach dem USA-Muster in gründungsscheuen Ländern wie Deutschland oder Frankreich nur in Grenzen übertragbar sind. Dies gilt für sämtliche Altersgruppen. Das Training von Willenskraft befindet sich noch im Anfangsstadium[250]und ist noch kein Bestandteil von Gründungstrainings. Schumpeterlogisch ließe sich sagen: Du hast eine Persönlichkeit für Unternehmertum - oder eben nicht. Der Erfahrungsvorteil älterer Menschen ist andererseits unübersehbar und anzuerkennen. Sowohl in der Praxis wie in zahlreichen Initiativen stehen daher Erfahrungsübertragungsmuster, wie sie im Beratungswesen und Coaching dominieren, im Mittelpunkt der selbständiger Erwerbstätigkeit im Alter. Dabei ist jedoch auf die Grenzen des Informationsaustausches zu verweisen, wie sie in der Systemtheorie erarbeitet wurden. Des weiteren ist auf den hohen Rang impliziten, nicht übertragbaren Wissens („implicit knowledge" nach Michael Polanyi) zu verweisen, welcher sich nur im praktischen Selbsttun verwirklichen läßt. Das praktische Zusammenwirken von Jung und Alt, aber auch die Zusammenarbeit älterer Menschen mit unterschiedlichem Erfahrungshintergrund sind daher unternehmerische Muster, welche zu untersuchen und zu fördern wären.

12.7 Altersabhängige Gründungsdynamik bei regional-kommunaler Entvölkerung

Werfen wir einen Blick auf deutsche Regionen. Einige leiden unter schöpferischer Zerstörung, die anderen unter einem Altern der Bevölkerung. In Teilen des Ruhrgebietes wurden alte Industrien ausgelöscht. Friedrich Nietzsche: „„Wandel der Werte – das ist Wandel der Schaffenden. Immer vernichtet, wer ein Schöpfer sein muß" (Nietzsche, Also sprach Zarathustra, I, Von tausend und einem Ziele). Städte wie Duisburg und Bochum leiden. Der Erhalt der Stahl- und Kohleindustrie ist zentraler Bestandteil der

---

[250] Man vergleiche die Texte von McGonical (2012) und Baumeister & Tierney (2014), beide mit ausschließlichem USA-Bezug und auf das Alltagsleben ausgerichtet. Siehe auch die Beiträge zu Willenskraft und Volition in Wikipedia (deutsch und englisch), mit Hinweisen auf Trainingsmöglichkeiten. Zu Erfahrung und Trainingsmethoden in Deutschland siehe Pelz (2015).

Industriepolitik, unterstützt durch Vorgaben der EU-Kommission. Im Norden sind in Kommunen wie Bremen, Bremerhaven und Wilhelmshaven die alten Industrien als Wertschöpfer verschwunden. Die Regionen und Kommunen altern und verarmen. Aus ländlichen Regionen nicht nur Ostdeutschlands wandern junge Menschen ab, für die verbliebenen und alten verschlechtern sich die Erwerbschancen und die infrastrukturelle und gesundheitliche Versorgung. "Nur die Städte bleiben übrig". In Japan ist eine Gemeinde populationsökonomisch am Sterben. Früher ein Zentrum für Perlenfischer. 700 Häuser, die Hälfte steht leer und verfällt. „Vergreisung", ökonomisch und demografisch (Onishi, 2016). Der ökonomische Vorteil der Perlenfischer ist längst verschwunden, überall auf der Welt gibt es Imitatoren. Man kann gegenwirken, man kann, wer schafft es? Die Kommune liegt nur wenige Kilometer von dem Standort entfernt, auf welcher die sog. G-7-Staatschefs sich im Juni 2016 beraten haben: Laßt doch endlich Immigranten in euer Land. Macht es wie Deutschland, werden die deutschen Politikspitzen ihren japanischen Kollegen vorhalten.[251] Eine japanische Kommune, Okutama, rund 5000 Einwohner, nicht weit von Tokio entfernt, geht einen eigenen, schöpferischen Weg.[252] Wer in leere Häuser der Ortschaft einzieht, erhält vielfältige Vergünstigungen.

Abbildung 36: Okutama

Quelle Japan Times, istock

Die vorherrschende Antwort (schumpeterianisch: adaptiv) Zuwanderung (Immigration) gilt als ein Ausweg.[253] In beiden Konstellationen finden Initiativen wie die hier vorgeschlagenen nicht statt. Man

---

[251] Niemand von diesen wird wohl Jared Diamond (2010) gelesen haben, der in einem Epilog (Wer sind die Japaner – Nachtrag Juni 2006), geschrieben also exakt zehn Jahre vor G-7, ausführlich darlegt, wie Japan besiedelt wurde und eine Kultur entwickelte, in welcher eine nicht-japanische Memetik bis heute auf Widerstand trifft.

[252] http://www.japantimes.co.jp/news/2016/12/15/national/depopulated-okutama-offers-vacant-homes-perks-incentives-attract- families/#.WFaymX0V3IU

[253] http://www.welt.de/wirtschaft/article144802751/Im-Osten-bleiben-nur-die-Staedte-uebrig.html.Warum unterentwickelte Regionen und Kommunen in Deutschland nicht als Aufnahmeregionen und -standorte bevorzugt ausgewählt sind, vielmehr sog. Flüchtlinge bundesweit auch in wohlhabenden Gebieten aufzunehmen sind, zeigt die geringe auch ökonomische Vorstellungskraft der politisch Verantwortlichen. Aus der keynesianischen Logik mag es sich zunächst um das bekannte Löcher graben und zuschütten handeln (keine direkte Wertschöpfung durch die Zugewanderten selbst). Es wird jedoch neue Nachfrage entfaltet, die lokalen Unternehmen einschließlich der sozialdienstlichen und gesundheitlichen Leistungserbringer sehen sich vermehrter Nachfrage gegenüber. Die Nachfrage nach Arbeitskräften steigt somit an, folglich auch die kommunal und regional verfügbare Nachfrage nach Wohnraum und Konsum. Ob sich daraus neukombinative Kräfte auch innovative Entwicklungsimpulse ergeben können, bliebe zu untersuchen. Zunächst werden Impulse für eine Zuwanderungsindustrie erzeugt, die auch neukombinative Eigenschaften aufweisen können und den Vorteil aufweisen, keiner direkten Konkurrenz durch ausländische Wettbewerber ausgesetzt zu sein. Wenn jedoch Ressourcen aus international konkurrienden Unternehmen abwandern, könnte die Wettbewerbsfähigkeit eingeschränkt werden.

unternimmt, was sich in politischer Routine bewältigen läßt: Vom Staat akquirierte Ressourcen in die entwicklungsarmen Regionen und Standorte umleiten.

Zuwanderung gelingt nur eingeschränkt, wenn sie von der einheimischen Bevölkerung abgelehnt wird. [254]Wilhelmshaven gilt als Zufluchtsort für die Empfänger von Harz-IV-Leistungen. Die Immobilienpreise sinken, der Wohnraum ist billig, Miete niedrig. Dem „Siechtum deutscher Dörfer" widmet sich Malzahn (2014) mit einem Bericht über mitteldeutsche Regionen (Osthessen, Thüringen, Südniedersachsen). Die Vergreisung ist nicht nur eine demographische, auch ökonomisch verarmen Dörfer und kleine Kommunen. Was von Malzahn beobachtet wird, ist in demographischen Prozessen Normalität. In Japan versucht die Regierung die Folgen zu mindern oder umzukehren. Lokalem Unternehmertum gelingt auch eine Trendwende. Wir haben über Irodori berichtet (siehe auch den nachfolgenden Text mit Abbildungen). Weitere Beispiele schildern Pilling (2014), Harding (2015a), Schlesinger & Martin (2015) und Gilhooly (2015). In der Europäischen Union einschließlich Deutschlands beobachten wir keine signifikanten Initiativen. In Spanien verlassen die Einwohner kleine Städte und Dörfer teilweise vollständig – trotz lokaler Wertschöpfungsmöglichkeiten in ländlichen Gebieten (Buck, 2014). In einer relativ fruchtbaren Region östlich von Madrid bleibt eine Person in dem Dorf Motos übrig, 76 Jahre alt. Er hütet Schafe. In Deutschland widmet man sich primär den Herausforderungen, das Leben älterer Menschen in demographisch an Rückgang der Bevölkerung leidenden Regionen menschenfreundlicher zu gestalten, gelegentlich auch das Schulsystem zu erhalten.[255]

In Deutschland leiden – im Vergleich auch zu Japan - unternehmerische Initiativen in ländlichen entvölkerten Gebieten an der durchbürokratisierten und durchreglementierten Einflußnahme von Behörden. Die mit Unternehmertum älterer Menschen verknüpften Herausforderungen, auch das unternehmerische Zusammenwirken jüngerer und älterer Unternehmer, bleibt wenig thematisiert. Da die lokalen Märkte schrumpfen, kann Unternehmertum primär nur auf die Schaffung komparativer Vorteile zielen: d.h. dem Erschließen von Märkten jenseits des eigenen regionalen oder kommunalen.

Auch städtische Regionen sind betroffen. Ehemals hochindustrialisierte Zentren wie im Ruhrgebiet oder Lothringen in Frankreich leiden unter der Zerstörung ihrer konventionellen Industrien (wie Automobilindustrie). In den USA werden Großstädte wie Chicago (mutiert in eine Mörder-City), Cleveland, Cincinnati, Detroit (wegen Überschuldung im Prozeß der Bankrotterklärung; die Bevölkerung sinkt von 2 Millionen auf 700,000 Einwohner, stärker als die schlimmsten Befürchtungen zu Japan; danke Schumpeter für die schöpferische Zerstörung; ist Volkswagen die Rettung?), St. Louis entvölkert mit der Folge auch rassistischer Konflikte.[256] Die verbleibenden Afro-Amerikaner sind unternehmerisch nicht in der Lage, Gegenwirkungen zu entfalten, zudem steigt die demographische Alterung dramatisch an (Gordon, 2014). Was deutlich wird: Demographische „Vergreisung" wird zum Problem, wenn man die Welt durch eine wachstumstheoretische Brille betrachtet (wir nennen es Inputlogik) und die politischen und ökonomischen Entscheidungsträger von seinen Erkenntnissen zu überzeugen versucht. Wir verweisen hierzu erneut auf die Kritik von Paul Romer (2015). Politisches Unternehmertum wäre gefordert, mit den oben genannten Kompetenzprofilen ausgestattet. Studien helfen nicht, Wissen findet nicht von alleine den Weg in das Leben der Menschen in verarmenden Regionen. Nicht das Wissen fehlt,

---

[254] In der Entwicklungsforschung wird das Konzept sogenannter Enklaven verwendet, um eine unzureichende ökonomische Kopplung einer Region mit ihrer wirtschaftlichen wie geographischen Umwelt zu beschreiben.

[255] http://www.berlin-institut.org/publikationen/studien/von-huerden-und-helden.html

[256] Die nicht-gedeckten Verpflichtungen für zukünftige Pensionszahlungen von Kommunen und Teilstaaten in den USA werden auf 5000 bis 6000 Mrd. Dollar geschätzt (Bullock, 2016). Daraus resultiert auch ein Anreiz, über das Renteneintrittsalter (retirement age) hinaus zu arbeiten und Unternehmen im Alter (Notgründungen) aufzubauen.

vielmehr die Kraft für seine Umsetzung. Auf die Zitate von Schumpeter zu Beginn dieses Kapitels möchten wir verweisen, bevor wir die Psychologen Martens & Kuhl (2005, S. 120f.) zitieren: „Wir müssen lernen, durchzuhalten. Wir brauchen Kraft durchzuhalten." Das Erschließen neuer Lebenswelten benötigt energetische Ressourcen, deren Nichtverfügbarkeit oder selbstevolutiver Aufbau demographisches Altern zu einem ökonomischen Problemfall macht.

Was wir schildern ist Normalität. Der Süden Italiens kann sich trotz massiver Subventionen der italienischen Regierung und der Europäischen Gemeinschaft nicht entfalten. Das lokale Unternehmertum ist mafiös durchsetzt (ausführlich hierzu Assmann [2003], ein Schlüsselwerk zur ökonomischen Dynamik von Regionen).[257] Andere Regionen und Kommunen vermögen jedoch, trotz rascher Entvölkerung und weiter zunehmender Alterung, ihre wirtschaftliche Dynamik zu erhalten. Es gelingt ihnen, Unternehmertum auch bei alten Menschen zu erzeugen. Beispiel ist die japanische Kommune Kamikatsu, in welcher überwiegend alte Frauen mit bäuerlichem Hintergrund eine Unternehmung aufgebaut haben, die Produkte an Restaurants japanweit verkauft (siehe Haga 2012, 2014) und den Exportmarkt erschließt (Das Bild zeigt uns die Welt, in der Irodori angesiedelt ist, die nachfolgende Abbildung zusätzliche Informationen).

Abbildung 37: Kommune Kamikatsu als Genderstandort

- Mountain area.
  135 km from Osaka, 180 km from Kyoto, 530 km from Tokyo.
- Rural district with forestry and agriculture.
- Population: 1,767 as of August 2014.
- Ratio of townspeople 65+: 49.5 %
- Population decline since 1960's; aging.

Quelle: Haga, 2014

---

[257] Jörg Aßmann widmet sich nicht der Erstellung von Studien sondern versucht umzusetzen, was er theoretisch und empirisch erforscht hat. In Südniedersachsen erzeugt er unternehmerische Impulse. Projekte ohne unternehmerische Ambitionen sind scheiternsintensiv. Sog. Entwicklungshilfe scheitert ohne Einbindung unternehmerische Energie.

Was dieses Kapitel klar zu machen versuchte: Ökonomie ist ein System energetischer Vorgänge. Es machte vielleicht auch klar, warum wir einen Teil der Ökonomie als unternehmerblind betrachten. Blinde Flecke sind Normalität, auch bei dem Autor. Er bemüht sich jedoch, dem Antlitz der Sixtinischen Madonna (der evoluierenden Wirtschaft und ihren Teilsystemen) nicht gegenüberzustehen, wie ein Chemiker, trivialmaschinell: Er kann die Farben sehen, aber nicht ihr Bild.[258]

---

[258] Dieses Bild entnehmen wir Jakob von Uexküll (1976, S. 160). Man könnte auch mit Schumpeter argumentieren: Die billigste Idee setzt sich durch.

13 Zeitperspektiven von selbstevolutivem Unternehmertum

13.1 Zeit als unternehmerische Variable

Zeit ist der Stoff, aus dem das Leben ist. Zeit ist eine unternehmerische Variable. Evolution vollzieht sich in der Zeit, Innovationen genauso. Zeit läßt sich zerstören. Zeit läßt sich erzeugen. Wer nur noch wenig Zeit zu einem erfüllten Leben hat, was sollte ihn bewegen, unternehmerisch aktiv zu werden, gar zu innovieren? Man kann jedoch Seneca anführen:

> Es ist nicht zu wenig Zeit,
> die wir haben,
> sondern es ist zu viel Zeit,
> die wir nicht nutzen.
>
> Lucius Annaeus Seneca

Wir erläutern in mehreren Punkten (insgesamt zehn) die altersbedingte Problematik von Erwerbstätigkeit bei variablem Zeithorizont und unterschiedlicher Vorstellungskraft. Zunächst skizzieren wir in Themenbereichen verschiedene Aspekte der Zusammenhänge von Zeit und unternehmerischem Tun vor allem im Alter. Eine zeitbezogene Sichtweise haben wir bereits im 6. Kapitel vorgestellt. Im Mittelpunkt steht das Innovationsverhalten in Abhängigkeit von chronischem Altern auch im Hinblick auf die Gründung von Unternehmen. Auch ein lebenslang unternehmerisch Aktiver (drittes und viertes Lebensalter) erzeugt Wohlstand für sich selbst und die Gesellschaft einschließlich seiner Nachfrage nach Gütern und Leistungen. Seine Innovationsleistung wäre eine indirekte, wenn er Güter nachfragt, die innovativen Charakters sind (siehe das Kapitel 15 zur Silberwirtschaft). Er könnte aber wesentlich mehr an Wohlstand (Wertschöpfung) anregen und erzeugen, wäre er selbst als Neuerer aktiv (siehe Kapitel 17 zur Golden economy). In diesem Kapitel sprechen wir mehrere sich überlappende Aspekte eines lebenslangen Unternehmertums zeitperspektivisch an. Theoretisch ist ihre systematische Durchdringung noch nicht erfolgt.

(1) Alter ist kein Hinderungsgrund für Kreativität und Innovation. Die Untersuchungen etwa von Benjamin Jones (2009, 2010, 2011) haben für unser Vorhaben wegweisenden Charakter. Jones zeigt nämlich, auf der Grundlage US-amerikanischer Daten: Das Alter von kreativen Forschern und Innovatoren verschiebt sich in immer höhere Altersgruppen. Inwieweit kann so etwas für Olderpreneurs relevant sein? Amerikanische Wissenschaftler sind im Vergleich zu Europa öfters unternehmerisch tätig. In den Vereinigten Staaten existiert auch keine Altersgrenze für Professoren an Universitäten und wissenschaftlichen Instituten. Aus diesem Unterschied wird abgeleitet, daß das Alter nicht die einzige Bedingung für unternehmerisches Tun (Handeln) ist. Motivation, Fähigkeit und Handlungsrechte, eingebettet in Durchsetzungsvermögen (Schumpeter) oder Willenskraft (Volition) sind als Bestimmungsfaktoren zu beachten.

(2) Untersuchungen zum Gesundheitsstatus verschiedener Altersgruppen zeigen: Das chronologische Alter ist kein relevanter Marker um gesundes Alter zu verstehen, zu messen und zu verwirklichen. In allen Altersgruppen bis in solche hohen chronologischen Alters gibt es substantielle Unterschiede in einer an Gesundheit orientierten Lebensqualität (Lowsky u.a, 2014).[259] In früheren Zeitperioden waren die

---

[259] We find that a significant proportion of older Americans is healthy within every age group beginning at age 51, including among those aged 85+. For example, 48% of those aged 51-54 and 28% of those aged 85+ have excellent

Unterschiede geringer. Das waren auch die Zeiträume, in der die heute noch praktizierten Anweisungen und gesetzlichen Regelungen für Rente, Pension und Arbeiten im Alter geschaffen wurden und in einigen Ländern wie Deutschland und Frankreich teilweise noch ausgeweitet werden. Da der Zugang zu medizinischen Leistungen für alle Menschen weitgehend identisch ist, liegt die Vermutung nahe: Die Unterschiede in der gesundheitlichen Verfassung und Lebensqualität sind entweder selbsterzeugte, also bio-unternehmerisch bedingt oder eine Folge unterschiedlicher Einkommen und sozialer Stellung. Es gibt daher auch Vorschläge, das Renten/Pensioneintrittsalter heterogen zu gestalten oder ganz aufzuheben (siehe etwa Schwentker, 2011; auch Hans-Werner Sinn, 2014, macht Vorschläge in diese Richtung). Jedermann nach seiner *façon*. Eine Ausweitung der aktiven Arbeitsphase gewinnt an politisch-medialer Anerkennung, primär wohl motiviert um das Staatsbudget zu entlasten.

(3) Die Lebensspanne weitet sich kontinuierlich weiter aus, folgt man demographischen Prognosen, wobei zwischen Lebensspanne unabhängig vom gesundheitlichen Zustand und Gesundheitsspanne (healthspan) zu unterscheiden wäre; daraus folgt ein Mehrfaches:

a) Die Anzahl älterer Menschen mit guter Gesundheit wird weiter steigen, damit auch das Potential für Unternehmertum in höheren Altersgruppen. Und da mehr Menschen als potentielle Unternehmer existieren, steigt auch die Nachfrage dieser Menschen nach Qualifizierungs-, Beratungs- und Coachingangeboten.

b) Aufgrund der unterschiedlichen Lebens- und Berufserfahrungen und unterschiedlicher Zeitperspektiven kann man Olderpreneurs nicht mit den gleichen Qualifizierungskonzepten bedienen wie sie jungen Menschen angeboten werden. Die Entwicklung solcher Konzepte befindet sich noch in der Anfangsphase und verlangt daher Kreativität, Einfühlungsvermögen für die Bedürfnisse älterer Menschen und Bereitschaft zu experimentieren. Dies impliziert auch Forschungskomponenten.

c) Die anzusprechenden unternehmerischen Funktionen haben das gesamte Spektrum abzudecken (siehe das RAIE-Modell zu Unternehmertum). Die oben angesprochene Innovationsfunktion umfaßt dabei die gesamte Spanne von Möglichkeiten, angefangen von frugalen, über inkrementelle bis zu Low-Tech-Neuerungen. Einige „young olders" sind auch basisinnovativ tätig, etwa Ray Kurzweil, 68 Jahre alt. Ruhestand ist nicht nur kein Thema für ihn. Er unternimmt alles, nun auch bei Google, seine und anderer Menschen ökonomische und biologische Lebensspanne in eine unternehmerische Zukunft zu verschieben, die kein Ende erwarten läßt. Inkrementelle Neuerungen auch disruptiven und frugalen Charakters sind für alte Gründer von besonderem Interesse, um Risiko und relativ kurzen Zeithorizont ihrer Vorhaben mit unternehmerischer Energie zu harmonisieren. Innovation generell und radikalere Neuerungen beziehen sich auf eine relative kleine Zielgruppe älterer Entrepreneure. Erfahrung und Netzwerk, über welche ältere Unternehmer verfügen, erleichtern dabei das wertschöpferische Tätigsein. Die Grundaussage unserer Überlegungen wird dadurch untermauert: Die Anzahl potentieller Gründer und Erwerbstätiger in älteren Altersgruppen steigt überproportional (siehe Abbildung 1 am Beispiel der USA).

d) Die angesprochenen wirtschaftlichen Potentiale sind keine notwendigen und schon gar nicht hinreichende Bedingungen um ein lebenslanges Unternehmertum als wünschenswert und förderungswürdig zu betrachten. Der Argumentationskern ist der Sinn des Lebens: eine schöpferische

---

or very good self-reported health status; similarly, 89% of those aged 51-54 and 56% of those aged 85+ report no health-based limitations in work or housework" (Lowsky u.a, 2014, zitiert aus dem Abstract). Für Alterserwerbstätige in Deutschland haben Esselman & Geis (2015) den Gesundheitszustand ermittelt. Sie betrachten diesen „als zentrale Determinante für die Erwerbsbeteiligung Älterer" (S. 35). Grundlage ist eine Selbsteinschätzung der 65- bis 74-Jährigen. 27,3 Prozent der Nichterwerbstätigen betrachten ihren Gesundheitszustand als gut oder sehr gut, gegenüber 45,4 Prozent der Erwerbstätigen. Je höher das Qualifikationsniveau, desto höher wird auch der Gesundheitszustand eingeschätzt. Der selbsteingeschätzte stimmt natürlich nicht mit dem tatsächlichen Gesundheitszustand überein. Große Unterschiede lassen sich nicht feststellen.

und selbstevolutive Zukunftsgestaltung, welche sich durch wirtschaftliche und biologisch-psychische Kopplungswirkungen verwirklicht.

(4) Für eine Ausweitung der Beschäftigungsspanne älterer Mitarbeiter in Unternehmen gelten vergleichbare Überlegungen. Die Anerkennung der Beschäftigungs- und Kompetenzpotentiale der eigenen Mitarbeiter und bereits im Ruhestand befindlicher Menschen würde das Problem des „Fachkräftemangels" endogen lösen helfen. Politik und Wirtschaft versuchen, durch Anwerbung von Menschen aus dem Ausland Fachkräftelücken zu schließen, das hochselektive kanadische Verfahren, in welchem „seniorenentrepreneurship" keine Bedeutung zugesprochen wird (Wasylyk 2014, 2015). Eine nicht untypische Aussage von Jean-Claude Juncker (2014): „Es wird in den nächsten Jahrzehnten einen Fachkräftemangel in Europa geben, den wir aus eigener Anstrengung nicht werden beheben können." Ökonomisch mag solches kurzfristig sinnvoll erscheinen: Anstelle in eigene Mitarbeiter oder Ruheständler zu investieren, wird das Potential ausländischer Fachkräfte genutzt, was den Vorteil bietet, daß ein großer Teil der Ausbildungs-/Trainingsinvestitionen von anderen Nationen/Unternehmen getragen wird. Auf die Dauer sind solche Verfahren nicht tragfähig, wenn Innovations- und Evolutionsimpulse nicht eingebunden sind. Es geht in der praktischen Politik und den diese beeinflussenden oder bewirkenden Maßnahmen nach Ansicht von Beobachtern nicht nur um Fachkräfte, sondern um billige Arbeitskräfte, zudem gesetzliche Vorgaben einheimischen Fachkräften Anreize für den Ruhestand vor Erreichen des Renteneintrittsalters geben. Aus welchen Ländern sollen oder werden Fachkräfte einwandern? Aus entwickelten EU-Ländern? Aus Osteuropa? Aus dem Nahen Osten oder Afrika? Die deutschen Unternehmen scheinen zu bemerken, welches Potential in den eigenen Arbeitskräften jenseits des „Ruhestandsalters" verfügbar ist (Kaiser, 2015, Esselmann & Geis, 2015). Eine aktive Arbeitsphase ist somit auch endogen-ökonomisch bedingt: selbsterzeugte Fachkräfte. Man wird zu beobachten haben, wie ostasiatische Länder (Japan, Korea, China), welche Immigration nicht zulassen oder weitgehend beschränken, diese Herausforderung bei vergleichbaren demographischen Entwicklungen bewältigen. In einem Kommentar zu einem Beitrag von Steltzner (2014), identisch mit Juncker: „Sind Japan und Südkorea, zwei Länder, die nichts von Inklusion und Willkommenskultur gegenüber Einwanderern wissen wollen, untergegangen? Denn der demographische Wandel ist dort schlimmer als hier" (Feldbaum, 2014). Das seit Jahrzehnten stagnierende Süditalien altert nun auch demographisch. Wie ließe es sich ökonomisch regenerieren? Zuwanderung aus dem Norden (es wurde versucht, Fiat hat Fabriken verlagert) oder Immigranten aus Nordafrika? Wir bezeichnen diese in Politik, Medien und Teilen der Wissenschaft vertretene Meinung als „Inputlogik": Mehr Inputs (Mengen an Ressourcen) erzeugen mehr Output. Schumpeter konnte bereits diese Sichtweise zurückweisen, argumentiert jedoch mit einem Modell anderer Natur: Neukombinationen erzeugen Entwicklung und Wohlstand, in der Zukunft auch anthropomorphe Intelligenzbestien auf Roboterbasis, nicht die Anzahl der Menschen. Die vorherrschende Sichtweise, was immer man von ihr halten mag, ersetzt nicht eine sich chronologisch älteren Menschen widmende Ausrichtung und Neuorientierung von Wissenschaft und Politik. Nicht die Höhe des Bruttosozialproduktes entscheidet über den Wohlstand, sondern die Produktivität der eingesetzten Ressourcen, insbesondere der Arbeitskraft. Die kalendarische Alterung von Menschen steht angesichts der anstehenden medizinisch-biologischen Innovationen *am Beginn* einer demographischen Revolution (Haga, 2013). "Wenn Deutschland seinen Wohlstand halten will, braucht es [auch alte und qualifizierte Einheimische]."(Steltzner, 2014).

(5) Unternehmer handeln zukunftsorientiert. Wenn sie innovativ und selbst- wie koevolutiv engagiert sind, versuchen sie eine neuartige Zukunft zu verwirklichen. Bei der relativ kurzen gesunden Lebensspanne der Vergangenheit ist die Gegenwartsvorliebe (potentieller) Unternehmer hoch. Wertschöpfungspotentiale sind auf eine rasche Umsetzung ausgerichtet. Die Zeitperspektive ist stärker gegenwarts- als

zukunftsorientiert. Die Zeitperspektive bezüglich der Zukunft (future time perspective) ist zu verstehen als die Antizipierung von Zielen in der nahen oder distanzierten Zukunft. Mit der Ausweitung einer gesunden Lebensspanne wird die Gegenwartsvorliebe abnehmen. Der Anreizwert chronologisch distanzierter aber bereits antizipationsfähiger Ziele wird steigen und zwar umso stärker, je länger die *Future time perspective* (Lens u.a., 2012). Die demographischen Veränderungen verlängern die Zeitperspektive für unternehmerische Projekte im Alter und bestätigen die Aussagen von Jones, nach denen sich die Innovationsleistung in immer höhere Altersklassen verschiebt. Die Gründungsbereitschaft in reifen Industriegesellschaften verlagert sich in höhere Alterskohorten (Beispiel USA: Fairlee u.a., 2015). Auch die motivationalen Folgen sind zu beachten. Menschen mit einer längeren Zukunftsperspektive sind besser in der Lage, die zukünftigen Folgen gegenwärtigen Verhaltens zu antizipieren. Des Weiteren: Der Anreizwert von in der Zukunft erreichbaren Zielen ist umso höher, je länger die Zeitperspektive in die Zukunft hineinreicht (Husman & Shell, 2008). Unternehmerische Projekte chronologisch älterer Menschen werden sich somit ceteris paribus (Fortsetzung der Ausweitung einer gesunden Lebenszeit) durch längere Ausreifungszeiten und implizit höhere Innovationsintensität auszeichnen. Auch die Motivation in die eigenen Fähigkeiten zu investieren (wir nennen es Selbstevolution) wird steigen. Evolution steigert das energetische Niveau. Aufgabe eines Trainers, Coaches, Beraters wäre es, die Entwicklung des Anderen zu beschleunigen, seine energetische Dynamik zu fördern und freizulegen. „Ich fühle mich energielos" bei meinem Alter noch weiter zu arbeiten, bleibt allerdings für die große von Menschen die eher bevorzugte Alternative, wie auch an der hohen Attraktivität einer Frühverrentung (Rente mit 63, circa ein halbe Million Erwerbstätige haben sie bis Ende 2015 in Anspruch genommen) erkennbar wird.[260] Ökonomische (hedonistische) Anreize bestimmen die Arbeitsbereitwilligkeit. Hedonismus ist, folgen wir Joseph Schumpeter und Max Weber, kein Merkmal einer innovations-unternehmerischen Motivation.

„Die wesentlichen Merkmale dieses Typus sind erstens die Energie des Handelns und zweitens eine besondere Art der Motivation. [...]Welches ist die genauere Rolle des Unternehmers gegenüber denselben? Ihre Durchsetzung mittelst seiner Energie und des Gewichtes seiner Persönlichkeit ist seine eigentliche Aufgabe, nicht eigentlich aber oder doch nur in zweiter Linie die Konzipierung, die Schöpfung des Gedankens." (Schumpeter, 1911/2006, S. 31, 176).

Zwei Aussagen von Menschen, beide als Schauspieler berühmt geworden.

Arnold Schwarzenegger:

... bald siebzig, voller Energie und Tatendrang, aber ich fühle mich wie ein Dreißigjähriger. Solche Beispiele zeigen mir, dass regelmäßiges Training vielleicht nicht dein Leben verlängert - aber es bedeutet Lebensqualität bis in ein hohes Alter. Gute Dinge werden besser, je älter sie werden. Ich hatte immer schon die Fähigkeit, mir die Zukunft so klar auszumalen, dass ich sie vor mir sehen konnte. Es gibt eine Statistik, nach der 74 Prozent aller Amerikaner ihren Job hassen, für die ist der Ruhestand natürlich himmlisch. Ich gehöre nur eben zum anderen Teil – ich liebe das, was ich tue. Also werde ich weitermachen (... „Bis zum letzten Atemzug?", fragt der

---

[260] Nach einer Umfrage von TNS-Emnid möchten knapp zwei Drittel der Befragten nicht bis zu einem Alter von 67 arbeiten. Angst vor Abschlägen bei der Rente sind die primäre Ursache dafür, vor dem gesetzlichen Renteneintritt nicht mit der Arbeit aufzuhören. Bereits bei den 40- 49-Jährigen konnten sich nur noch neun Prozent vorstellen, bis 67 zu arbeiten. Quelle: http://www.finanzratgeber24.de/aktuelle-umfrage-knapp-zwei-drittel-der-deutschen-moechten-nicht-bis-67-arbeiten-15021.html; bei TNS-Emnid zum Zeitpunkt des Schreibens nicht verfügbar. Die sog. Studien zu diesem Themenkomplex sind – um es zurückhaltend auszudrücken – durchwachsen. Auf der Grundlage von Umfragen/Befragungen Schlüsse abzuleiten, scheint verwegen. Sie dienen uns zur Illustration von theoretisch hergeleiteten Zusammenhängen. Über eine empirische Beweiskraft verfügen sie nicht.

Interviewende). Das ist der Plan. Und danach geht es in eine andere Welt (Arnold Schwarzenegger über das Altern, Interview, Süddeutsche Zeitung, 11. Juli 2015, S. 54).

Ian McKellen ist 76 Jahre alt, Schauspieler, berühmt geworden als Zauberer in der „Der Herr der Ringe". Meine Zeit läuft ab, mein Körper funktioniert nicht mehr wie früher, Schmerzen und Handicaps sind jetzt ein Thema. Der Tod ist eine Befreiung. Ich wache an manchen Tagen auf und denke: Ich fände es nicht schlimm, zu sterben. Viele Menschen gehen in Pension, weil sie nicht mehr die Energie haben, ihren Job ordentlich zu machen. Für das Leben gibt es kein Drehbuch. Ich entziehe mich dem Leben, eindeutig (Ian McKellen, „Der Tod befreit", Auszüge aus einem Interview mit Christian Aust, Frankfurter Allgemeine Sonntagszeitung, 27. Dezember 2015, S. 13).

Unterschiedliche Zukunftsperspektiven bei Menschen nahezu gleichen Alters.

Artur Fischer ist der Erfinder des „Fischer-Dübels". Fischer revolutionierte das Heimwerken. 14 Millionen Dübel am Tag produzieren die Fischerwerke am Tag. Seine Firma wurde Weltmarktführer für Befestigungstechnik. Im Jahr 2014 erhielt er den Europäischen Erfinderpreis für sein Lebenswerk. Er starb im Januar 2016 im Alter von 96 Jahren im Kreis der Familie (nicht im Altersheim). Aktiv bis kurz vor seinem Lebensende. Täglich besuchte er die Werkstatt. Erfinden ist eine Sache. Fischer hat seine Ideen in der Praxis durchgesetzt und erst damit die Bedürfnisse der Nachfrager erfüllt, Milliarden von Werten geschaffen und Tausende von Arbeitsplätzen erzeugt. 96 Jahre ohne Ruhestand. Lebensenergie, unternehmerische Willenskraft bis zu seinem Ableben. Vergleichbar mit Toyoda von Toyota oder Osamu Suzuki (86 Jahre alt und noch aktiv) von Suzuki.

Zurück zu den zitierten Überlegungen von Jones und anderen, da ein nichtreflektierter Zusammenhang Beachtung verlangt. Er betrifft die Bereitschaft in jungen Jahren als Wissenschaftler innovativ zu sein. Innovativ bedeutet wissenschaftlich neu zu kombinieren, nicht-konforme Ideen zu entwickeln, eventuell sogar außerhalb der vorherrschenden Paradigmen zu denken und zu handeln. Da relativ junge Wissenschaftler, oftmals in prekärer Beschäftigung tätig, eine sichere, lebenslange Position anstreben, werden sie kritisches Denken, welches außerhalb der herrschenden Sichtweise angesiedelt ist, zurückhaltend angehen. Dies bestätigen zumindest die Erfahrungen deutscher Juniorprofessoren. Sie unterliegen einem hohen Konformitätsdruck (Bunia, 2014). Eine „dramatische Gefährdung der Innovations- und Kritikfähigkeit der bundesdeutschen Forschung wird befürchtet." Sie scheint sich zu verwirklichen, wenn wir die Daten des Global Innovation Index 2015 akzeptieren.[261] Mit zunehmendem Alter und sicherer Position der Wissenschaftler wächst die Freiheit, Bereitschaft und die Fähigkeit zu Innovation im Sinne der Erkenntnisse von Benjamin Jones.

(6) Immer mehr Menschen machen sich Gedanken darüber, wie sie im Alter eine aus ihrer Sicht jeweils angemessene Lebensweise verwirklichen können. Die sog. Altersarmut spielt hierbei eine Schlüsselrolle. Zahlreiche Untersuchungen zeigen auf, daß Menschen, die sich nur auf ihre Altersrente verlassen, beträchtliche Einbußen in ihrem Lebensstandard hinnehmen müssten.[262] Altersarmut bewirkt dann auch

---

[261] Der jährlich erscheinende Global Innnovation Index ist ein Gemeinschaftswerk von der Cornell University, von INSEAD, World Intellectual Property und AT Kearney. (http://www.wipo.int/edocs/pubdocs/en/wipo _gii_2015.pdf).
Deutschland findet sich nicht unter den Topnationen, nimmt den Rang 12 ein. Eine Kurzinterpretation gibt Science Files, http://sciencefiles.org/2015/09/23/wozu-hat-volkswagen-eigentlich-einen-aufsichtsrat/

[262] Eine Untersuchung von Prognos im Auftrag des Gesamtverbandes der Deutschen Versicherungswirtschaft (GDV) hat ermittelt: Das Bruttorentenniveau einer Standardrente nach 47 Beitragsjahren wird bis zum Jahr 2050 um

Altersschulden, die einen bis in den Tod begleiten. [263] In den USA sind immer mehr Menschen genötigt, im Alter jenseits des offiziellen Renteneintritts zu arbeiten. Auch der Anteil der Altersselbstständigen wächst daher überproportional zu den Gründungen in jüngeren Jahren (Fairlee u.a., 2015). Der Einstieg in diese altersbezogene Berufspersktive verlangt jedoch – wenn er sich erfolgreich vollziehen soll – eine längere Vorbereitung und diese ist gebunden an eine relativ lange Zeitperspektive gekoppelt mit Vorstellungskraft. Viele Menschen vernachlässigen das Leben im Alter ökonomisch wie gesundheitlich. Sie leben, umgangssprachlich gesprochen, von der Hand in den Mund.

Wir zitieren hierzu aus einem Beitrag:

Nur zwei Prozent der Arbeitnehmer gehen einer Studie zufolge davon aus, dass die gesetzliche Rente im Alter reichen wird. Gegen die sogenannte Versorgungslücke, die sich mit dem Eintritt ins Rentenalter auftun kann, haben 58 Prozent der Arbeitnehmer aber bislang nichts unternommen, wie aus einer Untersuchung der Unternehmensberatung PricewaterhouseCooper (PwC) hervorgeht. Demnach wissen viele Arbeitnehmer zu wenig über die Möglichkeit einer betrieblichen Altersversorgung. Bei denjenigen, die für das Alter vorsorgen, steht die betriebliche Altersversorgung an erster Stelle mit 43 Prozent. Auf Platz zwei und drei landeten die Riester-Rente und die private Lebensversicherung mit jeweils 34 Prozent. Für die Studie befragte PwC bundesweit tausend sozialversicherungspflichtig Beschäftigte. 29 Prozent von ihnen erhalten demnach eine komplett vom Arbeitgeber finanzierte Betriebsrente, beteiligen sich also nicht mit eigenen Beiträgen daran.[264]

Die zitierte Untersuchung (man beachte auch die Leserkommentare) zeigt zweierlei: einen kurzen Zeithorizont und bei denen, die an ihre Alterszukunft denken, ein Handeln im Routinemodus. Sie „investieren" in Möglichkeiten, die für sich genommen keine Rendite erwirtschaften, wenn wir die staatliche Förderung (Subventionen; steuerliche Vorteile) ausschließen. Teilweise liegt dies auch an der staatlichen Reglementierung, welche Kapitaleinkünfte massiv mit rund 30 Prozent - weltweit einmalig – belastet und keinerlei Differenzierung für alterszukünftige Anlagen zuläßt (außer den oben genannten). Vielen Menschen stehen die genannten Alternativen auch nicht zur Verfügung. Demokratische Regierungen denken an Morgen, nicht an Übermorgen. Die Zuwanderungspolitik in Deutschland ist eine Illustration. Enkulturierte Konstruktionen über die Gestaltung einer Gesellschaft wirken auf das jeweilige Tun. Die damit bewirkten Zukunftsleiden von Bürgern in deren älteren Lebensphasen werden nicht auf die Gegenwart, das Handeln in ihr, abdiskontiert.[265]

---

sieben Prozentpunkte zurückgehen, parallel steigt der Beitragssatz zur Renteversicherung um fünf Prozentpunkte. Da die gesetzliche Rentenversicherung nach dem Rentenversicherungsbericht der Bundesregierung die wesentliche Einkommensquelle im Alter bleibt, ist zu erwarten (nach Prognos): die individuellen Rentenniveaus sinken. Wer keine 47 Beitragsjahre verwirklichen konnte, ein immer höherer Anteil von Menschen, wird besonders betroffen sein. Die Wahrscheinlichkeit einer Armut im Alter steigt, umgekehrt steigen aber auch die Anreize, länger erwerbstätig zu bleiben. Deutschland folgt somit auch dem Muster der USA. Prognos schlägt eine Ausweitung der aktiven Arbeitsphase auf 69 Jahre ab den 2030-Jahren vor. So ließe sich „auch die in der Bevölkerungsalterung angelegte Wachstumsbremse" lockern. http://www.prognos.com/uploads/tx_atwpubdb/140415_Prognos__Zukunft_der_ Altersvorsorge_Studienergebnisse_GDV.pdf

[263] Die Überschuldung älterer Menschen im „Ruhestand" steigt überproportional ermittelt Creditreform (http://www.faz.net/finanzen/meine-finanzen/finanzieren/aelter-werden/immer-mehr-aeltere-menschen-geraten-in-eine-schuldenfalle-13904513.html).

[264] FAZ, 26. Januar 2015: Vielen droht eine Versorgungslücke, http://www.faz.net/aktuell/beruf-chance/arbeitswelt/altersvorsorge-versorgungsluecke-13391174.html.

[265] In den vorherrschenden Medien konnte man im Januar 2016 einen Beitrag lesen, welcher die inputlogische Betrachtung der Zuwanderung in Deutschland im Hinblick auf das Rentensystem in Frage stellt (Ascheimer, 2016).

(7) Zukunftszeit hat wirtschaftliche, soziale und persönliche Aspekte. Alle haben auch selbstevolutive Komponenten. Im persönlichkeitsstrukturellen Bereich sind diese jedoch besonders ausgeprägt. Ihre Mobilisierung ist wichtig, weil sie es erlaubt, Innovationen mit längerer Ausreifungszeit zu konzipieren und durchzusetzen. Betrachten wir einen Wissenschaftler, der in seiner aktiven Forschungslaufbahn Wissen und Ideen erzeugt hat, diese jedoch aus verschiedenen Gründen nicht verwirklichen konnte. Statt Neukombinationen verwirklicht er einen Knowing-doing-gap. Wenn er mit zunehmendem Alter der üblichen Erosion kognitiver und körperlicher Fähigkeiten ausgesetzt ist, seine Umsetzungskompetenz wird entsprechend leiden. Neuerungen jenseits der Marginalität sind dann schwierig umzusetzen. Er müßte vielmehr Vorstellungskraft besitzen oder entwickeln, die es ihm erlauben, seine gesunde Lebensspanne zu verlängern, seinen Alterungsprozess zu komprimieren (James Fries: Kompression der Morbidität oder Krankheitshäufigkeit), sich in eine Zukunftswelt versetzen, 10, 15, 20 usw. Jahre in die Zukunft, in welcher er seine Neuerungen verwirklicht hat. Das ist keine Science Fiction. Vorstellungskraft ist eine Schlüsselkompetenz für Unternehmer, seien es biologische oder wirtschaftliche Unternehmer, oder eine synergetische Kombination von beiden. Arbeiten in höherem chronologischen Alter verlangt Vorstellungskraft – in bezug auf die Vergangenheit und die Zukunft. Wer sich vorstellen kann, wie er gelebt und gearbeitet hat, als er noch 20 oder mehr Jahre jünger war, gewinnt an körperlicher Vitalität (Grierson, 2014). Ob es sich dabei um einen Placebo-Effekt handelt oder nicht, spielt eine untergeordnete Rolle. Der Geist, die Psyche, die Emotion wirken verjüngend auf den Körper. Auch wer sich vorstellen kann, er könnte in 10, 20 usw. Jahren über die gleiche Kompetenz verfügen, über die er heute oder in jüngeren Jahren verfügt, hat bessere Chancen, die Welt der Vorstellung auch zu seiner Wirklichkeit werden zu lassen. Man kann Vergangenheit und Zukunft vorstellungskräftig verbinden: wie lebe ich (jetzt 70 Jahre alt), wenn ich 90 bin, wie in meinem Alter von 50. Vorstellungskräftig zu leben verlangt jedoch die praktische Umsetzung der zukünftigen Lebenswelten, also die Kerneigenschaft von Unternehmertum jenseits von Routine: Durchsetzungsvermögen, Willenskraft, Gewissenhaftigkeit.

Überraschend ist daher diese Aussage nicht: Es scheint bei manchen Menschen eine persönlichkeitsstrukturelle Identität zwischen wirtschaftlichem Erfolg und dem Erreichen eines sehr hohen Lebensspanne (bis 125 Jahre oder höher) zu geben. Sie fördern auch parallel zu ihren eigenen Geschäften die Erforschung eines gesunden Altwerdens. Fünf Milliardäre werden von Alsever (2013) vorgestellt. Das russische Medienmogul Dmitry Itskov ist noch jung (im Jahr 2013 gerade 31 Jahre alt). Er hat die Initiative 2045 gegründet, ein internationales Forschungszentrum, welches sich der wissenschaftlichen Erforschung künstlicher Intelligenz, quasi der Entwicklung eines synthetischen Gehirns bis zum Jahr 2045, widmet. Der Googlegründer Larry Page (42 Jahre alt) hat bei Google die Tochterfirma Calico etabliert, welche sich gleichfalls der Erforschung eines gesunden Alterns widmet und mit Ressourcen ausstattet, die im normalen Wissenschaftsbetrieb nicht verfügbar wären, von der Vision und Vorstellungskraft der Wissenschaftler ganz zu schweigen. Page denkt in einem Zeitraum von 100 Jahren (Waters, 2014).[266] Zweifellos fällt eine solche Lebensgestaltung aus dem Rahmen. In der Regel denken Unternehmer (wir meinen nicht Spitzenmanager) mit Erreichen eines bestimmten Alters (parallel zum Rentenansttittsalter) an ihren Rückzug aus der Geschäftswelt, zunehmend den Mittelstand betreffend (Schwarz und Gerstenberger, 2015a,b; Knop, 2015) – oftmals auch auf Druck ihrer Umwelt. Bis in ein hohes Alter unternehmerisch aktiv bleiben oder in höherem Alter (drittes und viertes Lebensalter) einen

---

Von einigen Ökonomen wurde diese Vermutung mehrfach geäußert, findet aber in Medien und Politik keine Anerkennung, da eher als „rechtspopulistisch" einstufbar.

[266] Über das Denken und Handeln von Larry Page berichtet ausführlich Dougherty (2016): „How Larry Page's obsessions became Google's business".

unternehmerischen Weg einzuschlagen, ist an Voraussetzungen gebunden, welche sich zwar erwerben lassen, aber selten erworben werden. Dabei bewirkt, wie Grierson (2014) aufgrund von Forschungserkenntnissen und empirischen Befunden aufzeigt, gerade ein Vorstellungsvermögen über ein gesundes Leben in der Zukunft, eine Mobilisierung energetischer, emotionaler und körperlicher Kräfte, welche die Wahrscheinlichkeit, ein Solches auch zu verwirklichen, zu erhöhen vermögen.

(8) Wir beobachten in Innovationssystemen Konstruktionen der Wirklichkeit, welche grundlegende Merkmale von Unternehmertum nicht kennen oder mißachten. Die Folge ist: akademisches Unternehmertum leidet massiv. Die OECD hat Vorschläge unterbreitet, welche die Erzeuger von Wissen zwingen, dieses an die Institutionen abzutreten, in welcher sie ihre Forschungen vollziehen. Ergebnis: Erzeugung eines Knowing-doing-gap. Dieses System wurde in vielen Ländern - teilweise die USA als Vorbild betrachtend - übernommen, auch in Deutschland. Wieviel dieses Wissens, oftmals in Erfindungen und Patenten konkretisiert, der Einsicht Schumpeters folgen - „Kanäle auf dem Mars" – ist nicht bekannt und nur indirekt erschließbar. (Patentierte) Ideen sind in vom Gesetzgeber vorgeschriebener Weise an Dritte abzugeben, die sich für deren Vermarktung bemühen sollen. In vielen Fällen passiert mit diesen Daten und Informationen (wir nennen es nicht Wissen) wenig. Sie vergammeln mangels Unternehmertum. Der Erfinder kann sie nicht mehr selbst umsetzen, sie sind nicht mehr sein Eigentum. Es ist und bleibt (s)ein Wissen, energiearm, mit bescheidenem unternehmerischen Bezug. Er müßte somit andere unternehmerische Wege einschlagen, um sein Wissen in ökonomische Wertschöpfung zu transformieren. Aber wie wir seit Laozi, Zhuangzi und Konfuzius wissen: Ein (unternehmerischer) Weg kommt nur und erst dann zustande, wenn man ihn auch geht (Zhuangzi, 1998, S. 76). Dies sind oftmals Wege, die sich erst jenseits oder außerhalb der Normalität des beruflichen Alltags, in höherem Alter, außerhalb der behördlich-staatlich aufgezwungenen Normen, etwa im Renten/Pensionsalter, erschließen lassen. Den chinesischen Philosophen geht es im übrigen nicht um Wahrheiten und Definitionen, sondern um die Darstellung von Prozessen, die jedermann im Prinzip verwirklichen könnte.

Ein schwedisches Forscherteam (Jacobsson u.a., 2013) hat hierzu theoretische Überlegungen und empirische Daten vorgelegt. Eines der wenigen Länder, welches die OECD-USA-Logik nicht übernommen hat, ist Schweden. Folglich ist auch dort die Wissensnutzung vor allem durch Gründung von Unternehmen durch die Wissenschaftler selbst, in einer führenden Position. Im weltweiten Innovationsranking des Global Innovation Index 2015 nimmt Schweden Rang 3, Deutschland Rang 12 ein (Cornell University u.a., 2015). Für Unternehmertum in den Altersklassen drei und vier (Tabelle 1) können handlungsrechtliche Beschränkungen Kompetenzeinbußen, Erfahrungsverzichte und Ausdünnung von Netzwerkaktivitäten mit sich bringen. Wer in seiner aktiven Laufbahn nicht unternehmerisch aktiv war, verliert an Fähigkeiten, welche er als *olderpreneur* benötigen könnte. Auch seine unternehmerischen Erfahrungen sind bescheidener. Die Nutzung von Netzwerken ist gleichfalls eingeschränkt, da die Umsetzung seines Wissens, angewiesen auf zahlreiche Netzwerkaktivitäten mit Kollegen, Unternehmen, Finanzierern, Kunden, nur eingeschränkt oder überhaupt sich nicht entfalten konnte – verglichen mit einer Konstellation von parallelem wissenschaftlichem und unternehmerischem Tätigsein. Drei der Schlüsselkompetenzen von Unternehmertum im Alter leiden somit.

Verantwortlich für die Verschiebung der Innovationsleistungen in höhere Altersgruppen macht Benjamin Jones die steigende Komplexität von Forschung, die Zeitdauer von Ausbildung und Wissenserzeugung, die Notwendigkeit von Vernetzung, die erforderliche Erfahrung bei der Erzeugung und Umsetzung von Wissen. Nur relativ alte Personen verfügen über diese Eigenschaften. Unternehmen und Organisationen wie Universitäten und Forschungseinrichtungen nehmen diese Kompetenzprofile nicht zur Kenntnis, negieren sie oder zeigen aufgrund gesetzlicher Beschränkungen von Arbeiten im Altern, Frühverrentung,

Nebenerwerbsregelungen ein bescheidenes Interesse, das Wertschöpfungsvermögen älterer Menschen zu nutzen, auch im Hinblick auf ihre Beiträge zur Innovation.

Drei Einflußprozesse sind anzusprechen (ausführlich hat Haga, 2013, diese Vorgänge dargestellt).

(a) Demographie: der Anteil älterer Menschen an der Bevölkerung steigt, damit auch der Anteil von Innovatoren, die in höhere Altersgruppen aufrücken. Mit einem Anstieg der Lebensspanne verfügen Menschen über mehr Möglichkeiten, Unternehmertum in höherem biographischem Alter zu verwirklichen. In den zuständigen Ministerien auf Bundes- und Länderebene ist nach unserer Beobachtung noch kein Umdenken erkennbar; Jugend- und Genderkult bleiben dominant; human- und sozialkapitalistische Engpässe bleiben inputlogisch thematisiert und betreut. Altersdiskriminierung entschleunigt Innovation. Andere Länder und Regionen (insbesondere Ostasien) erzeugen komparative Wettbewerbsvorteile, die – zunächst paradox scheinen mögen – mit zunehmender Alterung der Bevölkerung sich ausweiten. Ältere Menschen gilt es nicht nur zu betreuen, vielmehr zu energetisieren, zeitperspektivisch zu motivieren, nicht zuletzt durch Aktionen, die sie nicht selbst unternehmen und gestalten können: Schaffung von Freiräumen für altersökonomisches Tätigsein, Entregulierung und Entbürokratisierung.

(b) Das Innovationspotential bei jüngeren Menschen geht zurück, ihre Akademisierung („Bildung", nicht Fähigkeitsaufbau) und Negativemotionalisierung (German Angst; Angst vor Risiko, Unsicherheit, Ungewißheit) trägt dazu bei, bei älteren steigt es; Ausbildung und Wissenserwerb dauern länger, Training und Erfahrungserwerb verlangen mehr Zeit; die Durchregulierung unternehmerischen Verhaltens schreitet voran und ältere Menschen verfügen über Erfahrungen diese zu umgehen wenn nicht zu negieren.

(c) Selbstevolution; Menschen leben länger, viele auch gesund. Sie haben mehr Zeit, ihre Fähigkeiten im Hinblick auf Innovation und Unternehmertum zu steigern. Besonders „belohnen" können sich jene, deren Zeitpräferenz oder Gegenwartsvorliebe niedrig oder deren Zeithorizont länger in die Zukunft hineinreicht. Folge: die Innovationsproduktivität bei älteren Menschen steigt im Vergleich zu jüngeren. Dies gilt auch für Neuerungen, welche potentielle basisinnovative Eigenschaften aufweisen. Einen App oder ein Marketingvideo ist relativ leicht und früh im Leben zu schaffen, eine biotechnologische Innovation oder künstliche Intelligenz durch Neurobiologie oder Computerwissenschaft zu steigern, verlangt mühsam und über längere Zeit zu erwerbende Erfahrungen und Kompetenzen, die zunehmend auch biologisches Unternehmertum einfordern. Eine Vielzahl von Beispielen sind auf der Internetseite von Ray Kurzweil verfügbar. Kurzweil innoviert wohl bis zu seinem Lebensende, wenn es überhaupt auf ihn zukommt. Als „restless genius" wird der siebenundsechzig Jahre alte beschrieben. Er will unsterblich werden, tut alles, um es zu erreichen, hat seine Lebensweise entsprechend ausgerichtet und forscht und entwickelt allein oder mit anderen (etwa Google) nach medizinischen Interventionen, die eine schrittweise aber dauerhafte Ausweitung der Lebensspanne gestatten. Ob es ein ethisches Recht auf ein ewiges Leben gibt (die abrahamitischen Religionen verneinen es), ist nicht unser Thema.

In Ländern mit bescheidenem wissenschaftlichem Unternehmertum wie in Westeuropa, spielt die Bio- und Neurobiologie auch nur eine verhältnismäßig bescheidene ökonomische Rolle. Eine der Folgen ist eine zunehmende Tendenz zur Stationarität der Wirtschaft, deutlich erkennbar im Abflachen der Produktivitätszuwächse und Reallohnsteigerungen (Fleming & Giles, 2015). In Deutschland stiegen die Reallöhne seit 1995, also in zwei Jahrzehnten, um 2,2 Prozent.[267] Das Auslaufen langer Wellen läßt sich nicht inputlogisch bewältigen. Die Quellen der Produktivität sind in vielfältigen theoretischen

---

[267] http://www.querschuesse.de/deutschland-realloehne-2015/

Denkmustern thematisiert. Auf die Frage, warum der Anstieg der Arbeitsproduktivität (Wertschöpfung je Arbeitsstunde) in den höher entwickelten Ländern (USA, UK, Deutschland, Japan etc.) seit den siebziger Jahren des vergangenen Jahrhunderts nahezu in Permanenz sinkt, streiten sich die Ökonomen. Innovationsforscher sehen die Ursache in einem sich dem Ende nähernden „Boom" der Informationstechnologie, der Abschwächung der Langen Welle des fünften Kondratieff. Um Gewinne zu machen und Marktanteile zu halten, setzen Unternehmen auf Arbeitskräfte niedriger Vergütung – sie investieren jedoch nicht in neue Kondratieff-Technologien. In allen entwickelten Ländern sinkt die Investitionsquote. Eine von Ökonomen allgemein akzeptierte Erklärung hierfür existiert nicht. Die theoretischen Standpunkte sind zu verschieden und führen zu divergierenden Interpretationen auch für die zukünftige Entwicklung. Es gibt keine objektive Realität, jede Theorie und Weltanschauung und Memetik erfindet ihre eigene.

Als Beispiel seien die pessimistischen Vorhersagen von Robert Gordon, Makroökonom und Historiker, angeführt, der in verschiedenen Veröffentlichungen und zuletzt in einem 700 Seiten umfassenden Buch „The rise and fall of American growth." den Nachweis nachlassender Innovationsdynamik, abschwächender Produktivitätszuwächse und Realeinkommenssteigerungen versucht, Demographie als Negativeinfluß ansprechend. Die erste Industrielle Revolution ist gelaufen, Computer, Informationstechnologie und Internet sind im Vergleich zu dieser ökonomische Schwächlinge. Die Folge ist ein „epochaler Niedergang der USA gemessen am Rekord der vergangenen 150 Jahre" (Gordon, 2012). Das Buch haben wir nicht gelesen (veröffentlicht 2016) aber ältere Aufsätze. Die Schumpeter-Kondratieff-Logik (ausführlich in Schumpeters Konjunkturzyklen dargelegt) ist kein Thema. Die Internetrevolution (5. Kondratieff) sei am Ende, meint Gordon. Er führt auch eine alternde Bevölkerung als Wachstumsbremse auf. Zukünftige Basisinnovationen sind für ihn nicht erkennbar oder bleiben ausgeblendet. Zu einer Kritik von Gordons Überlegungen sei auf Tyler Cowen (2014) und die Fülle der Kommentare zu diesem Beitrag verwiesen sowie Bhidé (2015). „Gordon significantly underestimates already existing advances in software, automation, robotics and related technologies" (Cowen), eine Aufzählung, welche Bio- und Nanotechnologie nicht erwähnt, vor allem die Interaktion von Nano, Bio, Info, Cogno (NBIC) welche bislang unbekannte Innovationen erzeugen kann. Die statistische Auswertung der Daten durch Gordon ist nach Bhidé „fehlerhaft" (eine Interpretation, die wir oben mit Hinweis auf Deaton bereits skizziert haben; das Buch von Deaton, „The great escape", „Der große Ausbruch", läßt sich als ökonomische und medizinische Antithese zu Gordon verstehen; Deaton verknüpft ökonomische mit medizinischen Entwicklungen als Wohstandserzeuger). Zukunftsproblematisch ist für Bhidé die sinkende Zahl von neu gegründeter Unternehmen.[268] Diese sinken in der Tat dramatisch, sie halbieren sich von 1977 bis 2013 in den USA (Daten bei Lewis, 2016), welcher als Ursachen eine zunehmende Reglementierung („explosion of paperwork") und Finanzierungsschwierigkeiten anführt. Wir wissen nicht, ob sich Gordon mit den „Konjunkturzyklen" Schumpeters und anderer Entwicklungsforscher wie Gerhard Mensch („Das technologische Patt") beschäftigt hat, welche Gründe darlegen, warum die Abfolge von Innovationszyklen in Perioden schwächeren Wachstums eingebettet ist. Auch das „Wolfsche Gesetz" abnehmender Entwicklungsimpulse früherer Basisinnovationen ließe sich anführen. Da Neukombinationen zunehmend von wissenschaftlichen Erkenntnissen geprägt sind, ist die Interaktion der Systeme Wissenschaft, Wirtschaft und Politik (Produzent von Anreizen, Regeln und Vorschriften) ein Schlüssel für das Verstehen entwicklungsdynamischer Schwächephasen.

---

[268] Bhidé: "Estimates of total factor productivity are based on assumptions that preclude the decentralized, broad-based innovation that undergirds the dynamism of capitalist economies. Thus the decline in standard measures of productivity – which fly in the face of most everyday experience – is not a cause for alarm. We should however be concerned by the declining numbers of improvised but promising new businesses."

Gordon nimmt Einwände nur bescheiden zur Kenntnis. In Bloombergview stellt er seine Überlegungen 2016 einem größeren Publikum vor (http://www.bloombergview.com/articles/2016-01-26/u-s-unlikely-to-see-rapid-tech-fueled-growth-in-future). In seiner Analyse der Wachstumsschwäche sind die Auswirkungen der finanzindustriellen Transaktionen, immobilienwirtschaftliche Spekulation (deren Zusammenwirken den Wachstumseinbruch nach 2008 bewirkt), die Vermögens- und Gesundheitseinschränkung im sog. „health system" (wir schreiben über die USA), entwicklungsökonomisch weitgehend nutztlose Transaktionen, nur marginal thematisiert. Auch die jüngere Wachstumsschwäche in Japan und China, steht mit solchen Faktoren in Verbindung.

Viele Kommentare zu seinem Artikel stützen erneut eine Sichtweise, nach der die ökonomisch-technologische Zukunft in Ungewißheit eingebettet ist. Niemand konnte etwa die Wirkung der Dampfmaschine oder der Elektrizität vorhersagen. Primäre Ursachen für Wachstumsschwäche haben wir aufgeführt: Dominanz der Finanzmärkte (China ist, wie Japan vorher: abgestraft durch das „verlorene Jahrzehnt", dem US-Muster nahezu unterwürfig gefolgt), externes statt internes/organisches Wachstum, Innovationsschwäche und in diese eingebettet zurückhaltende Investitionen trotz (bei bestehenden Unternehmen) reichhaltig verfügbarer Finanzierungsmöglichkeiten. Amerikanische Unternehmen verfügten 2015 über Kassenreserven (cash) von 1,700 Mrd. Dollar. Vergleichbar die Situation in Deutschland und Japan. Mangelnder Wettbewerb und die Zurückhaltung um nicht zu sagen das Versagen der sog. „Kartellbehörden" sind hierfür mitverantwortlich. Aber auch diese folgen theoretischen Konstruktionen, die man zurückweisen kann (von uns bereits 1977). Schumpeter hat vergleichbare Prozesse in den „Konjunkturzyklen" und in „Kapitalismus, Sozialismus und Demokratie" ausführlich dargelegt. „... die veralteten industriellen Strukturen werden entfernt, und es herrscht «Depression» [...] Teile des Mechanismus dieses Prozesses der dauernden Verjüngung des Produktionsapparates" (Schumpeter, 1950, S. 115). Die sog. „Asiatische Krise" Ende des 20. Jahrhunderts hatte ähnliche der oben genannten Wurzeln, teilweise mitbedingt durch Spekulatoren wie George Soros, der auch massiv gegen die chinesische Währung spekuliert und seinen Beitrag zur Börsenschwäche auch selbstoptimierend nutzt. Die Davos-Meetings machen ihn jedes Jahr zu einem Helden. Die vielen „unsichtbaren" und medial sichtbaren „Hände" (Adam Smith) prägen die Entwicklung. Alle diese Hände, auch bei Robert Gordon exemplarischer der Fall, folgen auch ihren Selbstinteressen und - Standard bei US-Ökonomen - der Selbstvermarktung. Welche Verwerfungen und Schäden für die Gesellschaft daraus folgen, unvermeidlicherweise, ist in lebenspraktischen Philosophien wie dem Daoismus oder Buddhismus ausführlich dargelegt.

Eine Gegenhypothese zu Gordon und weitere pessimistischen Prognosen stellen Cutter, Litan und Standler (2016) vor. Sie sagen eine „gute Wirtschaft" voraus. Technologischer Wandel wird die Wirtschaft verändern, die Produktivitätsuwächse steigen, neue Dienstleistungen „revolutionieren die Organisation der Arbeit" und weitere entwicklungsstimulierende Einflüsse, verstärkt sich entfaltend ab dem Jahr 2020. [269]

Die Investitionsschwäche von Unternehmen in Deutschland ist bekannt. Das jährliche Wachstum der Investitionsausgaben von 1998 bis 2014 stabilisiert sich in Deutschland auf weniger als zwei Prozent pro Jahr. Als Exportnation kommt der deutschen Wirtschaft die Schwäche des Euro zugute und Vorschläge angelsächsischer Ökonomen, Deutschland möge aus dem Euro austreten um die Wettbewerbsfähigkeit anderer Ländern zu steigern - und wie zu ergänzen wäre, die Innovationsantriebe durch einen steigenden

---

[269] Eine Besprechung des Buches im Economist folgt weitgehend den Überlegungen von Gordon. Die vielen Kommentare hierzu (http://www.economist.com/node/21685437/comments#comments) reflektieren nicht nur die Vielfalt der Meinungen, in der Standardökonomie weitgehend nicht erkennbar, sondern auch die Sichtweise des Autors des vorliegenden Textes.

Wechselkurs zu stärken - , sind kein Thema in Medien und Politik. In Europa machen Dividendenzahlungen und Rückkauf von Aktien nahezu 50 Prozent des Cashflows aus. Die Abkopplung vom technischen Fortschritt jenseits von Kommunikations- und Automobilindustrien, beide ihren Höhepunkt überschritten habend, scheint offensichtlich. Armer Schumpeter, niemand nimmt dich ernst. Die wahre Immunisierung gegen ein demographisches Altern der Gesellschaft findet statt, wenn eine neuartige Zukunft, technologisch und unternehmerisch, sich verwirklicht. Angst vor Zukunftsvisionen und ihrer Umsetzung führt die Wirtschaft in Stagnation, inputlogisch sehen wir keinen Ausweg. Bei einer kurzen Lebensspanne müßte man sich darüber nicht allzu viele Gedanken machen. Steigt diese an, ist sie auch noch in Gesundheit eingebettet, würde eine Kluft zwischen der Zeit, die Menschen noch leben können und ihrer Vorstellungskraft sowie ihrer zukünftigen Zeitperspektive die Wertschöpfungspotentiale einzelner Menschen und der Wirtschaft insgesamt verringern, also eintreten lassen, was die weitgehend herrschende Meinung als Vergreisungskosten thematisiert.

(9) Welche Möglichkeiten stehen älteren Erwerbstätigen offen? Wenn sie nicht durch niedrigbezahlte Einheimische und Zuwanderer und Roboter ersetzt werden, müssen sie Lohneinbußen hinnehmen. Ein Ausweg für einige wäre der Aufbau eines eigenen Unternehmens oder die Weiterführung des eigenen Unternehmens, auch als Freiberufler. Innovationsschwäche führt die Wirtschaft tendenziell auf einen Pfad der Stationarität zurück: Marginales Wachstum, geringe Produktivitätszuwächse, bescheidene Nachfrage nach Arbeitskraft ohne Lohneinbußen, Versuche, die internationale Wettbewerbsfähigkeit durch Niedrighalten des Wechselkurses zu erhalten. Die Mittelklasse wäre stärker durch Abgaben/Steuern zu belasten, um die Alter(ung)skosten (und eventuell den Aufwand für geringproduktive oder arbeitslose Zuwanderer) zu bezahlen, wie wir es bereits in Frankreich beobachten können.

(10) Institutionelles Unternehmertum kann persönliches Unternehmersein nicht ersetzen.[270] Die oben genannten Einflußprozesse spielen in der demographischen Diskussion nur eine marginale Rolle (siehe etwa Birg, 2014 und die Kommentare zu seinem Buch). Den primären Grund dafür sehen wir in der überwiegend quantitativen Erläuterung des Zusammenwirkens von Bevölkerungszahl insbesondere im erwerbsfähigen Alter und sog. „Wachstum", in der Kinderzahl und Migration Hauptthemen darstellen (wir nennen es mehrfach Inputlogik; siehe Röpke 2002; Aßmann, 2003; Röpke & Xia, 2007; Haga, 2013).[271] Bereits Joseph Schumpeter hat diese Sichtweise im Hinblick auf wirtschaftliche Entwicklung mehrfach zurückgewiesen - mit bescheidener Wirkung auf die zeitgenössischen Diskurse.

---

[270] In aller Deutlichkeit schreiben Jacobsson u.a. (2013, S. 882f.): " [...] the literature suggests, that European copycat behaviour may be counterproductive in that in involves risks in terms of obstructing the formation and effective operation of university-industry networks; biasing the types of technologies focused on; reducing frequencies of entrepreneurial spin-offs, and requiring a level of expenditure that universities may be unwilling to spend. Awarding universities (nicht einzelnen Personen) the IP intellectual property rights risks rather than promoting technology transfer. Hence it may not only be the diagnosis that is questionable, but also the medicine." In den USA ist die Problemlage weniger problematisch, da unternehmerische Kompetenzen, Finanzierungsmöglichkeiten und vor allem eine andere Innovationskultur existieren. Europa hat das USA-Modell kopiert, ohne die unterschiedlichen Erfolgsfaktoren zu reflektieren. In Deutschland gilt das Arbeitnehmererfindungsgesetz. Universitäten sind die Eigentümer des Wissens, nicht die Erfinder selbst. Sie verkaufen das „Wissen" an externe Agenturen und Firmen.

[271] Quantitative Erläuterung meint im systemtheoretischen Kontext trivial-maschinell im Sinne von Heinz von Foerster. Trivial ist eine Maschine (ein System), weil die Kausalität zwischen Input und Output an eine starre Regel oder geradlinig verknüpft ist, in der Wachstumstheorie, mikro- und makroökonomisch, etwa durch eine Produktionsfunktion.

13.2 „Jugendliche Vitalität" in der Wissenschaft

Mit einer zunehmenden Ausweitung der Lebensspanne der Menschen wird sich, schreiben wir die skizzierten Wirkungsmechanismen in die Zukunft fort, der Gründungs- und Innovationsvorteil in höhere Altersgruppen verschieben. Wenn es nicht gelingt, diese in unternehmerische Prozesse und Innovation zu integrieren, verliert eine Gesellschaft an Zukunftsfähigkeit. Es sei an dieser Stelle noch einmal betont, daß Innovationen eine notwendige Bedingung für Entwicklung und Wohlstandssteigerungen, die nicht nur materieller Natur sein müssen, sind.

Die Zeitschrift Nature hat diese Überlegungen folgendermaßen kommentiert:

> Einstein once commented that "a person who has not made his great contribution to science before the age of thirty will never do so." This may have been an accurate reflection of physics around the quantum mechanics revolution of the 1920s, but it is no longer the case for any field, according to an analysis of the age of Nobel laureates when they performed their prizewinning work. Now, the great discoveries are being made *by ever-older* scientists (Corbyn, 2011, unsere Hervorhebung).

Die Sicht von Einstein war und ist einflußreich. Sie prägt bis heute die vorherrschende Meinung. Der Text von Corbyn schlägt auf der Grundlage der Untersuchungen von Jones ein Umdenken vor. Von besonderem Interesse ist die Überschrift des Beitrages von Corbyn: „Erfahrung zählt". Erfahrung ist neben Wissen, Beziehungen usw. genau jene Fähigkeit, die mit steigendem Alter zunimmt. Das überlieferte Bild älterer Menschen wird in Frage gestellt. Und je älter eine Gesellschaft wird, desto höher ist der zu zahlende Preis, wenn es nicht gelingt, diese Potentiale zu erschließen.

Unmittelbar unseren Problemaufriß ansprechend lesen wir in folgender Stellungnahme auf den Nature-Beitrag (Hintergrund sind die Überlegungen von Jones):

> Even so, the bias toward favoring younger innovators persists across the country. Older entrepreneurs face a corporate culture that will favor fresh-out-of-college employees with more innovative tasks. This is a critical misstep that at the very least ignores the potential for cross mentoring within an organization. What is worse is that there is a general buy-in on the part of older workers that their value is limited and that any type of job-related training to keep skills current is useless given the younger talent pool on the horizon (Novel Admin, 2012).

Der Autor schildert die Folgen der herrschenden Sicht: Die Älteren werden entmutigt, ihre Weiterqualifikation ist eingeschränkt, ihre wertschöpfende Zukunftszeit verkürzt, innovatives und selbstevolutives Potential vergeudet. Die Unternehmenskultur von Unternehmen und Organisationen, auch solchen der Forschung, arbeitet gegen ältere Menschen, zweifach, durch die Altersdiskriminierung in der Forschung selbst und durch ihre Erkenntnisgewinne, die alten Menschen nur bescheidene gesundheitliche Zugewinne verschaffen. Hierzu ein Beispiel aus der Forschungsförderung:Eine Petition „für ein zukunftsorientiertes Europa" hat rund 100.000 Unterschriften mobilisiert. Die EU soll doch bitte den Etat für Forschung erhöhen. Die Präsidentin des Europäischen Forschungsrates ERC sieht den Aufstieg oder Abstieg Europas an EU-Geld gekoppelt. „Es ist die junge Generation, um die es gehen wird" (Helga Nowotny).

Müller-Jung (2012) führt dazu aus: „Junge talentierte Forscher sind mobiler denn je". Sie wandern aus, wenn kein Geld fließt. Das Lissabon-Ziel, Europa zum „wettbewerbsfähigsten und dynamischsten wissensgestützten Wirtschaftsraum der Welt zu machen", gilt immer noch. Der Knowing-doing-gap freut sich. Singapur wird als Zielland aufgeführt. Es „lockt ausländische Jungakademiker mit großzügigen Stipendien" (Müller-Jung). „Wir können nicht riskieren, eine Generation talentierter Wissenschaftler zu verlieren, wenn wir sie am meisten brauchen", schreiben die Vorstände von ERC in einem Leserbrief an die Financial Times (Johansson, Nowotny u.a., 2013). Auch der Vorstandsvorsitzende der Siemens AG hat unterzeichnet. Die EU muß dringend 80 Mrd. € für den Forschungsetat bewilligen, um die Zukunft Europas zu sichern. Zufall oder nicht. In der gleichen Ausgabe der Financial Times (seit Juli 2015 in japanischem Eigentum) äußert Gary Marcus (2013) Zweifel an einem gerade bewilligten EU-Projekt über eine Milliarde Euro, welches mit Hilfe von Computern die Funktionsweise des menschlichen Gehirns entschlüsseln soll. Die Komplexität des Gehirns wird die Wissenschaft besiegen. „Wichtig aber flawed". Obwohl doch „Europas Zukunft nur auf seinen Gehirnen gebaut werden (kann)" (Johansson, Nowotny u.a., 2013). Man muß sich auch fragen: Wenn Altern die größte Krankheit der Menschen ist (gemessen an der Zahl der Todesfälle und den Leiden des Alterns), warum fördern die Europäische Gemeinschaft und ihre Mitgliedsstaaten nicht in signifikantem Ausmaßt die Altersforschung und die Umsetzung ihrer Erkenntnisse in substantieller Weise? Die Wissenschaftler wollen Wachstum durch Innovation. Dazu brauchen sie Wissen und für deren Produktion Forschung und für diese Geld. Geld ist der Schlüssel für alles. Seit Adam Smith und John M. Keynes ist anerkannt: "Economic animals" prägen unsere Leben, auch in der Wissenschaft. Eine noch grundsätzlichere Frage schließt sich an. Angenommen mehr Geld fließt in die Forschung. Wie fließen die Forschungserkenntnisse in die Praxis und damit in die Entwicklung des Wohlstandes der Menschen, auch die Heilung von Krankheiten und die Senkung der Seneszenz? Unsere alte Frage kehrt zurück: Bewirkt ein vermehrter Input von Ressourcen in das Forschungssystem eine Steigerung des Outputs, gemessen etwa an medizinisch-therapeutisch tragfähigen Innovationen? Was zu beobachten ist: eine steigende „Input-Output-Disparität" (Bowen & Casadevall, 2015) oder in unserer Sprache eine Zunahme des Knowing-Doing-Gap. Die Autoren nennen verschiedene Ursachen, unter anderem eine bescheidene wissenschaftliche Qualität der Forschung, die bereits von Ioannides (2005) ausführlich dokumentiert wurde, des weiteren eine geringe klinische Relevanz, schließlich eine zunehmende Schwierigkeit, medizinisches Neuland wissenschaftlich zu erschließen, da die leichteren Erkenntnisgewinne bereits verwirklicht wurden. Der schumpeterlogisch entscheidende Punkt wird von den Forschern nicht angesprochen: die unternehmerische Umsetzungsfähigkeit wissenschaftlicher Erkenntnisse, was immer deren therapeutische Qualität ausmacht (Die Autoren sprechen mehrfach von „Innovationen", meinen aber damit nicht die Durchsetzung von Wissen sondern ihren Neuigkeitswert). Als Schlußfolgerung könnte man festhalten: Trotz einer zunehmenden Ausweitung der Ausgaben für die Forschung, sind die therapeutischen Erträge bescheiden. Leiden tun darunter jene Krankheitsfelder, welche als „chronisch" bezeichnet werden, sog. Zivilisationskrankheiten, etwa Demenz (auch vom deutschen Staat nunmehr als Pflegefall anerkannt). Die Ausweitung der gesunden Lebensspanne durch medizinische Interventionen ist und bleibt bescheiden, Menschen sind auf ihre selbstinitiierten und selbstevolutiven Innovationen in ihrer Lebensgestaltung angewiesen, wenn sie ihre gesunde Lebensspanne ausweiten wollen und ihrer biologischen und damit auch ökonomischen Seneszenz entgegenwirken wollen.

Des Weiteren: Wenn Innovation sich in höhere Altersgruppen verlagert, wird es dann nicht um so wertvoller für Wissenschaft und Wirtschaft, wenn die Forscher sich mit akademischen „Greisen" (Alter 65+) zusammentun, um ihre Erkenntnisse in Leistungen umzusetzen, die nicht nur ihrem akademischen Aufstieg und der Projektakquise dienen, vielmehr Wirkungen erzeugen, die jenseits egozentrierter Vorteilsnahme auch der Gemeinschaft zugute kommen, die ihre Ausbildung und Qualifikation gefördert und finanziert hat? Warum widmen sich die aktivistischen Forschungsförderer nicht der Frage, warum der Staat europaweit ältere Wissenschaftler (60+, in Deutschland 65+) in die wissenschaftliche Wüste schickt?

13.3 Junges Unternehmertum

Eine vergleichbare Sichtweise zur komparativen Vorteilhaftigkeit junger Unternehmer, einschließlich Unternehmensgründer herrscht in der Forschung zu Unternehmertum und in den Medien. Ein Beispiel bietet ein Beitrag von Johnson (2012) in der Financial Times. Johnson leitet eine Venture Capital Firma und ist Vorstand von Startup Britain. Die Vorteile der jungen Unternehmer/Gründer: Sie verstehen die Technologie besser; sie sind optimistischer; sie haben Energie; sie sind flexibel; sie repräsentieren schöpferische Zerstörung. „Wir brauchen eine Infusion von jugendlicher Vitalität." Alte verfügen offensichtlich nicht über die erforderliche Durchschlagskraft. Moules (2012) deutet eine Gegenmeinung an: „Alter versus Jugendkult". Er weist auf den zunehmenden Anteil alter Menschen an Gründungen hin und betont das Erfahrungswissen älterer Personen. Die in unserem Text im Mittelpunkt stehende Altersgruppe bleibt jedoch außerhalb seiner Betrachtung. Die meisten jungen Gründer leben ohne Familie und den von dieser bewirkten zeitlichen Belastungen und Streßfaktoren. Umgekehrt gilt in gleicher Weise: Menschen höheren Alters haben gleichfalls geringere familiäre Belastungen, verfügen somit über höhere Zeitbudgets für Erwerbstätigkeit. Dies erklärt zum Teil den U-förmigen Verlauf von innovativen und unternehmerischen Tätigkeiten, welche Dolan & Metcalfe (2012) beobachten. Daß gerade bis heute diese Altersgruppe diskriminiert bleibt, zeigen die geringen Chancen älterer Arbeitsloser, eine neue Beschäftigung zu finden. Die sog. „Inklusion" schließt ältere Menschen weitgehend aus. Auch für jene, die sich dafür einsetzen, etwa Wissenschaftler, bleibt sie – im Wissenschaftsbetrieb - ein blinder Fleck. Der Diskriminierte entwickelt eine Persönlichkeit, welche sein Mitwirken in einer produktiven Gestaltung seines Lebens und seiner Umwelt einschränkt (Sutin u.a., 2015).

Überlegungen wie die im Text ausgeführten müssen sich mit Fehleinschätzungen und Vorurteilen auseinandersetzen. Sie rühren bei Autoren wie Johnson (2012: „We all need an infusion of youthful vigour") auch daher, daß er überwiegend junge Gründer mit Internetideen reflektiert, weil er einen Erfahrungshintergrund in Private Equity hat. „Jugendliche Frische" oder Vitalität ist an das Alter gekoppelt: Je älter, desto weniger Vitalität. Die ökonomische Welt besteht jedoch auch aus Langen Wellen der Entwicklung, die von Schumpeter Kondratieffs genannt werden, die jenseits der Kommunikations- und Informationstechnologie ihre Wirkkraft entfalten. Sie durchwirken sämtliche Systeme der Gesellschaft. Schumpeter zufolge treiben die wirtschaftliche Dynamik „[...] jene langen Wellen der wirtschaftlichen Tätigkeit [...], deren Analyse die Natur und den Mechanismus des kapitalistischen Prozesses besser als irgend etwas anderes enthüllt [...]. Dies geschieht in einer Folge von Wechsellagen, deren Ausschläge proportional zur Geschwindigkeit des Fortschrittes sind." (Schumpeter, 1950, S. 114f.). Ein Land wie China leidet gegenwärtig an solchen „Wechsellagen", welche die Kapitalmärkte mit Turbulenzen beantworten.

Nehmen wir an, das zukünftige Wachstum der Alterskohorten im Hinblick auf ihr wirtschaftliches Tätigsein würde dem bisherigen Verlauf folgen. Ältere Menschen verlassen das System Wirtschaft, müssen aber in ihrem Lebensunterhalt und ihrer Gesundheit weiterhin unterstützt werden. Altersarmut ist kein Merkmal der Entwicklungs- und Schwellenländer, sie ist, trotz ausgebauten Sozialsystemen in allen entwickelten Ländern mit hohem durchschnittlichen Realeinkommen demographisch bedingt zunehmend. Viele sind gezwungen im Alter zu arbeiten (schwarz oder mit Vertrag). Alte Pensionäre in Japan müssen mit tausend Dollar im Monat auskommen – und sich selbst auch an den Krankheitskosten beteiligen (Mundy, 2015). Die sozialen Netzwerke dünnen im Alter aus, die Pflegekosten steigen (Matsuyama, 2013). Der Staat deckelt die Pensionslasten, um seine Schuldenlast, erzeugt durch eine problemreiche makroökonomische Politik (auch auf Druck der USA und den dort vertretenen ökonomischen

Argumenten) nicht weiter zu erhöhen. Die konfuzianisch-shintoistische Hochschätzung alter Menschen erodiert.[272] Wie auch in anderen Ländern sind die Ressourcen für die Betreuung alter Menschen von den wirtschaftlich Aktiven und dem akkumulierten Vermögen der Älteren aufzubringen (welches somit die Vermögensbilanz der Volkswirtschaft verschlechtert). Der Druck, länger erwerbstätig zu bleiben oder wieder zu werden steigt in allen demographisch alternden Gesellschaften, in den USA bereits Standard. In Japan steigt die Erwerbstätigkeit, abhängig oder selbstständig, permanent an (Gilhooly, 2015, jüngere Daten zusammenfassend). Eine Million Rentner arbeiten in Deutschland nach Daten der Arbeitsagentur, die Schwarzarbeiter (informeller Sektor) nicht einbezogen.[273] Esselman & Geis (2015) und Börsch-Supan u.a. (2015) kommen hinsichtlich der Erwerbstätigkeit im Alter zu vergleichbaren Erkenntnissen. Dennoch: Das Arbeiten im Alter bleibt unterentwickelt. Für (Börsch-Supan u.a., 2015, S. 28). bieten Rentner „ein bisher noch nicht ausreichend genutztes Beschäftigungspotential."

Ein Generationenvertrag kann Altersarmut verringern. Wie ist das möglich? Eine Antwort gibt die Abbildung. Sie stützt sich auf Berechnungen von Rüffelhüschen & Moog (2014).

Abbildung 38: Generationen(un)gerechtigkeit

Quelle: Siems (2014a); Forschungszentrum Generationenverträge (Die Abbildung zeigt die finanziellen Vorteile in Euro als Barwert über den verbleibenden Lebenszyklus).

Alte Menschen erzielen substantielle Vorteile, welche von jüngeren Generationen zu erbringen sind. Die Anreizqualität im System Wirtschaft kann sich dadurch substantiell verschlechtern. Die obige Abbildung nimmt nicht Bezug auf Wertschöpfung sondern auf über die Zeit aufaddierte Rentenansprüche. Da der Anteil alter und nicht-werteschöpfender Personen zunimmt, bewegt sich die Wirtschaft tendenziell auf ein Nullwachstum zu – ausgenommen, die Innovationsleistung junger Menschen vermag den Wertschöpfungsausfall alter Menschen zu kompensieren. Entsprechende Hochrechnungen wurden für China und Japan vom Japan Center for Economic Research (2014) vorgestellt – die Hintergründe sind

---

[272] Wie man in Japan damit umgeht, schildert an Beispielen Matsuyama (2013), in düstere Prognosen von Experten eingebettet.

[273] http://www.spiegel.de/wirtschaft/soziales/minijobs-in-deutschland-zahl-der-ue65-jaehrigen-mit-minijob-steigt-a-1058421.html

immer die gleichen: demographischer Wandel. Das Japan Center geht auf unsere Überlegungen nur indirekt ein. Betont werden dabei zwei „Schwachstellen" der japanischen Wirtschaft: zu wenige Neugründungen von Unternehmen; schwacher bis nicht-existenter Transfer von Wissen aus Universitäten (der Wissenschaft) in die unternehmerische Praxis. Für Europa gelten ähnliche Überlegungen (siehe etwa Vergleich USA-Europa bei Allen & O'Shea, 2014: University technology transfer offices act as bottlenecks). Zahlreiche Hemmnisse erschweren die Nutzung wissenschaftlicher Erkenntnisse in der wirtschaftlichen Praxis und das Aktivsein der forschenden Wissenschaftler selbst. Diese sind eingebunden oder begründet durch bestimmte Sichtweisen über die Entstehung und die Möglichkeiten eines Transfers von Wissen.

Die Potentiale von Unternehmertum bei fortschreitendem chronologischen Alter von Menschen, die Nutzung ihrer Erfahrungs- und Netzwerkpotentiale und die Umsetzung impliziten und expliziten Wissens, ein Erfahrungsaustausch in mehreren Kontexten, bleiben überwiegend unreflektiert. Betont wird demgegenüber, dem Faktorvermehrungsmodell des exogenen und endogenen Wachstumsmodell zumindest implizit folgend, die Produktion von Wissen. Unternehmertum ist jedoch der Träger des Wissens im Verlauf der Entwicklungsgeschichte und der zukünftigen Durchsetzung und Ausbreitung von Neukombinationen. Kann man daher in demographisch alternden und generationenvertraglich verpflichtenden Belastungen der jüngeren Generationen auf Unternehmertum der älteren Kohorten verzichten? Stellen wir uns vor, Menschen wären oder würden (wissenschaftlich nicht unrealistisch) Unsterblichkeit verwirklichen. Welchen Sinn machte dann die Unterscheidung jung und alt, wenn wir körperliche und geistige Seneszenz ausschließen, also einen memetisch, medial und politisch vorherrschenden Tithonuseffekt ausschließen.[274] Die Ereignisse der Zukunft prägen das Leben der Menschen. Ursachen aus der Zukunft wirken auf die Gegenwart. Dadurch kann es gelingen, lebenspraktisch wie wissenschaftlich neue Welten zu erschließen und den demographischen Wandel von einem Angstmacher in einen Evolutionsmotor zu transformieren. Was sich dadurch vollzöge: Die Selbsttherapisierung einer demographisch alternden Gesellschaft (*oldest old*) mutiert in *oldest young*, oder Senioritis in eine alterlose Gesellschaft.

In Japan steigt wie in Deutschland der Anteil der Menschen über 65 an einer abnehmenden Gesamtbevölkerung rapide, mit der Folge, dass im Jahr 2030 eine Person, die 65 Jahre oder älter ist, von zwei Personen unterhalten werden muss, während im Jahr 1960 diese Rate 11,2 Personen betrug und 2009 noch 2,9 Personen. Wie Muratmatsu und Akiyama, die diese Verhältnisse ermittelt haben, feststellen, ist die Folge einer solchen Entwicklung für die japanische Gesellschaft insgesamt evident: Die alten Menschen (65+) müssen länger arbeiten. „Japan simply cannot afford having older adults not working. [...]Labor participation among older adults is essential for sustaining Japanese society" (Muramatsu & Akiyama, 2011, S. 429; siehe ausführlicher zu diesem Zusammenhang Haga, 2013). Für Deutschland beginnt man ähnliche Überlegungen vorzustellen. Der wissenschaftliche Leiter des Ifo-Instituts, Hans-

---

[274] Tithonuseffekt: In einem antiken Mythos verliebt sich die Göttin Eos in den Menschen Tithonus. Sie wünscht sich für ihn das ewige Leben. Zeus, der Eifersucht nicht abhold, erfüllt ihr den Wunsch. Nach einigen Jahren der Liebe bemerkt Eos, zu spät, dass sie etwas Schlimmes vergessen hat: ihrem Geliebten auch die ewige Jugend zu wünschen. Unsterblichkeit wandelt sich in Grauen. Tithonus wandelt sich in einen Greis, alle Gebrechen suchen ihn heim, Altersschwachsinn sein ständiger Begleiter, nur sterben kann er nicht. Eos erlöst ihn und sich von seinem unaufhörlichen Gebabbel: sie verwandelt Tithonus in eine Heuschrecke (das griechische Symbol für Langlebigkeit), das senile Dauergeplapper weicht dem Zirpen. Dieses als Tithonusirrtum bezeichnete ist eine primäre Quelle von Widerstand und Geringschätzung einer signifikanten Ausweitung der Lebensspanne. Erfolgreich könnte man den Tithonus-Irrtum verwirklichen die Kompression der Morbidität, wie James Fries diesen Vorgang genannt hat. Nur die allerletzte Lebenszeit ist dann durch Krankheiten geprägt. Lebenszeit wird Leidenszeit nur für eine kurze Zeitspanne, die Belohnung des Körpers für die Achtsamkeit und Liebe, die wir ihm entgegen bringen. Einen Tithonus-Irrtum, dem die meisten Kritiker dieser Sichtweise, vor allem Ethiker, zu erliegen scheinen, gibt es dann nicht.

Werner Sinn: „Die Rente mit 67 war wenigstens ein Schritt in die richtige Richtung. Ich würde aber noch weitergehen und das gesetzliche Rentenalter ganz abschaffen. Keiner muss, aber jeder darf länger arbeiten, wenn er will. Wenn Leute freiwillig länger arbeiten wollen und wir gleichzeitig einen Arbeitskräftemangel haben, darf man den Leuten doch das Arbeiten nicht aus Altersgründen verbieten." (Sinn, 2014).

Japan muß im Jahr 2050 vier Prozent (Deutschland 2,5 Prozent) seines Bruttosozialproduktes für die Betreuung alter Menschen ausgeben, welche fast 40 Prozent seiner Bevölkerung ausmachen (OECD, zitiert in Jacobs, 2014). Wer betreut die Alten? Ihre Angehörigen, spezielle Institutionen, Interaktions- und Organisationssysteme, welche sich alten Menschen widmen? Roboter leisten ihren Beitrag (Markoff, 2015; Nohara, 2015; Joignot, 2016), zudem ihre Kommunikationsfähigkeit beträchtliche Fortschritte macht (Lindinger, 2015). Machen es Angehörige, tragen sie beträchtliche Kosten (Verzicht auf Einkommen aus Beschäftigung, Stress bis zu Burnout; in Deutschland Vermögensverluste wegen eines zunehmenden Ausmaßes selbst zu finanzierender Pflege). Die Bedürfnisse sind artikuliert, aber vielfach noch nicht von bestehenden Unternehmen befriedigt. Der wirtschaftliche Vorteil einer Verlängerung der *gesunden* Lebensspanne ist offensichtlich. Wie lassen sich unternehmerische Potentiale für ältere Menschen erschließen, nicht nur in ihrer Funktion als Konsumenten von sog. Silberprodukten? (15. und 17. Kapitel)? Die Vielfalt von Möglichkeiten selbst für Hundertjährige und noch Ältere scheint uns beträchtlich zu sein. Die Erkenntnisse der Innovations- und Unternehmerforschung (von Schumpeter bis Christensen) haben nach unserer Beobachtung noch keine Aufmerksamkeit geschweige denn Anerkennung erlangt. Diese zu vermitteln und praktisch auch in Fallstudien zu trainieren, wird unerläßlich sein.

13.4 Zukunftszeit und unternehmerische Energie

Wirtschaft ist auch ein System energetischer Prozesse. Wenn ein zunehmend größer werdender Anteil der Bevölkerung unternehmerisch nicht zu partizipieren vermag, sind die Folgen vorhersehbar. Um die Kernüberlegung dieses Kapitels erneut anzusprechen: Eine Wirtschaft mit einer alternden Bevölkerung transzendiert in eine persönlichkeitsstrukturelle Energiekrise. Wer altert verliert an Energie, an unternehmerischer Willenskraft, an Durchsetzungsvermögen. Dies ist kein Muß, aber ein Kann. Es gibt mehrere Möglichkeiten, einer Krise entgegenzuwirken. Wir haben sie skizziert. Leider ist das eine komplexe Angelegenheit, die selbst- und koevolutive Interventionen erfordert, eingebettet in Veränderungen der Anreizsysteme auf der Ebene der Unternehmen und im Politiksystem. Dort stehen einfache, trivialmaschinelle Aktionsparameter im Mittelpunkt der Überlegungen. Man muß selbstverständlich zurecht fragen: Lassen sich unternehmerische Fähigkeiten, wirtschaftlich und biologisch, mit zunehmendem Alter erhalten, erwerben, trainieren?

Älteren Menschen steht weniger wirtschaftlich nutzbare Zeit für innovative Vorhaben und selbstevolutiven Kompetenzaufbau/erhaltung zur Verfügung als jüngeren. Ein Leben in jüngeren Jahren bleibt bei vielen Menschen nicht genutzt, um sich auf das kalendarische und biologische Altwerden vorzubereiten, vor allem die gesunde Lebensspanne zu steigern. Wie wirkt sich ein geringerer Zeithorizont auf die Bereitschaft, unternehmerisch aktiv zu bleiben oder zu werden, aus? Läßt sich, wenn die biologische Zeit sich beschleunigt, unternehmerische Energie erhalten oder ausweiten, sogar Energieschübe erzeugen, in höherem Alter eine positive Lebensvision erzeugen, negative Emotionen wie Angst überwinden? Untersuchungen hierüber liegen noch nicht vor. Einige grundlegende Überlegungen sind jedoch anzusprechen.

Kalendarisches Altwerden ist, durchschnittlich betrachtet, mit Energieverlust verbunden. Das gilt für alle Menschen. Die Menschen unterscheiden sich jedoch bei gleichem Alter hinsichtlich Gesundheit, Willenskraft und Zeitperspektive. Unternehmertum ist kein Durchschnittsphänomen.

Der Umgang mit Zeit, insbesondere die Höhe der sogenannten Zeitpräferenzrate ist zu beachten. Ökonomisch gesprochen muß ein selbstevolutives Individuum über eine geringe Zeitpräferenzrate verfügen, also die Zukunft im Vergleich zur Gegenwart relativ hoch einschätzen. Je länger Menschen leben, desto mehr kann von einem Sinken der Rate der Zeitpräferenz oder Gegenwartsvorliebe ausgegangen werden, d.h. die Zukunftszeit gewinnt eine höhere auch unternehmerische Attraktivität. Wem der Arzt sagt: „Du lebst vielleicht noch ein Jahr", der wird sich nicht mit Unternehmersein beschäftigen. Er wird den Abgang aus dieser Welt erledigen, ein Testament machen, usw. Wer sich demgegenüber durch eine niedrigere Zeitpräferenzrate auszeichnet, weil er noch mehrere bis viele Lebensjahre vor sich hat, kann mit verschiedenen unternehmerischen Aktionsparametern längerfristig experimentieren, weil er auf den Ertrag seines Zeitaufwandes, seiner Investition in Humankapital (Selbstevolution) und Unternehmensaufbau auch länger warten kann. Ein Individuum mit einer niedrigen Zeitpräferenzrate denkt mehr an die Zukunft und ist bereit, hierfür in der Gegenwart „Opfer" zu bringen, etwa genußreichen aber ungesunden Konsum zu unterlassen, oder Konsum der Investition zu opfern. Er wird auch mehr seiner Lebenszeit unternehmerischer Aktivität widmen können. Was wir gegenwärtig beobachten ist ein Eintritt in bislang biologisch verschlossene Zukunftswelten. Menschen beginnen zu entdecken, und es werden immer mehr, welche wirtschaftlichen und körperlichen Gestaltungsmöglichkeiten jenseits eines Routinelebens sie erschließen können.

Wie alt ist diese Frau? Bitte erst schätzen, dann weiterlesen.

Abbildung 39: Wie alt ist Frau Sues?

Quelle: Sues (2015)

Drei Karrieren in meinem Leben, so lange hat es gebraucht, bis ich bin, wo ich jetzt bin. Es benötigt Hingabe, Wollen, Angstlosigkeit, auf einer täglichen Grundlage. Und es war nicht bis in die Mitte meiner 80er Jahre, um diesen grundlegenden Wandel einzuleiten. Dein Körper ist wirklich dein bester Freund und ein fabulöser Partner. Aber er muß täglich energetisiert werden. Niemals sage: «Ich habe keine Zeit.» Das ist eine Lüge. Keine Zeit zu haben ist eine billige Ausrede, die dich daran hindert, dich besser zu fühlen und länger zu leben. Und ich bin ein lebender Beweis. Der wichtigste Faktor für eine erfolgreiche Trainingsroutine: Motivation (Sues, 2015).

In nur einer Aussage lesen wir die Kernüberlegungen unseres Textes. Danke Phyllis Sues. Wissenschaftler argumentieren hin und her. Eine Praktikerin bringt es auf den Punkt. Phyllis Sues übertrifft gesundheitlich und bewegungsaktiv fast alle Menschen, die Jahrzehnte jünger sind. In einem Alter von 92 (im Jahr 2015). Und sie zeigt auch noch anderen Menschen, wie man es macht, wie man lernt, lebenslanges Unternehmertum biologisch und ökonomisch-wertschöpferisch zu erlernen und zu erhalten.

Quelle: sport1.de

Engagement in Selbstevolution, Steigerung der eigenen Innovationsfähigkeit, Bewegung zu wachsender Komplexität mit steigendem chronologischem (kalendarischem Alter). Bewegung in dualer Betrachtung: Die Komplexität des Individuums steigt auch durch körperliches Aktivbleiben, *zunehmend* mit dem Altwerden. Der Inquisition und der Selbstausbeutung gegen das Selbst wird entgegengewirkt. Der normale Alterungsprozeß - körperlich, geistig, ökonomisch („Ruhestand") - ist ausgesetzt oder entschleunigt. Ruhestand wiederum dual: körperlich und wirtschaftlich. Therapeutische Allianz zwischen Körper und Psyche statt Selbstausbeutung des Ich und dessen Folge Erosion des Immunsystems von Wirtschaft, Individuum und Gesellschaft, beides eingebunden in selbstverwirklichte Neukombinationen. Dem Leben einen Sinn geben. Der Sinn des Lebens ist das Leben (Heinz von Foerster). Dem Sinn des Lebens eine Zukunft geben.

Im Idealfall:

Lebensspanne = Gesundheitsspanne = Arbeitsspanne

Ist das Älteste manchmal das Jüngste? Lebensgewohnheiten der Steinzeit, Teilzeitfasten, vor 10,000 und mehr Jahren Alltag der Menschen, gewinnt lebenspraktische und wissenschaftliche Anerkennung. Ein Teil dieser Lebensweise ist „physische Aktivität", wie Bewegungsverhalten in der Wissenschaft bezeichnet wird. Wer es macht, umsetzt, kann beobachten: Waren die Dinge unwirklich gewesen, so werden sie jetzt real. Miyazaki zieht in mein Leben ein, wie alt ich auch bin.

Hidekichi Miyazaki ist 105 Jahre (im Jahr 2015).

Abbildung 40: Weltrekord mit 105 Jahren

Quelle: sport1.de

Er stellt einen Weltrekord im Sprint über 100 Meter auf, in seiner Altersgruppe der über Hundertjährigen. 42,2 Sekunden. Überraschend: Erst mit 90 Jahren hat er mit dem Laufen begonnen. Vorher sportlich auch aktiv, aber viele Verletzungen.[275] Wir Jüngeren: Sind wir schneller oder langsamer? Laufen über kurze Strecken gilt im Übrigen als Gesundheitspromoter. 15-20 Minuten schnelles Laufen, eingebettet in kurze Erholungspausen: Hochintensitätstraining, eine Variante des Intervalltraining. Nicht ein stundenlanges Joggen oder gar ein Marathon (Mercola, 2014; 2016: 255,000 Besucher dieses Beitrages), die gesunde Lebensspanne sinkt dann durch Sport, das Herz streikt, gelegentlich sofort, meistens Jahre danach. Ein biologischer Unternehmer wie Hidekichi kombiniert auch seine körperlichen Ressourcen neu. Der Hochintensitätspraktiker bewegt sich nicht nur anders, für ihn neuartig, er fordert auch seine Organe, etwa Herz, Lungen, Muskeln auf neuartige Weise heraus, auch wenn die grundlegende Biologie seines Körpers die gleiche bleibt.[276]Mit 105 Jahren kann er Dinge machen, die im Routineleben negativer Energieflüsse chancenlos sind. Die Verbindung zu „schöpferischer Zerstörung" ist offensichtlich. Unternehmerisch gestalteter Wandel ist eingebunden in Prozesse interner Selbsttransformation eines Systems - sei es der Körper, das System Gesundheit, sei es ein Unternehmen oder Wirtschaft.[277] Man vermag sich somit auch in hohem Alter von modernen Epidemien wie Krankheiten des Herzens zu entkoppeln.

Da durch den Lebensstil bewirkte Krankheiten therapeutisch nur eingeschränkt heilbar sind, versuchen nunmehr auch Krankenkassen, angeregt durch ein Präventionsgesetz, die Kosten von Fitnesskursen zu vergüten, bis zu 80 Prozent. Die Zahl der Mitglieder von Fitnessstudius ist in Deutschland auf 9,5 Millionen Mitglieder gestiegen[278] Inwiefern ältere Menschen davon Gebrauch machen, wissen wir nicht. Aber auch für alte Menschen sind zunehmend Angebote auch in Sportvereinen verfügbar, jedoch zunehmend schöpferischer Zerstörung durch Fitnessstudios ausgesetzt (Klemm, 2016). Ist der Körper ihr bester Freund und ein fabulöser Partner (Sues, 2015)? Ist ihre Zukunftsperspektive und ihr Energieniveau

---

[275] Informationen: http://www.sport1.de/leichtathletik/2015/09/der-105-jahre-alte-japaner-mit-100-meter-sprint-in-die-geschichtsbuecher;http://www.cbc.ca/news/world/105-year-old-japanese-man-sets-record-as-world-s-oldest-competitive-sprinter.

[276] Wissenschaftliche Nachweise hierzu sind mittlerweile reichhaltig verfügbar. Sie gehen auf die Untersuchung von Izumi Tabata u.a (1996) zurück. Tabata hat seine Hypothesen an Eisschnellläufern getestet.

[277] Unter System verstehen wir eine Ansammlung von Elementen, die untereinander stärker verknüpft sind als mit den Abläufen jenseits einer Grenze. Die Grenze des Systems ist der innere Zusammenhang. Diese Sichtweise folgt der Logik des Konstruktivismus bzw. der autopoietischen Systemtheorie (Maturana, Varela, Luhmann, dargestellt etwa bei Simon, 2007).

[278] https://www2.deloitte.com/de/de/pages/presse/contents/studie-2016-der-deutsche-fitnessmarkt-2016.html

zu bescheiden? Die Fitnessunternehmen zielen auf junge Menschen, der Fitnessmarkt ist jugendorientiert, da junge Menschen durch Fitnesstrends angesprochen sind und werden. Ein Unternehmen hat ein Durchschnittsalter von 38 Jahren bei seinen Mitgliedern ermitttelt (Klemm, 2016).

Radfahren im Alter von 97, was soll so etwas bringen? 5000 km pro Jahr und Teilnahme an Wettbewerben, trotz vielfältiger gesundheitlicher Probleme im früheren Alter. „Sein Bewegungsapparat, seine athletische Leistung, seine kognitive Funktion und seine Darmflora sind überragend. Einige Eigenschaften übertreffen jene von Männern im mittleren Alter" (Cheng u.a., 2016).

Der brasilianische Architekt Oscar Niemeyer arbeitete bis zu seinem Tod im Alter von 104 Jahren schöpferisch und wegweisend (Häntzschel, 2012). Er verwirklichte in hohem Alter weit jenseits der normalen Lebensspanne architektonische Radikalneuerungen, die jenseits der Vorstellungskraft und Durchsetzungskompetenz der „jungen Generation" angesiedelt waren. Er ist kein Einzelfall (Antonini, 2008). Arbeit im hohen Alter ist für ihn keine Mühsal und Plackerei sondern ein Hort von Zufriedensein und Wohlsein, angetrieben von visionärer Gestaltungskraft.

Willenskraft und Leistungsmotivation sind persönlichkeitsstrukturelle Bausteine einer geringen Zeitpräferenzrate. Aber auch die Gegenmotivation – *Anstrengungsvermeidung* (siehe Brümmer, 2006) – ist zu beachten, gerade in einer Gesellschaft, in welcher nahezu die Hälfte der Beschäftigten laut Umfragewerten kundtut, unter Streß zu leiden. Das Ende dieser beruflichen Streßphase durch den Eintritt in den Ruhestand könnte manche dazu motivieren, sich auf keine neuen Herausforderungen, welche mit (selbständiger) Erwerbstätigkeit verknüpft zu sein scheinen, einzulassen. Dem steht allerdings – siehe die Untersuchungen von Quadbeck und Roth (2006) - das „Empty-desk-Syndrom" gegenüber, welches sich nach einer Phase der „Erholung" vom Berufsstreß zunehmend bemerkbar macht, insbesondere wenn Individuen erkennen, wieviele Lebensjahre sie noch vor sich haben und daß ihre Phase einer sich ausweitenden Lebensspanne kontinuierlich ansteigen könnte, wenn sie in ihre körperliche Tüchtigkeit investieren. Die vier apokalyptischen Reiter – Krebs, Herz-Kreislauf-Erkrankungen, Demenz, Diabetes – jagen sie auf die Flucht, wie unsere Vorfahren Mammuts und Säbelzahntiger. Vierzig Prozent der Menschen in Deutschland sterben, weil das Herz streikt.[279] Die chirurgische Heilung des Herzens durch Einpflanzen eines Kunstherzens ist verfügbar, aber noch nicht auf einem akzeptablen Sicherheitsstand, somit nur als letzte Alternative für extrem Herzkranke.[280] Ein großer Anteil der Herzkrankheiten (80- bis 90 %) berichten uns Mediziner des Anti-Aging, ließe sich durch eine Umstellung der Lebensweise vermeiden.

13.5 Zeitpräferenz und Zukunftsorientierung

Ökonomisch bedeutet längerer Zeithorizont: Die Diskontierungsrate positiv eingeschätzter zukünftiger Zustände ist gering. Wie bereits ausgeführt: Mit dem chronologischen Alter steigt die Zeitpräferenz. Alten Menschen verbleibt weniger Zeit, sich über die Zukunft ihres (irdischen) Lebens Gedanken zu machen. Steigt jedoch die gesunde Lebensspanne, ändert sich diese Sichtweise zunehmend. Menschen mit einer längeren Zeitperspektive sind stärker motiviert, weil sie leichter die zukünftigen Folgen gegenwärtigen Verhaltens antizipieren können. Der Anreizwert in die Zukunft verschobener Ziele steigt mit einem

---

[279] https://www.destatis.de/DE/ZahlenFakten/GesellschaftStaat/Gesundheit/Todesursachen/Todesursachen.html

[280] Die französische Firma Carmat ist ein Pionier bei der Entwicklung von Kunstherzen. Vier Menschen sind nach seiner Einpflanzung bislang gestorben (http://www.lemonde.fr/sante/article/2016/01/21/mort-du-quatrieme-patient-greffe-du-c-ur-artificiel-de-carmat_4850749_1651302.html).

längeren Zeithorizont (Lens u.a., 2012). Vorstellungskraft und Vision entfalten eine stärkere Wirkung auf das Verhalten in der Gegenwart. Zukunftsorientierte Menschen leben in der Gegenwart, aber die Gegenwart wird „als Dienst für die Zukunft erfahren" (Lens u.a., 2012, S. 327). Denn die Zukunft ist es, in der die Dinge passieren, die Ziele verwirklicht werden, die Vision Realität wird. Das Unbekanntsein der Zukunft steigt, wenn sich die Lebensspanne ausweitet. In der Gegenwart sind unternehmerische Entscheidungen zu treffen (eingebettet in Unsicherheit und Ungewißheit), um die Zukunft zu gestalten. Jeder gibt sich seine eigene unbekannte Zukunft. Biologisches wie ökonomisches Unternehmertum sind beide angesprochen, involviert, mit zunehmendem Alter in immer stärkerem Ausmaß. Koevolution zwischen Körper und Psyche (wenn man sie systemtheoretisch etwa nach Niklas Luhmann als separate, autonome System überhaupt verstehen kann) intensiviert sich mit einer steigenden Zeitperspektive. Ein ökonomisches Leben in der Zukunft, eingebunden in körperliche Gesundheit, verlangt koevolutives Handeln in der Gegenwart. Ein kranker Körper sabotiert eine ökonomische Lebenspraxis. Bewirkt somit eine biologische Seneszenz auch eine ökonomische? Verkürzt sich der unternehmerische Zeithorizont, weil eine therapeutische Allianz sich nicht entfalten konnte? Bewirkt eine biologische Seneszenz auch eine ökonomische, Einbußen an Motivation für Erwerbstätigkeit, geringeres projizieren auf die Zukunft, reduzieren des Lebens auf die Nutzwerte (Silbermarkt) eines Lebens im Ruhestand, welche die Gegenwart bietet? Wer nur noch wenige gesunde Lebensjahre erwartet, bereits als unternehmerisch noch Aktiver unter chronischem Stress und Krankheiten leidet, für den verkürzt sich die wirtschaftliche Zukunft dramatisch und Investitionen mit längerer Ausreifungszeit fallen einer hohen Zeitpräferenz (Gegenwartsvorliebe) zum Opfer. Selbstevolutorische Anreize verlieren mit dem Altwerden (biologischem Altern, nicht kalendarischem Alter) an Relevanz. Eine hohe Zeitpräferenz, also eine hohe Gegenwartsneigung erzeugt eine psychische Distanz gegenüber Zukunftszielen. Das Zusammenwirken oder die Interaktion von Psyche und Körper sind eine Quelle unternehmerischer Energie. Aus emotionaler Sicht könnte man von „Liebe" sprechen. Jemand liebt seinen Körper, der Teil seines Selbst ist. Es handelt sich nicht um eine platonische Beziehung. Vielmehr interagieren zwei Energiefelder, Psyche und Körper. Aus der Sicht eines alternden Körpers (nicht eines alten, Altern beginnt früh) ist Liebe zum Körper das Beste, was man für sich selbst unternehmen kann. Liebe ist eine kommunikative Interaktion unter Anwesenden, mit meinem Körper, ein Ausdruck meiner Leibgebundenheit.

Wozu Willenskraft aufbauen, Durchsetzungsvermögen aktivieren, wenn die Zukunft gelaufen, die Lebensspanne in körperliche Leiden eingebettet ist, die Morbidität sich nicht komprimiert sondern verlängert. Demographisches Altern muß somit nicht mit einem deprimierten Energieniveau einhergehen, mit einem Sinken der Willenskraft und Leistungsbereitschaft und Ausweitung der Zukunftsangst. Nehmen wir an, es gelänge, die gesunde Lebensspanne signifikant auszuweiten. Unternehmen wie Google (nicht die Europäische Union) investieren Milliarden Dollars, ein solches Ziel zu verwirklichen. Warum sollen wir uns, fragt Googlegründer Larry Page, auf die Bekämpfung von Krebs konzentrieren, wenn dies, falls es gelänge, die Lebenserwartung im Durchschnitt um drei Jahre steigern würde. Wäre es nicht besser, die Krankheiten des Alterns anzugehen, welche so ernsthaft die menschliche Lebensspanne erodieren (zitiert in Waters, 2015a). Larry Page ist noch jung (42 Jahre alt), genauso wie Google. Eine solche Vision verlangt einen Zeithorizont von mindestens einem Jahrzehnt, beim gegenwärtigen Forschungsstand sogar mehr. Wenn sie Realität würde, bei Google (Alphabet, Tocherfirma Calico) und anderen, die Altern als zu therapierende Krankheit verstehen (wir verweisen mehrfach auf Aubrey de Grey und Ray Kurzweil, auch bei Google eingebunden), die gesunde Lebensspanne würde noch stärker als von Demographen vorhergesagt ansteigen, damit auch langjährigem Unternehmertum sich weitere Perspektiven eröffnen.

Steigt die Lebenserwartung der Menschen, verbessern sich die Chancen für ein Sinken der Zeitpräferenzrate oder Ausweitung des unternehmerischen Zeithorizontes. Die Menschen sind bereit,

Entscheidungen zu treffen, deren ökonomische Ausreifung in späteren Jahren liegt. Der Investitionshorizont weitet sich aus. Eine steigende Lebenserwartung könnte daher das Innovationsverhalten positiv beeinflussen, insbesondere Innovationen mit langfristiger Ausreifungszeit fördern (siehe hierzu die Überlegungen von Benjamin Jones). Der Anstieg der Innovationsdynamik fördert über die Auswirkungen auf die Steigerung der Realeinkommen und die größere Verfügbarkeit von Ressourcen für staatliche Aktivitäten im Bereich der Bereitstellung öffentlicher Güter wiederum einen Anstieg der Lebenserwartung (Haga, 2013). Wir haben es somit mit einer über Innovation vermittelten positiven Rückkopplung zwischen Unternehmertum und Lebensspanne zu tun.

Aus diesen Überlegungen folgen zahlreiche Anregungen und Herausforderungen, sowohl was die konzeptionelle Gestaltung als auch die lebenspraktische Arbeit langjährigen Unternehmertums betrifft, sei dieses in abhängiger Beschäftigung oder selbständig verwirklicht. Wer mit 70 Jahren oder gar mit 80 (für Japan gefordert) noch ökonomische Werte schafft, ohne ein biologisch-unternehmerisches Tätigsein, ließe es sich nicht verwirklichen.

Welcher Funktion kann ein wertschöpferisch Tätiger in seiner verbleibenden Lebenszeit unternehmerisch nachgehen? Benjamin Jones gibt hierzu keine Antwort, aber andere Forschungen (etwa Dolan & Metcalfe, 2012, dort weitere Literatur) und auch eigene Erfahrungen lassen eine Antwort vermuten: Ältere widmen sich dem Anregen, der Initiierung und dem Auf-den-Weg-bringen von Vorhaben. Vernetzung, Erfahrung usw. macht solches möglich. Die arbeitsintensive Durchsetzung können sie auch anderen überlassen sie, jüngeren Mitgliedern im Team oder Netzwerk.

Mit Dolan & Metcalfe (2012) haben wir bereits auf eine U-Kurve selbstständigen Tätigseins in Abhängigkeit vom Alter verwiesen. Innovatives Unternehmertum häuft sich bei jüngeren Altersgruppen, dann kommt ein Abfall und danach steigt in höherem Alter die Bereitschaft und das Vermögen unternehmerisch aktiv zu sein, erneut an. Diese Verteilung ist deckungsgleich mit dem Wohlbefinden (wellbeing), das Menschen aus ihrer Berufstätigkeit erhalten (Dolan & Metcalfe, 2012, S. 1491). Es korrespondiert auch mit den Erkenntnissen von Quadbeck und Roth (2008) zum Empty-Desk-Syndrom: Gehen unternehmerische Personen oder Führungskräfte in den Ruhestand, erleben sie nach relativer kurzer Zeit Einbrüche in ihrem Wohlbefinden, welche, wie Bonsang und Kollegen (2012) sowie Horner (2012) zeigen, zu beträchtlichen Kompetenzrückgängen führen können. Auch die Gehirnleistung leidet (Lautenschlager u.a. 2014). Motivation aus wertschöpfender Tätigkeit selbst zu beziehen (interne Motivation), liegt brach. Die Volition erodiert. Die Zeitperspektive sinkt und mit ihr ein wertschöpfendes Golden Age (Kapitel 17). Oftmals ersetzt Depression Zufriedenheit und Wohlbefinden. Sind große Leistungen – groß bezogen auf das subjektiv empfundene Leistungsvermögen – jenseits der Lebenspraxis älterer Menschen angesiedelt? In den USA widmen sich zunehmend Coaches, selbst in höherem Alter, der Beratung und dem Training von ehemaligen Führungskräften im Ruhestand (Jacobs, 2014).

Ältere Menschen haben mehr Probleme in Entscheidungsprozessen, suchen und verarbeiten weniger Informationen, kommen mit der Komplexität unternehmerischer Problemlagen nicht zurecht. Zu dieser Thematik wäre Vieles zu sagen, was jedoch der Umfang unseres Textes sprengen würde. Auch für eine Informations- und Wissensgesellschaft gilt: Der Umfang an Information wird überschätzt; mehr Informationen machen keine besseren Entscheidungen, reichhaltig mit Wissen ausgestattete Experten sind oftmals in ihren Entscheidungen und Vorhersagen weniger informationsreichen Entscheidern unterlegen (alle diese Aussagen finden sich bei Daniel Kahneman [2012], der für seine Überlegungen zur Psychologie von wirtschaftlichen Problemen 2002 den Nobelpreis für Wirtschaft erhielt). Ältere Menschen gestalten Such- und Entscheidungsprozesse in ihnen vertrauten Zusammenhängen wirksamer als jüngere (Queen u.a., 2012). Die Informationsverfügbarkeit explodiert nahezu durch Internet und

Digitalisierung vielfältiger Lebensbereiche. Dennoch schwächelt Innovation, insbesondere Investitionen in ihre Umsetzung. Produktivitätszuwächse leiden trotz einer immens wachsenden Informationmenge.. Bestehende Unternehmen nutzen die Überschüsse ihrer Cashflows für die Akkumulation finanzieller Ressourcen und weniger für Investitionen in Zukunftsfelder. Die Staaten machen Vergleichbares. Deutschland investiert rund 50 Milliarden Euro im Jahr in die Aufnahme und Integration Zugezogener aus Ländern der Zweiten und Dritten Welt. Investitionen in dem Staat zugewiesene Aufgabenfelder (Infrastruktur, Forschung, Schulen) leiden.

Dies ist von Bedeutung, weil Ältere über mehr Erfahrungen also Vertrautsein mit bestimmten Problemlagen verfügen und weil ihr Zeithorizont aufgrund ihrer kürzeren verbliebenen Lebensspanne geringer ist. Die Autoren um Queen zeigen auch auf, daß die (unternehmerische) Informationssuche und -verarbeitung bzw. die Entscheidungsqualität, sich zwischen Alternsstufen wenig unterscheidet (siehe auch Patrick u.a., 2013). Kognitive Einbußen werden durch einfachere Suchprozesse ausgeglichen, wobei daran zu erinnern ist: (a) Das Aussscheiden aus dem Arbeitsleben beschleunigt den kognitiven Abbau; (b) es stehen Interventionsmöglichkeiten zur Verfügung, die geistige und emotionale Leistungsbereitschaft zu erhalten; (c) unternehmerisches Durchhaltevermögen, eingebunden oder sich überlappend mit Willenskraft ist eine endogene Variable oder besser ein Aktionsparameter, der auch den Menschen selbst- und koevolutiv zur Verfügung steht.

Fassen wir die Überlegungen der bisherigen Kapitel in wenigen Worten zusammen. Unternehmertum im Alter, lebenslanges oder langjähriges Unternehmertum, Olderpreneurship, ermöglicht, fördert, erhält, die Aufrechterhaltung der Autopoiese, der Reproduktion einer sich entwickelnden Wirtschaft, wirkt somit einer ökonomisches Seneszenz entgegen. Eine „alterslose Gesellschaft" evoluiert. Demographisches und kalendarisches Altern ist kein Hinderungsgrund, solange Körper und Psyche koevolutiv zusammenwirken. Die trivial-maschinenelle Input-Output-Mechanik weicht evolutionären Entfaltungsprozessen, welche eine biologische Seneszenz in die Zukunft verschieben und damit die koevolutiv erzeugte unternehmerische Lebensspanne ausweiten.

13.6 Vision, Entfaltung von Fähigkeiten und Neukombination von Zeit

Es gilt zunächst, einen theoretisch wie praktisch wichtigen Punkt im Konzept evolutionären Lernens zu betonen: Durch eine Vision schaffen wir den Möglichkeitsraum, der durch eine selbstevolutive Entfaltung von Kompetenzen zu erschließen ist. Wie beeinflußt eine Vision das gegenwärtige Handeln eines Unternehmers? Zunächst dadurch, daß er die Gegenwartswelt nach seiner Vision zu konstruieren versucht. Er reizt (irritiert) die Gegenwart mit der Zukunft. Er wird dann beobachten: meine Fähigkeiten reichen nicht, um meine Vision zu erfüllen. Die Vision informiert ihn über eine Lücke zwischen verfügbaren und zur Erreichung der Vision erforderlichen Fähigkeiten, zwischen Ist und Soll an Kompetenzen. Motivationstreiber ist die Kompetenzdiskrepanz, vorausgesetzt, sie ist nicht vollständig unüberbrückbar - und kann durch Einsatz der verfügbaren kognitiven, körperlichen usw. Ressourcen überwunden werden.

Der Leadership-Forscher John Kotter zu den Eigenschaften "großer Führer":

> Die bemerkenswerteste Eigenschaft großer Führer, ganz sicher von großen Veränderern, ist ihr Antrieb zu Lernen. Sie zeichnen sich durch eine außergewöhnliche Bereitschaft aus, außerhalb ihrer eigenen Komfortzonen zu handeln, sogar nachdem große Dinge erreicht haben. Sie fahren fort, Risiken zu übernehmen, auch wenn es dafür keinen offensichtlichen Grund gibt. Oft werden sie von Zielen und Idealen angetrieben, die größer sind, als sie ein einziger Mensch

jemals erreichen könnte, und diese Lücke ist der Antrieb, der sie zu ständigem Lernen antreibt" (Kotter, 1998; unsere Übersetzung).

> **Kein Ende der lebenslangen Übung**
>
> Man erkennt im immerwährenden Wissen des eigenen, niemals vollendeten Könnens, dass für das Ausüben einer Kunst kein Ende existiert. So lebt der Meister sein Leben, sich seiner Unvollkommenheit bewußt, niemals mit seinen Fähigkeiten zufrieden, selbst an seinem allerletzten Tag nicht, weder eingebildet noch herablassend.
>
> In keiner Übung kann es eine Stufe geben, auf der jemand denkt, er habe alles erreicht. Solch ein Gefühl der Vervollkommnung steht in sich selbst schon dem Üben des Weges entgegen. Ein Mann, der mit seinen Ergebnissen das ganze Leben lang unzufrieden war, obwohl er von ganzem Herzen bis zu seinem letzten Atemzug übte, hat rückblickend sein Ziel erreicht.
>
> Yamamoto Tsunetomo, 1710/2000, S. 20,41.

Woher kommen die Ressourcen, denen es zur visionsgesteuerten Entfaltung von Fähigkeiten bedarf? Es sind immer die *gegenwärtig* verfügbaren Ressourcen. Was eine Vision leistet ist, gegebene Ressourcen, einschließlich Zeit, wirksamer zu nutzen, sie als Sprungbrett für den Erwerb neuer Fähigkeiten einzusetzen (wie so etwas möglich ist - sich am eigenen Schopf aus dem Sumpf ziehen - skizziert der nächste Unterabschnitt). Wir bleiben also im Schumpeter-Modell der Neukombination von Ressourcen durch ein operational-geschlossenes, input-loses System.

Der Zusammenhang zwischen Vision und Kompetenzentfaltung ist selbstregelnd, eine Art Homöostat, der allerdings selbst Veränderungen unterworfen ist. Wir bezeichnen sie als dynamische Homöostase. Abweichungen der Ist- von den Soll-Kompetenzen zu bewirken, Kompetenzarbeit (wie wir sie durch den vierstufigen Lernzyklus - von unbewußter Inkompetenz zu Kompetenz - beschrieben haben) und Zielkorrektur. Die gesteigerten Kompetenzen erlauben es, anspruchsvollere Ziele in Angriff zu nehmen. Kompetenzentfaltung wirkt aber auch - in einer längeren Zeitdimension - auf die Vision zurück, auch der 'Steuermann" evolviert. Dies erzeugt erneut Kompetenzdiskrepanzen. Die Wirkung der Vision, Kompetenzentfaltung, wird wieder zu einer Ursache (veränderte Vision), die ihrerseits eine Wirkung erzeugt (ein Beispiel zirkulärer Kausalität).

Illusionäre Visionen, Wunschträume, motivieren nicht zur Kompetenzentfaltung, führen zu ihrer Revision. Unattraktive Kompetenzdefizite motivieren gleichfalls nicht, bewirken somit, eine mächtigere Vision zu entwickeln. Eine kompetenzentfaltende Vision überfordert nicht und unterfordert nicht.

Macht unternehmerische Arbeit Freude und Spaß? Muß ein Unternehmer seinen Mitarbeitern Arbeit vermitteln, die Spaß macht? Ein Unternehmer der sich und seine Mitarbeiter durch Freude und Spaß an der Arbeit motiviert, scheitert früher. Der Spaßgründer wirft schnell das Handtuch, wenn seine Gründung /Unternehmung nicht so läuft wie geplant. Unternehmerische Arbeit erfordert Mühsal, Anstrengung, Überwinden von Enttäuschungen, auch Entscheidungen, die anderen Leid verursachen. In der Logik der Operationsweise operational geschlossener Systeme: Das System Unternehmer erzeugt in sich selbst Veränderungen (Pertubationen) seiner Struktur und Organisation (Begrifffe von Maturana und Varela), also Veränderungen seines Selbst Auch ältere Menschen vermögen ihre Persönlichkeit zu verändern. Kompetenzarbeit verlangt Geduld und Ausdauer. Skills (Powerpoint) lassen sich übers Wochende erwerben. Eine Vision zu entwickeln gleicht einer lebenslangen Reise in die Ungewißheit des eigenen Selbst. Planungssicherheit ist ein Wunsch der Etablierten.

Unternehmerische Arbeit ist visionsgeleitet, nicht spaßorientiert. Wer auf Arbeitsfreude setzt, erntet Enttäuschung und Frustration, er führt gleichsam mit Erwartungen, anstelle von Visionen und Zielen. Er muß sich und andere ständig neu motivieren - und manipulieren, um nicht aufzugeben und die Mitarbeiter, Freunde und Familie eingeschlossen, bei der Stange zu halten. Das kostet Geld und Zeit - welches der Unternehmer nicht hat - und bringt auf Dauer wenig.

Eine Vision macht gegenwärtiges Leben für die Zukunft attraktiv. Sie senkt die Gegenwartsvorliebe und erhöht die Zukunftsvorliebe. Ökonomisch gesprochen verringert eine Vision die Zeitpräferenz. Unternehmer mit starker Vision verfügen über einen kräftigen Anreiz, ihren Gegenwartskonsum einzuschränken, Ressourcen für die Verwirklichung ihrer Vision zu mobilisieren. Als Nebenprodukt häufen sie auch noch Vermögen an, und wenn sie Calvinisten sind, verringern sie die Ungewißheit bis zur Gewißheit, sie seien von Gott Auserwählte. Unternehmer mit starker Vision sind also im Durchschnitt wirtschaftlich erfolgreicher als Unternehmer ohne Vision. Daß gerade eher radikale Neuerungen für ihre Umsetzung einer starken Vision bedürfen, liegt auf der Hand. Visionäre Unternehmer können wir deswegen als die Träger und Treiber langer Kondratieffwellen vermuten.[281]

Eine Vision verweist auf die Diskrepanz zwischen gegebenen Fähigkeiten und den für die Verwirklichung einer Vision erforderlichen. Die Kompetenzlücke enthält Zielcharakter: Kompetenzziele. Auch Ziele kommen daher nicht von außen, sondern evolvieren mit der Praxis eines visionsgesteuerten Lebens. Auch zwischen Kompetenz und Zielen existiert die oben beschriebene zirkulare Kausalität. Ziellillusion korrigiert sich wie Visionsillusion selbst.

Was bleibt, ist Ziele in Entscheidungen zur Zeitallokation zu integrieren und im täglichen Leben zu verwirklichen. Wir verfügen dann über ein System des "Zeitmanagements" der 4. Generation [282]: "Management" der Selbstevolution. Zeitallokation und Kompetenzentfaltung sind unmittelbar verknüpft, Zeitmanagement für evolutionäre Unternehmer oder selbstevolutive Zeitallokation. (Zu erläutern, wie so etwas in der Praxis zu machen ist, bleibt außerhalb der Zielsetzung unseres Buches).

Unternehmer praktizieren Zeitallokation im Rahmen ihrer funktionalen Beschränkungen. Routineunternehmer optimieren Zeit. Die Allokation von Zeit entspricht den Routinen der Problemlösung. Innovative Unternehmer konzentrieren ihre Zeitressourcen auf die Bewältigung innovativer Herausforderungen, was einen schöpferischen Umgang mit Zeit jenseits der Routine erfordert, und deswegen im Rahmen von Zeitoptimierung nicht mehr möglich ist. Beide planen und verwenden Zeit bei gegebenen Fähigkeiten. Ein beträchtlicher Umfang ihrer Zeitressourcen (80% oder mehr) brauchen sie, um mit Schwierigkeiten und Problemen, mit Krisen und Notfällen fertig zu werden. Aber bereits Laotse (1996, S. 110) beobachtete: "Niemand weiß, wie man es *vermeiden* kann, daß Schwierigkeiten überhaupt auftreten. ... Heutzutage streben die Menschen nicht danach, das Entstehen von Schwierigkeiten zu verhindern...".

---

[281] Manfred Neumann (1997) sieht einen direkten Zusammenhang zwischen langen Wellen und Veränderungen der Zeitpräferenz innovativer Unternehmer in der Generationenfolge. Die Visionshypothese stützt diese Vermutung.

[282] Covey und Merril (1995) geben eine aufschlußreiche Analyse der Stärken und Schwächen herkömmlicher Systeme des Managements von Zeit. Sie entwickeln selbst ein neues Verfahren. Die im Text nur skizzierte, im Training von Unternehmertum ausführlich zu praktizierende w 5. Generation führt den Covey/Merril-Ansatz weiter.

Evolutorische Unternehmer gehen an die Wurzeln der Schwierigkeiten, indem sie nicht nur ihre Fähigkeiten steigern, um mit Schwierigkeiten besser zurechtzukommen, sondern um die Schwierigkeiten im Vorfeld, vor ihrem Entstehen, nicht entstehen zu lassen[283].

---

[283] Covey und Merrill (1995) umschreiben diese Zusammenhänge mit ihrer bekannten Vierfelder-Matrix, in welcher dringende/nichtdringende und wichtige/unwichtige Tätigkeiten kombiniert sind. Problemlöser operieren im Feld dringend/wichtig und dringend/nicht-wichtig. Letzteres schluckt im übrigen die meiste Zeit (Quadrant der "Selbsttäuschung"). Innovatoren unterscheiden sich durch ihre Konzentration auf innovationsinduzierte Schwierigkeiten. Der Inhalt ihrer Problemlagen ist verschieden, die Methoden der Zeitallokation bleiben die gleichen. Evolutorische Unternehmer operieren in der Matrix im Feld wichtig/nicht-dringend, setzen hier auch die meiste Zeit ein (60% und mehr) und vermögen deswegen das "Entstehen von Schwierigkeiten" (Laotse) eher zu verhindern. Die Zeitressourcen holen sie sich aus den als ‚dringend' konstruierten Problemlösungsfeldern.

14 Lebenslanges Unternehmertum und biologisches Altern

14.1 Erfahrungen und Erkenntnisse aus Japan

In diesem Kapitel beschäftigen wir uns erneut mit unternehmerischer Passivität und ihre Überwindung im Prozeß des Alterns, setzen also die Überlegungen der vorangegenen Kapitel zu Energie, Willenskraft und Zeitperspektive fort. Ist Passivität an Alter, chronologisches und biologisches, gekoppelt? Die empirschen Erkenntnisse sprechen eine nahezu, aber nur nahezu eindeutige Sprache. Du bist alt, vergesse Innovation. Ende der Innovation, Ende des Lebens. Also erneut beschäftigen wir uns mit unternehmerischer Artenvielfalt. Gleiches Alter: unterschiedliche Energie, Vision, Zeitperspektiven, Liebe zum Körper, körperliche Fitness. Wird erst der Tod den Menschen ihre Zukunft zurückgeben, die sie schon eingebüßt hatten?

Schon wieder Japan, fragt sich der Leser. Man betrachte folgende Daten. Im Jahr 2015 waren 7.3 Millionen Menschen im Alter von 65 und mehr erwerbstätig. Seit 12 steigt die Zahl dieser Altersgruppe permanent. Sie machen 11.4 Prozent aller Erwerbstätigen und 21.7 Prozent der Gesamtzahl dieser Altersgruppe (65+) aus (Kyodo, 2015, sich auf Daten des Internal Affairs Ministry berufend). In Deutschland sind 5.2 Prozent in der Altersgruppe 65-74 abhängig erwerbstätig (Daten von Esselmann & Geis, 2015).

Die Gerontologin Hiroko Akiyama von der Universität Tokio hat für Japan bemerkenswerte Beobachtungen zum Gesundheitszustand älterer Menchen vorgelegt. Sie beginnt seit 1987 den Alternsverlauf von 6000 älteren Menschen in Japan zu beobachten.[284] Offensichtlich stellt sich die Frage: Wie will man in höherem Alter wertschöpfend aktiv sein, wenn man körperlich und geistig dazu nicht fähig ist? Akiyama (2011) hat in ihrer Untersuchung gezeigt, wie viele ältere Menschen (70+) körperlich noch in der Lage scheinen, auch ökonomische Wertschöpfung zu betreiben. Die Abbildung bezieht sich auf männliche Personen. 11 Prozent von ihnen bleiben bis zum Alter von 90 im Zustand der Fitness (self-sustainability; Stufe 3). Auf der Senkrechten der Abbildung sind vier Ränge unterschieden: Tod (0); Notwendigkeit einer Unterstützung für komplizierte und einfache tägliche Aktivitäten (1); Notwendigkeit einer Unterstützung für komplizierte tägliche Aktivitäten, einfache Arbeiten machen keine Schwierigkeiten (2); Unabhängigkeit (3).

70,1% der Untersuchten beginnen relativ früh (Alter ab 74), an körperlicher und geistiger Funktionskraft einzubüßen. Dennoch benötigen sie bis zu einem Alter von 83 nur eine leichte Unterstützung im Alltag (sie bleiben im Bereich „2"; siehe Abbildung). Sie können noch selbständig leben, wenn sie eine nur leichte Hilfe im Alltag erhalten (In Deutschland entspräche dies der Pflegestufe 0). Dieser Zustand ist von Pflegebedürftigen zu unterscheiden. Die Gruppe der 70,1% Kategorie 2 zählt bis zu einem Alter von 83 Jahren zusammen mit den fitten 10,9% zu den „noch Selbständigen".

---

[284] Eine Anmerkung zu Akiyama. Sie ist Gerontologin. Die von uns angesprochenen Problembereiche sind bei Gerontologen weitgehend ausgeblendet. Auf einer zuständigen Website in Japan ist zu lesen: „Japan has the greatest longevity of any country in the world. At present, senior citizens (age 65+) account for 23% of the population in Japan. By 2030, this number is expected to increase to one third. Particularly, people aged 75 and older will increase rapidly. Since there is no precedent for this situation anywhere in the world, it is hard to predict what types of problems are likely to occur. Accordingly, there is an urgent need to accurately assess the current situation, identify problems and conduct research to find solutions to the problems."
(http://www.ristex.jp/EN/examin/korei/index.html; Abruf 5. März 2016). Die „Probleme" sind auch bei den 75plus Menschen durchaus bekannt. Es geht primär, wie überall in der Wissenschaft, um Argumente für Projekte.

Akiyama bezieht ihre Überlegungen auf das Alltagsleben. Wir könnten diese Personen auch als noch potentiell Erwerbsfähige einstufen; d.h. insgesamt 81,0% (10,9% + 70,1%) würden dann zu diesen Gruppen zählen, zumindest bis zu einem Alter von 75 Jahren. Aus der Fülle der gerontologischen und sportmedizinischen Daten lässt sich schließen: Wer mit 60 + als biologischer Unternehmer aktiv würde, hätte gute Chancen, sich in die Gruppe 10,9 % einzureihen und das Schicksal der Menschen im Funktionsbereich 1, welches Frauen noch härter trifft wie Männer, zu vermeiden. Bei einem Fitnessgrad von 1 vermögen Menschen ohne fremde Hilfe ihren Alltag nicht mehr zu gestalten.[285]

Abbildung 41: Abbau von Lebensqualität in Abhängigkeit vom Alter

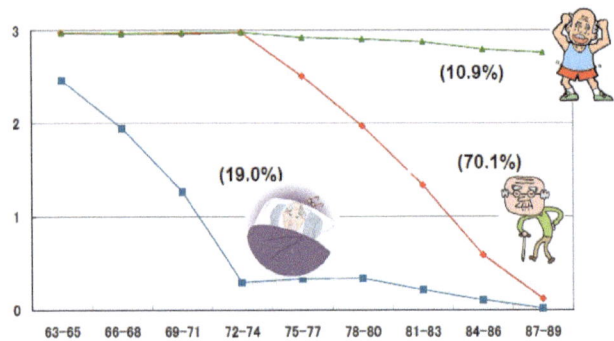

Quelle: Akiyama 2011, S. 15.

Interessant ist, daß 70 % der männlichen Probanden ein gutes Potential aufweisen, zu den 11 % aufzuschließen. Sie können zwar bis zum Alter von 90 ihre Kondition (körperliche und geistige Fitness) nicht selbst aufrechterhalten, aber mit Unterstützung (Ko-Lernen/Ko-Evolution) könnten sie gut möglich zu den fitten 11 % gehören. 11 % + 70 % = 81 % könnten bis 90 Jahre und älter fit oder aktiv bleiben. Bei 70 Prozent der Männer beginnt ein Abbau ihrer unabhängigen Lebensweise im Alter von 75 Jahren. Chronische Krankheiten ziehen in ihre Körper ein. Ihr Leben wird zunehmend von ihnen beherrscht. Bei 19 Prozent der Männer setzt der Abbau der Lebensqualität bereits mit dem Eintritt in die Rentenphase ein. Die Ursachen für diese Unterschiede sind komplex und werden von Akiyama nicht detailliert dargestellt. Bemerkenswert ist der Abbau körperlicher und geistiger Funktionstüchtigkeit in der Altersgruppe 72-74. Sie machen 70 Prozent der Untersuchten aus. Wir vermuten ähnliche Entwicklungen in anderen Regionen Japans und anderen Ländern. Ab einem bestimmten Alter beginnt ein Abbau bio-unternehmerischer Fähigkeiten und mit ihr verkürzt sich die aktive Arbeitsphase. Die Folgen für die Menschen und die Gesellschaft sind gravierend und bereits deutlich in Japan (Schreiber, 2016), aber auch in anderen demographisch alternden Gesellschaften zu erkennen. Für immer mehr Menschen wird das Leben, sind

---

[285] Wiederholung einer früheren Fußnote: Eine Untersuchung mit vergleichbaren britischen Altersgruppen aber anderer Untersuchungsmethodik: "Most persons (83%) were independent in all activities at age 70". Aber: "Incidence of disability was 8% between 70 and 73 and 26% between 73 and 76 years of age. Dependence at age 70 could predict mortality as well as institutionalization." Und: "One fifth at age 70 and almost half of the population at age 76 used assistive devices in daily life activities, and the use was more frequent in women (52%) than men (37%) at age 76" (Clegg u.a. 2013).

sie im Funktionsbereich 1 angekommen, nicht mehr finanzierbar, wenn sie auf Pflege angewiesen sind. Die Kosten in ein Altersheim zu wechseln, liegen in Japan „jenseits der Möglichkeiten der meisten Pensionäre der Mittelklasse" (Schreiber 2016; Quellen anführend). Wir machen später Vorschläge (15; 16.,17. Kapitel) zur Reform der Pflege mit dem Ziel, die Unterstützung (privat, staatlich) an die Dauer der Erwerbstätigkeit zu koppeln.

Die Menschen auf der Ebene 3 leben zweifellos jenseits einer Altersnormalität, „in welcher (so Cesari & Vellas, 2015) Behinderung als weitgehend unumkehrbarer Zustand in höherem Alter zu betrachten ist. Gebrechlichkeit ist ein geriatrisches Symptom, welches durch verringerte homöostatische und homöodynamische Reserven gekennzeichnet ist, die den Organismus einer extremen Verletztbarkeit durch endogene und exogene Stressoren aussetzen."

Für unsere Überlegungen ist Japan von besonderer Bedeutung, denn Japan ist die „älteste Gesellschaft" auf der Welt. Man bezeichnet sie als „super-aging society" (Muramatsu & Akiyama, 2011). In Japan leben gegenwärtig (2013) verifizierte 21 Personen, die als Supercentenarians (Alter 110 Jahre und mehr) gelten. 39 weitere Supercentenarians wurden identifiziert, über ihr Schicksal liegen aber keine Informationen vor. [286]

Wie Muratmatsu und Akiyama feststellen, ist die Folge einer solchen Entwicklung für die japanische Gesellschaft insgesamt evident: Die alten Menschen (65+) *müssen* länger arbeiten: „Japan kann es sich einfach nicht leisten, alte Menschen zu haben, die nicht arbeiten. [...] Arbeiten in hohem Alter ist essentiell, um die japanische Gesellschaft zu erhalten." (Muramatsu & Akiyama, 2011, S. 429, bereits mehrfach zitiert). Die Menschen selbst, zumindest in Japan, warten nicht auf wissenschaftliche Erkenntnisse oder Vorgaben der Politik, sie antworten spontan und verlängern ihre aktiver Arbeitsphase (unselbstständig oder erwerbstätig) Können wir Japan durch Deutschland, Frankreich, China usw. ersetzen? Auf die praktische Umsetzung dieser Aussage visionären Charakters sind wir bereits mehrfach eingegangen. Konkrete Experimente, Vorhaben und Erfahrungen schildern Pilling (2014), Schlesinger und Martin (2015), Gilhooly (2015) und bereits Haga (2013). Nach Umfragen des Cabinet Office in Japan aus dem Jahr 2013 wünschen die Hälfte der Japaner im Alter zwischen 35 und 64 Jahren über ein Alter von 65 Jahren hinaus zu arbeiten, eine andere Umfrage nennt 63 Prozent. Das tatsächliche Alter des Eintritts in die Rente ist bereits „nahe an 70" nach Ermittlungen der OECD (Informationen von Gilhooly, 2015).

Ist Arbeit eine soziale Überlebensbedingung in chronologisch hochaltrigen Gesellschaften? Dies widerspricht offensichtlich dem gesunden (d.h. krankmachenden?) Menschenverstand, den handlungsrechtlichen Vorgaben und den politisch gestalteten Anreizsystemen zumindest in der westlichen Welt.

14.2 Blue Zones

Was wir wissen (siehe bereits Kapitel 12 zu Unternehmerischer Energie in Blue Zones): In sogenannten Blue Zones (Dan Buettner, 2008; 2012, Haga, 2013) sind die von Akiyama (2011) und anderen Forschern ermittelten Unterschiede zwischen den Menschen in gleichen Altersgruppen nicht so ausgeprägt. In diesen Zonen leben Menschen, die wir als biologische Unternehmer bezeichnen, Menschen, die ihre Körper achten und zu lieben gelernt haben. Sie praktizieren ein lebenslanges Unternehmertum. Blue Zones sind Systeme, in denen man lernt, wie man (s)ein lebenslanges Unternehmersein verwirklicht: sei es in der

---

[286] http://en.wikipedia.org/wiki/List_of_Japanese_supercentenarians.

Familie, im Freundes- und Bekanntenkreis, in der Schule. Beispiel Ernährung. Wenn alte Menschen mit anderen eine Mahlzeit einnehmen, sinkt ihr Depressionsrisiko signifikant, zumindest gilt dies für japanische Menschen (Tani u.a., 2015). Blue Zones lassen sich im Sinne der Systemtheorie (siehe Luhmann, 1998, S. 812ff.) als Interaktionssysteme verstehen, Systeme unter körperlich Anwesenden. Wenn eine Großmutter sich um die Kinder ihrer Kinder kümmert, existiert ein Interaktionssystem. Wenn sie mit einem Arzt über ihren körperlichen Zustand spricht, ebenso. Wenn Mann und Frau oder Eltern und Kinder gemeinsam Sport betreiben, interagieren sie. Ob ein Roboter und ein Mensch, wenn sie miteinander eine Beziehung eingehen, ein Interaktionssystem schaffen können? In Blue Zones sind Interaktionssysteme bis in ein hohes Alter Normalität, ein Grund, warum diese Menschen lange und gesund leben. Die Forschungserkenntnisse hierzu sind beeindruckend.[287]

Auch der Mensch selbst, ein Wirkungskomplex verschiedener Systeme, kann eine Blue Zone im Sinne einer Interaktion unter Anwesenden sein. Die Teilsysteme des Menschen (Organismus, Psyche) interagieren miteinander. Wer Körper, Geist, Seele liebt und achtet, schafft für sich eine Blue Zone, er selbstevolutioniert sich auf ein höheres Kompetenzniveau, körperlich und kognitiv, sogar dann, wenn ihm die Evolution ein schlimmes Genom vermacht hat. Es gelingt ihnen wirkungsvoller, ihre Körper von Zivilisationskrankheiten zu entkoppeln.

Wir beobachten eine zunehmende Entregionalisierung von Blue Zones. Moderne Kommunikationstechnik erlaubt Informations-, Erfahrungs- und Entdeckungsirritationen zu verbreiten. Durch Computer- und Internettechnologien wurden Werkzeuge geschaffen, die es Menschen gestatten, neuartige Interaktionsweisen zu praktizieren, nicht nur zwischen Menschen, auch zwischen einem Menschen und seinenm Körper und Geist. Diese Prozesse sind eingebettet in selbstevolutive Entdeckungsverfahren. Die Psyche kann mit dem eigenen Körper kommunizieren, auch ethische Normen jenseits der genomischen gewinnen an Kraft.

Menschen könnten heute mehr aus ihrem Leben machen, einfach deswegen, weil sie mehr Zeit haben, gesunde Zeit.. Wer zu den 19 Prozent gehört (siehe Abbildung), denen chronische Krankheiten früh in ihrem Leben zuzusetzen beginnen, er verbringt sein Leben zunehmend dort, wohin die Eskimos ihre alten Menschen aussetzten – auf der Eisscholle (im Pflege/Altenheim, oftmals alleine in der eigenen Wohnung), wenn er nicht gegensteuert. Und wer dort lebt, stirbt früher. Er verkonsumiert seine Lebenszeit und sein Vermögen. Wenn wir fragen, wozu Altern gut sein soll, was die „Vergreisung" einer Gesellschaft an Nutzen abwirft, die Antwort lautet: Für nichts. Die standardethischen Argumente fordern Menschenwürde ein, in den abrahamitischen Religionen erfolgen die Verweise auf das Jenseits.

Argumente für ein lebenslanges Unternehmertum machen jedoch die Unterschiede deutlich: (1) Der Weg der Selbstevolution erschließt neue Welten. Diese sind längst thematisiert (Röpke & Yin, 2007). Der Normalmensch stirbt zu früh, sein schwacher Körper irritiert sein Gehirn auf Routine, medizinische Komplexität füttert ihn mit Medikamenten und folglich Nebenwirkungen, an denen viele sterben; und wenn er in die Klinik geht, hat er gute Chancen, durch Fehlbehandlung zu sterben[288] (2) Werte schaffen, auch ökonomische, mit einer zunehmenden gesunden Lebensspanne; (3) Großmutter- und Urgroßmutterwirkungen (ausführlich im 17. Kapitel); (4) Anreize zu wissenschaftlich-medizinischem

---

[287]Nur eine Illustration. Erwachsene Menschen in Brasilien leben länger, die Mortalität, wie sie auch verursacht sein mag, ist gering, wenn sie „Sozialkapital", individuell und in Interaktion mit Menschen in der Nachbarschaft gepflegt haben, ökonomisch: seine „Abschreibung" mit dem Altwerden verhindern konnten (Patussi u.a., 2016).

[288] Für die USA siehe Makary & Daniel (2016), mit Schätzungen zwischen 200,000 und 400,000 Personen pro Jahr (alle Altersgruppen).

Fortschritt. Ein Standardargument bemüht Immoralität. Beispielsweise erlaubt Medizin den Menschen, kardiovaskuläre Ereignisse zu verhindern oder in ein höheres Lebensalter zu verschieben. Ergebnis: Die Inzidenz von Alzheimer nimmt zu, in den USA alleine in einem Jahr (2013 auf 2014) um acht Prozent. Fight Aging stellt Daten aus den USA zu Mortalität und Lebenserwartung vor. Letztere stagniert, ist sogar, erstmalig im Jahr 2015 gesunken von 78.9 auf 78.8 Jahre, was Forscher wie Olshansky schon seit einigen Jahren vermuten und gerät damit in Konflikt zu den optimistischen Aussagen etwa von James Vaupel. Grund ist wohl a) der Lebensstil in den USA und b) die noch unzureichenden medizinischen Fortschritte. https://www.fightaging.org/archives/2015/12/the-latest-us-life-expectancy-and-mortality-figures.php. Von den wichtigsten Todesfälle bewirkenden Krankheiten (Herz, Krebs, Diabetes, Schlaganfall etc.) war es vor allem die Alzheimerkrankheit,welche die durch sie bewirkten Anzahl der Todesfälle um 15.9 % erhöhte. Nur Krebs landete im positiven Bereich (1.7 %). Wir sind deswegen mehrfach auf Alzheimer eingegangen (keine Medikamente verfügbar), weil diese Krankheit präventiv-selbstevolutorisch zu meistern ist. Interessant der Beitrag von Anjana Sahuja (2016,), die auf die Blue Zone Okinawa verweist. Neben Japan sind es Singapur (baut gleichfalls, Okinawa kopierend, eine Blue Zone auf, siehe Röpke, 2015) und die Schweiz, welche einer Lebenserwartung von über 83 Jahren verwirklichen konnten. Singapur, 60 Jahre zurück betrachtet, ein Entwicklungsland. Kühe zogen durch die Straßen. Afrika, heute und vor 60 Jahren. In den Ländern mit hoher Lebenserwartung stagniert die Bevölkerung oder geht zurück. In Afrika eine permanente Zunahme. Pourquoi? Da Menschen länger leben, steigen ihre „Chancen", von Krankheiten heimgesucht zu werden, die sich über die längere Lebenszeit, beginnend in jüngerem Alter, in der Regel unbeobachtet, verwirklichen. Eine medizinische Intervention, welche Menschen länger leben läßt, bewirkt die Entstehung neuer Leiden und Behinderungen. Wir schaffen neue Probleme, in dem wir alte effektiver bewältigen. Eine unendliche Reise. Wohin? Ausweitung der gesunden Lebensspanne (health span).

14.3 Alte Unternehmer und Unternehmensgründungen in Japan

Im Jahr 2050 sind nach Projektionen der United Nations 800.000 Japaner 100 Jahre und älter, weltweit der höchste absolute und proportionale Anteil. Im Jahr 2009 waren es 76.000. Gerontologische Erkenntnisse erlauben die Aussage, dass ein gesunder Lebensstil ein notwendiger Faktor für ein gesundes langes und ökonomisch auch produktives Leben ist. Empirische Beobachtungen lassen vermuten, dass beides noch nicht miteinander vereinbart ist. Wie lässt sich ein gesunder Lebensstil mit einer postindustriellen Entwicklung der Wirtschaft vereinbaren?

Japan ist die demographisch älteste Gesellschaft. Nach der weitgehend herrschende Meinung bedeutet dies: Bescheidenes und mit dem Alter abnehmendes unternehmerisches Tätigsein und Gründungsbereitschaft.

Wir stellen hierzu zunächst einige Daten zu Japan vor. In Teilen lassen sich diese als Ergänzung zu den im ersten Kapitel vorgestellten Daten zur Erwerbstätigkeit in den USA betrachten.

Zunächst ist die folgende Abbildung von besonderem Interesse. Sie erlaubt Unternehmertum in Deutschland und Japan, gemessen an der altersabhängigen Quote der Selbstständigkeit, zu vergleichen. Was wir sehen scheint mehr als erstaunlich. Es widerlegt herrschende Ansichten über das „Altersheim" Japan (Klingholz, 2012), wie Beobachter die demographische Entwicklung im Land der Aufgehenden Sonne beschreiben. Die nackten Zahlen scheinen für eine „Vergreisung" zu sprechen. Es gilt jedoch auch bei einer ökonomischen Betrachtung, zwischen chronologischem oder kalendarischem und biologischem Alter zu unterscheiden Denn ein Mensch mit einem Alter von 80 kann biologisch jünger sein als ein biographisch weitaus Jüngerer (wir geben im Text viele Beispiele). Selbstverständlich ist in allen Gesellschaften davon auszugehen, daß ab einem bestimmten Alter Menschen es vorziehen, in den Ruhestand (retirement) zu wechseln und die selbstständige Erwerbstätigkeit zurückgeht. Die Untersuchungen der Kreditanstalt für Wiederaufbau für Deutschland zeigen die Neigung älterer Mittelständler, mit dem Erreichen des Ruhestandsalters ihr Unternehmersein aufzugeben. Bereits Jahre davor sinkt ihre Innovations- und Investitionsneigung (Zimmerman, 2016). Während in jüngeren Alterskohorten der Anteil der Selbstständigen in Deutschland höher liegt als in Japan, kehrt sich ab dem Alter von 55 Jahren dieses Verhältnis um. Die nachfolgenden Daten geben detaillierte Information zur Selbstständigkeit im Alter und Gründungsverhalten in Japan.

Abbildung 42: Altersspezifische Selbständigenquoten

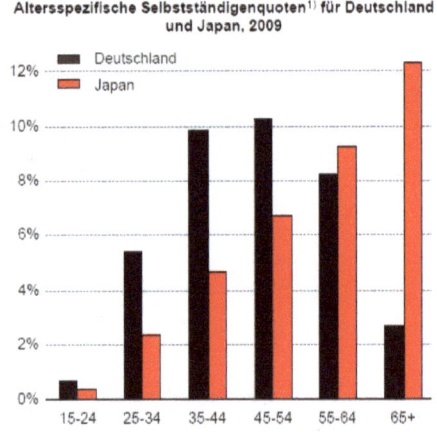

Quelle: Tivig & Waldenberger, 2011, S. 73

Für Japan wird Arbeiten im Alter als unumstößlich für den Erhalt der Gesellschaft betrachtet. Auch die politische Führung fordert es ein und lehnt gleichzeitig auf Druck der Öffentlichkeit eine Zuwanderung ab. Es genügt hierzu, die beiden japanischen Forscher Muramatsu und Akiyama (2012, S. 429) erneut anzuführen: „Japan kann es sich einfach nicht leisten, alte Menschen zu haben, die nicht arbeiten. [...] Arbeiten in hohem Alter ist essentiell, um die japanische Gesellschaft zu erhalten." Wie will man in hohem Alter arbeiten, wenn man körperlich und geistig dazu nicht mehr fähig ist? Für Japan hat Hiroko Akiyama (2011) in einer Untersuchung gezeigt, wie viele ältere Menschen (70+) körperlich noch in der Lage scheinen, auch ökonomische Wertschöpfung zu betreiben. Die Abbildung bezieht sich auf männliche Personen. 11 Prozent von ihnen bleiben bis 90 im Zustand der Fitness (self-sustainability).Die Abbildung macht deutlich: Altern zeigt sich in einem Verlust an Fitness, einem zeitabhängigen Niedergang funktionaler Tüchtigkeit.

Abbildung 43: Anteil älterer Gründer am Gründergeschehen in Japan

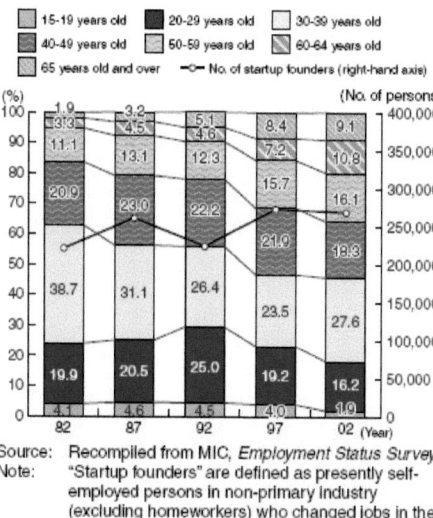

Quelle: JSBRI (Japan Small Business Research Institute) (2006): White Paper on Small and Medium Enterprises in Japan (englische Fassung), S. 36. http://www.chusho.meti.go.jp/pamflet/hakusyo /h18/download/2006hakusho_eng.pdf.

Wie diese Daten zeigen, machen biographisch ältere Gründer die weitaus höchste Gründerquote aus. (Ausführlich: Haga, 2013). Warum das so ist, haben wir ausführlich untersucht. Hier werden nur die Zahlen dargestellt, um einen Überblick zu schaffen. Man erkennt deutlich den überproportionalen Zuwachs älterer Gründer. Sie stellen die dynamischste Gruppe der Gründer. Auch viele alte Frauen gründen im Alter (Japan Times, 2006).[289]

Die nächste Abbildung 47 zeigt: (a) Das Alter der Gründer steigt kontinuierlich. Das Durchschnittsalter ist über 56 Jahre. (b) Ursache dafür ist ein zunehmender Anteil alter Gründer.

Die Abbildung zeigt einen Anstieg der Selbständigen im Alter von 65 oder höher und den Anstieg des Durchschnittsalters aller Selbständigen (siehe auch die folgende Tabelle). Nahezu die Hälfte der Gründer ist 60 Jahre oder älter.

---

[289] Siehe auch The Japan Times, 2. Mai 2006: Female, elderly entrepreneurs on the rise as society grays.

Abbildung 44: Zunahme selbstbeschäftigter Personen im Alter von 65 oder älter und Anstieg im Durchschnittsalter von Selbstständigen

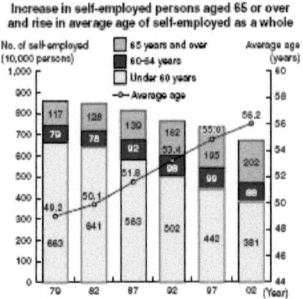

Quelle: JSBRI (Japan Small Business Research Institute) (2006): White Paper on Small and Medium Enterprises in Japan (englische Fassung), S. 163.

Tabelle 5: Aussteiger aus der Selbstbeschäftigung (exiters) und Start-ups in Japan im Alter von 65 Jahren oder höher

Jahr	1982	2002
Exiters (Aussteiger)	37.410	88.897
Start-ups	4.275	24.115
Start-ups in % (gerundet) von Exiters	11	27
Anzahl Selbständiger 65 Jahre oder älter	128.000	202.000
Anzahl Selbständiger	847.000	671.000
Anteil Selbständiger 65 + (%)	15 %	30 %

Quelle: eigene Darstellung in Anlehnung an JSBRI (2006).

Alte Gründer sind in verschiedenen Branchen tätig. Besonders zu beachten ist, daß sie auch in Bereichen, die als innovativ gelten, wie Information und Kommunikation und Medizin Existenzen gründen (siehe nächste Abbildung).

Abbildung 45: Marktsegmente alter Gründer: In welchen Sektoren gründen alte Unternehmer?

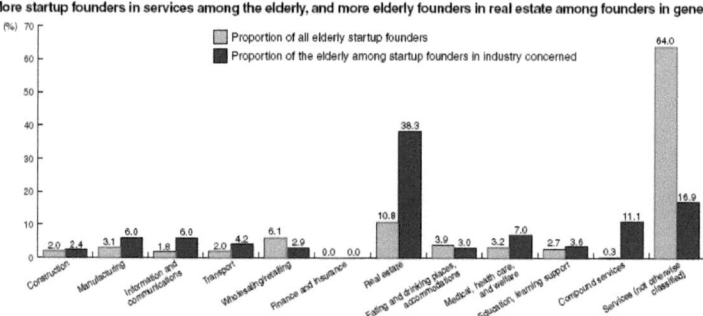

Quelle: JSBRI (Japan Small Business Research Institute) (2006): White Paper on Small and Medium Enterprises in Japan (englische Fassung), S. 37.

14.4 Anti-Aging: helfen Roboter?

Anti-Aging? Kein Freund der konventionellen Medizin. Sie kann noch wenig bieten. „...currently, we have *no well-established* anti-aging intervention available" (Cesari u.a., 2013, S. 451; unsere Hervorhebung). Das Gleiche hätte man zum Telefon von Edison oder zum Automobil von Daimler sagen können. Wenn wir Anti-Aging als neue Basisinnovation betrachten (wir schreiben sie dem Kondratieff 6 und Nachfolgern zu), darf man nicht mehr erwarten. Pioniere sind am Werk. Selbst-Evolutionäre. Sie probieren aus, experimentieren. Wenn es keine „etablierte Anti-Aging Intervention" gibt, bedeutet es nicht, es gäbe keine Anti-Aging-Produkte. Viele Experimente laufen. Die Menschen im Westen probieren Erkenntnisse aus dem Fernen Osten (Tradionelle Chinesische und Tibetanische Medizin, Ayurveda aus Indien, Kampo aus Japan), weil in diesen Ländern, aufgrund einer anderen sozio-kulturellen und religiösen Tradition, gesundes Altern als Zielvorgabe vieler Menschen galt und gilt. Die Gesundheitsbehörden in Ländern mit Dominanz der sog. Schulmedizin sehen die Produkte dieser Traditionen mit Skepsis. Cesari und Kollegen argumentieren überzeugend, wenn sie bei länger lebenden Personen von einer verstärkten Konfrontation mit Stressoren ausgehen. Wer kürzer lebt, hat sich mit weniger Stressoren auseinanderzusetzen. Wer länger lebt, muß erfinderischer sein. Er mag - so Cesari et al. – an den gleichen Krankheiten sterben, aber später. Es mögen auch neue Krankheiten entstehen, die ihre Existenz der längeren Lebensspanne verdanken. Die Ausweitung der Lebensspanne ist eine Folge des wirksameren Umgangs mit Stressoren, wie sie in Überlegungen zur Hormesis und damit verknüpft Homöodynamik erläutert werden. Cesari und andere vergleichen zu diesem Zweck den Mensch mit einer Pachinko-Maschine. Jeder Mensch wirft seinen Lebensball in eine solche Maschine. Die einen haben Pech, sterben früh, die anderen ziehen ein besseres Los und leben länger. Wir wissen aber heute bereits genug über den Alterungsprozeß, um in unsere Lebensmaschine eine Kugel zu werfen, die wir homöodynamisch gedopt haben.[290]

---

[290] Die Homöodynamik geht den Fragen nach: Wie erhöhe ich den Widerstand gegen Stress, wie steigere ich meine Energie, um in einer zunehmend stressreichen Welt gesund zu bleiben und mein Leistungsvermögen zu erhalten und zu steigern?

Wichtig für unsere Überlegungen wären Erkenntnisse zu den von Akiyama untersuchten Kohorten im Hinblick auf innovatives und selbstevolutionäres Tun. Gibt es Unterschiede zwischen den einzelnen Gruppen im Umgang mit ihren Körpern und Gehirnen?

Die Herausforderungen denen sich demographisch alternde Gesellschaften gegenübersehen, sind in den nachfolgenden Zitaten beschrieben.

Die Zunahme der Vergrauung der Nation erhöht das Bedürfnis nach medizinischen und pflegerische Diensten. Der Rückgang der Bevölkerung bedeutet, daß die Steuereinnahmen des Staates zurückgehen. Als Folge werden auch die Zuschüsse der Zentralregierung an die Gebietskörperschaften abnehmen. Es wird daher notwendig sein, daß sowohl der öffentliche wie private Sektor die Chancen von Frauen verbessert, ihre Fähigkeiten als Arbeitskräfte vollständig zu nutzen (Japan Times, 2013).

Die Aussage bezieht sich auf Japan, gilt jedoch für alle Länder und Regionen, die sich einer schrumpfenden und alternden Bevölkerung gegenübersehen. Sie stützt sich auf Prognosen des National Institute of Population and Social Security Research zur Bevölkerungsentwicklung in Japan bis zum Jahr 2040. Mehr Erwerbstätigkeit für Frauen wird gefordert. Alte Menschen werden auf sich ausdünnende medizinische Angebote und Pflegedienste verwiesen.

Wie passen Roboter in diese Überlegungen? Helfen sie bei Stress? Können sie kranke Menschen gesünder machen? Generell gilt die Aussage von Martin Ford (2016): „Wir sind vollständig unvorbereitet für Roboterrevolution". Roboter revolutionieren die ökonomische, gesundheitliche, soziale, wissenschaftliche, politische Welt. Sie sind Teil einer langen Welle, welche die Kosten und Negativwirkungen (aus herrschender Sicht) einer Alterung der Gesellschaft zu überwinden hilft. Roboter sind keine Unternehmer, keine Innovatoren. Der Umgang mit Unsicherheit und Ungewißheit liegt außerhalb ihrer maschinellen Persönlichkeit, auch wenn sie über künstlicher Intelligenz verfügen. Auch Intelligenz, wie ausgeprägt sie auch sein mag, ersetzt keine unternehmerische Persönlichkeitsstruktur. Sie ersetzen daher auch kein lebenslanges Unternehmertum. Dies sind angsterzeugte Konstruktionen, die allen Radikalinnovationen in ihren frühen Phasen eigentümlich sind. Die Meinungen zu Robotern in ökonomischen Wirkungsfeldern decken eine weite Spanne ab, da für die Forscher und Beobachter die ökonomische Roboterzukunft in Ungewißheit eingebunden ist. Die einen sagen voraus: Sie vernichten Arbeitsplätze, für andere schaffen sie Arbeitsplätze im mehreren Millionenbereich, so die International Federation of Robotics (Carette, 2014; dort weitere Quellen). Des weiteren leisten sie „Arbeit", welche Menschen nicht vollbringen können. Für unsere Überlegungen zu beachten sind zwei Vermutungen: Wer seine Arbeit in Routinetätigkeit vollzieht, ist am meisten gefährdet; die Alterung der Bevölkerung fördert den Einsatz von Robotern, insbesondere im Gesundheitssektor, in dem bereits heute, in ostasiatischen Ländern, Roboter Verwendung finden. Generell werden Roboter zunehmend im Dienstleistungsbereich eingesetzt. Roboter helfen somit, die gesunde Lebensspanne auszuweiten, auch weil sie in gesundheitsgefährdenden Arbeitsplätzen zum Einsatz kommen.

Anzumerken ist des Weiteren: die Ansichten zu Robotern einschließlich Automatisierung ändern sich in Abhängigkeit von den jeweils enkulturierten Memen („kulturellen Genen") einer Person, auch einer Gesellschaft. Es wäre interessant ein Entwicklungsland wie Indien mit einem entwickelten Land wie Deutschland zu vergleichen. Grob gesagt: in Deutschland (jährliches Wachstum zwischen 0,5 und 1.5

Prozent) dominieren eher negative Einschätzungen, in Indien (Wachstum pro Jahr um die 7%) positive. Nicht Roboter zerstören Arbeitsplätze, sondern Rezessionen, erfährt man.[291]

Die Roboterwirtschaft befeuert einen globalen Antrieb der Investitionen (Wallace & Bradley, 2016). Die Automobilindustrie, die Mobilitätswirtschaft, wird von Robotern, die Lenker in selbstfahrenden Fahrzeugen, umgestaltet, wenn nicht revolutioniert (Bradshaw, 2016b), ein exemplarischer Interkondratieff (mehrere Lange Wellen stimulieren sich gegenseitig, Automobilindustrie und digitale Wirtschaft inklusive künstliche Intelligenz). Alte Menschen gewinnen an Mobilität. Die Prozesse des Alterns und der Erwerbstätigkeit im Alter stehen vor radikalen Veränderungen. So verstehen wir, was sich gegenwärtig ankündigt. Die Automobilindustrie darf sich freuen, ihr Niedergang wird entschleunigt.[292] Demographisch ältere Kundensegmente bleiben als Nachfrager länger erhalten (vorausgesetzt, die Gesetzgeber machen mit). Mit Intelligenz ausgestatte Roboter unterstützen Menschen in sämtlichen Lebensbereichen. Es wird Roboter geben, die sich um kleine Kinder kümmern, genauso wie um alte Menschen. Die ihnen sagen: Du hast vergessen, das Licht irgendwo auszumachen, deine Medizin einzunehmen, vor dem Schlafen zu beten, deine Akupressur zur Unterstützung des Herzbeutels (Perikard), dem „Wächter des Herzens" und „Tor des Geistes" (nach der Traditionellen Chinesischen Medizin) zu leisten. In Altenheimen und den Wohnungen alter Menschen sind sie tätig. Sie helfen Menschen dabei, ihre Körper lieben zu lernen. Alleine lebenden Menschen bieten sie Gesellschaft, wirken gegen Einsamkeit und Depression. Was Pfleger oftmals nicht leisten können - Bürokratisierung der Arbeit, Vermeidung von Illegalität – läßt sich an Roboter delegieren. Sie unterstützen ältere Erwerbstätige in ihrer Arbeit; schaffen vielfältige Möglichkeiten für selbstständige Arbeit, da neue Anwendungsfelder zu erschließen sind; helfen Chirurgen wirkungsvoller zu operieren. Könnten sich Roboter für politische Ämter wählen lassen (science fiction?), zumindest die politische Klasse darin unterstützen, Entscheidungen zu treffen, welche ein gesünderes und wohlfahrtsförderndes Leben der Menschen ermöglichen. Wenn Gesetzgeber, Moralisten und Ethiker die Roboterisierung aufhalten oder entschleunigen, es wird ihre Ausbreitung und sich verbessernde Funktionsfähigkeit nicht verhindern (Die Zyniker fragt: Geht eine Willkommenskultur für humanoide Roboter zu Lasten von Migranten aus Entwicklungsländern?) Die Memetik der Menschen stellt sich um. Wenn Gesellschaften Widerstand leisten, werden ihre Menschen und Wirtschaften leiden. Die Kosten eines Robotereinsatzes pro Stunde unterschreiten die Lohnkosten bereits heute um das Zehnfache, ohne dass sie Menschen arbeitslos machen müssen (Hollinger, 2016): Sie kooperieren mit ihnen, helfen alten Arbeitskräften die Arbeitsbelastung besser zu bewältigen und produktiver zu arbeiten, länger erwerbstätig zu sein und die Wettbewerbsfähigkeit von Unternehmen, insbesondere kleinen und mittleren zu steigern. Langweilige, ermüdende und schmutzige Arbeit sind für Roboter kein Problem. In den Operationsabteilungen der Kliniken gewinnen sie Anerkennung, Prostata, Blasen, Nieren werden von Robotern revitalisiert. Der Roboterpionier

---

[291] Man vergleiche jüngere Aussagen zu Robotern in der India Economic Times http://economictimes.indiatimes.com/topic/robots. Als nahezu laienhafter Beobachter wie der Autor, würde wir feststellen: Indien ist hinsichtlich der Nutzung von Robotern in allen Industrien einschließlich Gesundheit anwendungsfreudiger als europäische Länder, Deutschland eingeschlossen. Ein Beispiel: http://economictimes.indiatimes.com/industry/healthcare/biotech/healthcare/narayana-health-infosys-launch-robotic-surgery-institute/articleshow/53757043.cms.

[292] Entwicklungstheoretissch handelt es sich um ein Zusammenwirken (neukombinativ und vorwärts- und rückwärtsgekoppelt nach Alfred Hirschman) der vierten und sechsten Langen Welle.

da Vinci hat 3600 Roboter weltweit im Einsatz. Seine Monopolposition ist im Niedergang.Neue Konkurrenten treten in den Chirurgiemarkt ein, die Kosten sinken, vergleichbar der Entwicklung im Mobilfunkmarkt (Murgia, 2016).

Roboter finden ganzheitliche (körperlich, emotional, haushälterisch ohnehin) Anwendung (Schlesinger & Martin, 2015). Technische Revolution, Digitalisierung und maschinelle Intelligenz werden gesundheitsfördernd und lebensverlängernd umgesetzt, also eine andere Logik als die sich in vielfältigen Befürchtungen und Ängsten ausdrückende, Roboter könnten Arbeitsplätze vernichten (Hank & Meck, 2016). Die OECD (2016)schätzt für Deutschland einen Verlust an Arbeitskräften durch Roboter von rund zehn Prozent (ausführlicher siehe das 17. Kapitel). Roboter sind ko-evolutive Partner, sie helfen alten Menschen in ihrer Selbstevolution. Alte Menschen können ihre Altersgenossen über den Einsatz von Robotern beraten. Die Rückkopplung fördert aber auch Bemühungen, humanoide Roboter weiter zu entwickeln und ethische Konflikte ihrer Nutzung zu meistern. Sie sind Mitgestalter einer Blue Zone in einer sechsten langen Welle, fördern somit auch den Erhalt (die Autopoiesis) einer sich entwickelnden Wirtschaft in einer demographisch alternden Gesellschaft. Ist es ein Zufall, daß in der demographisch ältesten Gesellschaft humanoide Roboter vielfach als hochgeschätzte Partner angesehen werden und ihre Entwicklung technologisch und anwendungsvielfältig am stärksten fortgeschritten scheint (O'Connor, 2016; Wallace, 2016a)?.[293] In Japan sind 10,000 Roboter mit dem Namen Pepper („Ich liebe Menschen. Sie sind niedlich.") im Einsatz. In Kaufhäusern helfen sie Kunden beim Einkauf und in den Wohnungen vor allem älterer Menschen erfüllen sie die Rolle von Begleitern und im Gesundheitsmanagement. Das Zahlungsnetzwerk Master Card setzt Pepper in Pizza Gaststätten ein, um Bestellungen entgegenzunehmen und Bezahlungen abzuwickeln. Ein Pepper kostet 10,000 Euro, [294] rund ein Jahresgehalt für weniger qualifizierte Beschäftigte.

Wie Blue Zones und lebenslanges Unternehmertum zu integrieren wären, ist offensichtlich. Innovationsinitiativen in sich entvölkernden Regionen scheinen erforderlich. (Beispiele bei Haga, 2015; Röpke 2015, Abschnitt 10.5).

Um die Schwierigkeiten einer ergrauenden und abnehmenden Bevölkerung zu meistern, ist es unumgänglich, die Menschen zu kultivieren, kreative Ideen zu entwickeln, wie sich Kommunen revitalisieren lassen und wie sich diese Ideen umsetzen lassen (Japan Times, 2013).

Wie viele der alten Menschen leben allein? Wer kümmert sich um sie im täglichen Leben? Für Jugendliche ist Alleinsein in der Wohnung weniger ein Problem, da sie in beruflichen Interaktionssystemen engagiert sind. Wer sein berufliches Leben beendet hat, oftmals nicht freiwillig, kann eine kognitive und emotionale Isolierung nicht mehr ausschließen. Das Deutsche Institut für Wirtschaftsforschung in Berlin hat Daten vorgelegt, nach denen sich die Zahl der Menschen, die 75 oder älter sind und allein wohnen, zwischen 2003 und 2050 mehr als verdoppeln könnte (Haupt, 2013). Was kann der Einzelne unternehmen, um für sich eine Blue Zone zu evoluieren?

---

[293] Bei der Anwendung industrieller Roboter konnte die USA dagegen Japan überholen (O'Connor, 2016).

[294] Der Chefredakteur der Financial Times, Robert Shrimsley (2016) beschreibt detailliert, seine Erfahrungen und die seiner Redaktionskollegen mit Pepper.Ein großer Teil unserer Information zu Robotern entnehmen wir Beiträgen in der Financial Times. Nicht alle haben wir zitiert. Siehe die Beiträge in ft.com/robots.

14.5 Funktionen von Unternehmertum im Alter

Aus sich etwas machen, aus seiner Zeit etwas machen, dieser Drang oder diese intrinsische Motivation erodiert mit dem Altwerden. Ein lebenslanges Unternehmertum erfordert Vorstellungskraft, visionäre Kompetenz, Erhalt wenn nicht Aufbau von Lebensenergie oder Willenskraft, eine homöodynamische Gestaltung des Lebens. Illusion? Forschungserkenntnisse und die Beobachtung unternehmerisch aktiver „Senioren" würden diese Sicht zurückweisen. Auch wenn man der Aussage zustimmt: Die alten Menschen bauen ab, exemplarisch dargelegt durch Akiyama. Sie widmen ihre Zeit zunehmend dem Dringenden und Wichtigen, dem Überleben auf der Eisscholle. Dafür opfern viele ihr im Berufsleben akkumuliertes Vermögen, irgendwann auch das ihrer Angehörigen. Wer zu den 11 Prozent der nach Akiyama (2011) physisch und geistig aktiv Bleibenden - Anti-Tod-Aktivisten - gehört vermag noch mindestens 25 Jahre unternehmerisch aktiv zu bleiben. Er kann länger arbeiten, ein neues Unternehmen aufbauen, ehrenamtlich aktiv sein, Blue-Zone-Aktivitäten nachgehen. Wir nennen es lebenslanges Unternehmertum. Gesunde Lebensspanne und Einkommen (Wertschöpfung) fördern sich gegenseitig. Und ein höheres Einkommen fördert die Lebenszufriedenheit („Glück").

Natürlich sehen die Renten- und Pensionskassen ein lebenslanges Unternehmertum jenseits eines ökonomischen Engagements nicht gern. Wer monatlich 3,000 Euro an Pension/Rente bezöge – der Staat zahlte ihm für 25 Jahre nahezu eine Million Euro. Jeder hat ein Recht auf die Plünderung der Staatskasse. Die Franzosen sind hier Spitzenklasse, deswegen kommen sie von ihren Staatsschulden (alt und neu) nicht runter. Ein Franzose hat nach seinem Eintritt in das Rentnerleben im Durchschnitt, nach OECD-Berechnungen, noch 25 Jahre Leben vor sich. Um 15 bis 20 Lebensjahre läßt sich die Lebensspanne im Durchschnitt darüberhinaus ausweiten, wem es gelingt, eine gesunde Lebensweise (Ernährung, einschließlich Fasten; körperliches Aktivsein) zu praktizieren.[295] Ein Leben bis zum Alter von 90 bis 100 Jahren sind unternehmerisch also machbar.

Man besuche einen Strand in Frankreich. Die dort Anwesenden passen in die Logik von Akiyama. Die „70.1" der Menschen liegen in der Sonne, sie liegen oder sitzen. Einige Ältere lesen sogar, Illustrierte, Fernsehprogramme (keine Zeitung, sie sterben in Frankreich aus). Mobiltelefone haben fast alle. Laufen, Schwimmen – non, merci. Viele sind hunderte von Kilometern angereist, um ihr Rentnerdasein zu genießen oder sich als Jüngere darauf vorzubereiten. Viele Touristen kommen aus England. Sie machen das gleiche.

---

[295] „The evidence suggests that the range in human life expectancy that is under our control through common lifestyle choices is somewhere in the vicinity of fifteen to twenty years."
(https://www.fightaging.org/archives/2016/08/a-small-selection-of-recent-research-on-lifestyle-choices-and-aging/). Die "common lifestyle choices" sind leider eine unternehmerische Herausforderung. „Common" ist nur der Tod. Was mache ich, um gesunde 15-20 Jahre an Lebensspanne zu gewinnen? Wissenschaft und Medizin streiten sich in allen Bereichen, die „common" ausmachen.

Was sind die Funktionen von Unternehmertum im Alter? Wir stellen diese Frage mehrfach. Wenn wir lebenslanges Unternehmertum ansprechen, unterscheiden wir vier Möglichkeiten der Schaffung von Werten durch chronologisches und/oder biologisches Altern.

(1) Neue Märkte entstehen, die sich an den Bedürfnissen älterer Menschen orientieren (sog. silver markets); von den vier Möglichkeiten ist diese am einfachsten zu leisten (siehe das nachfolgende Kapitel).

(2) Alte Menschen sind unternehmerisch aktiv: Selbstschöpfung von Werten. In welcher Funktion sie ihrer unternehmerischen Rolle nachgehen (Routine, Arbitrage, Innovation, Evolution) bleibt eine vernachlässigte Frage. Neuere Forschungen zeigen allerdings: Die Innovationsleistung verschiebt sich in immer höhere Altersgruppen (Kapitel 13). Wenn jemand (Alter 63) noch 25 Jahre gesunden Lebens vor sich hat, vermag er Neukombinationen auch längerer Ausreifungszeit anzugehen; vorausgesetzt, er kann seine gesunde Lebensspanne abschätzen und bio-unternehmerisch gestalten. Zahlreiche Biomarker bieten hierzu Möglichkeiten. Die Chancen einer Selbstschöpfung von Werten sind eng an die dritte Möglichkeit gebunden. Wir wissen wenig über die Lebensweise ökonomisch-unternehmerisch bis in ein hohes Alter (100 +) aktiver Menschen.[296]

(3) Menschen vermögen in Prozessen chronologischen Alterns sich selbst zu evolutionieren, Kompetenzen aufzubauen, durch eine oftmals auch selbst zu entdeckende Lebensweise ihre gesunde Lebensspanne auszuweiten. Entdeckung ist ein lebenslanger Vorgang. Dem bereits Evoluierten sind weitere Entdeckungen anzuschließen. Selbstvollbringen läßt sich nicht delegieren. Inwiefern selbstevolutives unternehmerisches Tun von den von Akiyama ermittelten 10.9% verwirklicht wird, wissen wir nicht. Es gibt jedoch zahlreiche Erfahrungsberichte und Forschungserkenntnisse, welche diese Vermutung zu bestätigen scheinen. Gehen Menschen diesen Weg, gehen sie, bildlich gesprochen, über eine Brücke, die den Fluß des Todes überquert und an dessen anderer Seite sie auf medizinische Fortschritte hoffen dürfen, die ihnen eine weitere Verlängerung ihrer Lebensspanne ermöglichen. Wir bezeichnen diese Möglichkeit daher als die Brückenfunktion.

(4) Eine vierte Möglichkeit erschließt sich, wenn grundlegende Neuerungen (Basisinnovationen, Schumpeter: Kondratieff) in die Überlegungen eingeschlossen werden. Entwicklung vollzieht sich nach dieser Logik über Basisinnovationen. Alternsprozesse regen diese an, schaffen sie in vielen Fällen. Altern schafft Anreize für Wissenssuche und unternehmerische Umsetzung neuen Wissens grundlegender Natur (regenerative Medizin, Nano-, Bio-, Gentechnik; Digitalisierung, humanoide Roboter), notwendigerweise in Kompetenzevolution. welche die Lebensspanne weiter ausweiten können (nach Ansicht visionärer Denker wie Aubrey de Grey die Lebensspanne nahezu ununterbrochen verlängern).[297] Ein Besuch ins auslaufende Mittelalter, zu den Medici in Florenz. Die letzte Medici, Anna Maria Ludovica starb 1743, mit ihr endet das Geschlecht der Medici, einst in Italien, Europa, Schrittmacher einer ökonomischen Aufklärung. Was lief bio-unternehmerisch in der Familie schief? Ein Bevölkerungsrückgang kann diese Vorgänge nicht aufhalten, eher beschleunigen und ist daher (ceteris paribus) keine Quelle für eine Schwäche oder gar Stagnation der Produktivitätszuwächse, wie sie in den Industrieländern seit einigen Jahren zu beobachten ist.

Betrachten wir die vier Funktionen vor dem Hintergrund der empirischen Erkenntnisse von Akiyama, die auf andere Länder und Regionen übertragbar sind. Gehen wir davon aus, alle der drei unterschiedenen Altersgruppen besäßen einen relativ gleichen Zugang zu medizinischen Leistungen, was wir für Japan

---

[296] Wikipedia bietet Listen der Centenarians aus verschiedenen Berufsgruppen an. Eine Liste umfaßt auch ökonomisches Unternehmertum (http://en.wikipedia.org/wiki/List_of_centenarians_%28businesspeople%29). Zu amerikanischen Fallstudien siehe Weiss-Numeroff (2013).

[297] Die Überlegungen von Aubrey de Grey haben wir bereits an anderer Stelle ausführlich dargelegt und mit dem Hayekschen Entdeckungsverfahren und der Schumpeterschen Innovationslogik verglichen. Vergleiche hierzu auch Haga (2013, S. 474ff.).

unterstellen können. Offensichtlich hat die Standardmedizin den Abbau von körperlicher und geistiger Funktionstüchtigkeit nicht verhindern können. Selbstevolution und Lebensweise sind nicht ihr Thema. Produkte des Silbermarktes haben das Leben und Leiden dieser Menschen erleichtert, es sind jedoch Güter, die nur marginal auf die Quellen primären und sekundären Alterns zielen.[298]

Die zweite Altersgruppe baut ab dem Alter von 73-74 Jahren rasch ab. Sie hatte und hat viele Chancen, diesen Vorgang soweit zu verlangsamen, sogar umzukehren, so daß sie zur dritten Kohorte (10.9) aufschließen könnte. Warum ein Solches nicht erfolgt ist, können wir abstrakt beantworten: Unternehmertum der dritten Funktion wurde nicht erschlossen, was immer die Gründe dafür sein mögen. Wertschöpfendes Tätigsein im Alter scheidet daher gleichfalls zunehmend als Option aus. Was man tun könnte ist offensichtlich. Die theoretischen und lebenspraktischen Aktionsparameter sind verfügbar, wenn auch in Wirkungsunsicherheit und Ungewißheit eingebettet. Mit Unsicherheit, Ungewißheit und Nichtwissen muß jeder Unternehmer leben lernen, der außerhalb der Routine agiert. Offensichtlich hat die Routine bei den Menschen dieser Gruppe den Alternsprozeß nicht verlangsamt, eher beschleunigt. Daß die Menschen aus ihrer Lebensroutine nicht ausbrechen konnten, macht deutlich, warum „Störungen" der Lebensroutine unverzichtbar scheinen. Wir nennen die Verknüpfung dieser Störungen eine Blue Zone.

14.6 Blue-Zone-Unternehmertum und Interaktionsdynamik

Blue Zones operieren auf abstrakter Ebene unabhängig von bestimmten Altersgruppen. Sie schließen vielmehr Personen sämtlicher Altersstufen, angefangen bei Kindern, ein. Wie konnte es einer demographisch kleinen Gruppe von Menschen (10.9) gelingen, ihre körperliche und geistige Lebenstüchtigkeit bis in ein hohes Alter zu erhalten? Auf abstrakter Ebene sind Antworten verfügbar. Unseres Erachtens gibt es keinen Königsweg. Die Wissensgesellschaft ist auf der ständigen Suche nach einer „optimalen" Lebensweise. Angesichts der Komplexität der Alternsprozesse kann sie nicht existieren. Sie ist durch Unternehmertum zu erschließen. Empirische Forschung mit theoretischen Bezug hätte sie zu erkunden.

Japan ist die demographisch älteste Gesellschaft. Was haben Japan und andere demographisch alternde Gesellschaften bis heute aus den Chancen der Demographie machen können? Hat die (japanische) Wirtschaft, Wissenschaft, die politische Elite die ökonomischen Potentiale chronologischen Alterns erkannt und Schritte eingeleitet, diese unternehmerisch zu erschließen? Japan vermag Produktinnovationen vor allem in jenen Bereichen zu erschließen, die nahe an bereits erzeugten Gütern und Dienstleistungen liegen, also pfadabhängige Eigenschaften aufweisen.

Hohes chronologisches Altsein bedeutet nicht unternehmerische Hoffnungslosigkeit. Hoffnung erzeugt sich durch Arbeiten, in welchem Tätigkeitsbereich auch immer. Altsein ist auch eine Chance für biologisches Unternehmertum (BZU), die jeder Mensch nur einmal in seinem Leben besitzt. Unternimmt er es nicht, geht er den Weg unserer Vorfahren in der Steinzeit. Er hat seine Funktion erfüllt, Kinder erzeugt (vielleicht) und erzogen (vielleicht), Werte für sich und die Gesellschaft geschaffen (vielleicht), welche Funktion bleibt für ihn übrig auf dem Weg zur Seneszenz? Die Eisscholle der Eskimos – modern Pflegeheim und Alten- oder Altersheim, in einigen Ländern wie den USA in Luxusimmobilien mit umfangreichen silberwirtschaftlichen Dienstleistungen (Pflegeassistenz, ärztliche Betreuung,

---

[298] Sekundäres Altern gilt als lebensstilbedingt, primäres Altern ist der biologische Alternsprozeß, medizinisch gegenwärtig nicht zu verhindern oder therapierbar.

Schwimmbad) ausgestattet (Cox, 2016)? In anderen Ländern lassen sich vergleichbare Entwicklungen beobachten. „Residenzen für Senioren", als „silver economie" vorgestellt, sind auch für Investoren attraktiv (zu Frankreich siehe Rey-Lefebvre, 2016). In Deutschland spricht man von „Pflegeimmobilien", die man selbst erwerben oder mieten oder als Investor kaufen kann (Oberhuber, 2016b). Die Ausgaben für solche Immobilien nähern sich einer Milliarde Euro pro Jahr. Auch die eigene Wohnung läßt sich als Pflegeheim gestalten, auch Mehrgenerationenhäuser wären anzuführen, zudem diese bereits den Charakter von Blue Zones andeuten. „Warum Rentner jetzt den Immobilienmarkt stürmen", eine Schlagzeile. Warum? Niedrige Zinsen, geringe Anlageerträge. Immobilien als Ausweg? Welcher Rentner kann sich das leisten. 65 Jahre alt, 15 Jahre Kredittilgung, also Alter 80 Jahre. Selbst in der Immobilie wohnen, sie also zum Altenheim machen? Wie zahle ich zurück?[299] Umgekehrte Hypothek (reverse mortgage) oder Immobilienverrentung, in der die Immobilie als Sicherheit dient? Wer bereits Immobilieneigentümer ist, könnte sie verrenten, sich einen Kredit auszahlen lassen (Tilgung und Zinsen bleiben gestundet) und mit dem Geld eine neue Immobilie kaufen. Oldpreneurs könnten sich in diesem Markt als Berater und Helfer engagieren, wie ein 92 Jahre alte Professor aus der Wharton School der Universität Pennsylvania (McLannahan, 2016; mehr dazu später).

Im Unterschied zu einer Goldwirtschaft sind silberwirtschaftliche Systeme solche geringerer Vielfalt. Alte kommunizieren mit Alten, leben abgesondert, nicht mit jüngeren Generationen (wie in Mehrfamilienhäusern). In einer Golden Economy interagiert ein Senior-Unternehmer mit allen Altersgruppen, er muß es tun, um wirtschaftlich zu überleben. In einer Silberwirtschaft ist wirtschaftliches Tätigsein ohne ein yang-Komponente: Konsum, Nachfrage, zunehmend Abschiednehmen aus dem Leben, Palliativökonomie.[300]

Die Medizin ist noch machtlos, bei sekundärem Altern ist sie nur in Grenzen interventionskompetent, bei primärem Altern muß sie weitgehend passen. Als Blue-Zone-Mensch, quasi als Münchhausianer, kann er gegensteuern, goldenwirtschaftlich und –medizinisch seine gesunde Lebensspanne ausweiten, seine Lebensvielfalt erhalten, auch wirtschaftlich („erwerbstätig" sein). Er kann lernen, wie andere es machen, Chronologie von Biologie zu entkoppeln, er kann dann auch im Alter des Ruhestandes noch Werte schaffen: Durch Erhaltung von Lebensenergie, Erschließung neuer Energiequellen in allen Teilsystemen des Selbst, durch Nutzung von Neuerungen (etwa Roboter), durch erwerbstätiges Aktivsein oder -bleiben. Was die Medien als „Vergreisung" bezeichnen, bietet vielfältige Chancen, die es in der Geschichte der Menschen in dieser Fülle noch niemals gab. Altern ist aus dieser Sicht betrachtet daher ein Innovationsbeschleuniger, vielfältige Entwicklungsimpulse erzeugend. Wenn Schumpeter sagt: „Das energetische Handeln ist das Grundprinzip wirtschaftlicher Entwicklung" (1911/2006, S. 180), stellt sich die Frage, von der Ökonomie bis heute nicht beantwortet, woher die Energie kommt, wie sie sich erzeugen läßt und wie Menschen sie für die Ausweitung ihrer gesunden Lebensspanne nutzen können.

Welche Fragen bleiben offen?

Wenn die biologisch-körperlich-kognitive Energie mit dem Altern erlahmt, wie vermögen Menschen - wenn wir genetische Faktoren als gleichverteilt unterstellen – unternehmerische Eigendynamik zu erhalten, den Lebensenergieverlust hinauszuschieben? Antworten auf diese Frage machen die Unterscheidung

---

[299] In einigen Ländern gibt es Altersngrenzen, bis zu der Kreditnehmer eine Hypothek getilgt haben müssen, in Grobritannien etwa je nach Bank zwischen 70 und 75 Jahren. Eine Bank, Halifax, hat die Altersgrenze auf 80 angehoben. Derartige Altersgrenzen beeinflussen auch die Neigung, sogar Notwendigkeit, einer Erwerbstätigkeit in höherem Alter.

[300] Im chinesischen I Ging wird zwischen Yin und Yang unterschieden. Yin sehen wir ökonomisch als Nachfrage, Yang als Angebots- und Kaufkraftschaffung (siehe das nächste Kapitel).

zwischen biologischem und kalendarischem Altern unvermeidbar. Des gleichen ist zwischen primärem und sekundärem, lebensstilerzeugtem Altern, zu unterscheiden. In Blue Zones wird durchgängig festgestellt, daß es Menschen gelingt, ihr biologisches von chronologischem Alter(n) zu entkoppeln und sekundäres Altern zu minimieren, was bedeutet, den Alternsprozess zu entschleunigen, damit die Forderung von Muramatsu & Akiyama - „labor participation among older adults is essential" – tendenziell zu erfüllen.

Unternehmerische Energie ist keine Ressource im inputlogischen Sinn der modernen Wachstumstheorie. Man muß sie in sich selbst erzeugen, was nicht heißt, andere Menschen und Institutionen könnten dazu nicht anregen. Welchen Interaktionsbereich vermag man jedoch zu erschließen? Wenn wir die drei von Akiyama untersuchten Gruppen betrachten: Unterscheiden sie sich hinsichtlich der Eigendynamik ihrer Mitglieder? Gelingt es ihnen, Interaktionsnetzwerke unterschiedlicher Blue-Zone-Qualität aufzubauen?

Die drei von Akiyama ermittelten Altersgruppen im Hinblick auf ihre körperliche Funktionstüchtigkeit werfen die Frage nach dem Netzwerkcharakter ihres Handelns auf. Diese Frage stellt sich insbesondere bezüglich der Erkenntnisse, über die wir beispielhaft zu genossenschaftsähnlichen Gruppen wie Irodori und der Blue Zone in Okinawa oder anderen Regionen verfügen. Systemtheoretisch betrachtet sind Netzwerke Systeme, die aus Personen, Interaktionssystemen, auch Organisationen bestehen. Blue Zones sind Systeme mit Netzwerkeigenschaften, also keine Organisationen. Wenn sich Altern als ein unternehmerisch gestaltbarer Prozess unter genetischer Kontrolle verstehen läßt, wären in Netzwerke auch die Körper der Menschen und ihre genetischen Normen einzubeziehen. Auch Agentennetzwerke im Unterschied zu Akteursnetzwerken sind anzusprechen (Goeke & Zehetmeier, 2012, S. 9). In Ersteren sind bestimmte Personen oder Organisationen aktiv, um Informationen zu streuen, Kommunikationen herzustellen und Akteure mit bestimmten Verhaltensweisen vertraut zu machen. Mit dem kalendarischen und biologischem Altern steigt die Entnetzung oder sinkt die Interaktionsdichte. Einsamkeit und Altersdepression ziehen in das Leben der Menschen ein, oftmals eingebunden in Altersarmut (zu Japan Harding, 2015d). Und zunehmend bei Menschen, die ihrer Einbindung in wirtschaftliche und ehrenamtliche Wertschöpfungsprozesse verlustig gehen. Anscheinend fördern Altersarmut und Verarmung der zwischenmenschlichen Beziehungen (Einsamkeit) sich gegenseitig. Wirken Erwerbstätigkeit, Ehrenamt und als Großeltern tätig sein (17. Kapitel) Altersdepression, Einsamkeit und deren krankmachenden Wirkungen entgegen?

Eine weiterhin offene Frage widmet sich daher der Erwerbstätigkeit im Alter. Unter welchen Bedingungen steht Erwerbstätigkeit mit Gesundheitserhalt/erwerb im Einklang? [301] Gibt es in Prozessen demographischen Wandels, wie wir ihn in Japan beobachten, eine demographische Arbeitsethik (in Fortführung von Max Webers „Protestantischer Ethik")? Fördert Arbeiten im Alter die Gesundheit und umgekehrt: Beschleunigt der Ausstieg aus dem Arbeitsleben körperliche und kognitive Vergreisung, wie mehrere Untersuchungen nahelegen (Bonsang, Adam, & Perelman, 2012; Horner, 2012; Lautenschlager, Anstey & Kurz, 2014; Rajan et al, 2015; Rohwedder & Willis, 2010; Sahlgren, 2013; Vester, 1976; Wu u.a., 2016). Worin unterscheidet sich die Altersgruppe 10.9% von den anderen Gruppen im Hinblick auf Erwerbstätigkeit? Stärkt Erwerbstätigkeit sogar die Eigendynamik des Selbst und damit die Entschleunigung des Alterns?

---

[301] Die Untersuchungen von Esselmann & Geis (2015) wie von Börsch-Supan u.a. (2015) sehen Zusammenhänge zwischen Erwerbstätigkeit im Alter und dem Gesundheitszustand. Daß mit zunehmendem Alter(n) die Gesundheit leidet, ist eine Trivialität. Inwieweit ein aktives Gegensteuern auf die Erwerbstätigkeit wirkt, ist auch empirisch nicht geklärt.

Für Gerontologen mag Erwerbstätigkeit kein zentrales Problem sein. Im Zitat von Muratmatsu & Akiyama wird sie jedoch explizit angesprochen. Es gibt immer einige wenige, die sehr lange bis in ein Alter von 80, 90 usw. arbeiten: Und bereits deswegen, weil die Kohorte 65+ größer wird, wird die absolute Anzahl solcher alten Erwerbstätigen bezogen auf die jeweilige Gesamtpopulation steigen, auch wenn der Anteil in der Kohorte gleich bleibt. Ob der Anteil in der Kohorte auch steigt, ist eine andere Frage. Dies statistisch zu sehen, ist eigentlich technisch einfach, man benötigt lediglich die gesamte Größe der Altersgruppe (Anzahl der Menschen in der Altersgruppe) und die Anzahl der Erwerbstätigen der Kohorten. Man braucht keine Regressionsanalyse und weitere statistische Verfahren. Noch interessanter wären Daten von mehreren Jahren (Zeitreihe). Ein wichtiger Aspekt dieser Fragestellung: Steigt der Anteil der Erwerbstätigen mit der Praktizierung von Blue Zone, findet also eine Evolutionsdynamik statt, die zu einer Diffusion aktiv-gesunderhaltender Lebensweisen beiträgt? Statistisch läßt sich diese Fragen im Augenblick noch nicht ergründen.

Was sich machen ließe: Durch Befragungen und Beobachtung der Mitglieder der Altersgruppen Hinweise auf Blue-Zone-Aktivitäten (Gesundheit und Erwerbstätigkeit) zu ermitteln. Einzuschließen wären Netzwerkaktivitäten zwischen den drei von Akiyama beobachteten Gruppen: persönliche Beziehungen (Interaktionssysteme), Initiativen von Einzelpersonen und staatsnahe oder vom Staat geförderte Organisationen, wie wir sie etwa in Singapur beobachten. Der Stadtstaat Singapur hat sich explizit die Blue Zone Okinawa als Vorbild auserkoren (Röpke, 2015, Abschnitt 10.3).

Zahlreiche Untersuchungen widmen sich dem Zusammenhang zwischen Lebensstil und Mortalität. Aus einigen läßt sich auch auf die Qualität der Lebensweise aus Blue-Zone-Sicht schließen. Eine amerikanische Untersuchung hat sich mit der Lebensweise von 6,229 Personen beschäftigt. Die Forscher wollten herausfinden, wie viele von ihnen einem „Lebensstil geringen Risikos" nachgingen, worunter sie wenig Rauchen, Gewichtmanagement nach Body Mass Index BMI, körperliche Aktivität und gesunde Ernährung verstanden. Von den befragten Personen erfüllten lediglich 129 (2%) alle vier Kriterien (Ahmed u.a., 2013). Die Masse der Untersuchten wäre wohl der Gruppe 19 % und 70 % (ab einem bestimmten Alter) zuzurechnen. Was die Untersuchung deutlich macht: Eine große Zahl von Personen geht einer Lebensweise nach, die ihre gesunde Lebensspanne signifikant verkürzt, damit ein lebenslanges Unternehmertum ausschließt. Die Ausübung ihrer unternehmerischen Funktion scheint sich auf Routine zu beschränken. Vielfältige Krankheiten stehen mit Bewegungsmangel in Verbindung. Wer unternimmt etwas? Nur zwei Prozent älterer Personen machen Bewegungsübungen auf regulärer Grundlage (Burks & Cohn, 2011). Sie ziehen einen Abbau ihrer Muskeln (Sarkopenie) vor, was die Bewegungsintensität weiter einschränkt, ein *circulus virtiosus*. Überraschenderweise hilft eine kalorienreduzierte Ernährung dem Abbau der Muskeln entgegenzuwirken, die Kausalitäten sind noch nicht geklärt. Kalorische Restriktion und Fasten erzeugen darüber hinaus zahlreiche Gesundheitswirkungen, welche Erwerbstätigkeit im Alter fördern könnten, nicht zuletzt Rückführung von Übergewicht (17. Kapitel). Noch stärker wie Bewegung ist auch eine kalorische Restriktion, intermettierendes Fasten eingeschlossen (17. Kapitel) psychisch aufwendig sowie energetisch und zukunftsperspektivisch anspruchsvoll, was mit zunehmendem Alter und dem gegenwartsvorliebendem Nutzenverhalten einem „golden aging" im Ruhestand jenseits einer unternehmerischen Routine nicht gerecht wird; außer man konnte diese wie in Okinawa oder anderen Blue Zones über viele Jahre enkulturieren. Für die Akiyama-Gruppen würden wir der 10.9%-Kohorte diese Eigenschaft zusprechen. Evolutorisch bleibt man selbst mutationsarm, wenn gesundmachende/erhaltende Lebensweisen keine Anerkennung finden oder sich nicht durchhalten lassen. Je älter jemand ist, desto mehr muß er in seinen Körper und Geist investieren, um Lebenstüchtigkeit zu erhalten. Wer nur eine Woche mit seiner körperlichen Aktivität aussetzt, verschenkt deren Wirkung auf den Erhalt der Tüchtigkeit seines Gehirns (der Erzeugung von neuronalen Zellen), ermittelt die jüngere Forschung (Reynolds, 2016).

Eine Forschergruppe hat in Japan und auf Hawai lebende Japaner im Hinblick auf „Tätigkeiten des täglichen Lebens" (activities of daily living; ADL) untersucht (Abbott u.a., 2012). In Japan lebende Japaner waren anfälliger für Herzkreislaufkrankheiten und Schlaganfall, Folgen von Rauchen und Bluthochdruck. Wie die Autoren feststellen: "[…] impaired ADL is not an inevitable consequence of aging but has an important and highly modifiable cultural or environmental component." Die „hoch veränderbare kulturelle und umweltbedingte Komponente" schreiben wir in unserem Text dem Zusammenwirken von Unternehmertum und Eigenschaften zu, wie wir sie in Blue Zones beobachten. Altern besitzt eine selbstevolutorische Komponente. Blue Zones regen Menschen an, eine solche entfalten zu lernen.

14.7 Beziehungen zwischen Alter, Innovation, Lebenszufriedenheit

In welchem Zusammenhang stehen somit Innovationen als notwendige und (nach Schumpeter) hinreichende Bedingung von Entwicklung mit dem demographischen Alternsprozess (Haga, 2013)? Die herrschende Logik der Beobachtung sieht primär negative Beziehungen zwischen Altern, Entwicklung und Lebensstandard. Jüngere Forschungen versuchen andere Antworten, folgen allerdings primär (und implizit) einer an der Wachstumstheorie ausgerichteten Suche und Interpretation sogenannter Daten oder Fakten. Neben ökologischen sind primär demographische Einflußfaktoren für Stagnation verantwortlich. Null-Wachstum (die Logik des Club of Rome) gilt für Manche sogar als anzustrebende, ideale Zukunft. Bestenfalls läßt sich durch Zuwanderung von Humankapital - ein in Japan nicht verfügbarer Aktionsparameter - der Weg zu tendenziellem Nullwachstum temporär aufhalten. Ein Besuch im französischen Marseille oder den Banlieues von Paris bietet hierfür zahlreiche Belege des ökonomischen und sozialen Nutzens. Was vermochte in den konfliktreichen französischen Vorstädten die Armut in allen Generationen der Zugewanderten einzuschränken? Der Quasi-Taxi-Dient Uber (Chassany, 2016). Kein Immigrant vermag ausreichend Finanzkapital zu mobilisieren, um eine Taxilizenz zu erwerben. Der Besitz eines Autos (auch geliehen) reicht aus. Die Innovation von Uber verändert, was Jahrzehnte staatlicher Sozialpolitik nicht vermochten - wenn der Staat nicht erneut dem Widerstand der konventionellen Taxi-Unternehmer nachgibt. Vergleichbare Prozesse sind in den USA (Olson, 2016) und Indien (Crabtreee, 2016) zu beobachten. Die Innovation strahlt werteschaffend in sämtliche Alterskohorten, verringert Rassen- und Altersdiskriminierung auf den Arbeitsmärkten, in Indien auch dem Kastensystem entgegenwirkend. In den USA wirkt Uber disruptiv-zerstörerisch. Eine Taxilenz kostet viel, bis zu einer Million Dollar, finanziert durch Kredit, oftmals von Genossenschaftsbanken bereitgestellt. Kreditausfälle sind dank Uber und vergleichbaren Firmen Normalität geworden. Auch die Banken leiden massiv.

Wie psychische und biologische Energie sind Innovationen systemendogen erzeugt. Wenn die Alten innovationsresistent sind und die Jungen sich weigern, für Nachwuchs zu sorgen, bricht die Neukombinationkompetenz der Wirtschaft ein. Und wenn wir Zuwanderung einbeziehen, paßt sich die Wirtschaft zunehmend den Kompetenzprofilen der Zugewanderten an. Regionen können daher tendenziell afrikanisieren oder arabisieren. In den USA und Frankreich lassen sich solche Prozesse beobachten.

Aus ökonomischer Sicht wäre ein Vergleich der Innovationsleistungen der von Akiyama untersuchten Altersgruppe von hoher Relevanz. Auch Nichtinnovation der körperlich noch lebstüchtigen Gruppe (10.9%) muß nicht gegen eine potentielle Innovationsdynamik im Alter sprechen. Alte Menschen sind auch Nachfrager nach Gütern, die zunehmend auf ihre Bedürfnisse ausgerichtet sein können (Silver market). Sie fragen auch medizinische Leistungen nach, welche jenseits der bisher etablierten Basisinnovationen angesiedelt sind. Nachfrage irritiert Innovatoren. Die Gesundheitsbedürfnisse nehmen wegen einer längeren Lebensspanne überproportional zu. Damit erhöht sich auch die Nachfrage nach Radikalinnovationen. Wenn Menschen mit höherem Einkommen und Menschen in reicheren Ländern glücklicher sind (Stevenson & Wolfers, 2013) - entgegen bisher vorgetragenen empirischen Befunden, zusammengefaßt als Easterlin-Paradox - ist das keine Überraschung: Sie können sich als erste Basisinnovationen und damit bessere Gesundheit leisten. Und je älter jemand ist und je länger jemand arbeitet, desto höher sein Vermögen und Einkommen. Japan ist keine Ausnahme (siehe in der folgenden Abbildung JPN). Auch wer unter Altersarmut leidet, genießt Vorteile einer Erwerbstätigkeit im Alter, wenn sie nicht zu Lasten der Gesundheit geht, er sich nicht zu Tode arbeitet, wie es früher (zur Zeit von Marx und Engels) nicht ungewöhnlich war. Mit steigendem Einkommen steigt die Lebenszufriedenheit.

Abbildung 46: Jahreseinkommen eines Haushalts und Lebenszufriedenheit

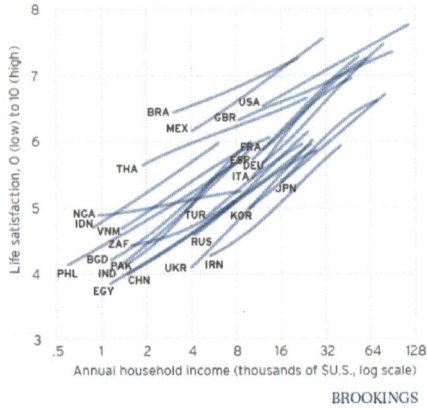

Quelle: http://www.brookings.edu/research/interactives/2013/income-well-being

Auch sich selbst kann man irritieren und damit Neuerungen anregen. Man weiß um die Bedürfnisse des eigenen Leibes. Jemand ist siebzig. Er könnte nach Akiyama im Durchschnitt noch mindestens zwanzig gesunde Lebensjahre vor sich haben. Was tun mit dieser Zeit? Wenn er 70 ist, weiß er natürlich nicht, wie lange er noch lebt. Wenn er eine Zukunftsperspektive für ein Alter 90+ aufbaut, Vorstellungskraft und Willenskraft in sich erzeugt, sein längeres Leben schöpferisch und selbstevolutiv gestaltet, sein Leben würde dann zunehmend durch biologisches (primäres Altern) geprägt sein – und wenn er Glück hat und sich ins Zeug legt, sich Glück erarbeitet, kommt er über die Brücke eines langen Lebens, auf deren anderer Seite neue medizinische Interventionen verfügbar sind, die seine Altersspanne weiter verlängern können. Unser Glück liegt im Glück anderer Personen und unseres Leibes. Geben wir ihnen Happiness, bekommen wir es auch selbst.

Die politische Führung eines Landes kann ältere Menschen nicht auf Dauer übersehen – im System Wirtschaft käme es einem ökonomischen Selbstmord (Stagnation, Einbußen an Wohlbefinden) gleich. Wer sie nicht beachtet, gefährdet seine politische Macht. Alte Menschen erzeugen damit zunehmend eine

Welt, die sie selbst erzeugen, ökonomisch und politisch. Man könnte diese Welt – ohne Schumpeter, biounternehmerisch alles andere als ein Wegweiser, in den Himmel zu loben – als eine Schumpetersche Blue Zone charakterisieren.

14.8 „Fallstudie", Brückenfunktion, medizinischer Fortschritt

Ein Beispiel aus den USA (Collella, 2013).

Mike Collella ist 60 Jahre alt. Er experimentiert permanent. Er sucht für sich herauszufinden, was sich lohnt, in seine Lebensweise integriert zu werden. Er probiert viel aus, gibt es wieder auf, macht es erneut.

„Über die Jahre hinweg habe ich mit zahlreichen Dingen experimentiert, um herauszufinden, ob sie es wert sind, in meinen Lebensstil eingebunden zu werden." Einiges fällt durch. „Keine Arznei hat jemals gearbeitet, viele waren kontraproduktiv." Einiges hält er durch. Während des Winters hat er körperliche Aktivität aufgegeben um die Wirkungen herauszufinden. „Die Wirkungen waren deutlich spürbar. Energieniveau und Stimmung waren in starkem Maße beeinflusst – negativ." Die Wirkungen waren stärker als in einer Zeit, als er noch jünger war. „Es scheint, der ältere Körper braucht *mehr Bewegung* um seine Vitalität zu erhalten. Ein Freund von mir, 66 Jahre alt, Langstreckenradfahrer, hat mir das Gleiche berichtet. Wenn er sich nicht körperlich bewegt, wird er schneller müde und schläfrig." [302]

Collella listet die „Interventionen" auf, die gut für ihn waren: Yoga, Meditation („Meditation ist schwierig. In die Alphawelle zu gelingen, läßt sich nicht durch einfachen Willen schaffen"). Koffeine und Alkohol (geringe Mengen). „Manchmal habe ich ganz auf Koffeine (aus Grüntee und Kaffee) verzichtet. Sehr negative Wirkungen." Sozialisierung. Massage („tiefe Wirkung, die für Stunden anhalten kann").

Wir müßten Akiyama fragen, ob sie in ihren Untersuchungen ähnliche Beobachtungen machen konnte. Die Wirkungen müßten, da die Personen bereits älter sind, noch ausgeprägter sein. Die Ausweitung einer gesunden Lebensspanne ist ein Entdeckungsverfahren. Man muß herausfinden, was für einen wirklich Wirkungen entfaltet. Die Meinung der Wissenschaft ist tendenziell auf der Seite von Collella. Erkenntnisse durchzusetzen ist eine Funktion von Unternehmertum. Ausschließlich. Auf 47,000 Milliarden Dollar schätzten Bloom u.a. (2011) die über die Jahre aufaddierten Wertschöpfungseinbußen bis zum Jahr 2030, weltweit, die durch sog. Zivilisationskrankheiten entstehen. Wer so lebt, wie von Ahmed und Kollegen (2013) beschrieben, für den ist Wertschöpfung in höherem Alter eine Zumutung, wenn nicht eine Fata Morgana. Die Wertschöpfung (Bruttoinlandsprodukt) in Deutschland belief sich im Jahr 2011 auf 3,500 Mrd. Dollar, die entgangene Wertschöpfung durch Zivilisationskrankheiten beläuft sich daher auf mehr als das Dreizehnfache der deutschen Wertschöpfung des Jahres 2011. Obwohl die Lebensspanne weltweit ansteigt, verbringen die Menschen mehr Zeit mit Krankheit und Behinderung (Murray u.a., 2015). Gesunde Lebensspanne und Innovations- und Evolutionsleistung sind, hochgerechnet auf einzelne Länder, mit einer gesunden Lebensspanne gekoppelt.

Die noch lebenstüchtige Gruppe ist aus einem weiteren Grund von besonderem Interesse. Diese Menschen können warten. Auf was? Auf medizinische Durchbrüche, etwa in regenerativer Medizin. Für die beiden anderen Gruppen von Akiyama kommen sie zu spät. Die herrschende Medizin kann ihnen nur

---

[302] Allmählich wird transparenter, warum Bewegung eine wohl notwendige Bedingung für den Erhalt der geistigen Gesundheit, einem Entgegenwirken von Demenz ist. Siehe die Darstellung neuerer wissenschaftlicher Befunde durch Renato S. Monteiro-Junior u.a. (2015): „We need to move more". Werden solche Erkenntnisse Menschen anregen, ihr Bewegungsverhalten zu intensivieren? Warum sollten es nunmehr tun, wenn sie es bislang nicht taten. In welchem Altenheim wird so etwas ernst genommen?

wenig Unterstützung bieten. Die drei Gruppen hatten gleichen Zugang zu medizinischen Leistungen. Wie konnten dann diese Unterschiede in körperlicher Fitness entstehen? [303] Wer warten kann auf lebensverlängernde Interventionen der Zukunft erzeugt potentielle Nachfrage nach neuen Basisinnovationen - und damit neues Wertschöpfungspotential. Dieses Warten läßt sich nicht delegieren. Je länger es jemand vermag, desto größer seine Gesundheitsdividende. Ohne sein Bioaktivsein gelingt es nicht. Wir haben oben bereits gefragt, warum Japan sich diese Chancen bis heute entgehen läßt. Genauso wie Evolutionsdynamik, lassen sich Basisinnovationen nur endogen erzeugen. Sie beruhen voll und ganz auf den internen Operationen eines Systems. Ist die Abwärtsspirale lebenstüchtiger Inkompetenz mit dem biographischen Altern eine selbsterzeugte - bei gegebenen bzw. noch nicht verfügbaren Interventions- bzw. Heilungsmöglichkeiten? Über die Brücke gehen, ist ein Lernprozeß in evolutorischem Unternehmertum. Wer früh an Krankheiten leidet, vermag die zukünftige Gestaltung seines Lebens durch medizinische Interventionen nicht mehr zu erleben. Er will denn auch gar nicht mehr länger leben, weil Leiden ihm zunehmend zusetzen. Leiden verkürzen die Zeitperspektive.

„2045: Das Jahr in dem der Mensch unsterblich wird", der Titel eines Berichts von Grossman (2013) in Time, die Erwartungen von Raymond Kurzweil, auch bei Google aktiv, darlegend. Diese Sichtweise gewinnt allmählich auch mediale Anerkennung (Fight Aging). „The first person to reach age 150 has already been born" (Rosenbaum, 2015). In Fight Aging wird ständig über neue wissenschaftliche Erkenntnisse der Altersforschung mit der Sparte Verjüngungsforschung berichtet. Verjüngungsforscher prognostizieren weit höhere Altersstufen.[304] Evolutionär betrachtet müssen kinderarme, sogar kinderlose Gesellschaften daher nicht untergehen. Eine niedrige Geburtenrate ist keine evolutionär-darwinistische Angelegenheit mehr. Biozeitlichkeit wird unternehmerisch gestaltbar. Darwinismus wird durch postdarwinsches Unternehmertum überlagert, möglicherweise sogar überwunden. Selbstunternehmertum wäre jedoch eine Voraussetzung hierfür, ökonomisch und biologisch. Es gibt zahlreiche Einwände und Vorbehalte gegen eine solche Sichtweise. Eine der bekanntesten fußt auf dem Tithonusirrtum (älterwerden und leiden), aber auch solche anderer Natur, die sich auf fehlende Unterscheidungen insbesondere zwischen biographischem Alter und biologischem Alter(n), eingebunden in primäres und sekundäres Altern zurückführen lassen. Je weiter wir uns nach Osten, nach Ostasien, bewegen, desto geringer ist der Widerstand gegen eine substantielle Ausweitung der Lebensspanne. Unsterbliche sind im Daoismus hochverehrt und zahlreiche Übungsregimes und Lebensstilpraktiken einschließlich Ernährung werden praktiziert, um ein hohes bis unsterbliches Lebensalter möglich zu machen. Diese Lebensweisen zielen auf alle Altersgruppen und sind in selbstevolutives Unternehmertum eingebunden.

Fassen wir dieses Kapitel mit einer Frage und einer Antwort zusammen. Sind lebenslange Unternehmer weise Menschen? Weisheit können wir als die Fähigkeit verstehen, zu unterscheiden, was man

---

[303] Fitness beschreibt im Darwinschen Sinne den Grad der Anpassung an die Umwelt. Die Umwelt wird komplexer. In diese sind vielfältige Störungen integriert, welche die Funktionstüchtigkeit eines Individuums gefährden. Anpassung kann vielfältig geschehen. Im Zentrum unserer Überlegungen steht eine innovative und selbstevolutive Anpassung.

[304] Ein Beispiel sind Erkenntnisse aus der Nanotechnologie. Was könnte Nanotechnologie in dreißig Jahren leisten? Die Nanoforscherin Christine Peterson: "One of many applications would be correcting DNA mistakes and mutations cell by cell. Other targets could be damaged proteins and plaques from Alzheimers, etc. With this level of technology, lifespans would not be limited by aging or traditional diseases, but only by accidents that destroyed the brain, leading to estimated lifespans on the order of 10,000 years. With technology to record the molecular structure of brain, back-up copies of individual brains could be made, eliminating even the 10,000 year limit." Was tun bis dahin? Peterson schlägt einen "engineering" approach vor, in der normalen Sprache: Verbesserung des Lebensstils: "An engineering approach to making changes and improvements in our bodies. Approaches range from the traditional, like diet, exercise, and stress reduction, to the more exotic, like supplements to improve brain chemistry, or to improve health and longevity" (Zitate aus: Spencer, 2015).

beeinflussen kann und was nicht. Dann weiß man, wofür man verantwortlich ist. Das ist eine lebenslange Anstrengung.

14.9 Lebensproduktivität in demographisch alternden Gesellschaften: qualitatives Wachstum

Als Quelle wirtschaftlichen Fortschritts gilt die Zunahme der Produktivität. Produktivität ist ein Maßstab für Wohlstand. Produktivität ist die Antwort für viel Fragen in der Ökonomie. Wie kann man Löhne auf Dauer steigern, ohne daß die Konsumenten höhere Preise bezahlen oder Unternehmen Einbußen an Wettbewerbsfähigkeit erleiden? Steigere die Produktivität. Ohne eine Verbesserung der Wertschöpfung für jede geleistete Arbeitsstunde, kann eine Wirtschaft nur wachsen, wenn die Menschen länger arbeiten oder mehr Menschen Arbeit aufnehmen. Die Anzeichen scheinen sich zu mehren, daß in den entwickelten Volkswirtschaften die Zunahme der Produktivität rückläufig ist, sich in einigen Ländern (Großbritannien, Eurozone) auf Null zubewegt. Was die Gründe dafür sind, bleibt umstritten. Eine Steigerung der Produktivität ist die primäre Quelle einer Zunahme der Wertschöpfung je Faktoreinheit, in der Regel Arbeit, im Zeitablauf. [305] Die Produktivität der Arbeit und anderer eingesetzter Produktionsfaktoren ist seit Jahren rückläufig (Conference Board, 2016). Die Quellen der Produktivität sind vielfältig und nur in Grenzen theoretisch erfaßt. Das komplexe Zusammenwirken der Einflußfaktoren läßt sich modelltheoretisch nicht erfassen. Manche Dinge sind sehr komplex. Sie erschließen sich der Wissenschaft trotz intensiver Forschung nur unzureichend. Produktivität ist solch ein „Ding". Vielfältige Gründe lassen sich anführen, alle Teilsysteme der Gesellschaft sind beteiligt. Und nicht alles, was Produktivität beeinflußt, läßt sich messen. Die Quellen der Produktivität gelten vielfach als ein „Geheimnis" (was jeder Fachmann bestreiten würde).

Altern ist ein hochkomplexer Prozeß, wissenschaftlich noch nicht geklärt. Für die Erzeugung von Produktivität gilt Vergleichbares. Zwei hochkomplexe Prozesse wirken aufeinander. Uns interessiert die Lebensproduktivität, die im Leben eines Menschen erzeugte Wertschöpfung (in der Wirtschaft), oder die neuen Erkenntnisse, die jemand in der Wissenschaft geschaffen hat, oder die Anzahl der gesunden Lebensjahre (Medizin).

Ein primitives Beispiel. Jemand hat 40 Jahre gearbeitet und scheidet mit 65 Jahren aus dem Arbeitsleben aus. Wenn er acht Jahre länger arbeitet, erhöht sich seine Wertschöpfungszeit um zwanzig Prozent. Auch sein Beitrag zur wirtschaftlichen Wertschöpfung steigt signifikant. Wenn seine Produktivität im Alter erfahrungsbedingt sehr hoch war, steigt auch sein Beitrag zur Wertschöpfung im Alter noch höher als in seinen jungen Jahren. Dies ist selbstverständlich eine brutal vereinfachende Aussage. Sie soll nur die Grundaussage verdeutlichen. Im folgenden skizzieren wir konkretere Möglichkeiten der Schaffung von Werteschaffung im Alterungskontext (Auf Großmutterwirkungen und Ehrenamt gehen wir im 17. Kapitel ein).

1. Eine einfache Sicht haben wir bereits angedeutet: Länger arbeiten, nicht mehr Stunden pro Tag oder Woche oder Jahr, sondern den sog. Ruhestand in ein höheres Alter verschieben. Ob jemand dann pro Arbeitsstunde einen höheren „Output" erzeugt, ist nicht das primäre Anliegen. Er schenkt sich und der Gesellschaft einen höheren Wohlstand. Achtzig Jahre alt. Ein Buch schreiben. Es bereitet dem Autor

---

[305] Nochmals seien Manyika u.a. (2014, S. 137) angeführt: „ […] productivity improvements [are] the primary source of sustained and long-term economic growth." Die Autoren arbeiten bei McKinsey. Wir zitieren sie, weil sie bessere Einsichten bieten, als die konventionellen ökonomischen Modelle. Man lese beispielhaft im gleichen Heft von McKinsey Quarterly (2014, number 3) die Aussagen des Wachstumsökonomen Robert Solow um die Unterschiede zu erkennen.

Lebensfreude, der Verlag oder das digitale Netzwerk (Book on Demand) ziehen Nutzen, Lesern macht es Vergnügen oder sie gewinnen neue Erkenntnisse. Hätte Schumpeter doch 20 Jahre länger gelebt, oder Einstein, oder Nietzsche.

2. Auch die gesundheitlichen Folgen sind zu beachten. Aus zahlreichen Untersuchungen wissen wir: Durch eine Verlängerung der Arbeit gewidmeten Lebensspanne vermag sich die Kompression der Morbidität in ein höheres Alter zu verschieben. Folge: höhere Arbeitsproduktivität im Alter und geringere Gesundheitskosten.

3. Im staatlich organisierten System von Forschung und Lehre herrschen Vorgaben, welche das Arbeiten über ein bestimmtes Alter hinaus extrem schwierig machen. Werfen wir einen Blick auf Universitäten. Mit 65 Game over. Eine hessische Universität leistet sich (Jahr 2015) einen einzigen „Seniorprofessor". Die betroffenen Forscher und Lehrer verlieren an werteschaffender Produktivität. Bei vielen sinkt nach meiner Beobachtung bereits Jahre von dem Eintritt in den Ruhestand ihre Motivation für Forschung und Lehre jenseits von Routine. Was man machen kann ist bekannt. Die Vorteile genauso. Mehr jüngere Menschen könnten für eine längere Zeit ausgebildet werden, könnten von den Erfahrungen der Älteren länger Nutzen ziehen, Erfahrungen zudem, die sich mit der Tätigkeitsspanne ausweiten. Die Jüngeren gewännen Vorteile der Werteschaffung in ihren späteren beruflichen Tätigkeiten. Würde man das Ruhestandsalter in höhere Alterskategorien verschieben, wären somit Produktivitätsgewinne in Wissenschaft und Wirtschaft zu erwarten. Einzubeziehen in diese Überlegungen wäre eine stärkere Förderung der Überwindung des Knowing-doing-gap, etwa nach schwedischem Vorbild (Schweden ist der Innovationsführer in Europa). Wissen- und Erfahrungsvorteile der Älteren könnten sich auch direkt durch Gründung von Unternehmen, Kooperation mit bestehenden Firmen in Wertschöpfung und damit Produktivitätsgewinnen niederschlagen. Gegenargument: auch im Ruhestand kann man doch arbeiten. Wieviele machen es in einem vom Staat alimentierten Forschungs- und Lehrsystem?

4. Erfahrungsvorteile gehen nicht verloren. Im Mittelstand konzentriert sich das innovationsrelevante Wissen oftmals auf einzelne Wissensträger und deren Erfahrungswissen (Zimmermann, 2016a, S. 9). Verlust von Erfahrung und Wissen sind die Folge eines Ausscheidens aus der Welt der Arbeit. Dieses Wissen zurückzugewinnen ist schwierig, kostspielig, dauert und ist oftmals vollständig verloren, wenn es implizite Merkmale nach Karl Polanyi aufweist. Der sog. Fachkräftemangel ist auch ein selbsterzeugter und kann durch Zuwanderung nur sehr langfristig kompensiert werden. Das ökonomische Leben endet mit dem Eintritt in den Ruhestand. Die Produktivität des Lebens stagniert.

5. Durch eine längere Zusammenarbeit von alten und jüngeren Erwerbstätigen steigt das Wertschöpfungspotential beider Altersgruppen, insbesondere aber der jüngeren. Erfahrungsvorteile gehen nicht verloren.

6. Innovationen erzeugen Wertschöpfung und „Zukunftswerte" (Schumpeter) quasi aus dem Nichts. Auch ältere Menschen sind Neukombinierer (Kapitel 17). Mit einer Ausweitung der gesunden Lebensspanne vermögen sie daher Produktivitätsgewinne für sich selbst und für ihre Umwelt zu erzeugen. Innovationen sind eine uralte menschliche „Erfindung". Die frühen Innovationen, Grundlage der industriellen Revolution im ersten Kondratieff (Wasserkraft, Textilien, Kohle, Dampfmaschine) sind weitgehend ohne Wissenschaft ausgekommen (Gráda, 2016). Die nachfolgenden langen Wellen sind ohne wissenschaftliche Erkenntnisse nicht mehr machbar gewesen. Der sechste Kondratieff ist wissenschaftsdominiert. Was aber nicht bedeutet, die Wissenschaft sei der Erzeuger von Wohlstand. Wird das neue Wissen, die tieferen Erkenntnisse, nicht umgesetzt, bleibt ökonomisch alles beim Alten, auch weil die Alten zu wenig unternehmerisch tätig sind. Bleibt das Wissen im Kopf, wird kein Wohlstand

erzeugt. Die Wissensproduzenten und die Übernehmer (einschließlich Dieben) müßten es umsetzen, durchsetzen. Ein lebenslängeres Tätigbleiben bietet hierfür vielfältige Chancen.

7. Wenn jemand die Spanne seiner Erwerbstätigkeit ausweitet, steigert er seine Erfahrungstiefe. Er verstärkt auch die Anreize für sich selbst und seinen Arbeitgeber, in seinen Fähigkeitsaufbau zu investieren. Die Lebensproduktivität steigt kognitiv, emotional, biologisch.

8. Je höher der Anteil der über 54 Jahre älteren Beschäftigten ist (zeigt etwa die Untersuchung von Zimmermann, 2016b), desto geringer wird die Wahrscheinlichkeit, Innovationen im Unternehmen zu erzeugen. Die Wahrscheinlichkeit liegt aber immer noch in einem beträchtlich positiven Bereich. Wenn Ältere innovativ bleiben, verbessern diese selbst oder die sie Beschäftigenden, ihre Innovationsmöglichkeiten. Wenn zudem die Beschäftigungschancen für ältere Mitarbeiter steigen, steigt auch deren Vermögen und Motivation, in Neuerungsprozessen mitzuwirken. Die Anreize für Investitionen – und jedes System wäre anzusprechen: ein Individuum, ein Unternehmen, der Staat - , in eine Verbesserung oder den Erhalt von Kompetenzen, steigen mit der Ausweitung der Beschäftigungsspanne in der Zeit. Bredesen 2014, 2016) hat aufgezeigt, wie sich durch einen Komplex von Präventionen von Alzheimer Betroffene in die Arbeitswelt zurückkehren können. Die Medizin kann hier wenig bieten. Sämtliche Versuche, Medikamente zu entwickeln, sind gescheitert (Crow, 2016). Im Prinzip könnte jedes Unternehmen ein Bredesen-Programm durchführen (wenn die staatlichen Behörden es gestatten) und dadurch Mitarbeiter vor einer der schlimmsten Krankheiten der Menschheit bewahren und diese länger lebensproduktiv beschäftigen. Man benötigt hierzu keine Gesundheitsexperten, vielmehr unternehmerische/manageriale Energie und Zukunftsorientierung. Man leistet die Reproduktion des Systems Unternehmung durch sich selber, erhält der Autopoiese (Produktion des Systems durch sich selber) also [306]. Leider ist es systemtheoretisch betrachtet so, daß über die Zukunft eines Systems (Unternehmung, Personen) die Selbst-Evolution entscheidet.

9. Evolutionstheoretisch betrachtet ist Ergebnis der Evolution eine Steigerung der Evolutionsfähigkeit (evolvability). Ökonomisch: Steigerung der Lebensproduktivität durch Fähigkeitsaufbau. Dieser Prozeß ist rückgekoppelt. Eine steigende Lebensspanne, gesund oder krank, schafft Möglichkeiten und Anreize, die Evolvierbarkeit zu verbessern. Nebenprodukt ist ein Anstieg der Produktivität. Im *Durchschnitt* können heute alte Menschen, auch solche im Rang der Hundertjährigen und noch Älteren, Dinge unternehmen, die ihren Vorfahren (im Durchschnitt) verschlossen blieben. Sie evolvieren zu ökonomischen Tigern, lernen gegen den Strom des Altwerdens zu schwimmen. Altern ist ein aktiver Prozeß unter evolutorischer Kontrolle.[307] Und diese Gruppe von Menschen ist die am stärksten wachsende. Wir wollen nicht wieder Akiyama zitieren, sondern Dorothea Siems, welche bei „Der Welt" die Wirtschaftspolitik betreut: „Vor allem aber muss Arbeiten im Alter zum Massenphänomen werden" (Siems, 2016a). Nicht die Jungen werden durch die Alten ausgebeutet, die meisten Alten betreiben ihre Selbstausbeutung.

10. Auch wenn wir uns wiederholen. Mit steigendem Alter ist die Produktivität des Lebens zunehmend von der Biologie geprägt. Wer sich etwa Alzheimer erarbeitet hat, muß eine Ausweitung seiner Lebensproduktivität abschreiben. Er ist ökonomisch tot – wenn es ihm nicht gelingt, seine Lebensweise zu verändern, für einige eine radikalte Innovation. Was nicht bedeutet, er könnte biologisch und ökonomisch nur noch wenig unternehmen. Wenn er sich präventiv engagiert, kann Alzheimer sich zurückentwickeln lassen, sogar Wege erschließen, in den Arbeitsmarkt zurückzukehren, in welcher

---

[306] Geschrieben im November 2016. Der Leser kann sich kundig machen, wann es zur Realität geworden ist.

[307] Zynisch oder satirisch betrachtet: Rückkehr in die Steinzeit. Wir erinnern an die Aussage von Mitteldorf (2012): „Altern ist ein aktiver Prozess unter genetischer Kontrolle"

Funktion auch immer. Dies verlangt ihm jedoch einiges ab, was wir auch mehrfach angesprochen haben: Bewegung, Ernährungsumstellung, Fasten, Einnahme von Nahrungsergänzungsmitteln (im Widerspruch zu dem, was die herrschende Meinung ihm hierzu rät). Der Neurologe Bredesen (2014, 2016) hat die Möglichkeiten bei alten Menschen durchgetestet und signifikante Verbesserungen bei älteren Menschen festgestellt. Bis die Schulmedizin solche Dinge in die therapeutische Praxis umsetzt, kann lange dauern. [308]Man muß es selbst unternehmen. Für ältere Menschen erschließen sich auf diesem Feld zahlreiche unternehmerische Chancen als Berater und therapeutischer Begleiter. Er wird zum Gesundheitsberater seiner selbst und anderer Menschen. Er hilft sich selbst und anderen, neue Lebenswelten zu entfalten, welche ökonomisch qualitives Wachstum zu deuten wäre.

Eine Alterung der Gesellschaft ist nicht in Wachstumseinbußen bei Produktivität und Wertschöpfung eingebunden. Die Produktionsfunktion in einer qualitativ wachsenden Wirtschaft ist eine andere und leider – für Wachstumstheoretiker – eine, welche sich mathematisch nur schwierig modellieren läßt. Wie will man die Erschließung neuer Lebenswelten modellieren? Schöpferische Zerstörung könnte zur Normalität werden. Wozu ein PKW Nr. 7, wozu ein Fernsehmonitor 1x2 Meter, wozu Samsung-Handy Nr. 8, wozu Schlaftabletten und Alzheimermedikamente, wozu Pflegeheime? Nicht nur Roboter und künstliche Intelligenz helfen die Qualität des Lebens und die Produkitivität des Lebens, vielleicht, zu steigern. Der einzelne Mensch neukombiniert sich selbst. Die Steigerung der Lebensproduktivität ist eine sich zunehmend vom chronologischen Alter entkoppelnde - wenn Staat und Ethiker sich nicht in selbstevolutives Tun einmischen.

Wir bestätigen somit die Produktivitätsvermutung auch für demographisch alternde Gesellschaften. Die Grenzproduktivität eines zusätzlichen erwerbstätigen Lebensjahres sinkt somit nicht notwendig mit dem Alter, sie vermag sich sogar zu erhöhen. Demographisches Altern einer Gesellschaft ist daher kein ökonomisches Schreckgespenst.

Eine Neukombination ist primär kein Preisproblem, vielmehr ein Durchsetzungsproblem, dieses ein Problem unternehmerischer Energie und diese eine Funktion unternehmerischen Könnens, Wollens und Dürfens im Hinblick auf innovatives Tun. Innovationsarmut erzeugt schwache oder stagnierende Zunahme der Produktivität und damit tendenziell Einkommensarmut.

Diese eher beispielhaften Hinweise machen deutlich, warum eine alternde Gesellschaft ökonomisch eine „goldene Wirtschaft" als Teil einer altersloses Gesellschaft sein kann (siehe Kapitel 17). Eine alternde Gesellschaft ist ökonomisch ein „Ceteris-Paribus-Problem". Bleiben die Umstände die gleichen, ist ein Rückgang der Zunahme der Produktivität (Leistung oder Output pro Stunde, im Leben: Lebensproduktivität) wahrscheinlich. Wohlfahrtseinbußen sind die Folge. Die Wirtschaft operiert stationär, auch andere Teilsysteme der Gesellschaft verlieren an Dynamik. Anzeichen hierfür sind erkennbar (siehe Conference Board, 2016). Drei Entwicklungsentschleuniger haben wir durchgängig

---

[308] Gegenwärtig (Ende 2016) werden mindestens acht Medikamente getestet. Ihr Schwerpunkt ist Alzheimer in einem frühen Stadium, ähnlich den Therapiebemühungen von Bredesen. Die klinischen Tests sind nahezu ausschließlich auf Amyloid-β (Aβ) konzentriert, weil nach der herrschenden Hypothese dieser Aminosäurenkomplex die Gehirnzellen schädigt bzw. das normale Funktionieren des Gehirns erschwert. Auch andere Störer können jedoch verantwortlich sein, etwas das Protein Tau. (https://www.fightaging.org/archives/2016/11/a-study-suggesting-tau-produces-rapid-impairment-of-memory-mechanisms/) Der jüngste Test der Pharmafirma Elli Lilly scheiterte gegen Ende 2016, 10 Mrd. Dollar der Marktkapitalisierung des Unternehmens vernichtend. Elli hat drei Milliarden für die Entwicklung aufgewendet. Man mag fragen, angesichts der Gesundheits- und Arbeitsmarktwirkungen einer wirksamen Alzheimertherapie, warum der Staat nicht mehr in Forschung und Entwicklung investiert, vielmehr finanziellen Ressourcen für inputlogische Vorhaben bereitstellt. Es mehren sich Argumente, auch aus den gescheiterten Unternehmen selbst, die Amyloid-β (Aβ)-Hypothese zu verwerfen (Überblick bei Crow, 2016 , die Aussage von I. Kant bestätigend, das Praktischste was es gibt, sei eine gute Theorie.

angesprochen: Innovations- und Investitionsschwäche; Aufkauf anderer Unternehmen; Regulierung. In demographisches Altern ist keiner der drei Entschleuniger direkt direkt eingebunden. Der Erstgenannte ist der ausschlaggebende. Investitionsarmut erzeugt Stagnation wenn nicht Rückgang von Produktivität und Einkommen. Sie macht das zur Wirklichkeit, was allgemein befürchtet wird: Eine alternde Bevölkerung entschleunigt Wachstum und Einkommenszuwächse.

In nicht allzuferner Zukunft kann ein Hundertjähriger soviel leisten (ökonomisch: Wertschöpfung je Zeiteinheit) wie in seiner jüngeren Lebensphase. Er hat gelernt, seine körperliche und geistige Tüchtigkeit zu erhalten, sogar zu steigern, Roboterkollegen stehen ihm bei, medizinische Neuerungen weiten seine Gesundheitsspanne immer weiter aus, sein Zugriff zu künstlicher Intelligenz verbessert sich. Er kann ein zweites und drittes Studium machen, seinen Beruf wechseln, einige Jahre bei einem Yogi in die Schule gehen und seinem Lebensende ohne Stress entgegen sehen.

15 Silberwirtschaft - Palliativwirtschaft?

15.1 Was ist eine Silberwirtschaft?

Meinungen hierzu, auch in der Wissenschaft, sind nicht einheitlich. Wir folgen einer einfachen Sichtweise: In einer Silberwirtschaft werden Güter und Dienstleistungen, umfangreich verstanden, für ältere Menschen, umgangssprachlich „Senioren", produziert. Die Nachfrage der „Silberlinge" fördert somit auch Wertschöpfungen bei den Herstellern. Was wir *nicht* einschließen, *bewußt* ausblenden, ist die Erwerbstätigkeit älterer Menschen selbst, seien sie abhängig oder selbstständig aktiv. Diese Sichtweise korrespondiert auch implizit oder explizit mit wissenschaftlichen und medial beobachteten Konstruktionen, aber nicht durchgängig. Warum „Silber"? Eine landläufige Erklärung: Das Haar älterer Menschen wird silbrig – wenn man es in Ruhe läßt und nicht kosmetisch einfärbt, oder, die chinesische „Lösung" Heilkräuter wie He shou wu ißt (von der EU noch nicht verboten). He shou wu auf Deutsch: „Mann Haare schwarz", obwohl schon weit über einhundert Jahre alt.

In diesem Kapitel untersuchen wir die Chancen und Grenzen eines silberökonomischen Wachstumspfades primär aus der Logik einer Konsumökonomie, umfassend verstanden, medizinische und pflegerische Leistungen einschließend. Mit Empirie halten wir uns zurück, da uns vor allem entwicklungs- und evolutionstheoretisch nachvollziehbare Potentiale einer Silver Economy interessieren. Dies erlaubt uns dann auch im nächsten Kapitel, welches wir Golden Economy nennen, lebenslanges Unternehmertum explizit in die Gestaltung von Entwicklungsmöglichkeiten in demographisch alternden Gesellschaften zu integrieren. Irgendwann wird es kein Ruhestandsalter mehr geben. „Das neue retirement age ist weder 65, noch 80, noch 95, es ist höher" (Rosenbaum, 2015). Gehört damit die Silberökonomie, gerade auf dem Weg in die Wirklichkeit, schon wieder der Vergangenheit an, wenn man wie in silberökonomischen Diskursen angenommen, die Nachfrage nach Silbergütern an die Lebensphase nach dem Ende der Erwerbstätigkeit koppelt. Umfassend verstanden, gab und gibt es „Silbergüter" überall und in allen Phasen der Menschheitsgeschichte. Die Methusalems aus dem Kaukasus konsumierten sie wie die Alten auf Okinawa (Japan) oder Ikarius (Griechenland). Wir verwenden Anführungsstriche, weil die Alten im Kaukasus oder auf Okinawa keine Güter nachfragen, die speziell für ihre Bedürfnisse hergestellt wurden. Was sie nachfragen, änderte sich in ihrem Leben nur marginal. Für sie gab es keine Trennung von Arbeitsleben und Leben im Alter. Ruhestand genießen. Sie „konsumierten" nicht. Es gab für sie keine Trennung zwischen Arbeitsleben und Leben im Alter. Sie schluckten nicht „das Gift der Pensionierung", wie Frederic Vester (1976, S. 331) das Eintreten in den Ruhestand zu bezeichnen wagte: „Mit Pensionierung und Zum-alten-Eisen-schieben beginnt der Teufelskreis der rapiden Vergreisung unserer Alten" (S. 332). Was die Alten silberwirtschaftlich machen ist ihre Nachfrage nach Gesundheitsgütern in einem umfassenden Sinne, Nahrungsmittel einschließend, nicht zuletzt auch medizinische Leistungen. Diese gab es schon immer, seit Menschen die Erde bevölkern, etwa in Form von Schamanen und Medizinmännern, die descartische Trennung körperlicher und geistiger Vorgänge mißachtend, welche die moderne Medizin beherrscht (Vester, 1976; Hontschik, 2006; Meyer-Abich, 2010) und sich neuerdings einer neurowissenschaftlichen geprägten Wiedergeburt erfreuen darf (Villoldo & Perlmutter, 2011). Es gibt Verfahren (Kryonik), sein Leben, vor allem sein Gehirn freiwillig herunterzufahren, sich einzuschläfern zu lassen und in der Zukunft erneut zu erwachen, sich wiederbeleben zu lassen, in einer Zukunft, in welcher die medizinischen Fortschritte das biologische Altern therapieren könnten.

Irene Bergman hat im August 2015 ein Alter von einhundert Jahren erreicht. Sie arbeitet noch im Investmentbanking in New York, betreut Kunden bei ihren Anlageentscheidungen, managt deren

Portfolios. Von Ruhestand keine Spur. Sie sei im Kopf klar geblieben, weil sie bewegungaktiv blieb und im hohen Alter nicht in Rente gegangen sei, eine Sichtweise, welche zwar wissenschaftlich bestätigt ist (Bonsang, Adam, & Perelman, 2012; Horner, 2012; Lautenschlager, Anstey & Kurz, 2014; Meyer-Abich, 2010; Rajan et al, 2015; Rohwedder & Willis, 2010; Sahlgren, 2013; Vester 1976; Wu u.a., 2016), aber in der politischen und gesetzgeberischen Praxis nicht umgesetzt ist oder als nicht als durchsetzbar gilt.

Abbildung 47: Einhundert Jahre alt und noch kein Ruhestand?

Auffällig: kein Mobiltelefon in Reichweite. Natürlich wird sie medial als „Oma" vorgestellt.[309]

Irene Bergman ist keine Ruheständlerin. Aber auch sie kann Silberproduke nachfragen und auch selbst für ihre Kunden anbieten. Silberprodukte sind primär Güter und Dienstleistungen, die auf die Bedürfnisse alter Menschen ausgerichtet sind. Da ihre Anzahl absolut zunimmt (wegen sinkendem demographischen Nachwuchs irgendwann in der Zukunft zurückgeht), ihr Anteil an der Bevölkerung steigt (auch Zuwanderer werden alt), steigt die Nachfrage dieser bislang vernachlässigten Bevölkerungsgruppe.

Sich ein Haus zu kaufen oder mit der eigenen Immobilie einen Kredit zu erzeugen und damit sein Alter angenehmer zu gestalten, machen zunehmend mehr ältere Menschen. In den USA setzen dabei viele auf eine Umkehrhypothek (reverse mortgage). Ein emiritierter Professor, 92 Jahre alt, hat sich diesem Markt gewidmet. Ein Riesenmarkt, meint Prof. Jack Guttentag. Menschen mit einem Alter von 62 oder älter besitzen ein Immobilienvermögen von 5.800 Milliarden Dollar. Er hat sich in diesem Markt engagiert und verdient gutes Geld damit. Drei bis sieben Tage in der Woche arbeitet er. Er unterhält eine Website, in der er Informationen zu Umkehrhypotheken aufbereitet und Problemfelder benennt. Ein Altunternehmer macht Geschäfte mit alten Menschen (Informationen von McLannahan, 2016).

Nehmen wir an, ein Deutscher würde 100 Jahre leben, also 15 Jahre und länger, als der durchschnittlichen Lebenserwartung entspricht. Die Rentenkasse bzw. der Steuerzahler müßte für zusätzliche 540.000 Euro aufkommen, wenn wir ein Einkommen von 3.000 Euro unterstellen. Machten dies 100 Menschen, wären 54 Millionen aufzuwenden. Nehmen wir weiter an, immer mehr Menschen würde es gelingen - nach Ansicht vieler Altersbiologen/gerontolgen keine Fiktion (EU-Projekte und Studien zur Alternsforschung vorausgesetzt) - ohne einer Arbeit nachzugehen bis zu diesem Alter zu leben: der Silbermarkt würde explodieren. Da die Menschen silberökonomisch als Nachfrager oder Kunden in die ökonomische Logik

---

[309] Quelle für Abbildung und Information: http://www.welt.de/finanzen/geldanlage/article142010141/Warum-die-Wall-Street-Oma-Top-Renditen-einfaehrt.html .

integriert sind, stellt sich die Frage: Wer erzeugt die Einkommen und damit die Nachfragechancen der alten Menschen? Gilt auch für die Silberwirtschaft, was manche Beobachter auch für die Zuwanderungsindustrie behaupten: „[...] die Einwanderungsindustrie schafft keinen volkswirtschaftlichen Mehrwert, den nicht der Steuerzahler zuvor selber verdienen musste" (Röhl, 2015) oder den jüngere Steuer/Abgabenzahler an die älteren Nachfrager abgeben müssen? Erzeugen die Hersteller und Vermarkter von Silbergütern - ausgenommen, ältere Menschen sind selbst unternehmerisch oder als Erwerbstätige engagiert – die Einkommen, damit sich ihre Güter und Dienstleistungen von den „Senioren" kaufen oder nachfragen lassen? Sie schaffen Wertschöpfung, müssen die eingesetzten Produktionsfaktoren vergüten, Steuern und Sozialbeiträge abführen, aus denen auch die Kaufkraft der Senioren miterzeugt wird. Die Einnahmen resultieren aus dem Absatz der Silbergüter, aber nur ein geringer Teil erzeugt auch die Nachfrage nach Silbergütern. Chinesisch nach der I-Ging-Logik: Wo bleibt das Yang, die Werte und Einkommen erzeugenden „Tiger"? Woher nimmt oder von wem erhält ein 80-Jähriger die Ressourcen, um sich seine Wohnung altersgerecht „modernisieren" zu lassen? Spricht er die Kreditanstalt für Wiederaufbau für einen Kredit (in bereits jüngeren Jahren) an? Er wird dann erfahren müssen, wie unsäglich kompliziert die Antragstellung und der Verwendungsnachweis ist.

Das Altern der Menschen und der Gesellschaften in der biographisch und biologisch ältere Menschen einen immer größeren Anteil stellen, eröffnet zahlreiche wirtschaftliche Perspektiven. Teile dieser werden als „Silver economy" (Silberwirtschaft) bezeichnet. Eine akzeptierte Begriffsbestimmung existiert nicht und ist auch nicht notwendig, da zahlreiche Dimensionen parallel existieren. Die geläufigste Kennzeichnung bezieht sich auf die Nachfrageseite sowie das Konsumpotential in einer demographisch alternden Gesellschaft: das Erschließen und Bedienen der Bedürfnisse älterer Menschen. Dies schließt staatliche oder vom Staat finanzierte Leistungen (Rente, Pension, Pflege, Krankheitskosten) ein. Mit dem demographischen Altern der Gesellschaft steigt das Potential für silberwirtschaftliche Wertschöpfung. Je demographisch älter die Gesellschaft, desto stärker steigt der Anteil der älteren Kohorten. Die Einhundertjährigen und noch Älteren nehmen geradezu explosiv zu (siehe für die USA etwa Tavernise, 2016: Anstieg der Hundertjährigen und noch Älteren - Superseniors also - seit dem Jahr 2000 um 44 Prozent).

Vermag eine Silberwirtschaft die Herausforderungen einer demographischen Alterung der Gesellschaft und ihrer wirtschaftlichen Folgen zu überwinden, zumindest zu mildern? „Deutsche Unternehmen haben die ältere Bevölkerung im Visier", berichtet Wagstyl (2015) unter dem Schlagwort Silver Economy. Die Firma Adler hat 154 Läden in Deutschland, mit ihren Produkten auf ältere Menschen zielend. In den Läden ist genug Raum, um auch Menschen im Rollstuhl zu bedienen. Die Allianz-Versicherung wird angeführt, die Werbung auch im Fernsehen für ihre altersgerechten Produkte macht, da Rente und Pension für viele nicht mehr ausreichen würden, ihren Lebensunterhalt im Alter in akzeptabler Weise zu erhalten. In Japan errichtet ein Unternehmer Quasi-Casinos für ältere Menschen in mehreren Städten (offiziell sind Casinos nicht erlaubt), kombiniert mit Kartenspielen und Bewegungsangeboten (Lewis, 2015b).

15.2 Nachfrage nach Silbergütern

Die Nachfrage in einer Silberwirtschaft kann sich auf bereits bestehende Güter (Sortimente) und/oder neue Güter richten. Die nachgefragten Neuerungen können, frugaler, inkrementeller oder radikal-disruptiver Natur sein. Die durch das Kaufkraftverhalten miterzeugte Entwicklungsdynamik ist eine Funktion der Innovationsintensität der Nachfrage. Richtet sie sich auf bestehende Güter, bleibt die Wirtschaft ceteris paribus auf der Routineebene. Sie kann „wachsen", aber sich nicht entwickeln. Geben die alten Menschen ihr Geld/Vermögen für bestehende Güter und Leistungen aus, ginge von ihrem Verhalten ein tendenziell die Entwicklung erodierende Wirkung aus. Mit zunehmender „Vergreisung" der Gesellschaft veralten dann auch die Produktsortimente. Wir erkennen somit, wie bedeutsam die Entwicklung neuer Produkte in einer demographisch älter werdenden Gesellschaft ist. Es geht dabei nicht um inputlogische Überlegungen (Arbeitsmenge, Humankapital, Sozialsysteme). Der Ansatzpunkt ist innovationslogisch.[310]

Eine „silver economy" gilt daher für zahlreiche Beobachter und Projektgestalter als Antwort auf die Herausforderungen einer alternden Gesellschaft. Ist eine Silberwirtschaft möglicherweise sogar eine Lange Welle im Sinne von Kondratieff und Schumpeter, somit ein über Jahrzehnte sich entfaltender Prozeß wirtschaftlicher Dynamik, eingebunden in Prozesse schöpferischer Zerstörung? Zunächst scheint eine Silberwirtschaft – zynisch betrachtet – nichts mehr als aus dem Altern der Menschen ökonomisches Kapital, also wirtschaftliche Vorteile zu schlagen. Da das Altern der Bevölkerung keine demographische und gerontologische Grenze erkennen läßt, ist eine Silberwirtschaft eine auf lange Dauer sich entfaltende Transformation des Systems Wirtschaft. Zu Beginn der Neuzeit, davor ohnehin nicht, unterscheidet sich der Konsum der Menschen, von reichtumsbedingten Unterschieden abgesehen, nicht altersspezifisch. Vor 10.000 Jahren gar, beim Auslaufen der Altsteinzeit, unterscheiden sich die Konsum- und Produktionsmuster nur marginal (klimatische Unterschiede ausgenommen). Eine Wirtschaft altert nicht, wenn sie ihre Autopoiese erhält, ihre Reproduktionsfähigkeit, deren wesentlicher Mechanismus Neukombinationen der Ressourcen sind. Man kann die Menschen selbst in die Neukombination einbeziehen, der von uns dargestellte Ansatz lebenslangen Unternehmertums. Man kann auch Innovationen für ältere Menschen entwickeln, diese also als Nachfrager oder Verbraucher mobilisieren, der Ansatz der Silver Economy. Man kann auch, um ein drittes Konzept anzusprechen, eine gesunde Langlebigkeit in immer höhere Altersstufen verschieben, durch Primärprävention und durch medizinische Fortschritte, an deren Ende die Unsterblichkeit der Menschen sich verwirklicht, die Vision von De Grey, Kurzweil, Google (Calico) und anderen. Das Altern würde biologisch-medizinisch besiegt, was jedoch immer noch an den Lebenswandel der Menschen gebunden wäre, zumindest solange, bis die Komplexität des Alternsprozesses vollständig beherrschbar würde, der Mensch also in eine „triviale Maschine" (Heinz von Foerster), das Anliegen der sog. Schulmedizin, transformiert oder wohl korrekter mutiert würde. Alles, was jemand erlernt, verstanden, umgesetzt, vertieft hat in einem langen Leben, bleibt erhalten oder kann durch Neues ergänzt werden.

Auch die jüngere Forschung versucht medizinische Fortschritte mit einer Ausweitung der gesunden Lebensspanne und Lebensarbeitszeit zu verbinden (Goldman u.a., 2013; Bloom u.a., 2014, S. 5; Murray u.a., 2015), also Anschluß finden oder wiederherstellen an Lebensweisen, die bis zum Aufkommen der Moderne das Leben der Menschen prägten. Kurzfristig könnten eine Medizin und eine Lebensweise, welche die Lebensspanne und Produktivität im höheren Lebensalter ausweitet, das Wohlbefinden alter Menschen fördern, der Gesellschaft Kosten ersparen und die Wertschöpfung steigern. Dies ist bis heute eine auch in der Praxis sich bereits verwirklichende Entwicklung, in der öffentlichen Aufmerksamkeit, der politischen Gestaltung und auch ökonomischen Forschung aber weniger angesprochen. Der oben genannte Aufsatz (Bloom u.a., 2014) erschien trotz ihrer „makroökonomischen Implikationen" in einer sich der Medizin widmenden Zeitschrift. Der demographische Trend gilt nicht als ein Heilsbringer

---

[310] Nochmals sei auf „Logik" verwiesen. Wir verstehen darunter, Luc Ciompi (1997, S. 77), folgend den Begriff "Logik" durchgehend in einer Weise, wie sie im folgenden Zitat zum Ausdruck kommt: "In dieser [...] viel allgemeineren Bedeutung von Logik geht es also weniger um eine Vorschrift, wie korrekterweise gedacht werden *sollte*, als vielmehr um die Feststellung, wie in einem bestimmten Kontext gedacht *wird*."

sondern Problemerzeuger, dem primär durch Zuwanderung von Menschen aus anderen Regionen und/oder der Verschiebung des Rentenineintrittsalters in höhere Altersstufen entgegenzuwirken ist. Ob medizinische Fortschritte langfristig diese Wirkungen zu erzeugen vermögen, würden Medizin und Forschung weiter so betrieben wie bisher (Beobachter äußern zahlreiche Zweifel[311]), hängt nach Bloom u.a. (2014) von mehreren Faktoren ab, die wir auch einer Silberwirtschaft zuordnen können: (1) Implikationen der Medizin für die Länge und Qualität zusätzlicher Lebensjahre; (2) Beschäftigung, Einkommen und Ruhestandsgelder während der zuwachsenden Lebenszeit; (3) medizinische Kosten; (4) medizinischer und nicht-medizinischer Pflegeaufwand.

Was leisten Innovationen in einem silberökonomischen Umfeld ? Zwei Beispiele aus Japan. Nintendo hat Programme für seine Kunden entwickelt, die Menschen unabhängig von ihrem Alter bewegungsaktiver machen. Die Firma Tanita hat - beginnend bei ihren Mitarbeitern, dann für Kunden in Restaurants ausgeweitet und die täglichen Ernährungsgewohnheiten auf eine gesündere, kalorienreduzierte rundlage zu stellen versucht. Das sind Neukombinationen, mit Wirkungsungewißheit belastet. Mediziner und Geriatriker mögen ihre Zweifel anmelden, auch weil es Neuerungen sind, die sie nicht im Blickfeld hatten. Jede Innovation ist in Ungewißheit und Unsicherheit eingebettet. Wer sie nicht für sich nutzt, bleibt der Routine verpflichtet. Wer bei Tanita seine Mahlzeiten genießt, darf sich immerhin, wie jüngere Forschungen zeigen (Boers u.a., 2014), auf einen Rückgang seines metabolischen Syndroms freuen, eine Primärquelle für chronische Krankheiten. Tanita expandiert in Japan sehr rasch. In jeder Präfektur will das Unternehmen über ein Restaurant verfügen. Zur Zeit hat Tanita 21 Restaurants und möchte die Zahl auf 60 erhöhen (Information von Kazue Haga). Was zu leisten wäre: die angebotenen Mahlzeiten silberökonomisch zu erstellen und zu vermarkten.

15.3 Kaufkrafterzeugung für silberwirtschaftliche Nachfrage

Nach den vorherrschenden und regulativ verordneten Geboten (Umlageverfahren) wäre es die wertschöpfende Klasse; also erwerbstätige Menschen, längerfristig auch deren Nachkommen. Wenn die Kinder zunehmend ausbleiben – das „Schicksal" aller reifen und sich evolutionär entfaltenden Gesellschaften – wäre eine, wenn nicht die „adaptive Antwort" (Schumpeter): Zuwanderung relativ junger Menschen als Arbeitskräfte und potentiell auch Unternehmer jenseits der Routinefunktion und damit auch eine „schöpferische Antwort". Deren Integration in die bestehenden Sozialsysteme wäre unverzichtbar - in den USA bei „illegalen" Einwanderern nicht möglich - die vollständige Selbstnutzung ihrer Einkommen aber ausgeschlossen, da die Zuwanderer nicht nur die Entwicklungsfähigkeit des Systems Wirtschaft erhalten sondern auch den zunehmenden absoluten und relativen Anteil alter Menschen lebenserhaltend alimentieren sollen, somit auch ihren silberwirtschaftlichen Beitrag zum Kauf silberwirtschaftlicher Güter leisten müssen. Eine Kreuzfahrt im Mittelmeer und Baldrian von Rossmann gibt es noch nicht gratis. Auch „Mallorca-Senioren" leben nicht von Sonne allein. Die Alten schaffen Werte selbst? Forget it. Großmutterwirkungen und Ehrenamt sind hochwillkommen. Ansonsten: „Wenn der Junior kommt, muss der Senior weg", empfehlen uns die Experten und Berater von Familienunternehmen (Wolff, 2015). Und wie wir oben erläutern konnten, folgen mittelständische Unternehmen und die Politik bei nichtselbständigen Erwerbstätigen diesen Empfehlungen. Wenn die Alten körperlich und geistig abbauen, was ist die Alternative? Eine Golden Economy?

---

[311] Viele davon nachzulesen in Fight Aging.

Daher nochmals die silberökonomisch grundlegende Frage: Wie oder woher erhalten die „Senioren" die Kaufkraft, das Einkommen, mit dem sie Silberprodukte nachfragen? Einkommen entsteht bei der Erstellung von Leistungen. Sind Menschen ohne Arbeit, erzeugen sie keine Wertschöpfung, das gilt natürlich auch für Menschen im Renten/Pensionsalter, die nicht mehr erwerbstätig sind. Eine Ausweitung der Lebensarbeitszeit wirkt wie eine Senkung der Arbeitslosigkeit, führt somit zu einem Anstieg der Wertschöpfung und gesamtwirtschaftlichen Produktivität und steigert und somit auch die Einnahmen des Staates aus Zwangsabgaben. Die Silberwirtschaft würde sich ausweiten. Stiege sogar die gesunde Lebensspanne - und langfristig ist die Lebensarbeitszeit an diese gekoppelt - ein Segen für die Hersteller von Silbergütern. Aus der Logik der Silberwirtschaft heraus, läßt sich aber beides - Lebensarbeitszeit und Lebensspanne - teilweise auch silberökonomisch herleiten. Beispiel: Ältere Menschen nutzen Walking sticks, ein Silberprodukt. Sie fördern damit ihre Gesundheit. Arbeiten sie deswegen aber auch länger oder mehr? Gründen sie im Alter ein Unternehmen? Lassen sie sich mit 73 Jahren als Taxifahrerin (wie bei Uber, in Deutschland verboten) anheuern? Bleiben Mittelständler aufgrund ihrer Bewegungsbemühungen länger aktiv, gelingt es ihnen daher, der Erosion ihrer Gehirne vorzubeugen? Die Antworten dazu gibt die Golden Economy. Silber zielt auf Produkte für alte Menschen, seien sie ökonomisch noch aktiv oder nicht. Die Silberwirtschaft ist auch unternehmerisch betrachtet multifunktional. Sowohl die Anbieter wie Nachfrager können sämtlichen unternehmerischen Funktionen nachgehen. Wenn alte Menschen, wie in den USA oder auf Kreuzfahrtschiffen, ihren Spieltrieb befriedigen und die Angebote von Casinos nachfragen, agieren sie als Arbitrageure. Alte Menschen könnten auch in einem Casino erwerbstätig sein, als Gründer und Eigentümer, als Kundenberater, als Hilfskräfte, welche am Spieltisch die Entscheidungen der Kunden beobachten, lenken, die Gewinne und Verluste registrieren. Sie wechseln dann nach unserer Logik in eine Golden Economy. In einem arabischen Golfstaat wären sie in den Casinos auch hochwillkommen, da Einheimische diesen Aktivitäten aus religiösen Gründen nicht nachgehen können. In Japan breiten sich Ersatzcasinos aus (im Oktober 2015 bereits über 80), die alten Menschen erlauben mit Kunstgeld und Karten zu spielen (Casinos sind verboten), leichte Körperübungen zu praktizieren und ihren Blutdruck zu messen. Insbesondere Menschen die über 80 Jahre alt sind, besuchen diese Spielstätten (Lewis, 2015b). Diese Tagesstätten erlauben einem alten Menschen den gesamten Tag mit Anderen zu kommunizieren, sein körperliches Befinden zu überprüfen, seinen Geist zu aktivieren und das Alleinsein zu überwinden. Sozusagen Kitas für alte Menschen. Schwierig zu machen für einen Olderpreneur, Coffeeshops für Rentner? Silberwirtschaft und goldenes Altern in unternehmerischer Harmonie? Könnten die Kommunen so etwas nicht fördern?

Würden Menschen bis in ein hohes Alter arbeiten *können* (also arbeitsfähig sein) und *wollen* und der Gesetzgeber es erlaubt (sie *dürfen* also), wäre eine Silberwirtschaft ökonomisch reproduktionsfähig.[312] Die älteren Kokorten selbsterzeugten die Nachfrage nach Silbergütern. Eine demographisch (nicht biologisch) vergreisende Wirtschaft würde – im Gegensatz zur silberökonomischen Sichtweise – aus sich selbst heraus in Permanenz Entwicklungsimpulse erzeugen. Die Weltsicht einer Vergreisung würde sich tendenziell auflösen können – ökonomisch und biologisch. Einige Forscher wie De Grey und Kurzweil und Unternehmen wie Google mit ihrer Tochtergesellschaft Calico California Life Company, gehen davon aus, in wenigen Jahrzehnten wäre sogar eine Unsterblichkeit zu erreichen. Die biologische Vergreisung wäre schrittweise überwunden. Die Zukunft der Verrentung (dritte Lebensphase) in einer Welt radikaler Lebensverlängerung, verwirklicht durch Verjüngungs- und Antiaginginterventionen: sie existiert nicht

---

[312] Können, Wollen und Dürfen sind die drei notwendigen und hinreichenden Bedingungen, um unternehmerisches Handeln zu erklären. Wir haben sie an anderer Stelle ausführlich dargestellt. Siehe auch Haga (2013) mit einer ausführlichen Interpretation.

mehr im landläufigen Sinn. Die Institutionen der Verrentung und der Altersvorsorge existieren, weil Menschen mit ihrem Altwerden Krankheiten und Gebrechen erzeugen und ertragen müssen. Mit dem Fortschreiten und Durchsetzen präventiver Erkenntnisse und medizinischer Fortschritte entschleunigt sich das biologische Altern bis hin zu seiner Überwindung. Wie und wann ein Solches möglich sein wird, ist noch nicht geklärt, aber nach Ansicht der beteiligten Forscher hochwahrscheinlich (wenn die Gesellschaft bereit ist, es zu akzeptieren).

Ist das Seniorenstudium, Vorlesungs/Vortragsangebote für ältere Menschen in Universitäten ein Silberprodukt und gar ein Weg aus der Demenzfalle und die Zwangspensionierung von Professoren im Alter von 65 ihr Eintritt in diese? Immerhin können sich emiritierte Professoren ein teures Seniorenheim leisten, während mazedonische Frauen im gleichen Alter auf der Straße betteln gehen und ein Rotweingeschenk (subventioniert durch EU-Gelder) aus ihrer Heimat mit großer Freude entgegennehmen. Die Silberwirtschaft scheint alle Altersstufen zu umfassen. Was nutzen einer alleinstehend erziehenden Frau die vielfältigen silberökonomischen Innovationen, über welche auf den Webseiten der EU Unternehmen ihre Produkte (oftmals hervorgehend aus steuerfinanzierten Projekten der Europäischen Gemeinschaft) vorstellen können, wenn sie sich im Alter keine Mietwohnung mehr leisten kann? Auswandern nach Eritrea und Rückkehr als Flüchtling mit Asylrecht?

15.4 Silberwirtschaftliche Innovation

Was leisten Innovationen in einem silberökonomischen Umfeld? Wer innoviert? Zunächst zwei Beispiele aus Japan. Nintendo hat Programme für seine Kunden entwickelt, die Menschen unabhängig von ihrem Alter bewegungsaktiver machen. Die Firma Tanita hat - beginnend bei ihren Mitarbeitern, dann für Kunden in Restaurants ausgeweitet - die täglichen Ernährungsgewohnheiten auf eine gesündere, kalorienreduzierte Grundlage zu stellen versucht. Das sind Neukombinationen, mit Wirkungsungewißheit belastet. Mediziner und Geriatriker mögen ihre Zweifel anmelden, auch weil es Neuerungen sind, die sie nicht im Blickfeld hatten. Jede Innovation ist in Ungewißheit und Unsicherheit eingebettet. Wer sie nicht für sich nutzt, bleibt der Routine verpflichtet. Wer bei Tanita seine Mahlzeiten genießt, darf sich immerhin, wie jüngere Forschungen zeigen (Boers u.a., 2014), auf einen Rückgang seines metabolischen Syndroms freuen, eine Primärquelle für chronische Krankheiten. Tanita expandiert in Japan sehr rasch. In jeder Präfektur will das Unternehmen über ein Restaurant verfügen. Zur Zeit hat Tanita 21 Restaurants und möchte die Zahl auf 60 erhöhen (Information von Kazue Haga). Was zu leisten wäre: die angebotenen Mahlzeiten silberökonomisch zu erstellen und zu vermarkten.

Die Europäische Union setzt sich intensiv mit der Silver Economy auseinander. Zahlreiche Vorhaben werden gefördert, viele mit direkter Unterstützung für kommerzielle Unternehmen. Etwa Roboter für alte Menschen (www.silverpcp.eu). „Silver ist ein Entwicklungsprojekt finanziert durch die Europäische Kommission im Rahmen des Seventh Framework Programme for research and technological development (FP7)." Das Vorhaben startete im Januar 2012 und soll 56 Monate „laufen". „Wenn Menschen älter werden", informiert uns die Kommission, „sehen sie sich erhöhten Risiken ernsthafter Bedingungen (conditions) ausgesetzt, unabhängig in ihrer Wohnung zu leben. Das Vorhaben Silber sucht nach neuen Technologien, um ältere Menschen in ihrem täglichen Leben zu unterstützen. Durch Nutzung robotergestützter Technologien, können die alten Menschen zu Hause weiterhin unabhängig leben, falls sie physische oder kognitive Behinderungen aufweisen." Zahlreiche Projekte mit ökonomischer Relevanz werden gefördert, auch „health tourism" ist angesprochen.[313] Ein Unternehmen hat robotergelenkte Kleinstfahrzeuge entwickelt, die Online oder per Telefon bestellte Waren in die naheliegende Wohnung liefern. Unternehmen in China wie Haier haben bereits Haushaltsroboter im Markt eingeführt, etwa den ein Meter hohen Ubor, der für alte Menschen Butlerfunktionen in zunehmend elektronisch gesteuerten Anwendungsfeldern (Heizgeräte, Jalousien, Beleuchtung) übernimmt (Hellmann, 2016).

Abbildung 48: Roboter Ubot von Haier

Quelle: http://www.china.org.cn/business/2016-01/08/content_37491679.htm

Zahlreiche Initiativen in den USA versuchen, robotergesteuerte Hilfe für alte Menschen marktreif zu machen (Markoff 2015). Der Markt wird als „riesig" eingeschätzt. Bis zum Ende des Jahrhunderts steigt die Anzahl der über 80-Jährigen um das siebenfache, weltweit. Ökonomische Faktoren spielen die Schlüsselrolle. Die meisten alten Menschen können sich Altenheime nicht leisten, sie leben allein, leiden an Einsamkeit. Ihre Mobilität ist körperlich eingeschränkt. Selbststeuernde Automobile könnten helfen. Drohnen in der Wohnung bringen Hilfe. Müßten sich Pflegeheime mit Disruptivität auseinandersetzen, da es alten Menschen immer länger gelingen könnte, in ihrem Zuhause durch Interaktion mit digitalroboterisierten Partnern den Ruhestand mit geringeren Einbußen an Gesundheit und Einsamkeit zu meistern? Verringert oder verhindert mit Robotern zu sprechen und emotional zu interagieren die Leiden kognitiver Vergreisung? Wir können vermuten, daß frugale Roboter *Made in India*, in einigen Jahren auch für ärmere Menschen überall verfügbar sind.

Silberinnovationen widmen sich überwiegend Menschen im Ruhestand. Wir wissen aus einer großen Zahl von Untersuchungen: Wer nicht mehr arbeitet - außer er scheidet aus dem Berufsleben wegen Behinderung aus, erleidet körperliche, insbesondere kognitive Einbußen. Wir können daher hoffen, daß im Alter von 90 oder 110 Roboter auf mich warten, die auch mein Liebesleben fördern und künstlich irritierte Maschinen-Gehirne sich liebevoll um meine Emails kümmern. Mit alten Menschen interagierende Roboter lassen sich als maschinelle Arbeitskräfte verstehen, die nicht notwendig zu Arbeitsplatzverlusten führen, wenn es älteren Menschen gelingt, wertschöpferisch mit ihnen zu interagieren (17. Kapitel). Ihre künstlich implantierte Intelligenz, ein primärkritische Eigenschaft dieser humanoiden Maschinen, vermag auch selbstevolutive Anreize für Erwerbstätige zu erzeugen. Es besteht somit eine Wechselwirkung zwischen silber- und goldenökonomischer Innovation und Evolution. Ethik lassen wir außen vor. Was vermögen Roboter wie Pepper oder Asimo, Produkte japanischer Firmen (Softbank, Cyberdyne) silber-

---

[313] http://www.creator7.eu/sub-projects-2/silver-economy/

und goldökonomisch zu leisten? Asimo arbeitet auch als Empfangsdame in einem Hotel in Nagasaki, was dadurch, in Japan, für viele Besucher insbesondere alte Menschen, Besuchsanreize gibt. [314] Das autonome Fahren, von Robotern gesteuert, gilt als eine ethische Herausforderung (Hucko, 2016 schildert, wie die Firma Bosch damit umgeht).

Die Roboterrisierung, vorangetrieben durch Informationstechnik und Internet, eröffnet vielfätige Chancen für Unternehmertum aller Altersklassen. Silbergüter sind dann auch mit Erwerbstätigkeit jenseits der Bismarckschen Altersgrenze verknüpfbar. Generell verringert der zunehmende Einsatz von Robotern die politische Steuerung der Gesellschaft.[315] Die Schwierigkeiten, solche Neuerungen im Erwerbsleben auch für ältere Menschen umzusetzen, gewinnt dadurch jedoch eine neue Dimension. Das Neue stößt auf Widerstand, wenn es etablierten Anbietern in die Quere kommt, das radikal Neue ökonomische Relevanz zu entfalten beginnt und das Alte durch Property Rights geschützt ist. Hilft das Neue alten Menschen, verlangen die gesellschaftlichen Normen eine höhere Akzeptanzbereitschaft.

Silberprodukte für alte Menschen könnten daher die Innovationsbereitschaft fördern. Sie könnten auch alten Menschen selbst, die erwerbstätig bleiben oder werden wollen, Unterstüzung bieten. Beides ist gekoppelt. Auch wenn der Staat den Erwerb silberökonomischer Erzeugnisse wie Roboter finanziell unterstützt, bleibt die grundlegende Frage, wie sich die Nachfrage für Silberprodukte einschließlich Gesundheit und Pflege finanzieren läßt, wenn alte Menschen keiner Erwerbstätigkeit nachgehen. Wir leben in einer Welt der Projekte. Alte Menschen lernen dann endlich (erneut mit Unterstützung der EU-Kommission) wie sie sich gesund ernähren können[316] und warum Sport ihnen ermöglicht, ihre Rente für viele Jahre länger zu beziehen.

Ein Projektvorschlag daher: Training wenn nicht Erziehung der Beamten der EU-Kommission im selbstmachenden Olderpreneurship nach Erreichen ihres Pensionsalters, Unternehmensgründung, Auswertung der Problembereiche, die durch Dekrete und Gesetze für die Gründungen in der Alterskategorie 65 plus bewirkt sind. Das EU-verbotene Schlafhormon Melatonin wird endlich in Tests an Lebenden auf seine Alterstauglichkeit in der Lebenspraxis der es Verbietenden getestet und anschließend für den Drogerieverkauf freigegeben, auch wenn dadurch die Hersteller von Schlaftabletten und die Apotheken leiden.[317] Schlaftabletten richten viel Unheil an, erfährt man aus verschiedenen Quellen. Warum also ein Hormon, auf natürliche Weise im Körper verfügbar, aber mit dem Altern weniger im Körper erzeugt, nicht Alten Menzen, zunehmend an Schlafproblemen leidednd, verfügbar machen?. Die

---

[314] Die Informatio zu Robotern in Japan übernehmen wir in Teilen von Lewis (2016b).

[315] https://www.lewrockwell.com/2015/06/gary-north/the-robotics-revolution/

[316] Ernährungswissen in die Food industry zu bringen, ist Aufgabe von Biolife. http://www.creator7.eu/sub-projects-2/bio-life/.

[317] Melatonin wird in der Zirbeldrüse des Gehirns erzeugt. Das Hormon ist stark lichtabhängig. Da die EU-Führer Tag und Nacht unter starkem Lichteinfluß aktiv sind, oftmals angereichert durch Scheinwerfer der Fernsehanstalten und todesmühe in den Schlaf versinken, läßt sich annehmen, daß sie Melatonin für nutzlos halten. Unter Lichteinwirkung wird die Ausschüttung des Hormons blockiert. Mit dem Altern des Körpers sinkt die Verfügbarkeit des Hormons Auch manche Gesundheitsbehörden halten nichts von Melatonin („zum Schutz der Bürger"), die jüngeren Forschungserkenntnisse nicht zur Kenntnis nehmend. Siehe zu Melatonin die ausführliche Darstellung und Kritik der gesundheitsbehördlichen Vorschriften bei Schmitt-Homm und Homm, 2014, S. 348ff. Melatonin ist somit ein Silberprodukt aus der Kategorie Anti-Aging.

EU-Beamten lernen, Silber- mit Goldwirtschaft zu koppeln. Schließlich: Man versuche, die Aussage von Schumpeter zu widerlegen.[318]

„Der Leser sieht, *schreibt Schumpeter (1911/2006, S. 162)*, worauf ich hinaus will: Wie die Durchsetzung neuer Kombination [Innovation] Form und Inhalt der Entwicklung ist, so ist das Tun [...] ihre treibende Kraft. Wären alle Wirtschaftssubjekte gleich weitblickend und energisch, so müßte unser Bild der Wirtschaft natürlich anders ausfallen. Aber es ist nicht so, und wir meinen, daß hier graduelle Unterschiede der Persönlichkeiten, die für die einfache Logik der Wirtschaft prinzipiell irrelevant sind, zu wesentlichen Erklärungsmomenten des Geschehens werden."

Die Silberwirtschaft erstreckt sich bis in ein hohes Alter, den Tod eingeschlossen, unterstüzt jedoch auch jüngere Menschen, deren kognitive Fähigkeiten eingeschränkt sind. In Großbritannien gibt es zahlreiche Initiativen und kommerzielle Unternehmen, den an Demenz leidenden Menschen dabei zu helfen, Bankgeschäfte und das Einkaufen auch in Supermärkten zu ermöglichen (Clegg, 2015), bemerkenswerterweise einer „silver economy" zugeordnet. Wenn das Immunsystem im Körper nicht mehr ansprechend funktioniert: dasjenige der Wirtschaft kann es in Teilen zumindest erhalten. Innovationen sind Teil eines ökonomischen Immunsystems: Intern oder extern erzeugte Störungen mobisieren innovative Antworten (schöpferische Antworten nach Schumpeter), welche dem Abdriften der Wirtschaft in einen stationären Zustand entgegenwirken, ein Prozeß, der nach Ansicht zahlreicher Beobachter (es läßt sich als die herrschende Meinung betrachten) vielfältig durch demographisches Altern der Gesellschaft (prozentuale Zunahme alter Menschen an der Gesambevölkerung) bewirkt ist. Das biologische Altern von Menschen erzeugt vielfältige Innovationsimpulse auch in Zukunftsindustrien und mit diesen verflochtenen Dienstleistungen, man denke an selbststeuernde Automobile und Roboter, beide zukünftig in einem Produkt vereint (Roland Berger, 2016; Waters u.a., 2016). Vermag eine Silberwirtschaft daher einer stationären Entwicklung, dem Alterungssymptom also, entgegen zu wirken?

Mit dem demographischen Altern der Gesellschaft schrumpfen bestehende Märkte und neue entstehen. Der Markt für Babynahrung und Windeln läßt sich auf dem bestehenden Niveau nur erhalten, wenn die Nachfrage durch Menschen mit Migrationshintergrund erhalten bleibt. Erzieherinnen in Kitas sehen sich einer schrumpfenden Nachfrage gegenüber (ceteris paribus), wenn sie nicht in Altenheime wechseln um dort alten Menschen bei der Entschleunigung ihrer kognitiven Erosion helfend entgegenzuwirken. Auch alte Menschen benötigen Windeln und das Erzählen von Märchen insbesondere vor Wahlen zu politischen Institutionen. Innovationen sind daher ein Kernbestandteil einer Silberwirtschaft. Ganz neue Märkte werden entstehen, in allen Bereichen von Wirtschaft, Politik, Religion, Gesundheit usf.

Der Silbermarkt ist ein Alternsmarkt, geradezu ein Supermarkt, um Geld zu verdienen. So fahren Chinesen nicht nur nach Paris, um Schmuck und Handtaschen zu erwerben, sie fahren mit Kreuzfahrtschiffen nach Japan, um dort hochqualitative Windeln einzukaufen. Die Windeln japanischer Qualität sind von chinesischen Herstellern noch nicht verfügbar. Alte Menschen und Babys benötigen sie. Die japanischen Hersteller kommen mit der Nachfrage nicht mehr nach und weiten ihre Produktionskapazitäten, fußend auf hochtechnologischen Innovationen, im Rekordtempo aus.[319] Für das Jahr 2030 wird ein Absatzvolumen von 45 Milliarden Dollar vorhergesagt (Lewis, 2016a).

---

[318] Im China der Ming-Dynastie, daran sei erinnert, war der Einstieg und Aufstieg in der staatlichen Verwaltung an harte Prüfungen gekoppelt, die auch alten Männern offen standen. Die Prüfungen waren extrem hart und nur wenige der Kandidaten meisterten sie erfolgreich.

[319] Wegen Produktionsengpässen ist der Export von Japan nach China eingeschränkt.

Der Gesundheitsmarkt expandiert. Statistisch gilt er als Wertschöpfer, obwohl die Menschen, in deren Leben, vor allem in deren Körper einschließlich Gehirn interveniert wird, selbst keine Wertschöpfung erzeugen, vielmehr dasjenige, was sie an Wertschöpfung geleistet haben und in Vermögen investierten, zunehmend aus ihren noch verbleidenden Lebensjahren verschwindet, auch steuerlich entsorgt wird. Betrachtet man die Pflege und Medizin in einem silbermarktlichen Kontext: Eine Vielzahl von Innovationen wäre verfügbar, umsetzbar durch die Pflegebedürftigen selbst (siehe den Abschnitt zur Pflege).

15.5 Nachfragedynamik in demographisch alternden Gesellschaften

Woher kommt die Kaufkraft, um die Nachfrage nach Silbergütern einschließlich Gesundheitsgütern (aller Kategorien, ganzheitlich verstanden) zu entfalten.

Nachfrage hat drei Quellen: private Verbraucher, unternehmerische Verbraucher, Staat, jeweils im Inland und Ausland. Die Nachfrage kann sich auch ausländischen Produkten zuwenden.

In den durchregulierten Gesundheitssystemen der Wohlfahrtsstaaten spielt der Staat die Schlüsselrolle als Nachfrager insbesondere neuer Güter. Staat schließt die Krankenkassen ein, insbesondere die öffentlich-rechtlich strukturierten. Wenn diese Produkte nicht „erstatten", sinken die Absatzchancen für neue Produkte gewaltig. Die Erstattungsfähigkeit herzustellen ist ein langwieriger und kostspieliger Prozeß für die Produzenten. Viele Produkte sind in Deutschland und teilweise Europa nicht verfügbar, die in den USA in jedem Drugstore frei verkäuflich sind. In Asien lange bewährte und kostengünstige Behandlungsmethoden - fast alles was mit traditioneller chinesischer Medizin zu tun hat - bleibt in Deutschland „entmündigt". Ausnahmen gibt es jedoch, Beispiel Akupunktur, jetzt auch für den Normalbürger von seiner Krankenkasse genehmigt.

Wir beschäftigen uns im folgenden (zunächst) mit den privaten Haushalten, da sie unmittelbar die demographische Komponente reflektieren.

Die Nachfrage kann sich auf bereits bestehende Güter (Sortimente) und/oder neue Güter richten. Die nachgefragten Neuerungen können inkrementeller oder radikal-disruptiver Natur sein. Die durch das Kaufkraftverhalten miterzeugte Entwicklungsdynamik ist eine Funktion der Innovationsintensität der Nachfrage. Richtet sie sich auf bestehende Güter, bleibt die Wirtschaft ceteris paribus auf der Routineebene. Sie kann „wachsen", aber sich nicht entwickeln. Geben die alten Menschen ihr Geld/Vermögen für bestehende Güter und Leistungen aus, ginge von ihrem Verhalten ein tendenziell die Entwicklung erodierende Wirkung aus. Mit zunehmender „Vergreisung" der Gesellschaft veralten dann auch die Produktsortimente.

Wir erkennen somit, wie bedeutsam die Entwicklung neuer Produkte in einer demographisch alternden Gesellschaft ist. Es geht dabei nicht um inputlogische Überlegungen (Arbeitsmenge, Humankapital, Sozialsysteme). Der Ansatzpunkt ist innovationslogisch. Im Einzelnen ist zu prüfen, welche Eigenschaften von Neuerungen in der langen Welle Integrale Gesundheit den wirtschaftlichen „Ton" angeben. Was an Gesundheit ist Routine, frugale, inkrementelle, disruptive, basisinnovative Innovation? Weiterhin ist zu fragen, ob der Gesundheitskondratieff, wissenschaftlich gegründet auf dem NBIC-Paradigma, querschnittstechnologisch und synergetisch funktioniert, vergleichbar dem 5. Kondratieff (Informations- und Kommunikationstechnologie)? Dies sind an dieser Stelle nur Fragen, die sich zwar spekulativ bereits beantworten ließen, aber angesichts der Bedeutung der zugrundeliegenden Zusammenhänge einer systematischen theoretischen wie empirischen Fundierung bedürfen.

Da Unternehmen neue Produkte in der Regel zuerst für den Binnenmarkt entwickeln, hätte die „Vergreisung" der Nachfrage auch direkte Auswirkungen auf die Exportstruktur und die internationale Wettbewerbsfähigkeit; insbesondere, wenn wir davon ausgehen können, daß immer größere Teile der Produktzyklen von Wettbewerbern aus Schwellenländern „geraubt", oder schumpeterianisch: „schöpferisch zerstört" werden.

Wenn wir einen zunehmend weltweiten Trend zur Ausweitung der Lebenserwartung haben, der auch Ländern wie China und später Indien einschließt, sieht die Konsequenz einer konservativen Kaufkraftverhaltens alter Menschen noch gravierender aus: weltweite Erosion der Innovationsdynamik.

Das Finanzvermögen japanischer Haushalte im Jahr 2006 beträgt 1540 Billionen Yen (9,800 Milliarden Euro).[320] Das BSP Japans beläuft sich im Jahr 2005 auf 4,500 Mrd. Dollar (rund 3,285 Mrd. Euro).

Welcher Anteil dieses Gesamtvermögens, das Dreifache der jährlichen Wertschöpfung, entfällt auf welche Altersgruppe? Wie die nächste Tabelle zeigt: Alte Japaner sind nicht arm. Viele verfügen über ein beträchtliches Vermögen. Akkumuliert auch durch „Zwangssparen": beim Ausscheiden aus dem Arbeitsleben zahlen ihnen Unternehmen eine hohe "Abfindung" (Bonuszahlungen). Diese Zahlungen erhält jeder Mitarbeiter. Sie sind wesentliche Quelle – neben der „staatlichen" Rente – für die Alimentierung des Lebens im Alter. Im deutlichen Gegensatz zum deutschen und französischen System, in welchem alte Menschen überwiegend von Einkünften der staatlichen Rentenversicherung bzw. Pensionzahlungen leben, verfügen Japaner beim Ausscheiden aus dem Arbeitsleben über ein relativ großes Finanzvermögen zur freien Verfügung.[321] Der deutsche Staat hat den Aufbau eines privat verfügbaren Alterskapitalstocks dagegen über die Jahre immer stärker steuerlich benachteiligt. Das Abschmelzen der Freibeträge auf Kapitaleinkünfte aber insbesondere die sogenannte Abgeltungssteuer behindern, wenn nicht verhindern die selbstgesteuerte Vorsorge für Alter und Gesundheit.[322]

Folgende Tabelle zeigt eindrücklich: Alter korreliert mit Vermögen. Die über 60-Jährigen verfügen über 78 Prozent des Vermögens in Japan. Was tun sie damit? Vererben? In ihr Leben investieren? Wenn Letzteres, schaffen sie die finanzielle Basis und die Nachfrage nach Gütern, welche auch die zukünftige Innovationsdynamik unmittelbar mitbegründen. Des Weiteren verfügen sie über das Finanzkapital, sich selbst als Unternehmer zu betätigen. Wenn Ersteres, sind die Folgen komplexer, denn wir müßten abschätzen können, was die Nutznießer von ererbten Vermögen mit ihrem Reichtum unternehmen. Die durchgehend schwache Gründungsneigung in Japan macht Altersgründungen unwahrscheinlich (im 19. Kapitel gehen wir dieser Frage ausführlicher nach). Andererseits ist die Neigung im Alter zu arbeiten, in Japan ausgeprägt. Untersuchungen darüber, ob die Erwerbstätigkeit mit dem Vermögen und der Höhe der laufenden Einkommen wie Rentenzahlungen in Zusammenhang steht, kennen wir nicht.

---

[320] Börsenzeitung, 31. 3. 2007, S. 6: Japans Verbraucherpreise rutschen wieder ins Minus.

[321] Das japanische Pensions/Rentensystem besteht aus drei Säulen: eine Basisrente für jedermann; eine einkommensabhängige Rente für Beschäftigte; Pensionszahlungen von Unternehmen inklusive Bonuszahlung beim Ausscheiden aus dem Erwerbsleben.

[322] Der Freibetrag für Kapitaleinkünfte (Zinsen, Dividenden, realisierter Zuwachs aus Kapitalvermögen) beträgt ab dem Jahr 2006 rund 1,500 Euro pro Ehepaar. Die Abgeltungssteuer unterwirft den Zuwachs an Kapitalvermögen etwa beim Verkauf von Fondsanteilen oder Wertpapieren einer Steuer von knapp 30 Prozent. In diesem Umfang sinkt somit die Rendite von Kapitalanlagen.

Tabelle 6: Vermögensverteilung in Japan nach Altersgruppen in Prozent

70 plus	27
60 -70	28
50-60	23
60 plus	78
40-50	12
30-40	7
20-30	3

Quelle: Pilling & Turner, 2007

Von der Nachfrageseite bzw. den Bedürfnissen der alten Menschen her gesehen, können wir vermuten: die Nachfrage zielt überwiegend auf sog. Evolutionsgüter, mit Schwerpunkt Gesundheit. Die offene Frage bleibt natürlich, und sie ist im japanischen (und deutschen) Kontext die Schlüsselfrage: Wer produziert die Güter, die für (chronologisch, nicht notwendig biologisch) alte Menschen, interessant genug sind, ihr Vermögen dafür zu „opfern". In welchem Umfang sind die alten Menschen selbst engagiert? Ist/wird Erwerbstätigkeit an die Lebensspanne gekoppelt?

Teilweise haben alte Menschen in Japan keine andere Wahl, da sie dreißig Prozent ihrer Gesundheitskosten selbst bezahlen müssen. Wenn wir die übliche (aber im Einzelfall oftmals widerlegte) Annahme machen, daß mit steigendem Alter die Gesundheitskosten pro Person steigen, und wir unterstellen, die laufenden Einnahmen aus Pension/Rente nur teilweise dafür ausreichen, können wir vermuten: Ein Teil, nicht unbedingt ein wachsender, des Vermögens, dient der Alimentation der Gesundheit. Da der Anteil der Alten an der Gesamtbevölkerung zunimmt, läßt sich weiter vermuten, daß auch die Ausgaben für Gesundheit aufgrund dieses doppelt demografischen Effektes (mehr Alte, mehr Ausgaben pro Person mit zunehmendem Alter) steigen.

Ein kleiner Abstecher: Mit dem Ende des lebenden Körpers kommt der Tod. Und auch diesen gibt es nicht umsonst. In Japan kostet die Beerdigung und das Abschiednehmen eines Gestorbenen aus dem Familien-, Freundes-, Bekannten- und Mitarbeiterkreis (alle diese sind im Begräbnis nach der Tradition von Shintoismus und Buddhismus involviert), 21.000 Dollar (2,3 Mio. Yen). Nicht nur wegen des hohen Geldaufwands geht die Bereitschaft alter Menschen, dafür Vermögen zu opfern, zurück. Die Nachfrage nach diesem Silbergut sinkt somit, obwohl die Anzahl der alten Menschen weiter zunimmt. Die Bestattungsbranche schrumpft somit (Lewis, 2016d). Es gibt auch Gegenströmungen. Man kann sich einen buddhistischen Mönch online bestellen (monks-for-hire funeral service,) welcher Begräbnis und die nachfolgenden Erinnerungszeremonien, die über mehrer Jahre andauern, zu geringen Kosten, organisiert und begleitet. Acht Prozent der Japaner verzichten ganz auf eine Beerdigung. Vergleichbare Entwicklungen sind auch in anderen Ländern (in Deutschland etwa Bestattung im Wald) zu beobachten.

Aufgrund der hohen Selbstbeteiligung in Japan läßt sich auf ein hohes Gesundheitsbewußtsein schließen, welches dann wiederum die Lebenserwartung erhöht. Weitere Konsequenz: ein Japaner eines bestimmten Alters wird im Durchschnitt gesünder leben als ein gleichaltriger Europäer oder Amerikaner. Ein hohes Gesundheitsbewußtsein bewirkt dann wiederum, eine relativ hohe Aufgeschlossenheit für Gesundheitsinnovationen, weit gefaßt (einschließlich von Robotern, Monitoringsystemen, Kommunikationsgütern, Transportmitteln).

Die grundsätzlichen Fragen sind: Verfügen Anbieter (Unternehmer, Unternehmen) über die Innovationskompetenz, Güter bereitzustellen, welche die Bedürfnisse alter Menschen wirksamer befriedigen können, als die gegenwärtig verfügbaren Produktsortimente und Dienstleistungen?

Da die Gesellschaft alert, aus welchen Quellen finanzieren die älteren Menschen, die Silbermenschen also, die Nachfrage nach Silbergütern? Was nützen silbermarktorientierte Neukombinationen, wenn die Nachfrage, diese zu erwerben, schwächelt?

15.6 Pflege im Silbermarkt: chinesische Mauern

Betrachten wir einige Beispiele. Der Alterspflege wollen wir dabei einen größeren Raum widmen, nicht zuletzt, weil Menschen in Pflege ihr Leben außerhalb einer auch potentiellen Erwerbstätigkeit zubringen müssen – allerdings keine Notwendigkeit. Menschen pflegen ihre Alten und Kranken, seit es Menschen gibt. Auch in der aktuellen Pflegewelt bleiben die Grundprinzipien die gleichen wie in der Welt der Neanderthaler.

Die Pflege alter Menschen läßt sich als Teil der Silberwirtschaft verstehen. Der finanzielle Aufwand ist beträchtlich und steigend. Exakte Daten sind nicht verfügbar. Die Kosten werden vom Staat, von Versicherungen[323], vom Pflegebedürftigen und von dessen Angehörigen getragen. Die Zuschüsse der Pflegekasse sind von der Pflegestufe abhängig und umfassen lediglich pflegerische und medizinische Maßnahmen. Der Aufwand für Pflege und Unterbringung muss der Betroffene selbst aufbringen. Viele setzen für die Finanzierung der Pflege im Heim auf den Verkauf ihrer Immobilie. Der Verkaufserlös genügt jedoch oftmals nur für wenige Jahre, um die Kosten der Pflege zu finanzieren. Wer etwa ein Eigenheim in Köln besitzt, muß davon ausgehen, daß durch den Verkauf der Immobilie die Finanzierung des Pflegeheims im Durchschnitt gerade für acht Jahre ausreicht (Elmer u.a., 2015). In Frankreich sind für die Pflege im eigenen Appartement (50 Quadratmeter) rund zweitausend Euro aufzuwenden, was ärztliche Betreuung und Pflege einschließt. Zielgruppe sind noch rüstige Menschen, aber auf dem Weg in die Fragilität und oftmals über 80 Jahre alt (Rey-Lefebvre, 2016). Bekannte Firmen sind in diesem Geschäft engagiert. Ein vergleichbarer Betrag für die Nutzung eines Altenheims ist in Japan aufzuwenden (180 000 bis 200 000 Yen pro Monat), was auch viele Japaner der Mittelklasse finanziell überfordert. [324]

Reicht das Vermögen des Pflegebedürftigen nicht aus, sind die Kinder verpflichtet, sich an den Kosten zu beteiligen. Sie werden Teil der Silberwirtschaft. Ihr Einkommen und ihr Vermögen steht zur Disposition. Eine höchstrichterliche Entscheidung (Bundesgerichtshof) hat das Schonvermögen mit 100.000 Euro bemessen (Larisch, 2015 gibt einen Überblick). Das eigene Vermögen und Einkommen der Kinder steht somit nur in Grenzen zur Verfügung, um die eigenen silberwirtschaftlichen Bedürfnisse im späteren Leben zu befriedigen. Die Befriedigung nicht-silberwirtschaftlicher Bedürnisse der jüngeren Angehörigen wird eingeschränkt, während die Silberwirtschaft in ihrer Expansion gefördert wird. Werfen wir noch einmal einen Blick auf Japan, weil dieses Land demographisch am meisten „fortgeschritten" ist: hoher Anteil alter Menschen an der Gesamtbevölkerung, keine Immigration. Wie finanziere ich meine Pflege, wenn diese, gesundheitsbedingt, relativ früh einsetzt (siehe die obigen Ausführungen der Gerontologin

---

[323] Eine Revision des Pflegegesetzes erweitert die bisherigen Pflegegrade von 3 auf 5. Bei einer vollstationären Pflege des höchsten Pflegegrades 5 erhält ein Pflegebedürftiger von seiner Pflegepflichtversicherung eine monatliche Leistung von 2.005 Euro, für ambulante Pflegedienste 1.995 Euro.

[324] In einer Untersuchung der Bertelsmann-Stiftung und von Prognos zur „Pflegeinsfrastruktur" in Deutschland ist zu lesen:"Der fällige Eigenanteil für einen Heimplatz liegt in fast der Hälfte aller Städte und Kreise (44 Prozent) über dem durchschnittlichen Haushaltsbudget der über 80-Jährigen. Im Jahr 2013 mussten 41 Prozent aller Pflegebedürftigen zusätzlich Sozialhilfe beantragen." (https://www.bertelsmann-stiftung.de/de/publikationen/publikation/did/pflegeinfrastruktur/). So einfach ist es leider nicht. Man muß zuerst sein Vermögen und das seiner Kinder in die Pflege „investieren". Dennoch erfahren wir: „Der heutigen Rentnergeneration geht es so gut wie keiner zuvor, Altersarmut ist kaum ein Thema." (Spahn, 2016). Der Autor empfiehlt dennoch: Längere Lebensarbeitszeit.

Akiyama)? Irgendwann holt die Biologie des Körpers jeden ein. Je früher, desto früher auch der Eintritt in die Pflege. Wer finanziert? „Die minimalen Kosten eines Lebens im Altenheim sind [in Japan] weit jenseits der Mittel der meisten Pensionäre der Mittelklasse" (Schreiber, 2016). Wer früh aus dem Berufsleben aussteigt, hat die meisten Probleme. Nicht nur, weil seine Einkommen sinken. Noch gravierender: Sein Gesundheitszustand verschlechtert sich (nach Erkenntnissen einer großen Zahl von Untersuchungen, die wir angeführt haben). In Japan erreichten 34,6 Millionen Menschen ein Alter von 65 und höher (im Jahr 2015), 27,3 Prozent der Gesamtbevölkerung (Daten des Internal Affairs Ministry; veröffentlicht am „Tag der Alten", jeweils am 19. September).

Die Kommission der Europäische Union hat Berechnungen zu den Kosten der „Vergreisung" in Deutschland vorgelegt. Die Kosten bis zum Jahr 2060 steigen dabei um 4,8 Prozentpunkte pro Jahr, das Doppelte bis Dreifache des Wirtschaftswachstums. Im Jahr 2013 betrugen sie 520 Milliarden Euro (davon 38 Mrd. für Pflege), für das Jahr 2060 kalkuliert der Bericht 1017 Mrd. Euro, 124 Milliarden entfallen davon auf die Pflege, ein Anstieg um das 3,2fache. Die Mehrbelastung im Jahr 2060 gegenüber dem Vergleichsjahr 2013 durch die jährlichen Ausgaben belaufen sich auf 497 Mrd. Euro. Sie sind von den Steuer- und Beitragszahlern aufzubringen. Die von der EU-Kommission gemachten Annahmen scheinen zudem in einem eher optimistischen Bereich zu liegen (Gersemann, 2015c). Die Versorgung von Senioren ist der mit Abstand größte Kostenblock. Ein Drittel des Bundeshaushalts wird im Jahr 2016 für die Finanzierung von Versorgungslasten in ihren verschiedenen Ausprägungen ausgegeben. „Immer weniger Mittel stehen für investive Zwecke bereit. Der Bundeshaushalt versteinert", äußert Rechnungshof-Präsident Kay Scheller (Zitate und Daten aus Schäfers, 2016), der im übrigen auch die Asyl/Flüchtlingskosten für nicht kalkulierbar hält (im Gegensatz zu einigen Ökonomen, welche die Beträge exakt zu ermitteln vermögen).

Abbildung 49: Öffentliche Ausgaben pro Jahr für ältere Menschen (Senioren), 2013-2060

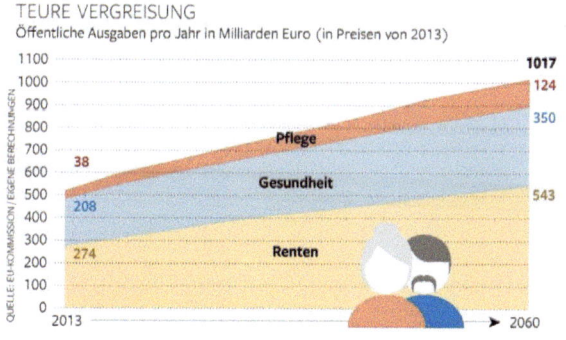

Quelle: Gersemann (2015c)

Sämtliche demographisch alternden Gesellschaften sind von vergleichbaren Prozessen betroffen. Die sog. politische Klasse reagiert weitgehend homogen. Wir kennen kein Teilsystem der Gesellschaft, welches nicht tendenziell von Stationarität betroffen sein könnte, Prozesse, die wir als Senioritis bezeichnen. Ein ganzes Kapitel widmet Schumpeter (1950, 10. Kapitel) dem „Schwinden der Investitionschance", eine

Ursache darin sehend, daß „viele vorhandene Investitionsmöglichkeiten eher in die Sphäre der öffentlichen als der privaten Investition gehören" (S. 185).

Erodiert die wirtschaftliche Dynamik, leidet auch das staatliche Ausgabeverhalten aufgrund sinkender Steuereinnahmen.[325] Pflege und Gesundheitsausgaben sinken vergleichsweise, irgendwann in der Zukunft, Auch für den Staat gibt es keinen „Free lunch", auch wenn der Staat im Vergleich zu privaten Wirtschaftsteilnehmern über zusätzliche Aktionsparameter verfügt, vielfach auf Zwang gegründet oder durch diesen verwirklichbar. Versucht der Staat einem demographisch-ökonomischen Sinken der Steuereinnahmen durch Erhöhung der Steuersätze, Streichen von Vergünstigungen (etwa bei Sonderausgaben) entgegenzuwirken, beschleunigt er den Niedergang.

Um die privaten Kosten zu senken und ihr Leben angenehmer zu gestalten, entscheiden sich Pflegebedürftige und Rentner ihr Alter(n) in ausländischen Pflegeheimen (etwa Slovakei, Thailand) zu verwirklichen oder quasi auszuwandern.[326] Die silberwirtschaftliche Pflegeindustrie wird Teil der Exportindustrie der Pflegeländer. Trotz zahlreicher Empfehlungen und Ratschläge vermochte sich Griechenland bis heute dazu nicht entschließen.

Aufgrund einer wachsenden Lebensspanne steigt die Zahl der Pflegebedürftigen nach Aussagen des Statistischen Bundesamtes von 2,5 Millionen (Ende 2011) auf 3,4 Millionen im Jahr 2030. Rund zehn Prozent der über 75-Jährigen sind pflegebedürftig. Dieser Anteil steigt auf 60 Prozent bei Menschen über 90 Jahre (Prognose aus dem Jahr 2011). Andere Bundesämter (Bundesinstitut für Bevölkerungsforschung) schlüsseln weiter nach Altersgruppen auf. Für das Jahr 2030 sind knapp die Hälfte der Menschen im Alter von 85 Jahren und älter pflegebedürftig, bei den 60- bis 85-Jährigen sind es 45 Prozent und bei den weniger als 60 Jahre alten Menschen 7,3 Prozent. Die Aussage ist selbstverständlich trivial: Je höher der Anteil der pflegebedürftigen Menschen, desto geringer sind ceteris paribus die Marktchancen für Silberprodukte, da diese Menschen einen wachsenden Anteil ihres Einkommens und Vermögens für den Erhalt ihres Lebens ausgeben wollen, außer wir betrachten die Pflege selbt als ein Silverproduktsortiment. Andererseits regt auch die Pflegebedürftigkeit die Innovationsbereitschaft an: Güter für Pflegebedürftige zu entwickeln; Güter und Leistungen bereitzustellen, welche die Pflegebedürftigkeit in höhere Alterskohorten verschieben; möglicherweise sogar dazu beizutragen, sich durch unternehmerisches Aktivwerden oder - bleiben gegen Pflege zu immunisieren (wir haben Beispiele genannt), damit die Abwärtsspirale ökonomischer und körperlicher Inkompetenz zu entschleunigen, aufzuhalten oder umzukehren und somit die Silberwirtschaft in eine Golden Economy, eine alterslose Gesellschaft, in der Zukunft auch alternslose, zu transformieren. „Vergreisung" ist eine autoimmune Krankheit einer innovations- und evolutionsverarmenden, immunsystemschwachen Gesellschaft.[327] Schumpeter und Darwin drehen sich

---

[325] Nach einem Bericht des Fraunhofer FIT und Prognos im Auftrag des Bundesfinanzministeriums (Calahorrano u.a, 2016).

[326] Thailand ist für ältere Männer und „Omas" ein beliebtes Zielland. Wer einen Film hierzu sehen wil: http://www.spiegel.tv/filme/ndr-45min-oma-thailand/ Die Frührentnerin ... „hat die Nase voll von Deutschland. Sie hat ihre gesamten Ersparnisse zusammengekratzt und in ein kleines Haus in Thailand investiert. Hier möchte sie ihren Lebensabend verbringen.."

[327] Was wir in Fight Aging lesen, läßt sich nahezu vollständig auf ökonomische Systeme übertragen: "The immune system is one of the more intricate cellular systems in the body, and it is far from fully understood at the detail level. Most of the ways in which it can fall into persistent dysfunction, as is the case in autoimmune disease and aging, are similarly at best currently understood only in outline. Yet the immune system is very important in the progression of degenerative aging."

(https://www.fightaging.org/archives/2015/12/yet-more-evidence-for-long-term-cmv-infection-to-increase-disease-and-mortality-in-old-age.php).

im Grab. Vergeblich. Wir sehen in der Immunisierung gegen körperlich-geistigen und ökonomischen Abbau die primäre Funktion einer Silberwirtschaft. Silberne und goldene Wirtschaft koevolutionieren. Wie man diese umsetzt, etwa auf Kreuzfahrtschiffen (110 Mio. Passagiere pro Jahr; Umsatz in Deutschland 2,9 Mrd. Euro) oder im Casino oder im Einkaufszentrum oder im Seniorenstudium, ohne unternehmerische Aktivisten, also zunehmend alte Menschen selbst, ist die eigentliche unternehmerische Herausforderung. Denn die Altunternehmer kennen die Bedürfnisse und Problembereiche ihrer Altersgenossen. „Millenials" 70+ wären gefordert.[328] Tun oder schaffen sie es nicht, geht die Silberwirtschaft den Weg alles Vergänglichen. Dies ist kein großes Drama, sondern nimmt sich eher aus wie eine Falte in der Zeit, die bald wieder glattgestrichen sein wird. Auch wenn Senioren nicht selbst neukombinieren, sie bieten jedoch vielfältige Erfahrungen, welche es den Anbietern von Kreuzfahrten erlauben, auch jüngere Nachfrager (Millenials) erfolgreich anzusprechen. Silbermarktinnovationen diffundieren in jüngere Kundenschichten. Als Beispiel sei auf die Carnival Corporation aus den USA verwiesen (16 Mrd. Dollar Umsatz im Jahr 2016), welche sich zunehmend diesem Geschäftsmodell widmet, da die Seniorenkundschaft zu stagnieren scheint.

Alte Menschen vermögen dann Einkommen aus gegenwärtiger und zukünftiger Eigenleistung zu erwirtschaften, damit die Nachfragedynamik in einer alternden Gesellschaft zu erhalten oder zu fördern. Auch jüngere Generationen werden entlastet, da sie relativ weniger Abgaben und Steuern für ältere Menschen zu entrichten haben und mehr Zeit ihren beruflichen und privat-familiären Bedürfnissen widmen können. Der wirtschaftliche Schlüssel zum Erhalt des sogenannten Generationenvertrages ist der Erhalt der Wertschöpfungsfähigkeit älterer Menschen. Steigt die Restlebenserwartung, ließe sich bei entsprechender Rentenpolitk das Renteneintrittsalter erhöhen und irgendwann – wie einige Ökonomen es fordern – ganz abschaffen. Die Chancen seine im Berufsleben erworbenen Fähigkeiten und Erfahrungen zu nutzen verbessern sich. Auch Roboter stellen nicht notwendigerweise eine Belästigung wenn nicht Gefahr dar, wenn es gelingt, die eigenen Fähigkeiten in Situationen zu monetarisieren, in denen wenige Menschen die Dienste eines Roboters nachzufragen wünschen oder der Roboter sein digitales Handtuch werfen muß.

Es genügt in diesem Zusammenhang die beiden japanischen Forscher Muramatsu und Akiyama (2012, S. 429) erneut anzuführen: „Japan kann es sich einfach nicht leisten, alte Menschen zu haben, die nicht arbeiten. [...] Arbeiten in hohem Alter ist essentiell, um die japanische Gesellschaft zu erhalten." Demographisch alternde Gesellschaften wären dann aus eigener Kraft, endogen-ökonomisch, in der Lage, ihre Entwicklungs- und Evolutionsdynamik zu bewahren. Kernpunkt ist immer in der hier vorgestellten Logik, die Koevolution von ökonomischem und biologischem Unternehmertum, wie es sich historisch beispielhaft in sogenannten Blue Zones verwirklicht, aber von jedem (System) vollzogen werden könnte (Haga, 2013). Eine Kompression der Morbidität nach James Fries würde Pflege, falls überhaupt noch notwendig, zeitlich substantiell einschränken und Chancen für ein lebenslanges Unternehmertum (Erwerbstätigkeit) und die Entfaltung von Silber- und Goldwirtschaft substantiell ausweiten. Die Ausweitung einer gesunden Lebensspanne erweitert auch die Spanne der Erwerbstätigkeit. In welchem Ausmaßt dieses Wirklichkeit würde, bliebe idealerweise freien Entscheidungen der Menschen überlassen. Nichtmaterielle Aspekte der Erwerbstätigkeit und materielle (etwa Altersarmut vermeiden) vermögen eine therapeutische Allianz gegen Pflege, in welchem Alter auch immer, eingehen. Der ethische Imperativ von Heinz von Foerster wäre erneut anzufügen: Handle stets so, daß sich die Anzahl deiner Wahlmöglichkeiten erhöht. Arbeiten oder nicht, selbständig oder angestellt oder schwarz arbeiten,

---

[328] Als Millenials bezeichnet man die Bevölkerungskohorte der zwischen 1984 und 1996 Geborenen. Im Text meinen wir Menschen, geboren in der Zeit des Zweiten Weltkriegs und wenige Jahrzehnte danach.

sparen oder nicht sparen, frühe oder späte Pflege, frühe Pflege oder Kompression der Morbidität. Wer körperlich abbaut, verzichtet auf Wahlmöglichkeiten. Diese Prozesse setzen früh ein. Vier Prozent der Erwerbstätigen sind im Durchschnitt krank, Frauen mehr als Männer (DAK). [329] Wer in der Pflege angekommen ist, hat die unternehmerische Artenvielfalt auf ein tendenziell palliatives Interventionsleben reduzieren gelernt. Lebenssinn läßt sich immer noch erhalten oder anders verwirklichen. Eine Selbstverwirklichung nach Maslow ist auch Todkranken noch möglich. Pflege bedeutet nicht für alle Menschen einen Verzicht auf Arbeiten, insbesondere intellektuelles. Künstlischeres Tun steht auch Demenzkranken in Pflege offen. Lucas Cranach hätte auch mit 85 Jahren seine künstlerischen Fähigkeiten umsetzen können - wenn ihm im Mittelalter moderne Medizin verfügbar gewesen wäre - oder eine Zeitreise ihn in die Gegenwart versetzen könnte.

Im Pflegedienst waren im Jahr 2013 rund eine Million Personen beschäftigt (Pflegeheime und ambulante Pflege), davon in der ambulanten Pflege etwas mehr als 300,000. [330] Der Pflegeheimmarkt ist knapp 30 Mrd. Euro groß, den sich rund 13.000 Einrichtungen teilen. Der Mangel an Pflegepersonal gilt als beträchtlich. Eine im Pflegemarkt tätige Unternehmung auf Franchise-Basis: „Genau hier greift das Angebot von Promedica plus: 24-h-Betreuung zuhause durch osteuropäische Betreuungs-und Pflegekräfte [...] ist für einen wachsenden Bevölkerungsanteil die einzig sinnvolle und bezahlbare Alternative zum Altenheim."[331] Die Kritik am Pflegesystem in Deutschland ist massiv, ist aber nicht unser Thema. Zivilisationskrankheiten fordern ihren Preis.

Ein zynischer Ökonom mag die Frage stellen: Welchen Beitrag leistet die Pflege zur Entwicklung und Evolution? Denn die in Altenheimen eingewiesenen und in ihren eigenen Wohnungen betreuten alten Menschen erbringen selbst keine Wertschöpfungsbeiträge mehr. Die Pfleger und die Altenheime bereiten die Menschen auf ihr zukünftiges Sterben vor. Die alten Menschen und ihre Angehörigen geben dafür Geld und Vermögen aus, sind somit silvermarktökonomisch aktiv. In reichen Gesellschaften ist die Pflege ethisch und menschenrechtlich eine Pflicht. Sie sind reich genug, ein solches Vorgehen zu alimentieren. Die Praxis vollzieht sich häufig auf andere Weise, Latrogenese genannt, ein Begriff der in Deutschland und im Zusammenhang mit Altenpflege keine Rolle spielt (im Altenpflegebericht der Bundesregierung kommt der Begriff "Latrogenese" nicht vor), obwohl es eine sehr prominente Rolle spielen könnte. Latrogenese bezeichnet Krankheit durch Behandlung, beschreibt die Folgen der Behandlung die manche alte Menschen in Pflegeheimen erfahren können. [332] Im Medizinsystem ist Latrogenese ist durchaus verbreitet, also keine Besonderheit der Behandlung alter Menschen.

Pflege ist eine Dienstleistung in einem Wachstumsmarkt. Die Wachstumsrate übertrifft das durchschnittliche Wachstum in reifen, demographisch alternden Gesellschaften beträchtlich. Es ist ein Wachstum, das sich auf Krankheit und Gebrechlichkeit stützt, entsprechende Betreuungskosten mit sich bringt, die privat und/oder durch öffentliche Finanzierung zu erstatten sind. Es ist Teil einer

---

[329] http://www.spiegel.de/karriere/berufsleben/dak-report-frauen-fehlen-haeufiger-wegen-krankheit-als-maenner-a-1082422.html

[330] http://de.statista.com/themen/785/pflege-in-deutschland/;
https://www.destatis.de/DE/ZahlenFakten/GesellschaftStaat/Gesundheit/Gesundheitspersonal/Gesundheitspers onal.html. Insgesamt waren im Gesundheitssektor im Jahr 5,1 Millionen Menschen beschäftigt, davon 75,8 % Frauen (Daten des Jahres 2013). 36% des Personals waren mindestens 50 Jahre alt. Die Pflegebranche ist die am stärksten expandierende, die ambulante Pflege etwa von 185,000 (2000) auf 310,000 Personen (2013).

[331] http://franchise.promedicaplus.de/franchise-modell/zukunftsmarkt-seniorenbetreuun/

[332] Beispiele haben wir in Röpke (2015) vorgestellt; ein erschreckendes Beispiel in Sciencefiles, 2014. Ein Kommentar zu diesem Beitrag: „Was in unseren Pflegeheimen passiert, ist «Betreutes Dahin-Vegetieren»"

Silvereconomy, Erwerbstätigkeit ist biologisch nicht mehr möglich. Nehmen wir an, der demographische Nachwuchs bliebe aus, das Altern würde sämtliche Menschen zunehmend gleichzeitig heimsuchen. Wie könnte eine solche Gesellschaft mit ihrem Teilsystem Wirtschaft Einbußen an Wertschöpfung verhindern, wenn es nicht gelänge, die gesunde Lebensspanne auszuweiten und zunehmend mehr der kalendarisch alten Menschen in die Wirtschaft als wertschöpfende „Aktivisten" zu reintegrieren, auch wenn zahlreiche silberrelevante Produkte erzeugt würden? Japan hat das wohl verstanden, politisch jedoch (folgt man McKinsey, 2015) nur unvollkommen darauf geantwortet, schumpeterlogisch adaptiv, nicht schöpferisch. Folge: Die Krankheitskosten steigen überdurchschnittlich, auch wenn sie weit hinter denen der USA und auch Deutschlands zurückbleiben.

Abbildung 50: Was kostet das Alter in Japan, Deutschland, Frankreich, Italien?

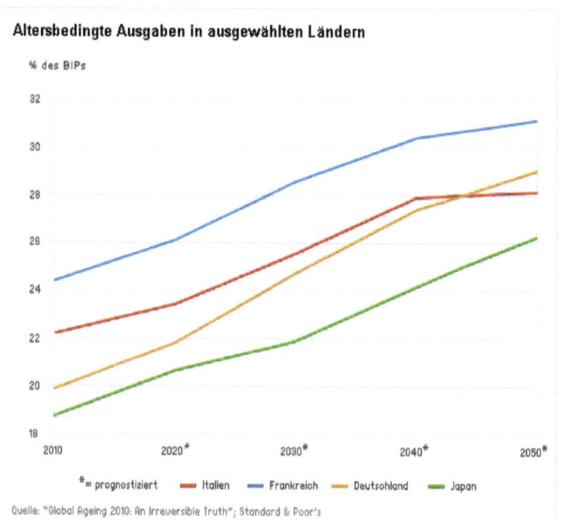

Quelle: https://www.fidelity.de/at/maerkte/anlagethemen/silver-economy-seite1.page

Der Anteil der Silberwirtschaft gemessen an altersbedingten Ausgaben bezogen auf das Bruttosozialprodukt wächst konstant. Silbergüter sind auch Exportprodukte, man kann komparative Vorteile aufbauen. Man könnte sie auch in Entwicklungsländer exportieren, die sich zunehmend vergleichbaren demographischen Herausforderungen wie entwickelt genannte Länder gegenüberstehen. In anderen reifen Industriegesellschaften stellt sich dagegen die Situation identisch der des exportierenden Landes dar. Die Mode- und Kosmetikindustrie beginnt etwa den Markt alter Menschen für ihre Produkte im Luxussegment zu erschließen. 5.3 Millionen Menschen im Alter von 65 und höher verfügten im Jahr 2014 über ein Bruttoeinkommen von 150.000 Dollar pro Jahr oder höher. 40 Prozent von ihnen leben in den USA. Die Luxusgüterindustrie scheint das Nachfragepotentials der Zielgruppe der reichen älteren Menschen unterschätzt zu haben (Felsted, 2015). Bis zum Jahr 2050 könnten nach Berechnungen von Standard & Poor's bis zu einem Drittel der Wertschöpfung (BIP Bruttoinlandsprodukt) auf

„altersbedingte Ausgaben" entfallen. ³³³ Exporte schaffen Wertschöpfung und Arbeitsplätze, das Grundproblem bleibt auch in einer globalisierten Wirtschaft erhalten: Wie wird die Nachfrage oder Kaufkraft erzeugt, um Silbergüter zu konsumieren zu können.

Die tiefste Trendlinie gilt für Japan, die höchste für Frankreich, Deutschland nimmt eine mittlere Position ein. In Frankreich erreichen die „altersbedingten Ausgaben" 31 Prozent im Jahr 2050, im demographisch älteren Japan 26 Prozent. Die demographisch älteste Gesellschaft, ein Immigrationsverweigerer, liegt fünf Prozentpunkte unterhalb Frankreichs, in der ein beträchtlicher Teil der Menschen (knapp zehn Prozent) Zuwanderer sind.³³⁴ Frankreich ist demographisch beträchtlich jünger als Japan, dennoch übersteigen die Ausgaben mit Altersbezug diejenigen Japans. Woraus resultieren diese Unterschiede? Ein Thema für Demographen, nicht für uns. Die Wachstumsraten sind weitgehend identisch, die Arbeitslosigkeit in der Grande Nation prozentual aber um das 4-fache höher als im Land der Aufgehenden Sonne.

Man betrachte zur vorherrschenden Sichtweise (vereinfacht: alte Menschen sind „Senioren", „Ruheständler": Lerne endlich, wie du mit 63 in die Rente kommst³³⁵) beispielhaft auch die zahlreichen in der Financial Times aufgeführten Beiträge zur Silver-economy. Wie erschließe ich die Bedürfnisse älterer Menschen, wie erwecke ich oder schaffe gar neue Bedürfnisse? ³³⁶Eine Ausnahme bildet ein Beitrag, der aufzeigt, wie in Rente (retirement) befindliche Ingenieure reaktiviert werden, um neu in das Unternehmen eintretende Mitarbeiter „at great expense" zu schulen.³³⁷ Dieses Vorgehen läßt sich auf die Integration von Zuwanderern übertragen, die arbeiten wollen oder müssen. In Deutschland ist zu erwarten, daß der zeitliche, emotionale und eventuell auch finanzielle Aufwand für ein solches Tätigsein auch über das Ehrenamt eingefordert wird.

Erneut stellen sich Fragen aus der Kosten-Nutzen-Sicht des Ökonomen: Wer finanziert die Ausgaben (ein Drittel des Sozialprodukts im Jahr 2050) - wenn wir von der vorherrschenden, auch empirischen Sichtweise ausgehen, der weitaus größte Teil alter Menschen würde im Alter keiner Erwerbstätigkeit nachgehen. Welche Vorteile für eine gesunde, das Wohlempfinden erhaltende oder steigernde Lebensweise, erzeugt eine Silberwirtschaft?

Wo bleiben die chinesischen Mauern? Sie sind unsichtbar (wenn man von den Vorschriften, und Regulierungen (zu wessen Wohl?) absieht. Das ist ein Thema für Experten, nicht für uns, Schumpeterianer, Hayekianer, Daoist. Es sind die bürokratischen und regulatorischen Hürden, welche das Leben alternsbeschleunigend bestimmen. In China sind die Mauern zu einer touristischen Attraktion mutiert. Früher, viel früher, sollten sie Eindringlinge aus dem Norden fernhalten. Man besuche ein Pflege- oder Altenheim (Wir haben es nicht getan). Was beobachtet man? Dao-Yoga-Praxis. Tägliches Training. Im

---

³³³ Das britische Longevity Centre stellt Informationen vor, nach denen Menschen in Rente keine Vorliebe für ein „hedonistisches" Ausgabeverhalten wie Reisen und Restaurantbesuche pflegen würden. Wie wollten und könnten sie, kann man nur fragen. Ihre Einkommen sind im Durchschnitt bescheiden, viele Leiden unter Altersarmut, beginnen sich auf Pflege vorzubereiten. usw. ‚http://www.ilcuk.org.uk/index.php/news/news_posts/press_release _researcg_busts_the_myth_of_a_hedonistic_retiree_population).

³³⁴ http://www.thelocal.fr/20141201/immigration-in-france-10-key-stats. Die Berechnungen der EU kommen auf einen Anteil von fünf Prozent:http://ec.europa.eu/eurostat/statistics-explained/index.php/File:Immigrants,_ 2013_%28%C2%B9%29_%28per_1_000_inhabitants%29_YB15.png.

³³⁵ Ein umfangreicher Text gibt zahlreiche Hinweise, wie so etwas zu schaffen ist: „Verdienter Ruhestand. Früher in Rente mit 63" (https://pdf.focus.de/focus-online-rente-mit-63.html).

³³⁶ http://www.ft.com/intl/indepth/silver-economy (3. 11. 2014).

³³⁷ Engineers lured back to fix 'skills crunch'. Retirees hired at great expense to help train younger workers, Financial Times, 3. November 2014.

Winter D-Vitamin, um gegen Depression zu wirken. Bewegung statt vielem Sitzen und Fernsehen. Ein Kernwert wird verwirklicht: das Recht jeder Person, sein oder ihr Potential zu verwirklichen. Durch Interakion: Mit wem? Pflegekräfte made in China. Filippinas sind hochgefragt. Die Wissenschaft ist engagiert, etwa Programme physikalischer Aktivität auf ihren gesundheitlichen Nutzen für die alten Menschen in Altenheimen oder –gemeinschaften zu testen. Ein Beispiel aus den USA stellen Richard C. Palmer u.a (2016) vor. Selbstevolutive Freiheiten schaffen Raum für unternehmerisches Tätigwerden der Pflegebedürftigen selbst: Ayurveda und TCM zur freien Wahl. Laptops und Tablets auf jedem Tisch. Wer kein Geld hat, Leasing bitte. Selbstverständlich dürfen die Bewohner ihr Essen jenseits von Krankmachern wie Zucker und Weißbrot selbst auswählen, wenn sie es können auch selbst kochen. Konzentrierte Nahrung, wie man im Ayurveda Heilpflanzen und Vitalpilze nennt, stehen nicht auf dem Index, sind innerhalb der Mauern nicht nur zugelassen, sondern erwünscht. Wer sich steinzeitkonform ernähren will, mache es. Du leidest an Alzheimer? Die Pfleger setzen auf deinen Wunsch die „Therapie" von Bredesen (2014, 2016) um. Sie fördern auf verschiedenen Wegen die Neuroplastizität des Gehirns.

Ein Blick in die Zukunft. Einem Altenheim gelingt es, die Lebensspanne der zu Pflegenden um fünf oder mehr Jahre auszuweiten (verglichen mit dem Standard). Kein Medikament vermag so etwas zu leisten. JedochUnternehmertum. Besucher aus aller Welt besuchen das Heim (gegen Eintrittsgeld). Der Nobelpreis für Mezinin wartet.

Wie kommt so etwas in die Wirklichkeit, Neukombinationen mit altersentschleunigendem Potential? Zu Luthers Zeiten gab es Bauernaufstände, abgelöst durch Aufstände und Widerstände der Pflegebetroffenen, zu Hause lebend oder im eim. Die Betroffenen, die Konsumenten, neukombinieren ihre Lebensweise, alleine, mit anderen, in Selbsthilfeorganisationen. Auf künstliche Intelligenz programmierte Pflegeroboter helfen ihnen. „Ich will leben, nicht dahinsiechen." Das Erschließen eines Silbermarktes erfordert unternehmerische Vorstellungskraft, der Pleger/innen, ihrer Vorgesetzten, der Einwohner, der Angehörigen selbst. Wer unterstützt die Menschen, sich mehr zu bewegen, und damit ihrem Knochenschwund entgegenzuwirken? Nur wenige alte Menschen üben sich in Bewegung (Nachweise in Röpke, 2015). Möglicherweise sind nur alte Menschen selbst in der Lage, bestimmte Angebote für ihre Alterskolleg(inn)en zu erstellen. Man könnte Yoga mit Qigong vergleichen, eine Bewegungsmeditation, die für alte Menschen (in China früher Standard) gut geeignet ist. Die Bewegungen werden langsam, viele im Stehen, vollzogen, mit gesundheitlichen Wirkungen etwa für ein dramatisches Senken von Blutdruck und damit von Herz- und Schlaganfall, zudem im Kern selbst erlernbar.

Ich kann versuchen, den Ruhestand zu überwinden. Ohne unternehmerische Initiative geht es nicht. Entweder lerne ich von anderen, die es mir vormachen, oder ich ergreife selbst die Initiative. Oder ich unternehme es selbstorganisiert zusammen mit anderen, täglich spontan oder durch Aufbau einer Selbsthilfeorganisation in einer Pflegeorganissation. Auch Geld könnte ich damit verdienen. Die Pflegedienstleister kann ich beraten. Andere Betroffene kann ich, ehrenamtlich oder gegen Vergütung, medizin-biologische Leistungen anbieten. Ich kann auch schriftstellerisch aktiv sein, wenn es sein muß, anonym. Pflege bedeutet nicht ein unternehmerloses Dasein. Biologisches Unternehmertum jenseits von Routine ist notwendig. Stellen wir uns vor, Henryk M. Broder muß sich pflegen lassen. Verzichtet er auf seinen Journalismus, auf kritische Kommentare zu seinen Pflegeerlebnissen? Gerhard Schröder war bis zu seinem Tod journalistisch und politisch aktiv.

Diese unternehmerischen Initiativen sind von allgemeinpräventiver Relevanz, nicht silbermarktspezifisch. Wer sie in seinem Arbeitsleben unternimmt, in seinem Ruhestand, könnte seinen Eintritt in ein Pflegeleben hinausschieben, seiner Lebensproduktivität Impulse geben, wie die Amerikaner sagen: eine

Altersdividende erzeugen. Biologisch und ökonomisch verlangt sind „schöpferische" und selbstevolutorische „Antworten" (Schumpeter) auf den Alterungsprozeß, resultierend in einer Entschleunigung des Alterns, eine Goldene Wirtschaft erzeugend (siehe das nachfolgende Kapitel). Schöpferische Zerstörung: die Pflege zerstört sich selbst. „Niemals alt. So läßt sich das Alter umkehren" (De Grey & Rae, 2010). Initiativen hierzu sind weltweit zu beobachten (im Text haben wir mehrere angeführt). Pessimismus läßt sich allerdings nicht ausschließen. Eine Langlebigkeitsdividende erfordert unternehmerische Freiheit *fördernde* Regulierungs- und Anreizmuster für sämtliche Alterskohorten. Das Obige betrachten wir als selbstverständlich, marginale Neukombinationen frugalen Charakters eingeschlossen. Wir vermuten daher, es ist längst Wirklichkeit geworden und diffundiert bereits im Silbermarkt. Diese Überlegungen zeigen (erneut), wie bedeutsam es ist, Unterscheidungen bei unternehmerischen Funktionen zu machen. Über die Zukunft, die zukünftige Gegenwart entscheiden Innovation, mit Evolution zusammenwirkend. Strukturelle Kopplungen zwischen dem System Organismus und Psyche prägen die Gesundheit der zukünftigen Lebensjahre. Unternehmer irritieren das System die Systeme, regen zur Fortsetzung ihres Überlebens an.

15.7 Medizin im Silbermarkt

Exemplarisch hierfür, wohl auch einen großen Teil der oben skizzierten „altersbedingten Ausgaben" umfassend, aber selten silberökonomisch interpretiert, ist der Markt für medizinische Produkte: Medikamente, ärztliche Leistungen und Anti-Aging-Produkte. In welchem Umfang diese Angebote die gesunde Lebensspanne der Menschen ausweiten konnten, ist unbekannt. Ein beträchtlicher und gleichfalls unbekannter Teil der medizinischen Leistungen für ältere Menschen resultiert aus der Bedienung von Krankheitsmustern, die aus körperlichen Verwerfungen der Lebensweise resultieren, die sich im Laufe vieler Jahre, Jahrzehnte akkumuliert haben und die zukünftige Lebenszeit verringern. Große und unbekannte Bereiche der Ernährungsindustrie sind medizinisch betrachtet der Erzeugung von Krankheiten gewidmet. Die Ernährungswissenschaft selbst bietet oftmals keine klaren Erkenntnisse über den Gesundheitswert bestimmter Nahrungsmittel und den Umfang in dem diese konsumiert werden (sollten), um eine gesunde Lebensspanne zu erhalten oder auszuweiten. Die den Nachfragern übermittelten Information sind wissenschaftlich kontrovers, mehrdeutig interpretierbar und in der Praxis auch an den jeweiligen Interessen der sie verbreitenden Informationen ausgerichtet.[338] Wer sie als „Silbermensch" in seine Lebenspraxis integriert, vermag gesundheitliche Vorteile zu erzielen oder das Gegenteil.

Der große silberökonomische Problembereich sind Gesundheitsgüter - aus anderer Sichtweise eher Krankheitsgüter (siehe Meyer-Abich, 2010 und Schmitt-Homm und Homm, 2014, S. 541, sowie Aussagen des dänische Mediziners Peter C. Gøtzsche, referiert in Schulte von Drach, 2015) mit oftmals vielfältigen Nebenwirkungen, deren „Konsum" über Krankenversicherungen (privat oder öffentlich-staatlich) finanziert wird. Wer gängige Medikamente gegen Schlafstörungen oder Allergie oder Blasenschwäche einnimmt (bei vielen alten Menschen fast die Norm), kann mit Demenz belohnt werden (Hucklenbroich,

---

[338] Wir verweisen zur wissenschaftlichen Fundierung von Ernährungsempfehlungen auf Teichholz (2015) und die anschließende Diskussion zu diesem Artikel im British Medical Journal und anderen Quellen. Zu ergänzen wäre Teichholz um die wissenschaftliche Qualität der Ernähungsforschung insgesamt, nicht nur die Selektion bestimmter Sichtweisen.

2015). Wer ersetzt Arzneien durch Selbstevolution und Änderungen der Lebensweise – Komponenten einer Golden Economy? [339]

Die Anbieter dieser Güter kommunizieren nicht unmittelbar mit den Endnutzern. Auswahl der Produkte, Qualität, Preis sind daher ein Objekt, oftmals kontroverser, von Verhandlungen zwischen den Produzenten und nicht selbstnutzenden Nachfragern, sondern die Kosten erstattenden Agenturen. Diese benötigen andererseits finanzielle Ressourcen, die ihnen gestatten, die gesundheitlichen Leistungen für die alten Menschen bereitzustellen. Über Umlageverfahren oder Versicherungsbeiträge von den Nachfragern und indirekt von den sie beschäftigenden Firmen und Organisationen von Gesundheitsgütern werden die finanzielle Mittel hierzu bereitgestellt. Die Höhe dieser Beiträge steigt kontinuierlich an und erreicht in den USA nahezu 20 Prozent der gesamtwirtschaftlichen Wertschöpfung, in Deutschland 11,3, in Japan 8,1 (McKinsey, 2015, S. 13). Der überwiegende Teil dieser Ressourcen wird von den noch Erwerbstätigen eingefordert - falls ihre Lebensweise sie nicht so stark körperlich geschädigt hat, daß sie ihrer Erwerbstätigkeit nicht mehr nachgehen können. Mit zunehmender Alterung der Gesellschaft steigen die Gesundheitskosten der älteren Kohorten überproportional an, da die Lebensspanne aber nicht notwendig die Gesundheitsspanne ansteigt – falls keine Kompression der Morbidität nach James Fries gelingt. Die Krankheitsbilder hierzu sind sehr unterschiedlich. Wer an Demenz leidet – seine Biologie straft ihn ab. Sein Leben ist in Pflege eingebettet und diese kostet viel Geld. Auch sein eigenes. Die unbeabsichtigten Nebenwirkungen des Lebensstils verlangen ihre wirtschaftliche Begleichung.[340]

Zudem nimmt die Anzahl der älteren Personen auch noch zu, die Zahl der jüngeren geht zurück, also ein ansteigender Alters- oder Alternquotient/old-age-dependency ratio verwirklicht sich. Der ökonomische und gesellschaftliche Druck auf ältere Menschen, vermehrt erwerbstätig tätig zu werden oder zu bleiben, steigt an. Der Generationenvertrag wird von jüngeren Menschen in einer sich alternden Gesellschaft in Frage gestellt; diese können sich gegen die politische Macht der Alten in demokratischen Systemen nicht durchsetzen. Wie lange können sich, kann man sich dennoch fragen, Franzosen eine Ruhestandsdauer von über 25 Jahren erlauben? Diese Zusammenhänge sind mittlerweile bereits in die vorherrschenden politischen, medialen und auch wissenschaftlichen Diskurse eingegangen. Die vermehrten Bemühungen, primärpräventive Lebenskulturen zu schaffen, dient nicht zuletzt der Kostenkontrolle im „Krankheitssystem", wie Meyer-Abich (2010) das Gesundheitssystem benennt. In der von uns erläuterten Sicht (Röpke, 2015), wären diese Kulturen ein grundlegender, sogar unverzichtbarer (gemessen an der Interventionskompetenz der Anbieter von Gesundheitsgütern) Bestandteil biologischen Unternehmertums.

Generell gilt: Der Konsument von Silbergütern muß für sich selbst entdecken, wie sich die Güter auf sein Wohlbefinden auswirken, nicht zuletzt das gesundheitliche, welches mit zunehmendem Altern vermehrt in

---

[339] Die Europäische Union/Kommission fördert die Silver Economy, unternimmt aber gleichzeitig viele Dinge, die einer Ausweitung der gesunden Lebensspanne entgegenwirken, Kritiker sagen, unter dem Einfluß bestimmter Lobbygruppen, etwa der pharmazeutischen Industrie. Ein Beispiel ist die Novel-Food-Verordnung, welche seit Jahrhunderten genutzte und die Gesundheit fördernde Nahrungsmittel (trotz vielfältiger wissenschaftlicher Nachweise) verbietet (etwa Gynostemma pentaphyllum; in China von jedem Kiosk als Getränk verfügbar; wehe man pflanzt es im Garten, die Polizei und Verbraucherschutz und Anwälte warten auf ihren Einsatz), während Nahrungsmittel und deren Vermarktung, die wiederum nachweislich die Gesundheit der Menschen schädigen (etwa Förderung der Diabetes), sogar durch Subventionen dem Konsumenten „schmackhaft" gemacht bleiben.

[340] Für die USA wird ermittelt (Kelley u.a., 2015, Zitat aus Abstract): "Health care expenditures among persons with dementia were substantially larger than those for other diseases, and many of the expenses
were uncovered (uninsured). This places a large financial burden on families, and these burdens are particularly pronounced among the demographic groups [Afro-Amerikaner, alleinstehende Frauen, Menschen mit geringer Schulbildung, Einkommensschwache], that are least prepared for financial risk."

der Bedürfnishierarchie nach oben rückt. Und meistens muß er dafür selbst bezahlen. Jemand ist in einem Pflegeheim „stationiert". Seine Kinder sind zufällig auf einen Beitrag von Al Sears (2016) gestoßen. Er beschäftigt sich mit Vitamin B, insbesondere B12. Mit zunehmendem Alter Riesendefizite. Die Harvard Medical School beschreibt, was bei einem Mangel an Vitamin B12 sich in Körper und Gehirn abspielt. Wer im Pflegeheim (stationär oder ambulant) hateine Ahnung davon? Der zuständige Arzt, der Pfleger? Keine Kasse bezahlt für Vitamin B. Bei Rossmann kaufen, eine halbe Packung pro Tag, um auf eine aktzeptable Menge zu kommen (Die Mengenvorgaben in Deutschland sind extrem niedrig; was steht dahinter? Forschungserkenntnisse können es nicht sein). Al Sears empfiehlt pro Tag die -fache in Deutschland vorgegebene Menge.

Auch Silbergüter folgen der Logik des Produktzyklus, von basisinnovativen Produkten bis zu frugalen. Die silberökonomische Diskussion insbesondere im angelsächsischen Wirtschaftsraum widmet sich primär den reichen und superreichen Nachfragern, auch im Immobiliensektor (Cox, 2016). Auch in der Supplementindustrie, etwa den Angeboten von Al Sears. Wenn die Güter Bedürfnisse befriedigen, auch neue, die im Alterungsprozess entstehen, werden diese schrittweise, bedingt durch Diffusionsprozesse, auch ärmeren Nachfragerschichten angeboten, welche, kaufkraftschwach, eine Präferenz für disruptive und frugale Güter mit den Eigenschaften von Silbergütern besitzen. Im folgenden Kapitel gehen wir daher auch der Frage nach, wie einfachere Produkte, auch von älteren Menschen erzeugte, mit Silbermarktcharakter erzeugt werden können (vergleichbar auch frugalen Innovationen in Entwicklungsländern). Selbstverständlich sind auch erwerbstätige ältere Menschen selbst silberökonomisch engagiert, auf dreifache Weise.

(1) Sie fragen Silbergüter nach, Güter also, welche die spezifischen Bedürfnisse eines Lebens in höherem Alter befriedigen. Sie besuchen etwa Yogakurse für „Senioren" oder „Ersatzkasinos" mit gesundheitsfördernden Dienstleistungen wie in Japan, welche Betreuungseinrichtungen ersetzen, somit auch Ressourcen einsparen helfen (Lewis, 2015b). Diese Nachfragemuster weisen allerdings eine duale Funktion auf: Konsum und Investition. Yoga oder ein Mobiltelefon oder einen Aldilaptop oder ein Fahrrad kann man als Konsument nutzen. Alte Menschen machen Bewegung, unterstützt von einem Trainer. Um es zu leisten, müßte man selbst unternehmerisch aktiv werden, Willenskraft und Motivation erzeugen. Die Wirkungen auf ein Hinausschieben der Mortalität sind beträchtlich. (Am Beispiel japanischer "Senioren", 65-90 Jahre alt, siehe Taniguchi u.a., 2016). Man kann diese „Produkte" auch in sein Arbeitsleben integrieren, als materielle und kompetenzfördernde Investition betrachten. Was für uns erneut deutlich macht: Mit zunehmendem Alter(n) übernimmt der „Körper" der Menschen (Gehirn eingeschlossen) eine wenn nicht die unternehmerische Schlüsselfunktion. Die sechste Lange Welle wird daher vielfach auch als ein „Gesundheitskondratieff" verstanden.

(2) Herstellung und/oder Anbieten silberökonomischer Güter, etwa Online dating für alte Menschen, Bewegungstraining, Stadtbesichtigungen für Touristen (einschließlich eines Supermarktbesuches für solche aus China) oder Heimwerker/Reparaturarbeiten.

(3) Sie sind – selbständig oder nicht – als Produzenten/Anbieter von Leistungen tätig, die es ihnen gestatten, zusammen mit oder ohne (2) Einkommen zu erzielen, mit denen sie Nachfrage nach silberwirtschaftlichen Gütern oder Dienstleistungen erzeugen können.

Fassen wir die Überlegungen zur Silberwirtschaft zusammen: Eine *Silver economy* leistet eine nur beschränkte autopoietische Selbstreproduktion der Wirtschaft in einer durch demographisches Altern gekennzeichneten Gesellschaft. Ihre im Zentrum stehenden Subjekte, chronologisch und zunehmend biologisch alte Menschen werden nicht als ökonomische Wertschöpfer in die Wirtschaft integriert, auch nicht als potentielle, wie etwa junge Menschen im Prozeß ihrer Erziehung oder Arbeitslose in ihrer

Weiterbildung. Den Ruhestand gilt es zu genießen, und irgendwann, krankheiteninduziert, zu überwinden. Sie sind Nachfrager und regen dadurch auch Neukombinationen an, die zudem in ihrer Vielfalt mit der steigenden und in eine durch zunehmende Gebrechen sich verwirklichende Lebensspanne eingebunden sind.[341] Es ist eben gelaufen. Game over. Wie bei unseren Vorfahren vor 20,000 oder mehr Jahren. Großmutterwirkungen gibt es daher, damit die Eltern Shopping gehen können - aber auch selbst arbeiten, ein „Erzeugung des Menschen durch menschliche Arbeit" (Karl Marx, zitiert in Meyer-Abich, 2010, S. 312).

Die Steinzeitmutter suchte Pilze und Beeren im Wald (in der Regel mit dem Kind auf dem Rücken oder vor der Brust). Arbeiten also, bis der Körper nicht mehr mitmacht oder ein Unfall oder ein Feind sie aus dem Leben entfernt. In der Silberwirtschaft bleibt somit ein im Produktionsprozeß erstelltes Angebot durch ältere Menschen selbst unterentwickelt. Immerhin, warum nicht alten Menschen in ihrem Leben zusätzlichen Nutzen bieten, Mehrwerte in ihrem Konsum, dadurch auch Beschäftigungschancen und steigende Investitionen in die Erstellung von Silberprodukten? Nur: Ihre Erwerbstätigkeit ist ausgelaufen. Heinz von Foerster auf den Kopf stellend: Handle stets so, daß sich die Anzahl deiner Wahlmöglichkeiten verringert – außer du engagierst dich in Konsum.

Was selbstverständlich nicht bedeutet, in einer demographisch alternden Gesellschaft gäbe es neben „Silber" kein „Gold". Wir stellten eine Ökonomie vor, in welcher eine goldene Wirtschaft, eine Alterswirtschaft im Sinne einer alterslosen Gesellschaft, die Werteschaffung durch alte Menschen selbst, *konzeptionell,* auch theoretisch gewollt, ausgeschlossen bleibt. Eine alternde Gesellschaft, die silberwirtschaftlich agiert, wird sich zunehmend einer stationären angleichen müssen. Entwicklung erodiert. Die Nachfrageimpulse lassen sich immer weniger endogen erzeugen. Der Silbermarkt ist als Konsumentensektor einer demographisch alternden Gesellschaft auf dem Weg in die Stagnation – falls es nicht gelingt, die Erwerbstätigkeit alternden Menschen zu erhalten. Die Renten- und Pensionssysteme vermögen bestenfalls die Kaufkraft zu erhalten, wahrscheinlich ist deren Rückgang, eingebunden in Altersarmut, bei insgesamt sich abschwächender Entwicklungsdynamik und damit Produktivitätszuwächsen. In angelsächsischen Ländern wie den USA und dem UK erodieren die staatlichen Pensionssysteme. Die Finanzierungslücken weiten sich aus. Sie wird in den USA auf 3,400 Mrd. Dollar bei Kommunen und Ländern geschätzt (Mooney, 2016). Einige Länder wie Deutschland setzen auf Immigranten aus Entwicklungsländern. Diese Problemlage haben wir ausführlich erläutert. Die Folge ist, daß ein akzeptabler Lebensstandard einschließlich Bildung, Erziehung der Kinder, Ruhestand und Gesundheitsleistungen für die Zugewanderten überwiegend von den Alteingesessenen zu erwirtschaften sind, auch zu Lasten von deren Ruhestandsvergütungen, was deren Silbermarktkaufkraft einschränkt, auch wenn diese in Teilen durch die der Zugewanderten kompensiert werden könnte.

Medizinisch-biologisch betrachtet leisten die Silberprodukte nur wenig für den Erhalt und die Steigerung der regenerativen Fähigkeit der Menschen. Körperliche Schäden, Degeneration, Behinderungen steigen weiter an. Menschen sind keine Wale, die über eine gesunde Lebensspanne von mehreren Jahrhunderten verfügen – obwohl sich in einer Golden Economy Forscher bemühen, diesen Weg auch Menschen zu eröffnen, was jedoch voraussetzt, daß diese mitwirken, jenseits des Konsums von Gütern, die ihren Lebensabend angenehmer gestalten. Bis heute läßt sich die zelluläre Seneszens eines Menschen nur durch sein Selbsttun einige Jahre in die Zukunft verschieben -allerdings Jahre, die es ihm gestatten könnten, sein Leben ökonomisch und selbstevolutiv schöpferisch zu gestalten.

---

[341] Lebensspanne bezieht sich auf einen einzelnen Menschen, die Lebenserwartung auf Kohorten von Menschen.

15.8 Blue Zones im Silbermarkt

Blue Zones werden kommen. Sie sind die Zukunft der Silbermärkte, entstehend aus dem Zusammenwirken von Neukombination und Evolution. Es steht jedermann frei, aus sich selbst, dem sozialen System, in welchem er sein Altwerden verbringt, eine „Blaue Zone" zu machen. Altersheime werden in Blue Zones mutieren. Die dominierende Schulmedizin wird eingebunden in fernöstliche Traditionen von Ayurveda (Yoga einschließend) und traditioneller chinesische Medizin (Dao-Yoga praktizierend). Alte Menschen haben viel Zeit, auch wenn sie teilzeitlich erwerbstätig sind. Tägliches Qigong ist keine zeitliche, vielmehr eine selbstmotivationale Herausforderung. Studien im Auftrag des zuständigen Ministeriums könnten irgendwann belegen: intermediäres Fasten (was Bredesen gegen Alzheimerritis mit seinen Probanden praktiziert hat) könnte auch Pflegebedürftigen Nutzen auf den höheren Stufen der Maslowpyramide einschließlich Selbstentfaltung erzeugen helfen.

Silbermarkt-Unternehmer könnten etwa touristische Initiativen für Silbermarktkunden ins Leben rufen: Vor Ort beobachten und lernen, wie man sein Alter entschleunigt. Den Sommer verlängern auf Ikaria. Interaktion mit der Sonne im Winter. Mittelmeerdiät als Zugabe. Auch Bezieher von Grundeinkommen können mitmachen und ihrer Involution entgegenwirken. Rehas verlagern sich in Blue Zones. Aus Patienten werden Selbstevolutionierer. Silberwirtschaft erzeugt aus sich selbst heraus innovative und evolutorische Impulse, die sie (siehe nächstes Kapitel) zu einem neuen Teilsystem des Systems Wirtschaft machen.

16 Evolutionsdynamik in alternden Gesellschaften?

In diesem Abschnitt versuchen wir, noch unvollkommen, den Zusammenhang zwischen Silber- und Goldwirtschaft aus der Sicht der Entwicklungstheorie und ihres Entwicklunspotentials in demographisch alternden Gesellschaften darzulegen. (Wir verweisen hierzu auf die Überlegungen im 1. Kapitel zur Evolutionsfähigkeit). Die Zusammenhänge sind leider komplex und weder theoretisch noch empirisch durchleuchtet. Sie werden jedoch die Zukunft reifer Volkswirtschaften und zunehmend nach holender Ökonomien prägen.

Systemtheoretisch erzeugen Alterungsprozesse, eingebettet in eine Entschleunigung des Alterns, neue Teilsysteme im System Wirtschaft, also evolutionstheoretische Differenzierungen mit zunehmend autopoietischen Eigenschaften. Die Elemente der Systeme Silber- und Goldwirtschaft werden in den Systemen selbst erzeugt und erhalten sich dort. „Elemente sind Unterschiede, die im System einen Unterschied machen" (Luhmann, 1997, S. 66). Unternehmer in ihren verschiedenen Funktionen prägen in einem System (Wirtschaft, Silber/Goldwirtschaft) diesen Unterschied.

Die Silberwirtschaft zusammengefaßt aus Schumpeterscher Sichtweise und zur Golden Economy überleitend: Die Silberökonomie jenseits einer Blue Zone operierend, läßt sich als Konsumkapitalismus verstehen. Güter werden hergestellt. Sie dienen dem Konsum von „Ruheständlern". Auch Pflege und medizinische Leistungen sind konsumorientiert. Man könnte sie somit als Ruhestandsökonomie verstehen. Medizinische Interventionen sind allerdings dualen Charakters. Konsum: Herzschrittmacher für einen 90-Jährigen; Investition: Herzschrittmacher für einen im Arbeitsleben stehenden Wertschöpfer. Gelingt es einem Silbermenschen, selbstevolutive Tätigkeiten zu entfalten, etwa, Bredesen (2014) bei sich umzusetzen, Alzheimer zu entschleunigen, vermag er in eine Goldwirtschaft auszuwandern und dort Wertschöpfungsbeiträge, auch für sich selbst (steigende Lebensproduktivität) zu erzeugen.

Eine Silberwirtschaft ist eine Ruhestandswirtschaft, nicht mehr erwerbstätige Personen gehen ihrem wirtschaftlichen Leben nach. Wenn die Anzahl der Ruheständler zunimmt, expandiert auch die Silberwirtschaft. Aber primär als eine Nullsummenwirtschaft. Die erforderlichen Ressourcen, die dem Ruhestand gewidmet werden, gewidmet werden müssen, um das biologische Überleben der Menschen zu ermöglichen, kommen, freiwillig oder per Zwang von anderen, noch Erwerbstätigen, oder werden aus dem akkumulierten Vermögen gewonnen, wenn wir Helikoptergeld ausschließen. Wir haben es also mit einer Ruhestands/retirement-Autopoiesis zu tun. In einer Silberwirtschaft sind biographisch alte Nachfrager nicht als selbstunternehmerische oder wertschöpfende Erwerbstätige (Erzeuger von Einkommensströmen) in das wirtschaftliche Aktivbleiben integriert, auch nicht als potentielle wie junge Menschen im Erziehungsprozeß oder Arbeitslose in der Weiterbildung. Ihre Kaufkraft ist eine historisch erzeugte.

Die Teilsysteme des Systems Wirtschaft interagieren miteinander. Das System Wirtschaft kommt dadurch in die Lage, sich selbst in seiner Entwicklungs- und Evolutionsfunktion zu erhalten. Die demographische Vergreisung überwindet sich selbst. Ohne Silbermarkt verkümmert das Altwerden auf Segmente wie Familie, Freundeskreis, religiöse Gemeinschaften, Neukombinationen bleiben vermehrt diffusionslos. Ein Pfleger (im Altenheim oder bei Besuchen in der Wohnung) betreut zahlreiche Kunden, auch aus wirtschaftlichem Selbstinteresse (Pfleger sagen: zu viele Personen zu betreuen, wir leiden, werden selbst krank).

Die angesprochene funktionale Differenzierung zwischen Silber und Gold steigert die Interaktionshäufigkeit zwischen Konsumenten und Anbietern (Kooperationspartnern, Konkurrenten).

Die Menschen werden älter, verlieren aber nicht ihr Erwerbspotential bzw. gewinnen an Optionen, ihre Lebensproduktivität (14. Kapitel), in welchem System auch immer, Person, Wirtschaft, Wissenschaft, Religion usw. zu steigern. Eine Kompression der Morbidität (nach James Fries) gestattet vielfältige unternehmerische Initiativen, einschließlich der Auswanderung in eine Goldwirtschaft, auch die Investition des (familiären) Vermögens in die Pflege hinauszuschieben, insgesamt somit ein biologisch-ökonomischer Wiederherstellungsprozeß, getrieben durch selbst-unternehmerisches Tun, wie wir es in Blue Zones beobachten.

Worin bestehen die Interaktionswirkungen? Es erfolgen Investitionen in die Gesundheit der Menschen in der Silberwirtschaft, durch die Ruheständler und mit ihnen interagierende Personen (Familie, Freunde usw., Organisationen wie Mehrgenerationenhäuser), selbstevolutive Prävention, durch die Anbieter von Gesundheitsgütern (primär Medizin, schulmedizinische oder fernöstliche – falls erlaubt)

Das Altwerden (steigende Lebensspanne) der Menschen erzeugt somit systemendogen neue Teilsysteme (Silber/Goldwirtschaft), macht die Gesellschaft komplexer. In ihrem Zusammenwirken erzeugen diese neuen Teilsysteme Entschleunigungsprozesse des Altwerdens, die in der Zukunft – falls keine systemexternen Interventionen insbesondere durch politisch erzeugte Freiheitsbeschränkungen, erfolgen - bis zu einer Unsterblichkeit der Menschen.[342]

Goldwirtschaft ist ein Innovations- und Evolutionskapitalismus. Seine Funktion ist eine „dauernde Verjüngung des Produktionsapparates" in der Sprache von Schumpeter (1950, S. 115). Goldwirtschaft bedeutet: Verlängerung des ökonomischen (materiellen) Lebens, in der weiteren Zukunft, vielleicht, durch einen Sieg über den Tod. Die „Resultate" einer Golden economy „bestehen ... in einer Lawine von Konsumgütern, die dauernd den Strom des Realeinkommens vertiefen und erweitern [somit die Silberwirtschaft am ökonomischen Leben erhalten], obschon sie zuerst Verwirrung, Verluste und Arbeitslosigkeit bedeuten" (Schumpeter, 1950, S. 115); man denke an Roboter, selbstfahrende Automobile, künstliche Intelligenz, von Schumpeter, würde er noch leben,[343] den „langen Wellen" oder „Kondratieffs" zugewiesen.

Die demographische Alterung erzeugt komplexe Wirkungen, viele noch nicht verstanden, wissenschaftliche Durchleuchtung eingeschlossen. Wenn wir unterstellen – mit Luhmann, Maturana, von Foerster und anderen Erforschern der Systementwicklung – Systeme stabilisierten ihre eigene Komplexität, wie zeigt sich eine solche? Wenn Evolution eingeschlossen ist, die Komplexität der Systeme würde ansteigen. Müßten alternde Gesellschaften sich dann nicht gegen eine Alterung ihrer Sozial- und Wirtschaftssysteme immunisieren können, zumindest erlernen, wie man es praktizieren kann. Sind lebenslange aktive Menschen, wir nennen sie Unternehmer, möglicherweise (oder notwendigerweise?) die Spitze der Evolution. Nicht die Jungen, vielmehr die Alten. Wem es gelänge, sein biologisches Alter in die Zukunft, in ein noch höheres kalendarisches Alter zu verschieben, wäre er nicht eine Speerspitze der Evolution? Er verfügt über ein noch höheres Energieniveau – ohne dieses, würde er eine Ausweitung der gesunden Lebensspanne und damit auch vermehrte Chancen für wirtschaftliches Tätigsein nicht verwirklichen können. Wenn es der Wissenschaft gelänge, das Altwerden zu besiegen– wie man es ökonomisch macht, ist seit Schumpeter bekannt – , biologisch, wären Erkenntnisse zu gewinnen und ihre

---

[342] Die gegen diese vorgebrachten Argumente scheinen uns widerlegt zu sein. Sie sind aber nicht unser Thema.

[343] Wir haben in einem Artikel eine „Wiedergeburt" Schumpeters mit Unterstützung daoistischer Unsterblicher thematisiert. Er führt dort ein Gespräch mit dem japanischen Ministerpräsidenten. Thema: Wie kann Japan schöpferisch mit dem demographischen Wandel umgehen. In den 30-Jahren des vergangenen Jahrhunderts besuchte Schumpeter mit seiner Frau Japan, die dann auch publizistisch darüber berichtete.

Umsetzung zu fördern, welche die Menschheit in neue Lebenswelten eintreten ließe, eine permanente Entschleunigung des Alterns würde medizin-biologisch möglich. Sämtliche Teilsysteme der Gesellschaft wären gleichfalls evolutionsgerecht neu zu gestalten. Selbstevolution würde Routine.

Wie das vorangehende Kapitel zeigen konnte, zumindest versuchsweise, kann eine erwerbsarme Wirtschaft die Entwicklungs- und Evolutionsdynamik alternder Gesellschaften nicht erhalten. Diese erleidet daher schrittweise Komplexitätseinbußen. Sie verliert ihre Energie der Immunisierung gegen eine demographische Alterung. Die Dynamik einer Silberwirtschaft ist eine importierte oder ausgeliehene. Sie setzt auf Innovations- und Evolutionsfähigkeit einer alternden Gesellschaft. Ist das Alte dann das Neueste? Alte Menschen erzeugen vielfältige Anreize für Neukombinationen, in Wirtschaft, Erziehung, Wissenschaft, Medizin. Medikamente dienen der Behandlung von Krankheiten der Lebensweise. Weltweit jedes Jahr mit Kosten von 1000 Mrd. Dollar. Lebensweise heißt aber: Sie ist kein biologisches Muß, sie ist gestaltbar, veränderbar, kein Erzengel des Todes. Es könnte sein, daß auch die Selfie-Unternehmer einer jüngeren Generation wertvolle Impulse geben. Sie altern dann gesünder, entkoppeln daher tendenziell das ökonomische vom demographischen Altern, und dieses tendierte dann zunehmend in eine alterslose Gesellschaft. Senioritis würde ökonomisch und biologisch besiegt. Eine höhere Lebensspanne schafft Möglichkeiten zur Selbstevolution. Evolvierbarkeit wird gefördert. Wir beobachten bereits heute, wie sich Gesellschaften entgreisen, paradoxerweise dadurch, daß die alten „Semester" einen zunehmend höheren Anteil an der Bevölkerung ausmachen. Kein Geschenk der natürlich-biologischen Evolution sondern des biologischen und ökonomischen Unternehmerseins. Altern und die mit ihm gekoppelten Krankheiten – biologisch und ökonomisch – sind keine Feinde des Fortschritts. Sie regen an, sie stören, sie motivieren, sie mobilisieren zu Neukombinationen, und gerade bei den Menschen, die als die Betroffenen und oftmals Diskriminierten gelten. Beispiel. Ein Laie wie der Autor fragt sich: Warum fragt man nicht die alten Menschen in den Pflegeheimen selbst (man nennt das einen person-centered approach: körperliches Leistungsvermögen, kognitive und emotionale Gesundheit), nicht Experten und Gutachter und Studienschreiber, was sie denken, fühlen, verbessern wollen und könnten. Teil ihrer Lebensarbeitszeit, nicht des Ruhestandes. Keiner der Experten hat die Erfahrungen dieser Menschen. (Es gibt Ausnahmen, wir haben sie anderswo benannt.) Hunderte von unternehmerischen „Projekten" wären geboren. Immer die gleiche Aussage: Aus sich selbst etwas zu machen, aus seiner Zeit, aus seinem Leben. Das Menschenleben wird zu einer Steigerung der Lebenszeit, zunehmend einer gesunden, einer Lebensarbeitszeit. „Zeit ist der Stoff, aus dem das Leben ist" (Meyer-Abich, 2010, S. 517). Nur Ökonomen und Mediziner schreiben Zeit ab. Wir wollen daher betrachten, wie ein System, auch eine alternde Gesellschaft sich in der Zeit entwickeln und evoluieren kann, wenn es gelänge, ihre unternehmerische Energie zu erhalten und zu kultivieren. Innovation und Evolution erzeugen Widerstand, auch emotionalen. Jede lange Welle ist von Widerstand begleitet, welche, paradox, durch die fünfte lange Welle, Digitalisierung erzeugend, sozial-medial rasche Ausbreitung findet. Beispiele sind künstliche Intelligenz, Roboter, selbstfahrende Kraftfahrzeuge. Ein 90-Jähriger im selbstfahrenden Mobil, ein Unding – emigriere auf den Mars. Schöpferische Zerstörung gibt es nicht zum Nulltarif und Evolution, biologisch und memetisch, erzeugt Kräfte, die ihr widerstreben. Altwerden (chronologisches) bietet vielfältige Chancen in Lebensformen höherer Komplexität zu evoluieren. Evolution stirbt nicht. Auch die Prozesse der Evolution von Menschen haben kein Ende. In Grenzen gilt diese Aussage auch für eine Pflegeexistenz, wie am Ende des vorangehenden Kapitels angedeutet wurde. Die Überwindung unternehmerischer Routine ist eine notwendige Bedingung. Aus ökonomischer Sicht sind alte Gesellschaften potentiell reiche Gesellschaften (19. Kapitel).

17 Goldwirtschaft – Verjüngungswirtschaft oder Wirtschaft ohne Alter?

17.1 Theoretisch erzeugte Mißverständnisse

Wir beobachten ökonomische Selbstheilungskräfte in alternden Gesellschaften. Auf einige verweisen wir in diesem und dem nächsten Kapitel.

In früheren Kapiteln, wie etwa dem sechsten und achten, haben wir erläutert, welche Wirkungen Olderpreneurship (ökonomisches und biologisches Alt-Unternehmertum) in demographisch alternden Gesellschaften erzeugt und welche Einflußfaktoren das Aktivitätsniveau bestimmen. In diesem Kapitel wollen wir uns hierzu nicht wiederholen. Das Kapitel versucht das ökonomisch Selbstverständliche: Der Nachfrage nach Gütern und Dienstleistungen, umfassend verstanden, auch staatliche und quasi-staatliche Leistungen einbeziehend, stellen wir ein Angebot gegenüber, sozusagen die Yang-Komponente (Röpke & Xia, 2007). Angebot ist Yang, Nachfrage Yin. Entfalten sich Yin und Yang im Zeitablauf nicht harmonisch, entstehen Dissonanzen, Verwerfungen, Einbußen an Wertschöpfung und Entwicklungspotentialen. Yang ist der In-Bewegung-Setzer, der Unternehmer, der Olderpreneur, ökonomisch und biologisch. Die Akteure der Nachfrage sind silberwirtschaftlich biographisch alte Menschen (umgangssprachlich „Senioren"). Die Anbieter von Leistungen kommen in der Logik der Goldwirtschaft oder alterslosen Wirtschaft nunmehr aus der gleichen Alterskohorte (wie Demographen so etwas nennen). Hierbei handelt es sich sowohl um eine theoretische wie empirische Konstruktion. Eine systematische Untersuchung der Angebotsmuster bedürfte einer längeren Abhandlung. Wir konzentrieren uns auf einige grundlegende Zusammenhänge, teilweise illustriert und an den unternehmerischen Funktionen ausgerichtet: Routine, Arbitrage, Innovation, Evolution. Je tiefer wir in der Funktionshierarchie Unternehmertum ansiedeln – Evolution ist die „tiefste" Funktion, mit zahlreichen Subfunktionen -, desto höher wird der energetische Aufwand.

Einkommen wird durch Unternehmer/Unternehmen und die von ihnen Beschäftigten erzeugt. Auch wenn es eine Rente ist, wird es durch Abgaben und Steuern auf Erwerbstätige an Rentner transferiert oder durch Verkauf von akkumuliertem Vermögen oder Kapitalerträgen geschaffen. Aus diesem Einkommen erfolgt dann der Konsum (Silberprodukte). Ein Mobiltelefon kann genutzt werden als Silberprodukt durch Alte, aber auch - wie bei Irodori - als ein Investitionsgut, als Produktionsmittel, als digitale Maschine, für die Herstellung anderer Güter. In diesem Prozeß werden eigenständig oder selbsterzeugt - nicht wie bei einem Einkommen aus Rente oder anderen Sozialleistungen - neue Nachfrageströme erzeugt. Diese Nachfrage ist auf Unternehmertum zurückzuführen. Unternehmer haben mehrere Funktionen (RAIE). Alle sind für die Erzeugung von Einkommen und Nachfrage von Bedeutung, auch Evolutionsgüter wie Gesundheit, holistisch verstanden, psychische und seelische Komponenten einbeziehend (siehe Abbildung). Jeder ist ein Unternehmer seiner Selbstevolution.

Abbildung 51: 4L-Modell der Evolution

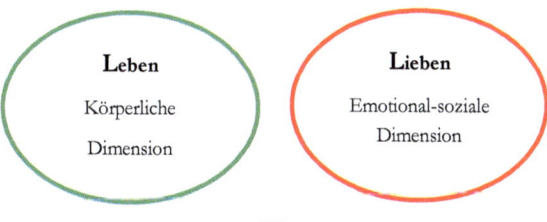

In diesem Kapitel stellen wir einige Überlegungen vor, wie man eine „Goldwirtschaft" als Teil einer „alterslosen Gesellschaft" verwirklichen kann. Das Golden Age gilt das Alter, in dem sich Menschen aus der Welt verabschieden, zumindest der ökonomischen. Die herrschende Meinung. Die Golden Economy verspricht das Gegenteil. Eine Ageless Society, eine Gesellschaft ohne Alter, irgendwann auch ohne Altern. Eine alterslose Gesellschaft. Alle Altersgruppen leben diskriminierungsfrei. Alle haben gleiche Rechte. Ein langer Weg. Unaufhörlich werden neue Diskriminierungsgesetze erlassen, sämtliche Lebensbereiche umfassend. Junges Unternehmertum ist nicht altersgebunden, deswegen nennen wir es jung, kohortenunabhängig. Utopie? Was man „Realität" nennt, offenbart für uns, als wissenschaftlichem Beobachter, zahlreiche Initiativen, weltweit, eine Gesellschaft ohne Alter, noch zukunftsweiter, ohne Altern, primär und sekundär, oftmals auch unbeabsichtigt, zu verwirklichen. Senioritis in allen Teilsystemen der Gesellschaft gilt als überwindbar und wird in sozialen und biologischen Experimenten überwunden. Natürlich primitiv zu schreiben: Die Welt ist komplex, das Zusammenwirken von Teilsystemen der Gesellschaft, das Einbinden von Personen und deren Biologie noch komplexer. Es gibt daher keine theoretisch herleitbaren und eindeutigen Antworten in einer multifaktoriellen Goldwirtschaft oder „ageless society". Das Optimum ist das Experiment, das Lernen und das Lernen zu lernen, aus Erfahrungen, die wissenschaftliche Begleitung der Wirkungen. Betrachtet man die Vielzahl der Versuche, Arbeiten im Alter zu ermöglichen, diskriminierungsfrei, wie es im Englischen heißt, zu „incentivieren", lassen sich noch keine eindeutigen Erkenntnisse gewinnen.[344] Die Praxis ist von Widersprüchen geprägt. Man sehe sich die Vielzahl der Versuche in ostasiatischen Ländern an, die sämtlich mit demographischem Altern konfrontiert sind (China, Japan, Korea, Singapur) oder werden (Südostasien, zunehmend der indische Kontinent). Welche „Antworten" (Schumpeter) bringen die Länder weiter? Adaptive Antworten bringen es nicht, schöpferische und evolutive verlangen vorstellungskräftiges und energiereiches Unternehmertum auch im Politiksystem. Theoretisch gilt es die weitgehend vorherrschende Sichtweise zu hinterfragen und zu überwinden, ein Altern der Bevölkerung als ökonomisches und sozialstaatliches Negativum zu konstruieren.

Die Standardantworten auf eine demographische Vergreisung sind Zuwanderung und Silberwirtschaft. Das Wachstum geht zurück, Facharbeiter gehen in Rente, die Ausgaben für Rente und Gesundheit steigen überproportional.

In solche Aussagen gehen so viele lineare Intrapolationen und inputlogische Denkmuster ein, daß sie nur unter extremen Ceteris-paribus-Bedingungen Gültigkeit besitzen:

- Parallelität zwischen chronologischem und biologischem Altern;[345]
- „Überaltern" der Gesellschaft durch zunehmende Lebenserwartung und Rückgang der Geburten je Frau; die Reproduktionsrate sinkt;

---

[344] Siehe die ausführliche Darstellung und Kommentierung von Iniatiativen in ostasiatischen Ländern (Schwerpunkt), aber gelegentlich auch „westliche" Experimente einzubinden, etwa der Versuch von BMW, ältere Mitarbeiter in den Produktionsprozessen, selbst am Fließband, zu beschäftigen (Worldbank, 2016).

[345] Selten wir hier systematisch unterschieden. Wie mehrfach erläutert: Alter hat eine biologische und chronologische Komponente. Man kann das Alter eines Menschen nach seinem Geburtsjahr bestimmen (Kalenderalter) oder nach seiner biologischen Fitneß. Sie fallen zunehmend auseinander. Jedermann kann sich davon überzeugen, der sich einer Vorsorgeuntersuchung unterwirft. Siebzig Jahre alt, das biologische (nicht nur das „gefühlte") Alter 50 Jahre. Viele Biomarker lassen sich heranziehen, etwa (für Männer) die Testosteron-Konzentration. Menschen sind nicht automatisch alt, wenn sie 60, 65, usw. sind, zu „Senioren" geworden sind. Man kann es als statische Definition des Alterns bezeichnen. Hiermit verknüpft ist die Frage, ob Altern als „Krankheit" zu betrachten sei, eine auch ethisch grundlegende Aussage, die von Lebensverlängerern wie Aubrey de Grey und Ray Kurzweil vehement vertreten wird und ihren publizistischen Niederschlag im Webblog Fight Aging findet. Die oben erwähnte Sicht einer Homöodynamik (etwa Rattan, 2016) sieht es anders, die Standardmedizin ohnehin.

- abnehmende Kreativität und Innovationsbereitschaft alter Menschen;
- abnehmende Innovationsdynamik der Gesellschaft durch „Vergreisung";
- Unfähigkeit, neue lange Innovationswellen zu erschließen, die integrale „Verjüngung" bewirken und damit den obigen Vermutungen entgegen wirken;
- Unfähigkeit des Politiksystems, die demographischen Herausforderungen schöpferisch (und nicht wie heute: adaptiv) zu beantworten (siehe auch das folgende Kapitel).
- Ausweitung einer Lücke zwischen (wissenschaftlich erzeugtem) Wissen und (innovativem) Tun.

Alle diese Punkte sind untereinander verknüpft. Wir sprechen sie im folgenden an, konzentrieren uns jedoch in unserem Beitrag auf die Beziehung zwischen Innovationsdynamik und Demographie in reifen Industriegesellschaften.

In einer „Methusalem"-Gesellschaft (alterslose Gesellschaft/Wirtschaft) ginge niemand mehr in Rente, wenn wir Rente als den Abschnitt des Lebens bezeichnen, in dem eine externe Agentur (Staat, Unternehmen) einem Bürger vorschreibt, ab welchem Alter er nicht mehr arbeiten darf oder sollte.[346] Man mag eine solche Freiheitsberaubung als sozialen Fortschritt bezeichnen. Das ist eine Frage der Werte, nicht der Tatsachen. „Erwerbsfähiges Alter"? Eine Ausweitung der Lebensspanne verschiebt den Eintritt in dieses Alter unaufhörlich in die Zukunft. Wenn Menschen länger gesund leben (können) und länger arbeiten (dürfen) entschärft sich, auch bei einem plausiblen weiteren Rückgang der Geburtenrate, das Problem der „Rente" und der Altersarmut. Das mag für manchen Beobachter zu viel des Optimismus sein. Wer in inputlogischen, innovationslosen Modellen denkt, kann diese Schlußfolgerung auch nicht ziehen. Für ihn stellt sich permanent die Frage, wo denn die Arbeitsplätze herkommen sollen, wenn die Alten länger arbeiten (müssen), wenn Roboter Arbeitsplätze vernichten, weil der Staat sie hängen läßt, auf Sozialhilfeniveau durchreicht (Altersarmut).

Was wir in diesem und dem folgenden Kapitel ansprechen: Eine Verjüngungswirtschaft gilt es zu entfalten, zumindest eine solche welche die Wirtschaft auf dem Pfad der Evolution, vielleicht auch auf dem Weg der Entwicklung hält. Trotz chronologischem Altern ihrer Menschen bliebe die Innovationsdynamik erhalten, zumindest die Evolutionsleistung. Evolution könnte sich sogar von Entwicklung abkoppeln (Röpke & Xia, 2007): eine Dematerialisierung der Wirtschaft, die Ressourcenwende. Lebenspraktisch, unternehmerisch, wissenschaftlich, gilt es neue Welten zu erschließen. Wie? Durch Steigerung der Evolutionsfähigkeit und in deren Folge ganzheitlich-unternehmerischer Fähigkeiten eingebettet in Neukombinationen.

Ein häufiges Mißverständnis: Innovationen werden als objektiv erstmalig verstanden. Das „Messen" von Innovationsintensität durch die Anzahl von Patenten folgt dieser Sichtweise. Wer inноviert, macht es jedoch zunächst für sich und durch sich selbst. China ist ein Innovationsdieb, weiß jeder, man klaut Wissen und die von diesem erzeugten Produkte. Sogar deutsche Roboterfirmen will man kaufen. Ein Verbrechen gegenüber dem Standort Deutschland. Aus der hier vorgestellten Sichtweise sind es Innovatoren, die solche Dinge zu machen wagen und auch dadurch früher oder später an der Innovationsfront ankommen. Innovationsintensität gemessen an Patenten, hat China Europa längst hinter sich gelassen ohne über zugewanderte Fachkräfte verfügen zu können. Ein jüngeres Beispiel, berichtet von Ward (2016). Der britische Pharmakonzern GlaxoSmithKline GSK beschäftigt in seinem Labor in den USA mehrere chinesische Wissenschaftler, überwiegend Frauen, noch relativ jungen Alters (30-45 Jahre). Eine gilt als „top protein biochemist" auf der Welt. Die Chinesinnen, teilweise Mitglieder einer gleichen Familie, werden angeklagt: Diebstahl von Wissen. Das von ihnen erzeugte Wissen haben sie in

---

[346] Nach dem Bericht der Bibel wurde Methusalem 969 Jahre alt und ist der älteste in der Bibel erwähnte Mensch.

neu gegründete Unternehmen eingebracht, um biopharmazeutische Produkte in China zu entwickeln und auf den Markt zu bringen. Idealtypisches Unternehmertum nach Schumpeter. Warum hat es GSK nicht selbst gemacht/geschafft? Jeder weiß es. Der die Angeklagten verteidigende Anwalt: „It's one of many cases brought against Chinese Americans in the last several years, some of which have proved to be vastly overstated."

17.2 Evolutionsgüter als Wegbereiter einer alterslosen Gesellschaft

Der evolutorische Unternehmer *tut* mehr als ein silberökonomischer Konsument und die Hersteller silberökonomische Bedürfnisse befriedigender Güter. Die Sichtweise des I-Ging anführend: Silberwirtschaft ist *yin* (Offenheit für neue Produkte), das schöpferische Durchsetzen durch Selbsterzeugung ist *yang*. Selbstevolution und Evolvierbarkeit sind an Lernfähigkeit gekoppelt. Und diese ermöglicht es, gegen den Strom zu schwimmen, was ein Unternehmer tut, wenn er innoviert. Daher sind Neukombinationen und Fähigkeitsentfaltung notwendige (wohl auch hinreichende) Bedingungen für die Reproduktion (Autopoiesis) einer zunehmend kalendarisch alternden Gesellschaft.

Wie alt ist der Unternehmertiger? Ein Tiger in der Wildnis wird 16 Jahre alt (die Hälfte des Alters unserer Vorfahren in der Steinzeit); lebt er wie ein Mensch (in Gefangenschaft, ärztliche Betreuung) bis 26 Jahre. Wenn er selbstevolutionierte? Dieser Aktionsparameter steht nur dem Menschen zur Verfügung, dem Olderpreneur.

Eine Silberwirtschaft (yin) kann nicht jenseits einer Stationarität überleben, welcher es nicht gelänge, Unternehmertum (yang) oder allgemein Erwerbstätigkeit bei jenen zu fördern, zu erhalten, aufzubauen, welche als die Konsumaktivisten die ökonomische Existenz der Produzenten von Silbergütern erst ermöglichen. Nachfrage (Yin) erodiert ohne Selbstschaffung von Kaufkraft (Yang) jenseits ihrer sozialstaatlichen oder vermögensertraglichen Bereitstellung. Yin und Yang müssen zueinander finden (Röpke & Xia, 2007, Kapitel 7 & 8). Der Erhalt der wirtschaftlichen Dynamik einer demographisch alternden Gesellschaft ist eine Funktion symbiotisch-unternehmerischen Tuns auch der alten Menschen selbst. Ökonomie und Biologie sind selbsttherapeutisch gekoppelt. Ob der Staat, visionär oder nicht, mitgestaltet, ist Nebensache. Irgendwann wird er seine palliativökonomische Interventionslogik aufgeben müssen, weil sonst, wie gezeigt, wirtschaftliche Dynamik (nicht gleichzusetzen mit Wirtschaftswachstum: Röpke & Xia, 2007, Abschnitt 5.9) in Stagnation, ökonomisch und lebenserhaltend, übergeht. Die Evolution wird auch das System Politik heimsuchen. Wer festhält verliert, sagt uns Laozi.

Die Anreizsysteme in allen Teilsystemen der Gesellschaft mutieren auf die Förderung chronologisch zunehmend alter Menschen. Bildung, Wirtschaft ohnehin. Gesundheit: Versicherungssysteme bauen um. Tägliche Lebensweise (wie Bewegung, Ernährung) ist durch Datenerfassung (Big Data) beobachtbar, irritiert die Menschen zu Änderungen ihrer Lebensweise und setzt sich gegen ethische Widerstände durch. Unternehmen beginnen, in diese Richtung zu innovieren. Die Zukunft eines weltweiter Konkurrenz ausgesetzten ökonomischen Systems ist eingebettet in eine Evolution der Evolution, der Evolution von Evolutionsgütern, welche Bedürfnisse der Evolution erzeugen und befriedigen.

Erstmalig seit Beginn des modernen ökonomischen Wachstums in der industriellen Revolution können damit Evolutionsgüter eine Schrittmacherrolle im Entwicklungsprozeß übernehmen. Der „Gesundheitsmarkt" im weiten Sinne (Entfaltung der geistigen, körperlichen, sozialen und seelischen Fähigkeiten des Menschen) ist nicht nur als Kostenfaktor wahrzunehmen. Die bewußte Förderung der Selbstevolution der Menschen durch Evolutionsgüter produzierende Unternehmer zielt auf den Kern der Eigendynamik von Entwicklungsgesellschaften, eine Entwicklung, die weiterreichende Wirkungen auslösen könnte, als die Entschlüsselung des genetischen Codes und seine epigenetische Aktualisierung für die Beeinflussung organischer Systeme. Evolutorische Güter und Innovationsgüter (Schumpetergüter) sind Komplementärprodukte. Sie fördern sich wechselseitig in ihrer Entstehung. Evolutorische Güter sind weitgehend selbsterzeugte. Die Kompetenzindustrie mag mitwirken. Die Schaffung und Durchsetzung muß jeder selbst leisten.

Kann ein Roboter dabei helfen?

Er nennt sich Tega. Was macht er? Er wirkt emotional, erzeugt Zustände und Prozesse, welche Menschen helfen, wirksamer die Emotionen des Lernens zu kultivieren, wirksamer zu lernen. Tega wurde von Forschern Personal Robots Group am MIT Media Lab entwickelt, unter Leitung von Cynthia Breazeal (Angelica, 2016; verfügbar bei http://www.kurzweilai.net/).

Abbildung 52: Roboter Tega

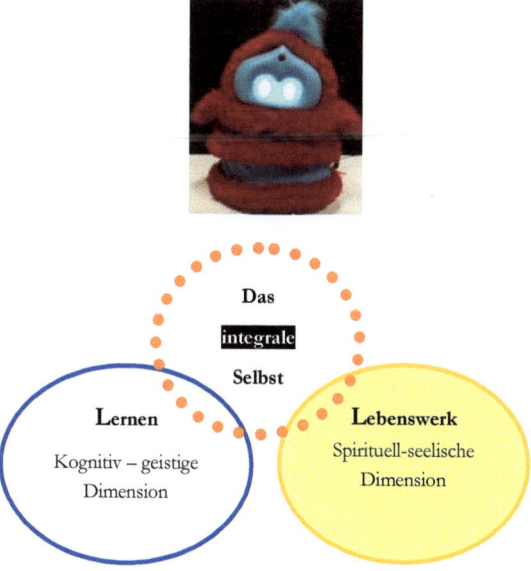

Wenn ältere Menschen länger wirtschaftlich aktiv sein können, wollen und dürfen vorausgesetzt, erzeugen sie selbsterzeugte Einkommen, sie leben nicht vom Einkommen anderer, noch aktiver, insbesondere jüngerer Menschen. In seiner Kritik an Überlegungen, ein Bevölkerungsrückgang könnte das Wachstum einer Volkswirtschaft negativ beeinflussen, äußert Schumpeter (1950, S. 186): „[...] ein Rückgang der

Zuwachsrate der Bevölkerung (gefährdet) nicht *per se* die Investitionschance oder die Zuwachsrate der Gesamtproduktion pro Kopf", also der Produktivität oder des Prokopfeinkommens, des Lebensstandards der Bevölkerung. Er fügt allerdings in einer Fußnote hinzu: „Ein namhafter absoluter Rückgang der Bevölkerung würde zusätzliche Probleme aufwerfen."

17.3 Sofapreneure?

Internet, Digitalisierung, Disruption, Frugalität schaffen eine Vielzahl von Chancen für Unternehmertum. Alles lassen sie sich vom „Sofa" aus gestalten, durchsetzen? Auch Alte können hier unternehmerisch mitwirken. Älteren Sofapreneuren böten sich vielfältige Chancen, sogar parallel zu angestellter Erwerbstätigkeit. Wenn sie Seßhaftigkeit nicht zulassen, erwerbsorientierte Tätigkeiten nicht mit Bewegungsmangel kombinieren. Das kann man Millenials überlassen. Sofapreneure kann man also zweifach verstehen: Nutzenziehen aus der Digitalisierung und Robotorisierung und bewegungsermangelnde Selbstständigkeit, vernachlässigen der Bedürfnisse von Leib und Gehirn. Wer beides im Alter kombiniert, wird zweifach gestört: durch den Markt, durch den Körper. Beides läßt sich unternehmerisch beantworten, wenn man aus der Routine ausbricht.

Lebenslanges Unternehmertum ist nicht primär an Produktivitätswachstum und Vielgeldverdienen ausgerichtet. Im Zentrum steht die Schaffung eines Lebenssinns durch Arbeiten, durch Aktivbleiben, die Steigerung, darwinistisch gesehen, der Artenvielfalt in höherem Alter und Lebensproduktivität. Den Ruhestand genießen könnte jeder im Jenseits. Im diesseitigen Leben ist Ruhestand im herkömmlichen Sinn kein Stressvermeider sondern -erzeuger. Wir verweisen erneut auf die Vielzahl einschlägiger Untersuchungen (Bonsang, Adam, & Perelman, 2012; Horner, 2012; Lautenschlager, Anstey & Kurz, 2014; Meyer-Abich, 2010; Rajan et al, 2015; Rohwedder & Willis, 2010; Sahlgren, 2013; Vester 1976; Wu u.a., 2016). Auch Lebensproduktivität ist eine durch Investitionen erzeugte. Bildung und Erfahrung erzeugen keine Produktivitätszuwächse, bei älteren Menschen auch das Fortbestehen von Wertschöpfungsmöglichkeiten, wenn Fähigkeiten und Erfahrung nicht investiert sind, sogar Papiertiger bleiben, Negativinvestionen (die Normalität in Alternsvorgängen) die Überhand gewinnen.

Wir haben des Öfteren auf die japanische Unternehmung Irodori verwiesen. In ihr sind alte Frauen (im Durchschnitt 70 Jahre alt) beschäftigt, nicht ehrenamtlich, die Modelltätigkeit für alte Menschen in Deutschland, die unentgeltlich tätig sind und damit staatliche Einrichtungen finanziell entlasten.Vielleicht stellt Irodori auch Silberprodukte her. Aber sie werden von Menschen erzeugt, die normalerweise nicht mehr arbeiten. Auch vielfältige Kopplungswirkungen werden geschaffen (Haga, 2015). Was wäre die kleine Stadt Kamikatsu, in der Irodori tätig ist, die in einer Generation einen Bevölkerungsrückgang von rund 4000 auf weniger als 2000 Menschen ausgesetzt ist, ohne die Arbeit der Alten? Was wäre geschehen, gedanklich, wenn Irodori nicht mehr existierte oder überhaupt nicht gegründet worden wäre? Ein Besucher der Stadt beobachtet: „Ich fand heraus, daß die Stadt ihre ältere Bevölkerung in einer Weise mobilisiert hat zu arbeiten, um sie gesund zu halten und von Krankenhäusern distanziert zu halten."[347] Wir beobachten in Kamikatsu daher das Zusammenwirken von wirtschaftlichen und gesundheitlichen Einflußprozessen, sich gegenseitig stimulierend und Wertschöpfungspotentiale in einer Stadt erschließend, in der 51 Prozent der Einwohner über 65 Jahre alt sind.

---

[347] Super-aged Japan taps benefits of its graying workforce, http://newsonjapan.com/html/new sdesk /article/114647.php

Nehmen wir an, es gäbe Tausende von Irodoris. Wie würde sich die Wirtschaft, trotz einer demographischen "Vergreisung" in Japan (oder Deutschland) entwickeln? Würde die Lebensproduktivität massiv zunehmen können, geradezu explodieren? Dies ist silberökonomisch nicht erklärbar. Die ökonomische und demographische Alterung von Kommunen und Subregionen ist in Deutschland, aber auch Nachbarländern wie Frankreich, Normalität. Wie berichtet, nimmt die herrschende Meinung die Position ein, Zuwanderung würde Abhilfe schaffen können. Gelegentlich wird hierbei auf das Deutschland im 18. Jahrhundert verwiesen, als Preußen eine aktive Einwanderungspolitik, etwa Hugenotten aus Frankreich, umsetzte. Nehmen wir an, es gäbe auch Tausende von Irodoris in Deutschland und den sich entvölkernden Kommunen würde es gelingen, neue Unternehmen aufzubauen oder bestehende Unternehmen auf einem Entwicklungstrend zu halten, in dem, humankapitalistisch gesprochen, die Unternehmensleitung trotz Alterung neukombinativ aktiv bleibt und die älter werdenden Mitarbeiter weiter beschäftigt? Wie erzeugt oder erhält sich die unternehmerische Energie, die Willenskraft, bei allen Beteiligten, solches zu leisten? Wo sind die Irodoris in Wilhemshaven? Oder den sich entvölkernden Subregionen, die wir sogar in Touristikzentren wie der Rheinregion um die Loreley antreffen? Die Silbermenschen auf Dreistundenbesuch schaffen nicht die Werte, um die Kommunen auch ökonomisch vor einer Vergreisung zu schützen. Wir brauchen Windkraft um Einkommen für die Kommunen zu erzielen, fordern die zuständigen Bürgermeister, gegen den Protest der Einheimischen. Wie würde Irodori ohne selbstevolutives Unternehmersein der alten Frauen existieren können? Wie erklärt sich ein überdurchschnittlich guter Zustand ihrer Gesundheit? Wie vermochten „Seniorinnen" ihre Senioritis überwinden? Wie läßt sich eine Zukunftsperspektive erhalten, fördern, in einem Unternehmen, welches nur alte Menschen beschäftigt? Erzeugt sich ein werterzeugender „Nachwuchs" selbst durch selbstevolutives Unternehmersein? Die Zukunft schafft neue Möglichkeiten, nicht die Vergangenheit. Unternehmerische Zukunft entsteht durch eigenes Tun, eingebunden in Eigenverantwortlichkeit für seine Gesundheit, in Liebe, emotionaler Hingabe zu seinem Körper. Emotionen werden zu einem Gedächtnis des Leibes. Das Natürliche tun (aus chinesisch-daoistischer Sicht) schafft nur der Unternehmer. Die Evolutionsspirale verwirklicht sich in biologischer Zeit.

Die folgenden Abbildung zeigt noch einmal, was sich bei Irodori abspielt. Kommunikationstechnologie ist frugalisiert, damit sie von den älteren Frauen genutzt und vom Unternehmen bezahlbar bleibt. Die Frauen erzeugen frugal-innovative Produkte (Laubdekoration für Restaurants), die japanweit verkauft werden. Eine Expansion nach Europa, zunächst für japanische Restaurants (Paris, Düsseldorf, Frankfurt) ist in Vorbereitung (als wir diese Zeilen schreiben).

Angenommen, in Wilhemshaven oder der Lorelei gäbe es Irodoris. Von überallher würden dann auch interessierte Touristen, Journalisten und Forscher anreisen, diese Unternehmen zu sehen, zu beschreiben, zu studieren. Welche Unterschiede in Wohlstand und Wohlbefinden würden sich einstellen im Vergleich zu einem silbermarkttypischen Geschehen? Würden sogar Hartz-IV-Menschen und Langzeitarbeitslose Arbeitsplätze finden, aufgrund der ökonomischen Multiplikatoren und Kopplungswirkungen, erzeugt von den Erwerbstätigen im Alter von 70+?[348]

Auch wenn Zuwanderung der Wirtschaft helfen könnte (theoretisch wie empirisch umstritten), bleibt die von uns in den Mittelpunkt gerückte Frage: Wie kann eine alternde Gesellschaft die ältere Bevölkerung zu deren Wohl (nicht notwendigerweise der Gesellschaft selbst) wirtschaftlich und gesundheitlich jenseits

---

[348] Bezieher von Hartz-IV sind erwerbsfähige Menschen. Eine Millionen sind dauerhaft in Hartz IV. Im Juni 2015 waren insgesamt 4,4 Millionen erwerbsfähige Hartz-IV-Empfänger. ww.spiegel.de/wirtschaft/soziales/hartz-iv-mehr-als-eine-million-menschen-leben-dauerhaft-davon-a-1095187.html

eines Rentendaseins und dessen silberökonomischer Ausstrahlung erhalten, also entwicklungs- und evolutionsökonomisch, somit ihre ökonomische und körperlich-geistige Autopoiesis reproduzieren?

Abbildung 53: Wertschöpfungspotentiale frugaler Innovation, Beispiel Irodori in Japan

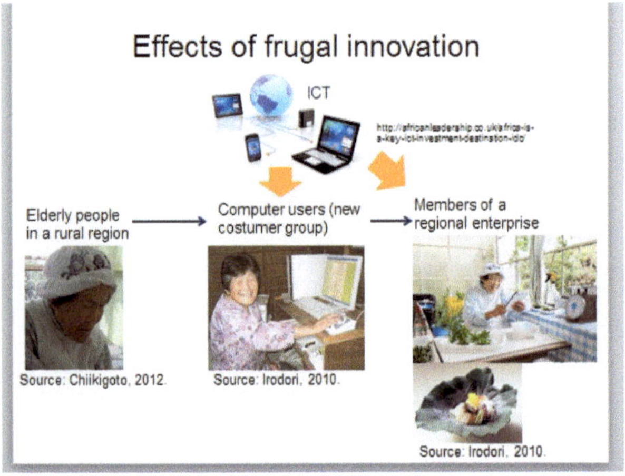

Effects of frugal innovation

ICT

| Elderly people in a rural region | → | Computer users (new costumer group) | → | Members of a regional enterprise |

Source: Chiikigoto, 2012.   Source: Irodori, 2010.

Source: Irodori, 2010.

Quelle: Kazue Haga

Alte Menschen können in allen RAIE-Funktionen (Routine, Arbitrage, Innovation, Evolution) aktiv sein. Wie läßt sich mit zunehmendem biographischen Alter(n) eine Funktion von Innovation und Evolution schaffen, am Leben erhalten? Wie die Irodorifrauen oder die Muscheltaucherinnen solches gemacht haben, wissen wir (6. Kapitel). Wie leisten sie es, sich in hohem Alter mit Seepferdchen (Hippocampi) auszutauschen, während ihre gleichaltrigen Altersgenossinnen ihren Hippocampus zu Grabe tragen?[349] Weitere journalistisch aufbereitete und informative Fallstudien zu japanischen Fallstudien sind bei Pilling (2014), Schlesinger und Martin (2015) sowie Gilhooly (2015) verfügbar. Da Japan nicht auf Zuwanderer ausweichen kann und will (obwohl die Wirtschaft, wie in Deutschland dies dauerhaft einfordert), ist eine endogene Neukombination der aktuell oder potentiell verfügbaren Erwerbstätigen, unabhängig von ihrem kalendarischen Alter, unausweichlich, auch ein politisches Muß, wenn der Wohlstand der Bevölkerung, erzeugt primär durch eine Steigerung der Produktivität der eingesetzten Ressourcen, erhalten bleiben soll.

---

[349]Der Hippocampus ist ein zum limbischen System des Gehirns gehörendes Teilsystem. Es ist vor allem an der Gedächtnisbildung beteiligt. Ist der Hippocampus beschädigt, kann man keine neuen Erinnerungen formen. Auch wenn ältere Erinnerungen vor der Zeit der Hippocampuserosion unberührt bleiben mögen, tritt man in eine Welt ein, in der das, was man wahrnimmt und erlebt, keine Beziehung zur Vergangenheit aufbauen kann. Der Hippocampus funktioniert als nicht-triviale Maschine in einem nicht-trivialen Organ (dem Gehirn). Die Forschung entdeckt im Hippocampus immer neue Teilsysteme (Maruszak & Thuret, 2014). Man spricht von „regionalen Wirkungen", wobei eine Region mit anderen interagiert. Daß für Alzheimer, Depression etc. noch keine befriedigenden Interventionen, seien es Arzneien, seien es psychotherapeutische Eingriffe (gleichfalls zunehmend auf medikamentöser Basis arbeitend), zur Verfügung stehen, überrascht daher nicht. Bio-unternehmerische Interventionen auf selbsttherapeutischer Grundlage (etwa Bewegung) könnten mit der Komplexität wirkungsvoller umgehen. Systemlogisch überraschend wäre es nicht. Interventionen in komplexe Systeme (sei es ein Marktsystem, sei es das Gehirn, sei es das kardiovaskuläre System) sind immer mit Nebenwirkungen verknüpft. Bis heute ermöglicht die Komplexität des Zusammenwirkens der Zellen im Gehirn keine neuromedizinische Intervention (Spät, 2016).

Andere ostasiatische Länder wie China und Korea sehen sich weitgehend identischen Herausforderungen gegenüber.

Wir haben auch genügend Beispiele erläutert, wie Menschen, Frauen und Männer, bis in ein Alter, in dem die meisten dem Lieben Gott bereits die seelische Hand schütteln dürfen oder sich pflegeassistiert, auf das Ableben vorbereiten, ihr irdisches Leben, ökonomisch, körperlich, selbstevolutiv weiterführen.

Einige weitere Beispiele seien genannt, um zu illustrieren, wie sich eine alterslose Gesellschaft ökonomisch erhalten könnte. Jährlich gehen viele Tausend Menschen in Rente oder Pension, in Banken etwa, in Immobilienfirmen etc. Viele dieser Rentner verfügen über Jahre an Erfahrung und Kontakte, die aufzubauen Jahrzehnte dauern kann. Weggeworfen. Ein Bankangestellter kann im Alter alles Mögliche unternehmen, um sein Wissen und seine Erfahrungen zu nutzen. Er kann es alleine machen, mit anderen ehemaligen Kollegen zusammen, usw. Er kann Silbergüter im Finanzsektor anbieten, oder Güter für alle Generationen, etwa jüngere Menschen, die sich über ihr Leben im Alter Gedanken machen müssen.

Viele der Ruheständler sind qualifiziert. Das Internet bietet Chancen en masse. Man beobachte Internetfirmen, viele kleine und junge bieten ihre Leistungen an. Man frage an: Kann ich bei euch mitwirken, euch unterstützen? Kostet nicht viel Geld. Die Innenstädte veröden, die Internetkonkurrenz fordert ihre Opfer (schöpferische Zerstörung). Man spreche die Kaufleute an, kann ich etwas für euch tun, ich habe Qualifikationen und Erfahrungen auf diesem oder jenem Gebiet.

Ein Immobilienmakler, im Ruhestand. Menschen wollen Immobilien kaufen, verkaufen, vermieten. Überall auf der Welt. Ein Haus in Mallorca kaufen, oder in Usedom. Oder sonstwo. Er kann Ruheständlern vielerlei Nutzen stiften, auch finanziell attraktiver als die Immobilienmakler. Er kann es mit einer Bankfunktion verbinden, da sämtliche Banken im Immobilienmarkt aktiv sind. Gewerbeimmobilien, oder Ferienhäuser, oder Eigentumswohnungen für junge Menschen, Dienstleistungen ohne Ende. Alle Banker und Immobilienmakler sind fit im Bereich von Computer- und Internetnutzung. Sie brauchen keine Büros, können alles von zu Hause aus erledigen, sie können Dauerurlaub auf den kanarischen Inseln machen und parallel ihre Geschäftsideen verwirklichen. Diese Überlegungen gelten für sämtliche Berufsgruppen, falls staatliche Vorgaben dem nicht entgegenstehen. Vorlesungs-, Trainings- und Seminarangebote gewinnen - ausgehend von den USA - zunehmend Anerkennung. Sie benötigen kein vor Ort sein da digitalisiert. Fachkräfte sind verfügbar und pensionierte Lehrer an Schulen und Hochschulen können vielfältige Angebote disruptiv und frugal bereitstellen, Pensionierung wird durch Digitalisierung ihrer Schicksalsträchtigkeit beraubt. Lehrer können sich zusammenschließen, Netzwerke und Lehr/Trainingsgenossenschaften ins Leben rufen. Wie bei allen Neuerungen kommt Widerstand auf, insbesondere in vom Staat durchregulierten Erziehungs- und Ausbildungssystemen. Was wir vorgetragen haben, ist für noch Selbständige und Freiberufler selbstverständlich. Wer von ihnen seinen Ruhestand genießen will, seine Sache. Oftmals werden Geist und Körper es ihm heimzahlen.

Ruhestand funktioniert ohne Schaden zu nehmen nur, wenn er unternehmerisch durchwirkt ist. In allen Komponenten der Selbstevolution: Lernen, Lieben, Lebenswerk und körperliches Leben. Selbstevolution steigert das energetische Niveau und dieses das evolutorische Tun. Leider sind nichttriviale Systeme nicht im Sinne geradliniger Ursache-Wirkungs-Beziehungen steuerbar. Der Staat, der Gesetzgeber, die Behörden tun sich nicht nur schwer, sie schaffen es nicht, ein lebenslängeres Unternehmertum zu erzeugen. Das von vielen beobachtete Scheitern der Pflegemuster zeigt es auf. Nur eine begrenzte Zahl von Wegen führt evolutorisch weiter. Diese sind zu entdecken, nicht vorgegeben. Altern vollzieht sich in inkrementeller Neukombination, für die Menschheit, für einzelne Menschen. Ein Ende der Innovation bedeutet ein Ende des Lebens, in der Wirtschaft ein Ende der Entwicklung, Stagnation.

Ergebnis somit: Ein Rentnerdasein erzeugt vielfältige unternehmerische Chancen. In den USA machen es viele. In Deutschland, auch in Frankreich, können gesetzliche Vorgaben zu Einschränkungen führen. Die Vorgaben und Auflagen des Staates werden jedoch permanent an die Altersproblematik angepaßt, nahezu jährlich gibt es neue Richtlinien. Falls jemand mit dem Standardruhestandsjahr 65 seine alte Arbeitsstätte verläßt, hat er noch viele Lebensjahre vor sich. In den obigen Fällen läßt sich von einem guten Gesundheitszustand ausgehen, im Durchschnitt. Der Finanzierungsbedarf ist bescheiden.

17.4 Wie werde ich ein Golden Ager?

Ruhestand funktioniert ohne Schaden zu nehmen nur, wenn er unternehmerisch durchwirkt ist. In allen Komponenten der Selbstevolution: Lernen, Lieben, Lebenswerk und körperliches Leben. Selbstevolution steigert das energetische Niveau und dieses das evolutorische Tun. Leider sind nichttriviale Systeme nicht im Sinne geradliniger Ursache-Wirkungs-Beziehungen steuerbar. Der Staat, der Gesetzgeber, die Behörden tun sich nicht nur schwer, sie schaffen es nicht, ein lebenslängeres Unternehmertum zu erzeugen. Das von vielen beobachtete Scheitern der Pflegemuster zeigt es auf. Nur eine begrenzte Zahl von Wegen führt evolutorisch weiter. Diese sind zu entdecken, nicht vorgegeben. Altern vollzieht sich in inkrementeller Neukombination, für die Menschheit, für einzelne Menschen, eingebettet, auch in hohem Alter, in Zukunftsperspektiven. Radikale Neuerungen wie künstliche Intelligenz oder Robotereinsatz verwirklichen sich bei den Individuen, in Organisationen, in Betrieben, inkrementell. Ein Ende der Innovation bedeutet ein Ende des Lebens, in der Wirtschaft ein Ende der Entwicklung, Stagnation. Die Ausweitung der Lebensspanne ist eine Funktion von Neukombinationen und selbstevolutiver Energie.

Am einfachsten liegen diese Zusammenhänge auf der Ebene der einzelnen Person: Ändere ich meinen Lebensstil oder nicht, arbeite ich länger, anders, gelingt es, chronischen Stress zu zügeln, erschließe ich neue Wertschöpfungspotentiale? Auch die menschliche Natur hat ihre Pfadabhängigkeiten. Genau wie Unternehmen und Industrien sterben sie zu früh, angesichts der vielfältigen Chancen, welche eine Änderung ihrer ökonomischen und biologischen Verhaltensmuster bietet. Die gesunde Lebensspanne ist verkürzt, Leiden normal, Gebrechen ziehen in den Körper ein, die Zeitspanne für Selbst- und Koevolution bleibt eingeschränkt. Warum ist das so? Jede Wissenschaft hat darauf ihre Antworten. Der Ökonom: Die psychischen Kosten sind zu hoch; Wissen unzureichend; unternehmerische Energie zu gering; Zukunft stark auf die Gegenwart abdiskontiert (Gegenwartsvorliebe), Folge von Krankheiten, insbesondere ihrer Behandlung (Heilung ist gegenwärtig und in den nächsten Jahren, vielleicht Jahrzehnten ausgeschlossen), lassen sich externalisieren. Wenn man etwa die Ernährungsszene beobachtet, stellt man schnell fest: an Information kann es nicht fehlen. Auch die deutsche Literatur ist hierzu reichlich verfügbar. Unsicherheit und Ungewißheit bleiben jedoch hoch. Viele Widersprüche: Macht Fettessen gesund oder krank? Welches Fett darf es sein? Ohne Unternehmertum geht es nicht. Wissenschaft, Politik und Akteure im Gesundheitssystem senden mehrdeutige Signale. Die Ernährungsindustrie kann man ohnehin nicht ernst nehmen. Auch Öko und Bio verkürzen im Rahmen einer herkömmlichen Ernährungsweise die Lebensspanne der Menschen. Wer Bio isst, fühlt sich gut, naturnahe, der Körper kann es anders sehen, betrügen kann man ihn nicht.

Die Abbildung skizziert drei relevante Variable. Werte werden durch Unternehmertum (umfassend verstanden) erzeugt. Mit zunehmendem Alter sinkt die unternehmerische Funktionskraft, primär bedingt durch einen Abbau ganzheitlicher Gesundheit. Gesundheit ist ein unverzichtbarer Einflußfaktor auf die Ausprägung von Unternehmertum im Lebenszyklus. Je älter jemand ist, desto größer wird die Wirkung sein. Hoffnung erzeugt sich durch liebevolles Arbeiten mit dem Körper. Das biologische Altern läßt sich aufhalten, auch für viele Jahre umkehren. Ein zunehmendes chronologisches Alter ist damit kein Argument für sinkende Wertschöpfungskraft. Beispiele dafür gibt es in allen Systemen der Gesellschaft.

Abbildung 54: Zusammenwirken von Unternehmertum, Alter und Gesundheit

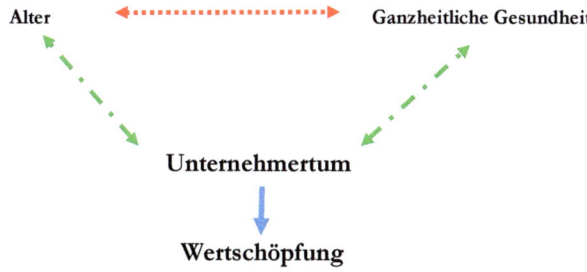

Pfeile rot: Achtung, Gefahr; grün: Hoffnung

Da die jungen Startups immer stärker ausdünnen, auch im Vorzeigeland USA (Casselman, 2014; Decker u.a., 2015; Fairlee u.a., 2015; Samuelsen, 2015) und ihre Neuerungen erfahrungs- und wissenschaftlich bedingt, silberökonomische Nachfragepotentiale, insbesondere aber Innovationen, schwierig zu erzeugen vermögen, ist eine zunehmende Integration älterer „Semester" in die unternehmerische Welt eine notwendige Bedingung um die Reproduktion (Autopoiese) einer kalendarisch aber nicht biologisch alternden Gesellschaft auf einem neukombinativen und selbstevolutiven Pfad der Entwicklung zu erhalten. Entwicklung ist pfadabhängig. Alte Menschen sind Wege gegangen, die junge noch nicht gehen konnten, oftmals niemals (mehr) gehen werden. Denn die Evolution der Gesellschaft – eine negative nicht ausgeschlossen – hat ganz neue, soziokulturelle Normen (Meme) erzeugt. Eine Altersökonomie wird daher notwendigerweise andere Wege gehen, als eine von jungen Menschen dominierte, in welcher alte Menschen der Bismarckschen Vorgabe folgend, mit 65plusminus in den „Ruhestand" treten. Eine alterslose Gesellschaft gibt dem Menschen ihre Zukunft im Diesseits zurück. Ein hohes kalendarisches Alter ist daher kein visionsloses. Ein Investor wie Warren Buffett, 86 Jahre alt, kann sich die Zukunft von Coca Cola in 20 Jahren vorstellen und Ray Kurzweil, im deutschen Ruhestands/Pensionsalter mit 68 längst angekommen, ein Leben mit heruntergeladener künstlicher Intelligenz in seinem Hirn.

Man erkennt auch unmittelbar, welche unternehmerischen Anstrengungen in anderen Teilsystemen der Gesellschaft zu unternehmen wäre, um diese alterslos (ageless) zu gestalten. Das gesamte Rechts- und Vorgabensystem würde sich ändern (müssen), das System Wissenschaft wäre vollständig umzugestalten, usw. Das Problem ist nur: Die kausalen Mechanismen des Alterns bleiben weitgehend unbekannt, in Ungewißheit eingebettet (sagen zumindest Biologen wie De Magalhaes, 2014) Was sich vor unseren Augen abspielt, sind somit unschöpferische Zerstörungen, da Unternehmertum, nicht zuletzt von älteren Menschen, die am meisten Wissen und Erfahrungen haben, nicht zum wirtschaftlichen und politischen Tragen kommt oder nicht kommen kann, weil ihr körperliches Alter sie daran hindert, schöpferische Initiativen ergreifen zu können. Gerhard Schröder, 90 Jahre alt, aber körperlich zwei Jahrzehnte jünger. Teilnehmer am 100m-Wettbewerb für Altsprinter. „In einem kleinen [alten] Sack kann man nichts Großes aufbewahren" (Zhuangzi). Wie öfters geschrieben: Die Liebe zum Körper ist das Beste, was wir für uns selbst tun können. Kein Mediziner vermag sie zu ersetzen. Evolution ist ein Entdeckungsprozeß, dessen Funktion mit dem kalendarischen Alter an Gewicht gewinnen könnte. Darwinisten wie Richard Dawkins (2000, S. 831) sprechen von einem additiven Aufbau komplexer Anpassungen. Das Ausleben der natürlichen Lebensspanne (im Daoismus ein hehres Ziel, das ultimative für einige Daoisten) verwirklicht nur der seinen Körper liebende und achtende Unternehmer.

Eine Vision erlaubt uns, Zukunft zu gestalten, sei es mit 100 noch zu arbeiten oder mit 85 einen Marathon zu laufen – wie in einem vorgestellten Alter von 50 Jahren. Die Zukunft wirkt dadurch auf die Gegenwart zurück.[350] Gegenwart heißt, Vergangenheit von Zukunft zu unterscheiden. In einem Unternehmer sind diese Unterscheidungen im jeweiligen Verhalten immer präsent, aber je nach Funktion in unterschiedlicher Relevanz. Routine ist vergangenheitsdominiert, ein radikaler Innovator will seine Zukunft verwirklichen. Bei älteren Menschen verkürzt sich der zukünftige Zeithorizont, eine Ausweitung der Lebensspanne macht die Zukunft in seinem Verhalten gegenwartsnäher. Er verhält sich gegenwartsorientierter. Lebenslanges Unternehmertum erzeugt Zukunftsperspektiven im diesseitigen Leben, für das Individuum und für die Gesellschaft, ein Grund, warum warum wir uns damit überhaupt beschäftigen.

Eine Golden Economy selbstorganisiert sich auf verschiedenen Wegen. Notwendige und hinreichende Bedingung für ihre Autopoise ist die Kopplung von ökonomischem und biologischem Unternehmersein. Wem die Natur keine Supergene geschenkt hat und über epigenetische Umweltreize bestimmte Gene nicht zu aktivieren vermochte, der muß biologisches Unternehmertum, zunehmend mit dem kalendarischen Alter, auch in sein ökonomisches Unternehmersein, in welcher Funktion auch immer, integrieren. Selbsttherapie oder „Autotherapie" (Sloterdijk, 2009, S. 20) ist essentiell. Wer wartet, bis pharmazeutisch erzeugte Demenzkiller vorliegen, wird lange warten müssen, vielleicht ewig, also hoffen, den Zustand der Unsterblichkeit zu verwirklichen, ohne Tithonus zu seinem Freund zu machen. Das Leben selbst in einer Golden Economy „erscheint als eine mit autotherapeutischen [...] Kompetenzen ausgestattete Integrationsdynamik", um noch einmal den Philosophen Peter Sloterdijk (2009, S. 20) anzuführen, der in seinem Buch „Du mußt dein Leben ändern" unsere Thematik in einer uns nicht zugänglichen Sprachfähigkeit formuliert.

Wie hoch sind meine Chancen, ein Golden Ager zu werden, bis 100+ zu leben? Wie lange kann ich leben, wie hoch ist meine Gesundheitsspanne? Man kann es zu kalkulieren versuchen, wenn man die Risikofaktoren in ein Programm eingibt. Eines der besten, das wir kennen, stammt von dem Altersforscher Thomas Perls, der sich auch intensiv mit Hochaltrigen beschäftigt.[351]

Die durch moderne Technologien mögliche Vernetzung kommt auch alten Menschen zu gute. Hier entstehen somit auch neue Produkte mit Silbermarktcharakter jenseits der vorherrschenden Konsumgutorientierung. Roboter in Altersheimen von Singapur, Robocoach genannt, interagieren mit den alten Menschen und fördern ihr körperliches Aktivsein (Aza Wee Sile, 2015). In Japan ist Robear weit verbreitet. Roboter sind daher Mitgestalter von Blue Zones (Singapur strebt sie, dem Vorbild Okinawas folgend, für den Stadtstaat an). Auch noch Erwerbstätige können den Robocoach nutzen, damit ihre körperliche Fitness verbessern.

---

[350] Der Begriff Vision hat ebenso wie Kompetenz und Innovation an Beliebigkeit gewonnen. Visionen gelten zunehmend als Projektionen über die Zukunft für alles Mögliche, aber nicht für die eigene. Beispielhaft Cave (2016), der fünf Projektionen über Technologien als „Visionen" vorstellt, zwei der fünf Bücher mit „vision" im Titel. Hier trifft zudem zu, was Deaton (2013, 2015) über die Nutzung von Statistiken für politische und eigene Zwecke ausführt.

[351] https://www.livingto100.com/

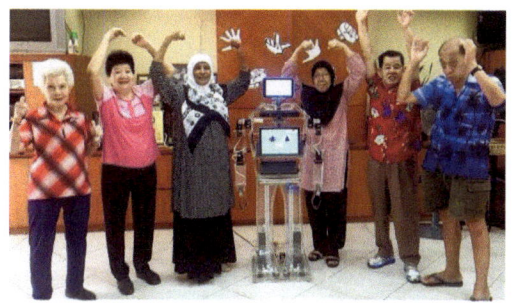

Quelle: CNBC Asia; Aza Wee Sile

Die moderne Entwicklung ist hochgradig von Wissen und Vernetzung geprägt. Innovationen durchsetzen bedeutet auch Wissen, Erfahrungen, arbeitsteilige Netzwerkbeziehungen schöpferisch zu nutzen. Solche Prozesse auf individueller, marktlicher und gesellschaftlicher Ebene zu gestalten, ist zeitabhängig. Man kann daher verstehen, warum sich eine silberökonomische Sichtweise gegenwärtig mit einfacheren Beobachtungen und Projekten beschäftigt. Ohne Unternehmertum und die Schaffung der diese fördernden Faktoren fällt die Silberwirtschaft auf Routine zurück und bietet demographisch alternden Gesellschaften nur eine bescheidene Zukunftsfähigkeit.

Wir unterscheiden drei mehrfach angesprochene Wirkungsströme:

(1) Demographischer Wandel (Überalterung) vollzieht sich in einem Routineregime: Keine oder nur marginale medizinische Neuerungen; keine oder nur periphere Änderungen im Lebensstil der Menschen; Kompensation des Verlustes an Erwerbstätigen durch Import von Humankapital und längerem Arbeiten.
(2) Wie verändern sich Lebensspanne, Wohlstand und Gesundheitskosten, wenn wir Neukombinationen im Gesundheitssystem (eine strukturelle Kopplung zwischen Wissenschaft, System Gesundheit/Krankheit und Wirtschaft) zulassen?[352]
(3) Welchen Einfluß hat eine Veränderung des Lebensstils, initiiert und durchgesetzt durch „evolutorisches" Unternehmertum, auf den Wohlstand und die Lebensspanne von Menschen?

Unser Augenmerk liegt auf dem zweiten und dritten Zusammenhang. Offensichtlich bestehen hier Interaktionswirkungen. Der Lebensstil ist die Schlüsselvariable. Er ist persönlichkeitsstrukturell vollständig endogenisiert, also unternehmerisch gestaltbar. Nicht nur ist die Persönlichkeit selbst im Alter veränderbar,[353] auch was man im Altern unternimmt, lebensstilökonomisch, ist ein Aktionsparameter jedes Einzelnen. Eine Umstellung der Lebensweise erzeugt auch in höherem Alter erstaunliche Gesundheitswirkungen (zu Beispielen siehe etwa Blech, 2010, S. 196ff.). Mit einer zunehmenden Lebensspanne, gesund oder nicht, steigen die unternehmerischen Interventionsmöglichkeiten in Körper

---

[352] Wir sprechen von „Gesundheitssystem" im Sinne der systemischen Theorie. Das System Gesundheit ist ein Teilsystem der Gesellschaft, neben Politik, Wirtschaft, Wissenschaft usf. Für Niklas Luhmann (2000, S. 381) ist „Krankenbehandlung" ein „Funktionssystem" der Gesellschaft. Wenn wir Altern als eine Krankheit verstehen, können wir seiner Differenzierung zustimmen.

[353] Cezanne, 2015; Specht u.a., 2014a; Specht, 2014b.

und Geist, sämtliche der primären Lebensverkürzer (Herzkreislauf, Diabetes, Demenz, sogar Krebs[354]) lassen sich in höhere Altersstufen verschieben, sogar ganz ausschalten, das sekundäre Altern ist also variabel, lebensstilbedingt. Sogar die standardmedizinischen Anweisungen unterliegen einem Wandel, welches präventiv-biologisches Unternehmersein zumindest anerkennt, teilweise sogar empfiehlt, wie Bewegungsaktivität bei Lungen- oder Herzerkrankung, obwohl „Pillen" (die es leider noch nicht gibt) immer noch als erste Wahl gelten (Schmidt, 2016). Die statistisch-demographisch beobachtete Zunahme von Lebenserwartung und Lebensspanne weitet somit das unternehmerische Potential überproportional aus, stärker als in jüngeren Generationen. Jeder kann sich auf die Suche nach *seinen* Methusalem-Variablen machen. Selbstverständlich stehen dabei die beiden primären Einflußbereiche – physikalische Aktivität/körperliche Ertüchtigung und Ernährung – im Zentrum. Ihre jeweilige Durchsetzung ist ausschließlich von Willenskraft und Zeitperspektive gesteuert. Placebowirkungen existieren nicht auf diesem Lebensfeld. Man muß es selbst tun und man muß Unsicherheit und Ungewißheit akzeptieren. Gesundheit ist wie unternehmerisches Tätigsein generell ein Entdeckungsverfahren. Man sehe sich die Empfehlungen zu körperlichem Tätigsein und Ernährung an. Zu letzterer fast nur Chaos, trotz Tausender von „Studien". Fett? Getreide? Milch? Nur über Zucker scheint man sich einig. Der gegenwärtig beste Tennisspieler Novak Djokovic hat seinen Getreidekonsum auf Null zurückgefahren. Gewicht minus 4 kg, bei einem bereits durchtrainierten Supersportler (kein Cola, kein Alkohol, kein Fastfood), besseres Durchhaltevermögen beim Spielen, höhere Konzentration.[355] Andere berichten uns das Gegenteil: Ein deutscher Professor und Olympiasieger über 5000 Meter, jetzt auch im Silvermarketbusiness tätig, empfiehlt das genaue Gegenteil. Wer sich in Deutschland gegen die Empfehlungen der als zuständig betrachtenden Ernährungsinstitution wendet, wird nicht ernst genommen. Was tun?

Ein Unternehmer ist das, was er aus sich macht. Er lebt in selbsterzeugter Ungewißheit. Unternehmer sind Interaktionssysteme: Körper und Psyche interagieren. Systemisch gesprochen sind es Systeme unter Anwesenden. Jeder Sportler erfährt das im täglichen Umgang mit seinem Körper. Wer außerhalb der körperlichen und erwerbstätigen Routine sein Leben gestalten will oder muß - um schöpferischer Zerstörung zu entgehen oder um Erwerbschancen im höherem Alter zu erzeugen – ist in selbstevolutiven Lernprozessen engagiert. Das Leben mag zu kurz sein, aber man kann es länger machen, ohne silberökonomisch und pflegeökonomisch sein Leben zu beenden. Eine zunehmend längere gesunde Lebensspanne, unternehmerisch erzeugt, bewirkt damit auch eine Ausweitung der Zeitperspektive und derer vielfältigen motivationalen Energieproduzenten. Die Lebensproduktivität steigt. Die Gegenwart wird zunehmend an der Zukunft im Diesseits ausgerichtet. Wenn mittelständische Unternehmer hinwerfen, wenn der sog. „Ruhestand" bevorsteht - eine ganze „Industrie" von Beratern widmet sich dieser Verabschiedung - scheint uns dies primär, von intrafamiliären Vermögenskonflikten abgesehen, einer Akzeptanz der mit dem biographischen und biologischen Altern zunehmenden Erosion von Willenskraft oder Durchhaltevermögen verknüpft zu sein, die aus eigensüchtigen Motiven extern oder intern, kompetenzbewirkt ist.

17.5 Von alt-alt zu jung-alt

Wenn wir behaupten, alte Gesellschaften seien (potentiell) reiche Gesellschaften, unterstellen wir eine Transformation von einer gegenwärtigen Alt-Alt-Konstellation in ein Alt-Jung-Muster, in eine alterslose

---

[354] 75-90 Prozent von Krebs ist lebensstilbedingt (Greaves & Ermini, 2015).

[355] Lunch with the FT Novak Djokovic, Financial Times, Life & Arts, 17. Oktober 2015, S. 3.

Gesellschaft. Chronologisch alte Menschen wandeln sich in biologisch jünger bleibende (oder weniger rasch alternde) alte Menschen: von *old old* zu *young old*. Die Idee ist nicht Menschen länger älter zu machen, sondern länger jünger und damit ihr Erwerbspotential jenseits von Fremd- und Selbstausbeutung auszuweiten. Waren die Dinge zuvor unwirklich, werden sie nun real: Eine „alterslose Gesellschaft" erzeugt unternehmerische Willenskraft in allen Generationen. Die biologische Zeit weitet sich aus. Das unruhige Gezerre am Leben erodiert.

Wenn Menschen altern, denkt der Mainstream in Politik, Wirtschaft, Medien, auch in Teilen der Wissenschaft, an das Negative, die „Vergreisung" (Überalterung). Wenn Menschen durch Innovationen länger leben können, wenn sie selbst als biologische Unternehmer ihre Körper achten und fördern, daher länger arbeiten und ihre Kompetenz erhöhen können, erzeugen sie Zukunftswerte, die sich zunehmend – siehe Nano- und Biotechnologie – in Gegenwartswerten niederschlagen. Nano- und biotechnologische Erkenntnisse, Lebenspraktiker wie Ray Kurzweil und zahlreiche Initiativen (siehe Fight Aging) lassen eine permanente Ausweitung der Lebensspanne vermuten. Geht der Ruhestand (retirement) seinem Ende entgegen? „Die Zukunft des Ruhestands in einer Welt radikaler Lebensverlängerung ist, daß es keinen Ruhestand im herkömmlichen Sinn mehr gibt. Ruhestand als eine Institution existiert wegen unvermeidbarer Gebrechen und Krankheiten im Altern, und diese werden durch Fortschritte in der Medizin [sechste Lange Welle und weitere Kondratieffs] überwunden."[356] (Reason in Fight Aging, 4. Juni 2015; https://www.fightaging.org/archives/2015/06/spreading-realizations-on-the-future-of-retirement.php).

Abbildung 55: Kendo

Quelle: lamijapan.com, Kendo 剣道 けんどう

100 Jahre alt? No problem. Ich arbeite, ich mache Ikegai (sagen die Japaner). Lange gesund bleiben bis wenige Monate vor dem Tod. Ein alter Japaner, 72 Jahre: „Lass uns Kendo machen, bis wir 100 sind", sagt Shin (Pilling, 2014).[357] Shin arbeitet rund um die Uhr. „Ich habe so wenig Zeit". Freizeit: Er praktiziert und lehrt *kendo*. Shin verwirklicht eine Lebensweise, die viele junge Menschen überfordern würde, er verwirklicht also eine Diskrepanz zwischen biologischem und kalendarischem Alter. Der Sinn

---

[356] Reason in Fight Aging, 4. Juni 2015; https://www.fightaging.org/archives/2015/06/spreading-realizations-on-the-future-of-retirement.php.

[357] Kendo ist fast Standard in Ostasien: 1,5 Millionen Japaner und eine halbe Million in Korea machen es.

seines Lebens (in Unkenntnis von Heinz von Foerster): „Es hängt alles mit *ikigai* zusammen: der Grund meines Lebens."[358]

Die Alt-Alt-Konstellation (Routine) ist Normalität. Eine Palliativökonomie reproduziert Senioritis. Im ökonomischen wie biologischen Alternsprozess sinkt ab einem bestimmten Alter (eines Produktes, einer Technologie, des Körpers) das unternehmerische Energieniveau, die energetische Seneszenz nimmt zu, andererseits steigen mit dem Altern die Anforderungen an ein energiegespeistes Tätigwerden, also Unternehmertum. Diese Vorgänge sind jedoch nicht auf ältere Personen beschränkt, auch bei jüngeren Gründern und bei bereits im Markt tätigen Unternehmen lassen sich Tendenzen zur Routine, ausgerichtet auf Subsistenz, beobachten. Die nachlassende Dynamik der Wirtschaft der USA wird auch auf diese Subsistenzorientierung zurückgeführt (Casselman, 2014a; Decker u.a., 2015; Samuelsen, 2015). Die Ausweitung des Neukombinationspotentials erfolgt zögerlich. Eine fehlende Energie für die Durchsetzung von Neukombinationen in allen Altersstufen, Unternehmen eingeschlossen, läßt sie Innovationen kaufen, Aufkäufe & Fusionen, Deal making takes over. Ikegai wird geopfert.

17.6 Groß- und Urgroßeltern als Werteschöpfer

Dieser Abschnitt mag manchem Leser abstrus erscheinen. Er folgt jedoch unserer Argumentationslogik. Demographisch (nicht ökonomisch) alternde Gesellschaften können sich autopoietisch entwickeln, sich also endogen erhalten, reproduzieren. Ihre Inputs erzeugen und neukombinieren sie selbst. Sämtliche Altersstufen sind hierzu im Prinzip in der Lage. Immer ist jedoch das Zusammenwirken von wirtschaftlichem und biologischem Unternehmertum unverzichtbar, eine notwendige Bedingung (Wir verstehen das Tätigsein der Groß- und Urgroßeltern in unserem Kontext als wirtschaftlich, man kann es selbstverständlich auch anders interpretieren). Wer sein Leben dem Ruhestand widmet, darf sich auf eine frühere Mortalität freuen (erneut nachgewiesen in Wu u.a., 2016). Demgegenüber: „Eine fortgesetzte Teilhabe in freiwillig-ehrenamtlichem Tätigsein und bezahlter Arbeit in höherem Alter nach Erreichen des Ruhestandsalters vermag den Niedergang physischer, kognitiver und mentaler Funktionen hinausschieben und das Risiko von Morbiditäten verringern" (Wu u.a., S. 5). Wenn Großeltern die Kinder ihrer Kinder betreuen, erziehen helfen, schaffen sie auch wirtschaftliche Mehrwerte. Als „Belohnung" dürfen sie ihre gesunde Lebensspanne ausweiten, auch die ihrer Kinder und deren Kinder. Wie das möglich sein kann, sei in diesem Abschnitt skizziert.[359]

Lebenslanges Unternehmertum ist vielfältig. Steigt die *gesunde* Lebensspanne, erschließen sich in einer goldenen Wirtschaft neue Wertschöpfungspotentiale. Die Vielfalt steigt. Das was kommen kann, kennen wir meistens noch nicht. Kann man sich vorstellen: Drei oder vier Generationen „arbeiten"? Wird es

---

[358] Ikigai gilt in Japan als Energiequelle, das Leben verlängernd. Es wird mit Okinawa in Zusammenhang gebracht. Ikegai gilt als bewußt erlebter Lebenssinn. „Der Grund, warum ich am Morgen aufwache." Nach japanischen Untersuchungen ist ein kraftvolles Ikigai ein ausschlaggebende Faktor für Langlebigkeit und Gesundheit.

[359] In welcher Größenordnung Ein Blick in die Statistik (alle Zahlen gerundet). In Deutschland gibt es im Jahr 2014 rund 40 Millionen Haushalte, davon ohne Personen ab 65 Jahre 29 Mio. Mit Personen ab 65 Jahren und jüngeren waren es 2,4 Mio. Haushalte. In rund 10 Millionen der Haushalte lebten ausschließlich Personen ab 65 Jahre. (https://www.destatis.de/DE/PresseService/Presse/Pressemitteilungen/2015/09/PD15_358_122.html.)

Die Anzahl der Familien mit einem und zwei Kindern unter 18 Jahren betrug im Jahr 2014 jeweils rund 3.4. 1.2 Mio Haushalte hatten drei oder mehr Kinder. Insgesamt sind es rund acht Millionen Haushalte mit Kindern und somit potentieller Großelternrelevanz. (Daten aus: http://de.statista.com/statistik/daten/studie/71320/umfrage/anzahl-der-familien-mit-kindern-unter-18-jahren-in-deutschland-nach-kinderzahl/).Pro Jahr werden rund 700,000 Kinder geboren, ein zunehmender Anteil davon in Familien mit Migrationshintergrund.

Wirklichkeit?[360] Evoluiert der Großmuttereffekt? Wir widmen uns in diesem kurzen Abschnitt einer Thematik, die vielfältige Gemeinsamkeiten mit einer spontanen Ordnung nach F.A. Hayek aufweist. Der Staat mit seinen Regulierungsambitionen ist nur indirekt involviert. „Lass einfach alle Dinge sich von selbst entwickeln", ist eine noch nicht regulierte oder normierte Option. „Entwickeln" heißt, dass im System liegende Potential zu erschließen. Was entstehen könnte und Wirkung entfaltet, ist daher eine spontane Entdeckung und Durchsetzung von Möglichkeiten. Entdeckt wird nicht das Neue. Großmutterwirkungen sind so alt wie die Menschheit. Sie sind Teil der Natur des Menschen, seiner Evolution, seines Überlebens.

Natürlich ⇒ spontanes Handeln ⇒ spontane Natürlichkeit ⇒ Die Dinge sich selbst entwickeln lassen ⇒ Von-selbst-so-sein ⇒ Das-was-aus-sich-selbst-heraus-ist-was-es-ist.

Obiges ist eine daoistische Sichtweise (Röpke & Xia, 2007, Abschnitt 3.2).

Natürlich in dreifacher Weise: Natur des Körpers; Natur der Reproduktion der Menschen; Natur der sozialen Ordnung. Wir unterstellen durchgängig: Der Körper wurde immer mitgenommen. Sich selbstreproduzierende Körper, self-driving bodies. Wer seine Biologie durchhängen läßt, wir wissen, was sich dann abspielt. Gegenwärtig sind vier Generationen im Spiel. Eltern und ihre noch jungen Kinder. Die Eltern haben gleichfalls ihre Eltern. Und diese ihre Eltern, Urgroßeltern. Alle leben - dies zumindest ist der Trend - in Gesellschaften, in welcher Kinder noch das Licht der Welt erblicken. In kinderlosen Gesellschaften ergeben sich andere Entwicklungsprozesse (von Kindern leben, die man nicht hat) als die, welche in diesem Abschnitt zur Diskussion stehen. Nur indirekt erläutern wir daher den Beitrag, den Eltern dadurch leisten, daß ihre Kinder keine Kinder haben und großziehen, durch sich selbst und ihre Eltern, irgendwann auch die Eltern der Eltern, wenn diese (drei Generationen also: Eltern, deren Eltern und deren Eltern) nicht einem silberwirtschaftlichen Dasein nachgehen.„Allerdings liegen die Hintergründe, weshalb manche Personen trotz Ruhestands weiterhin einer Erwerbstätigkeit nachgehen, bis heute weitgehend im Dunkeln" (Pfarr & Meier, 2015, S. 9). Ersetzen wir Erwerbstätigkeit durch Großelterntätigkeit, im Ruhestand oder in Jahren davor. Großeltern sind erwerbstätig auf mehrfache Weise. Sie arbeiten noch in ihrem Beruf, was zunehmend mehr Menschen tun werden, auch weil das Eintrittsalter in die Rente sich verschiebt. Sie können auch als Babysitter und mit der Erziehung älterer Kinder erwerbstätig werden.

Einige der Hintergründe führen wir an.

Wenn die Eltern arbeiten, und deren Eltern (Großeltern), eventuell auch deren Eltern, entstehen neuartige Problembereiche. Wenn das Renteneintrittsalter steigt, werden diese auch sichtbarer. Was für Erwerbstätigkeit im Alter zutrifft, gilt auch für „Grandparenting", wie man in Großbritannien die Betreuung, Pflege, Erziehung ganz junger Menschen im Säuglings-, Kleinkind-, Schulkind-, Jugendlichenalter nennt.

Großmutter/Großvater wollen arbeiten, müssen arbeiten, auch um Altersarmut ertragbar zu machen. Die Kinder ihrer Kinder, ihre Enkel könnten dann leiden. Oder ihre Kinder fahren ihre Arbeit zurück, um ihre Kinder, die Enkel der Großeltern, zu betreuen. Wenn die Urgroßeltern noch körperlich funktionstüchtig wären, könnten sie ihre Kinder (Großeltern) und deren Kinder (Eltern) und die Urenkel unterstützen. Es entstehen somit in alternden Gesellschaften Interaktionsmuster höherer Komplexität. Wenn die Eltern Stress in der Arbeit (dies zeigt die folgende Untersuchung) und wohl auch der Familie ausgesetzt sind, erhöht sich die Wahrscheinlichkeit, daß sie in höherem Alter kognitive Einbußen wie Demenz usw. (Sindi

---

[360] Beispiele aus Großbritannien mit Hinweisen auf die USA und Australien schildert Jacobs (2016).

u.a., 2016) und Altersdepression erleiden. Teilweise über vierzig Prozent der Großeltern leiden in einigen europäischen Ländern an Depression (Grandparents, 2013, S.7). Das Durchschnittsalter deutscher Großeltern beträgt rund 68 Jahre, weitgehend identisch mit dem in anderen europäischen Ländern (Grandparents, 2013, Tabelle 1). Der Frage, in welchem Ausmaß ein Zusammenhang zwischen zunehmender Depression bei Kindern und Jugendlichen, gemessen an der Verschreibung von Antidepressiva (Hucklenbroich, 2016) und depressiver Symptomatik bei Großeltern besteht, sind wir nicht nachgegangen. Aus der hier vertretenen Sichtweise schließen wir eine solche nicht aus, zudem (siehe Nachweise in Röpke, 2015) die Stress- und Burnoutintensität bei Kindern zunimmt. „There is no free lunch" (Milton Freedman) auch nicht zwischen Generationen – zudem eine wirksame medizintherapeutische Intervention auf pharmakologischer Grundlage ohne gravierende Nebenwirkungen nicht besteht.

Neben neuen Wertschöpfungspotentialen in allen vier angesprochenen Generationen, entstehen auch neue Formen der Arbeitsteilung. Private, ehrenamtliche, quasi-staatliche Unternehmen und Organisationen entstehen, welche die genannten Interaktionsmuster untersuchen und fördern können. [361] Für Selbstständige und abhängig Beschäftigte bieten sich daher vielfältige neuartige Beschäftigungsmuster. Die Betreuung von kleinen Kindern außerhalb der Familie und institutionellen Einrichtungen erfolgt meistens durch relativ junge Menschen. In Frankreich etwa suchen rund 50,000 einen Job als „babysitter", auch weil junge Menschen Schwierigkeiten haben, einen Arbeitsplatz zu finden.[362] Eltern schalten Suchanzeigen für die Betreuung ihrer Kinder. Unsere Vermutung: Babysitter sind junge Menschen, keine „Großeltern". In Frankreich arbeiten nur wenige Menschen im Ruhestandsalter. In den Schulferien werden Ausflüge von Betreuern für jüngere Kinder organisiert, die Gruppenferien machen, deren Eltern arbeiten oder im Urlaub sind. Frankreich hat im übrigen eine doppelt so hohe Geburtenrate wie Deutschland. Ab drei Kindern, lebt der Franzose weitgehend steuerfrei (ein Unding für die deutsche Steuerpolitik). Selbst schuld, wenn du Kinder hast. Investiere 100,000 in eine Immobilie, statt in ein Kind.

In Deutschland greifen Burnout und Depression bei Eltern mit Kindern um sich (Menkens, 2016[363]). Wo bleiben die Eltern der Eltern? Stress durch Kinder ist für Mütter seit der Steinzeit Normalität.[364]

Eltern können oder wollen ihre Kinder nicht betreuen, erziehen, unterhalten usw., weil dies Einbußen in ihrer Berufstätigkeit bewirken könnte. In welchem Ausmaß solches in westeuropäischen Ländern erfolgt, zeigen Untersuchungen von Grandparents (2013, 2014). Was nicht überraschend ist: Wer noch relativ jung ist, vor Eintritt in die Rente noch arbeitet, hat eine relativ geringe Neigung, Kinder seiner Kinder, also seine Enkel, zu pflegen (In den Untersuchungen von Grandparents beginnt das Großelternalter mit fünfzig Jahren). Einer intensiven Kinderpflege gehen im Durchschnitt 15,9 Prozent und einer weniger intensiven 49,9 Prozent nach (Alter der Großeltern 50-59). Die intensive Kinderpflege steigt in der

---

[361] Ein Beispiel ist Grandparents Plus aus Großbritannien (http://www.grandparentsplus.org.uk/). „We champion the wider family who care for children".

[362] https://yoopies.fr/garde-enfant schildert detailliert, wie die Verträge zwischen Betreuern (garde enfant) und Eltern der betreuten Kinder zu gestalten sind.

[363] Der Beitrag bezieht sich auf eine Untersuchung. Man lese hierzu auch die Kommentare der Leser. Unterschiedlichste Ansichten. Man kann hier nur den Schluß ziehen: Freiheit des einzelnen zur gesetzlichen Realität machen (John Locke).

[364] Der Autor hat Glück gehabt. Die Mutter mußte arbeiten (Vater gestorben), die Großmutter (noch berufstätig; Ruhestand nicht existent) konnte ihn in ihrem Berufsleben integrieren. Teilweise auch ein Leben in einer Umwelt der Mehrgenerationen.

Alterskohorte leicht an, fällt dann aber in der Altersgruppe 70-79 auf 8,9 Prozent und der Kohorte von 80+ auf 2,0. Bei weniger intensiver Pflege wurden vergleichbare Entwicklungen beobachtet, außer daß die Bereitschaft zur Pflege wesentlich höher ausfällt. Sogar Achtzigjährige und ältere beteiligen sich mit 7,8 Prozent an der Pflege ihrer Enkelkinder. Arbeiten die Großeltern noch, sind 11,4 Prozent bereit, ihre Enkel intensiv zu betreuen, während 53,2 Prozent einer nichtintensiven Pflege nachgehen. Bei Geschiedenen, Alleinlebenden oder Verwitweten sinkt die Pflegebereitschaft signifikant.

Was unternehmen die Groß- und Urgroßeltern, die keiner Kinderpflege nachgehen? Drei Möglichkeiten: Sie arbeiten noch/wieder; sie engagieren sich im Silbermarkt; sie pflegen nicht ihre Enkel, sondern sie lassen sich pflegen. Der Gesundheitszustand spielt eine Schlüsselrolle, welcher dieser Aktivitäten sie nachgehen wollen oder müssen (bei Pflege). Was spräche dagegen, jene Großeltern finanziell zu unterstützen, die Enkel betreuen (ihre eigenen und die anderer Familien) und damit dazu beitragen, daß die Kinderlosen im Alter gepflegt, medizinisch therapiert und ruhestandsversorgt werden können?

Das Engagement der Groß- und Urgroßeltern unterscheidet sich nicht grundsätzlich vom beruflichen Tätigsein alter Menschen (siehe hierzu die oben angeführten Quellen, insbesondere Börsch-Supan u.a., 2015, Esselmann & Geis, 2015; Pfarr & Meier, 2015). Es ist von ihrem Gesundheitszustand mitgeprägt, also von ihrer biologischen Unternehmerenergie. Eine bessere Gesundheit erzeugt eine höhere Bereitschaft, Enkel- und Urenkelkinder zu betreuen und zu pflegen (zu empirischen Befunden siehe Transparents, 2014).

Wenn Eltern der Eltern (also die Großeltern der Kinder) arbeiten oder ihren Silbermarktbedürfnissen nachgehen, bleibt ihnen wenig oder keine Zeit für die Unterstützung ihrer Enkel und Kinder, auch ihrer eigenen Eltern (Urgroßeltern). Es entstehen somit Potentiale für Seniorenunternehmer, in diesen Feldern aktiv zu werden. Eine konsumkapitalistische Prägung silberwirtschaftlicher Bedürfnisbefriedigung würde dann überlagert durch demographisches Unternehmertum einer Goldwirtschaft. Wer bezahlt diese Grandparents? Wenn wir von verordneter Unterstützung absehen, wenn wir Unternehmen ausschließen, welche die bei ihnen abhängigen Erwerbstätigen nicht unterstützen wollen, sind es insbesondere kleinere und mittlere Unternehmen und Kinderlose. Die betroffenen Erwerbstätigen mit Kindern zweigen einen Teil ihrer Einkommen an ältere kinderfördernde Unternehmer ab. Denn diese erbringen Leistungen, die, würden sie diese selbst erbringen, ihre Einkommen und möglicherweise ihre Altersrente schmälern würden. Vergleichbare Überlegungen gelten für kinderlose selbst- und nichtselbständige Erwerbstätige. Lassen sich aufgrund der familiären Abhängigkeiten (wie Erziehung der Kinder) und Stress im Beruf (oftmals gekoppelt an familiäre Quellen) nicht vermeiden oder diesem entgegenwirken, besteht (siehe Sindi u.a.) eine hohe Wahrscheinlichkeit, beruflich und nachberuflich, im Ruhestand, Einbußen an gesundheitlicher Lebensqualität zu erleiden.

Auch regionale Einflußfaktoren wären zu beachten. Falls die älteren Generationen (Groß- und Urgroßeltern) an anderen Orten wohnen, steigen die physischen Interaktionskosten und damit die Chancen und Anreize, Aktivitätsbereiche an nichtfamiliäres Unternehmertum zu delegieren.

Wenn die Vier-Generationen-Familien, demographisch und lebensstilbedingt, an Bedeutung gewinnen, erzeugt somit eine demographisch alternde Gesellschaft neue Formen der wirtschaftlichen und familiären Arbeitsteilung. Zunehmend werden ältere Generationen (Großeltern, Urgroßeltern) in die Wertschöpfungsprozesse jenseits ihres Ruhestands- und Silbermarktdaseins eingebunden. Ob, wie und in welchem Ausmaß sich solche Vorgänge entfalten, ist primär abhängig von der staatlich erzeugten Regulierungsdichte. Bislang ist der Staat nur eingeschränkt in der Lage, die Alterspflege bedürfnisgerecht zu gestalten. Pflege gilt für manche Beobachter als „Todesmanagement", palliativmedizinisch gestützt. Vom anstehenden Tod erfüllt, fehlt die Energie, in unternehmerische Anwesenheit vorzudringen und junge Generationen zu energetisieren. Ruhestand – unternehmerische Ruhe. Mit der Ausweitung einer gesunden Lebensspanne, primär eine Folge präventiv-biologischen Unternehmertums, ziehen neuartige Stressoren und wirtschaftliche Erwerbspotentiale in die Gesellschaft ein. Ihre rechtlich-regulierende Gestaltung im Hinblick auf die Betreuung und Erziehung von Kindern ist noch relativ offen im Vergleich zu den Vorgaben für ältere Menschen in Rente.

Was bringt somit der Großelterneffekt für die Gesellschaft, Familien, Wirtschaft, die Großeltern als unternehmerisch Aktive? Wir listen Wirkungsfelder auf. Natürlich aus der Sicht eines Ökonomen.

1. Die Erzeugung von Großmutterwirkungen kostet relativ wenig, auch wenn wir Opportunitätskosten (entgangene Vorteile) einbeziehen.

2. Die wirtschaftliche und demographische Produktivität steigt. Produktivität ist eine durch Investitionen erzeugte. Was wird investiert? Zeit, Erfahrung, Emotionen.

3. Kinderbetreuung vollzieht sich weitgehend spontan, ohne Aufwand für Bürokratie und Erwerbstätigkeit.

4. Die Eltern der Kinder können in den Phasen der Betreuung ihrem Beruf nachgehen. Schulferien. Im Sommer fast zwei Monate. Die Eltern arbeiten. Vielleicht zwei bis drei Wochen gemeinsame Ferien. Vielleicht. Stress gehört dazu. Eltern entscheiden sich, ihre Kinder an Dritte weiterzureichen. Besuch am Strand (nicht in Deutschland). Großeltern betreuen die Kinder, einige spielen sogar mit ihnen. Eltern erleiden weniger Stress und können arbeiten. Die Großeltern gewinnen an Gesundheit, bauen Stress ab.

5. Kinderbetreuung durch Großeltern senkt deren Pflegekosten (vielleicht auch die der Eltern, weil ihr Stressniveau sinkt). Die Alten sind aktiv, geistig, emotional, physisch. Die Kompression ihrer Morbidität wird gefördert. Sie haben weniger Stress und Depression auch als Folge eines einsameren Lebens. Sie bleiben sozial eingebunden. Einer Verarmung zwischenmenschlicher Beziehungen und Einsamkeit, Förderer einer kränkeren Lebensspanne (Holt-Lunstad u.a., 2015), wirkt ein intra-familiäres Unternehmertum entgegen.[365]

6. Verringerte Stress- und Depressionsanfälligkeit trifft auch auf Eltern und deren Kinder zu. Automatisierung und Roboter verlangen, neue Arbeitsmuster zu erschließen. Vielfältige neue Arbeitsmöglichkeiten entstehen zwar (OECD, 2016). Sie verlangen aber Training und sind in den Anfangsphasen stressreich.

7. Die Neigung einer Frau ein Kind zu bekommen steigt, wenn Großmutterwirkungen bei den Eltern Anerkennung finden (Bereits unter Produktivität in Punkt 2 angesprochen), sogar mit den Eltern abgesprochen, vereinbart sind. In welchen Kommunen gibt es Großeltern als Tagesmütter?

8. Die Großeltern verjüngen emotional und physisch (zumindest altern sie weniger schnell). Begrenzungen in der Liebe und mit ihnen körperliche Einschränkungen schwächen sich ab. Es ist an Laozi und Jesus zu erinnern: Werdet wie die Kinder. Kleine Kinder zu betreuen, zu entfalten, ihre Könnensbereiche zu erweitern, verlangt empathisches Zusammenwirken.

9. Das Selbstverständliche: Gesundes Ernähren, Spielen, Lernen, Vorlesen sind Merkmale großelterlichen Unternehmerseins, mit reziproken Wirkungen. Kinder und Großeltern sind beide Konsumenten und Produzenten. Auch die Älteren lernen, suchen Informationen und erwerben Wissen und erhalten oder erweitern ihre Fähigkeiten. Ein Beispiel. Al Sears ist einer der einflußreichsten Naturärzte in den USA. Er

---

[365] Als exemplarisches Beispiel sei auf den ältesten Menschen verwiesen, Jeanne Calment. Als sie starb, war sie 122 Jahre alt. Sie war sozial eingebunden. Ihr Enkelssohn lag ihr am Herzen.

berichtet, wie er von seinen Großeltern, vor 60 Jahren gelernt hat, damals unbewußt, seine Milch als Rohmilch zu konsumieren. Er empfiehlt es auch seinen Patienten (obwohl die zuständige amerikanische Gesundheitsbehörde dieses ablehnt. Zuviel Fett in der Milch).[366] Seine Großeltern erzeugten somit eine gesundheitliche Multiplikatorwirkung.

10. Sie können neue Wege gehen, somit als Innovatoren tätig sein. Ihre Methoden und Erkenntnisse anderen zu vermitteln, eröffnet für sie neue unternehmerische Chancen jenseits der eigenen Familie. Die Berufswelt flexibilisiert. Feste Anstellungen gehen zurück. Die „Plattform-Wirtschaft" (ein Beispiel ist der Mitfahrdienst Uber) breitet sich aus. Internet und mobile Kommunikation verändern die Arbeitswelt, erschließen neue Berufsfelder. Eltern müssen flexibler ihre Arbeit gestalten (siehe den Abschnitt zu Robotern). Großeltern helfen, in dem sie Kinder betreuen, auch im Schulalter, damit deren Eltern entlasten und ihnen gestatten, zumindest sie darin unterstüzen, neue Wege in ihren Berufen zu erkunden und zu praktizieren. Auch für Großeltern entstehen neue Berufsfelder jenseits der Förderung der eigenen Eltern und Enkelkinder.

11. Großeltern im sechsten oder siebten Lebensjahrzehnt können Hoffnungen haben: Ihre Kinder und Kindeskinder unterstützen sie, wenn sie selbst im Altern nach Hilfe, Achtung und Empathie verlangen.

12. Die Kinder und Enkelkinder leben in einer Welt von Computern, Internet und Robotern. Und Roboter können helfen, die Groß- und Urgroßeltern länger am Leben zu halten und gesünder zu machen, ihnen dadurch auch helfen, für ihre nachwachsenden Enkel- und Urenkelkinder zu sorgen. Die Roboter helfen ihnen dabei – ohne mit ihnen in Konkurrenz zu treten, wie es aus der Sicht der Erzieherinnen in Kindertagesstätten und Kindergärten verstanden wird.

13. Die akademische Leistung von Kindern steigt, wenn sie mit ihren Großeltern zusammenleben (Pong & Chen, 2010; bezogen auf Taiwan; Japan vergleichbar). Die Leistungsverbesserung ist am ausgeprägtesten, wenn die Eltern (etwa aus beruflichen Gründen), nicht im Haushalt anwesend sind. Die geistige Auswirkung auf die Großeltern selbst wird von den Autoren nicht untersucht, scheint jedoch offensichtlich.

14. Die Umkehrung der Großelternwirkung oder reziproke Wirkung: Die Groß- und Urgroßeltern benötigen ihrerseits Unterstützung und Pflege mit zunehmendem Abbau ihrer körperlichen Funktionstüchtigkeit. Wer sich um seine Enkel nicht gekümmert hat, kann er erwarten, daß diese und ihre Eltern sich um ihn große Sorgen im Alter(n) machen ? Hierzu sind doch Pfleger und Altenheime und sein Vermögen zuständig, in der Zukunft auch Roboter (Beispiel Japan: Herships, 2016; Beispiel Singapur: Aza Wee Sile, 2015).

Alle der aufgeführten Möglichkeiten der unternehmerischen Gestaltung des Ruhestandes lassen sich nach den Funktionen von Unternehmertum (RAIE: Routine, Arbitrage, Innovation, Evolution) nicht nur untersuchen. RAIE bietet auch Chancen, Wege zu erkunden, das Rentnerdasein vielfältig anzureichern. Auch Erwerbstätige können selbstverständlich mit den Kindern ihrer Kinder ihr Leben interaktiv gestalten. Die Wertschöpfung durch Groß- und Urgroßeltern vollzieht sich in Interaktionssystemen, Systemen unter Anwesenden, sozial eingebunden, mit den genannten gesundheitlichen Wirkungen. Alle Beteiligten (Kinder, Eltern, Großeltern, Urgroßeltern) sind Interaktionssysteme: ihre Psyche und ihre Körper wirken als immer präsente aufeinander ein. Was und wie im konkreten Fall bewirkt wird, ist in Entdeckungsprozesse eingebunden, mit ungewissem Ergebnis.

---

[366] Nachricht von Al Sears, Doctor's House Call: Got milk – got diabetes, 5. Mai, 2016.

Das Wohlbefinden aller Beteiligten - Kinder, Eltern, Groß- und Urgroßeltern - steigt. Eine systematische Untersuchung dieser Zusammenhänge können wir nicht bieten. Die Literatur haben wir auch nicht systematisch erkundet. Auch die Überlegungen der britischen Grandparents vermitteln relativ wenig unternehmer-praktische Einsichten.

Abbildung 56: Frauen versus Männer im Rentenalter

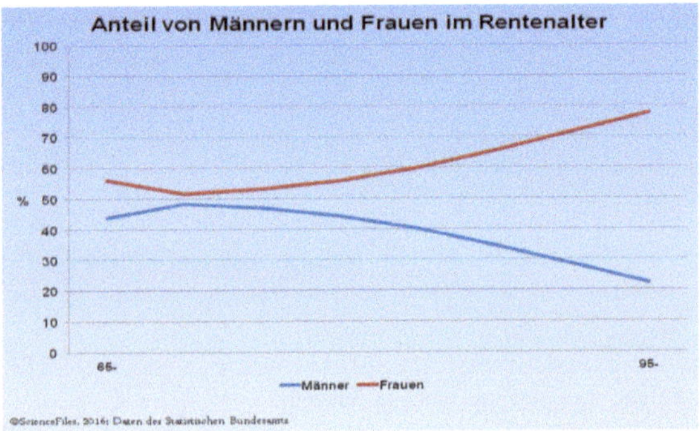

Quelle: https://sciencefiles.org/2016/04/25/womania-manipulieren-mit-dem-statistischen-bundesamt/

Der Anteil von Frauen im Rentenalter ist höher als der von Männern. Frauen erhalten im Durchschnitt auch eine geringere Rente weil sie weniger lange gearbeitet und weniger verdient haben. Der großmütterliche Ausweg: Junge Kinder betreuen. Jung kann dabei die gesamte Spanne einschließlich der Schulzeit umfassen. Was machen Frauen im Ruhestand? Nur ein bescheidener Anteil ist noch erwerbstätig. Was hindert Frauen daran, etwas zu unternehmen? Zwei primäre Faktoren: Gesundheit und Energie. Es gibt Möglichkeiten beide zu erhöhen, wie wir aufzeigen konnten. Des weiteren können Frauen (Männer selbstverständlich auch) Netzwerke aufbauen (bis hin zu genossenschaftsverwandten Institutionen), um vergütete Großmutterwirkungen zu erzielen. Um Kinder zu pflegen und zu entfalten lernen, bedarf es offensichtlich Menschen (später auch humanoider Roboter). Woher nehmen wenn nicht stehlen (aus dem Ruhestand). Jedermann, Mann oder Frau erhält eine gesetzliche Grundsicherung, wenn die Rente und andere Einkommensquellen nicht ausreichen. Einkommen jenseits der Rente werden gegen die Grundsicherung aufgerechnet. Frauen, insbesondere geschiedene und allein erziehende, sind darauf noch stärker angewiesen als Männer. Schattenwirtschaftliche Einkommenserzielung durch Kinderbetreuung und Erziehung ist möglich. Ethisch-moralisch muß jedermann damit selbst zurechtkommen. Schattenwirtschaft ist eine primär staatlich-gesetzgeberisch erzeugte. Keine Großmutter in der Steinzeit, im Mittelalter, nach den Kriegen (Väter oftmals gefallen oder in Gefangenschaft) hatten schattenwirtschaftliche Probleme. Unseren Vorschlag hatten wir bereits angedeutet: im Ruhestandalter erzeugte Einkommen weitgehend von der Besteuerung auszunehmen, wenn das Einkommen eine bestimmte Einkommenshöhe nicht übersteigt.

Wenn wir Erwerbstätigkeit im Alter im Kontext einer energetischen Erneuerungs-*Bewegung* thematisieren und die Erkenntnisse der Forschung berücksichtigen, was ließe sich aus dem Irodoribeispiel und den Ama schlußfolgern?[367] Altersgerechte Innovationen unterliegen einem physiologischen und ethischen Aktivitätstest. Die Schaffung und „Nutzung" des Potentials aus den demographischen Veränderungen ist an Innovation und Selbstevolution gekoppelt oder ohne diese beiden unternehmerischen Komponenten nicht zu verwirklichen. Alte Menschen, wenn sie eigenverantwortlich für ihre Gesundheit und Familien leben, sind somit Innovationserzeuger und damit Entwicklungshelfer in einem ganz wörtlichen Sinne; Münchhausenianer, welche ihren Zuwachs an (gesunden) Lebensjahren selbst alimentieren – also jenseits historisch erzeugter Ansprüche auf Lebensunterhalt im Alter ihr Leben unternehmerisch gestalten – biologisch und ökonomisch. Sie immunisieren sich und die sie unternehmerisch Mitgestaltenden – ihre Kinder und Enkelkinder - gegen Störungen des Alterns, indem sie adaptiv (durch Routine), innovativ und evolutionär auf Herausforderungen des Lebens antworten und sich nicht „heiligen Egoismen" (Sloterdijk, 2009, S. 702) des „Krankheitsytems" (Meyer-Abich) unterwerfen (Pharma, Ärzte, Kassen, Apotheken, Behörden) und des Konsumkapitalismus (Silberwirtschaft) unterwerfen. Biologie und Ökonomie sind

positiv gekoppelt, sie irritieren sich wechselseitig in wertschöpfender, gesundheitsfördernder und generationenübergreifender Weise. Sogar interaktiv erzeugte Weisheit ist nicht ausgeschlossen, widmen sich Eltern und ihre Eltern ihren Kindern oder anderer Eltern Kinder. Auch Grandparents müssen Wege gehen, die man als Weisheit eines ungesicherten Weges bezeichnen muß. Eltern verhalten sich anders als zu ihren Kinderzeiten. Tagesstätten und Kindergärten erzeugen bereits in Kindern Meme (Einheiten der kulturen Sozialisation), die es zu entdecken, zu modifizieren, wenn nicht zu überwinden gilt, wenn man die Enkelkinder zukunftsfähig und ihre Eltern stressfrei leben lassen möchte.

17.7 Frugale Innovation

Das „Frugale" findet in Neukombinationsprozessen höhere unternehmerische Beachtung. Routine wird durch einfache, sparsame, ressourcenschonende aber dennoch neue Wege der Produktion und Vermarktung abgelöst. Auch frugales Unternehmertum vollzieht sich neukombinativ und schöpferisch-zerstörerisch. In alternden Gesellschaften wird es an Bedeutung gewinnen (als ein Beispiel siehe Abbildung 53). Die biographisch älteren Unternehmer erschließen sich auf diesem Feld komparative Wettbewerbsvorteile. Ihre Erfahrungswelt ist an die Kundschaft älterer Menschen angepaßter, welche zudem einen zunehmenden Anteil an der Bevölkerung ausmacht. Marketingerzeugte Bedürfnisprofile werden negiert oder überwunden. Ein Viertel der Bevölkerung ist oder wird bald 65 Jahre und älter sein. Mit zunehmender Tendenz. In dieser Hinsicht ist frugales Neukombinieren mit dem in Entwicklungsländern vergleichbar. Die frugale Innovation ist zunächst aus der Beobachtung indischer Entwicklungsprozesse hervorgegangen.[368] Eine potentiell hohe Zahl von Kunden, bescheidene Einkommen und einfache (nicht primitive) Technik und Nutzung sind mit den Nachfragemustern alternder Gesellschaften vergleichbar. Viele alte Menschen arbeiten in Schattenmärkten, oftmals als Schwarzarbeit verstanden. In Deutschland ist frugales Unternehmertum täglich zu beobachten, in der

---

[367] Zu verweisen wäre in diesem Zusammenhang auf die oben dargestellten Tätigkeitsfelder aus Japan: Irodori (erwerbstätige alte Frauen widmen sich auch ihren Kindern und Enkelkindern) und die Taucherinnen, Amas genannt, mit ihren Enkelkindern.

[368] Pitroda (2014); Herstatt & Tjwari (2015); Bös (2015). Siehe auch Überblick bei Wikipedia. Der Economist hat durch verschiedene Beiträge zur Popularisierung beigetragen. Einer der jüngeren: „Frugaler Raumflug" (wiederverwendbare Rakete: Economist 2015); „Chinesische Firma Lenovo, frugale Innovation" (Economist, 2014b), ein frugaler Innovator erzeugt schöpferische Zerstörung.

Touristik weit verbreitet. Insbesondere ältere Menschen zeigen Touristen ihre Städte, schöne alte Häuser, vor Jahrhunderten gebaut, Kirchen, empfehlen Gaststätten. Kunden sind überwiegend aber nicht durchgängig ältere Menschen. Dieser Markt ist bei weitem noch nicht erschlossen. Ältere Personen helfen auch älteren Hauseigentümern bei der Pflege ihres Grundstücks, machen Straßen- und Winterdienst.

Das Arbeiten alter Menschen jenseits des Eintrittsalters in Rente oder Pension ist durchreguliert. Man kann diese Vorschriften umgehen. Wieviele es machen im „Ruhestand" ist unbekannt. Nicht nur für Menschen in Altersarmut ist Schatten/Schwarzarbeit eine Option.[369] Schwarzsparen ist eine weitere und wohl auch notwendige Option, um im Alter nicht in Armut durchgereicht zu werden. Der Staat greift das ersparte Vermögen an (Stichwort Hartz IV und Schonvermögen; Aufbrauchen des Ersparten). Erträge aus Kapital werden jenseits geringer Beträge besteuert.

Frugal ist aus mehreren Gründen für alternde Gesellschaften bedeutungsvoll. (1) Im Vergleich zu Silberprodukten sind die Zielgruppen nicht nur alte Menschen. (2) Die Herstellungskosten sind geringer. „To do more with less" gilt als eine Grundmaxime. Vergleichbare Leistungen lassen sich mit weniger Aufwand verwirklichen. Automobil weicht dem Fahrrad, bei älteren Menschen zunehmend mit Unterstützung durch Elektroantrieb; beide harmonisieren allerdings für die meisten Menschen, älteren ohnehin. (3) Ältere Menschen sind als Konsumenten (Silbermarkt) eingebunden und verfügen über Lebenserfahrungen, Kenntnisse über nichtbefriedigte Bedürfnisse ihrer Altersgenossen und damit über Potential als Hersteller. Sie vermeiden (zeit- und ressourcenbedingt) Überflüssiges. Sie haben in ihren Leben gelernt, was taugt und was nicht taugt. Ein Beispiel sind Books on Demand. Alte Menschen können als Selbstverleger ihrer oder anderer Autoren Bücher aktiv sein. Eine alte Frau bietet ihre Lebenserfahrungen (einschließlich Steuerhinterziehung) in einem selbst verlegten Büchlein für Besucher in einer Universitätsklinik an. Sie können andere Autoren unabhängig von deren Alter schriftstellerisch fördern, was wissenschaftliche Veröffentlichungen einschließt. Dieser Markt ist für alte Menschen noch in der Pionierphase.

„Plane Schwieriges im Ausgang von dem, was daran leicht ist. Bewirke Großes von dem aus, was daran winzig ist. Alle schwierigen Unternehmungen müssen vom Leichten aus gemacht werden. Alle großen Unternehmungen müssen vom Winzigen aus gemacht werden." (Laozi, [„Alter Meister"], Dao De Jing, Kapitel 63).

Radikale Neukombinationen treffen auf Widerstand, wie immer zu Beginn einer Langen Welle oder von Basisinnovationen. Der Widerstand kommt aus dem System Unternehmer selbst und/oder aus seiner Umwelt. Die eigentliche Herausforderung ist Selbstevolution, eingebunden in Evolvierbarkeit. Sich von selbst oder von „Natur" (Laozi) Vollziehendes. Selbstevolutive Initiativen und lebenspraktische Umsetzungen vollziehen sich, wenn überhaupt, zweifelnd, abwartend, unentschlossen. Wer verändert seine über viele Jahre enkulturierten Essensroutinen, etwa den Konsum von Getreideprodukten, zudem die moderne Informationswelt und Experten ihn mit „Wissen" füttern, welches seine Routinen

---

[369] Die Kritik an dieser bezieht sich primär auf den Steuerausfall durch den Staat. Auf 15 Milliarden Euro schätzt der Spezialist für Schattenarbeit Friedrich Schneider den Steuerausfall (siehe zu Schattenarbeit, Korruption, Steuerverlust, Seibel 2014). Schwarzarbeit ist vom Gesetzgeber exakt definiert. 10 Fälle sind möglich. Auch wenn keine Schwarzarbeit vorliegt, dennoch gearbeitet wird, ist genau erfaßt, was erlaubt ist (http://www.arbeitsratgeber.com/schwarzarbeit-oder-illegale-beschaeftigung/). Die Vorschriften zum Arbeiten im Alter sind kompliziert und zahlreiche Berater sind in diesem „Markt" tätig. Schwarzarbeit wird durch den Staat („Regelungswut") gefördert, die Ausfälle bei Steuern und Sozialabgaben sind ökonomisch betrachtet eine Internalisierung von durch Politik erzeugte Wirkungen. Erzeugt der Staat die Krankheiten, die er zu verhindern versucht?

rechtfertigen. „Immer vernichtet, wer ein Schöpfer sein muß [will und kann]", belehrt uns Nietzsche (Die Reden Zarathustras).

Selbstverständlich informieren Medien tagtäglich über irgendwelche Neuerungen. Die Gegenbewegungen, nicht zuletzt erzeugt durch Selfie-Innovationen und Neuerungen in der Lebensweise (ein Beispiel sind neue Kommunikationsverfahren), können Negativevolutionen in allen Altersstufen bewirken. Auch Evolutionsbiologen schließen eine rückwärtsgerichtete Evolution nicht aus (Dawkins, 2010, S. 492).

Wir illustrieren obige Überlegungen zum unternehmerischen Tätigwerden in einer goldenen Wirtschaft an mehreren Beispielen, ein weites Feld umfassend, teils bereits Praktiziertes, teils Zukunft in einem frühen Entwicklungsprozess. Siehe die obigen Ausführungen zum Großmuttereffekt oder die späteren zu frugaler Ernährung (Fasten). Die Kopplung von wirtschaftlichem und biologischem Unternehmertum ist immer im Auge zu behalten, auch wenn wir diese nicht ständig betonen.

Jungbleiben trotz zunehmendem Alters ist der Wunschtraum vieler Menschen. Was machen fast alle? Chronisch krank werden und bleiben. Chronische Krankheiten bekämpft man durch Medikamente. Die pharmazeutische Industrie und ihre ausgelagerte Forschung an wissenschaftliche Institutionen entwickelt Arzneien für alles, was krankmacht, ohne die Ursachen wirklich zu kennen. Der Oldest Old freut sich und erträgt die Schmerzen und Nebenwirkungen ohne Widerstand, da Alternativen für ihn, nach ärztlicher Beratung, nicht zu existieren scheinen. Chronischer Schmerz hat auch eine biologische Funktion, wenn man dazu angeregt würde, sein Leben zu ändern, seinen Lebensstil. Der chronisch Kranke ist ein Geschenk für das Krankheitssystem. Biologisches Unternehmertum und ökonomisches Tätigsein ist outgesoucst. Man ist oder bleibt somit Konsument in einer Silberwirtschaft. Nimm doch endlich Statine ein, wird ihm empfohlen. Die Nebenwirkungen sind silberökonomisch erfreulich, da sie eine weitere Wertschöpfung im „Krankheitssystem" (Meyer-Abich, 2010) erzeugen, etwa Diabetes. [370] Trinken alte Menschen Coco Cola und Energiedrinks, um sich munter zu halten? Fördern sie damit silberökonomische Produkte, etwa in der Ernährungsbranche und damit das frühzeitige Altern und sterben, und wie behauptet wird, jedes Jahr in den USA 184.000 vorzeitige Todesfälle aufgrund von Herzversagen, Diabetes, Krebs?[371] Verbieten, oder Medikamente, oder Selbstevolution. Natürliche Lebensfreude leidet unter medikamentösen Interventionen. Wer fastet schon (siehe unten), betreibt eine Nahrungseinschränkung, um seine Skelettmuskeln nicht zu schädigen.

Sein *youngest-old* Alterskollege geht auch andere Wege (Zhuanghzi/Schumpeter: Ein Weg kommt zustande, in dem man ihn geht). Er frugalisiert. Einige, es werden immer mehr, leben wie ihre Vorvorfahren in der Steinzeit. Arthur de Vany. War Professor für Ökonomie an der University of California. 78 Jahre alt. Er schreibt Bücher über Paleodiät (Steinzeitdiät) und körperliche Aktivität, berät Menschen, wie sie gesünder leben können. Er praktiziert intermittierendes Fasten (siehe den folgenden Abschnitt). Unterhält eine Website, die nur gegen Geld besucht werden kann, wenn es um wertvolle Informationen geht. Der Titel seines Buches: „The new evolution diet. The smart way to: loose weight, feel great, live longer". [372]

Der *youngest-old*, der lebenslang Unternehmerische, exploriert in sogenannter funktionaler oder evolutorischer Medizin. Was ihm eine höhere unternehmerische Energie abverlangt. Frugal heißt nicht energie- und zukunftslos. Was seine Vorfahren vor vielen tausend Jahren praktizieren (mußten, um zu

---

[370] http://www.eurekalert.org/pub_releases/2015-05/varc-ssl050715.php

[371] Quelle: Mercola, 10. November, Quelle in späterer Fußnote.

[372] Zu erwähnen ist, wie De Vany zu seinem neuen Lebensstil kam. Seine Frau war krank. Diabetes. Keine schulmedizinische Heilung ohne Nebenwirkung. Seine Ehe leidet. Er recherchiert, entdeckt die Steinzeit. Seine Frau geheilt.

überleben), hat er weitgehend verlernt, ist ihm unbekannt, wird auch von der herrschenden Medizin abgelehnt – bis man erkennt: das funktioniert ja wirklich. Dem metabolischen Syndrom geht es durch kalorische Restriktion an den Kragen. Hier entsteht eine neue Konkurrenz für Medizin und Ernährungsindustrie. Versuchen wir also, zu übernehmen, was die Natur evolviert hat, was Unternehmen andeauch schon anbieten, von den zuständigen Kontrollagenturen mit Widerwillen toleriert. Neue Essensgewohnten sind weitgehend nicht kontrollierbar. Sie sind bestens geeignet für silberökonomische Interventionen. Wer sich wie ein Steinzeitmensch ernährt, kann sein metabolisches Syndrom von medizinischen Interventionen befreien und überwinden, wie eine Untersuchung aus den Niederlanden zeigt (Boers u.a., 2014). Man muß aber selbst neukombinieren. Seine Zeit und seine Lebensweise. Es gibt auch bereits Versuche, eine solche Diät in Gaststätten anzubieten, etwa von Tanita in Japan (selbst in Kliniken und Universitäten präsent) und in Berlin. Tanita praktiziert es auch im eigenen Unternehmen, überwindet den Knowing-doing-gap (Röpke, 2015, Abschnitt 9.4.2). Erwerbstätige auch höheren Alters vermögen Wertschöpfungspotentiale in Verbindung mit gesundheitlichem Wohlbefinden zu erschließen. Jedem Pensionär oder Rentner steht es offen – von Ärzten sprechen wir nicht – für sich selbst, seine Familie, Steinzeiternährung zu praktizieren und Mitmenschen gegen Bezahlung anzubieten.

17.8 Hilft Fasten einem Olderpreneur?

Es mag schon erstaunlich wenn nicht verrückt klingen, wenn ein Ökonom Fasten, insbesondere in der Form zeitbeschränkten oder intermittierenden Fastens, oder zeitbeschränkte Ernährung, mit ökonomischem Unternehmertum verknüpft. Erneut ist in diesem Zusammenhang auf die Kopplung von wirtschaftlichem und biologischem Unternehmertum zu verweisen. Der Körper wird zum Mitentscheider. Mit dem Altern/Alter wird der Mensch fast ausschließlich Körper (ganzheitlich verstanden). Der ökonomischen Wertschöpfung kommt es zugute. Zwei Menschen mit unterschiedlicher körperlichen Funktionstüchtigkeit leisten Unterschiedliches bei gleichem Wissen und identischer Faktorausstattung (körperliche Fitness ausgenommen). Körperlicher Verfall ist unternehmerisches Zu-Ende-Gehen. Energie erodiert. Das Gehirn arbeitet im Ruhestandsmodus (Demenz) für immer mehr Menschen. Was hat (intermittierendes) Fasten damit zu tun? Der Körper freut sich, auch das Gehirn (Bredesen, 2014; Walia, 2015). Wer schafft so etwas, ohne unternehmerische Energie? Bredesen und Kollegen (siehe Bredesen u.a., 2016) hat nach unserer Kenntniss die bisher einzige, wissenschaftlich überprüfte medizinische Intervention entwickelt, um gegen Alzheimer, Primärquelle von Demenz, vorzugehen. Fasten war eine der Komponenten. Die bisher vorliegenden Medikamente kann man wohl vergessen (so auch Bredesen). Das Bemerkenswerte: Der Autor hat bei älteren Menschen, an Alzheimer leidend, sein Präventionsprogramm angewendet. Einige, die es wollten, konnten in ihren Beruf (in den Arbeitsmarkt) zurückkehren. Das Präventionspaket hat es in sich. Für uns jedoch keinerlei Überraschung.[373] Prävention ist die Behandlung. Im Vergleich zu den rund 1000 Mrd. Dollar, die für fehlgeschlagenene medikamentöse Versuche aufgewendet wurden nahezu kostenlos machbar. Biologisches Unternehmertum erzeugt, ermöglicht, Erwerbstätigkeit (selbständig, nichtselbständig).

---

[373] Wir nennen einige der präventiven Interventionen: Kohlehydrate herunterfahren (getreidearmes Essen); Minimum 12 Stunden Fasten jede Nacht, bei drei Stunden Nahrungsmittelstopp vor dem Schlafengehen; körperliches Training (30-60 Minuten täglich,4-6 Tage die Woche); viele Nahrungsergänzungsmittel (Curcumin, Ashwagandha – beide aus indischer Ayurveda; Vitamin D3; K2; Melatonin – von EU verboten). Das therapeutische Schwergewicht liegt ausschließlich auf der Prävention; keine Medikamente (kritisch hierzu, auch zur Qualität der pharmakologischen Forschung Walia, 2015).

Wie lange dauert es jedoch, bis jemand das Bredesen-Programm einer neuen Lebensweise ohne Rückfälle durchhalten kann? Eine neue Lebensweise durchzuhalten, sagen uns Experten, kann drei Monate dauern. Unternehmerische Energie scheint unverzichtbar. Wir sind daher skeptisch, ob ältere Menschen, die primär von Alzheimer betroffen sind, den erforderlichen Willen und die Liebe zum Körper aufbringen. Wenn man an die Vielzahl von Leiden denkt, die Alzheimer mit sich bringt, ergeben sich dadurch Möglichkeiten für jene, die es geschafft und trainiert haben, ihre Erfahrungen und Kenntnisse an andere weiterzugeben. Aufgrund der großen Zahl von Direktiven im Gesundheitsmarkt, kann dies nur auf freundschaftlicher Basis oder nach entsprechender und zertifizierter Ausbildung, etwa als Heilpraktiker, geschehen. [374]Wie könnten Ärzte helfen, von denen behauptet wird, „die Götter in Weiß sind kränker als ihre Patienten" („Die Götter in Weiß sind kränker als ihre Patienten" (Welt on-line,. 20. 4. 2015). Unsere Logik (ohne Rückkopplung). :

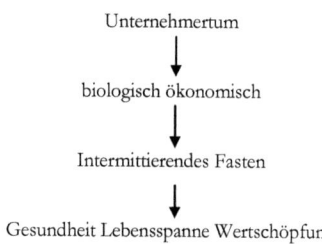

Kalorische Restriktion hat wissenschaftliche Erkenntnisse hinter sich, aber bleibt, nicht anders zu erwarten bei einer derartigen nicht-trivialen Intervention in ein komplexes System, in Ungewißheit eingebettet. Diese Ungewißheit ist eine selbsterzeugte, ein Merkmal evolutiven und innovativen Unternehmertums. Wer es nicht macht, lernt diese Unsicherheit nicht kennen. Wer sie nicht „haben" will, macht es nicht. Angst vor dem Ungewissen bewirkt ein Nichttun des Neuen und Anderen. Unternehmer sind psychische Systeme selbsterzeugter Ungewißheit. Am Ende des Jahres 2015 waren knapp 8000 wissenschaftliche Artikel zu *caloric restriction* (CR) verfügbar. Sämtliche Krankheitsfelder sind angesprochen. In der herrschenden biomedizinischen Meinung und ärztlich-klinischen Praxis spielt es eine marginale Rolle, außer dem Ratschlag, esse doch nicht soviel. Übergewichtigkeit steigt in *allen* Nationen auf der Welt kontinuierlich an – ausgenommen in Blue Zones. Hier erschließt sich ein beträchtliches Potential für „Seniorunternehmer": a) selbst praktizieren; b) andere Menschen coachen; c) Reisen in Blue Zones organisieren und vor Ort lernen, wie man es macht und was die Einheimischen für Ratschläge bieten, CR und andere das körperliche und soziale Wohlbefinden verbessernde Handlungen zu praktizieren. Das Marktvolumen ist angesichts der vorherrschenden Ernährungsgewohnheiten nahezu unbeschränkt, wenn eine touristische Anthropologie des Beobachtens und Lernens die Blue Zones nicht zerstört.

Einige Forscher vermuten eine Ausweitung der gesunden Lebensspanne bis zu zwölf Jahren. Darüber wird heftig gestritten. Weniger umstritten ist die Wirkung von gezielter Nahrungseinschränkung auf die

---

[374] Angenommen es gelänge, jemand im vorzeitigen Ruhestand, als Erwerbstätigen zu reaktivieren Bis auf eine Person war dies bei allen von Bredesen „therapierten", Männer wie Frauen, der Fall. Nahezu die Hälfte der erwerbstätigen Frauen muß sich einer Frührente erfreuen, weil sie an einer kranken Psyche leidet. Ließe sich ein Solches – Änderung der Lebensweise - gesellschaftsweit vollbringen, die Lebensproduktivität wie die ökonomische Wertschöpfung ließe sich signifikant steigern. Auf dem Rücken eines Briefumschlags ließe es sich errechnen. Was jeder Betroffene selbst machen könnte, um seine Gesundheitsdividende zu errechnen.

Prävention oder Wirkungsverringerung von zivilisatorischen Krankheiten.[375] Intermettierendes Fasten läßt sich als eine weniger anforderungsreiche Möglichkeit betrachten, eine Reduktion von Kalorien umzusetzen, immer bei ausreichender Zuführung von unverzichtbaren Vitalstoffen.[376] Wer es versucht, ohne unternehmerische Willenskraft scheitert er. Deswegen ist „Jeûne intermittent" (intermittierendes Fasten) für unsere Überlegungen interessant. Da Fasten und Kalorieneinschränkung schwierig durchzuhalten sind, gibt es Versuche, pharmakologische Wirkstoffe zu entwickeln, die Vergleichbares leisten, also silbermarktökonomisch zu innovieren. Bislang sind diese Versuche gescheitert. Kalorienreduktion ist unternehmerisch energieaufwendig. Nur wenige versuchen und schaffen es, trotz der beträchtlichen Erträge an Gesundheit und Wohlbefinden.[377] Zudem wird es mit zunehmendem Alter schwieriger, da ältere Menschen im Essen, in den Mahlzeiten eine der wenigen noch Lebensgenuß erzeugenden Aktivitäten sehen. Es gibt auch immer wieder Untersuchungen, welche aufzeigen: Fettleibigkeit wirkt dem Herzversagen entgegen (Paradox der Übergewichtigkeit). Man kann immer Argumente suchen oder finden, welche bestätigen, was man tut, getan hat, welche Folgen es gebracht hat, usw. Die Realität ist niemals objektiv.[378]

Praktischer Hinweis: Teilzeitfasten (time restricted feeding) verlangt, die Ernährung auf eine Zeitspanne von sechs bis acht Stunden pro Tag einzuschränken, etwa zwischen 12 Uhr und 18 oder 20 Uhr. Man nimmt also 16 bis 18 Stunden pro Tag keine Ernährung ein, ergänzt um die Empfehlung, mindestens drei Stunden vor dem Schlafengehen nicht mehr zu essen. Selbstverständlich gibt es andere Empfehlungen, uns interessiert aber lediglich die unternehmerische Komponente. Was sich biologisch im teilzeitfastenden Körper abspielt, ist gleichfalls nicht unser Thema, außer der allgemeinen Aussage: Förderung der Gesundheit, Entschleunigung des Alterns. Weniger aber gesund essen verlängert die gesunde Lebensspanne.[379] Welche Frauen sind in höherem Alter noch ökonomisch aktiv, wenn sie an Brustkrebs leiden? Fastet bitte, über die Nacht hinweg, je länger desto gesünder.[380]

Neue Silbermarktprodukte entstehen vielfach durch behördliche Interventionen, die pharmanahe Empfehlungen übernehmen. Die Selbstexploration und die Energie, eigenständig sein *youngest old* zu erzeugen und zu pflegen, werden, könnte man polemisch ergänzen, einem „Schluckspecht"-Dasein

---

[375] Einen jüngeren Überblick bieten Lacroix u.a. (2015). Da wir Demenz so oft angesprochen haben, sind die Hinweise der Autoren von Interesse, nämlich eine Verringerung der Kalorienzufuhr, Fasten, das Demenzrisiko verringert und Demenz entschleunigt. Schmitt-Homm und Homm (2014) informieren ausführlich und fassen ihre Aussagen in dem Satz zusammen: „Eine reduzierte Nahrungsaufnahme verlangsamt die Alterung, verhindert Alterskrankheiten, erhöht die Stressresistenz und verlängert die Lebensspanne" (S. 510). Leider, wäre zu ergänzen: "Substantial weight loss can be achieved only by severe calorie restriction…", welche, wie (Tucker, 2016) untersucht, Diabetes 2 verhindern oder einschränken kann.

[376] Ein guter Überblick und Handlungsempfehlungen verfügbar bei: http://www.zentrum-der-gesundheit.de/intermittierendes-fasten-ia.html;http://heilfasten-portal.com/fachartikel-fasten/gesund-schlank-kurzzeitfasten.html.

[377] Eine der jüngeren Untersuchungen zu „calorie restriction" wird auf Fight Aging vorgestellt: Calorie restriction improves quality of life in human practitioners, https://www.fightaging.org/archives/2016/05/calorie-restriction-improves-quality-of-life-in-human-practitioners/ Viele körperliche und psychische Qualitätsverbesserungen sind angesprochen, umgangssprachlich: Kalorienreduktion wirkt ganzheitlich.

[378] Zu Argumenten einer Pro-Übergewichtigkeit siehe Fight Aging: https://www.fightaging.org/archives/2015/10/obesity-is-harmful-and-studies-that-suggest-otherwise-made-overly-simplistic-use-of-data/

[379] Zahlreiche Quellen ausser den im Text genannten im Internet verfügbar. Wir verweisen insbesondere auf Mercola (2016c): Fasting can help you live longer.

[380] http://www.eurekalert.org/pub_releases/2016-03/tjnj-pnf032916.php

geopfert. Senioritis. Eine Silberwirtschaft leistet nur eingeschränkt eine autopoietische Selbstreproduktion der Wirtschaft.

Wie Biologie und Ökonomie zusammenwirken, betrachten wir lebensenergetisch/unternehmerisch an einem weiteren Beispiel. Ohne Willenskraft läßt sich dieser „Aktionsparameter" nur bei Mäusen im Labor und bei Menschen durch den Überlebenszwang der Natur, also darwinistisch, umsetzen.

Länger gesund sein fördert unternehmerisches Potential.

Wer (intermittierend) fastet, lebt länger gesund.

Auf Französisch: ***Jeûne intermittent = jeune longtemps***. [381]

Intermittierendes Fasten = lange jung

Le Monde, 24. Juni 2015, Science & Medicine.

Florence Rosier

Die medizinische Forschung will diesen Zusammenhang neu entdeckt (nicht erfunden) haben. Unsere Vorfahren praktizierten es um zu überleben. Kresser (2015): "Intermittierendes Fasten ist ein sehr leistungsfähiges Mittel um Krankheiten zu verhindern, sogar umzukehren". [382] Als Primärmotivation in einer Selfiewelt gilt es als ein Weg sein Körpergewicht zu verringern. Übergewicht erzeugt nicht nur ein schlechteres Aussehen, es macht krank und beschleunigt den Alterungsprozeß. [383] Auch in einer homöodynamischen Lebensweise (etwa Rattan, 2016) ist intermittierendes Fasten eine Kernkomponente. Das Älteste ist manchmal das Neueste. In der Moderne und Post-Post-Moderne ist Niemand gezwungen, Jeûne-jeune zu praktizieren. Eine unternehmerische Herausforderung. Würde es ein Arzt vorschreiben, warten womöglich Anwälte auf ihn. Im Altenheim unmöglich. Routine bis zum Tod. Man muß es sich selbst „antun", was Energie, Durchhaltevermögen, also im Kern ein Unternehmertum jenseits der lebenspraktischen Routine verlangt. Wer unserer Altersforscher, Geriatriker eingeschlossen, praktiziert es, auch jene, die es uns empfehlen, also die klassische Lücke zwischen Wissen und Tun. Wir haben es mehrfach angeführt: Je älter jemand ist oder wird, desto stärker ist/wir sein Durchhaltevermögen gefordert, um seine Lebensqualität zu fördern oder zu steigern, Arbeiten eingeschlossen. Willensanstrengungen und Vorstellungskraft sind selbstevolutorische Produkte, die alle Altersstufen umfassen können.

---

[381] Im Französischen zweimal „jeune", gleich ausgesprochen aber unterschiedlich geschrieben und mit verschiedener Bedeutung, die jedoch in der obigen Logik eine gleiche ist. Jeûne heißt fasten.

[382] 59 Kommentare zu dem Beitrag, der sich auf 17 wissenschaftliche Artikel stützt. Kresser ist Anhänger einer sog. Steinzeit- oder Paleodiät. Ein US-Arzt, mit vielen „Kunden". Zum intermittierenden Fasten gibt es Alternativen, die vergleichbare Wirkungen erzeugen könnten. Eine davon ist, häufig mehrere ganz kleine Mahlzeiten am Tag. Die empirische Prüfung widerlegt diese Praxis. "Consumption of small, frequent meals is suggested as an effective approach to control appetite and food intake and might be a strategy for weight loss or healthy weight maintenance. Despite much speculation on the topic, scientific evidence is limited to support such a relation in the absence of changes to diet composition" (Perrigue u.a, 2016).

[383] Um anzufügen, was fast jederman weiß: "Overweight and obesity is associated with increased risk of all cause mortality", ermitteln Forscher nach einer meta-analytischen Auswertung der vorliegenden Untersuchungen (Aune u.a., 2016)

Wer an Krebs, die noch vorherrschende Todesursache, dem wird auferlegt, intermettierendes Fasten (Jeûne) in seine autotherapeutischen Bemühungen zu integrieren. Was man bei Mäusen nachgewiesen hat, warum nicht auf Menschen anwenden? Die Abbildung beschreibt welche Wirkungen bei Hefepilzen (yeast), Mäusen und Menschen eintreten. Insbesondere Valter D. Longo hat die Forschung vorangetrieben. In der angegebenen Quelle Brandhorst u.a.(2015) ist er als Mitautor aufgeführt.[384] Joseph Mercola hat diesen Beitrag auf seiner medizinischen Website vorgestellt: „Forscher arbeiten daran, Intervallfasten [Kurzzeitfasten] als zusätzliche Krebsbehandlung durch die Federal Drug Administration FDA anzuerkennen um die langfristigen Überlebensraten zu verbessern." Wie soll das funktionieren? Ein Wirkung neben zahlreichen anderen: Die sog. Autophagie, die Erhaltung der gesunden Zellen. Die Zellen reparieren sich selbst. Die Muskelmasse bleibt länger erhalten. Die negativen Wirkungen eines alternden Körpers werden entschleunigt.[385]

Mäuse in der Medizin leben in einem Zwangsregime. Ein Unternehmer baut eine selbsterzeugte therapeutische Allianz mit seinem Körper auf, ähnlich einem Unternehmer, der seine Kunden in den Wertschöpfungsproceß integriert. Er energetisiert seinen Körper.[386] Er könnte sich silberökonomisch periodisches Fasten vom Arzt verordnen lassen (falls die Gesetze es zulassen) oder evolutionsökonomisch es selbst tun, seine Fähigkeiten erhalten oder aufbauen, seiner körperlichen Seneszenz Einhalt gebieten, und damit, unsere Basishypothese, die biologische Voraussetzung für ökonomisches Unternehmertum selbst zu schaffen: old young. Bis die FDA oder andere für therapeutische Interventionen zuständige Behörden intermittierendes Fasten für Krebskranke, an Diabetes und Herzkreislaufkrankheiten Leidende in ihre ärztlichen oder klinischen Empfehlungen aufnehmen, wird nicht nur viel Zeit verstreichen, sondern auch viele Menschen werden an diesen Krankheiten gestorben sein oder ihren Ruhestand jenseits unternehmerischen Aktivseins genießen müssen. Warum Alte nicht sterben lassen, wenn sie nichts mehr bringen, die verbreitete Meinung jenseits der Scheinheiligkeit ethischer Reflektionen.

---

[384] Ein wissenschaftlicher Promoter dieser Sichtweise ist Valter Longo, Professor an der Universität Südkalifornien. Er leitet dort ein Institut für Langlebigkeit. Parallel bietet er Produkte an, welche die Langlebigkeit fördern sollen. Er hat eine Vielzahl wissenschaftlicher Beiträge zu den biologischen Ursachen der Langlebigkeit veröffentlicht. Man vergleiche hierzu die Forschungsstelle, von der Bundesregierung reichhaltig mit Ressourcen ausgestattet, welche sich an einer deutschen Universität (den Namen nennen wir nicht) mit Altern beschäftigt. Die Diskrepanz zwischen der unternehmerischen Kultur in den USA und Deutschland wird erkennbar.

[385] „Autophagie ist also einerseits ein Notfallsystem in Hungerperioden und gleichzeitig auch ein essentieller Prozess für die Reinigung und Erneuerung der Zellen. Dieser Vorgang ist es auch, den man meint, wenn man von „Entschlackung" spricht. Funktionierende Autophagie stellt einen Schutz vor Krankheiten wie Krebs, Demenz, Herzkrankheiten und bakteriellem Befall dar. Entartete Zellen, Ablagerungen und bösartige Bakterien haben schlechte Chancen, sich anzuhäufen, da sie gleich im Anfangsstadium abgebaut werden." (http://heilfasten-portal.com/fachartikel-fasten/autophagie-entschlackung-zellen.html)

[386] Wir zitieren hierzu den Erforscher des Hormonsystems Khalid Al-Regaiey, der von einem "Teufelskreis" spricht, wenn jemand eine Ernährungsweise praktiziert, welche die Verbrennung von Fett unterdrückt. Intermetierendes Fasten kann entgegenwirken. 'So you get into a vicious cycle, which I think is exacerbated by having breakfast, as this doesn't allow your body to enter that fat-burning zone. You need that 12-hour window (or more) where you're not eating any food, which upregulates your enzymes to burn fat, downregulates the enzymes to burn the carbs, and shifts your body into fat-burning mode as your primary *way of supplying energy*' (unsere Hervorhebung; zitiert in http://www.anabolicmen.com/how-to-heal-adrenal-fatigue-naturally/.

Ausführlicher: http://faculty.ksu.edu.sa/alregaiey/PSL/The%20Adrenal%20Gland%20Glucocorticoids.pdf.

Abbildung 57: Periodisches Fasten und Gesundheit

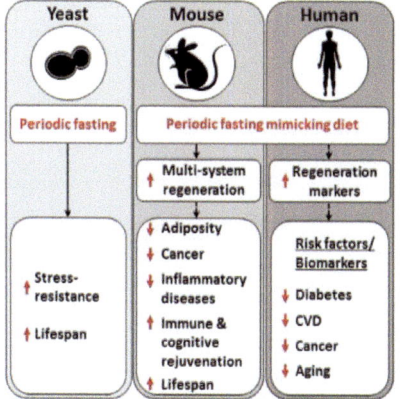

Quelle: Brandhorst u.a. (2015)

CVD (Kardiovaskuläre Krankheit)

Das Beispiel zeigt erneut das synergetische Zusammenwirken von biologischem und wirtschaftlichem Unternehmertum jenseits einer silberwirtschaftlichen Ausrichtung. Wer Routine durchzieht, verkürzt seine gesunde Lebensspanne und vergibt Chancen und Wertschöpfungspotential im System Wirtschaft. Das stete Wiederholen von gleichen Aufgaben bildet die unauffällige Reihe der Tage des Lebens. Wenn Gründungen von Unternehmen sich zunehmend auf Routine und Subsistenzschaffung ausrichten, sinkt auch die wirtschaftliche Dynamik und der Zuwachs an Produktivität in der gesamten Volkswirtschaft (Decker u.a., 2015, für die USA). Bei Menschen in höherem Alter wird dieses Zusammenwirken deutlicher erkennbar und damit auch die Relevanz von Unterscheidungen zwischen unternehmerischen Funktionen. Wem es gelänge, selbsttherapeutisch seine gesunde Lebensspanne (länger) zu erhalten, schafft nicht nur ein größeres zeitökonomisches Potential für wirtschaftliches Aktivsein/bleiben, er verbessert auch seine Chancen für ein Verfügbarwerden therapeutischer Interventionen gegen das körperlich-geistige Altwerden, welche dann wiederum neue Wertschöpfungsmöglichkeiten für ihn selbst erschließen können. Aber, wie die Franzosen sagen: *Le vrai combat est psychologique* (Der wahre Kampf ist ein psychologischer). Oder Schumpeter: Der Unternehmer lebt von Energie oder Willenskraft. Die leider nur jeder selbst aufbauen und entfalten kann.

17.9 Digitalisierung gegen Senioritis?

Kehren nur nach dem Ausflug in die Steinzeit, ernährungswissenschaftlich erkundet, in die Moderne der Kommunikations-, Digitalisierungs- und Roboterisierungstechnik zurück. Kommunikation über technische Verfahren (Internet, Mobiltelefon, Digitalisierung) gilt als exemplarisches unternehmerisches Spielfeld für jüngeres Unternehmertum. Silicon Valley und Berlin gelten als Vorzeigeregionen. Auf welche Alterskohorten zielt dieser Teil der Basisinnovation Information/Kommunikation? Ist der Silbermarkt bereits erschlossen? Was könnten Olderpreneure leisten? Produkte und Dienstleistungen bereitstellen, auch für ihre Altersgenossen?

Ein längeres Zitat hierzu hat uns überrascht:

> Auch wenn das Durchschnittsalter der Bevölkerung in Deutschland immer weiter steigt: Wenn es um die Nutzung von PC und Internet geht, werden Menschen über 60 immer noch außen vor gelassen.
>
> Unnötig komplizierte Geräte ...
>
> Unübersichtliche Internetseiten ...
>
> Digitale Angebote, die allein auf jüngere PC- und Internet-Nutzer ausgerichtet sind ...
>
> Programm-Aktualisierungen, die mehr Probleme bereiten als sie beheben ...
>
> Virenschutzprogramme, bei denen man fast PC-Experte sein muss, um sie korrekt einzurichten
>
> Das sind nur einige der Dinge, die PC- und Internetnutzer über 60 bemängeln. Das ergab kürzlich eine im Auftrag der dukaPC GmbH durchgeführte Studie der GIM Gesellschaft für innovative Marktforschung.[387]

Mancher mag es bestreiten, was hier geschrieben steht, auch angesichts der vielen Information in Presse und zuständigen Politikabteilungen, die darüber informieren, wie gut und wie weit Rechner- und Internetnutzung sich bei alten Menschen ausbreiten konnten. Eine Eingabe bei Google bringt hierzu vielfältige Nachrichten. Man kann als Antwort auf Obiges zunächst James Bond erneut anführen: „Jugend ist keine Garantie für Innovation." Es gibt viele alte Menschen, die sich hier auskennen, die sich in das Denken, Fühlen, die Erfahrungen und Bedürfnisse alter Menschen hineinzuversetzen vermögen. Auch Jüngere beklagen sich über das Computerkauderwelsch der Experten. Sie haben anderes zu tun, als sich tagelang mit Windows 10 und dessen Schwächen auseinanderzusetzen. Aldi bietet qualitativ gute Rechner für wenig Geld an, Software: Windows 10. Welcher Normalbürger, auch welcher jüngere Mensch, vor allem welcher ältere, hat die Muße, sich mit solchen Programmen seine Lebenszeit rauben zu lassen? Aldi und der Hersteller vermarkten reflektionslos. Welcher ältere Mensch ist bei diesen Anbietern (von Microsoft ganz zu schweigen) als Berater, Entwickler usw. tätig? Alte erschließen Märkte und Arbeitsfelder, die Robotern noch verschlossen bleiben. Gibt es überhaupt frugale Rechner und Softwareprogramme, frugal nicht nur was die Preise angeht, auch was die Nutzung betrifft, die adaptive oder schöpferische Anpassung an die Zeitbedürfnisse und Nutzungswünsche der Kunden. Vermutlich muß man nach Indien gehen, oder Japan (siehe Beispiel Irodori). Mit anderen Worten: Um bestimmte Innovationen für die Zielgruppe Silbermarkt anschlußfähig zu machen, scheint die unternehmerische Mitwirkung älterer Menschen unverzichtbar zu sein. Die Jungexperten sind oftmals nicht in der Lage, sich in die Welt älterer Menschen hineinzuversetzen, unverzichtbar in demographisch alternden Gesellschaften und für ein ökonomisches Überleben ihrer Unternehmen. Man denke etwa an die hochkomplexen Mobiltelefone (Smartphones), welche weitgehend am Altersmarkt vorbei erzeugt und vermarktet werden. Und je älter die Menschen werden, desto größer wird der „Bedarf" nach derartigen unternehmerischen Leistungen. Die Alten benötigen Big Data wie niemand sonst, um ihre körperlichen und psychischen Zustände regelmäßig zu erfassen. Kümmert anscheinend weder Apple noch Samsung. Da ältere Menschen einen immer größeren Anteil an der Bevölkerung und damit als Konsumenten und erwerbstätige Wertschöpfer ausmachen, lassen sich Innovationen unabhängig von ihrer Radikalität, Disruptivität und Frugalität, ohne deren Einbindung und Vernetzung nur bei Akzeptanz von

---

[387] Quelle. Fachverlag für Gesundheitswissen, Email - Information vom 14. 11. 2015. Anzumerken: Der obige Text gilt als „Aufreißer" für das Buch von Markus Hahner, PC-Wissen für Senioren, von dem auch der eingefügte Text stammt.

Umsatzverlusten verwirklichen (Apple spürt das bereits). Senioritis zieht in die Wirtschaft ein, Produktivitätszuwächse und damit Lebensstandard entschleunigen bzw. korrespondieren mit demographischer Alterung. Roboter vernichten mehr Arbeitsplätze, als es bei „schöpferischen Antworten" (Schumpeter) der Fall wäre.

17.10 Lasse den Roboter steuern - und entspanne dich?

Unlike high-tech workers, low-tech workers are right brainers { artists, musicians, priests, astrologers, psychologists, etc. They produce the model's other good, human services (hereafter referred to as `services'). The service sector does not use capital as an input, just the labor of high and low-tech workers.

Roboter gibt es schon lange, auch jenseits von Science Fiction. Aber erst in jüngerer Zeit beschäftigen sie die Menschen und Wissenschaften intensiver. Angst vor Robotern. Sie vernichten Arbeitsplätze. Bis zu 50 % sind in der Diskussion. Dann stellt sich in unserem Kontext die Frage: Warum länger arbeiten, warum ältere Menschen länger in die Wertschöpfungsprozesse einbinden, warum Arbeitskräfte importieren, wenn so viele Arbeitsplätze vernichtet werden. Auch hinsichtlich der Zuwanderung stellen sich Fragen, diese sind jedoch, wie oben erläutert, weniger von wirtschaftlicher als von sozialer und moralischer Natur. Welchen Einfluß hat die Roboterisierung, Teil der fünften und zunehmend sechsten Langen Welle auf Innovationsdynamik und mit dieser gekoppelt die Schaffung und Zerstörung von Arbeitsplätzen in der Zukunft einer alternden Gesellschaft. Die einfache Antwort: Wir wissen noch wenig.

Abbildung 58: Wachstum der Roboterindustrie, Jahr 2000 – 2015

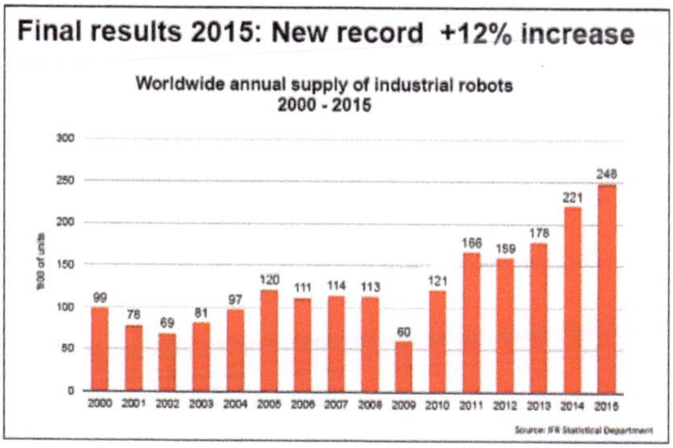

Final results 2015: New record +12% increase

Worldwide annual supply of industrial robots 2000 - 2015

Jahr	'000 of units
2000	99
2001	78
2002	69
2003	81
2004	97
2005	120
2006	111
2007	114
2008	113
2009	60
2010	121
2011	166
2012	159
2013	178
2014	221
2015	248

Source: IFR Statistical Department

Quelle: http://robohub.org/industrial-robot-sales-for-2015-set-new-record-despite-troubles-in-china/

Wir sind nahezu in jedem Kapitel auf Roboter eingegangen und wollen uns hier nicht wiederholen. Da Roboter über die Zukunft genauso wenig wissen können wie Menschen, auch Fachleute und mit künstlicher Intelligenz ausgestatte Gehirne, ist die grundlegende Herausforderung wie bei allen radikalen Neukombinationen mit Kondratieffeigenschaften: Lernen mit Ungewißheit zu leben. Wenn ein System solches nicht will oder kann, ist die Nutzung von Robotern mit künstlicher Intelligenz eingeschränkt und ihre Entwicklung verzögert.

Die Roboterindustrie wächst überdurchschnittlich, ihr Wachstum wohl nur übertroffen von der Biotechnologiewirtschaft. Die Abbildung informiert über Industrieroboter, umfaßt somit nicht andere Anwendungsfelder. Industrieroboter erzeugen jedoch wegen ihrer potentiellen Verdrängung wenn nicht Vernichtung von Arbeitsplätzen (siehe OECD, 2016) die meisten Probleme.

Technik ist nicht unser Thema. In der Technology Review – Magazin für Innovation, kann man sich informieren. Die beste uns bekannte Quelle zu sämtlichen Aspekten von Robotern ist http://robohub.org/. Die Meinungsvielfalt ist beachtlich, was man als normal bezeichnen kann, wenn Basisinnovationen in die Wirtschaft einziehen und sich durch eine hohe Diffusionswirkung auszeichnen, auch eine indirekte, über Import und Export robotererzeugter Produkte und Dienstleistungen.

Es gibt keine grundlegende Neuerung (Kondratieff, Lange Welle) in welcher nicht Ängste, Sorgen, Befürchtungen über Arbeitsplätze und Wettbewerbsfähigkeit von Unternehmen und Standorten in Entscheidungen, Geschäftspläne, Diskurse in allen Teilsystemen einer Gesellschaft eingehen. Widerstände gegen das Neue entstehen emotional, analytisch-kognitiv, ungewißheitslogisch. Das ökonomische Immunsystem könnte in Gefahr geraten und wie die Standardmedizin bietet auch die Ökonomie keine überzeugenden Antworten Immunstörungen homöo-ökonomisch zu bewältigen.

Sowie wir uns heute ein Leben ohne Elektrizität nicht mehr vorstellen können, könnte es in zehn oder zwanzig Jahren auch den Robotern ergehen. Sie werden Teil unseres täglichen Lebens. Das einzige was sie wohl aufhalten könnte oder entschleunigen könnte, sind moralisch und ethisch reflektierte Normen und in staatliche Vorgaben umgesetzte Ängste und Befürchtungen. Diesen Schluß ziehen wir aus den gegenwärtigen Diskussionen, von denen wir nur einen Bruchteil in unseren Überlegungen berücksichtigen.

In unserem Zusammenhang tun sich mehrere Fragen auf.

(1) Wirken Menschen und Roboter nach vergleichbaren Prinzipien der Arbeitsteilung zusammen, die Adam Smith am Beginn der industriellen Revolution (1776) formulierte, und in denen er eine Hauptquelle für steigende Produktivität der Arbeit und des Wohlstandes zu sehen glaubte? (2) Wenn Arbeitsplätze vernichtet oder überflüssig werden, in welchen Kategorien der Arbeitsteilung, in welchen Aufgabenfeldern und in welchen demographischen Kohorten. Ist ein Schicksal wie bei den Droschken- und Postkutschern zu befürchten? (3) Existieren oder evoluieren Interaktionssysteme zwischen Menschen und Robotern (am Arbeitsplatz, in der Freizeit, im Gesundheits- und Pflegesystem? (4) Gibt es für Roboter wirtschaftliche Schutzräume oder Arbeitsfelder, die sie nicht überwinden oder zerstören können. (5) Was kann man unternehmen, insbesondere ältere Menschen, um sich trotz Roboterisierung und damit verknüpften Arbeitswelten, in Wertschöpfungsprozessen zu partizipieren, auch neue Arbeitsfelder zu erschließen? (6) Welchen Einfluß hat die Roboterisierung auf die Chancen von arbeitslosen Erwerbsfähigen, einen neuen Arbeitsplatz zu finden? (7) Wir wirken sich Roboter auf die Integration von Zuwanderern aus? Jede dieser Fragen steht mit der Erwerbstätigkeit älterer Menschen in Verbindung. Theoretisch wie empirisch belastbare Antworten kennen wir nicht. Diese Fragen zu beantworten, ist gegenwärtig nur eingeschränkt möglich. Rudimentäre Antworten sind verfügbar, bleiben jedoch mit hoher Unsicherheit verknüpft. Auch ein Wirtschaftssystem muß mit selbsterzeugter Ungewißheit zurechtkommen. Die unbekannte Zukunft wirkt auf die Gegenwart zurück.

Uns interessiert, wie ältere Menschen sich in Neukombinationen einbinden können, das gesamte Spektrum von historisch sich entfaltet habenden Basisinnovationen umfassend (Energie/Dampfmaschine/Solartechnik; Textil; Chemie/Medizin; Mobilität; Kommunikation). Mehrtun mit weniger Aufwand, Frugalität, disruptives Innovieren, einfach, sparsam, für ältere Generationen nutzbar, Dematerialisierung sind Kennzeichen alternsadaptiver Neukombinationen.

Technologien in vielfältigen Bereichen entwickeln sich weiter. Automobile (siehe auch die nachfolgenden Ausführungen) sind vollgepackt mit Software, Internetgeräten, in Zukunft mit Robotern zusammenarbeitend. Science Fiction verwirklicht sich in allen Industriezweigen und Dienstleistungsbranchen. Hundertjährige können auf automobile Mobilität hoffen.[388] Selbstfahrende Automobile intelligent und fahrsicher zu nutzen - für manche Automobilenthusiasten ein Vergnügen, um die Technik beherrschen und nutzen zu lernen. Aber eben nur für jene, für welche der PKW ein unverzichtbarer Inhalt ihres Lebens ist. Die vom Hersteller beigefügten Informationen haben einen bescheidenen Erklärungs- und Informationswert. Frugalität wird unverzichtbar, wenn die Produzenten angesichts einer ohnehin sich verringernden Nachfrage keine stärkeren Umsatzeinbußen hinnehmen wollen.

Ein Beispiel aus der Finanzbranche, für älter Menschen mehrfach von Bedeutung. Für viele reicht die Rente nur zu einem spartanischen Leben. Einige müssen ihr Vermögen opfern, wenn sie sich pflegen lassen. Gegensteuern: (a) Vermögen aufbauen (nicht nur Immobilien), investieren in wertschöpfende Unternehmen (ein Vorschlag wäre, in roboterverknüpfte Investmentfonds investieren); b) in der Anlagebranche selbst aktiv sein (auch in hohem Alter; wir erinnern an die deutschstämmige Amerikanerin, Irene Bergman, über 100 Jahre alt; Abbildung 6); c) Roboter, digitale Instrumente, künstliche Intelligenz nutzende Anlageentscheidungen und –beratung.[389]

Disruptiv-frugale Neuerungen, welche die Benutzerfreundlichkeit und die sinkende Kaufkraft/bereitschaft in alternden Gesellschaften reflektieren, verlangen ein unternehmerisches (nicht nur manageriales) Tätigwerden und disruptiv-frugale Neuerungen wären für viele Nachfrager eine „schöpferische Antwort" (Schumpeter). Da die Realeinkommen vieler älterer Menschen bei einer Fortführung der Wachstumsleistungen von reifen Gesellschaften stagnieren oder abnehmen, bedarf das Innovations-"Management" der Unternehmen einer zunehmend radikalen Neuorientierung. Wie wir deutlich zu machen versuchten: Eine Silberwirtschaft vermag die Nachfragedynamik nicht zu erzeugen, wenn es nicht gelingt, Kaufkraft der älteren Nachfrager zu erhalten oder zu steigern, was leider, ceteris paribus, nur durch Erwerbstätigkeit von zunehmend älter werdenden Menschen möglich ist - oder durch Helikoptergeld.[390] Letzteres könnte primär Menschem im Ruhestandsalter offen stehen.

Die Automobilindustrie (vierter Kondratieff) ist in ständiger Bewegung. Ihre Ursprünge sind über 100 Jahre alt, in Deutschland ist sie das Lieblingskind der Politik. Auf jeder Messe Dutzende von Politikbesuchern. In den reifen Volkswirtschaften gehen die Verkäufe von Automobilen (PKWs) langfristig zurück. Die Industrie benötigt Innovationen. Eine davon ist das selbstfahrende (autonome) Automobil, teilweise mit Elektroantrieb und zunehmend mit Robotern ausgestattet. Wie zu beobachten, kommen solche Neuerungen oftmals nicht aus der Industrie selbst sondern von Outsidern, etwa Tesla und Google, auch Apple zeigt Interesse.[391] Für deutsche Hersteller war Tesla eine Lachnummer, wie früher Amazon für die Buchhandelsbranche. Erst als es Tesla gelingt, die Reichweite ihrer Mobile

---

[388] Der Vorstandsvorsitze von Nissan und Renault, Carlos Ghosn, hat explizit Personen im Alter von 95 Jahren angesprochen (Walters u.a., 2016).

[389] Roboter- und digitalbasiertes Asset management wächst überproportional (62 %) im Vergleich zu anderen Methoden. Auch ETF-Anlagen wachsen nur 11 %, jeweils im Zeitraum von 2016-2020 (Foley, 2016).

[390] Helikoptergeld ist nach dem Stand unseres Unwissens nach Ansicht des Europäischen Gerichtshofs und des Bundesverfassungsgerichts wohl nicht grundsätzlich für die Europäische Zentralbank verboten.

[391] Google, eigentlich Alphabet hat 2016 sein Geschäftsmodell Autonomes Fahren modifiziert und in Zusammenarbeit mit Fiat Chrysler eine neue Tochtergesellschaft Waymo gegründet, die sich der Entwicklung selbstfahrender Automobile widmet.

beträchtlich über die deutscher Hersteller auszuweiten (Tesla Roadster, knapp 400km, seit 2009 auf dem Markt, BMW i3, 2013, etwas über 100km), wachen die deutschen und andere etablierte Produzenten auf. Daimler versucht sich in selbstfahrenden LKWs. Toyota zeigt Interesse. Die Firma hat bereits im September 2015 ein Fahrzeug vorgeführt, welches selbstständig auf der Autobahn fahren und die Spuren wechseln kann.[392] Als Entwicklungsziele werden die Unterstützung älterer Menschen, die Verringerung von Unfällen und der Einsatz von künstlicher Intelligenz für die Nutzung von Automobilen durch jedermann genannt. Toyota will Behinderte und alte Menschen mit selbstfahrenden (autonomen) PKWs helfen (Wallace, 2016a), somit auch automobile Silbergüter herstellen, was ihre erwerbstätige Nutzung für diese Menschen nicht ausschließt. Die amerikanische Verkehrssicherheitsbehörde hat auf eine Anfrage von Google zur Nutzung autonomer Fahrzeuge geantwortet: Computer/Roboter lassen sich grundsätzlich als Fahrer anerkennen.[393] Ein menschlicher Fahrer wird vollständig durch einen Roboter ersetzt, ein vollständig autonomes Fahrzeug. Der Roboter ist rechtlich einem Menschen gleichzustellen (Bradshaw, 2016a,b; Roland Berger, 2016). Bereits für das Jahr 2018 werden „Robottaxis" in den Städten erwartet (Freitag, 2016). Tesla und Google bauen Automobile mit digital gesteuertem Autopilot. Man kann es als Beispiel für einen Interkondratieff verstehen. Die Basisinnovation Automobil (4. Kondratieff) interagiert mit der fünften Langen Welle (digitale Kommunikation) und dem 6. Kondratieff (Roboter, künstliche Intelligenz). Frage: Wie läßt sich diese Neukombination in ein Golden Aging einbinden? Die Wie-Frage erläutern wir im nächsten Kapitel. Was Roboter angeht, könnten ältere Menschen selbst aktiv werden, um ihre Alterskollegen zu beraten. Ingenieure im „Ruhestand" können sich reaktivieren und für andere und sich selbst die Roboterwelt erschließen. Ein Alter zeigt anderen, wie sie befriedigenden Sex mit Robotern genießen können. Moderne Technik ist nicht anti-biologisch. Sie können in sämtlichen unternehmerischen Funktionen (RAIE: Routine, Arbitrage, Innovation, Evolution) unternehmerisch aktiv und ethisch akzeptabel sein oder werden.

In Japan gibt es eine Gruppe von Frauen, „Mrs Watanabe" genannt. Sie verwalten das Vermögen ihrer Familien. Spekulation nicht ausgeschlossen. Früher öfters auf dem Devisenmarkt aktiv. Was machen sie heute? Viele investieren in Roboter (Lewis, 2016f). In Roboteraktien. Der Konstrukteur des Fonds Global Robotics Equity Fund von Nikko Asset Management: „Als wir den Fonds Global Robotics Equity Fund ausgedacht haben, glaubten wir, daß er vor allem für junge, männliche Investoren attraktiv sein könnte. Tatsächlich sind es Frauen und alte Investoren, die diesen Fonds in starkem Umfang kaufen Man muß sich daran erinnern, daß Japan ein Land ist, in dem sich die Menschen sehr familiär mit Robotern fühlen." Arbitragefunktion: Vermögensanlage in einer Industrie, welche die Anleger kennen, manche aus eigener Erfahrung im Umgang mit Robotern, in Vergangeheit und Gegenwart, noch mehr in der Zukunft. Der Fonds hat in 41 Aktien investiert, weltweit, hat (im Juni 2016) ein Vermögen von rund fünf Milliarden Dollar.[394]

---

[392] „Toyota investiert in Roboterautos", Börsenzeitung, 7. 11. 2015, S. 7; Inagaki, 2016c). Toyota antwortet damit auf die Gefahr einer schöpferischen Zerstörung durch Neueinsteiger in den Automobilmarkt wie Google, Apple, Tesla. Auch eine Beteiligung an Uber erfolgt.

Die Entwicklung autonomer Autos ist ein Ziel von Toyota. Aber auch andere Alltagsanwendungen werden erforscht. Die Forschung hierzu ist in einem neu etablierten Forschungsinstitut in den USA konzentriert. Von den Forschungserkenntnissen verspricht sich der Autobauer den Vorstoß in neue Geschäftsfelder.

[393] http://www.faz.net/aktuell/wirtschaft/neue-mobilitaet/in-amerika-ein-wichtiger-schritt-fuer-roboterautos-14062270.html

[394] Ein weiterer Grund für die Attraktivität des Fonds für japanische Anleger sind die Investionen in Aktien neben Yen in Dollar, Euro und Schweizer Franken.

Neue Arbeitsplätze entstehen, in den automobilen Traditionsindustrien könnten welche zerstört werden, wenn die Marktanteile zu wandern beginnen und die konventionellen Hersteller sich nicht auf die Herstellung autonom fahrender Mobile und entsprechender Dienstleistungen umstellen. Wir beobachten dann auch eine Selbstkannibalisierung in den Unternehmen, ein Schreckgespenst. Man sehe sich Siemens an. Besser das Alte und politisch Gefragte machen, als in neue Märkte einsteigen. Innovationen vernichten Arbeitsplätze, parallel und im Zeitablauf schaffen sie Arbeit und neue Berufsfelder. Unsicherheit und Ungewißheit sind normale und unverzichtbare Begleiter von Innovationen. Vorhersagen lagen historisch immer daneben. Die Komplexität von Wirkungsfeldern ist nicht beherrschbar. Es kann Robotersturmer wie Aufstände geben (im zweiten Kondratieff Maschinenstürmer und Weberaufstände). Eine Robotikrevolution wird sich dadurch nicht ausbremsen lassen.

Neue Arbeitsplätze: Bei den Herstellern und ihren Zulieferern, insbesondere in Softwareentwicklung bis hin zu künstlicher Intelligenz. Bereits lange vor ihrer Markteinführung schafft die Neukombination Arbeitsplätze und Wertschöpfung. Personennahe Dienstleistungen erhöhen das Arbeitsangebot. Roboter und Menschen schaffen gegeneinander konkurrierend und miteinander kooperierend auf den Arbeitsmärkten neue Einsatzfelder auch nur einigermaßen ausgereift ist hier noch wenig, obwohl bereits Erfahrungsberichte vorliegen (etwa Bradshaw, 2015). Basisinnovativ betrachtet handelt es sich bei den genannten Initiativen um eine Kopplung von Mobilität (Automobil), Informationstechnologie (fünfte Lange Welle), künstliche Intelligenz (6. Kondratieff), also einen Interkondratieff. Bis die Autopilotautos auf die Straße kommen, werden noch viele Arbeitsplätze entstehen, erhalten bleiben, besser bezahlt werden, nicht nur bei Herstellern und ihren Zulieferanten. Das neue Auto und andere von Robotern erzeugte oder von Robotern gelenkte Güter und Dienstleistungen, selbst Roboterkleidung, welche Menschen erlauben schwere Arbeit einfacher zu leisten und Behinderungen zu ertragen, sind ein Paradies für Ethiker, Gerichte, Journalisten.[395] Darf man so etwas zulassen, unter welchen Bedingungen? Wie sind Alter, Gesundheit, Behinderung, Urlaub, schlechtes Wetter ethisch korrekt mit der Innovation zu versöhnen? Die Gesetze sind umzuschreiben oder neu zu schaffen, was wiederum Juristen erforderlich macht, da sie so zu gestalten sind, daß der Normalbürger sie nicht verstehen kann. Die Autoversicherer müssen reflektieren und neue Verträge erstellen. Wir kennen den Arbeitsplatzmultiplikator noch nicht. Unbedingt zu erwähnen wäre die Investmentbranche jenseits der Investition in Aktien durch Anleger. Google kann selbst finanzieren, Toyota und Daimler auch, Tesla braucht externes Geld. Irgendwann dann auch Mergers & Acquisitions.

Die Umsetzung der Neuerung kann oder könnte alle Altersgruppen ansprechen. Zwei Millionen Kilometer haben die Googlepkws bereits hinter sich gebracht (Stand November 2015). Waren ältere Personen bereits involviert? Die Automobilindustrie entläßt permanent Arbeitskräfte, primär ältere Mitarbeiter, durch die Gesetzgebung mitgefördert. Ausnahmen gibt es (BMW, Toyota). Google und Tesla suchen Mitarbeiter, auch schon außerhalb der Vereinigten Staaten. Solche mit automobilem Hintergrund haben erfahrungsbedingte und kompetenzspezifische Arbeitschancen. Das gilt auch für „Ruheständler". Die für eine Umsetzung der Neukombination erforderlichen Kompetenzprofile auch jenseits der Zuliefererunternehmen sehen sich einer Nachfrage gegenüber. Diese kann sich in allen Teilsystemen der

---

[395] Gute Fragen bei Parapundit (16. Dezember 2015): "It will be interesting to see which jurisdictions allow autonomous vehicles first. Some more free wheeling American states? Japan? Hong Kong or Singapore? Will German car companies apply pressure for Germany to be a front runner in the race to full autonomy? How about China? It is now the biggest car market in the world. I'm still expecting fully autonomous vehicles on sale in some jurisdictions by the early 2020s and with skyrocketing demand across many jurisdictions by the mid 2020s." (http://www.futurepundit.com/archives/009972.html).

Gesellschaft entfalten: Rechtssystem, Wissenschaft, Ethik-Moral, Politik, Medien. Warum sich in diesen Bereichen zur „Ruhe" setzen? Etablierte Spezialisierungsmuster lassen sich neukombinativ weiterführen, aufbauen, aktualisieren. Ältere Menschen besitzen in diesen Feldern komparative Vorteile, die es zu erschließen gilt. Sie sind unternehmerisch zu erkunden.

Jede Neuerung erzeugt potentiell Vorteilhaftes. Für sich selbst muß man Neukombinationen jedoch erkennen, um als Wertschöpfer Leistungen zu erbringen und in seinen Arbeitsalltag zu integrieren. Die jugendkultische Memetik, welche in demographie-ökonomische Diskurse eingezogen ist, auch die Zuwanderungsdebatten beeinflußt, ist ein weiterer potentieller Diskriminierungsakt im Senioritisalltag, das Wertschöpfungspotential biographisch alter Menschen, wie es sich etwa in ihren Unternehmeraktivitäten zeigt (siehe die alterspezifischen Gründungsdaten aus den USA) mißachtend, nicht zur Kenntnis nehmend. Die Alterung der Gesellschaft bietet gerade älteren Menschen Chancen, die junge Menschen noch nicht besitzen können. Welche Kosten/Nutzenbilanz besitzen selbstfahrende Automobile für ältere Menschen? Die Erfahrungen älterer Menschen sind hierfür unverzichtbar, denn sie verfügen über die Vorstellungskraft, sich in das Fühlen und Denken und Tun anderer älterer Menschen hineinzuversetzen. Das gilt für Ingenieure, oder Fahrschullehrer, oder, oder. Keine Grenzen. In durch Verbote und Vorschriften regulierten Staaten könnte man erwarten, daß ältere Mitbürger nicht nur ihre Fahrprüfungen erneut ablegen müssen, die selbstfahrenden Automobile verlangen auch andere Verhaltensweisen und Interventionen im Straßenverkehr. Fahrschulen oder andere als zuständig Erklärte müßten dabei helfen, diesen Markt für ältere Mitbürger silberökonomisch zu erschließen. Man kann sich vorstellen, daß Hersteller wie etwa Google und Tesla spezielle Trainingseinheiten für ältere Menschen anbieten, welche andere Ältere in die Fahrkunst dieser Automobile einweisen können. Die Silberökonomie läßt sich nicht erschließen ohne unternehmerisches Tätigwerden von Olderpreneurs. Es kann auch durchaus sein: Die Hersteller selbst haben diese Überlegungen noch nicht reflektiert. Man müßte also diese Ideen bei ihnen heimisch machen – also „doing things" (Schumpeter), um die Neuerung in alternden Gesellschaften durchzusetzen. Ein von Google trainierter Sinologe im Alter von 75 kann die Erkenntnisse in China anbieten und würde stattlich entlohnt.

Was wir andeuten wollen ist primitiv: Eine sich fortentwickelnde oder innovative Wirtschaft schafft ständig, unaufhörlich, neue Einsatzfelder auch für ältere Erwerbstätige. Erst wenn die Wirtschaft in Routine oder auf einen stationären Modus zurückfällt, ändert sich das Chancenprofil. Routinejobs sind gefährdet. Wer einer routinierten Informationsverarbeitung nachgeht, gibt seine Erwerbstätigkeit an Roboter ab. Es gibt Arbeitsplätze, für welche Roboter wirksame Substitute sind, die also zerstört werden. Andere Beschäftigungsmuster sind komplementär für intelligente Maschinen: gegensätzlich, aber sich ergänzend. Mensch und Roboter arbeiten Hand in Hand. Ein drittes Arbeitsmuster ist vor Robotern geschützt, was nicht heißt, die Maschinen würden mit diesen Erwerbstätigen nicht zu sammen arbeiten. Wir finden sie in innovativen und selbstevolutiven Tätigkeitsfeldern. Eine Yogalehrerin muß sich über Roboter keine Gedanken machen genauso wenig wie ein Taichilehrer. Diese drei Kategorien sind nicht fixiert, im Voraus erkennbar. Arbeitsteilung ist ein Entdeckungsprozeß. Roboter steigern die Vielfalt der Arbeit in der Herstellung von Gütern und Dienstleistungen.

Die OECD (2016) schätzt nach Auswertung mehrerer Untersuchungen: Im Durchschnitt könnten zehn Prozent der Erwerbstätigkeiten einem Verlust ihrer traditionellen Arbeitsplätze ausgesetzt sein, in Deutschland zwölf Prozent, in Frankreich neun, in Japan sieben Prozent. Die Automatisierung, Digitalisierung und Roboterisierung machen Arbeitsplätze unsicherer, wie jede Neukombination, zerstören aber nur wenige, wenn es Gesellschaften gelingt, schöpferisch und evolutiv und nicht nur adaptiv zu antworten. Roboter sind ökonomisch betrachtet kein neues Phänomen. Sie stehen in der Tradition bisheriger Radikalneuerungen, würden sie umgesetzt, ihre Wirkungsungewißheit akzeptiert

Selbstverständlich sind auch Experten gefragt, die das Gegenteil behaupten. Sie machen dann auch Vorschläge, welche bewirken, was sie kritisieren.

Auch frugale Neuerungen eröffnen immer noch zahlreiche, nicht bediente Anwendungsfelder. In alternden Gesellschaften werden sie sich zunehmend ausbreiten. Behinderungen bewirken Arbeitsplatzverluste. Vor allem ältere Erwerbstätige sind betroffen. Exoskelette und damit verbundene Robotertechnologien können Behinderungen, welche viele ältere Menschen am Arbeiten hindern, überwinden helfen. Robotergelenkte Exoskelette vermögen die Arbeitsproduktivität beträchtlich zu steigern und das Verletzungsrisiko zu verringern (Farrell, 2016; Hoffmann, 2016). Altern, Behinderungen, Wertschöpfungspotentiale sind, wie auch dieses Beispiel zeigt, neukombinativ und selbstevolutiv erzeugte.

Wie unsere Überlegungen vielleicht deutlich machen konnten. Roboter sind gerontologisch alterslos. Was sie altern lassen könnte sind wissenschaftliche Erkenntnisse, technologischer Fortschritt und Widerstand gegen ihre Nutzung. Das Alte würde dann ökonomisch abgeschrieben. Dies haben sie gemeinsam mit den Kohorten alter Menschen. Wären diese biologisch noch jung, gäbe es aus ökonomischer Sicht keinen Grund, sie in den Ruhestand zu entlassen. Roboter und Menschen wirken allerdings symbiotisch zusammen. Industrielle Roboter verringern die Arbeitsbelastung und entschleunigen daher Alterprozesse. China hat das wohl erkannt. Das demografische Altern in China wird nur noch von Südkorea übertroffen. In Frankreich müssen 157 Jahre vergehen, bis ein Drittel seiner Bevölkerung 65 Jahre und älter sein wird (im Jahr 2022), in China sind es 34 Jahre, in Korea sind 27 Jahre. Japan hat diese Phase bereits hinter sich und benötigte dazu 38 Jahre, von 1970 bis 2007 (Smith, 2016). Es kann daher auch nicht überraschen, daß diese drei Länder Roboter nahezu umarmen, in der industriellen Fertigung, aber auch jenseits der Industrie, im persönlichen Leben, für ihre Gesundheit, in der Altersbetreuung intelligente Maschinen ohne Widerstand nutzen.[396] Innere Widerstände gegen Roboter gilt es zu überwinden. Roboter können helfen, das eigene Leben neu zu gestalten. Der Tod eines Roboters ist ein schumpeterianischer, der Schöpfungskraft des Neuen geschuldet (schöpferische Zerstörung). Was hält sie am Leben? Die Biologie der Menschen, deren Befürfnisse am Arbeitsplatz, in der Klinik, im Studium, in der Liebe, im Altern zu befriedigen helfen. Das ökonomische Schreckgespenst eines demographischen Alterns erzeugt somit eine neue Welle von Wertschöpfungspotentialen, eingebettet in Widerstand, auch Mißerfolge im Umgang mit ihnen und ethisch-moralische Bedenken. Was Roboter bremst, in einigen Ländern, sie auch in einen Ruhestand versetzten könnte, wenn nicht einen Tiefschlaf für bestimmte Anwendungen (in Deutschland sicherlich nicht in der Automobilindustrie) ist die Ökonomie. Ihr Effektivitätsabbau ist keine Folge eines lädierten, vergänglichen Körpers. Sie sind oder könnten zumindest mitwirken, als Neugestalter des demographisch-ökonomischen Wandels, gerontologische Alterungsprozesse zu verlangsamen.

All dies ist spekulative Ökonomie. Im Vergleich zur Chemie- oder Automobilindustrie ist die Roboterbranche ein Zwerg. Sie steht in den Startlöchern eines ökonomischen Marathons, schöpferische Zerstörung zum Alltag machend, zum Wohle nicht zuletzt älterer Menschen: in ihrem Arbeitsleben und danach. Die Vergreisung der Menschen und ihrer Wirtschaft entschleunigt.

17.11 Unternehmerische Energie

Voraussetzung ist immer ein selbstevolutives Engagement. Behindert, aus dem Arbeitsleben ausscheidend. Ruhestand. Wenn Roboter helfen können, im alten Beruf oder in neuen Tätigkeitsfeldern engagiert zu

---

[396] In der Financial Times vom 23. Juni 2016 ist auf der ersten Seite zu lesen: „China snaps up more than one in four industrial robots as sales hit record."

sein: der Ruhestand bietet Vorteile, die ohne Willenskraft, eine unternehmerische Kernfähigkeit, nicht zu erschließen wären. Wenn Berufe viel Muskelkraft verlangen, Erwerbstätige deswegen auch ihren angestammten Beruf bei zunehmendem körperlichen Alter aufgeben, Betonskelette machen das Arbeiten signifikant leichter. Ein fünf Kilo schweres Werkzeug lässt sich nahezu anstrengungslos hochheben (Hoffmann, 2016). Den Transport älterer oder gehandicapter Menschen in Krankenhäusern oder Heimen können auch alte Menschen bewerkstelligen. In Singapur trainieren Roboter ältere Menschen darin, wie sie ihre physische Aktivität verbessern können (Aza Wee Sile, 2015). Der Staat fördert ihren Einsatz in Altersheimen. Vielfältige Anwendungen von Robotern in der Gesundheitsindustrie, insbesondere für ältere Menschen sind in der Innovationsphase (Beispiele in Markoff, 2015; Masui, 2016).

Wer sich erstmalig auf ein Leben als Konsument von Silbergütern einläßt, oftmals unbewußt, kommt mit weniger Kompetenzentfaltung aus. Neues zu lernen gilt es auch im Konsum zu unternehmen. Welche Kompetenzprofile verlangt eine Kreuzschiffahrtsreise im Mittelmeer inklusive Sonnenbaden im Liegestuhl - verglichen mit Präsentationen und Besichtigungen vor Ort (etwa Troja) durch einen emeritierten Archäologen? Viele Ältere meiden immer noch Internet, Mobiltelefon, neue Ernährungsroutinen und körperliche Bewegungsmuster. Ich bin 80 und soll Liegestützen oder Klimmzüge machen? Ich bin 70 und soll auf Brötchen und Marmelade verzichten? Wer sich unternehmerisch oder generell erwerbstätig engagieren will, muß mit zunehmendem Alter auch ethische Kompetenz aufbauen: Die Liebe zu seinem Körper und dadurch die Reproduktion seiner energetischen Homöostase oder „Homöodynamik" (Rattan, 2016). Altchinesisch: Offenheit (*yin*) und Entschlossenheit (*yang*) harmonisch in sich verbinden.[397] Wer seinen Verfall akzeptiert, wird zu einem Dauerkunden im Medizinsystem, also ein Silverager.

Ein Tiger voller Lebenskraft, ein Kranich, der mir Jugend schenkt (nach ostasiatischer Tradition)

Nochmals das obige Beispiele des Teilfastens (intermittierendes Fasten) anführend. Wenn ich es umsetze, meinen Körper also kalorienreduzierten Beschränkungen unterwerfe, freuen sich seine Organe und Zellen so sehr, daß sie sich länger gesund erhalten. Die Franzosen haben hierfür eine schöne Formulierung: *jeûne intermittent = jeune longtemps:* Intermittierendes Fasten = für lange Zeit jung (mehr dazu bei Rosier, 2015; mehr jüngere Wissenschaft hierzu bei Brandhorst u.a., 2015). Wie kommt jemand dazu, es zu praktizieren und die Praxis auch durchzuhalten? Was vorgeschlagen wird, ist objektiv betrachtet keine Neuerung. Seit Jahrhunderten wird es in vielen Kulturen und Religionen praktiziert. Aus der Sicht einer Person betrachtet ist es eine Innovation in sich durchfütternden Wohlstandsgesellschaften. Schumpeter sagt im Einklang mit Erkenntnissen der Psychologie: Die Persönlichkeit entscheidet. Sie prägt das Durchhaltevermögen, die

---

[397] „Yin ist der Aspekt, der konkrete Strukturen hinstellt, auf die das Yang einwirkt und die von Yang in Bewegung gesetzt werden" (Ritsema & Schneider, Eranos Yi Jing 2000, S. 34). Zur Übertragung dieser Kategorien auf wirtschaftliche Prozesse siehe Röpke & Xia (2007).

psychische Energie, um am unternehmerischen Ball zu bleiben. Psychologen sagen Vergleichbares. Sie nennen es „Gewissenhaftigkeit" in ihrer Theorie der Big Five oder Volition oder Willenskraft. Wer über diese Energie nicht schon verfügt, wie läßt sie sich in einer Person erzeugen? Wenn es gelingt, könnten Menschen, Irene Bergman folgend, bis in ein hohes Alter (100+) unternehmerisch aktiv bleiben, in welcher Funktion auch immer. Gewissenhaftigkeit gilt als primäre Ursache einer exzeptionellen Langlebigkeit (Law u.a., 2014), eine Erkenntnis, auch wirtschaftliches Unternehmertum im Alter einschließen(siehe als Beispiel neben Bergman und andere Beispiele, etwa den Mitbegründer von Toyota, Toyoda, über den wir oben berichtet haben). Unverzichtbar ist jedoch selbstevolutives Tun und der Aufbau von Fähigkeiten, solches zu vollbringen. Wo sind die wissenschaftlichen Belege für diese Aussage? Es gibt sie *en masse*. Aber auch die Studien, die es anzweifeln. Der menschliche Körper ist hochkomplex. Die Bio-Medizin einschließlich der Ernährungswissenschaft arbeitet mit trivialen Ursache-Wirkungs-Modellen (Meyer-Abich, 2010), oftmals eingebunden in daraus abgeleitete Empfehlungen etwa der American Society for Nutrition (ASN), welcher zudem eine hohe Verbindung zur Ernährungsindustrie und den von diesen mitfinanzierten Studien nachgesagt wird.[398] Auch „zertifizierte" Diätberater arbeiten nach diesem Muster (in den USA). Ein lebenslanges Unternehmertum mit einer gesunden Lebensspanne ist in authotherapeutische Entdeckungsprozesse eingebunden, ökonomisch wie körperlich.

Fasten macht oder erhält gesund, seit Ewigkeit bekannt, in allen Religionen praktiziert. Wer macht es? Übergewicht und Fettleibigkeit nehmen überall auf der Welt zu (Quellen: Ng u.a., 2014; Westphal & Doblhammer, 2014). Die USA sind die Führungsnation bei den sog. entwickelten Ländern. 39.9 % der Männer und 29.7 % der Frauen sind übergewichtig, und 35% der Männer und 36.8 % der Frauen leiden an Fettleibigkeit (Yang u.a., 2015). Ergebnis: Die USA sind die „most medicated nation on earth" (Mason, 2015). Die Anzeichen mehren sich, daß die Lebenserwartung in den Vereinigten Staaten lebensstilbedingt sinken könnte und das Gesundheitssystem von Kosten der Behandlung Übergewichtiger überfordert ist (Ludwig). Der Zyniker informiert uns: Silberökonomische Produktangebote konnten dazu beitragen. Körper, Geist, Krankenversicherung und Erben freuen sich auf eine kürzere Lebensspanne. Unternehmertum wird ins Jenseits verlagert. Der reichste Mann auf dem Friedhof ist die Negativ-Vision für ein erfülltes Leben. In einer Golden Economy würde gegengesteuert. Menschen lernen zu fasten, ihre Ernährungsweise umzustellen[399] vor allem es durchzuhalten. Das ist weniger eine Frage des Wissens, sondern des Tuns, und das Tun eine Funktion der unternehmerischen Persönlichkeit, von Komponenten wie Vorstellungskraft, Durchhaltevermögen, Gewissenhaftigkeit, generell der Evolutionsfähigkeit.

---

[398] Etwa von Joseph Mercola: How junk companies have hijacked nutritional science, Mercola.com, 10. November 2015,

http://articles.mercola.com/sites/articles/archive/2015/11/10/junk-food-companies-nutritional-science.aspx?e_cid=20151110Z2_DNL_art_2&utm_source=dnl&utm_medium=email&utm_content=art2&utm_campaign=20151110Z2&et_cid=DM90088&et_rid=1207796439

[399] Wie so etwas in den USA (und auch in anderen Ländern) nicht gemacht wird, schildert Joseph Mercola mit einer Vielzahl von Belegen und wissenschaftlichen Aussagen. Die USA exportieren ihren Lebensstil in andere Länder. Viele Leiden. In Asien: China, Japan (über Okinawa haben wir berichtet), die Philippinen etc. China hat den Vorteil, eine traditionelle Medizin zur Verfügung zu haben. Die pharmazeutische Industrie macht einen Bogen um sie. Sie kommt mit der Komplexität der in der TCM verwendeten Wirkstoffkomplexe nicht zurecht, was auch an den behördlich vorgeschriebenen Test- und Wirkungsverfahren für Arzneien liegt. Die chinesische Regierung fördert demgegenüber die traditionelle Medizin massiv, will sie zu einem Wachstumsmarkt machen (Waldmeier, 2015), auch angesichts der raschen Alterung der Bevölkerung. Wozu Frankreich weit über hundert Jahre gebraucht hat, braucht China in 34 Jahren. Frankreich benötigt 157 Jahre (1865 bis 2022), um den Anteil seiner Bevölkerung über 65 Jahre zu verdreifachen; in China könnte es 34 Jahre dauern (2001 bis 2035).In Japan sind es 37 Jahre (1970-2007), in Korea 27 Jahre (2000-2027). Die Schätzungen entnehmen wir Alan Smith (2016)

Was Longo und Kollegen ermitteln, und sie sind nicht die ersten, korrespondiert mit den vielen Erkenntnissen zum Zusammenhang von Kalorienreduktion und gesunder Langlebigkeit. Für die Herausbildung einer Golden Economy sind die Umsetzung solcher Erkenntnisse eine notwendige Bedingung.

Wie Longo und Kollegen in einem weiteren Zeitschriftenbeitrag schreiben:

> Da die Daten zur optimalen Häufigkeit und der Zeitpunkte des Essens sich verdichten, ist es kritisch, Strategien zu entwickeln, diese Ernährungsmuster in Gesundheitspolitik und –praxis sowie in die Lebensweise der Bevölkerung zu integrieren (Mattson & Longo, 2014).

Diese Aussage reflektiert die vorherrschende medizinbiologische Sichtweise. Am einfachsten wäre natürlich: Nehme ein Medikament. Schlucken, fertig, woran auch geforscht wird, bislang ohne praktisch relevante Erkenntnisse. Hier wird vorgeschlagen: Irgendjemand soll eine Strategie entwickeln, um das Fastenmuster dem Volk beizubringen, die Lebensstile zu verändern. Wer soll daran Interesse haben? Mit 65 in Rente und noch 60 Jahre im Ruhestand drauflegen. Bankrott des Solidarstaates. Wenn es jemand schaffen sollte, mit oder ohne aufgezwungene oder incentivierte Strategie, die Goldene Wirtschaft verlangt eine Kopplung von ökonomischem und gesundheitlichem Unternehmertum. Und dieses den Aufbau von Evolutionsfähigkeiten. Dieses zu leisten ist Kern einer alterslosen Gesellschaft.

17.12 Zyklische Dynamik: lange Wellen in Alterungsprozessen

Das sekundäre im Gegensatz zum primären Altern hat jeder Mensch in seiner unternehmerischen Hand.[400] Seine Lebensweise ist eine selbsterzeugte, was auch immer die Vielzahl der Einflußprozesse (Irritationen) der Umwelt dazu beitragen mag. Wissen bringt es nicht, die Idee auch nicht (Schumpeter: „Kanäle auf dem Mars"). Das Umsetzen verlangt Fähigkeiten, die zu erwerben sind und die sich aufbauen lassen. Fähigkeiten sind evolutorische Güter. Mit zunehmendem kalendarischem und biologischem Alter steigen die Herausforderungen. Erwerbstätigkeit im Alter ist in den Alterungsprozeß, vor allem den sekundären, eingebunden. Für den Ökonomen nichts Besonderes. Produkte und die sie hestellenden Unternehmen unterliegen Alterungsprozessen. Schöpferische Zerstörung durch Konkurrenten und sich ändernde Bedürfnisse der Nachfrager sind potentielle Störenfriede, ökonomische Todesquellen. Nur wenige Unternehmen erreichen ein Alter, welches für Menschen Normalität ist. Existiert ein Zusammenhang zwischen dem Alter von Unternehmen und seinem Körper? Wir sind in früheren Kapiteln darauf eingegangen. Die ältesten Menschen (Anzahl, Durchschnittsalter) und die ältesten Unternehmen leben in Japan. Für Beobachter, die einer anderen ökonomischen Logik verpflichtet sind – sie zieht auch in Japan ein, ein Unding. Harding (2015c) interpretiert den japanischen Ministerpräsidenten: „Japan's leader wants more companies to die and give way to start-ups". Eine anglosächsische Sichtweise, die sich auf Mergers & Acquisitions stützt, ein unternehmerischer Export (Arbitrage) der USA nach Japan. Was haben Gründungen mit dem Alter von bereits bestehenden Unternehmen zu tun? Einiges, wenn es ihnen gelingt, eine schöpferische Zerstörung zu erzeugen, also zu innovieren. Dies können bestehende Unternehmen selbstverständlich auch. Beispiele: Matsui Construction (gegründet 1586) oder Ozu Corporation (362 Jahre alt). Mehr Beispiele bei Harding.

---

[400] Sekundäres Altern ist das durch die Lebensweise bedingt, somit prinzipiell beeinflußbar. Das primäre, gegenwärtig nicht oder nur marginal beeinflußbare Altern ist eine Folge grundlegender biologischer Wirkungsprinzipien, etwa der genetischen Ausstattung oder molekular bewirkter Seneszenz.

Wenn wir das Nachfolgende am Beginn unseres Textes geschrieben hätten, die Leser hätten an unserem wissenschaftlichen Verstand gezweifelt. Alte Menschen, kalendarisch Alte, sind die Speerspitze der Evolution: der Menschen selbst, der Gesellschaft, ihrer Teilsysteme. Nicht das Junge sondern das Alte, das chronologische Altsein, verlangt ein höheres Energieniveau, Durchhaltevermögen, Investition des Einzelnen in seinen Körper und Geist, der Wirtschaft in zukunftsträchtige Produkte, die man dem 6. Kondratieff und seinen Nachfolgern zuordnen kann. Das 21. Jahrhundert, behaupten französische Innovationsforscher, wird ein schumpeterianisches (Rochet, 2013). Einen Überblick über die Dynamik kapitalistischer Entwicklung auf der Grundlage von Basisinnovationen oder Kondratieffs gibt die folgende Tabelle. Die Kondratieffs 6 und 7 nennen wir Kompetenzkondratieffs, im Folgenden skizziert.

Abbildung 59: Die zyklische Dynamik kapitalistischer Entwicklung

Kondratieff	Basisinnovation	Quellen der Entwicklung
1-4	Dampfmaschine, Chemie Automobil,	Arbeit, Kapital, Natur
5	Information Digitalisierung	Humankapital, Wissen, Natur (Wissensgesellschaft)
6 &7 (21. Jahrhundert)	NBIC (Nano, Bio, Info, Cogno) Roboterisierung Psycho-soziale Gesundheit Evolutorische und natürliche Güter	Erschließung neuer Lebenswelten Unternehmerisches Können (*unternehmerisch-alterslose*) Wissensgesellschaft)
8	Selbstevolution auf höheren Ebenen des Bewußtseins	*Inputlose* Entwicklung Selbsterzeugte Energie

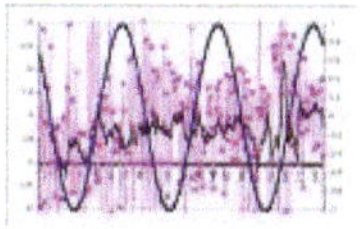

Der Erhalt und die Entwicklung von Energie (Volition) entscheidet zwischen einem Leben in Routine, Parallelität von kalendarischem und biologischem Alter(n) oder einem Leben voller Kraft und Vitalität. Da die Medizin das Altern nur in begrenztem Ausmaß im therapeutischen Griff hat, Altern nicht als eine Krankheit gilt, ist eine Selbstverpflichtung zu einem „gesunden" Lebensstil unvermeidbar. In einer Gesellschaft sind unterschiedliche Lebensspanne und Lebenserwartung primär bedingt durch die Lebensweise.[401] Was gesund ist, muß man selbst entdecken. Rezepte hat nur die Schulmedizin zu bieten. Neue Lebenswelten gilt es selbst zu erschließen. In allen Teilsystemen der Gesellschaft. In der

---

[401] Zu Großbritannien ist zu lesen: "A previous UK Government set a target in 2003 that by 2010 inequalities in health outcomes should be reduced by 10% as measured by life expectancy at birth. Not only was the target missed but in fact the opposite has happened. The research concludes the answer is not so much about redistributing healthcare expenditure but more about changing lifestyle habits. The research argues that more powerful policy tools aimed at behavioural change are needed to steer people towards healthier lifestyles."
http://www.ilcuk.org.uk/index.php/publications/publication_details/an_investigation_into_inequalities_in_adult_li fespan

Wissenschaft, in Wirtschaft und Politik, in Religion (wenn Unsterblichkeit kommt, wie gehen die Abrahamitischen Religionen damit um), in der Erziehung und Ausbildung. In jedem dieser Teilsysteme stößt ein schöpferischer Umgang mit dem Altwerden der Menschen auf mächtigen Widerstand, dessen Überwindung Neukombinationen und Selbstevolution verlangt. Innovation (*yang*) treibt Evolution (*yin*) und Evolution schafft Raum (*yin*) für Innovation. In der schumpeterschen Logik schaffen Innovatoren die Nachfrage nach Humankapital. Wenn Unternehmen nicht innovieren, warum sollten sie sich für Weiterbildung interessieren? Das vorherrschende Pflegeheimdenken wird durch lebenskräftiges Unternehmertum überwunden.[402] Altern ist eine biologische und ökonomische Krankheit. Lassen wir sie weiterlaufen, verzichten wir auf wirtschaftliches, körperliches, mentales und gefühlsmäßiges Wohlbefinden. Evolution good bye.

Es existieren keine Altersgrenzen. Die Grenzen durch Tod und Krankheit sind historisch evoluierte. Sie verschieben sich für einige Menschen in höhere Altersstufen. Die Superalten (100 Jahre und älter) sind die am stärksten wachsenden Alterskohorten. Andere werden davon lernen und ihnen nachfolgen. Der biologische Freiraum für Unternehmertum weitet sich aus. Innovation und Evolution sind nicht durch biographisches Altwerden begrenzt. Die Biologie entscheidet. Und diese ist eine selbsterzeugte, bis die Wissenschaft und ihr folgend die Biomedizin in der Lage sind, den Alternsprozeß schöpferisch zu erschließen.

Der Markt für Evolutionsgüter scheint unermeßlich, wenn wir an die Marktsegmente denken, die zu explorieren wären: Nicht nur „Geist", auch Körper, Emotion und Seele harren wertschöpferisch-unternehmerischer Initiative. Eine jede dieser Dimensionen des Selbst ist quasi ein Zielsegment für evolutionäre Güter herstellendes Unternehmertum - und dieses ist die Zukunftshoffnung wenn nicht der Lebensretter des Kapitalismus. Alte Menschen verfügen über komparative Vorteile bei ihrer Erschließung. Die große Entdeckung der frühen siebziger Jahre des 20. Jahrhunderts war, daß es Märkte gibt, die in der Innenwelt von Menschen liegen, im Spirituellen und Privaten.

Die für Veränderungsprozesse erforderlichen Verfahren, Methoden und Anregungen befinden sich in rascher, um nicht zu sagen, explosiver Entwicklung. Eine arbeitsteilige Förderung der Evolutionsfunktion setzt sich zunehmend durch. Adam Smith (Der Wohlstand der Nationen) hat mit seiner Behauptung, Arbeitsteilung hänge vom Umfang des Marktes ab, die grundlegende Einsicht formuliert. Der Umfang des Marktes, gemessen an der Kaufkraft der Nachfrager, ist wiederum selbst von unternehmerischem Tun und damit Fähigkeiten abhängig. Nach Marx und Engels besteht die „historische Mission" des „Kapitalismus" darin, die „Produktivkräfte" zu entfalten: „Erzeugung des Menschen durch menschliche Arbeit" (Karl Marx). Kondratieff hat beobachtet, daß mit jeder Basisinnovation neue Kompetenzprofile entstehen, bzw. ihre Durchsetzung des Erwerbs neuartiger Fähigkeiten bedarf.

Mit zunehmendem Wohlstand geben Menschen einen wachsenden Anteil ihres Einkommens für evolutorische Güter aus. Evolutorische Güter zeichnen sich durch eine überdurchschnittlich hohe Einkommenselastizität aus - mit entsprechendem Potential für die Entdeckung und Durchsetzung von Geschäftschancen. Den gewaltigen Veränderungen der Konsumstruktur geht ein Wandel des Zeitverhaltens parallel. Wenn ein Durchschnittsmensch in der westlichen Welt im Jahre 1880 noch vier Fünftel seines Zeitbudgets für den Erwerb seines Lebensunterhalts einsetzt, verbringt er heute 59 Prozent

---

[402] Forscher ermitteln: Increased Physical Activity and Fitness ... Avoid the Threat of Older Adults Becoming Institutionalized (Catarina u.a., 2016). Was machen, was tun? Der Einzelne, Selbsthilfeorganisationen? Staatliche Föderung vergleichbar der Solarindustrie? Der Zyniker antwortet: Länger leben, krank oder gesund, belastet Staat und Sozialsystem. Schumpeter sagt: Tue es selbst. Zudem sparst du viel Geld und Vermögen, dein eigenes, das deiner Familie.

seiner Zeit mit Dingen, die ihm „Spaß" machen (Freizeit- und Spaßgesellschaft). Robert Fogel sagte bereits 1999 (S. 6) für das Jahr 2040 einen „Freizeitanteil" („Doing what we like") von 75 Prozent voraus. Roboter werden Menschen dabei helfen, ihre Innovations- und Evolutionschancen zu steigern und Verjüngungsprozesse (Entschleunigung des Alterns) zu fördern. Daran wird geforscht, ob es kommt, wissen wir noch nicht. Die Schaffung und Befriedigung von Evolutionsbedürfnissen sind die Treiber wirtschaftlicher Dynamik in einem alterslosen „Kapitalismus".

Wer das Dao nicht verliert, das er bekommt, kann dauerndes Leben erhalten.
Wer weiß, was Sterben bedeutet, aber nicht auf den Willen des Lebens verzichtet,
kann lang leben.
(Laozi [Der alte Meister], *Dao De Jing*, Kapitel 33)

Wer das Dao nicht verliert, das er bekommt, kann dauerndes Leben erhalten.
Wer weiß, was Sterben bedeutet, aber nicht auf den Willen des Lebens verzichtet,
kann lang leben.
(*Dao De Jing*, Kapitel 33)

(Denn) die Dinge altern, wenn sie ihren Höhepunkt erreicht haben.
Und wer gegen das Tao ist, geht jung zugrunde,
(*Dao De Jing*, Kapitel 30, Übersetzung Lin Yutang, 2000, S. 123)

Ohne neue Güter werden neue Bedürfnisse und deren entsprechende Nachfrage (Nichtsein als *yang*) nicht angesprochen. Obwohl der Absatz der Innovatoren mit ihrem Angebot neuer Evolutionsgüter im Vergleich zu Routine am Anfang relativ gering ist, haben sie viel größere Absatzchancen, weil ihre Güter die Kundenbedürfnisse, welche die Kunden vielleicht zur Zeit selbst noch gar nicht kennen, befriedigen können. Die zunächst noch winzigen Märkte expandieren in der Zeit, wie Ernst Heuss sagte, von der Entzündung zur Explosion zum Massenmarkt. Evolutorische Güter machen keine Ausnahme.

„Die Entwicklung ist in ihrem innersten Wesen nach eine Störung des bestehenden statischen Gleichgewichts *ohne jede Tendenz*, diesem oder überhaupt irgendeinem anderen Gleichgewichtszustand wieder zuzustreben. Sie strebt aus dem Gleichgewichte heraus" (Schumpeter, 1911/2006, S. 489).

Paradox? Die Vertreibung aus dem Paradies von Gleichgewicht, optimaler Allokation, von Ausgleich von Angebot und Nachfrage, ist endgültig und unwiderruflich, „Allokationsethik" eingeschlossen. Wie und wo zeigen sich *yin* und *yang*, angebots- und nachfragetheoretisch, im Entwicklungsprozeß? Die daoistische Antwort liegt in einer Integration des Nichtseins in das Seinmodell eines (tendenziellen) Gleichgewichts. Tun wir dieses, ändern sich auch die politischen Reformoptionen (Angebots-/ Nachfragepolitik). Die (neoklassische) Gleichgewichts- und Inputlogik stirbt in den Entwicklungsprozessen einer demographisch, nicht ökonomisch alternden Gesellschaft.

Das Neue auszuschließen hat, wie Friedrich Nietzsche, hier als Daoist argumentierend, in der Götzen-Dämmerung anmerkt, seine guten, auch psychischen Gründe. Wir können diese Gründe auch als Einführung in das Management - volkswirtschaftlich, betrieblich, persönlich - von inkrementeller Neuerung oder als Angst vor dem Nichts verstehen, die Angst vor dem Wechsel eines Paradigmas. „Die peinlichen Zustände" einer alternden Gesellschaft gilt es „wegzuschaffen", nicht schöpferisch und evolutiv zu beantworten.

Etwas Unbekanntes auf etwas Bekanntes zurückführen, erleichtert, beruhigt, befriedigt, gibt außerdem ein Gefühl von Macht. Mit dem Unbekannten [daoistisch: Nichtsein] ist die Gefahr, die Unruhe, die Sorge gegeben, - der erste Instinkt geht dahin, diese peinlichen Zustände *wegzuschaffen.* Erster Grundsatz: irgendeine Erklärung ist besser als keine Erklärung. Weil es sich im Grunde nur um ein Loswerdenwollen drückender Vorstellungen handelt, nimmt man es nicht gerade streng mit den Mitteln, sie loszuwerden [...] Das Neue, das Unerlebte, das Fremde wird als Ursache ausgeschlossen. Es wird also nicht nur eine Art von Erklärungen als Ursache gesucht, sondern eine ausgesuchte und *bevorzugte* Art von Erklärungen, die bei denen am schnellsten, am häufigsten das Gefühl des Fremden, Neuen, Unerlebten weggeschafft worden ist - die *gewöhnlichsten* Erklärungen (Nietzsche, Götzen-Dämmerung, Die vier großen Irrtümer, 5).

Innovationen beginnen im Nichtsein, mit dem, was der Unternehmer träumt, zukunftsperspektivisch visioniert, mit seiner Persönlichkeit.

Was folgt aus den Überlegungen dieses Kapitels für die Funktionsbereiche eines lebenslang aktiven Unternehmers?

1) Er schafft Nachfrage nach neuen Gütern in Silbermärkten.
2) Er ist ein Selbstschöpfer von wirtschaftlichen Werten durch sein unternehmerisches Aktivsein.
3) Evolutionsfunktional zeigt er Wege auf, für sich, seine Alternsgenossen, für Jedermann, auch Jungmenschen altern, wie sich eine gesunde Lebensspanne ausweiten läßt.
4) Er ko-initiiert und fördert neue Basisinnovationen, welche dazu beitragen, auch demographisch alternde Gesellschaften jenseits von Stationarität zu entwickeln, ihre Reproduktionsfähigkeit jenseits von Routine zu erhalten.00
5) Als „Golden Ager" schafft er Evolutionsgüter für die Gesellschaft.

Das ökonomische Leben konstruiert sich selbst. Statt an statischen und dinghaften Vorstellungen orientiert sich das systemisch-konstruktivistische Denken (auch das unbewußte) und Handeln, an Prozessen, an sich ständig verändernden Sachverhalten und Einflußprozessen.

18 (Wie) Läßt sich Unternehmertum erzeugen? Systemisch betrachten

In diesem Kapitel gibt es zahlreiche Hinweise zur „Produktion" von Unternehmertum insbesondere bei älteren Menschen. Wir könnten noch stärker in die Tiefe gehen. Wir und andere haben es an anderer Stelle versucht. Wir reflektieren auch nicht unsere Praxis im Bereich Motivierung, Beratung, Coaching, „Erziehung". Eine Frage steht im Mittelpunkt: Wie lassen sich Anreize für die Förderung und Ermutigung unternehmerischen Tätigseins in höherem Alter schaffen, insbesondere für Unternehmertum in seiner innovatorischen Funktion? Selbstevolution hat jeder in seiner eigenen Hand, seinem Selbst. Wenn es in den Markt geht, Ressourcen kaufen, Güter verkaufen, wird es schwieriger. Der Unternehmer interagiert nicht nur mit den Systemen seines Selbst. Störungen aus anderen Teilsystemen verlangen permanente Anpassungen, die sich auf adaptive, schöpferische und evolutorische Weise verwirklichen lassen.

18.1 Zunahme der Erwerbstätigen mit dem Alter

Die Abbildung (identisch mit Abbildung 1) informiert über den Anteil der Erwerbsbevölkerung an der Gesamtpopulation in den Vereinigten Staaten für die Jahre 1992, 2002, 2012 und 2022, aufgeschlüsselt nach dem Alter. Der Rückgang in jüngeren Alterskohorten ist deutlich zu erkennen, das Arbeiten in höherem Alter (55-64, 65-74 und 75 Jahre und höher) nimmt für alle Zeitpunkte zu. Bei einem Alter von 65 und älter steigt der Anteil der Erwerbstätigen auf 31, 9 Prozent im Jahr 2022, verglichen mit 20,4 im Jahr 2002 und 26,8 im Jahr 2012.

Abbildung 60: Erwerbsquote 1992, 2002, 2012, 2022 (Projektion) nach Alter in den USA

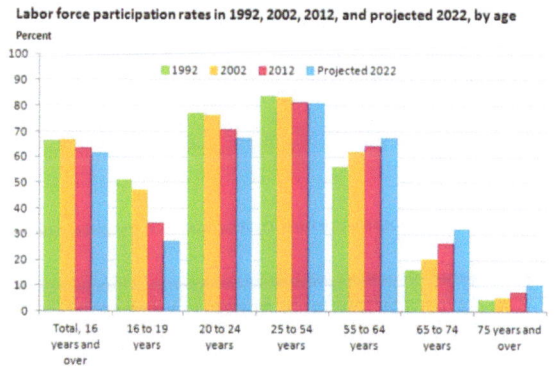

http://www.pewresearch.org/fact-tank/2014/01/07/number-of-older-americans-in-the-workforce-is-on-the-rise/

Vergleichen wir die Daten der Tabelle mit der Entwicklung der Lebenserwartung für die gleichen Jahre. Wie hoch ist der Anstieg der Lebenserwartung in dieser Periode? [403] Im Jahr 1992 beträgt die

---

[403] Präzise Daten zu ermitteln überlassen wir den Demographen. Die von uns konsultierten Quellen stimmen zudem nicht im Detail überein. Uns interessieren lediglich die grundsätzlichen Tendenzen und Muster.

Lebenserwartung für Männer und Frauen in den USA 75.80 Jahre, im Jahr 2012 sind es 78,70, für das Jahr 2022 belaufen sich die Hochrechnungen auf 80,09 Jahre, ein Anstieg somit um rund vier Jahre oder fünf Prozent. Dem steht ein Anstieg der Erwerbstätigkeit um 10 Prozentpunkte (55-64), um 15 Prozentpunkte (65-74) und mehr als einer Verdoppelung bei den Menschen im Alter von mehr als 75 Jahren gegenüber. Die Erwerbstätigkeit steigt somit überproportional im Vergleich zur Lebenserwartung bei Zunahme des Alters in den jeweiligen Altersgruppen der Menschen. Bei jüngeren Altersgruppen ist der gegenteilige Trend zu beobachten, wenn auch nicht so ausgeprägt: Der Anteil der Erwerbstätigen sinkt. Berücksichtigen wir den zunehmenden Anteil älterer Menschen und ihre absolut steigende Zahl (zumindest in den kommenden Jahrzehnten) an der Gesamtbevölkerung, bewirkt somit die demographische Entwicklung einen überproportionalen Anstieg des Anteils alter Menschen an der Wertschöpfung einer Gesellschaft. Evolutionieren demographisch vergreisende Gesellschaften tatsächlich in eine „alterslose Gesellschaft", ökonomisch betrachtet?

Der signifikante Anstieg der Erwerbstätigen findet somit – nach deutscher Logik – im Ruhestandsalter statt. Wie lange vermag ein erwerbstätiger Ruheständler im Alter von 65 Jahren noch zu leben (Daten wiederum der USA), somit erwerbstätig (abhängig oder selbstständig) zu sein? Im Jahr 1990 waren es 15.1 Jahre, für das Jahr 2022 werden 20.47 Jahre vermutet, also ein Anstieg um gut fünf Jahre oder ein Drittel.[404] Im Vergleich zur durchschnittlichen Zunahme der Lebenserwartung bei einem Alter von 65 steigt auch bei diesen älteren Menschen die Erwerbstätigkeit überproportional, die Menschen leben also nicht nur länger, sie arbeiten auch länger und ihr Anteil an den Erwerbstätigen wächst überproportional im Vergleich zu jüngeren Menschen. Unsere Interpretation: Die Menschen leben länger, weil sie entweder gesünder leben oder weil medizinische Interventionen ein solches erlauben. Die Zahlen sind Durchschnittswerte. Wenn wir den Aussagen früherer Kapitel folgen, können wir erwarten: Wer arbeitet, lebt länger (die Ursachenzuschreibung ist komplex, aber an dieser Stelle nicht so wichtig; im Text haben wir viele Quellen genannt). Wir haben zahlreiche Beispiele für ein Unternehmertum weit über die durchschnittliche Zahl verbleibender Lebensjahre aufgeführt.[405] Die aufgezeigten Muster der USA lassen sich verallgemeinern. Sie gelten für alle entwickelten und zunehmend sich von Unterentwicklung abkoppelnden Gesellschaften. Wenn medizinische Fortschritte insbesondere im Bereich des primären Alterns, also den eigentlichen Ursachen des Alterns der Menschen selbst, sich in den kommenden Jahren durchsetzen, werden sich die oben skizzierten Prozesse weiter beschleunigen.

18.2 Selbsterzeugtes Unternehmertum

In diesem Abschnitt gehen wir einer weiteren Frage nach. Wenn der Anteil und die absolute Zahl älterer Menschen überproportional ansteigen, sich bereits in den Daten zur Erwerbstätigkeit widerspiegelnd, wie läßt sich Unternehmertum bei älteren Menschen „erzeugen", anregen, fördern? Eine kurze Antwort: durch sich selbst. Der Unternehmer, jeder Alterserwerbstätige, ist eine koevolutive Einheit. In seiner Kindheit mag er Eigenschaften erworben haben, bestimmte Motivations- und Persönlichkeitsprofile. Aber sie sind keine lebenslang festgezurrten Eigenschaften. Sie sind veränderbar, primär durch jemand selbst,

---

Quellen: United Nations, Human develoment reports; http://www.data360.org/dsg.aspx?Data_Set_Group_Id=195; http://www.chronicdiseaseimpact.org/ebcd.taf?cat=intergen&type=life

[404] Das Jahr 1990 bezieht sich auf Männer, das Jahr 2022 auf Männer und Frauen, vor allem weil zunehmend mehr Frauen als früher erwerbstätig sind.

[405] Viele Fallstudien über Superalte (Centenarians, Hundertjährige und älter) finden sich bei Weiss-Numeroff (2013), allerdings nicht alle auf berufliches Tätigbleiben im Alter bezogen.

durch Interaktionen zwischen den „Teilsystemen" seines Selbst, Psyche und Körper und den Einflüssen seiner Umwelt (auf welche er oftmals keinen Einfluß hat) durch koevolutive Interaktionen. Auch die Persönlichkeit eines Menschen ist im Alter veränderbar. Neue Wirklichkeiten lassen sich dadurch erschließen. Je stärker sich die Lebensspanne ausweitet, insbesondere die gesunde, desto mehr Chancen eröffnen sich, unternehmerische Kompetenz, selbst- und koevolutiv in sich selbst oder durch Interaktionen mit seiner Umwelt zu entfalten. Wie Evolution in Prozessen psychischen und körperlichen Alterns möglich ist, eine noch nicht zufriedenstellend zu beantwortende Frage. Aber die grundlegenden Aktionsparameter sind bekannt und teilweise für „Erzieher" und systemisch arbeitende Berater und Coaches verfügbar.

„Kein System kann alle Kausalitäten be[ob]achten. Deren Komplexität muß reduziert werden. Bestimmte Kausalitäten werden beobachtet, erwartet, vorbeugend eingeleitet oder abgewendet, normalisiert - und andere werden dem Zufall überlassen", erklärt uns der Systemforscher Niklas Luhmann (1998, S. 449-50). Der Gesellschaftstheoretiker Luhmann selbst konnte seine Erkenntnis für sich selbst nur teilweise umsetzen. Er starb im Alter von 71 Jahren. Ein zehn oder zwanzig Jahre längeres Leben ohne gravierende Leiden hätte der Menschheit eine immense Fülle von Wissen und Einsichten vermitteln können. Grundsätzlich kann sich jeder Mensch die luhmannsche Einsicht zu Nutze machen, viele Menschen tun es – auch vorbeugend Kausalitäten in sich und ihrer Umwelt beobachtend und unternehmerisch ins Leben rufend. Auch Langzeitpräferenz und Zukunftsperspektive sind keine Konstanten. Je länger jemand (wir verkürzen auf Wirtschaft) erwerbstätig bleiben will (wir haben viele Beispiele genannt), desto mehr ist seine *selbst*-erzeugte „Kausalität" gefordert. Der Unternehmer, jeder Erwerbstätige, läßt sich von außen nicht direkt beeinflussen, sondern allenfalls irritieren oder stören, wenn wir ihn als autopoietisches System oder im Sinne von Heinz von Foerster als nicht-triviale Maschine verstehen. Diese Störung, systemisch, durch Beratung und Coaching und Gestaltung von Anreizsystemen zu leisten, ist der Kern einer „Erzeugung" (Gestaltung, Förderung) von Unternehmertum. Autopoietische Systeme, lebende (körperliche) und psychische, erhalten sich selbst durch die Elemente, aus denen sie bestehen. Sie lassen sich von außen nicht manipulieren, nur stören. Sie arbeiten mit ihren vorhandenen Ressourcen und Fähigkeiten. Der Störer oder Irritierer, der Berater, Coach, sucht die Bedingungen, die Situationseinflüsse mit seinem erwerbstätigen „Klienten" zu finden, bei denen dieser seine Ziele eigenverantwortlich und selbstorganisiert anstreben kann. Dieses Vorgehen gilt für alle Irritierer: sei es ein Berater oder Coach, ein Lehrer/Dozent, ein Gesetzgeber, ein das Steuersystem und Finanzierungsmuster Gestaltender. Es gilt Wege zum Finden von Lösungen zu schaffen, auf dem Weg gehen, muß dann jedermann selbst. „Der [unternehmerische] Weg kommt zustande, in dem man ihn geht" (Zhuangzi). In der hier skizzierten systemischen Unternehmerförderung sind die „Störer" oder „Irritierer", die von außen Anregenden „Kommunikationspartner" (Salomon, 2003), die zusammen, auch ko-evolutiv, unternehmerische Wege zu erschließen helfen, auch neue Wege, die Kursänderungen im Leben einschließen, Wege jenseits des Ruhestandes, neue Lebensmuster auszubilden. Ein Mittelständler will hinwerfen, ein Chemieprofessor, Spezialist in Nanotechnologie, erwartet sein Leben in Pension, ein Ingenieur verabschiedet sich aus seinem beruflichen Alltag – wie lassen sie sich stören, um andere Wege gehen zu wollen, zu können, zu dürfen?

Für das Verwirklichen einer unternehmerischen Funktion von Routine bis Evolution existieren noch keine fix-und-fertigen Interventions- oder Erzeugungserkenntnisse (wir skizzieren es noch). Der Kernpunkt für alle, die sich der Erzeugung von Unternehmertum widmen (in Schule, Hochschulen, Instituten), Berater, Coaches, Wissenschaftler, ist eine situationsspezifische Komplexität anzuerkennen. „Welche Argumente hast du, daß es hier funktioniert?", fragt Angus Deaton (2015), was die Förderung von Entwicklung betrifft. Deatons Schlußfolgerung, ausführlich dargelegt in seinem Buch „The great escape" (2013): Entwicklungshilfe funktioniert nicht. Entwicklung können wir im Schumpeterschen Sinn verstehen, also Neukombination von Ressourcen, einschließlich Zeit, auch Zukunftszeit. Seit mehreren Jahrzehnten wird Entwicklungshilfe praktiziert, unterstützt von Weltbank und Währungsfonds (verantwortlich für die „Asiatische Krise", 1997). Die Menschen in Afrika und im Vorderen Orient handeln unternehmerisch, wenn sie sich in westliche Länder, insbesondere Europa abzusetzen versuchen.

Wie kann man „Hilfe" konzipieren und umsetzen, damit sie auch für ältere Menschen funktioniert ohne die auch theoretisch defizitäre Praxis der Entwicklungshilfe nachzuahmenmm?

Denn wer im Alter von 60-65 Jahren nach einem „normalen" Arbeitsleben aktiv bleiben oder werden will, hat im Durchschnitt noch mehr als 20 Jahre gesunder Lebensspanne vor sich. Warum nicht nutzen? Wie macht man es? Warum nicht Jules Verne folgen: „Was man sich vorstellen kann, das wird gemacht." *Tout ce que l'homme imagine, il le fera*. Vorstellungskraft. Sie reicht in die Zukunft und die Vergangenheit. Ist Altern, fragt Grierson (2015), dann nicht mehr als ein «mindset», eine Denkweise, welche ein Unternehmer in die Praxis umsetzen müßte, wozu er dann auch Fähigkeiten benötigt, die er zwar bei anderen abschauen kann, aber selbst für sich aufbauen muß?

Welche Vorstellung hat jemand für seine Zukunft? Welcher Alternsperspektive folgt er? Für den Normalmenschen: Ich werde alt, ich werde krank, ich bekomme Leiden, meine Vitalität sinkt, Behinderungen.[406] Die Volition oder Willenskraft erodiert vergleichbar mit körperlich-geistiger Seneszenz. Wer macht einen Burpee, fängt an mit 5, dann 10 usw., dreimal in der Woche.[407] Welches Altenheim praktiziert dieses Körpertraining ? Bloß nicht, die Menschen werden doch gesünder. Ihr zerstört meinen Arbeitsplatz, melden sich Palliativmediziner. Haben die Behörden so etwas überhaupt erlaubt, die EU entsprechende Richtlinien vorgestellt? Wo sind die Studien ? Wenn die Gesundheit stimmt, sagen uns Befragungen, dann will man auch länger leben, sogar bis zum Alter von 120 Jahren. Wie Oben aufgeführt: Die Regierenden folgen einer Neandertalmemetik. Pflege geht vor, muß es, bevor die Forschung eines Anti-Aging stärker gefördert wird. Der Druck des Medizinmarktes fördert diese Sichtweise, therapeutische Interventionen in der Gegenwart, die gegen das sekundäre und primäre Altern weitgehend wirkungslos sind. Man muß es selbst unternehmen oder die Hoffnung hegen, darwinsche Evolutionsprozesse hätten einem mit Supergenen ausgestattet. Nanoforschung mag in 20 oder 30 oder 100 Jahren eine substantielle Ausweitung der *youth span* möglich machen. Wird so etwas gefördert? Die Methusaleh-Foundation von Aubrey de Grey finanziert sich selbst – durch Unternehmer, die im Wettbewerb erfolgreich sind.[408] Forschungsunternehmertum schafft die Märkte der Zukunft, auch und durch «Zukunftswerte» (Schumpeter), enstehend durch Menschen, die solche selbst erzeugt haben. «90 so jung wie 50». Der Markt für Olderpreneurs explodiert. Alte Menschen können aber selbst, in der Gegenwart, vielfältige Initiativen unternehmen, um fur sich selbst und andere Zukunfswerte zu schaffen, eine alterslose Wirtschaft (ageless economy) zu verwirklichen. Zwei einfache Wege, immer wieder betont : Du bist was du ißt. Bewegung. Survival of the fittest.

---

[406] Jüngere Erkenntnisse in Fight Aging: https://www.fightaging.org/archives/2016/01/there-is-widespread-desire-for-extended-longevity-provided-it-brings-more-healthy-youthful-years.php

[407] Was soll ein Burpee sein? Wer googelt findet es sofort, Bilder, Videos, Kommentare. Nicht alles, was aus den USA kommt, macht die Menschen kränker.

[408] "By advancing tissue engineering and regenerative medicine, we want to create a world where 90-year olds can be as healthy as 50-year olds - by 2030" (https://mfoundation.org/). Disruptive Innovationen werden gefördert: "We're opportunists. We identify logjams blocking progress—and dynamite the obstructions. We kickstart projects, forge partnerships, and design prizes, all to foster disruptive advances in biomedical engineering to extend health."

Alle haben Vorteile: eine win-win-Konstellation, die es zu schaffen gilt. Für alte Menschen – sagen wir fünfzigplus, mit viefältigen Berufserfahrungen – sind neue Konzepte zu erschließen. Wie durchgängig, bis zum Überdruß erläutert: Jeder Mensch ist ein Interaktionssystem, bestehend aus Psyche (Persönlichkeit) und seinem Körper. Wenn letzterer sich zunehmend auf einen Streikmodus zubewegt, Liebe zum Körper längst in eine Nirvanawelt exportiert, nützt die beste Erziehung und das wertvollste Coaching, welches den Körper nicht einbezieht: nichts. Wir müssen lange warten, bis die Wissenschaft therapeutische Interventionen in den Alterungsprozess von Körper und Geist verfügbar hat. Bei der gegenwärtigen zurückhaltenden Förderung solcher Prozesse könnten Jahrzehnte vergehen. Vorher muß jeder selbst biologisch-unternehmerisch Initiativen entfalten, selbsttherapeutisch, unterstützt durch systemische Beratung. Gegenüber inputlogischen Versuchen ist theoretische und erfahrungspraktische Zurückhaltung angebracht. Man kann dies erfahren, lernen, durch Beobachten von Anderen, seien sie erfolgreich oder nicht. Auch die Erfolglosen sind Vorbilder. Solche Prozesse zu organisieren wäre eine Kernaufgabe von Bemühungen, durch Training, Beratung und Coaching unternehmerisches Potential im Alter zu erschließen.

18.3 Training, Coaching, Lernen: Überwinden der Lücke zwischen Wissen und Tun

Training für Unternehmertum muß nicht kompliziert sein. Learning by doing. Manche der Älteren praktizieren Selbstständigkeit schon viele Jahre, etwa Mittelständler, die nicht mehr weitermachen wollen, oder Ingenieure in verschiedenen Berufsfeldern oder abhängig Beschäftigte, die in ihren Berufen relativ selbstständig arbeiten konnten oder nebenerwerbstätig waren. Digitalisierung und Roboterisierung erschließen zahlreiche und nicht vorhersehbare Chancen für ein aktives Mitgestalten neuer Berufsfelder durch Trainingsinitiativen. Für junge wie für ältere Menschen das Gleiche? Die USA gilt für viele immer noch als Vorbild, die Trainings- und Geschäftsplanpraktiken werden weltweit vermarktet. In Japan versucht eine Organisation, ein US-Modell von MIT (MIT Martin Trust Center for Entrepreneurship) in Japan selbst und anderen asiatischen Ländern anzuwenden. „Kunden" sind eher jüngere Menschen. Eric Ries hat Lean Start up entwickelt (http://theleanstartup.com/). Auch in Deutschland angewendet. Ein Alt-Unternehmertum lernen, falls notwendig, ist kein Bachelorstudium. Die US-Vorbilder sind nur in Grenzen übertragbar. Alte Menschen kann man nicht mehr „belehren". Es gilt ein zeitperspektivisches Bewußtsein anzuregen, zu visionieren, evolutionieren, ganzheitlich-systemisch.[409]

Das System Unternehmer, auch im embryonalen Zustand, verfügt (legen wir systemtheoretische Überlegungen zugrunde) über alle Ressourcen. Man vermag daher von einer endogenen Veränderbarkeit von Systemen auszugehen und damit auch von praktisch relevanten Möglichkeiten für unternehmerische Selbstevolution. Alles wird im System erzeugt, nicht zuletzt „Energie". Die Teilsysteme Person, Erziehung, Wirtschaft und Politik regen sich wechselseitig an, was sie machen und wie sie etwas machen ist ihre Sache. Alles ist endogen.[410] Wir schlagen systemische Therapien vor.[411]

---

[409] Warum US-Praktiken im Bereich Entrepreneurship weltweit dominieren, wäre gründlich zu untersuchen. Nach meiner Erfahrung haben sie relativ wenig mit ihrer inhaltlichen und didaktischen Qualität zu tun. Betrachtet man die Gründer der Topunternehmen (Facebook, Google, Apple, gibt noch mehr): Universitäten haben sie nicht besucht oder haben sie verlassen. Die US-Praktiken verdanken ihre Anerkennung der englischen Sprache und der Marketingenergie der Lehrer. Was in Deutschland seit langem praktiziert wird (vom Autor seit 15 Jahren) gilt in den USA als große Errungenschaft (in Unkenntnis anderer Praktiken) und füllt die Konten ihrer Promoter an den Business Schools. Über ein Beispiel berichtet Rebecca Knight (2016).

[410] Für Teile der Sozialwissenschaften, insbesondere der Ökonomie hat diese Endogenität die Folge, daß weite Bereiche der theoretischen und empirischen Forschung wenig bringen können, um nicht zu sagen, wertlos und für

Vielfältige Unterscheidungen sind zu treffen, leider sämtlich komplexitätssteigernd. Sind die anzusprechenden oder potentiellen unternehmerischen „Aktivisten" in unternehmerische Vergangenheit eingebettet, etwa Mittelständler oder Freiberufler? Waren oder sind Erwerbstätige in abhängiger Beschäftigung? Sind oder waren sie arbeitslos? Haben sie Erfahrungen mit Digitalisierung jenseits einer festen Anstellung, also in sog. Plattformmärkten[412]? Verfügen sie über einen akademischen Hintergrund? Waren sie als Forscher aktiv, in welchen Bereichen?

Wie erläutert, steigt die Zahl und teilweise der Anteil im Alter unternehmerisch Aktiver in allen demographisch alternden Ländern. Die empirischen Belege sind teilweise verfügbar, insbesondere für die USA.[413] Wir befinden uns jedoch in der frühen Phase einer alterslosen Ökonomie (Goldene Wirtschaft) und Gesellschaft. Auf spontane Entwicklung zu setzen ist unverzichtbar, aber nicht ausreichend. Wer die Kommentare zur Entmotivierung von Unternehmertum durch Direktiven, behördliche und steuerliche Praxis betrachtet, könnte den Schluß ziehen: Spontaneität, die Entfaltung von Altersunternehmertum einem Laissez faire zu überlassen, führte die Gesellschaft geradewegs in einen tendenziell entwicklungslosen Zustand. [414] Uber Made in Germany. Die Wirtschaft reproduziert sich selbstverständlich weiter, vermag jedoch die Vielfalt selbst- und fremderzeugter Potentiale nur unzureichend zu nutzen. Wie die Engländer sagen: To a man with only a hammer in his toolkit every problem seems like a nail. Digitalisierung und Roboterisierung, Basisinnovationen in einer sechsten Langen Welle, erzeugen eher ein ökonomisches Rauschen im Blätterwald als wirtschaftliche Wertschöpfung. In beiden Feldern vermögen Alterserwerbstätige signifikante Wertschöpfungsbeiträge zu erzeugen und eine Vielfalt von Chancen für Selbstständigkeit im Alter, auch im Bereich von systemischer Beratung und Coaching für andere und sich selbst zu erschließen.

---

die politische Gestaltung brotlos sind. Dies ist zwar keine neue Erkenntnis, jedoch eine, die nur wenige zu ziehen scheinen. Zur ökonomischen Seite (Ökonometrie), insbesondere scheiternden Versuchen, die Wirtschaftsleistung, etwa Wachstum, eines Systems, mit der Veränderung politisch manipulierbarer exogener Größen zu korrelieren, siehe Rodrik (2005) und Deaton (2013).

[411] Wir verweisen auf eigene Schriften, aber auch auf Creuznacher (2009) und Rassidakis (2009). Die hier genannten sind bereits über viele Jahre als Selbstunternehmer wie als systemische Berater und Coaches aktiv.

[412] Amazon oder Ebay oder Google sind Plattformbetreiber. Viele „Kunden" nutzen diese um ihre Angebote teilweise weltweit zu vermarkten. Plattformsen operieren generationsunabhängig. Bis heute sind es jedoch eher jüngere Anbieter, welche Plattformen nutzen.

[413] In den USA erstellt das Bureau of Labor Statistics Daten über die Arbeitskräfte unabhängig vom Alter. Weder das Statistische Bundesamt, noch die Arbeitsagentur noch die zuständigen Ministerien scheinen über vergleichbare Datensätze zu verfügen (wir untersuchen es nicht im Detail). Die Arbeitsagentur veröffentlicht Daten zur Arbeitslosigkeit, welche das tatsächlich verfügbare Arbeitspotential ausklammern und daher für Deutschland eine weltweit wohl einmalige Arbeitsdynamik der Wirtschaft zu belegen scheinen.

[414] Vergleiche etwa die Ausführungen von Linden (2015) zur Entwicklung in Deutschland („eine geriatrische Gesellschaft") und ihre vielfältigen Blockaden, wie dieser auch für Alterserwerbstätigkeit von unmittelbarer Bedeutung. Die steuerliche Regulierung von Selbstständigen ist ein Dauerbrenner. Als Berater kann man damit gutes Geld verdienen. Aus einer Mitteilung zum Jahresbeginn 2016 lesen wir: „Die Anlange EÜR – das Formular zur Einnahmen-Überschuss-Rechnung - ist für die meisten Selbstständigen der schwierigste Teil der jährlichen Steuererklärung. Kein Wunder: Mit 3 Seiten Umfang hat es das Formular wahrlich in sich. Auf den unzähligen Zeilen werden genau die Punkte abgefragt, die immer wieder zu Ärger mit dem Finanzamt oder gar unangenehmen Betriebsprüfungen führen. Alljährlich – so auch für den Abschluss 2015 – gibt es ein neu überarbeitetes Formular, sodass Sie immer wieder mit neuen Fallen und Knackpunkten rechnen sollten." Die Vorschriften ändern sich jedes Jahr. Die EÜR funktioniert nicht mehr ohne eine Steuerberatung. Die EUR ist zudem noch die einfachste Erklärung für die Steuerbehörden. Das Steuersystem bremst die Wertschöpfung. Positive Nebenwirkung: Es hemmt den Eintritt von Demenz angesichts des Aufwands, der jährlichen Veränderung und der Vielfalt der zu beachtenden Vorgaben. Es macht auch eine Steuerberatung von Alten für Alte attraktiv.

Ausbildungs-, Trainings- und Coachingvorhaben schließen sowohl einen Inkubator für ältere Menschen ein als auch digitales Lernen und Training. Die Digitalisierung und das sog. Big Data bietet eine Fülle von Chancen für ältere Menschen, viele, etwa Informatiker oder Ingenieure oder Hochschulmitarbeiter/innen bereits im Ruhestand (teilweise zwangspensioniert). Die unabhängige Beratung in diesen Feldern gewinnt auch wegen technischer Entwicklungen und vielfältiger Kommunikationsmöglichkeiten zunehmend an Anhängerschaft, nicht zuletzt von und für ältere Menschen ((Hill, 2016a). Persönlich zugeschnittetes und sozial vernetztes Lernen bietet vor allem für die unternehmerische Praxis, etwa in Schulen oder Unternehmen, bis hinunter in Kindergärten (bei ganz jungen Menschen ist die Nutzung von Mobiltelephonen tägliche Praxis) ein bislang brachliegendes Potential. Für Hochqualifizierte im Ruhestand erschlössen sich neue Welten, sie könnten als Pioniere einer sechsten Langen Welle (oftmals als NBIC bezeichnet: Nano, Bio, Info, Cogno; neuere Erkenntnisse bei Roco & Bainbridge, 2013) als Erwerbstätige, angestellt oder selbstständig neukombinieren.

Routine läßt sich delegieren, Freiraum für schöpferisches Arbeiten auch in anspruchsvollen Tätigkeiten weitet sich aus. Diese gilt es zu erschließen, die Diffusion geschieht dann in einer digitalen Welt nahezu automatisch. Für ältere Menschen, ihre standardisierten Arbeitsabläufe überwunden habend, eröffnen sich, eine zumindest nicht blockierende Umwelt unterstellt, vielfältige Möglichkeiten einer schöpferischen Gestaltung ihrer Lebenszeit. Künstliche Intelligenz steht zudem als kognitiver Antreiber zur Verfügung. In einem weitgehend globalisierten System bedeutet dies: zunehmend sich schöpferischer Zerstörung durch andere Volkswirtschaften aussetzen, insbesondere aus dem mittel- und ostasiatischen Raum. Die Zukunftsmärkte wandern aus. Einwanderung von Humankapital erzeugt dann nur bescheidene unternehmerische Impulse, welche die Alterungswirkungen kompensieren könnten.

Für ältere Menschen gilt, genauso wie für etablierte Unternehmen und die Vielzahl der Jungunternehmen die technologischen Herausforderungen der Digitalisierung und Roboterisierung in Innovationen umzusetzen, seien sie frugal, inkrementell-disruptiv oder basisinnovativ (in Kombination etwa mit Bio- und Nanotechnologie und künstlicher Intelligenz). Dies ist nichts grundsätzlich Neues. Mechanische Webstühle oder die Einführung des Telefons unterscheiden sich nicht grundlegend von den Anwendungen der Datennutzung und der Entwicklung von Robotern in vielfältigen Anwendungsfeldern. Widerstand gegen das Neue und Scheitern sind Grundelemente jeder Innovation. Sowie der Erhalt der Arbeitsplätze durch Neuerungen in Gefahr gerät - einige Forscher sagen dies für digitale Anwendungen und Roboter voraus. Ohne Scheitern, Akzeptanz von Ungewißheit des Neuen läßt sich das Leben eines Menschen, eines Unternehmens, der Wirtschaft nicht neu gestalten.

Systeme verarbeiten Störungen (Anregungen, Herausforderungen) immer mit den ihnen eigentümlichen Strukturen. Wissen aus der Wissenschaft kann deswegen nicht problemlos in die Wirtschaft transferiert werden. Geschlossene Systeme *funktionieren* inputlos. Sie leben aus sich selbst heraus. Wirtschaft ist ein solches, Politik, Wissenschaft, Religion, aber auch die Person, das psychische System des Lesers und diejenigen, welche sich für Unternehmertum einsetzen oder dafür Interesse zeigen, auch als Unternehmer selbst. In der Gesundheitsforschung wird von einer steigenden Lücke zwischen Input (Aufwand: finanzieller, personeller) und Output (neue Therapien, Verbesserung der Gesundheit) berichtet (Bowen & Casadevall, 2014). Die Zahl wissenschaftlicher Veröffentlichungen steigt beträchtlich, die Umsetzung der Erkenntnisse in die therapeutische Praxis bleibt bescheiden. Man spricht dann von einer Lücke zwischen Wissen und Tun (Knowing-doing-gap). Dies gilt – unsere Beobachtung – für wissenschaftliche Institutionen wie für Unternehmen. Die Erzeuger von Wissen agieren nicht unternehmerisch jenseits von Routine. Ihr Interesse sind Anerkennung, berufliche Karriere, Einkommen (Wir setzen voraus: das erzeugte Wissen ist wissenschaftlich fundiert und reproduzierbar, was vielfach bezweifelt wird – siehe die Aussagen von Ioannidis). Zusätzlich und für Deutschland relevant: Die Erzeuger des Wissens besitzen nicht das Recht, ihr Wissen (auch patentiertes) selbst umzusetzen. Für etablierte Unternehmen gibt es einen Ausweg: Sie erwerben die Unternehmen, in der Regel junge Firmen, welchen es gelang oder welche sich bemühen, das Wissen in Therapien umzusetzen, also unternehmerisch zu agieren. Die Erzeuger des Wissens könnten selbst unternehmerisch aktiv werden, ihre Erkenntnisse und Erfahrungen als Senior-Unternehmer nutzen oder sich in junge Unternehmen einbringen.

Auch psychische Systeme folgen somit ihren je eigenen „Strukturen", inneren Wirkungsmechanismen. Diese Systeme sind offen für Impulse, Herausforderungen, „Störungen". Was sie mit diesen tun, wie sie „Irritationen" verarbeiten, ist nicht Sache der „Inputs", sondern der internen Strukturen. Auch Märkte sind nicht-linear dynamische Systeme - es gibt keine direkte Beziehung zwischen Input und Output. Qualität ersetzt Menge. Für Glaubenssysteme gilt Vergleichbares. Die traditionellen Religionen in westlichen Ländern entkoppeln sich von den Bedürfnissen der Menschen, einige widmen sich den politisch jeweils herrschenden Meinungen und Glaubenssätzen, das Unternehmertum der Prediger endet mit dem Ruhestand (Hierarchiespitzen ausgenommen). Alternativen sind medial vernachlässigt. Fernsehen der Konkurrenten ist religiös korrekt tabuisiert. Schöpferische Zerstörung wartet. Wer kennt und praktiziert Sonlife in Old Germany. Alle Altersstufen sind unternehmerisch eingebunden. Profis beherrschen die Instrumente. Spenden liefern finanzielle Ressourcen. Eine religiöse Golden Economy. In Deutschland primär silberreligiös organisiert.

Wir folgen hier einer Sichtweise, die sich „Kybernetik der zweiten Ordnung" nennt, auch autopoietische Systemtheorie (Simon, 2007, erläutert die Grundlagen). Wir behaupten auch eine Affinität zwischen Daoismus und dieser systemischen Denkweise (Röpke & Xia, 2007). Es scheint uns mehr als Zufall, daß Schlüsselarchitekten dieses Denkens in ihrer Lebenspraxis diesen östlichen Weisheitstraditionen zugeneigt sind. Niklas Luhmann bezeichnete sich als Buddhist, Francisco Varela war praktizierender Buddhist, Humberto Maturana, skeptisch gegenüber Buddhismus, eher dem Daoismus zugeneigt. Wir sehen auch eine große Affinität zwischen dem Begründer der modernen Entwicklungstheorie (Joseph Schumpeter, 1911/2006) und systemischer Theorie und daoistischer Weisheitslehre und Kosmologie. Peter Drucker (1909-2005) betrachten wir in seinem Denken und Handeln als dem Daoismus verbunden. Er gilt als „Erfinder" des Konzepts der „Kernkompetenz": „Jedes praktische Tun beruht auf einer Theorie, auch wenn sich der Praktiker ihrer nicht bewußt ist" (Peter Drucker, 1986, S. 53). Damit sind die drei theoretischen Entwürfe, die wir in unserem Text integrieren, benannt.

18.4 Münchhausen besiegt Altersdiskriminierung

Unternehmertum im Alter ist ein selbstinitiiertes, was jedoch nicht bedeutet, die Umwelt (auch Berater, Coaches, Wissenschaftler wie Schumpeter und Drucker) könnte keine Impulse bereitstellen. Im Vergleich zur Förderung biographisch jungen Unternehmertums ist die Motivationswirkung der Umwelt für alte Menschen bescheidener. Oftmals negativ, Stress erzeugend: Diskriminierung im Alter, mangelnde Unterstützung aus anderen Teilsystemen der Gesellschaft. Irritationen oder Störungen wirken hemmend auf das Ergreifen unternehmerischer Initiativen und Alterserwerbslosigkeit allgemein. Ältere Menschen haben in ihrem beruflichen Leben eine Ruhestands-Memetik (umgangssprachlich „goldenes Altern/golden aging") erworben, die es mühsam aber machbar zu verändern gilt, mit Erfolg, wie vielfältige Beispiele etwa aus Japan und den USA zeigen. Der Umgang mit Stress, körperlichem, kognitivem, ökonomischem, regulativem, ist ein Schlüssel für erfolgreiches Unternehmertum im Alter. Chronischer Stress ist gar ein Lebensverkürzer. Ökonomen, Mediziner, Psychologen, Gerontologen sind sich einig: Ein dauerstressiges Leben schließt Unternehmertum jenseits von Routine, und auch diese nur in einer relativ kurzen Zeitphase, aus. Das unternehmerische Alter, die Länge der zukünftigen Zeittiefe, die Länge der vorstellbaren Zukunftszeit, zeitliche Flexibilität sind auf negative Weise mit Stress verbunden (Bluedorn & Martin, 2008). Hat man über die Gegenwart hinausgedacht? Was will jemand in einem Jahr, in fünf Jahren, in zehn Jahren machen und gemacht haben?

Stress ist zwar körperlich selbst erzeugt, das Hormonsystem ist überlastet, die Ursachen sind jedoch vielfältiger Natur. Einige haben wir mehrfach angesprochen, etwa die Diskriminierung alter Menschen. Viel unternehmen kann der Einzelne Mensch hier kaum, wenn er älter wird, noch weniger, da im Vergleich zu jüngeren bis ganz jüngeren Menschen, kaum „Aktivisten" gegensteuern. Die vielfältige Gesetzgebung und behördliche Vorgaben wären zu entdiskriminieren und zu entregulieren. Wie kann man Hochschullehrer oder Lehrer mit 65 in die Ruhewüste entlassen, außer sie wünschen es? Ihre Lebensspanne ist länger als die des Normalmenschen. Erfahrungstiefe, Wissen, Beratungskompetenz und mehr sollen sich doch bitte im Ruhestand austoben. Sie werden zu Asche einer Diskriminierungs- und Verbotsglut. Ruheständler sind keine Einwanderer in eine ihnen fremde Welt. Diese ökonomisch für eine lebenslängere Erwerbstätigkeit zu motivieren und zu trainieren, würde einen Bruchteil dessen an Ressourcenaufwand erfordern, welche eine soziokulturelle Integration und erwerbsökonomische Ausbildung von kulturfremden Zuwanderern nötig macht.

Was kann jemand unternehmen, der sich altersökonomisch als diskriminiert empfindet? Münchhausen. Sich selbst am eigenen Schopf aus dem Sumpf der Diskriminierung und Senioritis ziehen. Er sucht und verwirklicht eine schöpferische Antwort.

Wie?

(1) Gründe ein Unternehmen. Beispiel, vielleicht extrem. Die Universität hat dich liquidiert. Mache deine eigene Zeitschrift im Internet. Schaffe einen Blog. Man kann damit Geld verdienen. Wer vom Staat jenseits seiner Alterseinkünfte keine Projektgelder zu mobilisieren vermag, ist frei zu schreiben was er und seine Kollegen wollen. Journal of mit und ohne Aging. Viele Ältere (50+) machen sich auf den Weg der Gründung. Wird auch zunehmend empfohlen für Menschen, die auf dem Arbeitsmarkt altersbedingt für sich keine Chance bekommen (nur ein Beispiel: Kellaway, 2016: I can't find work because of my age – what should I do?)

(2) Akzeptiere eine geringer bezahlte oder weniger anspruchsvolle Tätigkeit.

(3) Bewerbe dich bei/ suche ein ökonomisch junges Unternehmen.

Die genannten Möglichkeiten sind zu fördern. Beispiel Weiterbildung, Training etc. etwa durch Kreisjobcenter. Ab einem bestimmten Alter passiert nichts mehr. Wo kann ein 60-jähriger Kenntnisse für einen Start-up erwerben? Das gesamte Anreizsystem wäre zu verändern, teilweise ausländischen Mustern, etwa Mystar in Japan folgend, einer Trainings- und Vermittlungsfirma für ältere Menschen, in welcher sechzig Prozent der 333 Mitarbeiter zwischen 65 und 80 Jahre alt sind.

Beispiel Steuern. Viele Unternehmensgründer werfen hin, weil ihnen die Einhaltung der Steuervorschriften zu viel Energie raubt und von ökonomischer Wertschöpfung fernhält. Die deutschen Vorgaben sind die kompliziertesten auf der Welt, werden immer noch komplizierter, Änderungen jedes Jahr. In Indonesien gibt es auch Vorschriften. Korruption löst fast alle Probleme: „Was verboten ist, wird gemacht", ein elftes Gebot selbst für christliche Menschen in einem muslimischen Land. Jedes Finanzamt könnte Mitarbeiter beschäftigen, die sich speziell mit den steuerlichen Herausforderungen beschäftigen, mit denen ältere Menschen, die in der Wirtschaft aktiv bleiben oder werden wollen, sich konfrontiert sehen. Dies könnten/sollten ältere Mitarbeiter der Finanzbehörden sein, pensionierte Beamte. Gleich und gleich gesellt sich gern. Geringe psychische und persönlichkeitsstrukturelle Differenzen.

Warum soll oder kann oder muß der Staat einen älteren Erwerbstätigen genauso hoch besteuern wie Erwerbstätige in jüngerem Alter? Gleiche Besteuerung bewirkt ökonomische und demographische Fehlallokationen. In höherem Alter noch arbeiten für den Staat? Ich schaffe doch noch Mehrwerte, während meine Alterskollegen ihren Ruhestand genießen und Silberprodukte auch auf Kosten der Gemeinschaft konsumieren. Ich bleibe gesünder, auch länger, erzeuge somit positive Externalitäten. Ich forsche und berate und gebe Beispiele für Andere. Mein ganzes Leben habe ich Steuern und Abgaben entrichtet, ich arbeite jenseits des Renteneintrittsalters, ich vermeide Ausgaben für Zugewanderte, die vielleicht - die Ökonomen streiten darüber - langfristig, Keynes wiederlegend (In the long run, we are all dead) - Nettovorteile für die Gesellschaft erzeugen mögen, wenn sie ein Wertschöpfungsplus jenseits ihres steuerfinanzierten Lebensunterhalts ereugen.. Um Mehrwerte zu erzeugen, senke ich meine Erkrankungsrate oder Morbidität,sonst kann ich nicht arbeiten, helfe Krankheitskosten zu senken. Geringere Steuern für ältere Erwerbstätige, selbstständig oder nicht, erzeugen somit auch für den Staat und die Gesellschaft Nettovorteile, die auch steuerlich anzuerkennen wären. Hohe Steuern und Abgaben wie sie in Deutschland erzwungen sind, entsprechen nicht der wirtschaftlichen Leistungsfähigkeit bezogen auf die gesamte Lebensspanne. Die Einkommensteuern wären deutlich zu senken, insbesondere wäre die Absetzbarkeit von Vorsorgeaufwendungen auf 100 % anzuheben, auf der Betriebsebene als auch beim Arbeitnehmer. Da Menschen länger arbeiten, später Rente und Pension beziehen, im Alter weniger auf staatliche Hilfe angewiesen wären, würden sich Steuerausfälle refinanzieren können. Wenn der Staat keine demographie-adäquaten Reformen durchsetzen kann, wird die Demographie sein Schicksal. Karma. Eine altersgerechte Besteuerung ist im Prinzip einfach zu machen – wenn man zunächst Juristen aussen voläßt. Alte Menschen brauchen Anreize um weiter zu arbeiten, um Unternehmen zu gründen, auch freiberuflich tätig zu werden (etwa als Steuerberater) oder freiberufliche Erwerbstätigkeit aufrechtzuerhalten. Wenn der Staat sie auch im Alter abschöpft und drangsaliert, Anfertigung der Steuererklärung, jährliches Vertrautwerden mit neuen Steuerparagraphen, Zeitaufwand, Ärger, Ergebnis: die Lebensproduktivität sinkt. Der Staat, seine Finanzverwaltung müßten sich den Bedürnissen älterer Menschen anzupassen lernen und nicht ihnen einen umgekehrten Lernprozeß aufwingen – nein danke, sagen viele, wenn sie armutsbedingt nicht arbeiten müssen.[415] Welcher potentielle Altunternehmer würde einen beträchtlichen Teil seiner verbleidenden Lebenszeit steuerlichen Herauforderungen widmen, die bei vielen ihrer selbständigen Vorgänger ihr unternehmerisches Leben wenn nicht ihr Überleben in Frage stellen. Dazu kommt eine immense und zunehmende Regulationsdichte (ein primärer Einflußfaktor für die sinkende Gründungsrate in Deutschland -Abbildung 70), gleichfalls ein Vernichter von Wertschöpfung und unternehmerischer Motivation. Millenials hätten noch genügend Zeit, dem entgegenzuwirken, alte Menschen sind steuerregulativ überfordert. Auch Millenials schmeißen hin.

18.5 Erzeugung von Unternehmertum?

Läßt sich Unternehmertum durch „Ausbildung" und „Training" erzeugen? Wir verfügen über keine gesicherten Erkenntnisse. Ältere Menschen denken und fühlen und handeln verschieden von denen in

---

[415] Wir beschäftigen uns nicht im Detail mit Steuerfragen. Überforderung. Beispiel die sog. Flexirente, soll ab 2017 gelten. Ein Beobachter: „Heute drohen drastische Kürzungen bis zu zwei Drittel der Rente, wenn jemand mit 63 in Rente geht und mehr als 450 Euro im Monat dazuverdient. Künftig soll es für den Hinzuverdienst nur noch eine Obergrenze von 6300 im Jahr geben - und dann gilt die Regel: 40 Prozent des darüber liegenden Zuverdienstes wird von der Rente abgezogen." http://www.focus.de/finanzen/altersvorsorge/rente/gesetz-gilt-ab-2017-berichtenthuellt-von-der-flexi-rente-profitiert-nicht-einmal-die-gutverdiener_id_5985109.html

jüngeren Generationen. Sie kommen mit weniger Wissen aus, „Bildung" ohnehin. Ältere Menschen entscheiden anders als jüngere (Patrich u.a., 2013). Auch ihre Zeitperspektive und ihr Risikoverhalten ist verschieden. Zahlreiche Institutionen und Berater versuchen sich mit Gründungsprogrammen. Die OECD hat in Zusammenarbeit mit der Europäischen Kommission Möglichkeiten und Programme für EU-Länder vorgestellt (OECD & Europäische Kommission, 2012). Die wissenschaftlichen Erkenntnisse sind durchwachsen, selbst für jene Altersschichten, die im Mittelpunkt der vielfältigen Bemühungen stehen, überwiegend jüngere Personen. Altersbezogene Erfahrungsberichte mit wissenschaftlichem Hintergrund fehlen. Ein Beispiel: Tae Jun Bae et al (2014) haben in einer sogenannten Metastudie 220 Veröffentlichungen zu „Entrepreneurship education" ausgewertet. Das Ergebnis läßt keine eindeutigen Aussagen zu. Berichte über die Ausbildungs/Trainingserfahrungen mit älteren Personen, insbesondere solche mit langjähriger Berufserfahrung fehlen. Ein jüngerer deutscher Text (Kawohl, 2015) skizziert vorherrschende Sichtweisen und Praktiken, fokussiert auf junge Gründer. Die Förderung durch den Staat zielt auf junge Menschen.

Die Ausbildungsmethoden sind sehr unterschiedlich. Genauso wie die Ziele. Wer mit Menschen zu tun hat, die bereits für sich entschieden haben, unternehmerisch tätig zu sei, muß anders arbeiten als jemand, der etwa Studierende oder Arbeitslose oder Migranten zu Unternehmertum „motivieren" will. Eine situative Anregung zur Selbsterziehung und Selbstevolution ist der Schlüssel. Selbsterzeuge strukturelle Kopplungen zwischen Psyche und Körper vermag unternehmerisch und evolutionär erfolgreiche Operationsweisen für die Zukunft zu schaffen, je nach der verwirklichten unternehmerischen Funktion. Das operativ geschlossene Individuum muß solches selbst leisten. Die Umwelt kann stören, nicht selbst erzeugen. Die Schwierigkeiten für „Helfer" (Irritierer) bestehen darin, daß „verschiedene Menschen verschieden erzogen" werden müßten (Luhmann, 2002, S. 17), wobei Erziehung eine der Selbsterziehung ist.

Eine unternehmerische Persönlichkeit, etwa entsprechend dem Motivationsmodell von McClelland und Heckhausen (siehe Martens & Kuhl, 2005; Heckhausen & Heckhausen, 2010) oder dem in der jüngeren Forschung vorherrschenden Big Five Modell der Persönlichkeitsentwicklung, läßt sich nur in Grenzen edukativ erzeugen. Wohl läßt sich andererseits durch Wissensvermittlung, Erfahrungsaustausch, Fallstudien motivational auf Menschen einwirken. Von Big Five abgesehen, sind ältere Menschen weitgehend ein Niemandsland der Motivationsforschung.

Die Unterstützung älterer Menschen muß neue Wege gehen. Wer 60 und älter ist, denkt nicht nur an Karriere und Einkommen. Neue Moglichkeiten sind zu erfinden, Vorstellungskraft und Vision sind Möglichkeiten, die bislang nicht existent waren, die Zukunft jedoch mitgestalten und in Prozessen demographischen Wandels Kurskorrekturen bewirken, bei der Person selbst und in Teilsystemen der Gesellschaft, nicht zuletzt der Wirtschaft (Silberwirtschaft, Goldene Wirtschaft). Jemand ist behindert, seine potentiellen Kunden leben außerhalb der Reichweite des öffentlichen Transportwesen. Toyota entwickelt Automobile, welche weitgehend selbstfahrend behinderten Menschen neue, auch wirtschaftliche Lebenschancen eröffnen (Wallace, 2016a).

Einige Vorschläge zur „Erziehung" älterer Menschen für Erwerbstätigkeit im Alter.

Vorlesungsprogramme würden wir ausschließen, damit auch das konventionelle Seniorenstudium. Ein erzieherisches Arbeiten über etablierte Institutionen verlangt interaktive Kompetenzen und Erfahrungen jenseits von Lehre und Wissenschaft.

Grundelemente an Erkenntnissen zu vermitteln, sind dennoch unverzichtbar. Die verschiedenen Funktionen von Unternehmertum (RAIE: Routine, Arbitrage, Innovation, Evolution) wie die unterschiedlichen Typen von Neuerungen (radikal, inkrementell, disruptiv, frugal) wären vorzustellen. Die wechselseitige Abhängigkeit und Interaktion von wirtschaftlichem und biologischem Unternehmertum und seine Folgen einer Mißachtung deutlich zu machen, halten wir für unverzichtbar. Neuere Erkenntnisse zur Persönlichkeit (kein Datum, veränderbar) sind einzubeziehen, was Vorstellungsvermögen und Willenskrafttraining einschlösse. Ganzheitliches Lernen, vor allem das „Wie" wären eine inhaltliche Komponente. Alle genannten Aspekte sind in Fallstudien zu integrieren einschließlich des Auftretens von lebenslang operierenden Unternehmern und Erwerbstätigen. Schließlich: Beziehungen wären herzustellen zwischen Theorie und Praxis im Sinne von Kant und Drucker: Keine Angst vor Theorie. Das Genannte sind Zusammenhänge, welche in den normalen Trainings- und Schulungsprogrammen für Unternehmertum unterbelichtet sind. Das eher Konventionelle (Geschäftsplan, rechtliche Beschränkungen, Steuer, usw.) ist einfach zu integrieren, schreckt andererseits aber nach unserer und anderer Erfahrung viele davon ab, wirtschaftlich aktiv zu bleiben oder zu werden. Erfahrungsaustausch unter Anwesenden oder digital ist unverzichtbar.

Ein lebenslang unternehmerisch Aktiver, erwerbstätig oder nicht, kann ein Mehrfaches erreichen: (1) Er will/muß Geld verdienen (teilweise Notgründung); (2) er kann Dinge machen, die er in seinem Berufsleben nicht verwirklichen konnte; (3) er will seinem Leben neue/andere Inhalte geben, die ihm Freude machen, „wellbeing" im Alter ermöglichen, und neue Lebensdimensionen erschließen. Es mag paradox erscheinen, älteren Menschen (55+) eine visionäre Gestaltung ihrer verbleibenden Lebensjahre zu ermöglichen. Wir sind der Meinung: Der Aufbau einer Vision und das Training von Vorstellungskraft sind gerade in einem fortgeschrittenen Alter von besonderer Wichtigkeit. Wer jung ist, hat noch viele Chancen in seinen verbleibenden Lebensjahren vor sich. Wer „nur" noch zwanzig oder dreißig Lebensjahre erwarten könnte, wem es gar gelänge, seine Morbiditätsspanne zu verkürzen, Leiden und Schmerzen in die Zukunft verschieben kann, durch Selbsttun, Vorstellungskraft und eine visionäre Zukunftsperspektive, was wäre/ist der Sinn meines Lebens? Eine Vision verschafft emotionale und geistige Impulse. Die verbleibenden Lebensjahre werden reflektiv gestaltet. „In jedem Augenblick kann ich entscheiden wer ich bin" (Foerster, 2001) oder sein will.

Wie lassen sich Anreize schaffen, selbständige Erwerbstätigkeit bei älteren Menschen zu erhalten oder zu erzeugen? Wer einem älteren Menschen zu Erwerbstätigkeit verhilft, würde auch finanziell belohnt.[416] Über halbstaatliche Agenturen läßt sich solches nicht verwirklichen. Im Beratungsbereich passiert zwar einiges, aber andersherum: Alte beraten Junge.

18.6 Lernen von den USA?

Wir gehen einer Aufstellung zu den Angeboten von US-Universitäten (Andreotis, 2010) für die Zielgruppe älterer Menschen nach, um daraus für uns zu lernen. Die Vereinigten Staaten gelten als Vorbildnation für Unternehmertum. Viele Länder und deren Erziehungs- und Ausbildungssysteme versuchen zu kopieren. Die amerikanischen Institutionen betrachten sich als Missionare. Sie wollen ihre Sicht der Dinge weltweit verbreiten. Sie tun es erfolgreich. Wir haben unsere Skepsis mehrfach angedeutet. Die kulturellen Unterschiede sind enorm. Die Erziehungs- und Prüfungsmethoden gleichfalls. Die Anreizsysteme für Erzieher, Lehrer und Forscher sind in Teilen grundverschieden. Die Schulung und das Training sind finanziell durchwirkt. Wir machen nur wenige Anmerkungen zum Artikel von Andreotis.

(1) Alte Menschen gelten als Konsumenten von Information und Wissen; eine silberökonomische Ausrichtung ist nicht auszuschließen.

---

[416] Was dabei für den Staat herausspränge, die Nutzen-Kosten-Bilanz also, ließe sich einfach ermitteln.

(2) Die angebotenen Vorlesungen sind nicht speziell an den Bedürfnissen alter Menschen orientiert, auch nicht an Berufstätigkeit im „retirement", schon gar nicht an „entrepreneurship". Bemerkenswert ist Babson College. Diese Universität zeichnet sich durch vielfältige Programme für Entrepreneurship aus. Für alte Menschen scheinen diese nicht angeboten zu werden.

(3) Die Vorlesungen sind die Standardangebote, in denen man nur passiv den Dozenten zuhört. Zudem kostet die Teilnahme Geld. Harvard verlangt etwa pro Vorlesung 470 Dollar.

(4) Einige Universitäten betrachten ihre Angebote als Ergänzung der Freizeitaktivitäten alter Menschen (Dancing, Film, Politik etc.).

(5) In der Regel ist der angebotene Stoff grundstudiumsorientiert. Eine Universität (Ohio) schließt eine Teilnahme am Masterstudium mit Business-Bezug explizit aus.

Mehrere Interpretationen zu diesen Angeboten sind möglich. Vielleicht sehen die akademischen Anbieter in „entrepreneurship" und verwandten Berufsfeldern für alte Menschen keine Notwendigkeit oder haben bisher diese Marktchance noch nicht wahrgenommen. Jüngere Forschungen zur Erzeugung von Unternehmertum durch oder in Universitäten (entrepreneurial university) reflektieren diese Sichtweise. Als Beispiel sei auf Lene Fox und David Gibson (2015), The entrepreneurial university, verwiesen. Die von uns thematisierten Fragen zu lebenslangem Unternehmertum sind kein Thema.

Des Weiteren könnten Dozenten versuchen, die Veranstaltungen mit möglichst geringem Aufwand zu gestalten, und daher keinen Anreiz haben, sie jenseits der Standardangebote anzubieten.

Eine andere Interpretation wäre: Alte Menschen sind in den USA bereits heute die quantitativ umfangreichste Gründerkohorte (Untersuchungen der Kauffman Foundation). An der Universität mag man denken: Es läuft also auch ohne uns Universitäten. Aber alte Menschen benötigen Kenntnisse und Fähigkeiten, um ihr „Ding" erfolgreich zu gestalten, wenn sie gründen. Wir vermuten, die Universitäten haben dafür keine adäquaten Angebote. Gründerkurse werden zwar angeboten, aber von einer Untersuchung aus den Niederlanden wissen wir auch: Kursteilnehmer, die Kurse zu Unternehmertum besuchen, die von Ökonomen, also von Experten, gestaltet werden, gründen weniger häufig als solche, die es nicht tun (Pennekamp, 2009; Osterbeek u.a., 2010). Ein Autor zur deutschen Ausbildungspraxis: „Die Unternehmerausbildung in Deutschland versagt"(Kawohl, 2015). Wie wir wissen: Experte und Expertise sind nicht dasselbe. Diese Erkenntnisse sind auf junge Kursteilnehmer bezogen, aber sie können für alle Generationen verallgemeinert werden. Daher vermuten wir, die deutschen Erfahrungen reflektierend: Das Kursangebot harmoniert nicht mit den Bedürfnissen potentieller Gründer oder Erwerbstätiger in höherem Alter.

Wie komplex eine unternehmerische Universität arbeitet, zeigt die Abbildung (leider alles in englischer Sprache). Wie ältere Menschen sich universitär integrieren ließen – als Lehrer, Coaches, als potentielle oder aktuelle Olderpreneurs – bleibt ein Forschungs- und noch zu erschließendes Praxisfeld. Die Abbildung illustriert den Knowing-Doing-Gap, die Lücke zwischen Wissen und Tun oder Wissen durchsetzen. Der linke Teil zeigt das System Universität, der rechte den (potentiellen) Unternehmer. Handlungsrechte (Property Raghus), Kompetenzen (Competence) und die Umwelt (Irritationen) sind die notwendigen und hinreichenden Bedingungen, unternehmerisches Tun zu „erzeugen".

Abbildung 61: Knowing-doing-gap

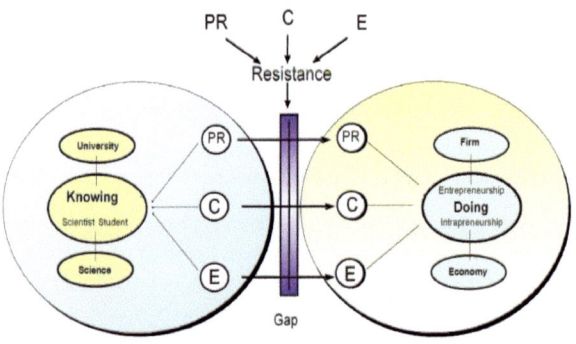

Quelle: Eigene Quelle

In Europa werden US-Erfahrungen und Methoden teilweise blind kopiert. Unbedacht bleibt die grundsätzlich andere amerikanische Gründungskultur. Veranstaltungen, die sich dem Kompetenzaufbau und der Gestaltung persönlichkeitsspezifischer Aktionsparameter widmen, sind in den Vereinigten Staaten unterentwickelt. Die erforderlichen Kompetenzprofile für Unternehmertum werden als verfügbar vorausgesetzt. Zudem verfügen die USA über eine Einwanderungskultur. Ein beträchtlicher Teil der Gründungen wird von Zuwanderern, insbesondere aus China und Indien, bestritten; im Silicon Valley sind es mehr als die Hälfte.

18.7 Finanzierung

Die Finanzierung von Gründungen und finanzielle Förderung bestehender Unternehmen, die von Ruhestandsalten Menschen geführt werden oder geschaffen werden könnten, ist bescheiden, nahezu nichtexistent. Finanzierung von neu in den Markt eintretenden Unternehmern ist immer eine Herausforderung. Ausnahmen gibt es, wenn der Staat Prioritäten setzt, in Deutschland etwa im Sektor für alternative Energien, Anreizprogramme für die Modernisierung von Heizungen und die Nutzung erneuerbarer Energien. Für ältere Unternehmer sind auch zinsgünstige Kredite keine wirksame Förderung. Sie hätte über Zuschüsse, Bereitstellung von Finanzkapital, insbesondere steuerliche Anreize zu erfolgen. Eine staatliche Förderung von Gründungen, Forschung & Entwicklung, Training und Fähigkeitsentwicklung bei ruhestandsnahen oder –älteren Erwerbstätigen. Dies kann in reziproker Weise erfolgen. Förderung älterer Erwerbstätiger und Förderung von Personen, die andere (Jüngere und Ältere) unterstützen. Des weiteren besteht die Möglichkeit Firmen und Institutionen Förderungsmittel über eine direkte Förderung oder steuerliche Anreize bereitzustellen. Die Anreize können auf spezifische Hindernisse oder Synergien bei einzelnen Personen oder in Firmen ausgerichtet sein.

Wer später im Alter unternehmerisch aktiv wird oder als bereits aktiver etwas Neues unternimmt, muß anders finanzieren als ein jüngerer Gründer. Wer letzter schiefliegt, böte sein Leben noch genügend neue Chancen. Der Olderpreneur denkt, fühlt und handelt anders. Seine Lebensspanne ist geringer, seine gesunde ohnehin. Wie finanziert er sein Vorhaben?

Jemand ist ruhestandsalt. Woher Finanzkapital mobilisieren, um sein Unternehmen zu gründen/fördern? Banken rechnen hoch: Noch 10 Jahre hat jemand vor sich, bis die durchschnittliche Lebenserwartung verwirklicht ist. Der Unternehmer sieht es ähnlich, wenn er nicht in guter Gesundheit agieren kann und auch als biologischer Unternehmer aktiv ist. Er setzt nicht mehr sein eigenes Vermögen ein. Schumpeter feiert sozusagen Auferstehung: Finanzierung leistet nicht der Unternehmer sondern der „Kapitalist". Förderung vom Staat ist unbekannt.

Mit dem chronologischen Alter verschlechtern sich die Finanzierungschancen. Banken halten sich zurück und prüfen penibel den Vermögensstatus der Älteren. In Deutschland sind 87,000 Senioren insolvent, 12,5 % der insgesamt Insolventen.[417] Alternativen sind nur embryonal verfügbar. Man kann selbst etwas machen. Wem es gelingt, seine Morbidität zu komprimieren, kann länger für sich akkumulieren als die Pflegebranche zu füttern. Länger gesund leben erweitert zudem nicht nur die Spanne für ein erwerbstätiges Leben. Es gelingt (heute schon einigen, und es werden immer mehr), die natürliche unternehmerische Lebensspanne auszuleben. Das Natürliche Tun (ein Grundprinzip des Daoismus) leistet nur ein Unternehmer. Was tat Moses als er 110 Jahre alt war (er soll 120 Jahre gelebt haben)? Jeder weiß es: Ruhestand. Vorstellungskraft zu entfalten genügt nicht für einen Zugang zu Finanzkapital, welches nicht aus eigenen Ressourcen mobilisiert wird. Die Finanzindustrie hat sich auf demographisches Altern adaptiv eingestellt. Rückbau von Finanzierungsschancen für ältere Kunden ohne beträchtliche Sicherheiten und zunehmend Nachweise über den gesundheitlichen Zustand. Unterstützung der Finanzinstitutionen durch externe Förderung wäre leicht zu machen – aber schwierig in EU-Ländern mit ihrer Regulierungsdichte und Vorschriften-Euphorie. Genossenschaftliche oder selbstorganisierte Alternativen lassen sich aufbauen, von bestehenden Organisationen selbst oder neu zu gründenden. Warum ältere Mitarbeiter in die Ruhe entlassen, anstelle ihnen Chancen für Reflexion und Produktentwicklung für ältere Kreditnehmer oder Risikokapitalinteressenten zu geben. Genossenschaftliche Mini-Mini-Bonds, Mikrokredite und Risikokapitalangebote für Olderpreneurs benötigen zunächst unternehmensinterne Promotoren und Produktentwickler. Wir haben nicht untersucht, ob der Rückgang der Investitions- und Innovationsbereitschaft bei älteren Mittelständlern und Existenzgründern auch finanzierungsbedingte Quellen hat.

Der Olderpreneur setzt nicht mehr auf sein Vermögen, um sein Vorhaben zu finanzieren. Er hat akkumuliert, wenn überhaupt, um seine Belastungen im Alter verträglich zu gestalten. Er ist zögerlich, was Kredite angeht, denn er muß sie schließlich zurückzahlen, Teile seines Cashflows bleiben nicht im Unternehmen sondern gehen an die Finanzindustrie.

Die Erfahrung mit Förder- und Mikrokrediten in Deutschland ist durchwachsen,[418] - und nun auch noch für ältere Menschen (Gründer, Mittelständler)? Andererseits: Es gibt viele vermögende (reiche) ältere Menschen, auch solche mit reichhaltiger Erfahrung aus der Finanzindustrie. Als Business Angel können sie sich in die Altersökonomie einbinden: Alt fördert Alt. Der Entscheidungsprozeß eines Angels ist eingebettet in eine intensive strukturelle Kopplung und nicht auf finanzielle Aspekte beschränkt: Beratung, Unterstützung im Management, Coaching. .Eine personenbezogene Kommunikation, wie wir sie in Freund- und Liebschaften, in der Familie finden, fungiert als autopoietisches Grundelement des informellen Innovationssystems. Wissen von dem der Financier nicht weiß, daß es relevant ist, erfordert

---

[417] Erkenntnisse von Statista. http://www.faz.net/aktuell/wirtschaft/wirtschaft-in-zahlen/grafik-des-tages-das-leben-als-schuldner-14352504.html

[418] Siehe die Überlegungen hierzu von Kritikos (2016) vom Deutschen Institut für Wirtschaftsforschung. Seine Schlußfolgerung: „Man braucht besser vernetzte Mikrofinanzinstitute vor Ort und eine anreizkompatible Förderung – durch den Staat oder private Finanziers."

deswegen eine Selbsttransformation des Angels, Lehrenden, Beraters, Trainers, Coaches von unbewußtem in bewußtes Nichtwissen.

Der Unternehmer, generell der im Alter Erwerbstätige, muß entweder einen Job finden oder suchen oder sich primär mit risikoarmen Vorhaben begnügen. Eine Silicon-Valley-Logik existiert hierfür nicht. Acht von zehn Gründungen scheitern im Valley, dennoch fließt das Geld. In Deutschland ist zudem die Fehlschlagsangst dominant, auch bei jungen Gründern. Bei alten Menschen verständlich. Dem könnte man relativ einfach entgegenwirken, durch Aufbau von Investmentinstitutionen für primär alte Menschen. Im EU-Umfeld würde das allerdings die üblichen, im Gründungsbereich erforderlichen Maßnahmen erforderlich machen (Geschäftsplan usw.). Am einfachsten ist daher die Förderung von Menschen, die bereits erwerbstätig, selbstständig oder nicht, aktiv waren. Sie bringen Erfahrung mit, kennen oftmals ihre Kunden, auch zukünftige, verfügen über Wissen. Sie gilt es zu überzeugen, das Ruhestandsalter unternehmerisch zu überwinden. Auch hier vermag staatliche Unterstützung viel zu leisten wie Reform der Renten/Pensionssysteme, steuerliche Förderung. Was allerdings wiederum ein unternehmerisches Engagement in den zuständigen Behörden und Institutionen erforderlich macht.

Was Steuern betrifft, ist auf die US-amerikanischen Erfahrungen unter nach Präsident Ronald Reagan zu verweisen. Die damalige Politik fußte auf den Überlegungen von Arthur Laffer: eine Senkung der Einkommensteuer kann die Steuereinnahmen erhöhen (Laffer-Kurve genannt). Sinken die Steuersätze für Erwerbstätige im höheren Alter, könnten mehr Menschen bereit sein länger zu arbeiten oder ein Unternehmen aufzubauen. Auch dem Mittelstand würde geholfen. Weniger mittelständische Unternehmer würden ihr Unternehmen aufgeben. Ihre Erfahrungsreichtümer und würden nutzbar bleiben, desgleichen ihre geschäftlichen Beziehungen.

Eine Möglichkeit wäre – warum es nicht thematisiert ist, wissen wir nicht – Gründern im Alter jenseits einer bestimmten Einkommensstufe – Finanzkapital zu schenken, Helikoptergeld also für Olderpreneurs. Kostet dem Staat oder Steuerzahler wenig oder nichts. Die Zentralbanken schaffen das Geld aus dem Nichts. Hubschraubergeld wird endlos diskutiert. Die Argumente sind in Deutschland primär rechtlich-bürokratischer Natur. Es geht selbstverständlich nicht darum, die Inflationsrate auf die sagenumwogenen zwei Prozent anzuheben (Begründung der Zentralbanken in Europa, USA, Japan). Helikoptergeld ist eine Symbiose von Schumpeter (Gründungen, Finanzierung von Neuerungen usw.) und Keynes (Schaffung von Nachfrage; Multiplikatorwirkung).

Quelle: The Economist, 2014.

18.8 Mehrwerte erzeugen, für wen?

Fassen wir unsere Überlegungen zusammen. Wir sind in einem Strom der Evolution. Der normale, der leichte Weg, sich mit dem Strom treiben lassen. Unternehmer schwimmen gegen den Strom (Laozi, Schumpeter). Welches der richtige Weg, wissen wir nicht. Auch wenn wir einen solchen entdecken, wissen wir immer noch nicht, ob es der richtige ist.

Die Frage bleibt zu beantworten, was die konkreten Vorteile einer Förderung von Unternehmertum bei älteren Person sind, bezogen auf die Personen selbst und auf die Systeme, in denen sie ihren Mehrwerte erzeugen?

Was sind die Mehrwerte für einen unternehmerischen Menschen?

Also jenem, dem es gelingt, wie immer verursacht, seine verfügbare Lebensspanne unternehmerisch zu nutzen? Ob er selbständig in der Wirtschaft operiert, als Mitarbeiter arbeitet, in seinem vertrauten Lebensumfeld weiterhin aktiv bleibt, etwa als Wissenschaftler, Pfarrer, Anwalt, Arzt usw., im Ehrenamt, ist nicht das Entscheidende.

- Ganzheitlicher Kompetenzaufbau; dieser schließt Gesundheit und Kognition ein.
- Ausweitung der gesunden Lebensspanne.
- Nutzen von Erfahrung, Wissen, Beziehungen und fachlicher Qualifikation für Wertschöpfung als Selbständiger oder in Zwischenformen wie Selbsthilfeorganisationen (Genossenschaften).
- Im Leben mühsam aufgebaute Fähigkeiten bleiben erhalten oder erodieren weniger; neues Wissen und Fähigkeiten kommen hinzu.
- Aufbau von neuen Wertschöpfungsströmen erleichtert den späteren Eintritt in die Zeitphase nach Arbeit und unternehmerischer Wertschöpfung.
- Nach dem Ausscheiden aus der regulären Arbeit (angestellt, selbständig, freiberuflich) fallen sie nicht in ein „Loch"; sie erhalten ihre Motivation und Energie weiter, um aktiv zu sein, mit vielfältigen gesundheitlichen und psychischen Nutzen.
- „Empty-Desk-Syndrome", Unternehmensnachfolge und -aufgabe werden durch professionelles Coaching aufgefangen.
- Vernetzt bleiben, nicht nur in der Familie, sondern auch professionell, im Markt, mit Kunden, Lieferanten usf., also auch der zunehmenden Einsamkeit im Alter und ihren teils depressiven Folgen entgegenzuwirken.
- Vermögensaufbau durch Investition in altersrelevante Zukunftsmärkte wie Biotechnologie und Roboter.

Mehrwerte für Unternehmen, Organisationen und Institutionen

- Erhalt oder Steigerung der Wertschöpfungspotentiale von älteren Mitarbeitern ab 50 Jahren, also bereits vor dem Ausscheiden im Betrieb.
- Erhalt oder Steigerung der Fachqualifikation der Mitarbeiterschaft; durch Ausbildung und ganzheitliche Qualifikation; Beziehungen mit (älteren) Mitarbeitern aufbauen oder erhalten, die Möglichkeit nach dem Ausscheiden aus der regulären Arbeit (oder Arbeitslosigkeit) Möglichkeiten zu Outsourcing oder Ähnlichem zu haben. Mitarbeiter werden qualifiziert, um ihre jeweiligen spezifischen Vorteile, insbesondere Fachwissen und ihre durch langjährige Tätigkeit erworbenen Fähigkeiten (Erfahrung, Beziehungen etc.) für das Unternehmen effektiver und effizienter zu nutzen. Die Effektivität ihrer Arbeit steigt, weil die höher qualifizierten Mitarbeiter stärker motiviert sind,

keine unmittelbare Entlassung und Frühverrentung befürchten müssen, ihre Lernbereitschaft höher ist und sie eine gesündere Lebensweise praktizieren können. Diese Kompetenzgewinne können auch auf andere Mitarbeiter ausstrahlen.

- Des Weiteren entfallen durch Weiterbeschäftigung höher qualifizierter älterer Mitarbeiter die Ausbildungskosten, die Nachteile durch Erfahrungsmangel und lange Einarbeitungszeit, die bestehen, wenn ältere Mitarbeiter durch jüngere zu ersetzen sind.
- Nach dem Ausscheiden aus dem regulären Arbeitsleben bleiben Kontakte erhalten, Engpässe im Unternehmen lassen sich besser bewältigen, Teile der Leistungserstellung lassen sich an ehemals ältere Mitarbeiter delegieren.

Mehrwerte für die Gesellschaft

- Die Beschäftigung älterer Menschen in Unternehmen oder die selbständige Tätigkeit erleichtern.
- Sozialsysteme einschließlich Gesundheit werden stabilisiert (das gegenwärtige Sozialsystem läßt sich nicht erhalten, denn Einbußen an Leistungen sind unvermeidbar).
- Die Belastungen für jüngere Generationen werden kleiner. Generationenkonflikt wird teilweise entschärft, z.B. durch Zusammenarbeit älterer und jüngerer Menschen in einem Unternehmen (Mehr-Generationen-Unternehmen).
- Das Ausscheiden qualifizierter Erwerbstätiger aus dem Arbeitsleben wird in die Zukunft verschoben. Wertschöpfung wird länger erzeugt, Steuern werden länger gezahlt usw. Die Zahl der Erwerbstätigen sinkt weniger als es demographiebedingt sonst der Fall wäre. Was die Besteuerung betrifft, plädieren wir im Übrigen für einen Übergang von Einkommens- auf Vermögenssteuer für ältere Erwerbstätige (entsprechende Freigrenzen vorausgesetzt).
- Hinausschieben des Renteneintrittsalters, tendenziell seine Aufhebung. [419] Möglichkeit eines „Kombilohns": Teilrente/Pension nach normalen zeitlichen Vorgaben (z.B. ab 65-67Jahren) wird kombiniert mit einer weiteren abhängigen oder selbständigen Beschäftigung. Das Einkommen kann z.B. aus einem Drittel Rente und Zweidrittel Erwerbseinkommen bestehen. Die Versicherungsträger und die Haushalte sind bis zum Eintritt der vollen Renten/Pensionszahlung entlastet. In Deutschland ist die Besteuerung von zusätzlichem Einkommen bei parallelem Rentenbezug unterschiedlich geregelt. Wer mit Erreichen der Regelaltersgrenze (65 Jahre) in Rente geht, kann unbegrenzt hinzuverdienen. Wer bei einem vorzeitigen Rentenbezug einen Zusatzverdienst von 450 Euro oder mehr erzielt, erhält nur noch zwei Drittel oder weniger seiner Rente. Diese Regelung widerspricht der hier vorgetragenen Logik. Sie wird auch vermehrt von einigen Vertretern aus der Politik in Frage gestellt, weil die Frühverrentung (63/61 Jahre) das Erwerbspotential in demographisch alternden Gesellschaften erneut einschränkt.[420]

Mehrwerte für eine Hochschule

Die Universität als Ausbildungs- und Forschungsinstitution muß sich der gesamten Bevölkerung annehmen. Diese Aufgabe erfüllt sie gegenwärtig nicht. Sie müßte schöpferisch auf die Herausforderungen des demographischen Wandels antworten. Das gegenwärtige Universitätssystem diskriminiert alte Menschen. Das sog. Seniorenstudium ist für unser Vorhaben unzureichend.

---

[419] Diese wird zunehmend gefordert: „[...] letztlich ist jede feste Altersgrenze fragwürdig - sei sie nun 65 oder 67. [...] Geeigneter als eine dynamische Rentenregel wäre darum eine radikalere Lösung - Das Renteneintrittsalter ganz abschaffen" (Schwentker, 2011). Ähnlich mehrfach Hans-Werner Sinn.

[420] Die Regeln ändern sich permanent. Was hier geschrieben steht, kann morgen nicht mehr stimmen.

Vielfältige Vorteile für die Universität, die Lehrenden und Forschenden und die jungen Studierenden sind zu erwarten.

- Die Reputation der Universität steigt in der Politik, bei den Menschen und bei Geldgebern.
- Vorteile für die Fachbereiche in Forschung (sämtliche Fachbereiche: Alter(n)sforschung).
- Verbesserung der Lehre; denn alte Menschen verlangen gute Didaktik, Präsentation, Lebensrelevanz; sie sind keine Schluckspechte und Abnicker wie oftmals junge Menschen; also neue Angebote und vertiefte Kompetenz werden erforderlich; Austausch zwischen Alt und Jung kommt zustande.
- Exploration von E-Learning, da Teilnehmer an dem Programm nicht immer physisch anwesend sind.
- Kalendarisch alte Menschen können Lehr- und Trainingsfunktionen in der Universität übernehmen; dabei wäre organisierter Erfahrungsaustausch mit jüngeren Studierenden zu erwarten.
- Chancen durch Zusammenarbeit auch in unternehmerischen Denken und Handeln zwischen alten und jungen Menschen in der Universität werden geschaffen, und
- Möglichkeit mehrjähriger (Forschungs-)Projekte, denn beteiligte alte Menschen bleiben anders als junge Studierende, die oft nur für ihr Studium in der Stadt/Region bleiben, oftmals in der Universitätsregion und ziehen nicht in eine andere Stadt/Region um.

Mehrwerte für Kommune/Region

- Erhalt oder Steigerung der wirtschaftlichen Leistungskraft.
- Fachkräfte bleiben aktiv, neue Unternehmen entstehen, alte Unternehmen haben weniger Probleme, auch was die Nachfolge angeht.
- Warum die Erschließung des wachsenden Altersmarktes (silver market) anderen Kommunen, Regionen, gar Ausland überlassen? Die Märkte für junge Generationen schrumpfen, die Altenmärkte wachsen, nicht nur was Krankheit usw. betrifft.
- Steuereinnahmen steigen.
- Die Kommune wird attraktiver für alle Generationen der Bevölkerung; Vielfalt schafft Reichtum.
- Eine Kommune will Stadt der Vielfalt sein. Dies müßte alte Menschen in *jeder* Hinsicht einschließen, nicht nur was Altenwohnen und Pflege angeht, also bei Menschen, die bereits aus dem Erwerbsleben ausgeschieden sind, dadurch ihr eigenes Vermögen und Steuern der Kommune aufzehren; es geht um mehr als „altenwürdiges Leben"; man kann alte Menschen als Aktivposten auch wirtschaftlich fördern und nutzen, von alleine passiert das nicht, aktive Bemühungen sind erforderlich.
- Alte Menschen haben Wertschöpfungspotential. Eine „Vielfaltskommune" kann dieses nutzen, zum Vorteil aller Beteiligten.
- Ein Vorhaben könnte der Kommune vielfältige Ideen und Inputs geben, alte Menschen als Träger der Wertschöpfung zu begreifen, das geht über ehrenamtliche Tätigkeit und dergleichen weit hinaus.

Fassen wir unsere Überlegungen zusammen. Wir sind in einem Strom der Evolution. Der normale, der leichte Weg, sich mit dem Strom treiben lassen. Nur wenige schwimmen gegen den Strom. Welches der richtige Weg, wissen wir nicht. Auch wenn wir einen solchen entdecken, wissen wir immer noch nicht, ob es der richtige war.

19 Sind alte Gesellschaften (potentiell) reiche Gesellschaften?

19.1 Positive Rückkopplung zwischen Alterung und wirtschaftlicher Entwicklung

Das schwierigste Kapitel haben wir uns bis zum Schluß aufgehoben. Die Frage des Kapitels ist ernst gemeint, angesichts der vorherrschenden Negativaussagen und entsprechend interpretierten Daten zur Auswirkung des demographischen Alterns auf die wirtschaftliche Dynamik. Die in diesem Kapitel aufgeführten Daten sind keine Beweise für unsere Überlegungen, sondern dienen uns und dem Leser lediglich dazu zu erkennen, ob die aufgestellten Behauptungen eine empirische Relevanz besitzen oder nicht. Wir kombinieren theoretische und empirische Erkenntnisse teils spekulativen Charakters. Im Kern haben wir diese Überlegungen vor über zehn Jahren bereits erarbeitet und in Teilen ins Netz gestellt. Wer mehr in dieser Richtung lesen will, gehe bitte auf die Website e-Transfer Corner.[421] Die Literatur wurde nicht immer aktualisiert, theoretische und empirische Archäologie also. Die zentrale Frage dieses Kapitels wie unseres gesamten Textes: Fördert demographisches Altern/Altsein den Entwicklungsprozeß? Abgeschwächt: Das demographische Altern behindert nicht den Prozeß ökonomischer Entwicklung. Die Gegenhypothese hart formuliert: Demographische Alterung und Entwicklung sind positiv rückgekoppelt. Dabei ist immer zu beachten: Wir stehen in einer frühen Phase des Zusammenwirkens von Entwicklung (innovations- und evolutionsbasiert) und demographischem Altwerden. Daten hierzu sind nur spärlich verfügbar.[422]

Unsere Hauptthese: Werden Gesellschaften älter *und* gesünder, steigt ihr materieller und spiritueller Reichtum. *Wie* das möglich ist, skizzieren wir in diesem Kapitel, das meiste haben wir in den vorangehenden jedoch bereits angesprochen. Älter *und* gesünder: ein Widerspruch? Ja und Nein. Der Blick auf die Empirie gibt keine zweifelsfreie Auskunft. Die Theorien, mit denen wir unsere Fakten „erfinden" und interpretieren, genauso wenig.

Wir geben einen Überblick zu unseren Vermutungen bezüglich wirtschaftlicher Entwicklung, Evolution und Altern. Unsere theoretische Sichtweise ist somit die ökonomische Entwicklungs- und Evolutionstheorie. Diese unterscheiden wir von dem Allokations- und Wachstumsansatz (Inputlogik). Beide Ansätze schließen sich nicht aus, sind vielmehr unterschiedliche Konstruktionen einer wirtschaftlichen Welt demographisch (nicht identisch mit: biologisch) alternder Gesellschaften. Auch wirtschafts- und gesellschaftspolitisch gibt es zwar Gegensätze, aber solche eher dialektischer Natur.

Der lebenszyklische Prozeß des Alterns [423] ist vielfältig evolutorisch beeinflußbar, wie die früheren Kapitel aufzeigen konnten. Auch die biologische Ausstattung des Menschen ist heute medizinisch-unternehmerisch keine Konstante mehr. Lebenserwartung und Lebensspanne scheinen keine Grenze nach oben zu haben. Die Erhöhung der Lebensspanne von Menschen ersetzt zunehmend Bevölkerungswachstum, Qualität die Quantität, eine qualitative Evolution. Eine sinkende Sterberate bzw. ein zeitliches Hinausschieben des Todes erlaubt und fördert eine steigende Evolutionsrate – biologisch,

---

[421] http://etc.online.uni-marburg.de/

[422] Es gibt sicherlich mehr, als wir anführen oder im vorangehenden Text überhaupt berücksichtigt haben. Da wir selbst in Olderpreneurship engagiert sind, fehlen uns leider Zeit und Resourcen (auch für Mitarbeiter), diese Daten und die relevante Literatur zu erschließen.

[423] Altern wird vielfältig definiert. Wichtig in unserem Zusammenhang ist die Unterscheidung zwischen biologischem Altern (Verlust an Redundanz) und chronologischem Altern. Nach den hier vorgestellten Überlegungen ist ein zunehmendes Auseinanderfallen zwischen beiden zu erwarten.

psychisch, kulturell. Auch Altwerden mit zunehmender Gesundheit ist nicht ausgeschlossen.[424] Das Altern läßt neue Märkte entstehen, teilweise mit den Eigenschaften von Silbergütern (15. & 16. & 17. Kapitel). Innovation und Evolution sind durch positive Rückkopplungen verbunden (Abbildung 62). Zwischen beiden ist ein Anstieg der Lebensspanne und Gesundheitsspanne eingelagert, die zwar schon lange läuft, jedoch erst in den frühen Phasen angelangt ist.

Was Laozi im Daodejing sagt, trifft den Kern unserer Argumentation:[425]

„Eine Reise von tausend Meilen beginnt mit einem ersten Schritt."

(Backofen/Laotse, 64)

„Plane Schwieriges im Ausgang von dem, was daran leicht ist. Bewirke Großes von dem aus, was daran winzig ist. Alle schwierigen Unternehmungen müssen vom Leichten aus gemacht werden. Alle großen Unternehmungen müssen vom Winzigen aus gemacht werden."

(Geldsetzer/Laozi, 63).

Wenn etwas winzig ist, ist es leicht aufzubrechen. *Man handelt, wenn etwas noch nicht vorhanden ist.* (D.C. Lau: Deal with a thing while it still nothing.) Ein Baum, den man mit beiden Armen umfaßt, wächst [aus etwas, nicht größer als die] Spitze eines Haares. Ein Weg von Tausend Meilen beginnt unter den Füßen (Wing-Tsit Chan: The journey of a thousand *li* [ein *li* ist ungefähr ein Drittel einer Meile] starts from where one stands). Wer handelt, zerstört es (das Sein). Wer festhält, verliert es. Deshalb sind Menschen des Einklangs ohne ein Handeln [*weiwuwei*], daher gibt es nichts Zerstörtes.

(Laozi: Kapitel 64, Übersetzung und Einschübe von Gerstner, 2001; unsere Hervorhebung).

Abbildung 62: Kopplung von Innovation und Evolution

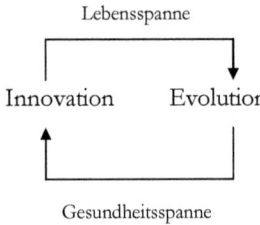

---

[424] Bei der Unterscheidung von Lebenserwartung und Lebensspanne verwenden wir folgende Definitionen (http://en.wikipedia.org/wiki/Life_span). Lifespan of an individual is the period or length of time in which they lived. "Life span" is the period from the conception to the death of an individual. More generally, life span can mean: Life expectancy, the average life span expected of a group; maximum life span, the maximum life span observed in a group (or individual); longevity the average life span expected under ideal conditions. Auch jüngere Veröffentlichungen folgen dieser Unterscheidung. Eine dritte Unterscheidung steht im Mittelpunkt unserer Überlegungen, die Gesundheitsspanne: die Zeitspanne im Leben eines Menschen ohne Behinderungen und ernsthafte Erkrankungen, also die Zeitspanne, in der es gelingt, eine Kompression der Mortalität zu verwirklichen. Diese Unterscheidungen werden durchgängig in der Alternsbiologie/medizin verwendet.

[425] Siehe ausführlicher zu einer daoistischen Grundlegung von Entwicklungs- und Evolutionsdynamik Röpke & Xia (2007).

Die demografisch älteste Gesellschaft ist die japanische. Möglicherweise hat Japan daher Vorbildcharakter. Ob es demographisch so kommt, wie in den folgenden Abbildungen dargestellt, wissen wir nicht. Nehmen wir an, es kommt so. Wie wirkt dann der Alternsprozess auf die wirtschaftliche Entwicklung? Je nach der aufgesetzten theoretischen Brille sehen wir Anderes.[426] Eine objektive Realität existiert nur für Besserwisser, Experten und Dogmatiker. Wir setzen die Brille der Entwicklungstheorie (Alt- und Neo-Schumpeterianer) und kompetenzorientierter Evolutionstheorie auf. Was der Leser dann sieht, mag ihn, angesichts der vorherrschenden Sichtweisen zu diesen Fragen, überraschen.

Abbildung 63: 150 Jahre demographischer Wandel in Japan

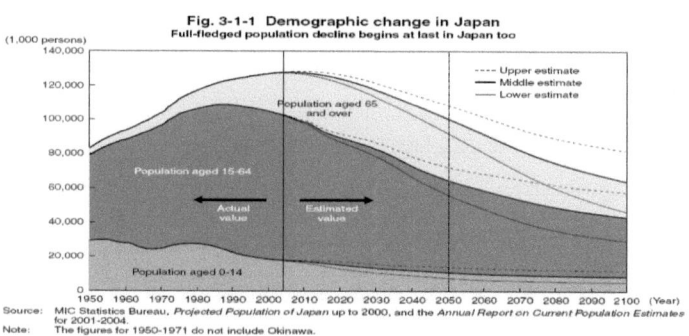

Quelle: White Paper JSBGRI, 2006

Bereits im Jahr 2007 leben in Japan 32 000 Hundertjährige. 2015 waren es 61 000. Ein Japaner aus fünf ist älter als 65, eine Zahl, die sich bis 2050 verdoppeln könnte. Die Japanerinnen halten den Lebensalterrekord mit einer durchschnittlichen Lebenserwartung von 87.05 Jahren. Im Jahr 2015 wurden sie von Hong Kong übertroffen. Pro 100 000 Einwohner sind in Japan 48 hundert Jahre oder älter, in Deutschland 21. Die männlichen Japaner leben im Durchschnitt 81 Jahre, übertroffen nur von den Isländern mit 83,6 Jahren. Der älteste Mensch ist gleichfalls ein Japaner. Am 17. September 2007 feierte er seinen 112. Geburtstag. Die Bevölkerungszahl Japans soll bis zum Jahr 2050 auf 90 Millionen zurückgehen, gegenüber heute eine Verringerung von 30 Prozent (Quelle unter anderem https://en.wikipedia.org/wiki/Centenarian; Japanisches Health, Labor and Welfare Ministry).

---

[426] Wir folgen in unseren Überlegungen einer „konstruktivistischen" Sichtweise. Die Kritik an dieser ist für unsere Überlegungen peripher.

Abbildung 64: Armes oder reiches Japan?

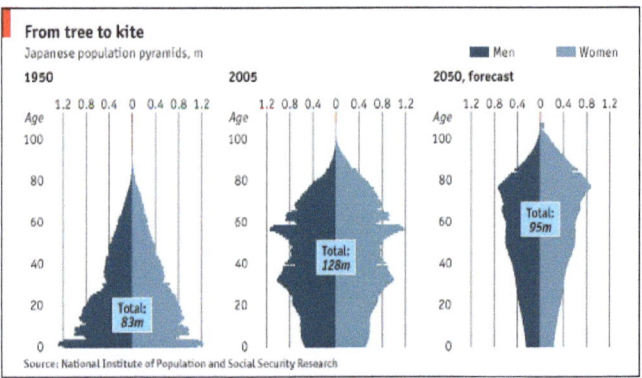

Quelle: The Economist, 5. Januar 2007: The downturn.

Warum Niedergang? Herrschende Meinung. Das Altwerden der Gesellschaft ist eine ökonomische Krankheit. Mediziner lehnen Altern als Krankheit zu verstehen bis heute weitgehend ab.

Die Abbildungen zeigen ein Japan, das alles andere als ökonomisch gesund aussieht. Die „natürliche" Bevölkerungspyramide ist auf den Kopf gestellt, die Bevölkerung schrumpft, mit ihr die Arbeiterklasse, die abhängig Beschäftigten, inklusive Fachkräfte, wie sie in Deutschland genannt werden, die Gemeinschaft der Senioren wächst überproportional (absolut, zunächst; anteilsmäßig ohnehin), die Finanzierung des Sozialsystems, obwohl stärker auf Individualkomponenten bauend als in den europäischen Wohlfahrtsstaaten, ist angeschlagen. „…an outdated system" (Economist, 2007a) – Grund für Wachstumspessimismus, die vorherrschende Konstruktion der Folgen demographischen Wandels auch in Japan. In Japan steigt die Zahl von Menschen im Alter von 65 und höher von 34 Mio (2015) auf 39 Mio (2055), ihr relativer Anteil an der Gesamtbevölkerung von 26% (2015) auf 37% (2055).[427] Japans Schicksal, in Deutschland nicht verschieden, Nullwachstum, falls die Senioren nicht arbeiten wollen oder dürfen oder können.

Japans Schicksal: Nullwachstum

„Das schnelle Sinken der total fertility rate und das Altern der Gesellschaft führt zuerst zu einem Sinken der arbeitenden Bevölkerung ... und im Jahr 2050 wird (diese) auf 44.5 Millionen geschrumpft sein, 70 Prozent des Niveaus des Jahres 2005. Die Investitionsrate wird gleichfalls [demographiebedingt] fallen. Auch wenn wir annehmen, daß die totale Faktorproduktivität auf dem Niveau der USA ist, fällt die Wachstumsrate der japanischen Wirtschaft in den 2040er Jahren auf Null" (Komine u.a. 2007, S. 25).

Die Lage verschlimmernd kommt hinzu, wenn eine Gesellschaft wie die japanische sich weigert, den inputlogischen Weg einzuschlagen: Zuwanderung, die Aufmischung der einheimischen Bevölkerung durch

---

[427] Ermittelt aus Daten des japanischen Statistics Bureau, Statistical Yearbook.

Menschen mit „Migrationshintergrund". Die japanische Gesellschaft weist bis heute zurück, dies zu tun, und Mitglieder der politischen Klasse, die solches unter dem Druck von Industrie und ausländischen Investoren fordern, werden an der Wahlurne abgestraft. Auch in Japan existiert Angst, eine Angst resultierend aus einem Zusammenwirken von Bevölkerungsgruppen unterschiedlicher memetischer oder „kulturgenetischer" (Wilson, 2013) Ausstattung, wie wir sie bei Zuwanderungen oftmals beobachten können.

Ein viel grundsätzlicheres Problem, welches unsere Überlegungen hinfällig machen könnte: Die Menschen, und es sind nicht wenige, wollen überhaupt nicht länger leben. Die mehrfach angesprochenen „Visionäre" (De Grey, Kurzweil, Thiel, Fight Aging) bezeichnen sie als „deathists" und todesgläubige Lebensverweigerer. Auch Angst vor dem Tithonus-Schicksal. Ein ewiges Leben mit Krankheit.[428] Sie lehnen aus verschiedenen Gründen, sämtliche ausführlichst diskutiert und deswegen hier auch nicht anführensnotwendig, eine Ausweitung der Lebensspanne, gar eine Verjüngung, ab.[429] Sie wollen es nicht – irrationalerweise, sagt Aubrey de Grey.[430] (ausführlich de Grey & Ray, 2010). Uns interessiert von diesen ethisch-moralischen, lebenspraktischen und psychologischen Argumenten nur einige wirklich: Unsinn, Utopie, funktioniert nicht, zu teuer. Wir zeigen hier und anderswo: Die wissenschaftliche Grundlage ist in einer Phase intensiver Exploration; und weiter, ökonomisch-abstrakt betrachtet: Eine Ausweitung der gesunden Lebensspanne erzeugt einen steigenden Wohlstand. De Grey meint zur Wissenschaft: Bioverjüngsansätze sind verfügbar oder in Entwicklung, der Zeithorizont, die Zukunftsperspektive der Forscher ist jedoch bescheiden ausgeprägt: „Rejuvenation Biotechnology: The Industry Emerges, but Short-Termism Looms" (De Grey, 2016).

Und all dies – die Überalterung in einem dramatischen Ausmaß - soll Innovation und Evolution auch noch beschleunigen und Wohlstand fördern? Wie man in den Wald hineinruft, so schallt es heraus. Wirklichkeit ist immer eine (theoretisch usw.) konstruierte. Das gilt auch für den Zusammenhang zwischen Demografie und Entwicklung. Jeder Experte kennt nur seine Welt. George Orwell, der einen Staat beschreibt, den wir gegenwärtig emergieren lassen:

---

[428] „Viele Menschen begehen den ‚Tithonus-Fehler', wenn sie an Lebensverlängerung ... die düsteren Jahre des Abbaus und der Krankheit ... denken." (De Grey & Ray, 2010, S. 16)

[429] Was sie nicht daran hindert, der sog. Solidargemeinschaft der Krankenversicherung mit dem Alter zunehmende Reparaturkosten für den (vergeblichen Erhalt) ihrer Körpermaschinen in Rechnung zu stellen.

[430] Aubrey de Grey merkt in seinem Buch, geschrieben mit Michael Ray (2010, S. 18f.), dazu an: "Es gibt einen ganz einfachen Grund, warum die Menschen das Altern so sehr verteidigen – ein mittlerweile hinfälliger Grund, der aber bis vor kurzem absolut vernünftig war. Bis vor kurzem hatte niemand eine schlüssige Vorstellung von der Bekämpfung des Alterns, sodass es praktisch unausweislich war. Und wenn jemand mit einem so grauenvollen Schicksal wie dem Altern konfroniert ist, gegen das man absolut nichts unternehmen kann, weder für sich noch für andere, ergibt es in psychologischer Hinsicht absolut Sinn, sich nicht damit zu beschäftigen – sozusagen damit Frieden zu schließen - anstatt sein kurzes, miserables Leben lang daran zu denken. Man zahlt nur einen geringen Preis, um diesen Geisteszustand aurechtzuerhalten, denn man muß angesichts des Themas bloß allen Anschein von Rationalität aufgeben – und verfällt unvermeidlich in peinlich unvernünftige konservationelle Taktiken, um diese Irrationalität zu unterstützen."

Randall Parker führt in Future Pundit führt weitere Argumente gegen eine Pro-Alterns-Haltung an. In Röpke (2015) sind wir ausführlicher auf diese Sichtweisen eingegangen. Man kann nun zweifelsohne, wie de Grey argumentiert, rational irrational sein, und irrational rational. Im zweiten Fall, wenn die Chancen, den Alternsprozeß zu verlangsamen oder hinauszuschieben, nahezu null sind (Frage der Machbarkeit), im ersten Fall, wenn es Sinn macht, mit dem Tod seinen Frieden zu schließen, trotz des vielen Leidens, die er, lange vor seinem Eintritt, mit sich bringt (Frage der Wünschbarkeit). Wie der Leser erkennt, ist der Autor nur in Grenzen mit De Greys Sichweise in Harmonie. De Grey ist wissenschaftlicher Unternehmer. Er hält seine Interventionen, einleuchtend und durchgesetzt in der Methusalem Foundation, für die besten. Selbst machen kann man daher wenig. Kalorieneinschränkung etwa lehnt er ab. In der von ihm herausgegebenen Zeitschrift Rejuvenation Research kommen allerdings auch andere Standpunkte zur Diskussion.

"To see what is in front of one's nose needs a constant struggle." - George Orwell[431]

Krankheit bzw. Gesundheit ist ein, wenn nicht *der* Treiber von Innovations- und Evolutionsdynamik in demographisch alternden Gesellschaften, falls es gelingt, Demographie von Biologie zu entkoppeln. Krankheiten sind an Altern gekoppelt. Wenn Altern als Krankheit anerkannt ist, wird sich dieser Prozeß beschleunigen, nach de Grey und anderen könnte er in Unsterblichkeit münden. Die Lebenserwartung, gemessen von der Geburt, hat sich in Japan von 50 Jahren (Frauen 54 Jahre) im Jahr 1947 auf 81 Jahre (87) im Jahr 2015 erhöht. Beschleunigt, verlangsamt oder stagniert dieser Prozeß? Die Ursachen dieser Entwicklung bleiben kontrovers. Wir sehen sie, abstrakt, als Folge des Zusammenwirkens von innovativen und evolutorischen Prozessen. Letztere schließen Selbsttunvorgänge der Prävention und Lebensstilgestaltung ein, sind also selbstunternehmerische Aktionsparameter. Es existiert eine Gesundheitsindustrie (einschließlich Pflege) und es gibt Menschen, die auch im Alter erwerbstätig bleiben (wollen, zunehmend müssen), was nur möglich ist, wenn ihre Körper ein solches auch zulassen. Ein solches kann gelingen, wenn die energetische (unternehmerische) Ebene des Körpergeschehens aktiviert ist oder wird. Todesmanagement weicht Lebensmanagement.

Mit einer Zunahme des demographischen Alterns werden somit innovative und evolutive Chancen geschaffen, welche einer (theoretisch anders hergeleiteten) Wachstumsschwäche der Wirtschaft entgegenwirken. Wir können somit von einem dreifachen Unternehmertum ausgehen: Die zuständigen Firmen, Institutionen, Forschungsinstitute erzeugen Produkte, welche die Lebens- und Gesundheitsspanne verlängern; eine zunehmende Zahl alter Menschen initiiert und implementiert unternehmerische Vorhaben, welche Wertschöpfung direkt oder indirekt (als Forscher, Ehrenamtliche bis hin zu Großeltern; 17. Kapitel) erzeugen. Drittens erkennen Menschen mit zunehmendem Alter, daß sie auch selbst Erzeuger von Krankheiten sind, widmen daher vermehrt unternehmerische Energie ihrer Prävention, manche auch in der Hoffnung, das Altern an sich ließe sich in näherer Zukunft therapeutisch meistern (Altern als Krankheit).

Wie ist das möglich? Altern schafft Anreize für die Produktion von Innovations- und Evolutionsgütern. Gesundheit bei steigender Lebensspanne sehen wir als ein von medizinischer Innovation und Kompetenzentfaltung getragenes Gut. Zur Jahrhundertmitte könnten Gesundheitsgüter bis zu einem Drittel der volkswirtschaftlichen Wertschöpfung beitragen, eine Verdreifachung gegenüber heute. Die steigende Lebenserwartung und Lebensspanne der Menschen ist hochgradig von medizinischer Innovation getragen. Auch wenn Menschen altern, kalendarisch, ist solches nicht gleichzusetzen mit biologischem Altwerden.[432] Zweifellos - viele und immer mehr Märkte in alten Gesellschaften schrumpfen,

---

[431] Eine weiteres relevantes Zitat von Orwell: "At any given moment there is an orthodoxy, a body of ideas of which it is assumed that all right-thinking people will accept without question. It is not exactly forbidden to say this, that or the other, but it is "not done" to say it... Anyone who challenges the prevailing orthodoxy finds himself silenced with surprising effectiveness. A genuinely unfashionable opinion is almost never given a fair hearing, either in the popular press or in the high-brow periodicals". -- George Orwell, 1945, Introduction to 'Animal Farm.'

[432] Selten wir hier systematisch unterschieden. Alter hat eine biologische und chronologische Komponente. Man kann das Alter eines Menschen nach seinem Geburtsjahr bestimmen (Kalenderalter) oder nach seiner biologischen Fitneß. Sie fallen zunehmend auseinander. Jedermann kann sich davon überzeugen, der sich einer Vorsorgeuntersuchung unterwirft. Siebzig Jahre alt, das biologische (nicht nur das „gefühlte") Alter 50 Jahre. Viele Biomarker lassen sich heranziehen, etwa (für Männer) die Testosteron-Konzentration. Menschen werden nicht automatisch alt, wenn sie 60, 65, usw. sind. Bergheim (2006, S. 4) nennt solches eine „statische Definition". Biologisch: ein Mensch ist alt, schreibt Bergheim, „when age-related physical and mental disabilities considerably impair day-to-day life". Das läßt immer noch offen, was „altersbezogen" ist. Hiermit verknüpft ist die Frage, ob Altern als „Krankheit" zu betrachten ist, eine auch ethisch grundlegende Aussage, die von Lebensverlängerern wie Aubrey de Grey und Ray Kurzweil vehement vertreten wird und ihren publizistischen Niederschlag im Weblog *Fight Aging* findet. Kurzweil sagt: nach dem Geburtsjahr bin ich 56 Jahre alt, biologisch 15 Jahre jünger (O'Keefe, 2007).

schon heute. Wenn Auslandskonkurrenz heimischen Produzenten in Alt-Kondratieffs zusetzt, beschleunigt sich der Niedergang. Regionen veröden, auch ganze Städte im Norden und mittleren Westen der USA. Die Marktsignale sind in der Regel erst ex-post eindeutig. Ganze Industrien verschwinden, Schritt für Schritt, vor den Augen des Managements, ohne daß dieses solches strategisch reflektiert. [433] Stagnierende Märkte und Regionen somit. Die japanische Automobilindustrie verkauft seit Jahren immer weniger PKWs in Japan, und die Automobile, die sie in Japan absetzt, werden immer kleiner (bereits Debus, 2007).[434] Selbstfahrende Automobile könnten die Mobilitätsbranche länger in einem dynamischen Fahrwasser halten, da insbesondere alte Menschen daraus Nutzen ziehen werden, wenn sie nicht ethisch und normativ daran gehindert werden. Das gleiche gilt für „weiße Güter" wie Waschmaschinen und Geschirrspüler, für den Immobilienmarkt usf. Werden aber auch weniger Roboter verkauft, weniger Nintendokonsolen, weniger Heimpflegedienste, weniger Demenzpräparate, Silbergüter allgemein, generell, weniger Güter, welche die ganzheitliche Gesundheit von Menschen fördern? Wir illustrieren am Beispiel der japanischen Firma Nintendo, erneut durch Pokemon (auf welches wir aber nicht ausführlich eingehen. eingehen in das öffentliche Interesse gerückt). Pokemon Go können alle Altersjahrgänge spielen, auch alte Menschen. Es kann zu mehr Bewegung motivieren und sogar den Blutdruck senken (Newman, 2016).[435]

Uns interessiert, was sich vorher abgespielt hat, um zu zeigen, wie neue Märkte entstehen und sich ausbreiten können, Laozi erneut anführend: Eine Reise von tausend Meilen.

Auch innerhalb Nintendos hat es Diskussionen gegeben, als wir gesagt haben: Wir machen Spiele für Menschen von fünf bis 95. Da können Sie Marktforschung machen, so viel Sie wollen: Ob es klappt, sehen Sie erst, wenn Sie es gemacht haben. Außerdem: Von 2002 bis 2004 haben wir ja nur Marktanteile verloren – da glaubt Ihnen doch keiner, dass gerade Sie jetzt die irre gute Idee haben. Drei Jahre lang haben wir gepredigt, aber niemand hat uns geglaubt. Also mussten wir es vormachen. Jetzt springen immer mehr auf den Zug auf. Nintendogs (Anm.: eine virtuelle Hundezucht), Braintraining (Anm.: Fitnesstraining fürs Gehirn, Gedächtnistraining) oder Wii Sports (Anm.: Sportarten wie Bowling oder Tennis, wobei die Bewegungen mit „Kugel" oder

---

[433] Beispiel ist die US-Automobilindustrie, deren Marktanteil unter 50 Prozent gesunken ist. Neue Produkte ausländischer Konkurrenten – billiger und/oder besser, Beispiel Prius von Toyota -, im Inland produziert oder importiert, verschieben den Marktanteil in einem insgesamt stagnierenden Markt (Parapundit, 1. August 2007: US car makers below 50 % share). Der japanische und europäische PKW-Markt schrumpft oder stagniert ebenfalls. Zu vermerken ist, daß sich der Automobilabsatz in reifen Industrieländern immer stärker auf ältere Abnehmer ausweitet. Mutiert das Automobil in ein Silberprodukt, die Automobilbranche in einen Silbermarkt? Das CAR-Center Automotive Research der Uni Duisburg-Essen gibt detaillierte Daten und Einblicke. Könnten Innovationen wie selbstfahrende, robotergelenkte und von Elektrizität getriebene Automobile diesen Trend umkehren?

Hersteller versuchen Umsatzwachstum durch technologische Hochrüstung auszugleichen - eine nur auf kurze Sicht erfolgreiche Strategie, da zunehmend mehr Menschen nicht mehr über die Kaufkraft verfügen, teuere Automobile zu erwerben. „Billigautos", Selbstkannibalisierung, ist für das Management tabuisiert. Wie das Beispiel Volkswagen zeigt, versuchen die Hersteller die rückläufe Absatzdynamik durch Kosteneinsparungen in allen Bereichen (jenseits der gewerkschaftlich kontrollierten Entlohnung) aufzufangen. Auch die Zulieferer sind in den Kostendruck eingebunden. In auslaufenden langen Wellen schwierig zu vermeiden.

[434] Der schrumpfende Markt ist nicht nur dem demographischen Wandel geschuldet (schrumpfende Bevölkerung) geschuldet. Nur ein Viertel der Japaner zwischen 20 und 30 Jahren wünscht sich ein Auto (Mayer-Kuckuk, 2007). Die Motive sind vielfältig: Umwelt, Straßenverhältnisse, Steuern; wir vermuten aber auch: Abkehr von Habenbedürfnissen (Röpke & Xia, 2007, 8. Kapitel).

[435] Der Text ist in englischer Sprache aber leichter zu verstehen als die deutschen Interpretationen, die wir gelesen haben. Fachchinesisch/japanisch. Vor allem der Gesundheitsbezug ist bemerkenswert.

„Schläger" in der Hand mitgemacht werden müssen) haben neue Zielgruppen erreicht. *Aber es geschah gegen alle Regeln der Branche.*[436]

Frage: Wie weit kann die Integration in die Familie gehen?

Wir wenden uns an alle Familienmitglieder und wollen speziell die Mütter und Großeltern ansprechen. Was wäre da geeigneter, als ein „Gesundheitspaket" zu schnüren? Da haben wir das „Balance Board" mit der eingebauten Waage entwickelt. Aber da nicht jeder sich immer wiegen und „gesunde Sachen" machen will, haben wir noch Spiele dazugepackt.

Frage: Apples iPhone und Google haben gezeigt, wie tief eine Integration von Hardware und Webservice gehen kann. Wie könnte so etwas für Nintendo aussehen?

Nur mal als Beispiel: Nehmen Sie Wii fit, wo die Familie den Fortschritt ihrer täglichen Übungen (Gewichtsabnahme, Body-Mass-Index) individuell abspeichern kann. Vielleicht wollen sie das irgendwann mal mit anderen Familien im Internet vergleichen oder mit anderen Diensten verknüpfen. Ein Unternehmen wie Google könnte die Online-Plattform sein, auf der diese Daten weiterverarbeitet und gespeichert werden (Handelsblatt, 30. Juli, 2007, Iwata, 2007).

„Der Verkauf von Nintendogeräten, nicht nur in Japan, übertraf alle Erwartungen. Nintendo gelingt es zum erstenmal, für Spielekonsolen neue Zielgruppen zu erschließen und den Videospielemarkt aus der Stagnation herauszuführen. Videospiele wie „Dr. Kawashimas Gehirnjogging" zielen nicht zuletzt auf alte Menschen"(Aussage von Pascal Schmidt, Senior Marketing Manager von Nintendo in Deutschland, im 2007).

Die Entwicklungsdynamik alternder Gesellschaften speist sich aus neun wechselseitig verbundenen Quellen:

(1) Der Rückgang der Bevölkerung verringert die Nachfrage nach bestimmten Gütern auch bei steigenden Pro-Kopf-Einkommen, d.h. Märkte schrumpfen wegen einer geringeren Anzahl Nachfragender (abnehmende Bevölkerung), Beispiel: abnehmender/stagnierender PKW-Absatz;[437]

(2) innerhalb gegebener Märkte mit basisinnovativem Charakter (etwa Automobil) erfolgt eine bislang vernachlässigte Umstellung der Produktion auf die speziellen Bedürfnisse älterer Menschen, eine Umschichtung der Nachfrage zwischen Altersklassen (der Altenmarkt wächst, Unternehmen versuchen, alten/seniorengerechte Produkte zu entwickeln, etwa im Bereich mobiler Kommunikation; siehe hierzu das Kapitel zu Silbergütern); mit anderen Worten: auch in alten Kondratieffs kann neues Leben durch

---

[436] Aber es funktioniert, wie auch wissenschaftliche Untersuchungen bestätigen: „Using Wii exergames does show promise as an intervention to improve physical function, cognition, and psychosocial outcomes in older adults. Evidence supports that Wii exergames is a safe and feasible tool to encourage older adults to engage in exercise." (Ying Yu Chao u.a., 2015).

[437] Die Peak-car-Vermutung speist sich auch aus anderen Ursachen: Auslaufen der Basisinnovation Automobil; stagnierende Kaufkraft bei steigenden PKW-Preisen, höherer Steuerlast, steigende Unterhalts- und Benzinkosten, Subventionierung öffentlicher Verkehrsmittel, nicht zuletzt: Fehleinschätzungen der Automobilkonzerne hinsichtlich der Bedürfnisse von Konsumenten. Die japanische Automobilindustrie verkauft seit Jahren immer weniger PKWs auf dem japanischen Markt; und die Personenwagen, die sie in Japan absetzt, werden immer kleiner. Der schrumpfende Markt ist nicht nur dem demographischen Wandel (schrumpfende Bevölkerung) geschuldet. Dies eröffnet andererseits Produzenten von Mikromobilen neue Absatzmärkte im Ausland – eine Diffusion von demographieadaptierten (hier auch ökologisch ausgerichteten) Produkten.

inkrementelle Neuerungen einziehen. Demographischer Wandel belohnt Innovatoren auch in insgesamt stagnierenden Märkten.

(3) die Ausweitung der Lebensspanne erhöht die Nachfrage nach Gesundheitsgütern, wie deren Produktion zu einer gesunden Lebensverlängerung beiträgt; [438]

(4) die Nachfrage nach Evolutionsgütern steigt überproportional, die nach Habengütern geht in reifen Industriegesellschaften tendenziell zurück, und nicht nur bei alten Menschen; [439]

Die japanische Automobilindustrie verkauft seit Jahren immer weniger PKWs in Japan, und die Automobile, die sie in Japan absetzt, werden immer kleiner. Der schrumpfende Markt ist nicht nur dem demographischen Wandel (schrumpfende Bevölkerung) geschuldet. Nur ein Viertel der Japaner zwischen 20 und 30 Jahren wünscht sich ein Auto (bereits Mayer-Kuckuk, 2007). Die Motive sind vielfältig: Umweltbelastung, Straßenverhältnisse, Steuern; neue Konkurrenten dem Muster des Mitfahrdienstes Uber folgend; wir vermuten aber auch: Abkehr von Habenbedürfnissen (Röpke & Xia, 2007, 8. Kapitel);

(5) die Menschen lernen aus Erfahrung und durch wissenschaftliche Erkenntnisse: Ruhestand (retirement) ist nicht gut für ihre Gesundheit; länger ökonomisch und sozial aktiv bleiben, weitet die Gesundheitsspanne aus, Morbidität und Behinderungen verschieben sich in ein höheres Alter, Einkommen und Vermögen können weiter zunehmen, Silber- einschließlich Gesundheitsgüter werden vermehrt und länger nachgefragt; ein längeres Leben erzeugt mehr Nachfrage und wird durch Gesundheitsgüter vorangetrieben. Diese Güter können alle vier Funktionen (Routine, Arbitrage, Innovation, Evolution) umfassen (siehe Abbildung 67).

(6) der Wellencharakter einer sich entwickelnden Wirtschaft (sei es eine kapitalistische, sozialistische, eine emerging economy wie China): Alte Basisinnovationen verlieren an wirtschaftlicher Energie; die wirtschaftlichen Meridiane verkalken innovativ-unternehmerisch; andererseits entstehen neue Kondratieffs; wir vermuten aber auch: Abkehr von Habenbedürfnissen (Röpke & Xia, 2007, 8. Kapitel);

(7) die Risikopräferenzen verändern sich. Einerseits sinkt die Zeitpräferenzrate, die Zeitperspektive für Lebensentwürfe und unternehmerische Vorhaben und ihre Weiterführung (etwa bei mittelständischen Unternehmen) weitet sich aus (siehe 6. Kapitel), damit auch die Erwerbsspanne; andererseits steigt mit zunehmender Lebens- und Gesundheitsspanne die Präferenz für risikoreichere Lebensentwürfe und Anlageformen, damit auch Unternehmertum in allen Funktionen.[440]

(8) Die Anreize länger erwerbstätig zu bleiben oder zu werden steigen. Eine als unzureichend empfundene Altersversorgung verstärkt diesen Trend. Aus dem subjektiven Wohlbefinden lassen sich wirtschaftliche

---

[438] Auch wenn wir in unserem Beitrag die Innovations- und Evolutionsdynamik in „Altenmärkten" in den Vordergrund rücken, ist gerade auf dem Markt für Gesundheitsgüter generell von einer Zunahme der Nachfrage für alle Altersgruppen auszugehen. Medizinische Neuerungen wie Produktentwicklungen mit Evolutionscharakter (siehe die obigen Anmerkungen zu Nintendo) befriedigen auch neue und bestehende Bedürfnisse vielfältiger Zielgruppen. Beispiele sind die Entwicklung von internet-basierten Lerntechnologien.

[439] Zur Unterscheidung von Überlebens-, Haben- und Evolutionsgütern siehe Röpke & Xia (2007, 8. Kapitel).

[440] Anzumerken ist die Nichtlinearität dieses „Trends". Wir können somit nicht sagen: Je älter desto ...In Japan erkennen wir deutlich die Herausbildung des in Punkt (6) angesprochenen Zusammenhangs. Beispielsweise steigt die Gründungsrate bei alten Menschen bei Erwartung einer höheren Lebensspanne (Haga, 2013). Des weiteren verlagert sich das Anlageverhalten in Portfolios höherer Risikoklassen. Dies sagt – Nichtlinearität – selbstverständlich nicht, daß kalendarisch alte Menschen eine höhere Risikoneigung als junge haben, es sagt (siehe auch spätere Anmerkungen im Text): das Risikoverhalten verändert sich im Alter nicht-linear, im übrigen im Gegensatz zu bisherigen wissenschaftlichen Vermutungen, die staatlichen Entwürfen der Altersvorsorge zugrunde liegen und auch die Produktentwicklung der Investmentbranche prägen.

Faktoren nicht ausklammern. In den USA ist dieser Trend deutlich zu erkennen, weil in diesem Land die finanzielle Versorgung im Alter, wie sie in westeuropäischen Ländern üblich ist, nur eingeschränkt verfügbar ist. Insbesondere Kommunen und Länderstaaten (states) haben ernsthafte Probleme, die versprochenen Ruhegelder einschließlich Krankenversicherungen ihrer Mitarbeiter auch zu bezahlen (Pozen, 2016; Bullock, 2016)[441]. Aber auch andere Institutionen einschließlich Unternehmen sehen sich in Schwierigkeiten, ihre Ruheständler zu alimentieren. [442] Dies erklärt auch den hohen Anteil an Unternehmensgründungen von älteren Menschen in den USA (siehe Kauffman Foundation). Die Rentendiskussion in Europa und Fragen der Altersarmut werden vergleichbare Entwicklungen auslösen.

(9) Demographisch alternde Gesellschaften mutieren nicht im Rückwartsgang der Evolution. Sie steigern, wenn ihre Elemente, die kommunizierenden Individuen, die auch mit ihren Körpern in ständigem Austausch stehen, ihre Individuen also selbstevolutorisch tätig sind, die Komplexität oder Vielfalt der Gesellschaft und sind daher Produzenten reichhaltigerer evolutorischer Muster.

Die oben genannten Aspekte können den Trends auf eine abnehmende Gründungsbereitschaft bei jüngeren Menschen entgegenwirken, somit die Entwicklungsdynamik fördern.

Abbildung 65: Monitoring von Aktieninvestments in China

Quelle: China Daily, 26. Oktober, 2007 (http://www.chinadaily.com.cn/china/2007-10/25/content_6207143.htm.)

Der Fokus unserer Überlegungen liegt auf dem fünften Punkt: der Entstehung neuer langer Wellen oder Basisinnovationen in alternden Gesellschaften.

Entfernen wir – gedanklich – medizinische oder gesundheitliche Innovationen, einschließlich selbstverwirklichter Prävention (etwa Teilzeitfasten oder Bewegungsaktivitäten), seien sie inkrementell oder radikal-disruptiv, aus unseren Überlegungen. Beispiel Demenz (für andere Krankheitsbilder – Krebs, Herz/Schlaganfall, Diabetes usf. - gilt Vergleichbares). Bis zum Jahr 2040, prognostiziert die Wissenschaft,

---

[441] Die Kommunen und Teilstaaten in den USA finanzieren die Gelder für Pensionen in Wertpapiere einschließlich Hedgefonds. Die niedrigen Zinsen machen ihnen wie Individuen Ertragsprobleme. Die nicht-gedeckten Verpflichtungen werden von Forschern auf 5000 bis 6000 Mrd. Dollar geschätzt. Für unsere Überlegungen unmittelbar relevant: Die unsicheren Zukunftseinkommen im Alter machen längeres Arbeiten und Selbständigkeit für ältere Personen interessant. Hieraus resultieren auch Unterschiede zum Arbeiten im Alter im Vergleich zu Europa mit seinen umlagefinanzierten Renten- und Versicherungssystemen für Krankheiten.

[442] Der Zyniker antwortet: selber schuld. Die von (potentiellen) Ruheständlern im Beamtenapparat erzeugten Vorschriften für (selbständiges) Tätigbleiben und Gründungen von Unternehmen (Fleming, 2016) trifft nun auch deren Verursacher.

steigt die Anzahl Demenzkranker um das Dreifache, auf 81 Millionen Menschen weltweit.[443] Wir können sie ihrem Schicksal überlassen, wir können sie mit den bekannten Methoden behandeln, was viel Geld kostet und wenig bringt. Bislang existieren keine wirksamen Therapien – außer Vorbeugen (Ernährung, körperliche Aktivität) und Naturmedizin.

Wir können sie auch Pflegediensten überantworten und damit, wenn wir die gegenwärtige Praxis fortschrieben, ihnen das verweigern, was wir anderswo einklagen: Menschenrechte. Wir können Menschen mit 60 oder 65 in den Ruhestand entlassen, damit Humankapital vernichten und kognitive Armut und Altersverwirrtheit fördern. Wir könnten aber auch versuchen, neue Behandlungsmethoden zu entwickeln, Methoden also, die bisher noch nicht existieren bzw. in der Praxis noch nicht angewendet sind – und Menschen das Recht und Arbeitgeber den Anreiz geben, als Mitarbeiter länger arbeiten zu können. Faktisch wird sich eine Kombination aller genannten gesundheitspolitischen Alternativen durchsetzen. Das heißt aber auch: Auf die Innovationsdividende zu verzichten käme medizinisch bzw. gesundheitsökonomisch einer Gesellschaft teuer zu stehen.

Wenn eine Gesellschaft demgegenüber ihren Gesundheitssektor neukombiniert und zu selbstevolutivem Tun anregt, ereignet sich ein Mehrfaches:

(1) Neues Wissen und neue Behandlungsmethoden entstehen.

(2) Eine wirksamere Bekämpfung (Behandlung und/oder Heilung) von Krankheiten, vielleicht, aber nicht notwendig verbunden mit einer Senkung der Behandlungskosten, diffundiert in der Gesellschaft.

(3) Neue Wertschöpfungsströme emergieren. Die Innovation erzeugt die Werte, welche die Behandlung kranker Menschen wirtschaftlich tragbar macht. Und bereits Jahre vor der Durchsetzung der Neukombination entstehen „Zukunftswerte" (Schumpeter, 1911), welche Wohlstand erzeugen – während Vergangenheitskombinationen, welche Wohlstand vielleicht, im günstigen Fall, zu erhalten vermögen, ihre Entwicklungsdynamik jedoch einbüßen.[444] Im Vergleich zur Situation Nicht-Innovation stellt sich die

---

[443] Future Pundit, bereits am 17. Dezember 2005: Total world dementia seen tripling by 2040. Der Bericht bezieht sich auf eine Veröffentlichung in der britischen Medizinzeitschrift The Lancet. Wir fügen bewußt eine ältere Quelle an um aufzuzeigen, daß Informationen seit langer Zeit verfügbar sind. Jüngere Daten haben wir oben im Text aufgeführt.

[444] Einen Hinweis darauf bietet die Marktkapitalisierung von Unternehmen der Bio- und Nanotechnologie, teilweise in mehrfachen Milliardenbereichen – obwohl sie noch keine Gewinne erzielen und wenig verkaufen. Die Monetarisierung von Zukunftswerten zeigt sich primär in neuen Unternehmen, zum einen, weil sie radikaler operieren, zum anderen, weil die zukünftigen Wertschöpfungsströme nicht durch bestehende Produktlinien quermonetarisiert sind. Neue Unternehmen sind für Schumpeter (1911/2006, S. 170) eine „Verkörperung von Zukunftswerten, ... (als) die Schatten kommender Ereignisse, die Vorboten der unmittelbaren wirtschaftlichen Zukunft" (Schumpeter, 1911/2006, S. 170). Arbeitsplatz- und Wertschöpfungsentwicklung zeigen uns Ähnliches wie die Marktkapitalisierung. Google (Alphabet), 5. und 6. Kondratieff, expandiert, stellt ein, hat eine junge Belegschaft, Gewinne explodieren, Marktkapitalisierung gleichfalls. Die Anzahl der Beschäftigten hat sich in vier Jahren versiebenfacht. Man vergleiche mit Eisenbahngesellschaften oder Automobilfirmen. General Motors, vierter Kondratieff, Umsatz stagnierte, Marktbeherrschaft rückläufig, Marktkapitalisierung rückläufig, im Jahr 2005 rund 10,4 Mrd. Verlust, 2. Mrd. $ im Jahr 2006. Dann der Altersschock: Anzahl der Arbeiter 354577 im Jahr 1964, 36381 im Ruhestand; 2006: 80 758 Arbeiter, 357 00 im Ruhestand (Cypel, 2007). Nach Überschreiten des Konjunktureinbruchs 2008ff hat die Automobilbranche in den USA neue Absatzrekorde erzielt. Amerika scheint ein Sonderfall. Die Automobilindustrie versucht, durch neue Technologien (Elektro, künstliche Intelligenz, Roboter) den Absatz zu fördern, interessanterweise vor Neueinsteigern in die Automobilindustrie und Subventionierung vorangetrieben. General Motors konnte seit 2010 seine Mitarbeiterzahl in den USA weitgehend konstant halten (davor massiver Stellenabbau), die von Tesla haben haben sich seit der Gründung des Unternehmens um 27mal gesteigert.

Gesellschaft – auch wenn die Behandlungskosten steigen sollten – ökonomisch dennoch besser [445](Münchhausenwirkung gekoppelt an ein innovationslogisches Saysches Theorem).[446]

(4) Alte Menschen leben nicht nur länger gesund. Die Entwicklung neuer Behandlungsmethoden führt wahrscheinlich dazu, daß die Menschen biologisch weniger rasch altern, der Alternsprozeß aufgehalten wird, sogar eine biologische Verjüngung sich nicht ausschließen lässt. Mit dem Alter steigt *ceteris paribus* der Schaden, den sich Menschen ihrer Gesundheit zufügen. Der Reparaturbedarf steigt. Die Kernüberlegung somit: Altern fördert Innovation und Selbstevolution, die Schlüsselfunktionen für Wohlstand und eine gesunde Lebensspanne. Beispiel Roboter helfen alten Menschen und ihren Betreuern in der Pflege (Masui, 2016; Aza Wee Sile, 2016). Immer vorausgesetzt: Alte Menschen werden nicht diskriminiert, deren Folge Innovations- und Evolutionsschwäche wäre.

(5) Die Nachfrage nach Gesundheitsleistungen steigt mit dem Altern. Nachfrage erzeugt Angebote an Routine- und Innovationsleistungen. Die Verlängerung des Lebens erzeugt eine überproportionale Nachfrage nach Gesundheitsgütern. Wenn Gesundheit ein superiores Gut ist,[447] bewirkt eine Ausweitung der Lebensspanne einen weiteren Nachfrageschub (weitere auch quantitative Hinweise enthält das Kapitel zum Silbermarkt).

6) Die inputlogischen Grenzen des Wachstums in alten Gesellschaften werden durch Innovation herausgeschoben. Auch wenn die Bevölkerung insgesamt schrumpft (Reproduktionsrate kleiner als 2.1 Kinder pro Frau), bewirkt die Gesunderhaltung/Verjüngung von Menschen eine Zunahme des Arbeitsinputs, wenn Arbeit vernichtende Anreize durch das Politiksystem nicht Mehrarbeit erschweren.[448] Zwischenergebnis:

---

[445] Dies ist gut belegt, einiges zitieren wir später. Man vergleiche bereits die Schätzungen von Murphy und Topel (2006, 2007) zum „sozialen Wert" und den Nutzenströmen medizinischer Neuerungen und ihrer Diffusion. Basisinnovative Therapien auf bio- und nanotechnologischer Grundlage sind in diesen Überlegungen noch nicht integriert, wir würden sie daher als konservativ einschätzen.

[446] Das Saysche Theorem/Gesetz steht für die Auffassung des klassischen Liberalismus, Märkte tendierten tendenziell zu einem gesamtwirtschaftlichen Gleichgewicht. Es ist nach Jean Baptiste Say (1767-1832) benannt. Jedes zusätzliche Angebot, behauptet der französische Nationalökonom, entfache zugleich Nachfrage, so daß es niemals zu einer allgemeinen Verstopfung der Absatzwege kommen könne. Warum? Wie erzeugt ein zusätzliches Angebot Nachfrage? Während des Produktionsprozesses wird Nachfrage entfaltet: nach Arbeitsleistungen (Löhne), Maschinen (Erlöse für die entsprechenden Produzenten), Rohstoffen (Zahlungen für die Produzenten) Grund und Boden (Erlöse bzw. Renten), Geldkapital (Zinsen), heute zunehmend nach Wissen (nach Wissenschaft somit) und deren Produzenten. Natürlich kann ein Unternehmer nicht dadurch die Nachfrage für *sein* Produkt schaffen (dazu braucht es der Bedürfniskreation und der Bearbeitung der Märkte und des Marketing), aber alle Produzenten zusammen leisten sich wechselseitig einen altruistischen Dienst der Nachfrageschaffung. In einer innovationslosen Routinewirtschaft bestimmen die Nachfrager, was und wieviel die Produzenten erzeugen. Die Bedürfnisse sind gegeben. In einem homöo-dynamischen Innovationssystem liegen die Verhältnisse komplizierter. Die Beziehung dreht sich um. Anbieter schaffen sich ihre eigene Nachfrage auf den Güter- und Faktormärkten. Nahezu münchhausengleich. Wie? (1) Durch Schaffung von Kaufkraft für die Nachfrager; (2) durch Schaffung und Mitgestaltung der Bedürfnisse, für die von ihnen angebotenen Güter und Dienstleistungen im gesamten Spektrum der Bedürfnisse (Überleben, Haben, Evolution). Wir können somit von einem dynamisierten Sayschen Theorem sprechen.

[447] Mit steigendem Einkommen wächst die Nachfrage überproportional. Bei Gesundheitsgütern können wir von dieser Superiorität ausgehen. Sowohl die historischen Trends (zunehmender Anteil von Gesundheitsausgaben am Bruttosozialprodukt) wie einzelwirtschaftliche Überlegungen belegen diese Vermutung. Die Gesundheitskosten steigen mit dem Alter überproportional.

[448] Familienpolitik zur Steigerung der Geburtenziffer ist ein weiterer inputlogischer Aktionsparameter zur Stabilisierung der Bevölkerungszahl und zum langfristigen Erhalt der Arbeitsmenge. Ob eine Mehrproduktion von Incentive-Kindern politisch machbar ist, sei dahingestellt. Wir sind hier theoretische und empirische Skeptiker. Der Trend zu einer sinkenden Geburtenziffer ließe sich unseres Erachtens nicht entwicklungsendogen umkehren. Wer mehr Kinder haben will, könnte Menschen importieren, die noch auf einem memetischem oder kulturgenetischen

7) Die Menschen wollen alt werden, aber nicht älter. Wie macht man so etwas? Medizinische Innovation eingebunden in selbstevolutive Prozesse, also Erwerb und Selbstschaffung von Evolutionsgütern. Ältere Menschen werden zu selbstevolutorischen Machern. Wer es nicht schafft oder macht wird alt *und* älter und ein Nachfrager von Silbermarktgütern.

Wenn wir die Bedingungen und Vermutungen von 1-7 zugrundelegen, lösen sich theoretisch und handlungspraktisch die vorherrschenden Befürchtungen zum demographischen Wandel in postindustriellen Gesellschaften auf. Die durchgängig auch von Ökonomen angesprochenen Negativwirkungen einer demographischen Alterung sind selbsterzeugte, theoretisch wie handlungspraktisch wie politisch-medial.

19.2 Unternehmertum in demographisch alternden Gesellschaften

Wir stellen in diesem Abschnitt Überlegungen vor, in den vorangehenden Kapiteln bereits angesprochen, und die, was ihre empirische und lebenspraktische Relevanz betrifft, noch weitgehende spekulativen Charakters sind. Zwar ist die demographische Alterung von Gesellschaften bereits weit fortgeschritten und wird irgendwann die gesamte Menschheit auszeichnen, wenn es gelingt, den Lebensstandard aller Menschen jenseits eines Armutsniveaus zu heben. Die ökonomischen Folgen einer solchen, ihre theoretische Erfassung und ihre wirtschaftspolitische und individualpsychologische Gestaltung befinden sich jedoch in ihren Anfangsphasen, am Beginn eines gesamtwirtschaftlichen Lebenszyklus. Spekulative Vermutungen und empirische Fragezeichen scheinen unvermeidbar. Was eindeutig geklärt ist, empirisch, nicht theoretisch: steigende Lebenserwartung und Prokopfeinkommen sind gekoppelt, wohl positiv. Warum dies der Fall ist, haben wir in verschiedenen Kapiteln erläutert.

Abbildung 66: Lebenserwartung und Einkommen pro Kopf

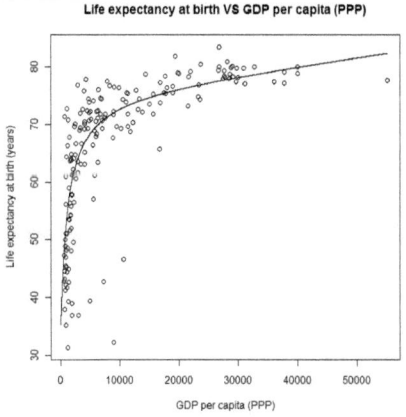

http://www.statisticalconsultants.co.nz/blog/life-expectancy-at-birth-versus-gdp-per-capita-ppp.html

---

Niveau leben, in der eine hohe Kinderzahl entwicklungsendogen gefordert und gewünscht ist. Ein steigender Lebensstandard oder ein höheres Prokopfeinkommen läßt sich dadurch nicht erzielen. Die sozialen Kosten der Eingliederung und Selbst-Evolution von Zuwanderern aus Dritt- und Viertweltländern sind zudem beachtlich, unterliegen jedoch vielfältigen multikulturellen und politik-ethischen Diskussionsvorbehalten.

Im akademischen, politischen und medialen Leben gibt es meistens genügend Modelle und Ansätze, aus denen man die für die Gestaltung bestimmter Problembereiche tauglichen auswählen kann. Unseren Ansatz haben wir von Beginn an deutlich gemacht. Unternehmertum ist eine notwendige, für manche sogar hinreichende Bedingung für wirtschaftliche Entwicklung. Sie sind Bäume und Wald in einem. Dies schließt einen Anstieg der Wertschöpfungsströme und Produktivität in demographisch alternden Gesellschaften ein. Wenn eine Gesellschaft unternehmerisch vergreist – unabhängig vom Alter der „Greise" - ist sie entwicklungsökonomisch am Ende. Produktivität und Lebensstandard stagnieren. Wenn der Anteil alter Menschen zunimmt, vergreist sie dann nicht auch unternehmerisch? Die vorangehenden Kapitel haben sich dieser Frage ausführlich gewidmet. In diesem Abschnitt stellen wir den theoretischen Hintergrund noch einmal vor. Wie in der Einleitung geschrieben: Wir wiederholen uns oft. Ähnliche Zusammenhänge stellten wir aus unterschiedlichen Perspektiven mehrfach zur Diskussion.

Ein älterer Mensch heute, 60, 65, hat noch, im Durchschnitt, 15 bis 20 halbwegs gesunde Lebensjahre vor sich. Warum sollte er seinem abhängigen Arbeitsleben noch eine unternehmerische Karriere anhängen oder sein freiberufliches Leben ausweiten? Nur ganz wenige tun es, engagieren sich als Berater, machen Projekte, gründen. Noch Ausnahmen. Andererseits beobachten wir in der ältesten Gesellschaft der Welt, genau diese Entwicklung schon heute (Haga, 2013). Wenn die gleichen Menschen jedoch immer länger gesünder leben könnten, verändert sich ihre Anreizsituation dramatisch, wenn auch schrittweise, und ein *steigender* Anteil älterer Menschen könnte sich für ein erwerbstätiges Leben in höherem Alter entscheiden (siehe etwa Abbildung 60 für die USA). Wenn er im Ruhestand verharrt, steigt zudem sein Risiko, körperliche einschließlich kognitive Einbußen zu erleiden. Dieser Zusammenhang wird auch zunehmend zur Kenntnis genommen, wie die vielfältigen Bemühungen zeigen, das Renteneintrittsalter zu erhöhen, wobei im Mittelpunkt dieser Bemühungen allerdings die Entlastung der Sozialsysteme steht.

Wie verändern sich die Erwerbsquoten im demographischen Wandel? Werfen wir wieder einen Blick auf Japan, als der Gesellschaft, die am meisten im Alterunsprozeß seiner Bevölkerung fortgeschritten ist. Wir verweisen hierzu auch auf den Abschnitt Unternehmensgründungen in Japan in Kapitel 14, insbesondere auf die Abbildungen 42, 43, 44 und die Tabelle 5.

Tabelle 7: Alter, Lebenserwartung, Erwerbstätigkeit in Japan

Erwerbstätige	1968	2016	Zunahme
Alter 65 und höher Anzahl in Zehntausend	228	763	3,3fache
Anteil an Erwerbstätigkeit von 65+	4,5 %	12%	2,6 fache
Lebenserwartung Männer, 65 Jahre	12,48	19,46 (2015)	7 Jahre, 1,5 fache

Quelle: Statistics Bureau of Ministry of Internal Affairs and Communications; Minstry of Health, Labor, and Welfare. Prozentwerte vom Autor ermittelt; man vergleiche auch Tabelle 5 mit älteren Jahresdaten.

Die Daten wurden erstmals im Jahr 1968 erhoben. Sei 1968 vollziehen sich vielfältige Veränderungen in Gesetzgebung, Krankenversicherung, Lebensstil und Wirtschaftsstruktur. Die Lebenserwartung ist signifikant gestiegen. Wir haben die Werte für 65Jährige ermittelt. Wieviele Lebensjahre haben sie im Durchschnitt noch vor sich, wenn sie 65 Jahre alt sind?. Der Anstieg beträt (abgerundet) sieben Jahre (1968 bis 2015). Man kann erwarten: mehrere dieser älteren Männer unde Frauen (vergleichbarer, aber noch höherer Anstieg) wirkt auf die Bereitschaft, in höherem Alter zu arbeiten, abhängig erwerbstätig und freiberuflich erwerbstätig zu sein oder zu bleiben oder ein Unternehmen zu gründen. Der Anteil der Erwerbstätigen im Alter von 65 Jahren ist um das 2,6fache gestiegen, die Zunahme (absolut) um das 3,3fache. Steigt die Lebenserwartung, arbeiten mehr Menschen im höheren Alter (wenn sie dürfen und können – letzeres vor allem ihrem Gesundheitszustand geschuldet. Jemand ist 65 Jahre, verbringt den Zuwachs an Lebensjahren aber in schlechtem Gesundheitszustand, ist sein Vermögen, erwerbstätig zu sein oder zu werden, extrem eingeschärnkt. Wir verweisen hierzu erneut auf die Untersuchungen von Akiyama (2011) und die Tabelle

Wie Matsuda (2014) ermittelt, sind auch Neugründungen japanischer Unternehmen durch Menschen höheren Alters mit diesen Daten vereinbar. So steigt der Anteil der Gründer im Alter von 60 und höher an den Gesamtgründungen in Japan von 2,2 % auf 5,9 %. Für die USA lassen sich vergleichbare Entwicklungen beobachten. Die hier aufgeführten Daten widersprechen somit nicht unserer zu Beginn dieses Kapitels formulierten Hypothese, daß mit zunehmender Lebens- und Gesundheitsspanne, die wirtschaftliche Aktivität älterer Menschen zunimmt, nach den Daten sogar überproportional. Wenn wir diese Entwicklung in die Zukunft verlängern, ist somit kein Negativtrend eines demographischen Alterns der Gesellschaft zu erwarten,immer vorausgesetzt, das Zusammenwirken der Systeme Wirtschaft, Gesundheit, Recht, Wissenschaft, Politik ließe ein solches auch zu. Das Zusammenwirken ist hochkomplex und nicht-trivial (nach Heinz von Foerster). Den Einflußfaktor, für uns den überragenden, ist die Gesundheit, medinisch und selbsterzeugt. Die Diskussionen um das Renteneintrittsalter (etwa 69 Jahre), dominant in Deutschland, sind politisch-medial bedingt. Wenn eine Gesellschaft in diesen Bereichen einschließlich Gesetzgebung retardiert, wird auch die Wirtschaft an Entwicklungskraft einbüßen. Die Gesellschaft bestraft sich selbst und irgendwann werden die Bürger ein solches System nicht mehr akzeptieren.

Die oben genannten Entwicklungen sind endogen erzeugte. Das Inputdenken der Wachstumstheorie spielt nur eine beiläufige Rolle. Wenn Innovationen sich durchsetzen, die Gesundheitsspanne ansteigt, Menschen zunehmend – wenn sie die unternehmerische Energie aufbringen, mitzumachen, durchzuhalten – länger gesund leben, beobachten wir, was jetzt schon in Anfängen in Japan erkennbar ist. Wenn Gesellschaften nicht mitziehen, leiden sie ökonomisch und im internationalen Wettbewerb. Die dadurch bewirkten Störungen in Politik, werden die Wirtschaftskraft weiter leiden lassen. Leiden im Körper nehmen ab, in der Wirtschaft das Gegenteil.

Ruhestand bedeutet, so die triviale Meinung, mehr Zeit für Vieles, was man im Erwerbsleben zu wenig unternehmen konnte. Etwa physische Aktivität. Wie viele Ruheständler machen es nun? Wenige, ermitteln Feng und Kollegen (2016). Die Systeme Politik und Sport interessieren sich nur marginal für die körperliche Gestaltung älterer Menschen. Olympische Spiele für Hundertjährige? Wirft man einen Blick auf die Körper der Sportfunktionäre: ein körperliches Leben für das Altersheim. Mieko Nagaoka hat als Hundertjährige einen Schwimmwettkampf über 1500 Meter absolviert. Sieht aus wie eine junge Marathonfrau nach dem Wettkampf.

Abbildung 67: Hundertjährige im Schwimmwettkampf

Quelle: Jun Hongo (2015)

Wie jeder weiß: Sie hat sich zu Tode geschwommen, Herzversagen. Die Erkenntnis der Sportmediziner um Sara Knaeps (2016) wiederlegend, wie schlecht eine seßhafter Lebensweise für die Herzgesundheit ist, und wie physische Aktivität diese fördert. Gibt es Altersgrenzen? Wenn Mieko ein Selfietyp wäre, wie ihre Jahrzehnte jüngeren Kolleginnen bei den Olympischen Spielen: Sie könnte aus ihrer körperlichen und geistigen Fitness als Hundertjährige ein Geschäft machen, ihren Körper und ihre Kenntnisse und Erfahrungen verkaufen, andere in der Lebensweise Hochaltriger trainieren, auch wenn diese ihr Ruhestandsalter erreicht haben. Wir wissen doch: „Ruhestand ist schlecht für die Gesundheit". [449] Körperliche und geistige Fitness erschließt auch für Hochaltrige unternehmerische Chancen und Zukunftspotentiale, die es ihnen gestatten könnten, auf die Innovationen zu warten, welche die Wissenschaft, etwa nach Aubrey de Grey, auf den Weg bringen könnte. Immerhin gibt es in Japan, dem Heimatland von Mieko Nagaoka, im Jahr 2015 nahezu 600 biotechnologische Unternehmen in der Gründungsphase (Fujiwara, 2015), in einem Land also, wie der Autor behauptet, in „welchem das durchschnittliche Niveau medizinischer Wohlfahrt das höchste in der Welt" ist.

Unternehmer im von uns vertretenen Ansatz sind nicht nur „economic animals" (J.M. Keynes), Wirtschaftsmenschen also. Die Unterschiede zwischen den „animals" würden verloren gehen, damit Unternehmertum in seiner Wirkungsvielfalt. Auch die Möglichkeiten Unternehmertum zu initiieren, wenn nicht zu erzeugen und das Einflußnehmen auf ihre Tätigkeitspotentiale sind funktionsabhängig. Ein Neukombinierer beobachtet seine Umwelt und deren Anreize und Beschränkungen anders als ein Arbitrageur.

Unternehmertum unterscheidet sich in vier Funktionen, allesamt altersrelevant, das heißt für alte Menschen offen. Die Entwicklungsbedeutung steigt mit unternehmerischer Tiefe (Funktionstiefe). Eine vergleichbare Abbildung kennen wir bereits. Wir fügen sie hier noch einmal ein. Abbildung 71 gibt einen Überblick.

---

[449] „Retirement is bad for health", lesen wir bei Fight Aging, jüngere Erkenntnisse referierend, https://www.fightaging.org/archives/2016/07/the-effects-of-retirement-are-complex/

Abbildung 68: Unternehmerische Funktionstiefe

Funktionale Tiefe	Unternehmerische Funktion	Ökonomisches Paradigma und Demographie
Flatland 	**Routine (100)** „Wirt" Homo oeconomicus Unternehmertum im Gleichgewichts- und Allokationssystem	Neoklassik, Mainstream Allokations/Inputlogik Gleichgewicht *Mehrarbeit &Immigration Routineunternehmer*
	**Arbitrage (60)** Findige Unternehmer; Entdeckung und Durchsetzung von Tauschchancen	„Österreichische Schule" (Hayek [Photo], Mises, Kirzner) Tausch/Arbitragelogik Tendenz zum Gleichgewicht
	**Innovation (5)** Neukombination von Ressourcen Innovation (frugal, disruptiv, basisinnovativ)	Innovationsökonomie (Schumpeter und Neo-Schumpeterianer) Entwicklungslogik *Unternehmensgründung:* inkrementell, disruptiv, radikal
	**Evolution (1ff.)** Selbst- und Ko-Evolution	Weisheitstraditionen in Ost und West (Bild: Leonardo Da Vinci) Evolutionslogik Produktion *evolutorischer Güter* durch/für alte Menschen
Die Zahlen in Spalte 2 sind eine grobe Schätzung in Prozent der empirischen Ausprägung der Funktionen. In einer gegebenen Periode, beispielsweise ein Jahr, operieren alle Unternehmer in der Routinefunktion, 60 Prozent als Arbitrageure, usw.		

Die Funktionen Routine, Innovation und Evolution sind selbsterklärend. Schumpeter beschreibt den Routineunternehmer mit folgenden Worten: "Es ist das Anwenden dessen, was man gelernt hat, das Arbeiten auf den überkommenen Grundlagen, das Tun dessen, was alle tun. Auf diese Art wird nie ‚Neues' geschaffen, kommt es zu keiner eigenen Entwicklung jedes Gebietes, gibt es nur passives Anpassen und Konsequenzenziehen aus Daten" (Schumpeter, 1911/2006, S.124).

Was macht ein alter Mensch aber als Arbitrageur? Wenn er einkauft, sucht auch er günstige Preise. Er wählt bei gegebener Qualität eines Produktes das günstigste Angebot. Unsicherheit ist unvermeidbar. Manche sind als Medizintouristen unterwegs, reisen bis nach Indien oder Thailand für eine preisgünstige Behandlung. Soll er in einen Investmentbanker oder Daytrader mutieren? Bei Anlageentscheidungen spielt jenseits von Spekulation eine langfristige Perspektive eine Schlüsselrolle

Beispiel Japan. Japanische Haushalte investierten ihre Ersparnisse in großem Umfang in höher verzinsliche Anlagen im Ausland. Zinsarbitrage. Viele dieser Ersparnisse stammen aus

Abfindungszahlungen beim Ausscheiden aus dem „Berufsleben" als salaryman/woman. Professionals aus dem Finanzsektor (Hedgefonds) treiben das Arbitragespiel mit *carry trades* weiter voran – steigern damit, via fallenden Yen, die Gewinnchancen der Altjapaner. Japan kennt nichts Vergleichbares wie das Reformtriumvirat Riester, Rürup und Abgeltungssteuer. Jeder muß selbst sehen, wie er zurecht kommt. Daß japanische Haushalte ein hohes Geldvermögen (Aktien eingeschlossen) haben, ist ökonomisch nur konsequent. Über die relativ risikoreichen Anlageentscheidungen von Hausfrauen (sie verwalten das Vermögen ihrer Familie), etwa Kauf von Roboterinvestmentfonds und Investitionen in den Motherindex der Tokiobörse, sind wird bereits oben eingegangen.

Japan verwirklicht auch eine neue Variante eines „neoliberalen" Finanzkapitalismus, im Prinzip von anderen Ländern leicht imitierbar. In Japan kauft die Zentralbank sog. ETFs (Exchange traded funds; siedhe Lewis, 2016g). Der Nikkei-Index steigt und steigt, nicht zuletzt aufgrund der EZF-Käufe. Die Europäische Zentralbank begnügt sich mit dem Kauf von Anleihen, insbesondere des Staates. Der Staat spart viel Geld aufgrund der niedrigeren Zinsen. Die Ersparnisse kommen den Bürgern aber nicht direkt zugute, Steuersenkungen wären möglich, erfolgen aber nicht. Wer in Japan in ETFs investiert hat, Mothers inklusive, gewinnt aufgrund der steitenden Aktienkurse. Da die Zentralbank in ETFs investiert, sinkt auch das Risiko der Anleger, Verluste zu erleiden, ein wesentlicher Grund, warum in Ländern wie Deutschland, der Kauf von Aktien unterentwickelt bleibt (German Angst) und älteren Anlegern (mothers) empfohlen wird, in Festverzinslichen ihr Geld anzulegen. Dabei bietet der japanische Weg gute Chancen, gegen Altersarmut anzugehen, seitens des Staates, seitens der Individuen. Der Staat wäre allerdings aufgefordert, Vermögenszuwächse bei Investitionen in ETFs von der Steuer zu befreien oder die Freigrenze zu erhöhen.

Die EZB könnte dem japanischen Beispiel folgen, Anleger müßten selbstverständlich die ETFs auch selbst erwerben. Unternehmertum wäre also vierfach einzufordern: seitens der Zentralbanken, der Firmen, die Pensionsfonds für ihre Mitarbeiter unterhalten, der Individuen und der sie beratenden Anlagefirmen und vor allem seitens des Staates. Der Leser dieses Textes wird in einigen Jahren selbst beobachten können, ob diese Arbitrageinnovationen den Weg in die Realität gefunden haben. Für Deutschland würden wir es ausschließen. Die Niedrigzinsen der EZB erzeugen Altersarmut. Die skizzierten Innovationen könnten diesen Armutstrend tendenziell umkehren helfen.

Die Väter arbeiten, die Mütter investieren. In Aktien junger, oftmals Hochtechnologieunternehmen wie Roboter und Biotech. Was spielt sich im Kopf solcher Frauen (Mrs Watanabes) ab? Sechs der 10 Unternehmen mit der höchsten Marktkapitalisierung sind pharmazeutische/biotechnologische Unternehmen. 29 % der Marktkapitalisierung im Mother's Index entfällt auf die Gesundheitsbranche (Pharma, Bio), gegenüber 6% im Topix (Standardbörse der Tokyo Stock Exchange) Ende Juli 2016.[450] Die investive Förderung von Unternehmen dieser Branche fördert die Gesundheit der Anleger(mothers) und der Bevölkerung. Sind „mothers" Altruisten (im Sinne von Adam Smith „unsichtbare Hände", welche die Wohlfahrt anregen)? Anzumerken ist: Auch japanische Großkonzerne wie Canon oder Fuji sind zunehmend im Gesundheitsmarkt aktiv, nicht zuletzt, weil ihre traditionellen Geschäfte an Geschäftsdynamik einbüßen. Volkswagen investiert in eine Biotechfirma oder folgt Google (Alphabet) in den Aufbau altersmedizinischer Produktentwicklungen.

„Mothers" haben in Japan eine Lebenserwartung von 87 Jahren, „fathers" (Männer) 81 Jahre. Eine heute in Japan 55-jährige Frau hat im Durchschnitt noch 33 Lebensjahre vor sich (ein Mann 28). Im Durchschnitt. Ist sie auch in evolutorischer Funktion aktiv, könnte sie es auf 50 Jahre bringen, wie ihre

---

[450] http://www.jpx.co.jp/english/derivatives/products/domestic/mothers-futures/index.html

Alterskollegin Mieko Nagaoka (Abbildung 66).[451] Haben die Mothers relativ risikoreiche Entscheidungen auch vor 70 Jahren getroffen, als ihre Lebenserwartung gerade 54 Jahre erreicht (Männer 51). Nach den hier vorgestellten Vermutungen nicht. Der Tod wartete auf sie.

Steigt mit dem Alter die Risikoneigung von Investoren – entgegen der herrschenden Meinung in der Anleger und Versicherungsbranche. Was würden die Mothers tun, wenn sie wie in Deutschland rund 30 Prozent ihrer Gewinne an den Staat via Steuern abführen müßten?

Eine Mother im Alter von 55 kann daher Investitionen mit einer Laufzeit von 33 Jahren unternehmen. Sie übt sich in Arbitrage, parallel auch in Neukombinationen. Vom Sparbuch in einen ETF umlenken. Soll ich Festverzinsliche kaufen, mit Null- oder Negativzinsen (was in Deutschland viele tun; ersatzweise Festgeld oder Sparbuch und Ähnliches; daher die vielen Klagen über die Zinspolitik der EZB [452]; eine Angstmemetik dominiert), soll ich in Aktien investieren, soll ich mich an Startups beteiligen, selbst etwas unternehmen jenseits von Anlagen in Finanzprodukte, soll ich in mich selbst investieren, länger gesund bleiben, die Rente noch für mehr Jahre in Anspruch nehmen? Finanzarbitrage ist eine komplizierte Angelegenheit. Wenn sich Gesellschaften tendenziell in *ageless societies* transformieren, wird Arbitrageunternehmertum unverzichtar – außer man delegiert diese unternehmerische Funktion wie in Deutschland an das politische System und ihm unterworfene Behörden. Die Folge würde sein, daß sich die Lebensspanne weniger entfaltet, die Sozialsysteme tendenziell überlasten, unternehmerische Willenskraft Einbußen erleidet.

Generell ist zu vermuten – gegen die herrschende Meinung: Alternde Gesellschaften präferieren zunehmend Anlagen in Aktien über Anlagen in festverzinsliche Wertpapiere und Geldmarktfonds. Dies widerspricht der herrschenden Meinung in der Wissenschaft und den Ratschlägen der Investmentsbranche, die davon ausgehen, Rentner und Pensionäre würden sichere unsicheren Anlagen vorziehen.[453] Dagegen spricht eine zunehmende Lebensspanne, die finanziell mit risikoreicheren Investments zu alimentieren ist; dagegen spricht der allmähliche Rückzug des Staates aus der Sozialversicherung (Rente, Krankheit) wegen zu hoher Belastung durch Steuern und Sozialabgaben. Steigt die Lebensspanne, sinkt *ceteris paribus* das Risiko, in eine temporäre Schieflage mit Investments zu laufen. Eine steigende Lebensspanne verschafft Freiraum, temporäre Verluste „auszusitzen". In Japan sind diese Trends bereits deutlich erkennbar (siehe etwa Ogawa & Matsukura, 2007 für jüngere Fallbeispiele siehe Lewis, 2016f, Investitionen in Roboterfonds). Schlußfolgerung von Ogawa & Matsukura anhand japanischer Daten: „Ältere Menschen sind Schlüsselfaktoren um eine gesundes Altern und die Fortführung der Dynamik der Wirtschaft zu ermöglichen."

Die Überlegungen zur Arbitrage im Hinblick auf ihre Auswirkungen auf alternde Gesellschaften sind damit nicht abgeschlossen. Betrachten wir den Fall des Aufkaufs von Monsanto (Hersteller von Pestiziden und genverändertem Saatgut) durch die Bayer AG. 66 Mrd. Euro gibt Bayer aus. Bayer hat sich für einen Aufkauf entschieden, anstelle die Riesensumme in das eigene Unternehmen zu investieren. Bayer ist im Pharmamarkt aktiv und hätte mit einer Investition in Forschung, neukombinative Entwicklung, Förderung von Unternehmensgründungen auch eigener Mitarbeiter die Krankheit Altern (im Sinne von Aubrey de Grey) „besiegen" können. Unsterblichkeit wäre eine realistische Option – ethisch-rechtliche-religiöse Einwände nicht berücksichtigend. Die Demographiefrage aus inputlogischer Sicht wäre

---

[451] Die Altersdaten stützen sich auf Statistiken des Ministry of Health, Labor and Welfare aus dem Jahr 2016.

[452] Mitte des Jahres 2016 sind weltweit über 13,000 Milliarden Dollar Anleihen mit negativen Zinsen im Markt.

[453] Anzumerken wäre: auch die Verwalter von Pensionsfonds in den USA und Japan investieren zunehmend in risikoreichere Investments.

Vergangenheit. Der entwicklungsökonomische Beitrag des Aufkaufs ist nahezu irrelevant, von managerialen Argumenten abgesehen.[454] Schumpeter hat dies in seiner Kritik an Keynes mehrfach betont. Unsere Ergänzung. Sind Aufkauf und Übernahmen aus entwicklungslogischer Betrachtung Investitionen? Man investiert in bestehende Unternehmen und Märkte, selbstverständlich Vorteile erwartend. Die Finanzierung erfolgt aus eigenen finanziellen Ressourcen oder Krediten oder Aktienverkäufen. Investitionen in Neukombinationen erfolgen nicht oder eingeschränkt. Damit auch keine Steigerung der Nachfrage (das Keynesianische Argument). Die Wirtschaft bleibt auf stationärem Niveau im Vergleich zum Kauf von Ressourcen für Innovationaktivitäten oder Kompetenzsteigerungen, auch für ältere Mitarbeiter. Die Aktionäre der aufgekauften oder übernommenen Unternehmen werden mit finanziellen Ressourcen „entlohnt". Aufgenommene Kredite sind zurückzuzahlen, aber nicht aus den Mehrerlösen von Neukombinationen. Nicht auszuschließen ist ein Rückgang von Neukombinationen, da finanzielle Ressourcen im aufkaufenden Unternehmen eingeschränkter verfügbar sind. Der Aufgekaufte (Monsanto) muß seine Eigentümer auszahlen. Das geschilderte Modell, made in the U$A, hat sich weltweit ausgebreitet, wird faktisch nicht in Frage gestellt. Japan wurde bereits abgestraft („Verlorenes Jahrzehnt), China und seine Handelspartner stehen ante portas.

Unternehmen investieren riesige Beträge in Aufkäufe und Fusionen bei marginalen Entwicklungswirkungen. Sie entschleunigen dadurch die Entwicklungsdynamik. Ein Gedankenexperiment: Welche Wohlstands- und Gesundheitswirkungen hätten sich ergeben können, wenn die Unternehmen vergleichbare oder auch nur bescheidenere Summen in Neukombinationen investiert hätten: Die gesamte Phase umfassend: von Forschung, auch ausserhalb der Unternehmen bis Produkteinführung. Von 2006 bis zum Jahr 2016 belief sich der aufgewendete Betrag für Mergers & Acquisitions auf 295 000 Mrd. Dollar (errechnet nach Angaben von Goldman Sachs, publiziert durch Rousseau, 2016). Aus schumpeterscher Sicht ist es daher nicht überraschend, wenn sich das Wachstum in den reifen Industrieländern im vergangenen Jahrzehnt beträchtlich abgeschwächt hat. Eine Vielzahl von unternehmerischen Chancen für ältere Menschen hätten sich erschließen lassen. Bei Bayer selbst wäre ein Arbeiten bis zum Alter von 100 Jahren und länger eine Selbstverständlichkeit geworden. Mitarbeiter in höherem Alter hätten mit Unterstützung des Unternehmens zahlreiche Unternehmen im biomedizinischen Markt gründen können. Man erkennt an diesem Beispiel auch, welchen Einfluß unternehmerische (nicht gleichzusetzen mit managerialer) Kompetenz auf die Entwicklung von Unternehmen und Volkswirtschaften besitzt oder ausüben könnte. Der Aufstieg der Finanzindustrie (Fusionen & Aufkäufe, Finanzmarkttransaktionen auf den Anleihe-, Aktien-, Devisen- und Rohstoffmärkten) nicht nur in den USA hat zunehmend an Gewicht gewonnen, zu unproduktiven Investitionen beigetragen, auch indirekt durch den Einfluß auf das Unternehmensmanagement und die Politik und ist eine wesentliche Quelle steigender Ungleichheit, geringerer Investitionsneigung und rückläufiger Innovation.

Evolutorische Funktion: Wozu müssen alte Menschen sich jedoch selbst-evolutivem Tun hingeben, stehen sie doch mit einem Bein schon im Grab? Wie erwirtschaften sie für sich und die Gesellschaft eine zweite demographische Dividende (die erste in ihrer jüngeren Phase der Erwerbstätigkeit, die zweite im Alter?), was etwa für Japan behauptet wird. Wie sollten sie, was sie bislang in ihrem Leben nicht zu schaffen vermochten, ausgerechnet in einer Seniorenexistenz, ihre holistische Intelligenz (ihre vier L; Leben, Lieben, Lernen, Lebenswerk; Abbildung 31) spiraldynamisch evoluieren? Die Logik ist einfach: *Less damage, longer life*. Wer seinem Selbst weniger Schaden zufügt, lebt länger gesund. Bis der radikalere Typ medizinischer

---

[454] Aber auch diese fallen bescheiden aus, wie eine Untersuchung u.a. der Produktivitätswirkungen von Zusammenschlüssen aus den USA zeigt (Blonigen & Pierce, 2016).

Innovation (NBIC: Nano, Bio, Info, Cogno) wirklich greift und für den Normalmenschen bezahlbar ist, müßte der einzelne Mensch versuchen, sich selbst einem Evolutionsprozeß in den vier Dimension des Seins (wir nennen sie die *vier L*) zu unterwerfen. Die Folge ist, ökonomisch betrachtet: Die Nachfrage nach Evolutionsgütern auf dem Gesundheitsmarkt steigt bzw. für Anbieter wird es interessanter, ein evolutorisches Güter- und Investmentangebot auf den Markt zu bringen.

Unsere Vermutung ist zudem: Die Anbieter evolutorischer Güter sind zunehmend biologisch-(*4L-*)junge alte Menschen. Und die obige Vermutung wiederholend: Eine längere Gesundheitsspanne, Mikroevolution, fördert gesellschaftliche Evolution. Die Steigerung der Komplexität eines Individuums (höhere Lebensvielfalt, erkennbar an der Ausübung unternehmerischer Funktionen jenseits von Routine) steigert die Komplexität der Gesellschaft und ihrer Teilsysteme. Das konventionelle Medizinsystem wirft die traditionelle chinesische oder indische Medizin nicht mehr auf die therapeutische Müllhalde (Scharlatanerie, Schamanismus), nachdem sie beobachten mußte, wie es Menschen gelingt, durch ihre Nutzung ihre Leben gesünder zu gestalten. Die Komplexität der Gesellschaft steigt. Angehende Ärzte werden differenzierter ausgebildet. Schulmedizin Plus. Der Systemforscher Andrew Smith fragt (2011): „Besitzt Evolution eine Richtung?" Die Gesellschaft differenziert, Generationen unterschiedlicher Lebenserwartung, ihre Anzahl und Vielfalt steigernd, befinden sich in ständiger Interaktion. „Ich würde noch weiter gehen; eine Zunahme der Komplexität kann oftmals in einer größeren Fitness resultieren, so daß Komplexität nicht nur möglich ist, sondern oftmals angestrebt wird" (Smith, 2011, S. 2). Vereinfacht formuliert. Demographisch alternde Gesellschaften mutieren nicht im Rückwartsgang der Evolution. Sie steigern, wenn ihre Elemente, die kommunizierenden Individuen, die auch mit ihren Körpern in ständigem Austausch stehen, die Komplexität oder Vielfalt der Gesellschaft und sind daher Produzenten reichhaltigerer evolutorischer Muster. Trivial gefragt: Sind evolutorische Unternehmer somit die Treiber nicht nur ihrer persönlichen, auch der gesellschaftlichen Evolution? Stellen wir uns vor – gegenwärtig ein extremer Fall, aber von der Wissenschaft nicht als unmöglich betrachtet - Menschen könnten unsterblich werden? Welche Potentiale würden sich für eine Gesellschaft dadurch erschließen? Es existieren bereits Unternehmen, in den USA, in Rußland, in Deutschland und der Schweiz (mit einigen ist der Autor in Kontakt), die Techniken entwickeln (Cyronics genannt), die es Menschen erlauben könnten, sich, zumindest ihren Geist, zu verewigen

Wer kümmert sich um alte Menschen? Die Arbeitsteilung: in Familie/Klan, Markt, Hierarchie. Reicht das? Überwiegend, unter einer Bedingung: Sie müssen sich (auch, und zuerst und bis zum letzten Atemzug), um sich selbst, um ihr Selbst, kümmern. Sie müssen lernen. Sie müssen Energie und Fähigkeiten in sich selbst mobilisieren, um mit den Herausforderungen eines *gesunden* Altwerdens zu recht zu kommen. Sie müssen lernen, konstruktiv ihre Emotionen gesundheitsfördernd/erhaltend zu nutzen.[455] Wer seinen Körper liebt, liebt er auch hungrig zu sein, zu fasten, wie wir oben dargestellt haben?[456]

Je älter (biographisch-biologisch) jemand ist oder wird oder werden will, desto stärker ist sein Durchhaltevermögen gefordert, um seine Lebensqualität, geprägt durch Gesundheit und Verfügbarkeit

---

[455] Wir schreiben bewußt „müssen" im Sinne eines notwendigen Tuns.

[456] Ein Beispiel ist der Umgang mit der Art, Menge und Qualität der Nahrung in den Essensroutinen. Die aufgenommene Kalorienmenge gilt neben körperlicher Bewegung als ein Schlüsselfaktor im selbstkontrollierten Gesundheitsmanagement. Ob eine Person negativ oder positiv emotionalisiert ist, mitentscheidet über seine Essensgewohnheiten. Emotionen regulieren das Essen und das Essen reguliert Emotionen. Welchen emotionalen Einfluß hat eine Aussage die von Villoldo und Perlmutter (2011, S. 201): „Die Wirkung des Fastens übersteigt alles, was die moderne Pharmazie auch nur im Entferntesten in Erwägung zieht." „Fragen Sie Ihren Arzt oder Apotheker" bevor Sie sich einer solchen Überlebensstragegie (unverzichtbar bei unseren Vorfahren und daher wohl im Genom verankert) ernsthaft widmen.

wirtschaftlicher Ressourcen, allgemein Wohlbefinden, zu erhalten oder zu steigern.Die paradoxe Hypothese somit: Demographisch alte Gesellschaften sind energiereich, unternehmerintensiv, zumindest was evolutorisches Unternehmertum betrifft.

Die „Energie der Tat" (Schumpeter, 1911) prägt auch den evolutorischen Unternehmer. Bis die Medizin die chronischen Krankheiten wirksam zu therapieren vermag, ist unternehmerische Energie für präventives Selbsttherapieren unverzichtbar und dieses ist eingebunden in eine Ausweitung der Könnenbereiche (Selbstevolution). Sie schafft die Lücke, den Abstand, zwischen kalendarischem und biologischem Alter: die Ausweitung der gesunden Lebensspanne. Sie hilft, nebenbei, die („unhaltbare") Hypothese („the widely-held position") zurückzuweisen, „that mortality at older ages is intractable" (Vaupel, 1997). Wenn „mortality" eine Krankheit ist – die Ansicht von Demographen wie James Vaupel und einer Gruppe von Biogerontologen um Aubrey de Grey, allmählich, zögerlich bei den zuständigen Wissenschaften und den Tod regulierenden Behörden Anerkennung findend– dann kommt der alte Mensch um Selbstevolution nicht herum.[457] Zunächst und zentral als Nicht-Intervention in seine „Natur", als Vermeidung von Eingriffen in sein Selbst, die ihn vom natürlichen Weg des Lebens abbringen, alles jenes nicht zu tun, was krankmacht, körperlich und seelisch, die „Selbstausbeutung" (Sloterdijk) des Körpers durch „Liebe zum Körper" (Kapitel) einzuschränken, oder wie der Ökonom sagt, zu „substituieren". Ein Weg beispielsweise wäre etwa eine Lebensweise auf der Grundlage von Kalorienreduktion oder intermittierendem Fasten. Dies verlangt Disziplin und Unterstützung in Familie und bei Freunden, die nicht vom Himmel fallen, vielmehr mühsam selbst zu erwerben sind. Die „tractability von mortality" beginnt mit sich selbst. Lernen ist ein Teil des evolutorischen Prozesses. Lernen zeigt sich darin, wenn es jemand gelingt, zwischen Erfolg und Fehlschlag zu unterscheiden, im Hinblick auf seine Ausweitung der Lebensspanne. Man müsste „Fehler" erkennen und korrigieren. Was sind meine Fehler beim Essen, beim Umgang mit Menschen (Familie, Freunde, Helfer), mit meiner Zeit? Welcher alte (und jüngere) Mensch macht sich Gedanken um den Konsum medial vermittelter Trivialitäten. In fast allen diesen Dingen hilft die Wissenschaft, auch wenn jemand Zugang zu ihr hätte, nicht immer weiter. Die Ernährungswissenschaftler streiten sich über alles. Eine Diät jagt die andere. Glauben ersetzt Wahrheit. Der einzelne Mensch kommt nicht darum herum, sich nicht nur selbst zu informieren - weit mehr, er muß selbst experimentieren, auch innovieren, neue Dinge ausprobieren, testen, versuchen und sich irren, learning by doing. Einige tun es, in gewissen Sinne alle. Meistens erfolglos, weil sie das was sie tun, nicht reflektieren, nicht mit Wissenschaft abgleichen können, ihnen Partner fehlen (und seien es solche aus dem WWW), mit denen sie Versuch und Irrtum, Erfahrungen über Erfolg und Misserfolg kommunizieren können, manche auch zu Besserwissern werden. Gerade viele der sich als höher qualifizert Betrachtenden weisen etwa Erkenntnisse der Erfahrungsmedizin vehement zurück.

Alte Menschen sind hier im Prinzip im Vorteil, fachökonomisch besitzen sie einen komparativen Vorteil im Austesten lebensverlängernder Methoden und Erfahrungen. Sie haben Zeit und Muße, mehr als derjenige, der einer „produktiven" Beschäftigung nachgeht, der Teil der sogenannten

---

[457] Diese Sicht hilft uns (bezogen auf uns, die Autoren) ein grundlegendes „Problem" zu lösen, das wir anderswo ausführlicher diskutieren: Ist „Tod" eine natürliche Folge oder ein Teil des Menschseins, Interventionen in den natürlichen Prozeß „Des-dem-Tode-Näher-Kommens" somit Intervention in ein komplexes System. Durch Intervention in den von „Selbst-so" (dao-chinesisch *ziran*) verlaufenden „natürlichen" Alterungsprozeß entstehen gesundheitlich-seelische Verwerfungen, die den gesamten Prozeß, bereits in der vorgeburtlichen Phase des Menschseins durchziehen (die Mutter trinkt und raucht, überträgt Stress auf ihre noch-nicht geborenen Kinder). Auch für die Todesphase werden Verordnungen erstellt, wie jemand ethisch korrekt zu sterben hat. Ist Krankheit ein Teil der harmonischen Welt der Dinge, Ausfluß des Dao? Sind selbstevolutive Anstrengungen und medizinische Versuche, das Leben länger zu erhalten, Eingriffe in den *ziran*-Prozeß von Leben und Tod?

„erwerbsfähigen" aber seiner genetischen Ausstattung nicht angepaßten daher lebensverkürzenden Bevölkerung ist (bezogen auf das Potential durch eine gesunde Lebensweise). Der biologische Anpassungsdruck intensiviert sich mit dem chronologischen Altwerden. Innovation und Investition sind (aus der Logik der Entwicklungstheorie) die beiden notwendigen und hinreichenden Aktionsparameter für wirtschaftliche Entwicklung (selbstverständlich durch eine große Zahl von Faktoren beeinflußt). Die Investitionsbereitschaft sinkt weltweit, ausgehend von den USA. Eine Erklärung: Der Zeithorizont der Investoren sinkt. Sie wollen oder können nicht auf Erträge von Investitionen warten, die erst viel später in der Zukunft anfallen. In der Regel ist das bei Forschung unde Entwicklung der Fall. Warum können sie nicht warten? Die Anreizsysteme der Entscheider, vor allem im Vorstand, insbesondere von Aktiengesellschaften, börsennotierten, sind auf relativ kurzfristig erzeugbare Erträge angelegt. China und Japan haben das US-Modell übernommen. Schnelle Gewinne und höhere Umsätze erzielt man auch durch Aufkauf von und Fusion mit Unternehmen, die kurzfristig höhere Gewinne und Umsatzwachstum versprechen. In Deutschland wird ein beträchtlicher Teil der Werschöpfung von mittelständischen Unternehmen, fast überwiegend nicht börsennotiert und in der Hand der Gründerfamilie, mit langer Zeitperspektive erzeugt. Wenn wir von „Investor" sprechen, bliebe zu unterscheiden. In allen Funktionen von Unternehmertum sind Investoren aktiv. In der arbitragedominierten Welt der Kapitalmärkte sind damit „Investoren" gemeint, die in Finanzprodukte (wie Staatsanleihen, Aktien) investieren, nicht Unternehmer, die Geld ausgeben, um Realinvestitionen (etwa in Roboter,) auch in die eigene Gesundheit zu vollziehen. Auch Zeit wird investiert, wer etwa Fähigkeiten aufbaut, um wirksamer zu kommunizieren oder seinen Alternsprozeß zu entschleunigen.

Eine gesunde Lebensspanne ist genauso von Innovation (medizinisch, selbstevolutorisch) und Investition (auch Zeit) und Motivation erzeugbar. Die zu überwindenden Widerstände sind mannigfaltig, resultierend aus allen Teilsystemen der Gesellschaft (Politik, Wissenschaft, Wirtschaft) und der Individuen selbst, „ein Beharrungswiderstand gegen Veränderungen" (Schumpeter, 1911/2006, S. 109). Schwimmen gegen den Strom des Widerstands. Schumpeter und Laozi sind sich einig.

> Der ganze Unterschied zwischen dem Schwimmen eines Körpers mit dem Strome und dem Schwimmen gegen den Strom liegt hier. Während die Fortbewegung im ersten Falle unmittelbar erklärt ist bedarf es einer besonderen, dort nicht nötigen, Kraft [Energie, Volition, Qi] um die Bewegung eines Körpers gegen die Strömung zu erklären. Dieser Umstand begründet das Problem, das hier liegt, und unser Bedürfnis nach einem solchen besonderen Erklärungsgrund (Schumpeter, 1911/2006, S. 121).

19.3 Entwicklungsdynamik durch Unternehmensgründungen

Was treibt somit die Entwicklung der Wirtschaft in demographisch alternden Gesellschaften. Unterscheiden sie sich von jüngeren? Aus der Sicht der Ökonomie sind die Quellen der Entwicklung die gleichen. Als ein Schlüssel für Entwicklung (durch Schaffung von Arbeitsplätzen und Neukombinationen) gilt die Gründung neuer Unternehmen (start-ups). Betrachten wir erneut die Automobilindustrie. Ihre Dynamik stößt in entwickelten Volkswirtschaften an Grenzen. Der Kondratieff Mobilität verliert an ökonomischem Impuls. Dann kommt ein Gründer wie Elon Musk mit seinem Unternehmen Tesla. Selbstfahrende Tesla-Automobile sind seit dem Jahr 2014 auf dem Markt. Tusk behauptet, seine Automobile seien sicherer als von Menschen gesteuerte und würden viele Menschenleben retten. Fast alle Hersteller von Automobilen ziehen nach, auch Firmen, für welche Autos ein neuer Markt sind (Google, Apple). Peter Campbell (2016) gibt einen Überblick. Neue Arbeitsplätze werden geschaffen, neue Technologien entwickelt oder in der Praxis angewendet, etwa künstliche Intelligenz und Roboter. Revolutioniert ein Gründer, ein Quereinsteiger, die Automobilindustrie und mit ihr gekoppelte Technologien? Das durch Gründung erzeugte Neue greift über in die Welt der Logistik, der Medien, der Moral, des Rechts, selbst der Philosophie. Welchen Beitrag ältere Erwerbstätige, selbständig oder angestellt, in der „driverless tech" leisten können, haben wir in früheren Kapiteln erläutert. Was Tusk macht, ist nicht außergewöhnlich, für Ökonomen wie Schumpeter oder Baumol das Normale. Wie hat sich die Biotechnologie entwickelt? Aus Gründungen von ehemals Miniaturunternehmen wie Amgen, Genentech, Celgene.[458]

Gründungen sind rückläufig, weltweit in den reifen Industriegesellschaften. Wenn die Menschen älter und älter werden, alte Menschen zunehmend Jüngere demographisch verdrängen, müßten wir entweder davon ausgehen, die verbleibenden Jüngeren gründen mehr Unternehmen oder die Älteren machen es selbst. Ein gesundes Altwerden verlangt unternehmerische Energie, eine Ausweitung der unternehmerischen Könnensbereiche. Für mehr und mehr alte Menschen könnte es naheliegen, diese auch wirtschafts-unternehmerisch zu nutzen. Und in der Tat, zeigen uns die nur spärlich verfügbaren Daten: Menschen arbeiten länger (auch ohne staatliche Vorgaben wie die Erhöhung des Renteneintrittsalters), gründen zunehmend (relativ, nicht absolut) mehr Unternehmen als jüngere Altersgruppen, kompensieren zunehmend die nachlassende Gründungsdynamik der jüngeren Jahrgänge. Wir können des weiteren vermuten: Demographisch alte Gesellschaften verfügen über einen zunehmend größeren Anteil älterer Jahrgänge, welche über die unternehmerische Energie verfügen, wirtschaftlich aktiv zu bleiben oder zu werden. Auch wie man diese Prozesse fördern kann, wird zunehmend erschlossen, für Länder wie die USA (siehe Kauffman Foundation), für Europa (OECD-Europäische Kommission, 2012), für Japan (vielfältige Initiativen [459]). „Seniorenunternehmertum gilt als das neue Normale" (Mals und Rogoff, 2014; leider keine Daten). „Early retirees" im Alter von 55-64 gelten als die nächste Generation von Unternehmern (Singh & Denoble, 2003). Die Autoren versuchen zu erklären, warum eine immer größere Zahl abhängiger Erwerbstätiger in dieser Altersgruppe eine Vorliebe für selbständige Erwerbstätigkeit zu entwickeln beginnt (Hintergrund USA). Für Japan berichtet die OECD & European Commission (2012; Tabelle 1) paradoxe Ergebnisse für das Jahr 2009. Von älteren Japanern (50-64 Jahre) machten sich 88,5 Prozent überhaupt keine Gedanken darüber sich selbständig zu machen, (never thought about starting a business), 22 Prozent dachten über Selbständigkeit nach und 149 Prozent waren in frühen Phasen einer Geschäftsgründung involviert. Der höchste Wert aller untersuchten Länder, gefolgt von Korea mit 109 Prozent, Deutschland 48 Prozent. Die Untersuchung erklärt den höheren Anteil älterer Menschen, die selbständig aktiv sind im Vergleich zu jenen, die nur darüber nachdenken, mit den Opportunitätskosten der Zeit. In einem höheren Alter verfügt man über eine geringere Zeitspanne, um ein Geschäft erfolgreich umzusetzen; daher muß man es auch tatsächlich und rechtzeitig unternehmen; darüber nachzudenken und nichts zu unternehmen, verkürzt die verbleibende Zeit aktiv zu sein.

In einer weiteren Untersuchung (OECD, 2015) erfahren wir (S. 27), in welchem Alter japanische Bauern noch ihrer Arbeit nachgehen. 56 Prozent sind 70 Jahre alt oder älter, 27 Prozent zwischen 60

---

[458] Als der Autor noch im Studium war, Universität Freiburg, bei F.A. Hayek, hat er, bei bescheidenstem Kapitaleinsatz, Amgenaktien gekauft. Der Preis verdoppelte sich. Die (Deutsche) Bank empfahl ihm: verkaufe. Er tat es. Hätte er Amgen behalten, er wäre heute ein mehrfacher Millionär.

[459] Im Text haben wir mehrere angesprochen, zu ergänzen wäre die Japanese Finance Corporation, die sich speziell mit der Finanzierung kleiner und mittlerer Unternehmen beschäftigt
https://www.jfc.go.jp/n/english/sme/pdf/JFC2012e-SME_201210; bereits Yasuda (2009) hat Initiativen vorgestellt. Zu Gründungen in Hochtechnologiesektoren siehe Wieczorek (2016): Japans Alternativen zu Silicon Valley. Es ist jedoch nicht unser Ziel, diese Bemühungen im einzelnen darzustellen, sondern auf deren Existenz zu verweisen.

und 69 Jahre alt. Dieses Altersmuster in der Landwirtschaft kann erklären, warum japanische Regionen massiven Entwicklungsproblemen ausgesetzt sind (zu verweisen ist auf die Untersuchungen von Kazue Haga zu dieser Problematik und die Fallstudie zu Irodori, einem Unternehmen, in dem über 70 Jahre alte Frauen erwerbstätig sind – ohne Gesundheitseinbußen).

Werfen wir zur Entspannung einen Blick auf Altersrocker.

Abbildung 69: Altersrock

Das Foto zeigt *The Zimmers*, die älteste Band der Welt, aus England: **Geriatric Rock**, Quelle: Dunkel/Financial Times Deutschland (existiert nicht mehr); mehr Hinweise bei https://de.wikipedia.org/wiki/The_Zimmers

Alte Frauen und Männer gründeten eine Rockband und verdienten Geld damit.

Allmählich geraten unternehmerische Aktivitäten in das Blickfeld von Forschern, leider noch zurückhaltend von Statistikern. Bismarck überlebt bis heute. 65 Jahre, danach kommt nur wenig an Daten. Einige Organisationen wie die OECD hätten genug Ressourcen dafür, sie machen es nicht. Vor allem Zeitreihen sind Mangelware. Diese machen jedoch den Kern demographischer Trends aus.

Gründungen gehen weltweit zurück. In Japan waren sie immer schon bescheiden, was besondere Anstrengungen und institutionelle, steuerpolitische und kapitalmarktrelevante Initiativen verlangt, die auch zunehmend anerkannt und umgesetzt werden (Wieczorek, 2016). Sie gelten als der „dritte Pfeiler" der sog. Abenomics. Der Mittelstand in Deutschland verliert an Innovationsenergie (Zimmermann, 2016a), die Innovationsdynamik sinkt jedoch überall (Sarah Gordon, 2016), von *emerging economies* wie China und Indien abgesehen. Die Ursachen sind vielfältig, je nach der eingenommen theoretischen Sichtweise.

Auslaufen der Dynamik Alter Wellen (etwa des fünften Kondratieff: Kommunikation, Internet; des vierten: Mobilität) und/oder mangelnder Förderung von Wissenschaft und technologischer Entwicklung durch den Staat?[460] Robert Gordon behauptet, die größten technologisch-innovativen Impulse seien bereits Vergangenheit und grundlegend neue Basisinnovationen kann er nicht erkennen. In keynesianischen Mustern argumentierende Ökonomen wie Paul Krugman setzen auf eine makroökonomische

---

[460] Der deutsche Staat (Bund) gibt für Wissenschaft, Bildung und Technologie weniger Geld aus (16 Mrd. Euro) als für die Unterstützung von Migranten.

Nachfrageschwäche, welche durch eine extrem lockere Geldpolitik und staatliche Investitionstätigkeit zu überwinden ist. Japan hat diesem Muster von Krugman, Stiglitz und anderen gefolgt (Pfeiler 1 und 2 der Abenomics). Eine dritte Sichtweise: Ordnungspolitik plus Innovations- und Evolutionslogik. Förderung von Unternehmertum und Investitionsbereitschaft; Vereinfachung des Steuersystems und dessen Anpassung an demographisches Altern; Bekämpfung von Korruption und Nichtbeachtung von Lobbyismus; Freiheiten förderndes Rechtssystem; Selbstverantwortung für Gesundheit.[461]

Originell ist dies alles nicht. Man kann sagen: Sie prägte bereits die Industrielle Revolution und die nachholende Entwicklungsprozesse in Ländern wie Japan, Korea, Taiwan und in Teilen China und Indien.

Wenn „demographic trends shape the future of entrepreneurship" (Wiens & Fetch, 2015), könnten Olderpreneurs zunehmend in unternehmerische Funktionen jenseits von Nachfrage nach Silbergütern hineinwachsen? Gilt dann, was Straubhaar (2014) in anderer Logik als der hier vorgestellten behauptet: „Deutschlands Vergreisung ist etwas Wunderbares". Oder gilt es Konfuzius zu akzeptieren: Ein Land, das „sich um Fernes nicht kümmert, erwartet schon in nächster Nähe Kummer."

Die nächste Abbildung ist selbsterklärend. Für Deutschland berichtet die Kreditanstalt für Wiederaufbau regelmäßig über das Gründungsgeschehen. „Deutschland hat den Gründergeist verloren", kommentiert die Börsenzeitung (2. Juni, S. 6) einen jüngeren Bericht (Metzger, 2016). Von 2002 bis 2016 eine Halbierung der Gründungen (ab dem Alter von 65 keine Daten). „Um den Gründergeist zu fördern muss daher [so die Interpretation der Zeitung der KfW-Untersuchung] mehr Gründergeist und Wirtschaftswissen in *Jugendjahren* vermittelt werden" (unsere Betonung). Arme Alte. In eurer Jugend kein Geist erzeugt und keine BWL mitbekommen, wie könnt ihr im Alter eine Gründung durchziehen? Die mangelnde Gründungsbereitschaft in Deutschland allgemein und speziell im Bereich innovationsradikalerer Gründungen - ein Merkmal welches nicht nur neue Unternehmen sondern auch etablierte Unternehmen sämtlicher Umsatzgrößen prägt - wird in weiteren Untersuchungen angesprochen (Siems, 2016c).

Abbildung 70: Existenzgründungen in Deutschland 2005-2015

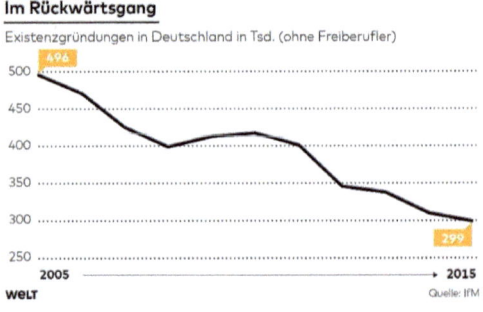

Quelle: http://www.welt.de/finanzen/article157607649/Was-deutsche-Start-ups-wirklich-brauchen.html

---

[461] Was Sokrates bereits vor über 2400 Jahren fordert: „Wenn jemand Gesundheit sucht, frage erst ob er bereit sei, künftighin die Ursachen der Krankheit zu meiden. Erst dann darfst Du ihm helfen."

Ein vergleichbarer Rückgang der Neugründungen wird für die USA berichtet. In den USA hat sich die Anzahl neuer Firmen (pro 100 000 Einwohner einer Region) halbiert (Fleming, 2016; der Autor gibt einen Überblick über die Gründungsdynamik in den USA: „Niedergang der Gründungsnation"). Parallel mit dem Rückgang von Neugründungen sinkt die Zahl der neu geschaffen Arbeitsplätze, von 4,7 Mio (1999) auf 2,4 Mio. (2010).[462]

In Amerika wird auch demographisch argumentiert. Die Baby Boomer verabschieden sich in den Ruhestand. Sie sind oder waren für die Entwicklung des Landes für mehrere Jahrzehnte verantwortlich. Was machen sie im Ruhestandsalter? Setzen sich zur Ruhe, genießen das Leben und ihre Rente? Einigen fehlt das Einkommen. Sie bleiben aktiv, gründen sogar Unternehmen.

Ein Blick auf japanische Daten. Der Anteil der Unternehmensgründungen von Fünfzig- bis Sechzigjährigen an den Gesamtgründungen in Japan verdoppelte sich von 1991 auf 2012 von 9.3 auf 17.4 an den Gesamtgründungen, in der Gruppe der Älteren (60+) von 2.2 auf 5.9, der 50-60Jährigen steigt von 9.3 auf 17.4 (Matsuda, 2014). Der Gründungsanteil sämtlicher jüngerer Alterskohorten befindet sich in einem Abwärtstrend. Wie sieht der Gründungstrend in zwei oder fünf Jahrzehnten aus, wenn ältere Menschen in Japan nahezu die Hälfte der Bevölkerung ausmachen (in Deutschland setzt man auf Zuwanderer aus Afrika und dem Nahen Osten)?

Dewin Stewart (2016) berichtet zu Japan, ein Drittel der neuen Unternehmen seien von „people over 60" gegründet worden. Des weiteren führt er an, die Regierung entwickele ein Programm, daß von Älteren gegründete Unternehmen mit einer Unterstützung bis zu 16,000 Dollar (zwei Millionen Yen) rechnen können, wenn sie ältere Mitarbeiter beschäftigen (Stewart nenn keine Quelle für diese Aussage; es könnten Daten sein, die wir in Tabelle 5 mit Quellenangabe aufgeführt haben; sie stimmen mit der obigen Behauptung von Stewart überein). Bei Bloomberg (Ujikane u.a., 2016) erfahren wir: Japan hat den höchsten Anteil von „erwerbstätigen Senioren", Deutschland beträchtlich übertreffend. Ermittelt wurden Erwerbstätige im Alter von 65 Jahren und höher. In Japan 22% plus, in Deutschland 5%, in Frankreich zwischen 2% und 3% (von uns nach der Tabelle in Bloomberg geschätzt). Dann erfahren wir auch: In Japan tragen junge Start-ups proportional mehr zur Schaffung von Arbeitsplätzen bei als in jedem anderen Land der OECD (Criscuolo, Gal und Menon, 2014). Jung bedeutet nicht jung nach dem Alter der Gründer sondern des Unternehmens. Sie sind innovativer und wachsen schneller, daher resultiert ihr Beschäftigungsbeitrag.

Die Japaner leben relativ gesund. Ein 55 Jahre alter Mann hätte noch 35 Lebensjahre vor sich, vertraut man japanischen Statistiken. Selbstevolution gäbe ihm dann auch die Chance, höheren Funktionen des Unternehmertums nachzugehen: Er kann, als gesunder Mensch mit sich ausweitender Lebensspanne, zunehmend Neues kombinieren (Risiken tragen, auf Erfolg warten), er kann in der Arbitragefunktion Vermögen akkumulieren, er kann auch Routine mit Evolution kombinieren (Röpke & Xia, 2007).

Altsein, Altwerden, kalendarisch gesehen, kann somit alles andere als eine Pflegeexistenz sein – eine zeitgenössische Form der Entmündigung: Pflegeheim als „Wartesaal zum Tod". Die Alten selbst sind Pioniere ihrer Lebensverlängerung. Wer sonst? Millionenfach können sie unternehmerisch agieren, jeder für sich und für andere (innovativ, durch Arbitrage, mit Routine, in Kombination). Ihr Unternehmertum bewirkt, die Grenze einer gesunden Lebensspanne immer weiter in die Zukunft zu schieben. Und wir, Jung und Alt, lernen von ihnen. Wenn der Staat dabei baden geht, mit dem Strom schwimmt, sein Problem („Später Tod bringt die Rente in Not"). Unsere Aussage: Früher Tod bringt die Wirtschaft in

---

[462] http://www.statista.com/statistics/235515/jobs-created-by-start-ups-in-the-us/

Not. Was er tun kann, um die skizzierten Prozesse unternehmerischen Tätigkeitseins zu beschleunigen, ist einfach gesagt, für Mitglieder der politischen Klasse andererseits das Schwierigste überhaupt: Freiheit für alte Menschen, unternehmerische vor allem.

Selbstevolution oder platter gesagt der Einsatz von Aktionsparametern nach Münchhausen erlaubt ihm auch, den zeitlichen Raum zu schaffen, in dem dann medizinische Innovationen für Lebensverlängerung bzw. Verringerung von Morbidität zur Verfügung stehen. Umgang mit Nichtwissen ist Teil von Unternehmertum. Münchhausen heißt: Sich am eigenen Schopf aus dem Sumpf des Nichtwissens und der Unsicherheit, ziehen. Hat er sich, aufgrund nicht-disziplinierter früherer Lebensweise einen Schlaganfall eingehandelt, kann er darauf setzen, in wenigen Jahren über einen Roboterfreund zu verfügen, der ihm dabei hilft, sein Bewegungsrepertoire zurück zu gewinnen.

Evolution schafft damit den Raum (daoistisch: *yin*) um auf medizinische Neuerungen (*yang*) warten zu können, über die Brücke des Lebens zu gehen, und jenseits der Brücke warten die lebensverlängernden Innovationen. Evolution hilft damit auch den Markt für Neukombinationen lebendig zu erhalten, und damit die Folgen zu erzeugen, die mit Innovation einhergehen: Einkommen, Arbeitsplätze, Ausweitung einer gesunden Lebensspanne. Im Zeitablauf wird somit eine *yin-yang*-Harmonie gesunden Lebens erhalten oder geschaffen. Wunder lassen sich damit nicht erzeugen, Wirtschaftswunder schon gar nicht. Aber die Chancen für Menschen in allen Alterskategorien und Funktionsbereichen, sich selbst zu beschäftigen, ein Unternehmen aufzubauen, zu innovieren, verbessern sich. Wie man so etwas erreichen kann, haben wir im vorangehenden Kapitel angedeutet.

Da die Lebensspanne, bei vielen auch, die gesunde, zunimmt, ändert sich auch das Risikoverhalten. Die Angst vor Risiko geht zurück, was nicht heißt, ältere Menschen würden Vorhaben präferieren, die mit einem hohen Risiko verknüpft sind (wie man es etwa in den Gründungsregionen in Kalifornien beobachten kann). Alte Gründer setzten auf ihre Erfahrungen und Netzwerke und in ihren Leben aufgebautes Wissen. Sie sind offen für frugales Innovieren und die Entwicklung bescheiden-disruptiver Produkte und Dienstleistungen. Ihre Märkte sind nicht primär die Millenials (25-40) sondern die ganz Jungen (Großmutterwirkungen) und die Älteren (deren Zahl zudem in den kommenden Jahrzehnten weiter zunimmt). Diese Aussage gilt auch für Freiberufler wie Ärzte, Anwälte, Steuerberater. Frugale und disruptive Erzeugnisse zielen auf Bescheidenheit (auch bei Preisen und Marketing), Abkehr von Habenwollen, einfacheres Leben, jeweils eingebunden in Evolutionsförderung. Was junge Kollegen machen (etwa Freizeitsport, Körpertraining) können sie genauso gut, aber innovativ angepaßt an die Bedürfnisse älterer Menschen.

Ideen und Wissen haben viele. Dieses umzusetzen tun weniger, damit Geld zu verdienen und ökonomische Werte erzeugen, noch weniger. Und wer älter ist, wird sich hüten, stressreich zu leben, sein Vermögen inklusive Gesundheit aufs Spiel zu setzen. Was tun? Unsicherheit und Ungewißheit läßt sich nicht vermeiden. „Tanzen mit dem Unbekannten" (William Baumol) ist Teil jeden unternehmerischen Tuns, unabhängig vom Alter. Wenn der Anteil alter Menschen ständig zunimmt, die Lebensspanne weiter ansteigt, wird das Erzeugen einer Dividende der Demographie eine unvermeidbare Aufgabe der Gesellschaft. Was diese tun kann, und wie sie es machen kann, haben wir im vorangehenden Kapitel angedeutet.

Einen Kernpunkt wollen wir erneut betonen: Wer im Alter (sagen wir 60 plus, nach oben offen) unternehmerische Initiativen entfaltet, vermag die Vorteile seines Tuns selbst zu internalisieren: Gesundheit und längere Lebensspanne, welche neue Wertschöpfungspotentiale erschließen hilft. Der Unternehmer ist es, der Innovationen erzeugt. Niemand sonst. Andere können ihm helfen, tun muß er es selbst. Die Früchte seines Tuns kann er selbst ernten. Sie werden nicht primär von anderen (Staat durch

Steuern, Anwälte in Ländern mit bescheidener Freiheit, Vielzahl von Regulationen) geerntet. Wenn er selbsttherapeutisch agiert, als evolutorischer Unternehmer, er internalisiert den Nutzen seines Tuns.

All dies zeigt übrigen erneut, wie wichtig eine Politik der Nicht-Intervention (*wuwei*) auf Seiten der politischen und administrativen Lebensgestalter ist. Sowie politische oder administrative Entscheider und/oder ihre Berater zu wissen vorgeben, was der einzelne Mensch, Forscher, Entwickler, Unternehmer (nicht) tun darf, blockiert oder verzögert sich der angesprochene Prozeß: Die gesunde Lebensspanne verkürzt sich – gemessen an dem Potential von Lebensspanne und gesundem Leben, welches ohne Intervention in die Komplexität des Lebens möglich wäre. Wie werden also aus Oldest Old Oldest Young? Durch Selbsttherapie einer alternden Gesellschaft. Die Ausweitung einer gesunden Lebensspanne, die Grundlage für die Entfaltung unternehmerischer Energie, ist ein von Innovation und Evolution erzeugter Prozeß, leider (für viele: Experten, Gesetzgeber, Behörden) nicht als ein geradlinig-kausaler steuerbar. Evolution steigert das energetische Niveau und hilft unternehmerisches Tun mit dem Körper zu harmonisieren. Innovationen lassen Menschen neben ihren Wohlstandswirkungen neue Welten, auch solche selbsterzeugter Ungewißheit erschließen. Ihre Zukunft ist eine selbsterzeugte. Die Macht der Routine vermag allerdings die Menschen in alter, vertraute Muster zurückfallen lassen. Schöpferische Tätigkeit, „etwas um seiner Selbst willen zu tun" (Meyer-Abich, 2010, S. 518), könnte zunehmend das Leben in alternden Gesellschaften prägen. Zeit wird die Ressource, welche sich, als biologische, in einer ausweitenden Lebensarbeit verwirklicht. Etwas aus seiner Zeit zu machen, prägt den jungen Alten, läßt die Gesellschaft in eine alterslose mutieren. Das Sozial- und Wirtschaftssystem immunisiert sich gegen die Folgen demographischer Alterung. Biologische Krankheiten verschwinden nicht und ökonomische Verwerfungen genauso wenig. Sie regen jedoch Selbstheilungskräfte in komplexen Systemen an. Demographisch alte Gesellschaften operieren auf einem höheren Evolutionsniveau, was jedoch, will man dieses erhalten, steigern, neuartige Interventionsmöglichkeiten in allen Teilsystemen der Gesellschaft, auf der Ebene der Individuen ohnehin („Liebe zum Körper") erfordert. Nicht-triviale Systeme sind nicht im Sinne geradliniger Ursache-Wirkungs-Muster lenkbar. Die Olderpreneurs sind die Selbsttherapierer einer demographisch alternden Gesellschaft. Die Anzahl der alten Menschen nimmt zu (gemessen an der Gesamtzahl der Bevölkerung) permanent, durch ihr Wirken. Sie schaffen sich also selbst ihre eigene Umwelt und Zukunft. Sie zeigen uns, wie man am meisten aus einer selbsterzeugten biologischen Zeit machen kann.

Literatur

Abbott, Robert D., Kadota, Aya, Miura, Katsuyuki, u.a.(2011): Impairments in activities of daily living in older Japanese men in Hawaii and Japan, Journal of Aging Research, vol. 2011, Article ID 324592, 8 pages,

Abner, Erin (2015): Opinion: Can the Brain Be Trained? The Scientist, 23. März, http://www.the-scientist.com//?articles.view/articleNo/42522/title/Opinion--Can-the-Brain-Be-Trained-/

Achmed, H.M. u.a. (2013): Low-risk lifestyle, coronary calcium, cardiovascular events, and mortality, Am J Epidemiol.10 Juni. PMID 23733562.

Adachi, Misato u.a. (2015): Japan: lessons from a hyperaging society, http://www.mckinsey.com/insights/asia-pacific/japan_lessons_from_a_hyperaging_society

Ahuja, Anjana (2016): The strange story of American life expectancy, The Financial Times, 15. Dezember, S.11.

Ailshire JA, Beltrán-Sánchez H, Crimmins EM (2014): Becoming Centenarians: Disease and Functioning Trajectories of Older U.S. Adults as They Survive to 100, J Gerontol A Biol Sci Med Sci. 2014 Aug 18.

Akiyama, Hiroko (2011): Chōjushakai no machizukuri [Ein Stadtplan für die Gesellschaften mit einer langen Lebenserwartung]. Präsentationsfolie für das Symposium von IR3S, SSC und S-5, am 12.02.11, http://www2.ir3s.u-tokyo.ac.jp/IR3S_sympo110212/pdf/ppt-akiyama.pdf, Abruf am 02.07.13.

Allen, Thomas & O'Shea, Rory (2014): The roadblock to commercialization, The Financial Times, 28. September,http://www.ft.com/intl/cms/s/2/a1ea7c72-18cc-11e4-933e-00144feabdc0.html#axzz3EmhYmp9u (Abruf, 30. September, 2014).

Alsever, Jennifer (2013): 5 billionaires who want to live forever, Fortune Magazine, 4. April.

Angelica, Amara D. (2016): Will this new 'socially assistive robot' from MIT Media Lab (or its progeny) replace teachers? 15. März, http://www.kurzweilai.net/will-this-new-socially-assistive-robot-from-mit-media-lab-or-its-progeny-replace-teachers

Antonini, F.M. u.a. (2008): Physical performance and creative activities of centenarians, Archives of Gerontology and Geriatrics, Vol.46, Issue 2, S. 253-261.

Applewhite, Ashton (2016): Your age? We'll be in touch, International New York Times, 5. September, S. 11.

Aßmann, Jörg (2003): Innovationslogik und regionales Wirtschaftswachstum: Theorie und Empirie autopoietischer Innovationsdynamik, Book on Demand.

Astheimer, Sven (2016): Flüchtlinge lösen nicht unser Rentenproblem, Frankfurter Allgemeine Zeitung, 20. Januar, http://www.faz.net/aktuell/wirtschaft/wirtschaftspolitik/alterung-in-deutschland-fluechtlinge-loesen-nicht-unser-renten

Aune, D. u.a. (2016): BMI and all cause mortality: systematic review and non-linear dose-response meta-analysis of 230 cohort studies with 3.74 million deaths among 30.3 million participants, BMJ, 2016 May 4;353:i2156.

Autio, Erkko u.a. (2014): Entrepreneurial innovation: the importance of context, Research Policy, 43: 1097-1108.

Autor, David H. (2014): Polanyi's Paradox and the Shape of Employment Growth, 3. September, http://economics.mit.edu/files/9835

Authors, John (2014): Growth of the silver economy set to create big winners, The Financial Times, 9. Juni, S. 16.

Aza Wee Sile (2015): Robot shakes things up for Singapore seniors, CNBC Asia, 27. Dezember, http://www.cnbc.com/2015/12/27/are-robots-the-answer-to-singapores-aging-population.html

Bae, Harold T. u.a. (2013): Genome-wide association study of personality traits in the Long Life Family Study, Frontiers in Genetics, Vol. 4, Artikel 65.

Bae, Tae Jun u.a. (2014): The relationship between entrepreneurship education and entrepreneurial intentions: a meta-analytic review, Entrepreneurship Theory and Practice, März.

Bailey, Ronald (2016): Most Scientific Findings Are Wrong or Useless, Reason, 26. August, http://reason.com/archives/2016/08/26/most-scientific-results-are-wrong-or-use

Becofsky, K.M. u.a. (2015): A prospective study of fitness, fatness, and depressive symptoms, Am J Epidemiol.1;181(5):311-20.

Ben-Ari, Yehezkel (2014): Les sept plaies de la recherche scientifique, Le Monde, Science& Medicine, 2. Juli, S. 8.

Berglund, Victor u.a. (2016): Subjective well-being and job satisfaction among self-employed and regular employees: does personality matter differently? Journal of Small Business & Entrepreneurship, 28:1,55-73.

Bhide, Amar V. (2015): The demise of US dynamism is vastly exaggerated – but not all is well, http://papers.ssrn.com/sol3/papers.cfm?abstract_id=2557154.

Birg, Herwig (2014): Die alternde Republik und das Versagen der Politik, Lit-Verlag: Berlin.

Birg, Herwig (2015): „Die demographische Uhr tickt unbarmherzig", Wirtschaftswoche, 5. März, http://www.wiwo.de/politik/deutschland/herwig-birg-die-demografische-uhr-tickt-unbarmherzig/11451966.html

Biswas, A. u.a. (2015): Sedentary time and its association with risk for disease incidence, mortality, and hospitalization in adults: a systematic review and meta-analysis. Ann Intern Med. 2015;162:123-132.

Blech, Jörg (2010): Gene sind kein Schicksal, Frankfurt am Main: Fischer.

Blog, Vincent u.a. (2014): Managing the improvement of entrepreneurship education programmes: a comparison of universities in the life sciences in Europe, USA and Canada, in: Alaine Fayolle & Dana T. Redford, Hrsg., Handbook on the entrepreneurial university, Cheltenham, UK: Edward Elger.

Blonigen, Bruce A. & and. Pierce, Justin R. (2016): Evidence for the Effects of Mergers on Market Power and , Efficiency, Finance and Economics Discussion Series, Divisions of Research & Statistics and Monetary Affairs, Federal Reserve Board, Washington, D.C., https://doi.org/10.17016/FEDS.2016.082

Bloom, D.E. u.a. (2011): The global economic burden of non-communicable diseases. Geneva: World Economic Forum.

Bloom, D.E. u.a. (2014): Macroeconomic implications of population ageing and selected policy responses. The Lancet, 385(9968), 649–657.

Bloomberg (2016): Robots needed, being helped to fill in for aging farmers, The Japan Times, 23. April, http://www.japantimes.co.jp/news/2016/04/23/national/robots-needed-being-developed-to-fill-in-for-aging

Bluedorn, Allen C. & Martin, Gwen (2008): The time frames of entrepreneurs, Journal of Business Venturing,23 (1): 1–20.

Boers, Inge u.a. (2014): Favourable effects of consuming a Paleolithic-type diet on characteristics of the metabolic syndrome: a randomized controlled pilot-study, Lipids in Health and Disease, 13:160.

Börsch-Supan, Axel (2014): Silver Economy: Pipe dream or realistic possibility, Munich Center for the Economics of Aging, 26-2014.

Börsch-Supan, Axel u.a. (2015): Erwerbsbeteiligung und Erwerbsintensität Älterer in Deutschland vor und nach dem Renteneintritt, Munich Center for the Economics of Aging, 04-2015.

Bös, Nadine (2015): Autos für Asien, Handys für Opa, Frankfurter Allgemeine Zeitung, 31. Oktober, S. C1.

Bond, Shannon (2016): Redstone case thrown out after 2 days, The Financial Times, 10. Mai, S. 14.

Bonsang, Eric u.a. (2012): Does retirement effect cognitive functioning? Journal of Health Economics, Vol. 31: 490-501.

Bowen, Anthony & Casadevall, Arturo (2015): Increasing disparities between resource inputs and outcomes, as measured by certain health deliverables, in biomedical research, Proceedings of the the National Academy of the United States of America, http://www.pnas.org/content/early/2015/08/12/1504955112.

Brandhorst S. & Longo, V.D. u.a. (2015): A Periodic Diet that Mimics Fasting Promotes Multi-System Regeneration, Enhanced Cognitive Performance, and Healthspan, Cell Metab. 2015 Jun 17. pii: S1550-4131(15)00224-7.

Bradshaw, Tim (2015): Tesla Autopilot. Driving will be miles better with hands-off controls, Financial Times, 16. Oktober.

Brashaw, Tim (2016a): US regulator removes significant roadblock to Google's driverless car, The Financial Times, 11. Februar, S. 18.

Brashaw, Tim (2016b): When robots rule the road, The Financial Times, 4. Mai, S. 7.

Bredesen, Dale E. (2014): Reversal of cognitive decline: a novel therapeutic program, Aging, vol. 6, no. 4, S. 707-717.

Bredesen, Dale E. u.a. (2016): Reversal of cognitive aging in Alzheimer' disease, Aging, vol. 8, no. 6, http://archive.impactaging.com/papers/v8/n6/pdf/100981.pdf

Brody, Jane E. (2015): The more we learn on nutrition, the more we ignore, The New York Times, 12. Oktober, http://well.blogs.nytimes.com/2015/10/12/the-more-we-learn-on-nutrition-the-more-we-ignore/

Brody, Jane E. (2016): Pursuing the Goal of Healthy Aging, New York Times, 1. Februar, http://well.blogs.nytimes.com/2016/02/01/pursuing-the-dream-of-healthy-aging/Brown,

Guy,.C. (2015): Living too long: the current focus of medical research on increasing the quantity, rather than the quality, of life is damaging our health and harming the economy, EMBO Rep, 16(2):137-141.

Brümmer, Simone (2006): Leistungsmotivation und Anstrengungsvermeidung in der deutschen und in der US-amerikanischen Individualisierungsgesellschaft, Dissertation, Flensburg/Wichita Falls, http://www.zhb-flensburg.de/dissert/bruemmer/Dissertation%20Bruemmer.pdf

Buck, Tobia (2014): Exodus to cities creates rural ghost towns, The Financial Times, 14. Dezember, S. 5.

Buettner, Dan (2012): The island where people forget to die, http://www.nytimes.com/2012/10/28/magazine/the-island-where-people-forget-to-die.html?pagewanted=all

Bullock, Nicole (2016): US pensions walk trillion-dollar tightrope, The Financial Times, 27. August, S. 11.

Bunia, Remigius (2014): Unzufrieden und unsicher. Empirische Ergebnisse zur Juniorprofessur, Forschung und Lehre, 9/14, http://www.forschung-und-lehre.de/wordpress/?p=16919.

Burks, Tyesha N. & Cohn, Ronald D. (2011): One size may not fill all: anti-aging therapies and sarcopenia, Aging, 13 (12), 1,142-1,153.

Butler, Declan (2016): A world where everyone has a robot: why 2040 could blow your mind, Nature, News feature, 24. Februar, http://www.nature.com/news/a-world-where-everyone-has-a-robot-why-2040-could-blow-your-mind-1.19431

Calahorrano, Lena u.a, 2016: Herausforderungen für das Steuerrecht durch die demografische Entwicklung in Deutschland,

Fraunhofer Fit und Prognos, http://publica.fraunhofer.de/eprints/urn_nbn_de_0011-n-4176678.pdf

Campbell, Peter (2016): Driverless tech arrives at fork in the road, The Financial Times, 19. August, S. 13.

Canard enchaîné (2014): Vive les vieux! Argent, loisirs, sexualité… le troisième âge est déchaîné, Dossiers Nr. 131, Paris.

Canudas-Romo, Vladimir u.a. (2014): Multiple Chronic Conditions and Life Expectancy, A Life Table Analysis, http://www.jhsph.edu/news/news-releases/2014/life-expectancy-gains-threatened-as-more-older-americans-suffer-from-multiple-medical-conditions.html

Carette, J.A. (2014): The robotics industry in 2013 and future predictions, International Federation of Robotics, 21. Mai, http://blog.robotiq.com/bid/71101/The-Robotics-Industry-in-2013-and-Future-Predictions.

Casselman, Ben (2014a): The slow death of American entrepreneurship, http://fivethirtyeight.com/features/the-slow-death-of-american-entrepreneurship/

Casselman, Ben (2014b): Corporate America hasn't been disrupted, 8. August, http://fivethirtyeight.com/features/corporate-america-hasnt-been-disrupted/

Catarina, Pereira u.a., 2016: Increased Physical Activity and Fitness above the 50th Percentile Avoid the Threat of Older Adults Becoming Institutionalized: A Cross-sectional Pilot Study,Rejuvenation Research. 19(1): 13-20.

Cave, Stephen (2016): The vision thing, The Financial Times, Life & Arts, 9. Januar, S. 8.

Cesari, Matteo u.a. (2013): The stress of aging, Experimental Gerontology, 48:451-456.

Cesari Matteo & Vellas B. (2015): Frailty in Clinical Practice,Nestle Nutr Inst Workshop Ser.;83:93-8. doi: 10.1159/000382091.

Cezanne, Stephan (2015): "So bin ich eben" hat als Ausrede ausgedient, Die Welt, 20. Januar.

Chalard, Laurent (2015): „Oser le desert" ou redynamiser les élites locales, Le Figaro, 15. April, S. 8.

Chassany, Anne-Sylvaine (2015): A breadwinner from Senegal masters the crusty baguette, The Financial Times, 22. April, S. 6.

Chassany, Anne-Sylvaine (2016): A route out of the banlieues, The Financial Times, 4. März, S. 7.

Cheng, S. u.a. (2016): What Makes a 97-Year-Old Man Cycle 5,000 km a Year? Gerontology. 2016, 19. Januar.

Chia, Mantak & Maneewan (1993): Awaken healing light of the Tao, New York: Healing Tao Books.

Cho, J., Martin, P. & Poon, L.W. (2012): The older they are, the less successful they become? Findings from the georgia centenarian study, J Aging Res., 2012:695854.

Christensen, Clayton, Raynor, Michael & McDonald, Rory (2016): Was ist disruptive Innovation? Harvard Business Manager, Januar, S. 64-75.

Christensen, Kaare, Doblhammer, Gabriele, Rau, Roland & Vaupel, James W. (2009): Ageing populations: the challenges ahead, The Lancet, Volume 374, Issue 9696, S. 1196-1208.

Clegg, A. u.a.. (2013): Frailty in elderly people, Lancet, 7. Februar, pii: S0140-6736(12)62167-9. doi: 10.1016/S0140-6736(12)62167-9.

Clover, Charles, (2016): China. Start-ups. Chengdu challenges coastal cities on tech, The Financial Times, 4. Januar, S. 2.

Goeke, Pascal & Zehetmaier, Swen (2012): Netzwerke und ihre Herausforderung für Systemtheorie und Humangeographie. In: http://www.raumnachrichten.de/diskussionen/1525-pascal-goeke-swen-zehetmaier-netzwerke.

Collella, Mike (2013): What has really worked for your wellbeing, 3. Juli, http://arc.crsociety.org/read.php?3,216446 (Abruf, 10. Juli 2013).

Conference Board (2016): Productivity Brief 2015, https://www.conference-board.org/retrievefile.cfm?filename=The-Conference-Board-2015-Productivity-Brief.pdf&type=subsite

Cookson, Robert & Oakley, David (2015): WPP faces up to Sorrell 'succession elephant'', The Financial Times, 10. Juli, S. 17.

Corbyn, Zoë (2011): Experience counts for Nobel laureates, Nature, 7. November, ww.nature.com/news/2011/111107/full/news.2011.632.html.

Cornell University, INSEAD, World Intellectual Property und AT Kearney, The Global Innovation Index, (http://www.wipo.int/edocs/pubdocs/en/wipo_gii_2015.pdf).

Cowen, Tyler (2014): Robert Gordon's sequel paper on the great stagnation, Marginal Revolution, 18. Februar, http://marginalrevolution.com/marginalrevolution/2014/02/robert-gordons-sequel-paper-on-the-great-stagnation.html.

Cox, Hugo (2016): The business of ageing, The Financial Times, House & Home, 24. Januar, S. 1, 18.

Crabtree, James (2016): Battling Uber in India, The Financial Times, 9. März, S. 10.

Creutzburg, Dietrich (2015a): Rente mit 63 vertreibt Ältere vom Arbeitsmarkt, Frankfurter Allgemeine Zeitung, 8. April, http://www.faz.net/aktuell/wirtschaft/wirtschaftspolitik/schwarz-rote-rentenpolitik-rente-mit-63-vertreibt-aeltere-vom-arbeitsmarkt-13526245.html#lesermeinunge

Creutzburg, Dietrich (2015b): Der Ruhestandsmagnet, Frankfurter Allgemeine Zeitung, 13. Juli, http://www.faz.net/aktuell/wirtschaft/wirtschaftspolitik/umstrittene-rente-mit-63-der-ruhestandsmagnet-13698971.html#lesermeinungen

Creuznacher, Isabel Christine (2009): Persönlichkeitsentfaltung zu unternehmerischen Kompetenzen in Schule und Universität: Eine bildungsökonomische Antwort auf theoretische Zielvorstellungen von Schumpeter, Norderstedt: Books on Demand.

Crimmins, Eileen M. (2015): Lifespan and healthspan: past, present, and promise, The Gerontologist, 55(6): 901-911.

Crow, David (2015): A harsh dose of reality, The Financial Times, 2. Dezember, S. 7.

Crow, David (2016): Pharmaceuticals, The Financial Times, 1. Dezember, S. 11.

Cutter, Bo, Litan, Robert & Stangler, Dane (2016): The good economy, The Roosevelt Institute and the Kauffman Foundation, http://www.kauffman.org/~/media/kauffman_org/resources/2016/goodeconomyfeb292016.pdf

Czycholl, Harald (2016): So bereiten sich Seniorchefs auf den Wachwechsel vor, Die Welt, 6. Februar, http://www.welt.de/wirtschaft/karriere/article151926390/So-bereiten-sich-Seniorchefs-auf-den-Wachwechsel-vor.html.

Dawkins, Richard (2000): Geschichten vom Ursprung des Lebens. Eine Zeitreise auf Darwins Spuren, Ullstein.

Deaton, Angus (2013):The great escape: health, wealth, and the origins of inequality, Princeton University Press.

Deaton, Angus (2015): Statistical objectivity is a clock spun from political yarn, The Financial Times, 2.November.

Deaton, Angust (2016): Le progrès continuera, Le Monde, Eco & Enterprise, 11. September, S. 2.

Decker, Ryan A. u.a. (2015): Where has all the skewness gone? The decline in high-growth (young) firms in the U.S., NBER Working Paper 21776.

Deckstein, Dagmar (2012): Die Forscherszene: Diese Institute untersuchen und bewerten den deutschen Mittelstand, Süddeutsche Zeitung, 13. Dezember, S.30-31.

De Grey, Aubrey & Rae, Michael (2010): Niemals alt! So läßt sich das Altern umkehren, Bielefeld: Transcript.

De Grey, Aubrey (2016): Rejuvenation Biotechnology:The Industry Emerges, but Short-Termism Looms, Rejuvenation Research. 19(3): 193-194.

Diepes, Astrid (2016): Der letzte Mensch aus dem 19. Jahrhundert, Frankfurter Allgemeine Zeitung, 19. Mai, http://www.faz.net/aktuell/gesellschaft/menschen/emma-morano-ist-mit-116-jahren-die-aelteste-frau-der-welt-14240121.html

Dobzhansky, Theodosius (1973): Nothing in Biology makes sense, except in the light of evolution. The American Biology Teacher, Band 35, 1973, S. 125–129.

Diamond, Jared (2010): Arm und reich. Das Schicksal menschlicher Gesellschaften, 6. Auflage, Fischer.

Dieckmann, Florian (2016): Altersarmut in Deutschland. Angst um die Rente, Spiegel Online, 23. November, http://www.spiegel.de/wirtschaft/soziales/rente-wird-altersarmut-zum-massenphaenomen-a-1121815.html.

Döring, Claus (2015): Winterkorns Tage als VW-Chef sind gezählt, Börsenzeitung, 25. April, S. 6.

Dörner, Stephan (2016): Droht mit Digitalisierung jedem zweiten Job das Aus? Die Welt, 11. Januar, http://www.welt.de/150856398.

Dickie, Mure (2016): Dundee, Scotland, The Financial Times, 15. Juni, S.8.

Dolan, Paul & Metcalfe, Robert (2012): The relationship between innovation and subjective wellbeing, Research Policy, 41: 1489-1498.

Dougherty, Conor, (2016): How Larry Page's obsessions became Google's business, The New York Times, 22. Januar, http://www.nytimes.com/2016/01/24/technology/larry-page-google-founder-is-still-innovator-in-chief.html?hpw&rref=technology&action=click&pgtype=Homepage&module=well-region&region=bottom-well&WT.nav=bottom-well

Dowideit, Anette (2016): Die fatalen Arbeitsbedingungen in deutschen Pflegeheimen, Die Welt, 12. Mai, http://www.welt.de/wirtschaft/article155259907/Die-fatalen-Arbeitsbedingungen-in-deutschen-Pflegeheimen.html

Drake, Bruce (2014): Number of older Americans in the workforce on the rise, Pew Research Center, 7. Januar, www.pewresearch.org/author/bdrake/

Drucker, Peter (1986): Innovationsmanagement für Wirtschaft und Politik. 3. Auflage, Düsseldorf und Wien: Econ.

Drucker, Peter (1993): Innovation and entreprefneurshipNew York: Harper

The Economist (2014a): Demography, age and inequality: the age invaders, The Economist, 26. April, New

The Economist (2014b): Lenova. The rise of frugal innovator, The Economist, 24. Mai, http://www.economist.com/news/business/21602685-having-conquered-global-market-personal-computers-chinas-lenovo-setting-its-sights.

The Economist (2015): Frugal spaceflight.Space X finally achieves its first successful landing, 22. 12.

The Economist (2015b): Schumpeter. Disrupting Mr. Disrupter, The Economist, 28. November, http://www.economist.com/news/business/21679179-clay-christensen-should-not-be-given-last-word-disruptive-innovation-disrupting-mr

The Economist (2016): Higher education. Flying high. The Economist, 25. Juni, http://www.economist.com/news/international/21701081-new-crop-hands-universities-transforming-how-students-learn-flying-high

Eglin, Marianne & Schaub, Stefan (2016): Mit richtiger Ernährung zum Erfolg. PT-Magazin, 1/2016, 42-3.

Eijsvogels,T.M. & Thompson,P.D.(2015): Exercise Is Medicine: At Any Dose? JAMA, 314(18):1915-6

Elmer, Christina, Stotz, Patrick und Tack, Achim (2015): Mythos Betongold: Die Deutschlandkarte mit regionalen Ergebnissen, Spiegel Online, 31. August, http://www.spiegel.de/wirtschaft/betongold-die-interaktive-deutschlandkarte-a-1047006.html.

Engel, Dirk u.a. (2007): Unternehmensdynamik und alternde Bevölkerung, Berlin:Duncker & Humblot.

Eranos (2000):

Esposito, Elena (2007): Die Fiktion der wahrscheinlichen Realität, Frankfurt am Main: Suhrkamp.

Esselmann, Ina & Geis, Wido (2015): Fachkräfte 65 plus - Erwerbstätigkeit im Rentenalter, IW Trends.

Everson-Rose, S.A. u.a. (2015): Perceived Discrimination and Incident Cardiovascular Events: The Multi-Ethnic Study of Atherosclerosis, Am J Epidemiol. 2015 Aug 1;182(3):225-34.

Fagerberg, Jan, Fosaas, Morten & Sapprasert, Koson (2012): Innovation: exploring the knowledge base, Research Policy, 41, 1132-1153.

Fairlie, Robert W. u.a. (2015): The 2015 Kauffman Index Start- up activity,, Kauffman Foundation, http://www.kauffman.org/~/media/kauffman_org/research%20reports%20and%20covers/2015/05/kauffman_index_startup_activity_national_trends_2015.pdf

Farrell, Chris (2016):How sci-fi robotic gear may help older workers, Next Avenue, 29. Februar, http://www.forbes.com/sites/nextavenue/2016/02/29/how-sci-fi-robotic-gear-may-help-older-workers/#2a56e02917f6.

FAZ (2014a): Auswahl von Managem: Die Lüge von den Softskills, Frankfurter Allgemeine, 10. Mai, http://www.faz.net/aktuell/beruf-chance/arbeitswelt/auswahl-von-managern-die-luege-von-den-softskills-12931347.html

FAZ (2014b): Die Rente mit 60 – oder auch erst mit 70, Frankfurter Allgemeine Zeitung, 12. Mai, S. 17.

Feldbaum, Johann (2014): http://www.faz.net/aktuell/wirtschaft/wirtschaftspolitik/einwanderungsland-deutschland-ein-kommentar-12948877.html#lesermeinungen

Felsted, Andrea (2015): Campaign strategists fall for the older woman – and man, The Financial Times, FT Specdial Report, The Business of Luxury, 8. Juni, S. 2.

Feng, Xiaoqi u.a. (2016): Does retirement mean more physical activity? A longitudinal study, BMC Public Health, 16:605.

Fiedler, Fred E.(1996): Research on leadership selection and training: one view of the future. Administratrive Science Quarterly, 41, pp. 241-250.

Fildes, Nic (2016): Music industry signs up robots to help tailor services for fickle listeners, The Financial Times, 3. 12. S. 12.

Filoche, Gérard (2011): 50 arguments pour rétablir la retraite à 60 ans, Marianne2, 19. Dezember, http://www.marianne2.fr/gerardfiloche/50-arguments-pour-retablir-la-retraite-a-60-ans_a23.html

Fleming, Sam (2015a): US productivity slowdown adds to concerns among policy makers, The Financial Times, 7. Mai, S. 3.

Fleming, Sam (2015b): Disparities in US jobs data fuel debate, The Financial Times, 4. November, S. 6.

Fleming, Sam (2016): Decline of the start-up nation, The Financial Times, 5. August, S. 7.

Fleming, Sam & Giles, Chris (2015): The waiting game, The Financial Times, 26. Mai, S. 9.

Fleming, Sam u.a. (2015): Death rate surges among middle aged US whites, The Financial Times, 4. November, S. 5.

Foley, Stephen (2016): Asset management, The Financial Times, 18. Juli, S. 7.

Ford, Martin (2016): We are completely unprepared for the robot revolution, The Financial Times, 3. Mai, S. 9.

Foss, Lene & Gibson, David V. (2015): The entrepreneurial university. Context and institutional change. London & New York: Routledge.

Freitag, Michael, (2016): Wenn die Robotaxis die Stadt übernehmen, Manager Magazin, 4. Januar, http://www.manager-magazin.de/unternehmen/autoindustrie/autonomes-fahren-roboter-taxis-uebernehmen-die-stadt-a-1070307.html

Friedman, Howard & Martin, Leslie (2012): Die Long-Life-Formel: Die wahren Gründe für ein langes und glückliches Leben, Beltz.

Fries, James F., Bruce, Bonnie und Chakravarty, Eliza (2011): Compression of Morbidity 1980–2011: A Focused Review of Paradigms and Progress J Aging Res., 23. August, Volume 2011 (2011), Article ID 261702, 10 pages

Fritsch, Michael & Noseleit, Florian (2013): Investigating the anatomy of the employment effect of new business formation, Cambridge Journal of Economics,vol. 37, S. 349-377.

Fründt, Steffen (2014): Wir arbeiten lieber als in Rente zu gehen, Die Welt, 30. Juni, http://www.welt.de/wirtschaft/article129616654/Wir-arbeiten-lieber-als-in-Rente-zu-gehen.html

Fujiwara, Takao (2015): Potential and challenges for start-ups in Japan's biotech-industry, Journal Biotechnology & Biomaterials, 2015, 5:4.u

Furman, Jason (2015): Productivity growth in the advanced economies: the past, the present, and lessons for the future, 9. Juli, https://www.whitehouse.gov/sites/default/files/docs/20150709_productivity_advanced_economies_piie.pdf.

García-Peñalosa, Cecilia & Wasmer, Etienne (2016): Préparer la France à la mobilité international croissante des qualifiés, Conseil analyse économique, Mai, http://www.letudiant.fr/static/uploads/mediatheque/EDU_EDU/7/9/1075379-cae031-presentation-mobilite-original.pdf

Gersemann, Olaf (2015a): Die dunkle Wahrheit hinter dem deutschen Jobwunder, Die Welt, 6. Januar, http://www.welt.de/wirtschaft/article136033137/Die-dunkle-Wahrheit-hinter-dem-deutschen-Jobwunder.html

Gersemann, Olaf (2015b): Die Welt, Wo sind unsere 300 Milliarden Steuergelder hin? Die Welt, 10. April, http://www.welt.de/wirtschaft/article140717290/Wo-sind-unsere-300-Milliarden-Euro-Steuergelder-hin.html

Gersemann, Olaf (2015c): Vergreisung wird uns 497.000.000.000 Euro kosten. Die Welt, 13. Mai, http://www.welt.de/print/welt_kompakt/print_wirtschaft/article140865474/Vergreisung-kostet-uns-497-000-000-000-Euro.html

Gerstner, Ansgar (2001): Eine Synopse und kommentierte Übersetzung des Buches Laozi sowie eine Auswertung seiner gesellschaftskritischen Grundhaltung auf der Grundlage der Textausgabe Wang-Bis, der beiden Mawangdui-Seidentexte und unter Berücksichtigung der drei Guodian-Bambustexte, Dissertation FBII; Sinologie, Universitätsbibliothek Trier.

Gierman HJ, Fortney K, Roach JC, Coles NS, Li H, u.a. (2014): Whole-Genome Sequencing of the World's Oldest People, PLoS ONE 9(11): e112430. doi: 10.1371/journal.pone.01124 http://journals.plos.org/plosone/article?id=10.1371/journal.pone.0112430

Gill, S.S. & Seitz, D.P. (2015): Lifestyles and Cognitive Health: What Older Individuals Can Do to Optimize ognitive Outcomes, JAMA, 25. Aug ;314(8):774-5.

Gilhooly, Rob (2015): Growing old, gracefully: senior citizens in the workplace, Japan Times, 19. 12., http://www.japantimes.co.jp/life/2015/12/19/lifestyle/growing-old-gracefully-senior-citizens-workplace/#.VnaZCb-ZPIU

Givens, Jane L. u.a. (2009): Personality traits of centenarians' offspring, JAGS, 57: 683-685.

Goeke, Pascal & Zehetmaier, Swen (2012): Netzwerke und ihre Herausforderung für Systemtheorie und Humangeographie.In: http://www.raumnachrichten.de/diskussionen/1525-pascal-goeke-swen-zehetmaier-netzwerke.

Goldman, Dana P. u.a. (2013): Substantial health and economic returns from delayed aging may warrant a new focus for medical research, Health Affairs, 32, No. 10:1698-1705.

Gordon, Colin (2014): "La ségrégation raciale contribue au déclin des villes américaines, Le Monde, Cultures & Idées, 30. August, S.7.

Gordon, Robert (2015): The Rise and Fall of American Growth: The U.S. Standard of Living Since the Civil War, Princeton University Press.

Gordon, Robert(2016): Goodby, golden age of growth, Bloomberg.com, 26. Januar, https://www.bloomberg.com/view/articles/2016-01-26/u-s-unlikely-to-see-rapid-tech-fueled-growth-in-future

Gordon, Sarah (2016): Plans to invest in innovation hit a six-year low, The Financial Times, 2. Mai, S. 16.

Grada, Cormac O (2016): Did science cause the Industrial Revolution, Journal of Economic Literature, 54(1), 224-239.

Gray, Alistair (2016): Harrowing ride for cab lenders as Uber makes inroads in NY, The Financial Times, 13. August, S. 10.

Greaves, Mel & Ermini, Luca (2015): Evolutionary Adaptations to Risk of Cancer: Evidence From Cancer Resistance in Elephants, JAMA. 2015;314(17):1806-1807.

Greenwood (2011): The longevity project: decades of data reveal paths to long life, The Atlantic, 10. März, http://www.theatlantic.com/health/archive/2011/03/the-longevity-project-decades-of-data-reveal-paths-to-long-life/72290/

Grierson, Bruce (2014): What if age is nothing but a mind-set? The New York Times Magazine, 22. Oktober, http://www.nytimes.com/2014/10/26/magazine/what-if-age-is-nothing-but-a-mind-set.html?_r=0

Griffiths, Mark u.a. (2012): A dialogue with William J. Baumol: Insights on entrepreneurship theory and education, Entrepreneurship Theory & Practice, Juli, S. 611-625.

Gropp, Martin (2016): Wen soll das Roboterauto im Zweifelsfall opfern? Frankfurter Allgemeine Zeitung, 5. Juli, http://www.faz.net/aktuell/wirtschaft/wirtschaftspolitik/algorithmische-moral-wen-soll-das-roboterauto-im-zweifelsfall-opfern-14323790.html#lesermeinungen

Gunkel, Elena (2014): Jeder Kuchen braucht bald ein Etikett, nw-news, 24. September, http://www.nw-news.de/owl/11254728_Jeder_Kuchen_braucht_bald_ein_Etikett.html.

Haberman, Clyde (2016): Smart Robots Make Strides, but There's No Need to Flee Just Yet, http://www.nytimes.com/2016/03/07/us/smart-robots-make-strides-but-theres-no-need-to-flee-just-yet.html?hpw&rref=us&action=click&pgtype=Homepage&module=well-region&region=bottom-well&WT.nav=bottom-well

Habich, Irene (2014): Warnung von Jugendärtzen: Stress macht auch schon Jugendliche krank, Spiegel Online, 23. Mai, http://www.spiegel.de/schulspiegel/wissen/turbo-abitur-jugendaerzte-klagen-ueber-schulstress-a-961668.html

Haga, Kazue (2009): Gründungsdynamik in alternden Gesellschaften - Das Beispiel Japan, in: Deutsches Institut für Japanstudien (Hrsg.): Japanstudien Band 21, München: iudicium, S. 163-196.

Haga, Kazue (2012): Unternehmertum, Netzwerke und Demographie: Drei Fallstudien aus Japan, in: Fakultät für Ostasienwissenschaften der Ruhr-Universität Bochum (Hrsg.): Bochumer Jahrbuch zur Ostasienforschung 35/2011.

Haga, Kazue (2013): Innovations- und Evolutionsdynamik im demographischen Wandel. Marburg.

Haga, Kazue (2015): Innovation and entrepreneurship in aging societies: theorical reflection and a case study from kamikatsu, Japan, Journal of Innovation Economics & Management, 2015/3 (n°18), S. 119-141.

Haga, Kazue & Röpke, Jochen (2013): Kompetenzevolution in Prozessen demographischen Wandels: Das Blue-Zone-Modell, Entrepreneurship Transfer Center, http://etc.online.uni-marburg.de/etc3/Blue-zone-modell.pdf, Abruf am 19.01.13.

Haga, Kazue & Röpke, Jochen (2007): Neukombination (in) der Wissensgesellschaft, http://www.staff.uni-marburg.de/~roepke/Documents/neuwis.pdf.

Häntzschel, Jörg (2012): Der Tagträumer, Süddeutsche Zeitung, 7. Dezember, S. 11.

Häuser, Winfried, Hansen, Emilt & Enck, Paul (2012): Nocebo phenomena in medicine: their relevance in everyday clinical practice, Ärzteblatt-international.de, 29. Juni, http://www.aerzteblatt.de/pdf/DI/109/26/m459.pdf

Hannon, Kerry (2014), For some, age is no obstacle for entrepreneurship, 12. März, The New York Times, http://www.ft.com/intl/cms/s/0/a141f5f4-6a87-11e4-bfb4-00144feabdc0.html#axzz3LbCDFSmt

Hargrave, S.L. u.a. (2015): Brain and behavioral perturbations in rats following western diet access, . Appetite. 2015 Apr 8. pii: S0195-6663(15)00146-4.

Harding, Robin (2015a): Japan's empty homes, The Financial Times, House & Homes, 18. Juli, S. 1,14.

Harding, Robin (2015b): ‚Recession' is a word in need of rethink, The Financial Times, 14. Novermber, S. 9.

Harding, Robin (2015c): Deep roots in need of a tonic, Financial Times, Corporate Longevity, 10. November, S. 47-50.

Harding, Robin (2015d): Japan's economic strains laid bare by plight of poor pensioners, The Financial Times, 3. Oktober, S. 4.

Harding, Robin u.a. (2016): Toyota grapples with the car of the future, Financial Times, Japan and the World, 12. Januar, S. 5.

Haupt, Friederike (2013): Wohnsituation von Rentnern. Verbullerbüsiert, Frankfurter Allgemeine Zeitung, 14. Juli, http://www.faz.net/aktuell/politik/wohnsituation-von-rentnern-verbullerbuesiert-12281200.html

Heinsohn, Gunnar (2016): Deutschland muss Arbeitgeber sein, nicht Sozialamt, Die Welt, 29. Februar, http://www.welt.de/debatte/kommentare/article152777753/Deutschland-muss-Arbeitgeber-sein-nicht-Sozialamt.html

Heinze, Rolf G. & Naegele, Gerhard (2009): „Silver economy" in Germany – More than only "The economic factor: old age"! Gerobilim 2/09, http://www.sowi.rub.de/mam/content/heinze/heinze/heinze_naegele_gerobilim.pdf

Hellmann, Norbert (2016): Chinas Elektronikriesen tasten sich zum Smartphone vor, Börsenzeitung, 11.3. S. 12.

Hénau, Valérie (2014): Tendance Old is beautiful, Marianne, 25. April, S. 76-80.

Henrekson, Magnus & Sanandaji, Tino (2014): Small business activity does not measure entrepreneurship, PNAS, Vol. 111, no. 5: 1760-1765.

Herships, Sally (2016): Japan's long-term care dilemma: immigrants or robots, www.marketplace.org, 8. März, www.marketplace.org/2016/01/25/world/robots-or-immigrants

Herstatt, Cornelius & Tjwari, Rajnish (2015): Frugale Innovation: wissenschaftliche Einordnung eines neuen Innovationsbegriffs, Arbeitspapier Nr. 88, Technologie- und Innovationsmanagement an der TUHH, März 2015.

Hiatt, Fred (2006): Japan shrinks, The Washington Post, 20. November, http://www.washingtonpost.com/wp-dyn/content/article/2006/11/19/AR2006111900682.html

Hill, Andrew (2015): Sorrell unplugged, The Financial Times, Life & Arts, 14. März, S. 19-20.

Hill, Andrew (2016a): Meet the 'gig' consultants,The Financial Times, 7. Oktober, S. 13.

Hill, Andrew (2016b): Clayton Christensen moves on from the dissing of disruption, The Financial Times, 3. Oktober, S. 12

Hirsch, Jerry (2013): Eiji Toyoda dies at 100; helped family's firm change auto industry, Los Angelos Times, http://www.latimes.com/obituaries/la-me-eiji-toyoda-20130918,0,6155753.story (Abruf: 18 September 2013).

Hirschi, Caspar (2012): Das Gerede von der Wissensgesellschaft, Frankfurter Allgemeine Zeitung, Forschung und Lehre, 1. August, S. N5.

Höft, Uwe (1992): Lebenszykluskonzepte: Grundlage für das strategische Marketing- und Technologiemanagement, Berlin: Erich Schmidt.

Hoffmann, Jürgen (2016): Wie Roboter unsere Welt verändern werden, Die Welt, 21.Juni, http://www.welt.de/regionales/hamburg/article156375634/Wie-Roboter-unsere-Welt-veraendern-werden.html.

Hollersen, Wiebke (2014): Ab dem 70. Lebensjahr wird bei vielen alles anders, Die Welt, 30. September, http://www.welt.de/gesundheit/psychologie/article132784381/Ab-dem-70-Lebensjahr-wird-bei-vielen-alles-anders.html

Hollersen, Wiebke (2015): Wer viel herumsitzt, hat häufiger Angst, Die Welt, 19. Juni, http://www.welt.de/gesundheit/psychologie/article142735783/Wer-viel-herumsitzt-hat-haeufiger-Angst.html

Hollinger, Peggy (2016): Meet the 'cobots': humans and robots learn how to work together on the factory floor, The Financial Times, 5. Mai, S. 5.

Holt-Lunstad, J. u.a., (2015): Loneliness and social isolation as risk factors for mortality: a meta-analytic review, Perspect Psychol Sci.,10(2): 227-37.

Horner, Elizabeth Mokyr (2012): Subjective well-being and retirement: analysis and policy recommendations, Journal of Happiness Studies, DOI 10. 1007/s 10902-012-9299-2.

Hongo, Jun (2015): Five facts from Japan's population statistics, The Wall Street Journal, 20. April, http://blogs.wsj.com/japanrealtime/2015/04/20/five-facts-from-japans-population-statistics/

Hucklenbroich, Christina (2015): Schlaf- und Allergiemittel. Gängige Medikamente erhöhen das Demenzrisiko, http://www.faz.net/aktuell/wissen/medizin/schlaf-und-allergiemittel-gaengige-medikamente-erhoehen-das-demenzrisiko-13393314.html.

Hucklenbroich, Christina (2016): Kinder in Deutschland bekommen häufig veraltete Antidepressiva, Frankfurter Allgemeine Zeitung, 24. April, http://www.faz.net/aktuell/gesellschaft/gesundheit/veraltete-antidepressiva-fuer-kinder-mit-nebenwirkungen-14176649.html#lesermeinungen

Hucko, Margret (2016): Ethik beim autonomen Fahren: Todlangweilig? Sicher! Spiegel Online, 29. April, http://www.spiegel.de/auto/aktuell/autonomes-fahren-horrorszenarien-sind-unwahrscheinlich-a-1084850.

Hughes, Jennifer (2015): Short view, The Financial Times, 17. Dezember, S. 13.

Husman, J. & Shell, D.F. (2008): Beliefs and perceptions about the future: a measurement of future time perspective, Learning and Individual Differences, 18: 166-175.

Inagaki, Kana (2015): Female entrepreneurs get a helping hand in a changing Japan, The Financial Times, 20. November, S. 10.

Inagaki, Kana (2016a): Japan's tech groups lose out in robotics race, The Financial Times, 5. Februar, S. 19.

Inagaki, Kana (2016b): Spider man, The Financial Times, 2. März, S. 10. .

Inagaki, Kana (2016c): Toyota changes gear with push into AI, The Financial Times, 21. Juni, S. 16.

Inagaki, Kana & Lewis, Leo (2016): the unrepentant visionary, The Financial Times, 23. Juli, S. 9.

Institut für Mittelstandsforschung (2012): Schätzung der Unternehmensübertragungen in Deutschland im Zeitraum 2010 bis 2014, http://www.ifm-bonn.org/index.php?id=855.

International Longevity Centre (2014): Rising from the ashes: the role of older workers in driving Eurozone recovery, 20. November 2014.

Ioannidis, JPA (2005): Why most published research findings are false, Plos Med, 2(8): e124.

Isele, Elisabeth & Rogoff, Edward (2014): Senior entrepreneurship: the new normal, Public Policy & Aging Report, 24:141-147.

JSBRI (Japan Small Business Research Institute) (2006): White Paper on Small and Medium Enterprises in Japan (englische Fassung), S. 36, http://www.chusho.meti.go.jp/pamflet/hakusyo/h18/download/2006hakusho_eng.pdf.

Ismail, K. u.a. (2016): Compression of Morbidity Is Observed Across Cohorts with Exceptional Longevity. J Am Geriatr Soc. 2016 Jul 5. doi: 10.1111/jgs.14222.

Ito, Nao (2009): What is the suitable age to be called as „the old-old"? Segmentation of the aged by the demographics and the life skills, Bull. Fac. Educ. Hirosaki Univ, 101: 79-89.

Jacobs, Emma (2014): Midwives to a happy retirement, The Financial Times, 28. Februar, S. 10.

Janert, Josefine (2015): http://www.faz.net/aktuell/beruf-chance/arbeitswelt/wirtschafts-senioren-alte-berater-fuer-junge-unternehmen-13909399.html

Japan Center for Economic Research (2014): Vision 2050. Maintain position as a first-tier nation. April 2014, www.jcer.or.jp. Japan Times (2013): Japan's depopulation times bomb, 17. April, http://www.japantimes.co.jp/opinion/2013/04/17/editorials/japans-depopulation-time-bomb/#.UePUrW3Mj1U

Japan Times, (2006: Female): Elderly entrepreneurs on the rise as society grays, 2. Mai, http://www.japantimes.co.jp/news/2006/05/02/national/female-elderly-entrepreneurs-on-the-rise-as-society-grays/#.V-vW78lVDIU

Johansson, Leif, Nowotny, Helga u.a. (2013): Europe's future can only be built on its brains, The Financial Times, 1. Februar, S. 8.

Johnson, Luke (2012): We all need an infusion of youthful vigour, The Financial Times, 5. Dezember, S. 10.

Johnson, Luke (2013): Starting a business is all in the mindset, The Financial Times, 9.1. S.10.

Johnson, Luke (2014): Nations thrive by uniting founders and professors, The Financial Times, 26. November, S. 10.

Johnson, Witney (2013): Entrepreneurs get better with age, http://blogs.hbr.org/2013/06/entrepreneurs-get-better-with/

Joignot, Frédéric (2016): Robotisation générale, Le Monde, Culture & Idées, 2. Januar, S. 4-5.

Jones, Benjamin .F. (2009): The burden of knowledge and the death of the renaissance man: is innovation getting harder? Review of Economic Studies, 76:283-317.

Jones, Benjamin F. (2010): Age and great invention, Review of Economics and Statistics, 92: 1-14.

Jones, Benjamin F. & Weinberg, Bruce A. (2011): Age dynamics in scientific creativity, http://www.pnas.org/content/early/2011/11/03/1102895108.full.pdf+html.

Juncker, Jean-Claude (2014): „Man kann Europa nicht gegen die Mitgliedsstaaten führen", Frankfurter Allgemeine Zeitung, 19. Mai, S. 2.

Kahneman, Daniel (2012): Schnelles Denken, langsames Denken, München: Pantheon.

Kaiser, Tobias (2015): Viele Deutsche wollen gar nicht in Rente gehen, http://www.welt.de/wirtschaft/article140540371/Viele-Deutsche-wollen-gar-nicht-in-Rente-gehen.html

Kaji, Sahoko (2015): Japanese universities need brighter ideas, The Financial Times, 21. Okober, S. 9.

Kaplan, Hillard u.a. (2000): A theory of human life history evolution: diet, intelligence, and longevity, Evolutionary Anthropology, 156-185.

Kato, Kaori u.a. (2013): Personality, self-rated health, and cognition in centenarians: do personality and self-rated health relate to cognitive function in advanced age? Aging, Vol. 5, No. 3: 183-191.

Kautonen, Temu (2013): Senior entrepreneurship, OECD, http://www.oecd.org/cfe/leed/senior_bp_final.pdf

Kawohl, Julian (2015): Die Unternehmerausbildung in Deutschland versagt, Bilanz, 28. Dezember, https://www.bilanz.de/management/versagen-unternehmerausbildung

Kazmin, Amy (2015): Nature and falling prices squeeze India's farmers, The Financial Times, 11. Mai, S. 6.

Keadle, S.K. u.a. (2015): Impact of changes in television viewing time and physical activity on longevity: a prospective cohort study, Int J Behav Nutr Phys Act. 2015 Dec 18;12(1):156.

Keidel-Joura (1999): Vom Charakter des I Ging. München: Knaur.

Kellaway, Lucy (2016): Work problems answered, The Financial Times, 2. März, S. 10.

Kelley, Donna J. u.a. (2012): Global entrepreneurship monitor, 2011 Global Report, http://www.gemconsortium.org/docs/download/2409.

Kelley,A.S., McGarry K.Gorges, R. & Skinner, J.S. (2015):The Burden of health care costs for patients with dementia in the last 5 Years of life, Ann Intern Med., 163(10):729-36.

Klemm, Thomas (2016): Die Fitnesswelt kennt keine Grenzen, Frankfurter Allgemeine Sonntagszeitung, 3. April, S. 13-14.

Klingholz, Reiner (2012): Jedes Alter zahlt, Frankfurter Allgemeine Zeitung, 25. April, S. 25.

Kluge, Fanny u.a. (2014): The Advantages of Demographic Change after the Wave: Fewer and Older, but Healthier, Greener, and More Productive? | PLOS ONE 10.1371/journal.pone.0108501

Knaeps, Sara u.a. (2016): Ten-year change in sedentary behaviour, moderate-to-vigorous physical activity,cardiorespiratory fitness and cardiometabolic risk: independent associations amd mediation analysis, BJSM Online, 4. August, http://bjsm.bmj.com/content/early/2016/08/04/bjsports-2016-096083.short?rss=1

Knight, Rebecca (2016): Theories for the digitally distracted generation, The Financial Times, 5. Dezember, S. 15.

Köling, Martin (2015): Post aus Japan. Nippon und die künstliche Intelligenz, Technology Review, 12. Mai, http://www.heise.de/tr/artikel/Post-aus-Japan-Nippon-und-die-KI-3202906.html

Koll, Jesper (2015):„Japan befindet sich in einem langfristigen Bullenmarkt", Börsenzeitung, 14. Novmeber, S. 13.

Kramer, Bernd (2015): Was wurde aus dem Fachkräftemangel, Spiegel Online, 13.April, http://www.spiegel.de/karriere/berufsleben/fachkraeftemangel-warum-die-ingenieurluecke-doch-nicht-kam-a-1027793.html

Kresser, Chris (2015): Could you benefit from intermitting fasting? http://chriskresser.com/could-you-benefit-from-intermittent-fasting/3. Dezember.

Kreuter,Vera, Slupina, Manuel, Klingholz, Reiner (2014): Die Zukunft des Generationenvertrages, http://www.berlin-institut.org/publikationen/discussion-papers/die-zukunft-des-generationenvertrags.html.

Kritchevsky, Stephen B. u.a. (2015): Intentional Weight Loss and All-Cause Mortality: A Meta-Analysis of Randomized Clinical Trials, Plos Online, 20. März, http://journals.plos.org/plosone/article?id=10.1371/journal.pone.0121993

Kritikos, Alexander (2016): „Mikrokredite könnten eine wichtige Lücke füllen", Frankfurter Allgemeine Sonntagszeitung, Verlagsspezial Mittelstandsfinanzieurung, 19. Juni, S. V4.

Krohn, Philipp (2016): Frankfurter Allgemeine Zeitung, 26. Februar, http://www.faz.net/aktuell/wirtschaft/streichel-mich-sonst-ersetz-ich-dich-14084129.html

Kruse, Andreas (2015): „Im Alter entsteht etwas Neues", Interview, Frankfurter Allgemeine Zeitung, 28.11., http://www.faz.net/aktuell/rhein-main/gerontopsychologe-andreas-kruse-ueber-das-altern-13925483.html

Kuhn, Johannes (2014): Tal der weißen Männer, Süddeutsche Zeitung, 2. August, S. 18.

Kulmala, Jenni u.a. (2014): Work-related stress in midlife associated with higher number of mobility limitation in older age – results from the FLAME study, Age, 36:9722.

Kurzweil, Ray (2014): Don't fear artificial intelligence, Time, 19. Dezember, http://time.com/3641921/dont-fear-artificial-intelligence/

Kusunoki, Ken (2010): Sutōrī toshite no kyōsōsenryaku [Competitive strategy as a narrative stroy], Tokio: Toyo Keizai Shimpo Sha.

Kynge, James (2016): China's 'new economy' outperforms old, The Financial Times, 30. März, S. 24.

Kyodo, Jiji (2016): Japanese aged 65 or above hit record 34.6 million, The Japan Times, 18. September, http://www.japantimes.co.jp/news/2016/09/18/national/number-japanese-aged-65-hits-record-high-34-6-million-survey-finds/#.V9_9mzVVDIU

Lacroix, S. u.a. (2015): Systems biology approaches to study the molecular effects of caloric restriction and polyphenols on aging processes. Genes Nutr. 10(6):58.

Lad, Vasant & Frawley, David (2013): Die Ayurveda Pflanzen-Heilkunde, 9. Auflage, Oberstdorf: Windpferd.

Langrand, Charlotte (2015): La forme pour le corps et pour l'esprit, Le Journal du Dimanche, 20. September, S. 38.

Lautenschlager, Nicola u.a. (2014): Non-pharmacological strategies to delay cognitive decline, Maturitas 79: 170.73. Volume 79, Issue 2, Pages 170–173

Law, J. u.a. (2014): The contribution of personality to longevity: Findings from the Australian Centenarian Study, Arch Gerontol Geriatr. 2014 Jul 6. pii: S0167-4943(14)00100-9. doi: 10.1016/j.archger.2014.06.007.

Lee, J., Kuk, J.L., Ardern, C.I.(2015): The relationship between changes in sitting time and mortality in post-menopausal US women, Journal of Public Health (Oxf). 1. Mai, pii: fdv055, PMID:25935896.

Lee, Y. u.a. (2015): Changes in physical activity and cognitive decline in older adults living in the community, Age (Dordr). 2015;37(2):20.

Lehman J, Stanley KO (2013) Correction: Evolvability Is Inevitable: Increasing Evolvability without the Pressure to Adapt. PLoS ONE 8(5): 10.1371/annotation/f4c5a0f3-cb53-4c05-a84c-f0aead483b77.

Lens, Willy u.a. (2012): Future time perspective as a motivational variable: Content and extension of future goals affect the quantity and quality of motivation, Japanese Psychological Research, Volume 54 (3), 321–333.

Lesnes, Corine (2015): La Silicon Valley réclame plus de visas pour des programmeurs étrangers, Le Monde, 15. April.

Leutner, Franziska u.a. (2014): The relationship between the entrepreneurial personaliy and the Big Five personality traits, Personality and Invididual Differences, 63, 58-63.

Lewin, Kurt (1935): A dynamic theory of personality, McGraw-Hill Book Company.

Lewis, Leo (2015a): Buyout firms believe time has come for Japanese founders to sell out, Financial Times, 18. Mai, S. 14.

Lewis, Leo (2015b): Japan places bet on Las Vegas-themed daycare to offset price of ageing crisis, The Financial Times, 6. November, S. 1.

Lewis, Leo (2015c): Baby boomers land gold in the rough, Financial Times, 5. Dezember, S. 4

Lewis, Leo (2016a): Rationing hits Japan's nappy trade as Chinese demand soars, Financial Times, 7. Januar, http://www.ft.com/intl/cms/s/0/579de2cc-b3ca-11e5-8358-9a82b43f6b2f.html#axzz42zRM5xqO

Lewis, Leo (2016b): Demographic distractions of Pepper the mechanical playmate, Financial Times, 22. 1. S. 10.

Lewis, Leo (2016c): Tears and emotion as Japan Inc's founders pass on the mantle, Financial Times, 9. 3. S. 14.

Lewis, Leo (2016d): 'Peak death' might not be enough to save Japanese funeral industry, The Financial Times, 22.3. S. 1.

Lewis, Leo (2016e): Curse of the salaryman, Financial Times, 3. 5. S. 7.

Lewis, Leo (2016f): Japanese 'robot' fund attracts an unlikely breed of investors, The Financial Times, 20. 6. S. 13.

Lewis, Leo (2016g): Japan proves itself the maestro of ETF investing, The Financial Times, 9. 12. . S. 26..

Lewis, Leo & Inagaki, Kana (2916): Heavy meddling, The Financial Times, 16. 3., S. 7.

Lieb, Wolfgang (2013): Die „demografische Entwicklung" entpuppt sich als Kaffeesatzleserei, 16. Januar, http://www.nachdenkseiten.de/?p=15860#more-15860.

Linderholm, Owen (o.J.):Older entrepreneurs - the startup mentality is not bound by age, https://smallbusiness.yahoo.com/advisor/older-entrepreneurs--the-startup-mentality-is-not-bound-by-age-000959494.html

Lindinger, Manfred (2015): Künstliche Intelligenz. Roboter lernen schreiben. Frankfuter Allgemeine, 22. Oktober, http://www.faz.net/aktuell/wissen/physik-chemie/kuenstliche-intelligenz-roboter-lernen-schreiben-13966422.html

Littlejohns, T.J. u.a. (2014): Vitamin D and the risk of dementia and Alzheimer's disease. Neurology. 2014 Sep 2;83(10):920-8.

Loef, Martin & Walach, Harald (2013): Midlife Obesity and Dementia: Meta-Analysis and Adjusted Forecast of Dementia Prevalence in the United States and China, Obesity, 21(1), E51-55.

Lorz, Stephan (2016): Demografie treibt Schulden hoch, Börsenzeitung, 7. Mai, S. 4.

Lowsky, D.J. u,.a. (2014): Heterogeneity in healthy aging, J Gerontol A Biol Sci Med Sci. Jun;69(6):640-9. Luhman, Niklas (1998): Die Gesellschaft der Gesellschaft, Frankfurt am Main: Suhrkamp.

Ludwig, David S. (2016): Lifespan Weighed Down by Diet, JAMA. Published online April 04, 2016. doi:10.1001/jama.2016.

Luhmann, Niklas (2000): Organisation und Entscheidung. Opladen: Westdeutscher Verlag.

Luhmann, Niklas (2002): Das Erziehungssystem der Gesellschaft, Frankurt am Main: Suhrkamp.

Maalaoui, Adnane u.a. (2012): „No country for old men". Entrepreneurial intention among elderly: The French case, Frontiers of Entrepreneurship research, Vol. 32: Iss.4, Article 10.

Magalhães, João Pedro de (2014): The scientific quest for lasting youth: prospects for curing aging, Rejuvenation Research, Vol. 17, No. 5: 458-467.

Makary, Martin A. & Daniel, Michael (2016): Medical error – the third leading cause of death in the US, BMJ 2016; 353;i2139.

Malzahn, Claus Christian (2014): Die gebeutelte Provinz – Das Siechtum deutscher Dörfer, Die Welt, 22. Juli, http://www.welt.de/politik/deutschland/article130409389/Gebeutelte-Provinz-Siechtum-deutscher-Doerfer.html

Mance, Henry (2015): Viacom's Redstone in 'accelerated mental decline'. alleges tycoon's former companion, The Financial Times, 27. November, S. 14.

Manyika, James. Reemes, Jaana & Woetzel, Jonathan (2014): A productivity perspective on the future of growth, McKinsey Quarterly, number 3 2014.

Marcus, Gary (2013): It will take more than a mere €1bn to recreate the human brain, The Financial Times, 1. Februar, S. 9.

Markoff, John (2015): As aging population grows, so do robotic health aides, The New York Times, 4. 12., http://www.nytimes.com/2015/12/08/science/as-aging-population-grows-so-do-robotic-health-aides.html.

Marriage, Madison (2015): Gender diversity: a hidden problem, Financial Times, Fund Management, 13. July, S. 6-7.

Martens, Jens Uwe & Kuhl, Julius (2005): Die Kunst der Selbstmotivierung. Neue Erkenntnisse der Motivationsforschung praktisch nutzen, 2. Auflage, Stuttgart: Kohlhammer.

Mason, Roger (2015): Most medicated nation on earth, Young Again, Young Again Org, 17. November. Mattson, Mark P. (2012): Energy intake and exercise as determinants of brain health and vulnerability to injury and disease, Cell Metabolism, Band 16, 5. Dezember.

Massis, Alfredo De et al. (2016): Innovation through tradition: lessons from innovative family businesses and directions for future research, Academy of Management Perspectives, Vol. 30, No.1, 2016).

Masui, Anna (2016): Development of care robots growing in aging Japan, The Japan Times, 27. Januar, http://www.japantimes.co jp/news/2016/01/27/national/social-issues/development-care-robots-growing-aging-japan/#.VziemCGRaBN

Matsuda, Naoko (2014): Is entrepreneurship a privilege reserved for the young? RIETI, http://www.rieti.go.jp/en/columns/a01_0417.html

Matsuyama, Kanoko (2013): Seniors forced to go it alone as ranks swell, housing eludes, Japan Times, 27. Februar, http://www.japantimes.co.jp/news/2013/02/27/national/social-issues/seniors-forced-to-go-it-alone-as-ranks-swell-housing-eludes/#.VnaM2L-ZPIU

Mattson, Mark P., Longo, V.P u.a (2014): Meal frequency and timing in health and disease, Proc Natl Acad Sci U S A., 111(47):16647-53.

Mattson, Mark P. (2015): Toxic chemicals in fruits and vegetables are what give them their health benefits, Scientific American, 1. Juli, http://www.scientificamerican.com/article/toxic-chemicals-in-fruits-and-vegetables-are-what-give-them-their-health-benefits/

~~Maturana, Humberto R. (1996): Was ist erkennen? München: Piper.~~

~~Maturana, Humberto R. (1998): Biologie der Realität, Frankfurt am Main: Suhrkamp.~~

Mayer-Haug, Katrin u.a. (2013): Entrepreneurial talent and venture performance: A meta-analytic investigation, Research Policy, 42: 1251-1273.

McGee, Patrich (2016): Automation revolution put focus on ‚soft skills', The Financial Times, The future of the car, 11.5., S.4.

McGonical, Kelly (2012): Bergauf mit Rückenwind. Willenskraft effizient einsetzen. München: Goldmann.

McKinsey & Company (2015): The future of Japan: Reignating productivity and growth, März 2015.

McLannahan, Jack (2016): The nonagenarian taking of home lenders, The Financial Times, 18. April, S. 8.

Medline Plus (2015): Only 1 in 10 Americans eats enough fruits and veggies: CDC, 9. July, http://www.nlm.nih.gov/medlineplus/news/fullstory_153500.html

Menkens, Sabine (2014): Sinkende Produktivität alter Arbeiter? Ein Mythos, Die Welt, 25.Dezember, http://www.welt.de/politik/deutschland/article135726245/Sinkende-Produktivitaet-alter-Arbeiter-Ein-Mythos.html.

Menkens, Sabine (2016), Job und Kinder treiben Eltern in die Überforderung, Die Welt, 16. Juni,

Mercola, Joseph (2014): The truth about exercise – the case for high intensity workouts, Mercola.com, 12. Juli, http://articles.mercola.com/sites/articles/archive/2014/07/12/high-intensity-workouts.aspx

Mercola, Joseph (2015a): Here's the Minimum Amount of Exercise You Really Need, Mercola.com, 3.April,

http://fitness.mercola.com/sites/fitness/archive/2015/04/03/recommended-amount-exercise.aspx?e_cid=20150403Z2_DNL_NB_art_2&utm_source=dnl&utm_medium=email&utm_content=art2&utm_campaign=20150403Z2_DNL_NB&et_cid=DM71164&et_rid=900876131

Mercola, Joseph (2015b): Mercola. com, 15. Mai, What happens to your body by skipping the gym? http://fitness.mercola.com/sites/fitness/archive/2015/05/15/skipping-workouts.aspx

Mercola, Joseph (2015c), Researchers work on getting intermittent fasting FDA approved as adjunct cancer treatment to improve long-term survival rates, Mercola.com, 3. Juni, http://fitness.mercola.com/sites/fitness/archive/2015/07/03/intermittent-fasting-cancer-treatment.aspx

Mercola, Joseph (2016a): Why Too Much Exercise May Harm Your Heart, and What Science Tells Us About the Ideal Amount and Type of Exercise, Mercola.com, 12. Februar, http://fitness.mercola.com/sites/fitness/archive/2016/02/12/extreme-exercise-affects-heart.aspx

Mercola, Joseph (2016b): Modern Research Reveals Your Heart Does Have a Mind of Its Own, Mercola.com, 5. März, http://articles.mercola.com/sites/articles/archive/2016/03/05/brain-heart-emotion.aspx.

Mercola, Joseph (2016c): How fasting can help you live longer, Mercola.com, 25 März, http://fitness.mercola.com/sites/fitness/archive/2016/03/25/health-benefits-fasting.aspx

Mercola, Joseph (2016d): Exercise can make your brain a decade 'younger' than your calendar age,

Mercola.com, 6. Mai, http://fitness.mercola.com/sites/fitness/archive/2016/05/06/exercise-slows-brain-aging.aspx?utm_source=dnl&utm_medium=email&utm_content=art1&utm_campaign=20160506Z2&et_cid=DM104659&et_rid=1471808788

Mercola, Joseph (2016e): Improving your health by ditching desks and chairs, Mercola.com, 27. November, http://articles.mercola.com/sites/articles/archive/2016/11/27/sitting-standing-moving.aspx.

Mertin, Ansgar (2015): Gesundes Training, hart aber kurz, Spiegel Online, 1. Mai, http://www.spiegel.de/gesundheit/ernaehrung/lauftraining-lieber-kurz-und-hart-statt-lang-und-locker-a-1031117.html

Metcalfe, J.Stan & Foster, John (2010): Evolutionary growth theory, in Mark Setterfield, Hrsg.,Handbook of alternative theories of economic growth, Cheltenham, UK: Edward Elga: S. 64-94.

Metzger, Georg (2014a): KfW Gründungsmonitor 2014. KfW, Frankfurt am Main.

Metzger, Georg (2014b): KfW Gründungsmonitor 2014, Tabellen- und Methodenband.

Metzger, Georg (2016): Gründungsmonitor 2016,

https://www.kfw.de/PDF/Download-Center/Konzernthemen/Research/PDF-Dokumente-Gr%C3%BCndungsmonitor/Gr%C3%BCndungsmonitor-2016.pdf

Meyer-Abich, Klaus-Michael (2010): Was es bedeutet, gesund zu sein, München: Hanser.

Michler, Inga (2015): Alte Chefs sind für den Mittelstand eine Gefahr, Die Welt, 4. April, http://www.welt.de/wirtschaft/article139022306/Alte-Chefs-sind-fuer-den-Mittelstand-eine-Gefahr.html#disqus_thread Kommentar.

Mike, Anissa u.a. (2014): The conscientious retiree: The relationship between conscientiousness, retirement, and volunteering, Journal of Research in Personality, 52: 68-77.

Milne, Richard (2015): System failure, The Financial Times, 5. November, S. 7.

Mishkin, Sarah (2014): Silicon Valley start-up founders under pressure, The Financial Times, Life & Arts, 1. November.

Le Monde (2016): Le Japon a accepté 27 réfugiés en 2015, Le Monde, 23. Januar, http://www.lemonde.fr/asie-pacifique/article/2016/01/23/le-japon-a-accepte-27-refugies-en-2015_4852438_3216.html#I3OWLCMPkt4bvkDf.99

Monteiro-Junior, Renato S. u.a. (2015): We need to move more: Neurobiological hypotheses of physical exercise as a treatment for Parkinson's disease, Medical Hypotheses, Volume 85, Issue 5, Pages 537–541.

Mooney, Attracta (2016): US public pensions crisis 'is really hard to fix', Financial Times, 2. Mai, FTfm, S. 6-7.

Morin, Hervé (2015): De trompeuses cartes du cerveau? Le Monde, Science & Médicine, 1. Juli, S. 3.

Moules, Jonathan (2012): Age versus the cult of youth, The Financial Times, 12. Dezember, S. 12.

Mozaffarian, Dariush (2016): Food and weight gain: time to end our fear of fat,Article in Press: Corrected Proof, Lancet Diabetes & Endocrinology, The, Copyright © 2016 Elsevier Ltd

Müller, Henrik (2015): Zuwanderung: Das zweite deutsche Wirtschaftswunder, Spiegel Online, 27. 12., http://www.spiegel.de/wirtschaft/zuwanderung-fluechtlinge-koennen-fuer-wirtschaftswunder-sorgen-a-1069395.html

Müller, Dietegen (2016): Mehr als nur lästig, Börsenzeitung, 7. Mai, S. 1.

Müller-Jung, Joachim (2012): Supermacht unter Druck, Frankfurter Allgemeine Zeitung, 31. Oktober, S.N1.

Mullins, John (2014): The customer-funded business, John Wiley.

Mundy, Simon (2015): The start-up fate awaiting South Korea's middle-aged salary men, The Financial Times, 16. Oktober, S. 10.

Muramatsu, Naoko & Akiyama, Hiroko (2011): Japan: Super-Aging society preparing for the future, in: The Gerontologist, Band 51 (4), S. 425-432.

Murgia, Madhumita (2016): Robots gown up for the operating theatre, The Financial Times, Innovation in health care, FT Special Report, 29. November, S. 4.

Murman, Daniel L. (2015): The impact of age on cognition, Semin Hear, 36 (3): 111-121.

Murray, C.J.L. u.a. (2015): Global, regional, and national disability-adjusted life years (DALYs) for 306 diseases and injuries and healthy life expectancy (HALE) for 188 countries, 1990–2013: quantifying the epidemiological transition, The Lancet, Volume 386, No. 10009, p2145–2191.

Murray, Sarah (2011): Für Demografen ein Rätsel, Financial Times Deutschland, 28. Oktober, S. 34.

Murray, Sarah (2013): Youth fights for foothold in world of change, in: The Millennial Generation Part One, The Financial Times Special Report, 4. Juni 2013.

Newman, Adrian (2016): Pokémon GO… to lower your blood pressure? Doctor's health press, 15. August.

Newlands, Chris (2015): The endangered female fund manager, Financial Times FM, 8. Juni, S. 6-7.

Ng & Allore (2015): Increasing negativity of age stereotypes across 200 year: evidence from a database of 400 million words, Plos Online, 12. Februar, http://journals.plos.org/plosone/article?id=10.1371/journal.pone.0117086

Ng, Marie u.a. (2014): Gobal, regional and national prevalence of overweight and obesity in children and adults during 1980-2013: a systemic analysis for the Gobal burden of Disease Study 2013, The Lancet, May.

Nicolai, Birger (2015): "Ich wollte einfach zu schlau sein", Welt am Sonntag, 19. April, S. 38.

Novel Admin (2012): Innovation at any age, Nove IP, 15. März, http://novelip.com/blog/2012/03/innovation-at-any-age/.

Nohara, Yoshiaki (2015): In Japan the rise of machines solves labor shortage, Bloomberg Business, 15. September, http://www.bloomberg.com/news/articles/2015-09-13/in-japan-the-rise-of-the-machines-solves-labor-and-productivity

Oberhuber, Nadine (2016a): Barfuß läuft der Mensch am besten, Frankfurter Allgemeine Sonntagszeitung, 17. Januar, S. 38.

Oberhuber, Nadine (2016b): Vorsicht vor Seniorenheimen, Frankfurter Allgemeine Zeitung, 12. April, http://www.faz.net/aktuell/finanzen/meine-finanzen/sparen-und-geld-anlegen/anlegen-in-pflegeimmobilien-vorsicht-vor-seniorenheimen-14170096-p2.html

OECD (2010): Trends shaping education 2010, OECD, Paris.

OECD (2013): Health at a Glance 2013, OECD Indicators, http://dx.doi.org/10.1787/health_glance-2013-en

OECD (2015): OECD Economic Surveys, Japan, April.

OECD (2016): Automation and independent work in a digital economy, www.oecd.org/.../Automation-and-independent-work-in-a-digital-economy- 2016.pdf

OECD & European Union (2012): Policy brief on senior entrepreneurship. Luxembourg: Publications Office of the European Union.

Ogawa, Naohiro & Matsukara, Rikiya (2007): Ageing in Japan: the health and wealth of older persons,

Onishi, Itsuro (2016), G-7 summit may put Japan's depopulation woes in limelight, The Japan Times, 16. Mai, http://www.japantimes.co.jp/news/2016/05/16/national/social-issues/g-7-summit-may-put-japans-depopulation-woes-limelight/#.VzmTs-RzvIU

Oremus,Will (2013):The race for immortality, Slate, 27. November, http://www.slate.com/articles/technology/future_tense/2013/11/ray_kurzweil_s_singularity_what_it_s_like_to_pursue_immortality.html

Olson, Elizabeth (2016a): Older drivers hit the road for Uber and Lyft, The New York Times, 22. Januar, http://www.nytimes.com/2016/01/23/your-money/older-drivers-hit-the-road-for-uber-and-lyft.html

Olson, Elizabeth (2016b): Claims of age bias rise, but standards of proof are high, The New York Times, 18. März, http://www.nytimes.com/2016/03/19/your-money/trying-to-make-a-case-for-age-discrimination.html?hpw&rref=education&action=click&pgtype=Homepage&module=well-region&region=bottom-well&WT.nav=bottom-well

Ornstein, Robert/Sobel, David (1995): Das Gehirn, Schlüssel zur Gesundheit. Freiburg i.B.: Verlag für Allgewandte Kinesiologie.Ortmans, Jonathan, (2015): Incentives for silver startups, Kauffman Foundation, 7. Dezember, http://www.kauffman.org/blogs/policy-dialogue/2015/december/incentives-for-silver-startups

Paffenbarger, Ralph S., Blair, Steven N. und Lee, I-Min (2001): A history of physical activity, cardiovascular health and longevity: the scientific contributions of Jeremy N. Morris, DSc, DPH, FRCP, International Journal of Epidemiology, Band 30, S. 1184-1192, http://ije.oxfordjournals.org/content/30/5/1184.full.pdf

Palmer, Maija (2016): Prospect of sexual relationships with robots poses moral dilemmas, The Financial Times, The connected business, 4. Mai, S. 3.

Palmer, Richard C. u.a (2016): Implementation of an evidence-based exercise program for older adults in South Florida, Journal of Aging Research, vol. 2016, Article ID 9630241,

Patrick, Julie Hicks u.a. (2013): Decision making processes and outcomes, Journal of Aging Research, Volume 2013, Article ID 367208.

Pattussi, M.P. u.a. (2016): Individual and neighbourhood social capital and all-cause mortality in Brazilian adults: a prospective multilevel study, Public Health, 22. Januar, pii: S0033-3506(15)00522-3.

Paulwitz, Michael (2015): Die vielen und ihre wenigen Kinder, Junge Freiheit, 2. Januar, S. 19.

Peacock, James L. (1973): Religion, Kommunikation und Modernisierung: Eine Kritik aus Max Webers Perspektive zu neueren Ansichten, in: Constans Seyfarth & Walter M. Sprondel, Hrsg., Seminar: Religion und gesellschaftliche Entwicklung, Frankfurt a.M.: Suhrkamp, S. 190-224.

Pelz, Waldemar (2015): Willenskraft (Volition) - die Umsetzungskompetenz: Wie man Berge versetzt! http://www.willenskraft.net/#Wissenschaftlicher%20Hintergrund

Perrigue, M., M. u.a. (2016): Higher eating frequency does not decrease appetite in healthy adults, J Nutr. 146(1):59-64.

Petersdorff, Winand von (2014): Es ist Zeit, über die Rent emit 83 nachzudenken, Frankfurter Allgemeine Zeitung, 6.11., http://www.faz.net/aktuell/wirtschaft/senioren-von-heute-sind-deutlich-mobiler-und-gesuender-13280705.html.

Pfarr, Christian & Maier, Christian (2015): Arbeiten trotz Rente: Warum bleiben Menschen im Ruhestand erwerbstätig, Deutsches Institut für Altervorsorge.

Pilling, David (2014): How Japan stood up to old age, The Financial Times, 17. Januar, http://www.ft.com/intl/cms/s/2/07d4c8a8-7e45-11e3-b409-00144feabdc0.html

Pilling, David (2016a): Africa.between hope and despair. The Financial Times, 25. April, S. 7.

Pilling, David (2016b): Africa's oil exporters accused of wasting profits, The Financial Times, 4. Oktober S. 6.

Piper, Nikolaus (2015): Stepptanz mit 85, Süddeutsche Zeitung, 29. August, S. 27.

Pitroda, Meet Sam (2014): Frugal innovation, definition and practical examples, http://www.idexlab.com/blog/frugal-innovation 15. Dezember,

Pitt JN, Kaeberlein M (2015) Why Is Aging Conserved and What Can We Do about It? PLoS Biol 13(4): e1002131. doi:10.1371/journal.pbio.1002131

Politi, James & Fick, Maggie (2015): Human traffic, The Financial Times, Life and Arts, 5.12., S. 1-2.

Pong, S.L. & Chen, V.W. (2010): Co-resident grandparents und grandchildren's academic performance in Taiwan, J Comp Fam Studies, 41(1):111.

Pons, Philippe (2013): Au Japon, la disparition des "femmes de la mer" http://www.lemonde.fr/planete/article/2013/09/14/au-japon-la-disparition-des-femmes-de-la-mer_3477581_3244.html#wcQVOvZaVT6LwABD.99

Le Monde, 15. September, http://www.lemonde.fr/planete/article/2013/09/14/au-japon-la-disparition-des-femmes-de-la-mer_3477581_3244.html

Ponce-Garcia, I. u.a. (2015): Prognostic value of obesity on both overall mortality and cardiovascular disease in the general population. PLoS One. 2015 May 20;10(5):e0127369.

Poon, Leonard W. u.a. (2010): Understanding centenarians' psychosocial dynamics and their contributions to heath and quality of life, Current Gerontology and Geriatrics Research, Volume 2010, article ID 680657.

Pozen, Robert (2016): Retirement healthcare could bust the budgets of US cities, Financial Times, FTfm, 1. August, S. 9.

Price, K.A. & Tinker, A.M. (2014): Creativity in later life, Maturitas, 78: 281-286.

Prigent, Anne (2015): Parkinson: trop de ruptures de soins, Le Figaro, 11. 4., S. 8.

Promedica Plus (2015): Seniorenbetreuung: ein Zukunftsmarkt mit großem Potential, ranchise.promedicaplus.de/franchise.../zukunftsmarkt-seniorenbetreuun/

Raffelhüschen, Bernd & Moog, Stefan (2014): Generationenbilanz Update 2014 – mit Schwerpunkt Rentenpaket und Pflegereform, Stiftung Marktwirtschaft, http://www.stiftung-marktwirtschaft.de/wirtschaft/themen/generationenbilanz.html.

Rajan KB u.a. Rate of Cognitive Decline Before and After the Onset of Functional Limitations in Older Persons, J Gerontol A Biol Sci Med Sci. 2015 May 2. pii: glv062.

Rey-Lefebvre, Isabelle (2016): Ruée des promoteurs sur le marché des seniors, Le Monde, Économie & Entreprise, 11. April, S. 3.

Roco, Mihail C. & Bainbridge, William S. (2013): The new world of discovery, invention, and innovation:

convergence of knowledge, technology, and society, J Nanopart Res (2013) 15:1946.

Rohwedder, Susann, and Robert J. Willis. 2010. "Mental Retirement." Journal of Economic Perspectives, 24(1): 119-38.ra

Romer, Paul (2015): Mathiness in the theory of economic growth, American Economic Review: Papers and Proceedings, 105(5): 89-93.

Rosenbaum, Eric (2015): New retirement age is not 65, not 80, not 95: It's higher, CNBC, 3. Juni, http://www.cnbc.com/id/102730128

Quadbeck, Otto L. & Roth, Wolfgang L. (2008): Das "Empty-Desk-Syndrom". Die Leere nach der Pensionierung: Wie Führungskräfte nach Beendigung der Erwerbsarbeit ihre psychischen Probleme bewältigen, Lengerich: Pabst Science Publishers.

Queen, Tara L. u.a. (2012): Information search and decision making: effects of age and complexity on strategy, Psychology and Aging, 27 (4), S. 817-824.

Rachman, Gideon (2016): Mass migration into Europe is instoppable, The Financial Times, 12. Januar, S. 7.

Radebold, Hartmut, (2012): Männergesundheit. Keine Rücksicht auf den eigenen Körper, Deutsches Ärzteblatt 2012, 109 (33-34): A 1692-4.

Rassidakis, Peter (2009): Wirtschaftliche Evolution aus systemtheoretischer Perspektive, Norderstadt: Books on Demand.

Rattan, Suresh I.S. (2016): Biology of aging, principles, challenges and perspectives, Romanian J. Morphol Embryol, 56(4): 1251-1253.

Reents, Edo (2012): Die infantile Gesellschaft. Aus Leuten werden Kinder. Frankfurter Allgemeine Zeitung, 3. November, http://www.faz.net/aktuell/feuilleton/die-infantile-gesellschaft-aus-leuten-werden-kinder-11947625.html.

Reindl, Josef (2008): Die Rationalität der Altersdiskriminierung oder die blinden Flecken der Reindl Mikroökonomie. Soziologische Anmerkungen zum Aufsatz von Martin Brussig und Lutz Bellmann. In: Zeitschrift für Personalforschung, Jg. 22, H. 3, S. 318-322.

Renault, Marie-Cécile (2014): Les patrons s'inquiètent d'être de plus en plus traînés en justice, Le Figaro, 22. September, http://www.lefigaro.fr/entrepreneur/2014/09/22/09007-20140922ARTFIG00074-les-patrons-s-inquietent-d-etre-de-plus-en-plus-traines-en-justice.php

Reynolds, Gretchen (2015a): The Right Dose of Exercise for a Longer Life, The New York Times, 15. April,http://well.blogs.nytimes.com/2015/04/15/the-right-dose-of-exercise-for-a-longer-life/
Reynolds, Gretchen (2015b): Does exercise help keep our brains young? The New York Times, 9. Dezember, http://well.blogs.nytimes.com/2015/12/09/does-exercise-help-keep-our-brains-young/

Reynolds, Gretchen (2016): Brain Benefits of Exercise Diminish After Short Rest, The New York Times, 28. September, http://www.nytimes.com/2016/09/28/well/move/after-just-10-days-of-rest-brain-benefits-of-exercise-diminish.html?ref=collection%2Fsectioncollection%2Fhealth&action=click&contentCollection=health&region=stream&module=stream_unit&version=latest&contentPlacement=9&pgtype=sectionfront&_r=0

Ribeiro, D.K. (2015): Contributory factors for the functional independence of oldest old.
Rev Esc Enferm USP. 2015 Jan-Feb;49(1):89-96.

Ritsema, Rudold (Herausgeber) & Schneider, Hansjakob (Herausgeber): Erama Yi Ying (I-Ging). Das Buch der Wandlungen. O.W. Barth.

Roco M. C. u.a. (2013): Convergence of knowledge, technology and society: Beyond Convergence of Nano-bio-info-cognitive Technologies, Dordrecht, Heidelberg, New York, London: Springer.

Rodrick, Dani (2003): Growth Strategies, NBER Working Paper No. 10050
Röhl, Bettina (2015): Einwanderung: Der Offenbarungseid der Bundesregierung, Tichys Einblick, 11. November, http://www.rolandtichy.de/kolumnen/bettina-roehl-direkt/einwanderung-der-offenbarungseid-der-bundesregierung/

Römer, Jörg (2015): Sport trotz Arthrose, Übergewicht und Co: Fit sein kann jeder, Spiegel online, 29. April,http://www.spiegel.de/gesundheit/ernaehrung/sport-bei-arthrose-bluthochdruck-und-co-dosiert-einsteigen-a-1030178.html

Röpke, Jochen (2002): Der lernende Unternehmer, Norderstedt, BoD.

Röpke, Jochen (2004): Ostdeutschland in der Entwicklungsfalle. Oder: die Münchhausen-Chance, Perspektiven, Heft 21/22, Mai 2004, S. 19-40.

Röpke, Jochen & Xia, Ying (2007): Reisen in die Zukunft kapitalistischer Systeme.

Röpke, Jochen (2015): Der biologische Unternehmer, Norderstedt, BoD.

Rötzer (2014): Rötzer, Florian (2014): Mortalität von Alzheimer stark unterschätzt, Telepolis, 22. März, http://www.heise.de/tp/artikel/41/41187/1.html

Rhodes, Martin (2014): Révélateur d'entrepreneurs, Le Monde, Universités & Grandes Écoles, 22. Mai, S. 8.

Roland Berger (2016): A CEO agenda for the (r)evolution of the automotive ecosystem, http://www.rolandberger.de/media/pdf/Roland_Berger_TAB_Automotive_CEO_Agenda_20160404.pdf

Rosier, Florence (2015): Jeûne intermittent = jeune longtemps, Le Monde, 24. Juni 2015, Science & Medicine, S. 3.

Roth, Erik u.a. (2015): Gauging the strength of Chinese innovation, McKinsey Quarterly, Oktober.

Rothaas, Julia (2015): Geht doch, Süddeutsche Zeitung, 8. August, S. 53.

Rottenberg, Linda (2014a): Crazy is a compliment: The power of zigging when everyone else zags, New York: Penguin Books.

Rottenberg, Linda (2014b): How everyone can learn to think and act like an entrepreneur, Techpage one, 9.Oktober,http://techpageone.dell.com/business/how-everyone-can-learn-to-think-and-act-like-an-entrepreneur.

Rottensteiner M. u.a. (2015): Physical activity, fitness, glucose homeostasis, and brain morphology in twins, Med Sci Sports Exerc.,47(3):509-18.

Rousseau, Hervé(2016): Fusions et acquistions: le marché retrouve les couleurs, Le Figaro, 24. September, S. 25.

Roy, Soline (2015): Des chercheurs tentent de soigner les neurons avec la lumière, Le Figaro, 11. April, S. 8.

Rudolf, Robert (2014): Work shorter, be happier? Longitudinal evidence from the Korean Five-Day Working Policy October 2014, Journal of Happiness Studies, Volume 15, Issue 5,S. 1139-1163

Sae, Tina Hesman (2016): A healthy old age may trump immortality, Science News, 13. Juli, https://www.sciencenews.org/article/special-report-aging%E2%80%99s-future

Sailer, Steve (2015): "The Cities Americans Are Ditching"…are the ones with the most immigration, vdare.com, 23. Juli, http://www.vdare.com/posts/the-cities-americans-are-ditching-are-the-ones-with-the-most-immigration

Samuelson, Robert J. (2015): The start-up slump, The Washington Post, 16. Dezember, https://www.washingtonpost.com/opinions/the-start-up-slump/2015/12/16/91ded2dc-a40e-11e5-b53d-972e2751f433_story.html

Santi, Pascale (2013): Seniors. La révolution numerique, Le Monde, Science & Médicine, 28. August, S. 4-5.

Santoni, Giola u.a. (2015):Age-related variation in health status after age 60, Plos Online, 3. März, DOI 10.1371.

Santos, Rute u.a. (2014): The independent associations of sendentary behaviour and physical activity on cardiorespiratory fitness, Br J Sports Med, 48: 1508-12.

Saßmannshausen, Sean Patrick (2012): Entrepreneurship-Forschung: Fach- oder Modetrend? Eul Verlag.

Schäfers, Manfred (2016): Ein Drittel des Haushalts geht für Altersversorgung drauf, Frankfurter Allgemeine Zeitung, 20. April, http://www.faz.net/aktuell/wirtschaft/was-wird-aus-der-rente/bundesetat-ein-drittel-fuer-die-altersversorgung-14187627.html?printPagedArticle=true#pageIndex_2

Scherff, Dyrk (2016): Die demographische Falle, Frankfurter Allgemeine Sonntagszeitung, 14. Februar, S. 21.

Schlesinger & Martin (2015): Graying Japan tries to embrace the golden years. Wallstreet Journal, http://www.wsj.com/articles/graying-japan-tries-to-embrace-the-golden-years-1448808028.

Schmidt, Lucia (2016): Luft holen und loslaufen, Frankfurter Allgemeine Sonntagszeitung, 3. April, S. 19.

Schreiber, Mark (2016): Japan's super-rich: fun to envy, difficult to emulate. The Japan Times, 27. August, http://www.japantimes.co.jp/news/2016/08/27/national/media-national/japans-super-rich-fun-envy-difficult-emulate/#.V-JqAjVVDIU

Schroyen, Sarah u.a. (2015): Ageism and its clinical impact in oncogeriatry: state of knowledge and therapeutic leads, Clinical Interventions in Aging, 10: 117-25.

Schulte von Drach, Schulte C. (2015): „Die Pharmaindustrie ist schlimmer als die Mafia", Süddeutsche Zeitung, 6. Februar, http://www.sueddeutsche.de/gesundheit/kritik-an-arzneimittelherstellern-die-pharmaindustrie-ist-schlimmer-als-die-mafia-1.2267631

Schumpeter, Joseph A. (1911/2006): Theorie der wirtschaftlichen Entwicklung. Neuausgabe, Berlin: Humboldt.

Schumpeter, Joseph A. (1928/2011): Der Unternehmer in der Volkswirtschaft von heute, wieder abgedruckt in: Toni Pierenkemper, Hrsg., Unternehmensgeschichte, Stuttgart: Franz Steiner, S. 99-116.

Schumpeter, Joseph A. (1934): The theory of economic development. Harvard U.P.

Schumpeter, Joseph A. (1950): Kapitalismus, Sozialismus und Demokratie. Basel.

Schumpeter, Joseph A. (1964): Theorie der wirtschaftlichen Entwicklung, 6. Auflage, Berlin: Duncker & Humblot.

Schumpeter, Joseph A. (1987): Beiträge zur Sozialökonomie, Wien: Böhlau.

Schumpeter, Joseph (2005): Entwicklung: Festschrift zum 50.Geburtstag von Emil Lederer, Originaltext, 22.07. 1932, in: Esslinger, H. (Hrsg.), in: www.schumpeter.info, Stand 15. 10. 2005.

Schwaldt, Norbert (2015):Mit Pflegeheimen läßt sich reichlich Profit machen, Die Welt, 16. 4. http://www.welt.de/finanzen/immobilien/article139642076/Mit-Pflegeheimen-laesst-sich-reichlich-Profit-machen.html

Schwarz, Michael (2015): Wie weiblich ist der Mittelstand? Frauen als Unternehmenslenker. KfW Research, Nr. 101, 28. Juli. Schwarz: Michael & Gerstenberger, Juliane: (2015a):KfW Gründungsmonitor 2015; https://www.kfw.de/PDF/Download-Center/Konzernthemen/Research/PDF-Dokumente-Gründungsmonitor/Gründungsmonitor-2015.

Schwarz, Michael & Gerstenberger, Juliane (2015b): Alterung im Mittelstand, https://www.kfw.de/PDF/Download-Center/Konzernthemen/Research/PDF-Dokumente-Fokus-Volkswirtschaft/Fokus-Nr.-92-April-2015.pdf

Schwarzenegger, Arnold (2015): Arnold Schwarzenegger über das Altern, Interview, Süddeutsche Zeitung, 11. Juli, S. 54.

Schwentker, Björn (2011): Eine neue Kultur des Wandels – Essay, Aus Politik und Zeitgeschichte, Nr. 10, 7. 3.

Shrimsley, Robert (2016): ‚I like humans, they are cute', The Financial Times, Life & Arts, 7. Mai, S. 16.

Simmel, Georg (2009): Philosophie des Geldes, Berlin 1907, Nachdruck Köln 2009: Anaconda.

Schwentker, Björn & Elmer, Christina (2014): Wo die Hundertjährigen wohnen, Spiegel Online, 10.4. http://www.spiegel.de/wissenschaft/mensch/bevoelkerungs-statistik-land-der-hundertjaehrigen-a-963633.html

Schwertfeger, Bärbel (2014): „Mit 50 fängt das Ende an", Spiegel Online, 8. Juni, https://www.google.de/?gws_rd=ssl#q=Schwertfeger,+%E2%80%9EMit+50+f%C3%A4ngt+das+Ende+an%E2%80%9C,&tbm=nws (Abruf, 11.Juni 2014).

Sciencefiles (2014): Tabus der Altenpflege, Sciencefiles. Org, 23. August, http://sciencefiles.org/2014/08/23/tabus-der-altenpflege/

Sciencefiles (2016): Ohne Liberalismus keine Wissenschaft, Sciencefiles.Org, 9. Januar, http://sciencefiles.org/2016/01/09/ohne-liberalismus-keine-wissenschaft/.

Scully, Tony (2012): Demography: To the limit, Nature, 492, S2–S3, 6. December 2012.

Sebastiani, Paola & Perls, Thomas T. (2012): The genetics of extreme longevity: lessons from the New England Centenarian study, Frontiers in Genetics, Volume 3, 30. November, Article 277.

Sears, Al (2015): The #1 energy secret of highly active people, Doctor's house call, 11. September.

Sears, Al (2016): How does he do it? http://www.primalforce.net/WIR/WIR471/B12%20Re-Energized_20160612.html

Seibel, Karsten (2014): Im Schatten der Kapitalflüchtlinge, Die Welt, 8.Februar, S. 15.

Seyfried, Brigitte & Weller, Sabrina (2014): Arbeiten bis zum Schluss oder gehen vor der Zeit? BIBB Report, Ausgabe 1/2014.

Shah, Yagana (2015): World's new oldest person reveals surprising Secret to her long life The Huffington Post, 7. April, http://www.huffingtonpost.com/2015/04/07/worlds-oldest-person-jeralean-talley_n_7017518.html?ncid=txtlnkusaolp00000592

Shane, Scott A. (2009): Recession driving start-ups, New York Times, 16. Juni 2009, http://boss.blogs.nytimes.com/2009/06/16/recession-driving-start-ups/.

Sharman, J.E. u.a. (2015): Exercise and cardiovascular risk in patients with hypertension, Am J Hypertension, 28 (2): 147-58.

Shubber, Kadhim (2015): The former big beasts of Wall Street who are shaking up banking with fintech investments, The Financial Times, 15. Dezember, S. 17.

Siems, Dorothea (2014a): Forscher sehen den Beginn einer Herrschaft der Alten, Die Welt, 26. Mai, http://www.welt.de/wirtschaft/article128431477/Forscher-sehen-den-Beginn-einer-Herrschaft-der-Alten.html

Siems, Dorothea (2014b): Die deutsche Angst vor der Selbständigkeit, Die Welt, 21. Juli, http://www.welt.de/wirtschaft/article130370035/Die-deutsche-Angst-vor-der-Selbststaendigkeit.html#disqus_thread

Siems, Dorothea (2014c): Deutschlands Generation Y hat Angst vorm Gründen, Die Welt, 15. November,

Siems, Dorothea (2015a): Deutschlands Talente verlassen in Scharen das Land, Die Welt, 10. März, http://www.welt.de/politik/deutschland/article138249483/Deutschlands-Talente-verlassen-in-Scharen-das-Land.html.

Siems, Dorothea (2015b): Deutschland schrumpft sich arm und krank, Die Welt, 22. April, http://www.welt.de/politik/deutschland/article139896001/Deutschland-schrumpft-sich-arm-und-krank.html

Siems, Dorothea (2016a): Diese Regierung plündert die Jungen aus, Die Welt, 19. April, http://www.welt.de/debatte/kommentare/article154528482/Diese-Regierung-pluendert-die-Jungen-aus.html

Siems, Dorothea, (2016b): Jobs für alle – außer Langzeitarbeitslose, Die Welt, 25. Juli, http://www.welt.de/wirtschaft/article157255612/Jobs-fuer-alle-ausser-fuer-Langzeitarbeitslose.html

Siems, Dorothea (2016c): https://www.welt.de/wirtschaft/article158324038/Den-Deutschen-fehlt-es-an-Mut-und-Ideen.html

Simpson SJ, Le Couteur DG, Raubenheimer D. (2012): Putting the balance back in diet.
Cell. 2015 Mar 26;161(1):18-23.

Singh, Gangaram & DeNoble, Alex (2003): Early retirees as the next generation of entrepreneurs, Entrepreneurship Theory & Practice, Spring, S. 207-226.

Sindi, S. u.a. (2016): Midlife Work-Related Stress Increases Dementia Risk in Later Life: The CAIDE, 30-Year Study.J Gerontol B Psychol Sci Soc Sci. 2016 Apr 8. pii: gbw043.

Sinn, Hans-Werner (2014): "Um unseren Lebensstandard zu halten, bräuchten wir 32 Millionen Migranten", Fokus-Online, 26. Dezember, http://www.focus.de/finanzen/altersvorsorge/top-oekonom-sinn-warnt-vor-rentendebakel-um-unseren-lebensstandard-zu-halten-brauchen-wir-32-millionen-migranten_id_4362357.html

Skillicorn, Nick (2016): https://www.ideatovalue.com/crea/nickskillicorn/2016/03/artificial-creativity-c-rise-idea-machines-updated/?utm_source=Idea+to+Value+subscriber&utm_campaign=d406e3f276-RSS_EMAIL_CAMPAIGN&utm_medium=email&utm_term=0_6a23a4e096-d406e3f276-155300889&goal=0_6a23a4e096-d406e3f276-155300889

Smith, Alan (2016): Right time, right place, The Financial Times, 16. Juni, S. 12.

Smith, Andrew (2011):Does evolution have a direction, http://www.integralworld.net/smith30.html.

Sonnet, Carola (2010): Das Sisyphos-Syndrom, Frankfurter Allgemeine Sonntagszeitung, 27. Juni, S. 29.

Spät, Patrick (2016): Kann die komplexe Hirnforschung einen simplen Chip verstehen? Teleopolis, 8. Juni, http://www.heise.de/tp/artikel/48/48467/1.html

Spahn, Jens (2016): Wir werden länger arbeiten müssen, Die Zeit, 22. April, http://www.zeit.de/politik/deutschland/2016-04/jens-spahn-rente-system-2030

Specht, Jule (2014a): http://www.jule-schreibt.de/?s=pers%C3%B6nlichkeit

Specht, Jule; Luhmann, Maike; Geiser, Christian (2014b): On the consistency of personality types across adulthood: Latent profile analyses in two large-scale panel studies,

Journal of Personality and Social Psychology, Vol 107(3), Sep 2014, 540-556.

Spencer, Stephan (2015): Christine Peterson: A Glimpse at the Future Lifespan of Humans Foresight Institute, 1. Oktober, http://www.foresight.org/nanodot/?p=6812#more-6812.

Spiegel (2015): Sorge um Standort Deutschland: VieleMittelständler über 60 scheuen Innovationen, Spiegel Online, 23. März, http://www.spiegel.de/wirtschaft/unternehmen/kfw-alterung-im-mittelstand-bremst-investitionen-a-1025146.html#ref=plista

Spolaore, Enrico & Wacziarg, Romain (2013): How deep are the roots of economic development? Journal of Economic Literature, 51(2): 325-369.

Standard Life (2009): The death of retirement, http://www.standardlife.com/static/docs/death_of_retirement.pdf.

Stark, Florian (2015): Wie sich der Mensch die Karies einfing, Welt Online, 20. September, http://www.welt.de/geschichte/article146571164/Wie-sich-der-Mensch-die-Karies-einfing.html

Steevens, Carsten (2016): Kreuzfahrten boomen, Börsen Zeitung, 9. Februar, S. 9.

Steltzner, Holger (2014): Migration. Einwanderungsland Deutschland, Frankfurter Allgemeine Zeitung, 20. Mai, http://www.faz.net/aktuell/wirtschaft/wirtschaftspolitik/einwanderungsland-deutschland-ein-kommentar-12948877.html.

Stevenson, Betsey & Wolfers, Justin (2013): Subjective wellbeing and income: is there any evidence of satiation? http://www.brookings.edu/~/media/research/files/papers/2013/04/subjective%20well%20being%20income/subjective%20well%20being%20income.pdf

Stewart, Devin (2016): Tokyo's ambition generation, Foreign Affairs, 4. Februar, https://www.foreignaffairs.com/articles/japan/2016-02-04/tokyos-ambition-generation

Straubhaar, Thomas (2014):Deutschlands Vergreisung ist etwas Wunderwares, Die Welt, 9. Dezember, http://www.welt.de/wirtschaft/article135179521/Deutschlands-Vergreisung-ist-etwas-Wunderbares.html

Sues, Phyllis (2015): A 92-Year-Old Yogi Shares Her Secrets To Happiness & Longevity, Mindbodygreen, 23. Juli, http://www.mindbodygreen.com/0-20677/a-92-year-old-yogi-shares-her-secrets-to-happiness-longevity.html.

Süß, Sebastian (2012): Gründung im Alter, Impulse, 14. Dezember.

Sutin, Angelina u.a. (2015): Perceived discrimination and personality development in adulthood, Development Psychology, 26. Oktober, Doi:10.1037/dev0000069:3.21.

Syfuss-Arnaud, Sabine (2014): Pourquoi les Francais aiment tant Londres, 12. November, Challenges France, http://www.challenges.fr/economie/20141030.CHA9681/pourquoi-londres-attire-tant-les-francais.html

SVR (2015): International mobil. Motive, Rahmenbedingungen und Folgen der Aus- und Rückwanderung deutscher Staatsbürger, Sachverständigenrat deutscher Stiftungen für Integration und Migration.

Tabarrok, Alex (2015): Japan liberalizes regenerative medicine, Marginal Revolution, 14. September, http://marginalrevolution.com/marginalrevolution/2015/09/japan-liberalizes-regenerative-medicine.html

Tabata, Izumi u.a. (1996): Effects of moderate-intensity endurance and high-intensity intermittent training on anaerobic capacity and VO2max, Medicine & Science in Sports & Exercise, Band 28 (10), 1327-1330.

Tani, Yukako u.a. (2015): Eating alone and depression in older men and women by cohabitation status: The JAGES longitudinal survey, Age Ageing 2015 44: 1019-1026.

Taniguchi,Y.u.a. (2016): Prospective study of trajectories of physical performance and mortality among community-dwelling older Japanese, J Gerontol A Biol Sci Med Sci. 2016 Mar 1.

Tavernise, Sabrina (2016): Centenarians proliferate, and live longer, The New York Times, 21. Januar, http://www.nytimes.com/2016/01/21/health/centenarians-proliferate-and-live-longer.html.

Teichholz, Nina (2015): Re: The scientific report guiding the US dietary guidelines: is it scientific? BMJ 2015; 351:h4962.

Telgheder, Maike (2015): Das sind Deutschlands größte Pflegeheim-Firmen, Handelsblatt, 28. Dezember,

http://www.handelsblatt.com/unternehmen/dienstleister/awo-kursana-johanniter-das-sind-deutschlands-groesste-pflegeheim-firmen/12719626.html.

Thomson, Adam (22015): Paris riot estate remains tinderbox of tension, The Financial Times, 16. Mai, S. 2.

Tivig, Thusnelda & Waldenberger, Franz, Hrsg. (2011): Deutschland im Demografischen Wandel. Ein Vergleich mit Japan, Rostocker Zentrum zur Erforschung des Demografischen, http://www.zdwa.de/zdwa/artikel/broschuere/Broschuere_2011_komplett.pdf

Tolppanen, A.M. u.a. (2014): Leisure-time physical activity from mid- to late life, body mass index, and risk of dementia, Alzheimers Dement. pii: S1552-5260(14)00034-X. doi: 10.1016/j.jalz.2014.01.008.

Tse, Edward (2006): China's five surprises, Strategy & Business, Resilience Report, 16. Jaunar,

http://www.strategy-business.com/resiliencereport/resilience/rr00028?tid=230&pg=all

Tucker, Miriam (2016): Very low-calorie diet may trigger type 2 diabetes remission, Medscape Medical News, 28. März, http://www.medscape.com/viewarticle/861035.

Ujikane, Keiko u.a. (2016): Tightening workforce could compel healthy Japanese to toil to 80, Bloomberg com, 11. Juli, http://www.bloomberg.com/news/articles/2016-07-11/tightening-workforce-could-compel-healthy-japanese-to-toil-to-80.

Vaupel, James (1997): The remarkable improvements in survival at older ages, *user.demogr.mpg.de/jwv/pdf/ PUB-1997-007.pdf*

Vergès, Marie de (2016): L'insatiable appétit de la China, Le Monde, Economie & Entreprise, 25. September, S. 3.

Vester, Frederic (1976): Phänomen Stress, Stuttgart: DVA

Villoldo, Alberto & Perlmutter, David (2011): Das erleuchtete Gehirn, 5. Auflage, München: Goldmann.

Voss, Michelle W. u. a.(2011): Exercise, brain, and cognition across the life span, J. Appl Physiology, 111: S. 1505-1513.

Wagstyl, Stefan (2015): Help wanted: youth and inexperience required, The Financial Times, 25. August, S. 6.+

Waldmeir, Patti (2015): China looks to traditional medicine as growth tonic, The Financial Times, 13. 11. S. 4.

Walia, Arjun (2015): Neuroscientist shows what fasting does to your brain & why big pharma won't study it, collective evolution.com, 11. Dezember, http://www.collective-evolution.com/2015/12/11/neuroscientist-shows-what-fasting-does-to-your-brain-why-big-pharma-wont-study-it/

Wallace, Charles (2015c): Biological markers that can shed light on longevity, The Financial Times, 28. Juli, S. 10.

Wallace, Charles (2016a): Toyota hires ex-Google robotics head to steer AI research lab, The Financial Times, 6. Januar, S. 15.

Wallace, Charles (2016b): Modi's agenda. If they can make it there ..., The Financial Times, 24. Februar, S 7.

Walter, Stefan & Jansen, Jonas (2015): Kreuzfahrt ahoi!, Frankfurter Allgemeine Sonntagszeitung, 22.11. 44.

Ward, Andrew (2015a): No end in sight to wave of pharma dealmaking, The Financial Times, 27. April, S.17.

Ward, Andrew (2015b): Blockbursters help revive pharma's fortunes, The Financial Times, 13. Juli, S. 15.

Ward, Andrew (2016a): GSK scientists accused of research theft, The Financial Times, 22. Januar, S. 18.

Ward, Andrew (2016b): China's biotech revolution ushered in by entrepreneurs, The Financial Times, 8. März, S. 12.

Ward, Andrew & Crow, David (2015): Brain power, The Financial Times, 20. Juli, S. 6.

Wasylyk, Joe (2014): Seniorpreneurship is anti-retirement, 1. September, wawahttps://seniorpreneur.wordpress.com/2014/09/01/seniorpreneurship-is-anti-retirement/

Wasylyk, Joe (2015): The state of senior entrepreneurship in Canada, https://seniorpreneur.wordpress.com/2015/01/01/the-state-of-senior-entrepreneurship-in-canada/Waters, Richard (2014): A new Page, The Financial Times, Life & Arts, 1. November, S. 1-2.

Waters, Richard (2015a): Alphabet reveals scale of Google's ambition, Letters of intent, The Financial Times, 12. August, S.15.

Waters, Richard (2015b): Letters of intent, The Financial Times, 15. August, S. 5.

Waters, Richard & Bradshaw, Tim (2016): Robot economy sparks global investment boom, The Financial Times, 3. 5. , S. 15.

Waters, Richard & Murayama, Keiichi (2016): Robot leaders face challenge from US on their own turf, The Financial Times, Japan and the World, 12. Januar, S. 6.

Waters, Richard u.a. (2016): A new direction of travel, The Financial Times, 9. Januar, S. 5.

Weber, Richard (2012): Evaluating entrepreneurship education, Springer-Gabler.

Westphal, C. & Doblhammer, G (2014): Projections of trends in overweight in the elderly population in Germany until 2030 and international comparison, Obes Facts. 2014;7(1):57-68

Wetzel, Katharina (2012): Die Kunst des Übergangs, Süddeutsche Zeitung, 13. Dezember, S. 29.

Wex, Peter (2012): Das leere Versprechen der universitären Kompetenzprüfung, Frankfurter Allgemeine Zeitung, Lehre und Forschung, 2. Oktober, S. N5.

Whadhwa, Vivek (2013): There's no age requirement for innovation, The Wall Street Journal, 28. October, http://blogs.wsj.com/accelerators/2013/10/28/vivek-wadhwa-theres-no-age-requirement-for-innovation/

Whadhwa, Vivek (2014): Large companies need to disrupt themselves or be disrupted, The Washington Post, 2. Mai, http://www.washingtonpost.com/blogs/innovations/wp/2014/05/02/large-companies-need-to-disrupt-themselves-or-be-disrupted/

Wieczorek, Iris (2016): Japans Alternativen zu Silicon Valley, GIGA *Focus* Asien, 03/2016.

Wiens, Jason & Fetch, Emily (2015): Demographic trends will shape the future of entrepreneurship, Kauffman Foundation, 25. Februar, http://www.kauffman.org/what-we-do/resources/entrepreneurship-policy-digest/demographic-trends-will-shape-the-future-of-entrepreneurship.

Wildau, Gabriel (2015): At the turning point, The Financial Times, 5. Mai, S. 7.

Wilson, E.O. (2013): Die soziale Eroberung der Erde. Eine biologische Geschichte des Menschen, München: C.H. Beck.

Wolf, Martin (2016): Weak private demand is the dominant challenge, The Finanial Times, Japan and the World, 12. Januar, S. 3.

Wolf, Martin (2016): The risks that threaten global growth, The Finanial Times, 4. Januar, S.9

Wolff, Verena (2015): Wenn der Junior kommt, muss der Senior weg, Spiegel Online, 4. Juli, http://www.spiegel.de/karriere/berufsleben/familienunternehmen-wenn-der-junior-chef-der-firma-wird-a-1042051.html

World Bank (2016): Live long and prosper. Aging in East Asia and Pacific. World Bank East Asia and Pacific Regional Report.

Wortman, Jessica u.a. (2012): Stability and change in the Big Five personality domains, Psychology and Aging, 27 (4): S. 867-874.

Wu, Chenkai u.a. (2016): Association of retirement age with mortality: a population-based longitudinal study among older adults in the USA, J Epidemiol Community Health 2016; 0:1-7.

Yasuda, Takehiko (2009): Programs to Stimulate Startups and Entrepreneurship in Japan: Experiences and Lessons, in: 21st Century Innovation Systems for Japan and the United States: Lessons from a Decade of Change: Report of a Symposium, Washington, DC: National Academies Press.

Ying Yu Chao u.a. (2015): Effects of Using Nintendo Wii™ Exergames in Older Adults,A Review of the Literature, Journal of Aging and health, , Vol. 27(3) 379–402.

Yoshikawa, Eiji (1984): Musashi, München: Droemer Knaur.

Yueh, Linda (2016): Chinese tech groups will soon be snapping at Google's heels, The Financial Times, 9. Februar, S. 9.

Zajacova A. & Burgard S.A (2013): Healthier, wealthier, and wiser: a demonstration of compositional changes in aging cohorts due to selective mortality, Popul Res Policy Rev. 2013 Jun 1;32(3):311-324.

Zhuangzi (1998): Zhuangzi. Das klassische Buch daoistischer Weisheit, Frankfurt a.M.: Krüger.

Zimmermann, Volker (2016a): KfW-Innovationsbericht Mittelstand. KfW, Frankfurt am Main, https://www.kfw.de/PDF/Download-Center/Konzernthemen/Research/PDF-Dokumente-Innovationsbericht/KfW-Innovationsbericht-Mittelstand-2015.pdf

Zimmermann, Volker (2016b): Innovationshemmnisse in KMU – vielfältige Hindernisse sprechen für eine breit aufgestellte Förderpolitik, KfW Research, Fokus Volkswirtschaft, Nr. 130, 16. Juni.